EX LIBRIS:
Marianne de Kuyf

10/97

D1751659

Jostein Gaarder
De wereld van Sofie

Jostein Gaarder

De wereld van Sofie

Roman over de geschiedenis van de filosofie

Vertaald uit het Noors door

Janke Klok
Lucy Pijttersen
Kim Snoeijing
Paula Stevens

Houtekiet/Fontein

Zonder de steun en aanmoedigingen van Siri Dannevig zou dit boek nooit tot stand zijn gekomen. Ik ben ook dank verschuldigd aan Maiken Ims, die het manuscript heeft gelezen en van waardevol commentaar heeft voorzien. Niet in de laatste plaats gaat mijn dank uit naar Trond Berg Eriksen voor zijn amusante opmerkingen en zijn jarenlange gedegen en professionele ondersteuning.

31e druk, september 1997

De vertaling werd gesubsidieerd door NORLA

De oorspronkelijke uitgave verscheen in 1991
onder de titel *Sofies verden*
bij H. Aschehoug & C° (W. Nygaard) in Oslo 1991

© H. Aschehoug & C° (W. Nygaard), Oslo 1991
© Nederlandse vertaling Houtekiet, Antwerpen, 1994

Vertaald uit het Noors door
Janke Klok, Lucy Pijttersen, Kim Snoeijing en Paula Stevens,
verbonden aan het Scandinavisch
Vertaal- en Informatiebureau Nederland

Omslagillustratie: Quint Buchholz
Vormgeving: Gregie de Maeyer

ISBN voor België - 90 5240 223 X
ISBN voor Nederland - 90 261 0711 0
D 1997 4765 31

INHOUD

De hof van Eden
... uiteindelijk moest er toch ooit iets uit niets
en niemendal zijn ontstaan... 9
De hoge hoed
... het enige wat we nodig hebben om goede filosofen
te worden, is het vermogen ons te verwonderen... 18
De mythen
... een wankel machtsevenwicht
tussen goede en kwade krachten... 30
De natuurfilosofen
... niets kan uit niets ontstaan... 38
Democritus
... het meest geniale speelgoed ter wereld... 52
Het lot
... de waarzegger probeert iets te voorspellen
wat eigenlijk onvoorspelbaar is... 58
Socrates
... het verstandigst is zij die weet wat ze niet weet... 68
Athene
... uit de ruïnes rezen enkele hoge gebouwen op... 84
Plato
... een terugverlangen naar de eigenlijke woning van de ziel... 90
Majorstua
... het meisje in de spiegel knipoogde met beide ogen... 107
Aristoteles
... een ordelijk Pietje Precies die grote schoonmaak
wilde houden in menselijke begrippen... 117
Het hellenisme
... een vonk uit het vuur... 135

De ansichtkaarten
... ik leg mezelf een strenge censuur op... 155
Twee culturen
... alleen zo blijf je niet door de lege ruimte zweven... 164
De middeleeuwen
... niet erg ver komen is niet hetzelfde
als de verkeerde weg inslaan... 181
De renaissance
... o goddelijk geslacht in menselijke gedaante... 206
De barok
... van dezelfde stof zijn wij als dromen... 236
Descartes
... hij wilde al het oude materiaal
van de bouwplaats verwijderen... 254
Spinoza
... God is geen poppenspeler... 268
Locke
... net zo leeg en inhoudloos als een schoolbord
voor de binnenkomst van de leraar... 278
Hume
... gooi het dan maar in het vuur... 289
Berkeley
... als een duizelige planeet om een brandende zon... 305
Bjerkely
... een oude toverspiegel die overgrootmoeder
van een zigeunerin had gekocht... 310
De verlichting
... vanaf de manier waarop een naald wordt gemaakt
tot en met de wijze waarop een kanon wordt gegoten... 327
Kant
... de sterrenhemel boven mij
en de zedelijke wet binnen in mij... 346
De romantiek
... de geheimzinnige weg voert naar binnen... 367
Hegel
... wat redelijk is, dat is werkelijk... 386

Kierkegaard
... *Europa is op weg naar een bankroet*... 399
Marx
... *een spook waart door Europa*... 413
Darwin
... *een schip dat door het leven vaart met een ruim vol genen*... 433
Freud
... *de vreselijke, egoïstische wens die bij haar opgekomen was*... 459
Onze tijd
... *de mens is tot vrijheid veroordeeld*... 478
Het tuinfeest
... *een witte raaf*... 504
Contrapunt
... *twee of meer melodieën die tegelijkertijd klinken*... 518
De grote knal
... *ook wij zijn sterrenstof*... 538
Register... 549
Verantwoording... 559

'Wer nicht von dreitausend Jahren
sich weiss Rechenschaft zu geben,
bleib im Dunkeln unerfahren,
mag von Tag zu Tage leben'

GOETHE

DE HOF VAN EDEN

... uiteindelijk moest er toch ooit iets uit niets en niemendal zijn ontstaan...

Sofie Amundsen was op weg van school naar huis. Het eerste stuk had ze gezelschap gehad van Jorunn. Ze hadden over robots gepraat. Jorunn was van mening dat je de hersenen van een mens kon vergelijken met een ingewikkelde computer. Sofie wist niet zeker of ze dat wel met haar eens was. Een mens was toch meer dan een machine?

Bij de grote supermarkt waren ze elk een andere kant opgegaan. Sofie woonde aan het einde van een uitgestrekte villawijk en ze moest bijna twee keer zo ver lopen naar school als Jorunn. Het was alsof haar huis aan het einde van de wereld lag, want achter haar tuin stonden geen andere huizen meer. Daar begon het donkere bos.

Ze liep Kløverveien in. De weg eindigde in een scherpe bocht, die meestal 'Kapteinsvingen' werd genoemd. Daar kwamen alleen op zaterdag en zondag mensen langs.

Het was begin mei. In sommige tuinen stonden dichte bossen narcissen onder de fruitbomen. De berkebomen waren getooid met een dunne groene sluier.

Was het niet vreemd dat alles in deze tijd van het jaar zomaar ging groeien en bloeien? Hoe was het mogelijk dat ontelbare kilo's groene planten uit de levenloze aarde omhoog kwamen, zodra het weer warmer werd en de laatste sneeuwresten waren verdwenen?

Terwijl ze het hek naar hun tuin opendeed, keek Sofie in de brievenbus. In de regel lag die vol reclamefolders en een paar grote enveloppen voor haar moeder. Sofie legde alles meestal in een dikke stapel op de keukentafel voor ze naar haar kamer ging om huiswerk te maken.

Voor haar vader waren er af en toe een paar bankafschriften, maar hij was dan ook geen gewone vader. De vader van Sofie was kapitein op een grote olietanker en hij was het grootste deel van het jaar weg. Als hij af en toe een paar weken thuis was, scharrelde hij op zijn pantoffels in huis rond en probeerde het Sofie en haar moeder naar de zin te maken. Maar als hij aan het varen was, leek hij ontzettend ver weg.

Vandaag lag er maar één briefje in de brievenbus en dat was voor Sofie.

'Sofie Amundsen' stond er op de kleine envelop. 'Kløverveien 3'. Dat was alles, er stond geen afzender op. Er zat zelfs geen postzegel op.

Zodra Sofie het hek achter zich dicht had gedaan, maakte ze de envelop open. Ze vond alleen een heel klein briefje van hetzelfde formaat als de envelop. Op het briefje stond: *wie ben jij?*

Meer stond er niet. Op het stukje papier stond geen groet en geen afzender, alleen die drie met de hand geschreven woorden, met een groot vraagteken erachter.

Ze keek nog eens naar de envelop. Ja, de brief was echt voor haar. Maar wie zou hem in de brievenbus hebben gedaan?

Sofie haastte zich naar binnen. Zoals gewoonlijk schoot de kat Shere Khan uit de struiken te voorschijn, sprong bovenop de verandatrap en glipte het rode huis in, voordat Sofie de deur achter zich dicht had gedaan.

'Poes, poes, poes!'

Als Sofies moeder boos was, noemde ze hun huis weleens een beestenbende. De beestenbende bestond uit een aantal verschillende dieren en Sofie was heel gelukkig met haar verzameling. Eerst had ze een kom met drie goudvissen gekregen, Goudkopje, Roodkapje en Zwartepiet. Toen kreeg ze de parkieten Piet en Puk, de schildpad Govinda en ten slotte de geelbruine tijgerkat Shere Khan. Ze had de dieren als een soort vergoeding gekregen, omdat haar moeder altijd laat thuis kwam van haar werk en haar vader zo vaak op zee was.

Sofie gooide haar rugzak op de grond en zette een schaaltje met kattevoer voor Shere Khan neer. Toen ging ze op een keukenkruk zitten met de geheimzinnige brief in haar hand.

'Wie ben jij?'

Maar dat wist ze toch wel. Ze was Sofie Amundsen natuurlijk, maar wie was dat? Dat wist ze eigenlijk niet zo precies.

Als ze nou eens heel anders had geheten? Anne Knutsen bijvoorbeeld. Zou ze dan ook iemand anders zijn geweest?

Toen herinnerde ze zich dat haar vader haar eerst Synnøve had willen noemen. Sofie probeerde zich voor te stellen dat ze haar hand uitstak en zich voorstelde als Synnøve Amundsen, maar nee, dat ging niet. Het was steeds een heel ander meisje dat zich voorstelde.

Ze sprong van de kruk en liep met de wonderlijke brief in haar hand de badkamer binnen. Ze ging voor de spiegel staan en keek zichzelf in de ogen.

'Ik ben Sofie Amundsen,' zei ze.

Het meisje in de spiegel gaf geen antwoord, er kon zelfs geen glimlach af. Wat Sofie ook deed, zij deed precies hetzelfde. Sofie probeerde haar spiegelbeeld met een razendsnelle beweging voor te zijn, maar de ander was even snel.

'Wie ben jij?' vroeg ze.

Ze kreeg ook nu geen antwoord, maar even wist ze niet meer of zijzelf die vraag had gesteld of haar spiegelbeeld.

Sofie drukte haar wijsvinger tegen de neus in de spiegel en zei: 'Jij bent mij.' Toen ze geen antwoord kreeg, draaide ze de zin om en zei: 'Ik ben jou.'

Sofie Amundsen was niet echt tevreden over haar uiterlijk. Ze kreeg vaak te horen dat ze mooie amandelvormige ogen had, maar dat zeiden ze natuurlijk alleen maar omdat haar neus te klein en haar mond iets te groot was. Haar oren stonden bovendien te dicht bij haar ogen. Het ergste was haar steile haar, waarmee helemaal niets te beginnen viel. Haar vader streelde haar wel eens over haar haar en noemde haar het meisje met het vlashaar, naar een muziekstuk van Claude Debussy. Hij had gemakkelijk praten, hij had geen haar dat voor de rest van zijn leven steil naar beneden hing. Voor Sofies haar hielpen spray noch gel.

Soms vond ze zichzelf er zo merkwaardig uitzien dat ze zich afvroeg of ze misvormd was. Haar moeder had weleens gezegd dat het een moeilijke bevalling was geweest. Maar bepaalde de bevalling hoe je er uitzag?

Wat typisch dat ze niet wist wie ze was. Het was ook niet eerlijk dat ze haar eigen uiterlijk niet kon bepalen. Dat was zomaar aan komen zeilen. Ze kon dan misschien haar vrienden uitzoeken, maar ze had zichzelf niet uitgezocht. Ze had er zelfs niet voor gekozen om een mens te zijn.

Wat was een mens?

Sofie keek weer naar het meisje in de spiegel.

'Ik denk dat ik mijn natuurkunde maar eens ga maken,' zei ze, alsof ze zich wilde verontschuldigen. Het volgende moment stond ze in de hal.

Nee, ik ga de tuin in, dacht ze toen.

'Poes, poes, poes, poes!'

Sofie duwde de kat voor zich uit naar buiten en trok de deur achter zich dicht.

Toen ze op het grindpad stond met de geheimzinnige brief nog steeds in haar hand, kreeg ze plotseling een merkwaardig gevoel. Het was net alsof ze een pop was die met een toverstaf tot leven was gebracht.

Was het niet vreemd dat ze op deze aarde rondliep, dat ze in dit wonderbaarlijke sprookje kon rondlopen?

Shere Khan sprong lichtvoetig over het grind en verdween tussen een paar dicht op elkaar staande aalbessestruiken. Een springlevende kat, vanaf de witte snorharen tot aan de zwaaiende staart achteraan haar soepele lijf. Ook de kat bevond zich in de tuin, maar besefte dat niet op dezelfde manier als Sofie.

Toen Sofie erover nadacht dat ze bestond, bedacht ze ook dat ze hier niet altijd zou zijn.

Nu ben ik op deze aarde, dacht ze. Maar op een dag ben ik zomaar verdwenen.

Bestond er een leven na de dood? Ook van deze vraag had de kat vast en zeker geen enkel besef.

Nog niet zo lang geleden was Sofies oma overleden. Al ruim een half jaar had ze er bijna elke dag aan gedacht hoe erg ze haar miste. Was het niet onrechtvaardig dat het leven een keer ophield?

Sofie bleef op het grindpad staan nadenken. Ze probeerde er extra hard aan te denken dat ze bestond, om zo te vergeten dat ze hier niet altijd zou zijn. Maar dat bleek volkomen onmogelijk. Zo gauw ze zich concentreerde op het feit dat ze bestond, kwam ook de gedachte opzetten dat het leven een keer ophield. En omgekeerd was het net zo: pas toen ze duidelijk voelde dat ze op een dag helemaal verdwenen zou zijn, kreeg ze echt door hoe oneindig waardevol het leven is. Het was als de voor- en achterkant van een munt, een munt die ze telkens omdraaide. Hoe groter en duidelijker de ene kant van de munt werd, hoe groter en duidelijker ook de andere kant werd. Leven en dood waren als keerzijden van dezelfde medaille.

Je kunt alleen meemaken dat je bestaat als je ook meemaakt dat je dood gaat, dacht ze. Zo kun je ook alleen maar denken aan je dood, als je tegelijkertijd bedenkt hoe fantastisch het is om te leven.

Sofie herinnerde zich dat haar oma ook zoiets had gezegd op de dag dat ze van de dokter te horen had gekregen dat ze ziek was. 'Nu begrijp ik pas hoe rijk het leven is,' had ze gezegd.

Was het niet triest dat de meeste mensen eerst ziek moesten worden voordat ze beseften hoe heerlijk het leven was? Of op zijn minst een geheimzinnige brief in hun brievenbus moesten krijgen!

Misschien moest ze gaan kijken of er nog meer in zat. Sofie rende naar het hek en deed de groene klep omhoog. Ze schrok toen ze precies zo'n envelop in de bus zag liggen. Had ze soms niet goed gekeken of de brievenbus leeg was toen ze de eerste envelop pakte?

Ook op deze envelop stond haar naam. Ze scheurde hem open en haalde een wit papiertje te voorschijn. Het zag er precies zo uit als het eerste.

Waar komt de wereld vandaan? stond er.

Ik heb geen idee, dacht Sofie. Dat weet toch niemand? Toch vond Sofie de vraag gerechtvaardigd. Voor het eerst in haar leven dacht ze dat je eigenlijk niet in deze wereld kon leven zonder je in ieder geval *af te vragen* waar die vandaan kwam.

Het was Sofie zo gaan duizelen van die geheimzinnige brieven dat ze besloot naar het Hol te gaan.

Het Hol was Sofies supergeheime schuilplaats. Ze ging er alleen naar toe als ze vreselijk boos was, heel veel verdriet had of als ze ontzettend blij was. Vandaag was ze alleen maar in de war.

Rondom het rode huis lag een grote tuin. Overal waren bloembedden, bessestruiken en allerlei fruitbomen. Er was een groot grasveld met een schommelbank en er stond zelfs een prieeltje, dat haar opa voor haar oma had gemaakt, toen hun eerste kindje overleed, een paar weken nadat het was geboren. Het arme meisje heette Marie. Op haar grafsteen stond: 'Marietje kwam bij ons, groette even en keerde om.'

In een hoek van de tuin, achter alle frambozestruiken, stond dicht struikgewas waaraan geen bloemen of bessen groeiden. Eigenlijk was het een oude heg die de grens met het grote bos vormde, maar omdat niemand er de afgelopen twintig jaar iets aan had gedaan, was de heg uitgegroeid tot een ondoordringbaar struikgewas. Haar oma had verteld dat de heg ervoor had gezorgd dat de vossen niet zo gemakkelijk op hun kippen konden jagen. Dat was tijdens de oorlog geweest toen de kippen vrij in de tuin rondscharrelden.

Voor iedereen behalve Sofie was de oude heg even nutteloos als de konijnehokken achter in de tuin. Maar dat kwam omdat ze het geheim van Sofie niet kenden.

Zo lang Sofie het zich kon herinneren, wist ze dat er in de heg een smalle poort zat. Als ze daar doorheen kroop, kwam ze bij een grote holle ruimte tussen de struiken terecht. Het was net een kleine hut. Ze wist heel zeker dat niemand haar daar zou vinden.

Met de twee enveloppen in haar hand rende Sofie de tuin door, ging op handen en voeten zitten en wurmde zich door de heg heen. Het Hol was zo groot dat ze er bijna rechtop kon staan, maar ze ging op een paar dikke wortels zitten. Vanaf deze plek kon ze via een paar piepkleine gaatjes door de takken en bladeren heen kijken. Hoewel de gaatjes niet groter waren dan een munt van vijf kronen, kon ze bijna de hele tuin overzien. Toen ze klein was, had ze het leuk gevonden om te bestuderen hoe haar moeder of haar vader tussen de bomen naar haar liep te zoeken.

Sofie had de tuin altijd een aparte wereld gevonden. Iedere keer dat ze in het scheppingsverhaal hoorde vertellen over de hof van Eden, was het alsof ze in het Hol zat en over haar eigen kleine paradijs uitkeek.

'Waar komt de wereld vandaan?'

Als ze dat eens wist. Sofie wist dat de aarde slechts een kleine planeet in het geweldige heelal was. Maar waar kwam dat heelal vandaan?

Het was natuurlijk mogelijk dat het heelal er altijd al was geweest en in dat geval was het niet nodig om antwoord te vinden op de vraag waar het vandaan kwam. Maar *kon* iets wel altijd bestaan? Diep in haar hart protesteerde ze daartegen. Alles wat bestaat, moet toch ook een begin hebben? Dus moest het heelal ooit uit iets anders zijn ontstaan.

Maar als het heelal plotseling uit iets anders was ontstaan, dan moest dat andere ook ooit weer uit iets anders zijn ontstaan. Sofie begreep dat ze het hele probleem alleen maar had verschoven. Uiteindelijk moest er toch ooit iets uit niets en niemendal zijn ontstaan. Maar was dat mogelijk? Was dat niet net zo onmogelijk als de gedachte dat de wereld er altijd al was geweest?

Op school leerden ze dat God de wereld had geschapen en Sofie probeerde zich erbij neer te leggen dat dat hoe dan ook de beste oplossing van het hele probleem was. Maar toen begon ze weer te denken. Ze wilde graag geloven dat God de wereld had geschapen, maar hoe zat het dan met God zelf? Had hij zichzelf uit het niets geschapen? Weer protesteerde ze daar diep in haar hart tegen. Hoewel God vast en zeker in staat was van alles en nog wat te scheppen, zou het toch ook voor hem erg moeilijk zijn zichzelf te scheppen *voordat* hij iets had om zichzelf mee te scheppen. Dan bleef er maar een mogelijkheid over: God was er altijd al geweest. Maar die mogelijkheid had ze net immers verworpen! Alles wat bestaat, moest een begin hebben.

'Verdorie!'

Ze maakte de twee enveloppen weer open.

'Wie ben jij?'

'Waar komt de wereld vandaan?'

Wat een rotvragen! En waar kwamen die twee brieven vandaan? Dat was al bijna net zo geheimzinnig.

Wie had Sofie uit haar dagelijkse werkelijkheid gehaald en haar zomaar tegenover de grote raadsels van het universum geplaatst?

Voor de derde keer die dag ging Sofie naar de brievenbus.

Nu pas had de postbode de post gebracht. Sofie viste een dikke stapel reclame, kranten en een paar brieven voor haar moeder uit de bus. Er lag ook een ansichtkaart, met een afbeelding van een strand ergens in het zuiden. Ze draaide de kaart om. Er zaten Noorse postzegels op en in het stempel stond 'VN-bataljon'. Zou papa die gestuurd hebben? Maar hij zat toch in een heel ander deel van de wereld? Het was trouwens ook zijn handschrift niet.

Sofie voelde haar hart sneller kloppen toen ze las aan wie de kaart was geadresseerd. 'Hilde Møller Knag, p/a Sofie Amundsen, Kløverveien 3...' De rest van het adres klopte. Op de kaart stond:

Lieve Hilde. Hartelijk gefeliciteerd met je vijftiende verjaardag. Je begrijpt dat ik je een cadeau wil geven waar je nog jaren wat aan hebt. Vergeef me dat ik de kaart naar Sofie stuur. Dat was het gemakkelijkste.

Veel liefs, papa.

Sofie holde terug naar huis en liep de keuken in. Er raasde een storm door haar heen.

Wie was deze 'Hilde' die maar net een maand eerder dan zijzelf vijftien jaar werd?

Sofie haalde de telefoongids uit de hal. Er waren veel mensen die Møller heetten, sommige anderen heetten Knag. Maar in de dikke telefoongids heette niemand Møller Knag.

Ze bekeek de geheimzinnige kaart nog een keer. De kaart was echt, er zat een postzegel en een stempel op.

Waarom zou een vader een verjaardagskaart naar het adres van Sofie sturen als duidelijk was dat die kaart ergens anders naar toe moest? Welke vader zou zijn eigen dochter een verjaardagskaart door de neus boren door de kaart zomaar naar een verkeerd adres te sturen? Waarom was het zo 'het gemakkelijkste?' En vooral: hoe moest zij Hilde opsporen?

Zo kreeg Sofie er nog een probleem bij om over na te denken. Ze probeerde haar gedachten weer op een rijtje te zetten. In een paar uur tijd was ze die middag tegenover drie raadsels geplaatst. Het ene raadsel was wie de twee witte enveloppen in haar brievenbus had gedaan. Het tweede waren de moeilijke vragen die in die brieven werden gesteld. Het derde raadsel was wie Hilde Møller Knag was en waarom Sofie een verjaardagskaart voor dat onbekende meisje kreeg.

Ze wist zeker dat de drie raadsels op de een of andere manier verband met elkaar hielden, want tot die dag had ze een heel gewoon leven geleid.

DE HOGE HOED

*... het enige wat we nodig hebben
om goede filosofen te worden,
is het vermogen ons te verwonderen...*

Sofie ging ervan uit dat de anonieme brievenschrijver weer contact met haar zou opnemen. Ze besloot om voorlopig niemand over de brieven te vertellen.

Het viel haar op school niet mee om zich te concentreren op wat de leraar vertelde. Sofie vond dat hij het alleen maar over onbelangrijke zaken had. Waarom vertelde hij niet liever iets over wat een mens is, of wat de wereld is en hoe die is ontstaan?

Ze kreeg een gevoel dat ze nog nooit eerder had gehad: zowel op school als op allerlei andere plaatsen hielden de mensen zich met min of meer toevallige zaken bezig. Maar buiten de gewone schoolvakken bestonden er grote, moeilijke vraagstukken waarvan de antwoorden heel belangrijk waren.

Bestonden er mensen die op zulke vragen een antwoord wisten? Sofie vond in ieder geval dat het belangrijker was daar over na te denken dan sterke werkwoorden in haar hoofd te stampen.

Toen de bel na het laatste uur ging, had ze zo snel het schoolplein verlaten dat Jorunn moest hollen om haar in te halen.

Na een poosje zei Jorunn: 'Heb je zin om vanavond te kaarten?'
Sofie haalde de schouders op.
'Ik geloof dat kaarten me niet meer zo interesseert.'
Jorunn zag eruit alsof ze het in Keulen hoorde donderen.
'Hè? Zullen we dan badmintonnen?'
Sofie staarde naar beneden en keek toen haar vriendin weer aan.
'Ik geloof dat badmintonnen me ook niet meer zo interesseert.'
'Nou zeg!'
Sofie hoorde dat de stem van Jorunn boos klonk.
'Kun je me dan vertellen wat er plotseling zo belangrijk is geworden?'
Sofie schudde langzaam haar hoofd.
'Dat... dat is geheim.'

'Poeh! Je bent vast verliefd!'

De meisjes liepen samen verder zonder iets te zeggen. Toen ze bij het voetbalveld kwamen, zei Jorunn: 'Ik loop over het veld.'

Over het veld. Dat was voor Jorunn de snelste weg, maar daar ging ze alleen langs als ze snel naar huis moest omdat ze op visite ging of omdat ze naar de tandarts moest.

Sofie vond het vervelend dat ze Jorunn had gekwetst. Maar wat voor antwoord had ze dan moeten geven? Dat ze plotseling zo in beslag werd genomen door de vraag wie ze was en waar de wereld vandaan kwam, dat ze geen tijd had om te badmintonnen? Zou haar vriendin dat hebben begrepen?

Waarom was het zo moeilijk om bezig te zijn met de allerbelangrijkste en eigenlijk toch allergewoonste vraag die er bestond?

Haar hart ging sneller kloppen toen ze de brievenbus opende. Eerst vond ze alleen een bankafschrift en een paar grote gele enveloppen voor haar moeder. Bah, Sofie had zo gehoopt op een nieuwe brief van de onbekende afzender.

Toen ze het hek achter zich dichtdeed, zag ze haar eigen naam op een van de grote enveloppen staan. Op de achterkant, waar ze de envelop moest openmaken, stond: *Filosofiecursus. Moet met grote voorzichtigheid worden behandeld.*

Sofie rende het grindpad over en zette haar rugzak op de verandatrap. De andere brieven stopte ze onder de deurmat, daarna holde ze door de tuin achter het huis en kroop gauw in het Hol. Daar zou ze de grote brief openmaken.

Shere Khan rende achter haar aan, maar dat moest dan maar. Sofie wist vrij zeker dat de kat haar niet zou verklikken.

In de envelop zaten drie grote getypte vellen papier, die met een paperclip aan elkaar zaten. Sofie begon te lezen.

Wat is filosofie?

Lieve Sofie. Veel mensen hebben een of meer hobbies. Sommigen verzamelen oude munten of postzegels, anderen vinden handenarbeid leuk en er zijn ook mensen die het grootste deel van hun vrije tijd aan een bepaalde sport besteden.

Veel mensen vinden lezen ook leuk. Maar het maakt groot verschil wat we lezen. Er zijn mensen die alleen maar kranten of stripverhalen lezen, sommigen lezen graag romans, terwijl anderen de voorkeur geven aan boeken over speciale onderwerpen, zoals astronomie, het dierenrijk of technische uitvindingen.

Als ik van paarden of juwelen houd, kan ik niet verlangen dat alle anderen dat net zo leuk zullen vinden. Als ik vol spanning alle sportuitzendingen op de televisie volg, moet ik er tegen kunnen dat anderen sport maar saai vinden.

Is er dan ook iets wat eigenlijk iedereen zou moeten interesseren? Bestaat er iets wat iedereen aangaat, wie ze ook zijn of waar ter wereld ze ook wonen? Ja, lieve Sofie, er bestaan enkele vragen die alle mensen zouden moeten bezighouden. Over dat soort vragen gaat deze cursus.

Wat is het belangrijkste in dit leven? Als we dat vragen aan iemand die bijna omkomt van de honger, luidt het antwoord eten. Als we dezelfde vraag stellen aan iemand die het koud heeft, is het antwoord warmte. En als we het vragen aan iemand die zich eenzaam en alleen voelt, dan zal het antwoord luiden 'samenzijn met andere mensen'.

Maar als aan al die behoeften is voldaan, is er dan nog iets wat alle mensen nodig hebben? Filosofen vinden van wel. Die vinden dat een mens niet van brood alleen kan leven. Alle mensen hebben natuurlijk eten nodig. Iedereen heeft ook liefde en aandacht nodig. Maar er is nog iets wat alle mensen nodig hebben. We moeten een antwoord vinden op de vraag wie we zijn en waarom we leven.

Je interesseren voor de vraag waarom we leven, is dus niet een even willekeurige interesse als het verzamelen van postzegels. Wie zich voor dergelijke vragen interesseert, houdt zich bezig met iets waarover de mensen al hebben gesproken, zolang we op deze planeet leven. Hoe het heelal, de aardbol en het leven zijn ontstaan, is een grotere en belangrijkere vraag dan wie bij de vorige Olympische Spelen de meeste gouden medailles heeft gewonnen.

De beste manier om de filosofie te benaderen, is een paar filosofische vragen te stellen:

Hoe is de wereld geschapen? Gebeurt iets met opzet of heeft

alles wat er gebeurt een doel? Bestaat er een leven na de dood? Hoe moeten we in hemelsnaam een antwoord op zulke vragen vinden? En vooral: hoe moeten we leven?

Dit soort vragen is te allen tijde door mensen gesteld. We kennen geen culturen die zich niet hebben beziggehouden met de vraag wie de mensen zijn of waar de wereld vandaan komt.

In feite zijn er maar een paar filosofische vragen die we kunnen stellen. De belangrijkste hebben we al gesteld. De geschiedenis laat ons echter wel veel verschillende *antwoorden* zien op elke vraag die we hebben gesteld.

Het is dus eenvoudiger om filosofische vragen te stellen dan er een antwoord op te vinden.

Ook vandaag de dag moet ieder mens zijn eigen antwoorden op die vragen vinden. Je kunt niet in een encyclopedie opzoeken of God bestaat en of er een leven na de dood is. Een encyclopedie geeft ons ook geen antwoord op de vraag hoe we moeten leven. Maar misschien kan het helpen om te lezen wat andere mensen gedacht hebben, als we onze eigen mening over het leven willen vormen.

De jacht van de filosofen op de waarheid kan misschien worden vergeleken met een detectiveverhaal. Sommigen geloven dat Andersen de moordenaar is, anderen denken dat het Nielsen of Jepsen was. Als het om een echte misdaad gaat, kan het voorkomen dat de politie die zomaar op een dag oplost. Het is natuurlijk ook mogelijk dat het hen nooit lukt de zaak op te lossen. Maar de oplossing voor het mysterie bestaat wel degelijk.

Dus zelfs als het moeilijk is om op een vraag antwoord te vinden, is het toch mogelijk dat de vraag een - en ook niet meer dan een - goed antwoord kent. Of er *is* een leven na de dood, of niet.

Veel oude raadsels zijn in de loop van de tijd door de wetenschap opgelost. Het was ooit een groot raadsel hoe de achterkant van de maan er uitzag. Dat soort vragen kon je niet oplossen door erover te praten. Het antwoord werd overgelaten aan de fantasie van ieder afzonderlijk mens. Maar vandaag de dag weten we precies hoe de achterkant van de maan er uitziet. Het is niet meer mogelijk om te geloven dat er een mannetje op de maan woont of dat de maan een kaas is.

Een van de oude Griekse filosofen die meer dan tweeduizend jaar geleden leefde, dacht dat de filosofie was ontstaan omdat de mens zich overal over verwondert. De mens vindt het zo vreemd dat hij bestaat dat filosofische vragen gewoon vanzelf ontstaan, dacht hij.

Het is alsof we naar een goocheltruc kijken: we kunnen niet begrijpen wat we zien gebeuren. Dus vragen we ons af: hoe kan de goochelaar een paar witte zijden sjaals in een levend konijn veranderen?

Veel mensen vinden de wereld net zo onbegrijpelijk als een goochelaar die plotseling een konijn te voorschijn tovert uit een hoge hoed, die zojuist nog helemaal leeg was.

Wat het konijn betreft, weten we dat de goochelaar ons voor de gek houdt. We willen juist graag uitzoeken hóe hij dat klaar heeft gespeeld. Als we het over de wereld hebben, ligt de zaak anders. We weten dat de wereld geen bedrog en onzin is, want we lopen op deze aarde rond en zijn zelf een deel van de wereld. Eigenlijk zijn wij het witte konijn dat uit de hoge hoed te voorschijn wordt getoverd. Het enige verschil tussen ons en het witte konijn is dat het konijn niet beseft dat het deel uitmaakt van een goocheltruc. Dat geldt niet voor ons. Wij hebben het gevoel dat we aan iets raadselachtigs meedoen en we willen graag ontdekken hoe alles in zijn werk gaat.

P.S. Misschien kunnen we het witte konijn beter vergelijken met het hele universum. Wij die hier wonen, zijn piepkleine beestjes die diep in de vacht van het konijn wonen. Maar filosofen proberen langs een van de dunne haartjes omhoog te klauteren, zodat ze de grote goochelaar recht in de ogen kunnen kijken.

Kun je het nog volgen, Sofie? Wordt vervolgd.

Sofie was bekaf. Of ze het nog kon volgen? Ze wist niet eens meer of ze tijdens het lezen wel adem had gehaald.

Wie had de brief gebracht? Wie, o wie?

Het kon onmogelijk dezelfde persoon zijn die een verjaardagskaart naar Hilde Møller Knag had gestuurd, want op de kaart zaten een postzegel en een stempel. De gele envelop was gewoon in de brievenbus gestopt, net als de twee witte enveloppen.

Sofie keek op haar horloge. Het was nog maar kwart voor drie. Dan duurde het nog bijna twee uur voordat haar moeder van haar werk kwam.

Sofie kroop terug naar de tuin en holde naar de brievenbus. Zou er nog meer liggen?

Ze vond weer een gele envelop met haar eigen naam erop. Ze keek om zich heen, maar ze zag niemand. Sofie rende naar de rand van het bos en tuurde het pad af.

Ook daar was geen levende ziel te bekennen.

Op hetzelfde moment dacht ze dat ze diep in het bos een paar takken hoorde kraken. Ze wist het niet helemaal zeker, als iemand zich probeerde uit de voeten te maken, zou het hoe dan ook geen zin hebben er achteraan te rennen.

Sofie deed de voordeur open en nam haar rugzak en de post voor haar moeder mee naar binnen. Ze ging naar haar kamer, haalde de grote koektrommel met alle mooie stenen te voorschijn, gooide de stenen op de grond en stopte de beide grote enveloppen in de trommel. Toen rende ze de tuin weer in met de trommel onder haar arm. Vóór ze naar buiten ging, zette ze het voer voor Shere Khan neer.

'Poes, poes, poes!'

Toen ze weer in haar Hol was, maakte ze de envelop open en haalde een aantal nieuwe getypte vellen papier te voorschijn. Ze begon te lezen.

Een wonderlijk wezen

Daar zijn we weer! Zoals je begrijpt, komt de beknopte filosofiecursus in kleine porties. Eerst nog een paar inleidende opmerkingen.

Heb ik al gezegd dat het enige wat we nodig hebben om goede filosofen te worden, het vermogen is ons te verwonderen? Zo niet, dan zeg ik het nu: HET ENIGE WAT WE NODIG HEBBEN OM GOEDE FILOSOFEN TE WORDEN, IS HET VERMOGEN ONS TE VERWONDEREN.

Alle kleine kinderen bezitten dat vermogen. Het zou ook raar zijn als dat niet zo was. Na een aantal maanden komen ze in een gloednieuwe werkelijkheid terecht. Maar naarmate ze opgroeien, lijkt hun vermogen om zich te verwonderen af te nemen. Hoe komt dat? Weet Sofie Amundsen daar een antwoord op?

Dus: als een pasgeboren baby zou kunnen praten, zou het vast en zeker iets zeggen over de wonderlijke wereld waarin het terecht was gekomen. Want hoewel een kind niet kan praten, zien we hoe het om zich heen wijst en nieuwsgierig naar de dingen in de kamer grijpt.

Na een tijd komen de eerste woordjes en iedere keer dat het kind een hond ziet, roept het 'woef, woef.' We zien het kind in de wandelwagen op en neer wippen en met zijn armen zwaaien: 'Woef, woef! Woef, woef!' Mensen zoals wij, die al wat jaartjes meegaan, kunnen ons wel eens aan het enthousiasme van het kind ergeren. 'Ja hoor, dat is een woef woef,' zeggen we eigenwijs, 'maar nu moet je stil blijven zitten.' Wij zijn niet meer zo opgetogen. Wij hebben al vaker honden gezien.

Misschien dat dat enthousiaste gedrag zich nog honderden keren herhaalt voordat het kind langs een hond kan lopen zonder uit zijn bol te gaan. Of langs een olifant of een nijlpaard. Lang voordat het kind goed heeft leren praten, en lang voordat het geleerd heeft filosofisch te denken, is de wereld een gewoonte geworden.

Jammer, als je het mij vraagt!

Ik heb er mijn eer in gesteld dat jij niet een van die mensen zult worden, die de wereld vanzelfsprekend vinden, lieve Sofie. Voor alle zekerheid gaan we daarom een paar gedachtenexperimenten doen, vóór we aan de echte filosofiecursus beginnen.

Doe net alsof je op een dag een wandeling in het bos maakt. Plotseling zie je een klein ruimteschip voor je op het pad. Uit het ruimteschip klautert een marsmannetje dat jou nieuwsgierig aanstaart...

Wat zou je dan denken? Nou ja, dat maakt ook niets uit. Maar heb je er wel eens bij stilgestaan dat je zélf zo'n marsmannetje bent?

Nu is het niet erg waarschijnlijk dat je ooit een schepsel van een andere planeet zult tegenkomen. We weten niet eens of er op andere planeten leven is. Maar het is wel heel goed mogelijk dat je jezelf tegenkomt. Het is heel goed mogelijk dat je op een dag plotseling op een heel andere manier tegen jezelf aankijkt. Misschien dat dat juist tijdens een boswandeling gebeurt.

Ik ben een wonderlijk wezen, denk je. Een geheimzinnig dier...

Het is alsof je net als Doornroosje wakker wordt uit een jarenlange slaap. Wie ben ik? vraag je. Je weet dat je op een aardbol in het universum rondkruipt. Maar wat *is* het universum?

Als je jezelf op die manier ontdekt, heb je iets ontdekt wat net zo geheimzinnig is als het marsmannetje, waar we het net over hadden. Je hebt niet alleen een wezen uit het heelal gezien, je voelt diep in je hart dat je zelf ook zo'n wonderlijk wezen bent.

Kun je het nog volgen, Sofie? We gaan nog een gedachtenexperiment doen.

Op een ochtend zitten mama en papa en kleine Thomas van een jaar of twee in de keuken te ontbijten. Even later staat mama op en loopt naar het aanrecht en dan, ja dan gaat papa opeens zweven, vlak onder het plafond, terwijl Thomas naar hem zit te kijken.

Wat denk je dat Thomas zal zeggen? Misschien wijst hij wel naar zijn vader en zegt hij: 'Papa vliegt!'

Natuurlijk zou Thomas zich verwonderen, maar dat doet hij wel vaker. Papa doet altijd zulke vreemde dingen dat een vliegtochtje boven de ontbijttafel in de ogen van Thomas niet zoveel bijzonders is. Elke dag scheert papa zich met een grappig apparaat, soms klimt hij het dak op en draait aan de televisieantenne, of steekt hij zijn hoofd in de motor van een auto en komt zwart als een neger weer te voorschijn.

Dan is de beurt aan mama. Ze heeft gehoord wat Thomas zei en draait zich resoluut om. Hoe denk je dat zij zou reageren als ze ziet dat papa in vrije vlucht boven de keukentafel hangt?

Ze laat onmiddellijk de jampot op de vloer vallen en gilt van schrik. Misschien moet de dokter zelfs wel komen nadat papa even later weer op zijn stoel is geland. (Hij had al lang moeten leren netjes aan tafel te blijven zitten!)

Hoe zou het komen, denk je, dat Thomas en mama zo verschillend reageren?

Dat heeft met *gewoonte* te maken. (Prent dat goed in je hoofd!) Mama heeft geleerd dat mensen niet kunnen vliegen. Thomas niet. Hij weet nog niet wat in deze wereld wel en wat niet mogelijk is.

Maar hoe zit het dan met de wereld zelf, Sofie? Vind je dat *die* mogelijk is? Die zweeft ook vrij in het rond!

Het trieste is dat wanneer we opgroeien, we niet alleen gewend raken aan de wet van de zwaartekracht. In een moeite door wennen we aan de hele wereld zoals die is.

Het lijkt alsof we tijdens onze jeugd het vermogen kwijtraken om ons over de wereld te verwonderen. Maar daarmee verliezen we iets wezenlijks, iets wat de filosofen weer tot leven proberen te wekken. Want ergens binnenin ons zegt iets ons dat het leven een groot raadsel is. Het is iets wat we al hebben meegemaakt, lang voordat we die gedachte leren formuleren.

Samengevat: hoewel de filosofische vragen voor alle mensen van belang zijn, wordt niet iedereen filosoof. Om verschillende redenen zijn de meesten zo druk met het leven van alledag bezig dat de verwondering over het leven volledig naar de achtergrond wordt geschoven. (Ze kruipen diep weg in de konijnevacht, gaan er lekker bij liggen en blijven daar hun hele leven lang.)

Voor kinderen is de wereld, en alles wat er bestaat, iets *nieuws*, iets wat verbazing oproept. Voor volwassenen is dat niet het geval. De meeste volwassenen vinden de wereld iets heel gewoons.

Op dat punt vormen de filosofen een eerzame uitzondering. Een filosoof heeft nooit echt aan de wereld kunnen wennen. Voor hem of haar heeft de wereld nog steeds iets ongerijmds, iets raadselachtigs en geheimzinnigs. Filosofen en kleine kinderen hebben dus een belangrijke eigenschap gemeen. Je zou kunnen zeggen dat een filosoof zijn leven lang net zo alert blijft als een klein kind.

Nu mag je kiezen, lieve Sofie. Ben je een kind dat nog niet aan de wereld gewend is? Of ben je een filosoof die zweert dat je dat nooit zult doen?

Als je alleen maar je hoofd schudt en je jezelf niet herkent, niet als kind en niet als filosoof, komt dat omdat je zo met de wereld vertrouwd bent geraakt dat die je niet meer verbaast. In dat geval dreigt er gevaar. En daarom krijg je deze filosofiecursus aangeboden, voor alle zekerheid dus. Ik wil niet dat jij een van die afgestompte en onverschillige mensen zult worden. Ik wil dat je bewust leeft.

Je krijgt de cursus helemaal gratis. En je krijgt dus ook geen geld terug als je de cursus niet afmaakt. Als je met de cursus wilt stoppen, dan kan dat natuurlijk. Leg dan maar een berichtje voor mij in de brievenbus. Een levende kikker lijkt me daar wel geschikt voor. In ieder geval iets groens, anders jagen we de postbode nog de stuipen op het lijf.

Korte samenvatting: een wit konijn wordt uit een lege hoge hoed getoverd. Omdat het een erg groot konijn is, duurt de truc miljarden jaren lang. Helemaal aan het uiteinde van de dunne haartjes worden de mensenkinderen geboren. Zo zijn ze in staat om zich te verwonderen over de onmogelijke goocheltruc. Maar naarmate ze ouder worden, kruipen ze steeds dieper weg in de konijnevacht. En daar blijven ze zitten. Daar voelen ze zich zo lekker dat ze nooit meer in de dunne haartjes van de vacht durven klimmen. Alleen filosofen begeven zich op de gevaarvolle reis naar de uiterste grens van de taal en van het bestaan. Sommigen van hen vallen weer naar beneden, maar anderen klampen zich aan het haar van de konijnevacht vast en roepen naar alle mensen die diep in het zachte konijnevel zitten en zich met lekker eten en drinken volproppen.

'Geachte dames en heren,' zeggen ze. 'We zweven in de lege ruimte!'

Maar niemand van de mensen in de vacht maakt zich druk over wat de filosofen roepen.

'Bah, wat een herrieschoppers,' zeggen ze.

Dan praten ze gewoon weer verder: 'Wil je me de boter even aangeven? Hoe hoog staan de aandelen vandaag? Wat kosten de tomaten? Heb je gehoord dat Lady Di weer in verwachting is?'

Toen Sofies moeder later die middag thuiskwam, bevond Sofie zich in een shocktoestand. De trommel met de brieven van de geheimzinnige filosoof lag veilig opgeborgen in het Hol. Sofie had geprobeerd haar huiswerk te maken, maar haar gedachten dwaalden voortdurend af naar wat ze had gelezen.

Wat was er veel waarover ze nog nooit had nagedacht! Ze was geen kind meer, maar ze was ook nog niet volwassen. Sofie begreep dat ze al bezig was geweest om weg te kruipen in de dikke vacht van het konijn dat uit de zwarte hoge hoed van het universum was getoverd. Maar de filosoof had haar tegengehouden. Hij - of was het een zij? - had haar in haar nekvel gegrepen en haar weer uit de vacht naar boven getrokken waar ze als kind had gespeeld. En daar, helemaal aan het uiteinde van de dunne konijneharen, zag ze de wereld weer alsof het de allereerste keer was.

De filosoof had haar gered. Ongetwijfeld. De onbekende brievenschrijver had haar gered van de onverschilligheid van alledag.

Toen haar moeder rond vijf uur thuis kwam, trok Sofie haar de kamer binnen en duwde haar op een stoel.

'Mama, vind je het niet vreemd om te leven?' begon ze.

Haar moeder was zo verbouwereerd dat ze niet wist wat ze moest antwoorden. Meestal zat Sofie haar huiswerk te maken als ze thuiskwam.

'Tja,' zei ze. 'Soms wel.'

'Soms? Ik bedoel, vind je het eigenlijk niet vreemd dat er een wereld bestaat?'

'Maar Sofie, zo moet je niet praten.'

'Waarom niet? Jij vindt de wereld zeker heel normaal?'

'Maar dat is toch ook zo. Meestal in elk geval.'

Sofie begreep dat de filosoof gelijk had. De volwassenen vonden de wereld vanzelfsprekend. Ze hadden zich net als Doornroosje voor eeuwig in slaap laten sussen.

'Poeh! Jij bent gewoon zo aan de wereld gewend geraakt dat die je niet langer verbaast,' zei ze.

'Waar heb je het toch over?'

'Ik zeg dat je alles veel te gewoon vindt. Je bent gewoon hartstikke stom.'

'Zo mag je niet tegen me praten, Sofie.'

'Dan zal ik het op een andere manier zeggen. Je hebt je diep in de vacht van een wit konijn genesteld, terwijl dat juist op dit moment uit de zwarte hoge hoed van het universum wordt getoverd. En nu ga je zo de aardappelen opzetten. Dan lees je de krant en na een dutje van een half uur kijk je naar het journaal.'

Er verscheen een bezorgde blik op het gezicht van haar moeder. Ze ging inderdaad naar de keuken om de aardappelen op te zetten. Even later kwam ze de kamer weer in en nu duwde zij Sofie op een stoel.

'Ik moet even met je praten,' begon ze. Sofie hoorde aan haar stem dat er iets ernstigs was.

'Je gebruikt toch zeker geen drugs, lieverd?'

Sofie begon te lachen, maar ze begreep waarom haar moeder deze vraag uitgerekend nu stelde.

'Ben je gek?' zei ze. 'Dan word je immers *nog* afgestompter.'

Meer werd er die middag niet over drugs of witte konijnen gezegd.

DE MYTHEN

*... een wankel machtsevenwicht
tussen goede en kwade krachten...*

De volgende ochtend lag er geen brief voor Sofie in de brievenbus. Op school verveelde Sofie zich stierlijk en het werd een lange dag. Ze zorgde ervoor dat ze in de pauzes extra vriendelijk tegen Jorunn was. Op weg naar huis maakten ze plannen voor een nachtje kamperen als het in het bos weer droog was.

Toen stond ze weer bij de brievenbus. Eerst maakte ze een brief open die in Mexico was afgestempeld. Het was een kaart van papa. Hij verlangde naar huis en het was hem voor de eerste keer gelukt om met schaken van de eerste stuurman te winnen. Verder had hij de twintig kilo boeken die hij na zijn paasvakantie had meegenomen, bijna uit.

En ja hoor, daar lag weer een gele envelop met haar naam erop! Sofie legde haar rugzak en de post in huis en rende naar het Hol. Ze trok een stapeltje nieuwe getypte papieren uit de envelop en begon te lezen:

Het mythische wereldbeeld

Hallo Sofie! We hebben veel te doen, dus laten we maar gauw beginnen.

Met filosofie bedoelen we een nieuwe manier van denken, die omstreeks 600 jaar voor Christus in Griekenland is ontstaan. Vóór die tijd gaven de verschillende godsdiensten antwoord op de vragen die de mensen stelden. Zulke religieuze verklaringen werden van geslacht op geslacht doorverteld door middel van *mythen*. Een mythe is een verhaal over goden, waarin een verklaring wordt gegeven waarom het leven is zoals het is.

Over de hele wereld is in de loop der tijden een wilde flora aan mythische verklaringen van filosofische vragen opgebloeid. De Griekse filosofen probeerden aan te tonen dat de mensen niet op die verklaringen konden vertrouwen.

Om inzicht te krijgen in de gedachtengang van de eerste filosofen moeten we dus begrijpen wat een mythisch wereldbeeld eigenlijk inhoudt. Om dicht bij huis te blijven, zullen we een paar mythische voorstellingen uit Scandinavië als voorbeeld gebruiken.

Je hebt ongetwijfeld wel eens van *Thor* met de hamer gehoord. Voordat het christendom naar Noorwegen kwam, geloofden de mensen in Scandinavië dat Thor langs de hemel reed in een wagen die door twee bokken werd getrokken. Wanneer hij met zijn hamer zwaaide, ging het bliksemen en donderen. Het Noorse woord voor 'donder' is 'torden' en dat betekent in het Noors 'Tor-dønn' oftewel de klap van Thor. In het Zweeds heet de donder 'åska' - eigenlijk 'ås-aka'- en dat betekent de tocht van de god langs de hemel.

Als het bliksemt en dondert, valt er ook regen. In de vikingtijd was dat voor de boeren van levensbelang. Thor werd daarom als god van de vruchtbaarheid vereerd.

Het mythische antwoord op de vraag waarom het regent, was dus dat Thor met zijn hamer zwaaide. En als het regende, ontkiemde het zaad op het land en groeide alles prachtig.

Het was onbegrijpelijk hoe de gewassen op het land konden groeien en vrucht dragen. Maar de boeren beseften wel dat het iets met de regen te maken had. En iedereen geloofde dat de regen met Thor te maken had. Dat maakte hem tot een van de belangrijkste goden in Scandinavië.

Thor was ook om een andere reden belangrijk en dat had met de ordening van de wereld te maken.

De vikingen geloofden dat de bewoonde wereld een eiland was dat voortdurend door gevaren van buitenaf werd bedreigd. Dat deel van de wereld noemden ze *Midgaard*. Dat betekent het rijk dat in het midden ligt. In Midgaard lag *Åsgaard*, de woonplaats van de goden. Buiten Midgaard lag *Utgaard*, dat betekent het rijk dat er buiten lag. Daar woonden de gevaarlijke trollen (de reuzen) die de wereld voortdurend met hun sluwe listen probeerden te vernietigen. We noemen zulke door en door slechte monsters gewoonlijk 'chaoskrachten'. Zowel in de Oudnoorse religie als in de meeste andere culturen hadden de mensen het gevoel dat er een wankel machtsevenwicht tussen goede en kwade krachten bestond.

Eén van de manieren van de trollen om Midgaard te vernietigen, was het roven van de vruchtbaarheidsgodin *Freya*. Als hen dat lukte, zou er niets meer op het land groeien en zouden de vrouwen geen kinderen meer baren. Daarom was het zo belangrijk dat de goede goden de trollen in het gareel hielden.

Ook daarbij speelde Thor een belangrijke rol. Zijn hamer zorgde niet alleen voor regen, het was ook een belangrijk wapen in de strijd tegen de gevaarlijke chaoskrachten. De hamer gaf hem bijna onbeperkte macht. Zo kon hij de hamer bijvoorbeeld naar de trollen gooien en hen zo doden. Hij hoefde ook niet bang te zijn om hem kwijt te raken, want de hamer werkte als een boemerang en kwam altijd bij hem terug.

Dit was de *mythische verklaring* voor hoe de natuur in stand wordt gehouden en waarom er een voortdurende strijd tussen goed en kwaad plaatsvindt. Juist van dergelijke mythische verklaringen wilden de filosofen zich verre houden.

Maar het ging niet alleen om verklaringen.

De mensen konden niet met hun armen over elkaar zitten wachten tot de goden zouden ingrijpen wanneer tegenslagen, zoals droogte en besmettelijke ziekten, hen bedreigden. De mensen moesten zelf deelnemen aan de strijd tegen het kwaad. Dat gebeurde door middel van verschillende religieuze handelingen of *riten*.

De belangrijkste religieuze handeling in de Oudnoorse tijd was het *offeren*. Offeren aan een god wilde zeggen dat de macht van de god werd vergroot. De mensen moesten bijvoorbeeld aan de goden offeren zodat ze de kracht zouden krijgen om de chaoskrachten te overwinnen. Dit deed men door een dier aan de god te offeren. Het was misschien wel gebruikelijk om bokken aan Thor te offeren. Het kwam ook wel voor dat mensen aan *Odin* werden geofferd.

De bekendste mythe in Noorwegen kennen we uit het gedicht *Trymskvida*. Daarin horen we dat Thor lag te slapen en toen hij wakker werd, was zijn hamer verdwenen. Thor werd zo kwaad dat zijn handen beefden en zijn baard schudde. Samen met zijn metgezel *Loki* ging hij naar Freya en vroeg of hij haar vleugels mocht lenen, zodat Loki naar het reuzenrijk Jotunheimen kon vliegen, om uit te zoeken of de trollen de hamer van Thor hadden gestolen. Daar ontmoette Loki de reuzenkoning *Trym*, die inderdaad begon op te scheppen over het feit dat hij de hamer acht mijl onder de aarde had verborgen. Hij voegde eraan toe dat de goden, die ook wel Azen heetten, de hamer pas terug zouden krijgen als hij met Freya mocht trouwen.

Kun je het nog volgen, Sofie? De goede goden krijgen ineens met een afschuwelijk gijzelingsdrama te maken. De trollen hebben het belangrijkste verdedigingswapen van de goden in hun macht gekregen en dat is een absoluut onmogelijke situatie. Zo lang de trollen de hamer van Thor in hun bezit hebben, hebben ze de macht over de wereld van de goden en van de mensen. In ruil voor de hamer verlangen ze Freya. Maar die ruil is net zo onmogelijk: als de goden hun vruchtbaarheidsgodin, die al het leven beschermt, op moeten geven, dan verwelkt het gras op het land en zullen goden en mensen sterven. De situatie zit dus volkomen vast. Stel je je een terroristische groepering voor, die dreigt om midden in Londen of Parijs een atoombom te laten ontploffen als hun levensgevaarlijke eisen niet ingewilligd worden, dan begrijp je wat ik bedoel.

De mythe vertelt verder dat Loki terugkeerde naar Åsgaard. Daar vraagt hij Freya om haar bruidskleren aan te trekken, omdat ze aan de trollen uitgehuwelijkt moet worden. (Helaas, helaas!) Freya wordt boos en zegt dat de mensen zullen denken dat ze een mannengek is als ze vrijwillig met een trol trouwt.

Dan krijgt de god *Heimdal* een helder idee. Hij stelt voor Thor als bruid te verkleden. Ze kunnen zijn haar opsteken en stenen op zijn borst leggen, zodat hij op een vrouw lijkt. Thor is natuurlijk niet erg enthousiast over dat voorstel, maar hij begrijpt ten slotte dat de goden de hamer alleen maar terug kunnen krijgen, als hij de raad van Heimdal opvolgt.

Uiteindelijk wordt Thor als bruid vermomd en zal Loki meegaan als bruidsmeisje. 'Dan reizen wij als twee vrouwen naar Jotunheimen,' zegt Loki.

Als we dit in modern taalgebruik vertalen, kunnen we zeggen

dat Thor en Loki de 'antiterreur-brigade' van de goden vormen. Vermomd als vrouwen moeten ze de burcht van de trollen binnengaan en de hamer van Thor bevrijden.

Zodra de twee in Jotunheimen zijn, beginnen de trollen het bruiloftsfeest voor te bereiden. Maar tijdens het feest eet de bruid, Thor dus, een hele os en acht zalmen. Hij drinkt ook drie vaten bier. Dit verbaast Trym, en de vermomde 'commando's' staan op het punt te worden ontmaskerd. Maar Loki slaagt erin om de gevaarlijke situatie die is ontstaan, af te wenden. Hij zegt dat Freya acht nachten lang niet heeft gegeten, omdat ze zich zo ontzettend verheugd heeft om naar Jotunheimen te gaan.

Dan doet Trym de bruidssluier omhoog om de bruid te kussen, maar hij schrikt terug als hij in de felle ogen van Thor kijkt. Ook dit keer wordt de situatie door Loki gered. Hij vertelt dat de bruid acht nachten lang niet heeft geslapen omdat ze zich zo op de bruiloft verheugde. Dan beveelt Trym dat de hamer te voorschijn moet worden gehaald en tijdens de huwelijksinzegening in de schoot van de bruid moet worden gelegd.

Als Thor de hamer in zijn schoot krijgt, lacht hij hartelijk, wordt er verteld. Eerst doodt hij er Trym mee, en dan de rest van het reuzengeslacht. En zo krijgt de akelige terreurdaad een gelukkig einde. Wederom heeft Thor, de 'Batman' of 'James Bond' van de goden, de kwade machten overwonnen.

Tot zover de mythe, Sofie. Maar wat betekent die eigenlijk? De mythe is niet alleen maar voor de grap verzonnen. Ook deze mythe wil iets *verklaren*. Een mogelijke interpretatie is deze:

toen er droogte in het land kwam, hadden de mensen een verklaring nodig waarom het niet regende. Zouden de trollen misschien de hamer van Thor hebben gestolen?

Het is ook mogelijk dat de mythe probeert te verduidelijken waarom de jaargetijden wisselen: 's winters sterft de natuur omdat de hamer van Thor zich in Jotunheimen bevindt. Maar in de lente lukt het Thor die terug te veroveren. Zo probeert de mythe de mensen antwoord te geven op iets wat ze niet begrijpen.

Maar de mythe diende niet alleen om iets te verklaren. Vaak voerden de mensen religieuze handelingen uit die met zo'n mythe waren verbonden. We kunnen ons voorstellen dat de mensen in antwoord op droogte of misoogsten het drama opvoerden, dat in de mythe verteld werd. Misschien werd een man uit het dorp als bruid vermomd, met stenen als borsten, om de hamer van de trollen terug te veroveren. Zo konden de mensen actief iets doen om regen te krijgen, zodat het koren op het land zou gaan groeien.

We weten in ieder geval zeker dat er in andere delen van de wereld door de mensen ook 'jaargetijdenmythen' werden opgevoerd om de natuurprocessen sneller te laten verlopen.

Dit was slechts een kleine blik in de wereld van de Scandinavische mythen. Er bestonden talloze andere mythen over *Thor* en *Odin*, *Freyr* en *Freya*, *Hod* en *Balder*, en nog vele, vele andere goden. Dergelijke mythische voorstellingen floreerden over de hele wereld, voordat de filosofen eraan gingen tornen. Want ook de Grieken hadden een mythisch wereldbeeld toen de eerste filosofie ontstond. Eeuwenlang hadden ze van generatie op generatie over hun goden verteld. In Griekenland heetten de goden *Zeus* en *Apollo*, *Hera* en *Athene*, *Dionysus* en *Aesculapius*, *Hercules* en *Hephaestus*. Ik noem er maar een paar.

Omstreeks 700 voor Christus werden veel van de Griekse mythen door *Homerus* en *Hesiodus* opgeschreven. Daardoor ontstond een geheel nieuwe situatie. Zodra de mythen waren opgeschreven, kon je er namelijk over discussiëren.

De eerste Griekse filosofen bekritiseerden de godenleer van Homerus, omdat de goden zoveel op mensen leken en omdat ze net zo egoïstisch en onbetrouwbaar waren als wij. Het was de eerste keer dat werd gezegd dat de mythen misschien alleen maar menselijke voorstellingen waren.

Een voorbeeld van zo'n kritiek op een mythe vinden we bij de filosoof *Xenophanes*, die leefde vanaf ca. 570 voor Christus. 'De mensen verbeelden zich dat de goden als zijzelf geboren worden,' zei hij. 'Ze geloven dat de goden zijn geboren en een lichaam en kleding en taal hebben zoals wij. De negers vormen hun goden zwart en stompneuzig, de Thraciërs de hunne blond en met blauwe ogen. Ja, als ossen en paarden en leeuwen hadden kunnen schilderen, dan zouden zij hun goden de gestalte van ossen en paarden en leeuwen hebben gegeven!'

Juist in deze tijd stichtten de Grieken vele stadstaten, zowel in Griekenland en de Griekse koloniën in Zuid-Italië als in Klein-Azië. Hier deden de slaven al het lichamelijke werk en de vrije burgers konden hun tijd aan politiek en het culturele leven besteden.

In deze stadsmilieus vond een sprong in de denkwijze van mensen plaats. Ieder afzonderlijk individu kon geheel voor eigen rekening vragen stellen over hoe de maatschappij georganiseerd zou moeten worden. Zo kon het individu ook filosofische vragen stellen zonder zijn toevlucht tot de overgeleverde mythen te nemen.

We zeggen wel dat er een ontwikkeling plaatsvond van een mythische denkwijze naar een manier van denken die op ervaring en verstand gebaseerd was. De eerste Griekse filosofen stelden zich tot doel het vinden van *natuurlijke verklaringen* voor de natuurprocessen.

Sofie liep heen en weer door de grote tuin. Ze probeerde alles te vergeten wat ze op school had geleerd. Vooral wat ze in de natuurkundeboeken had gelezen.

Als ze in deze tuin zou zijn opgegroeid zonder ook maar iets over de natuur te weten, wat zou ze dan van de lente hebben gevonden?

Zou ze hebben geprobeerd een soort verklaring te verzinnen voor de vraag waarom het op een dag plotseling ging regenen? Zou ze net zo lang hebben gefantaseerd tot ze enigszins kon begrijpen waarom de sneeuw verdween en de zon aan de hemel verscheen?

Ja, daar was ze van overtuigd en toen begon ze te verzinnen.

De winter had het land in een bevroren greep gehouden, omdat de slechte Muriat de mooie prinses Sikita in een kille gevangenis had gestopt. Maar op een ochtend kwam de dappere prins Bravato haar bevrijden. Toen was Sikita zo blij dat ze over de velden danste, terwijl ze een lied zong dat ze in die kille gevangenis had gemaakt. De aarde en de bomen raakten zo ontroerd dat alle sneeuw in tranen veranderde. Maar ook de zon verscheen aan de hemel en die droogde alle tranen. De vogels namen het lied van Sikita over en toen de mooie prinses haar gouden haar los schudde, dwarrelden een paar lokken op de aarde en veranderden daar in de leliën op het veld...

Sofie vond dat ze een mooi verhaal had verzonnen. Als ze geen andere verklaring had gekend waarom de jaargetijden wisselden, wist ze zeker dat ze haar eigen verzinsel ten slotte zou hebben geloofd.

Ze begreep dat de mensen altijd de behoefte hadden gehad verklaringen voor de natuurprocessen te vinden. Misschien konden de mensen zonder dergelijke verklaringen niet leven. Dus hadden ze, in de tijd dat er nog geen wetenschap bestond, de mythen verzonnen.

DE NATUURFILOSOFEN

... niets kan uit niets ontstaan...

Toen haar moeder die middag van haar werk thuiskwam, zat Sofie op de schommelbank en dacht na over het verband tussen de filosofiecursus en Hilde Møller Knag, die nu geen verjaardagskaart van haar vader zou ontvangen.

'Sofie!' riep haar moeder van verre. 'Er is een brief voor je!'

Sofie schrok. Ze had de post toch zelf naar binnen gebracht, dus moest het een brief van de filosoof zijn. Wat moest ze tegen haar moeder zeggen?

Ze stond langzaam op uit de schommelbank en liep naar haar toe.

'Er zit geen postzegel op. Misschien is het wel een liefdesbrief.'

Sofie pakte de brief aan.

'Maak je hem niet open?'

Wat moest ze zeggen?

'Ooit gehoord dat iemand een liefdesbrief openmaakt terwijl haar moeder over haar schouder meeleest?'

Haar moeder moest dan maar geloven dat het zoiets was. Ze vond het wel een beetje vervelend, want ze was wel erg jong om een liefdesbrief te krijgen, maar het zou nog erger zijn als haar moeder erachter kwam dat ze een complete schriftelijke cursus ontving van een volslagen vreemde filosoof, die ook nog eens kat en muis met haar speelde.

Het was weer een kleine witte envelop. Toen Sofie op haar kamer was, las ze op het papiertje dat erin zat, drie nieuwe vragen.

Bestaat er een oerstof waarvan al het andere is gemaakt?
Kan water in wijn veranderen?
Hoe kunnen aarde en water in een levende kikker veranderen?

Sofie vond de vragen nogal vreemd, maar ze spookten de hele avond door haar hoofd. Ook toen ze de volgende dag op school zat, moest ze regelmatig aan de drie vragen denken.

Of er een oerstof bestond waar al het andere van was gemaakt? Maar stel dat er een of andere 'stof' bestond, waar alles op de wereld van was gemaakt, hoe kon deze ene stof dan plotseling in een boterbloem of zelfs in een hele olifant veranderen?

Hetzelfde bezwaar ging ook op voor de vraag of water in wijn kon veranderen. Sofie kende het verhaal van Jezus die water in wijn had veranderd, maar dat had ze nooit zo letterlijk genomen. Als Jezus echt water in wijn had veranderd, dan was dat een wonder en dus iets wat eigenlijk onmogelijk was. Sofie besefte dat wijn voor een groot deel uit water bestond, dat gold trouwens voor alles in de natuur. Maar hoewel een komkommer voor 95% uit water bestaat, moet er ook iets anders zijn waardoor een komkommer een komkommer is en niet alleen maar water.

En dan was er nog die kikker. Haar filosofieleraar had het opvallend vaak over kikkers. Sofie kon nog wel begrijpen dat een kikker uit aarde en water bestond, maar in dat geval kon de aarde niet uit slechts een enkele stof bestaan. Als de aarde uit een groot aantal verschillende stoffen zou bestaan, was het natuurlijk mogelijk dat uit aarde en water samen een kikker kon ontstaan. Maar dan moesten aarde en water wel eerst kikkerdril en kikkervisjes vormen. Want een kikker kwam niet in een moestuin op, ook al gaf je hem nog zo goed water.

Toen ze die middag uit school kwam, lag er een dikke envelop voor haar in de brievenbus. Sofie ging naar het Hol, zoals ze die andere dagen ook had gedaan.

Het project van de filosofen

Daar ben je weer! We beginnen maar meteen aan de les voor vandaag zonder eerst een omweg langs witte konijnen en dergelijke te maken.

Ik zal je in grove lijnen vertellen hoe de mensen vanaf de Griekse oudheid tot de dag van vandaag over filosofische vragen hebben nagedacht. Maar alles op zijn tijd.

Omdat de filosofen in een andere tijd leefden - en misschien ook in een heel andere cultuur dan die van ons - is het vaak verstandig om eerst uit te zoeken wat het *project* van iedere afzonderlijke filosoof is. Daarmee bedoel ik dat we moeten proberen erachter te komen wat een bepaalde filosoof probeert te ontdekken. Zo kan een filosoof willen weten hoe planten en dieren zijn ontstaan. Een andere filosoof kan zich afvragen of er een god bestaat of zich de vraag stellen of de mens een onsterfelijke ziel bezit.

Als we kunnen vaststellen wat het project van een bepaalde filosoof is, wordt het ook eenvoudiger om zijn gedachtengang te volgen. Want een filosoof houdt zich niet met alle filosofische vraagstukken tegelijk bezig.

Nu zei ik '*zijn* gedachtengang', toen ik het over de filosoof had. Want ook de geschiedenis van de filosofie wordt door mannen bepaald. Dat komt omdat vrouwen als geslacht en als denkende wezens altijd onderdrukt zijn geweest. Dat is jammer, want op die manier zijn vele belangrijke ervaringen verloren gegaan. Pas in onze eeuw breken de vrouwen echt door in de geschiedenis van de filosofie.

Ik zal je geen huiswerk opgeven, tenminste geen moeilijke wiskundesommen. Met de vervoeging van Engelse werkwoorden houd ik me al helemaal niet bezig. Maar af en toe zal ik je vragen een denk-oefening te doen.

Als je met deze voorwaarden akkoord gaat, kunnen we aan de slag.

De natuurfilosofen

De eerste filosofen in Griekenland worden vaak de 'natuurfilosofen' genoemd, omdat ze zich vooral bezig hielden met de natuur en de natuurprocessen.

We hebben ons al afgevraagd waar alles vandaan komt. Tegenwoordig hebben veel mensen de neiging om te denken dat iets ooit uit niets moet zijn ontstaan. Die gedachte was onder de Grieken niet zo algemeen. Om een of andere reden namen ze aan dat 'iets' altijd had bestaan.

De grote vraag was dus niet hoe alles uit niets kon ontstaan. De Grieken verwonderden zich er vooral over hoe water in levende vissen kon veranderen en hoe levenloze aarde in hoge bomen of bont gekleurde bloemen kon veranderen. Om maar niet te spreken over hoe een klein kind in het lichaam van de moeder kon ontstaan!

De filosofen zagen voor hun eigen ogen voortdurend *veranderingen* in de natuur plaatsvinden. Maar hoe waren zulke veranderingen mogelijk?

Hoe kon een stof in iets totaal anders, bijvoorbeeld iets levends, veranderen?

De eerste filosofen hadden met elkaar gemeen dat ze dachten dat er een bepaald oerbeginsel, een *oerstof* moest zijn die alle veranderingen bewerkstelligde. Hoe ze op deze gedachte kwamen, is moeilijk te zeggen. We weten alleen dat men zich op een gegeven moment een voorstelling had gemaakt van een oerstof die de oorzaak van alle veranderingen in de natuur was. Er moest iets zijn waaruit alles ontstond en waarnaar alles weer terugkeerde.

Voor ons is niet zozeer van belang wélke antwoorden deze eerste filosofen vonden. Interessant is welke vragen ze stelden en naar welk soort antwoorden ze zochten. We houden ons meer bezig met *hoe* ze dachten dan met *wat* ze precies dachten.

We kunnen vaststellen dat ze vragen stelden over zichtbare veranderingen in de natuur. Ze probeerden eeuwige natuurwetten te vinden. Ze wilden de gebeurtenissen in de natuur begrijpen zonder hun toevlucht tot de overgeleverde mythen te zoeken. Maar vóór alles probeerden ze de natuurprocessen te begrijpen door de natuur zelf te bestuderen. Dat is iets heel anders dan bliksem en donder, en winter en lente verklaren door naar gebeurtenissen in de godenwereld te verwijzen!

Op deze manier maakte de filosofie zich los van de religie. We kunnen zeggen dat de natuurfilosofen de eerste stap zetten in de richting van een *wetenschappelijke* denkwijze. Daarmee legden ze de basis voor alle latere natuurwetenschappen.

Het grootste deel van wat de natuurfilosofen zeiden en schreven, is voor het nageslacht verloren gegaan. Het weinige dat we weten, is te vinden in de geschriften van *Aristoteles*, die een paar eeuwen na de eerste filosofen leefde. Aristoteles vertelt alleen over de resultaten van de filosofen voor hem. Dat betekent dat we niet altijd weten hoe ze tot hun conclusies zijn gekomen. Maar we weten genoeg om vast te stellen dat het project van de eerste Griekse filosofen bestond uit vragen over de oerstof en de veranderingen in de natuur.

Drie filosofen uit Milete

De eerste filosoof van wie we de naam kennen, is *Thales* uit de Griekse kolonie Milete in Klein-Azië. Hij reisde veel. Zo wordt verteld dat hij de hoogte van een piramide in Egypte opmat door de schaduw van de piramide te meten precies op het moment dat zijn eigen schaduw even lang was als hijzelf. Het is hem kennelijk ook gelukt een zonsverduistering in het jaar 585 voor Christus te voorspellen.

Thales dacht dat *water* de oorsprong van alles was. Wat hij daar precies mee bedoelde, weten we niet. Misschien bedoelde hij dat al het leven in water ontstaat, en dat al het leven, als het eindigt, weer in water verandert.

Toen hij in Egypte was, heeft hij natuurlijk gezien hoe alles op het land tot bloei kwam, zodra de Nijl zich in de Nijldelta van het land terugtrok. Misschien heeft hij ook gezien hoe kikkers en wormen te voorschijn kwamen, als het had geregend.

Het is bovendien waarschijnlijk dat Thales heeft nagedacht over de vraag hoe water in ijs en waterdamp kan veranderen, om vervolgens weer water te worden.

Thales zou bovendien gezegd hebben dat 'alles van goden is vervuld'. Ook hier kunnen we alleen maar gissen naar wat hij bedoelde. Misschien zag hij hoe de zwarte aarde overal de oorsprong van leek te zijn, van bloemen en koren tot insekten en kakkerlakken. En bedacht hij toen dat de aarde propvol met kleine, onzichtbare 'levensscheuten' zat. Het is in ieder geval zeker dat hij daarbij niet aan de goden van Homerus dacht.

De volgende filosoof over wie we iets te horen krijgen, is *Anaximander*, die ook in Milete woonde. Hij dacht dat onze wereld slechts een van vele werelden was, die ontstonden en vergingen in iets wat hij het 'grenzeloos onbepaalbare' noemde. Het is niet goed te zeggen wat hij met dat grenzeloos onbepaalbare bedoelde, maar het lijkt duidelijk dat hij niet, zoals Thales, een bekende stof bedoelde. Misschien bedoelde hij dat datgene waar alles van was gemaakt, juist verschillend van al het geschapene moest zijn. Dan kon de oerstof dus geen gewoon water zijn, maar iets onbepaalbaars.

Een derde filosoof uit Milete was *Anaximenes* (ca. 570-526 voor Christus). Hij dacht dat de oerstof van alle dingen *lucht* of *nevel* moest zijn.

Anaximenes kende natuurlijk de leer van Thales over het water. Maar waar komt het water vandaan? Anaximenes dacht dat water samengeperste lucht was. We zien immers dat het water uit de lucht wordt geperst als het regent. Als je het water nog verder samenperst, wordt het aarde, dacht hij. Misschien had hij ooit gezien hoe aarde en zand uit smeltend ijs werden geperst. Zo dacht hij ook dat vuur verdunde lucht moest zijn. Volgens Anaximenes ontstonden aarde, water en vuur dus uit de lucht.

De weg van aarde en water naar de gewassen op het land is niet zo lang. Misschien dacht Anaximenes dat aarde, lucht, vuur en water nodig waren om leven te doen ontstaan. Maar het uitgangspunt was de lucht of de nevel. Hij deelde dus de opvatting van Thales dat er een oerstof moest zijn, die aan alle veranderingen in de natuur ten grondslag lag.

Niets kan uit niets ontstaan

De drie filosofen uit Milete dachten dat er een - en ook niet meer dan een - oerstof bestond waaruit al het andere was ontstaan. Maar hoe kon een stof plotseling veranderen en iets heel anders worden? Dit probleem kunnen we het *veranderingsprobleem* noemen.

Vanaf ca. 500 voor Christus leefden er in de Griekse kolonie Elea in Zuid-Italië enkele filosofen en die 'Eleaten' worstelden met dergelijke vragen. De bekendste van hen was *Parmenides* (ca. 540-480 voor Christus).

Parmenides dacht dat alles wat bestond, er altijd al was geweest. Dit was bij de Grieken een gebruikelijke gedachte. Ze vonden het bijna vanzelfsprekend dat alles wat zich in de wereld bevond, voor eeuwig was. Volgens Parmenides kon niets uit niets ontstaan. En iets wat bestond, kon niet tot niets verworden.

Parmenides ging verder dan de meeste anderen. Volgens hem was geen enkele werkelijke verandering mogelijk. Niets kan iets anders worden dan wat het is.

Parmenides besefte natuurlijk dat de natuur ons voortdurend veranderingen laat zien. Met zijn *zintuigen* registreerde hij hoe de dingen veranderden. Maar dat klopte niet met wat zijn *verstand* hem vertelde. Toen hij op die manier werd gedwongen om tussen zijn zintuigen en zijn verstand te kiezen, koos hij voor zijn verstand.

We kennen de uitdrukking: 'ik geloof het pas als ik het zie'. Maar Parmenides geloofde het zelfs dan niet. Volgens hem geven de zintuigen ons een verkeerd beeld van de wereld, een beeld dat niet klopt met het menselijk verstand. Als filosoof vond hij het zijn taak om alle vormen van 'zintuiglijk bedrog' te ontmaskeren.

Dit sterke geloof in het menselijk verstand wordt *rationalisme* genoemd. Een rationalist is iemand die in het menselijk verstand gelooft als bron van onze kennis van de wereld.

Alles stroomt

Heraclitus (ca. 540-480 voor Christus) leefde in Ephesus in Klein-Azië, in dezelfde tijd als Parmenides. Hij vond dat de natuur vooral wordt gekenmerkt door voortdurende veranderingen. We kunnen misschien zeggen dat Heraclitus meer vertrouwen had in wat zijn zintuigen hem vertelden dan Parmenides.

'Alles stroomt,' zei Heraclitus. Alles is in beweging en niets duurt eeuwig. Daarom kunnen we niet 'twee maal in dezelfde rivier stappen'. Want als ik voor de tweede maal in de rivier stap, zijn zowel de rivier als ik een ander geworden.

Heraclitus wees er ook op dat er in de wereld voortdurend tegenstellingen zijn, die hun stempel op onze opvatting van de dingen drukken. Als we nooit ziek zouden zijn, zouden we niet weten wat het is om gezond te zijn. Als we nooit honger zouden hebben, zouden we niet het plezierige gevoel van een volle maag kennen. Als er nooit oorlog zou zijn, zouden we geen prijs stellen op vrede, en als het nooit winter zou zijn, zouden we niet zien dat het lente wordt.

Zowel het goede als het kwade is een noodzakelijk deel van het geheel, dacht Heraclitus. Als er niet een voortdurend spel tussen tegenstellingen zou plaatsvinden, zou de wereld ophouden te bestaan.

'God is dag en nacht, winter en zomer, oorlog en vrede, honger en verzadiging,' zei hij. Hij gebruikt hier het woord 'God', maar het is duidelijk dat hij iets heel anders bedoelt dan de goden uit de mythen. Voor Heraclitus is God - of het goddelijke - iets wat de hele wereld omvat. God toont zich juist in de voortdurend veranderende en met tegenstellingen gevulde natuur.

In plaats van het woord 'God' gebruikt hij vaak het Griekse woord 'logos'. Dat betekent rede. Hoewel wij mensen niet altijd gelijk denken of hetzelfde verstand hebben, dacht Heraclitus dat er een soort 'wereldverstand' moet zijn dat alles wat er in de natuur gebeurt, stuurt. Dit wereldverstand - of 'natuurwet' - is iets wat iedereen gemeenschappelijk heeft en waar iedereen zich naar moet richten. Niettemin volgen de meesten hun eigen verstand, stelde Heraclitus. Hij had over het algemeen niet zo'n hoge dunk van zijn medemensen. 'Je kunt de meningen van de meeste mensen vergelijken met de spelletjes van kleine kinderen,' zei hij.

Te midden van alle veranderingen en tegenstellingen in de natuur zag Heraclitus dus een eenheid der tegenstellingen of geordend geheel. Dat 'iets' dat aan alles ten grondslag ligt, noemde hij God of logos.

Vier grondstoffen

Parmenides en Heraclitus hadden dus volstrekt tegengestelde ideeën. Het *verstand* van Parmenides gaf aan dat niets kon veranderen. Maar de *zintuiglijke ervaringen* van Heraclitus gaven even duidelijk aan dat er voortdurend veranderingen in de natuur plaatsvonden. Wie van hen had gelijk? Moeten we vertrouwen op wat het *verstand* ons zegt of moeten we op onze *zintuigen* vertrouwen?

Zowel Parmenides als Heraclitus zeggen twee dingen.
Parmenides zegt:
   a) niets kan veranderen
en b) de zintuiglijke indrukken zijn daarom onbetrouwbaar.

Heraclitus zegt daarentegen:
   a) alles verandert ('alles stroomt')
en b) de zintuiglijke indrukken zijn betrouwbaar.

Groter verschil van mening kan er tussen filosofen nauwelijks bestaan! Maar wie van hen had gelijk? *Empedocles* (ca. 494-434 voor Christus) uit Sicilië speelde het klaar om de knopen die de filosofen hadden gelegd, te ontwarren. Volgens hem hadden Parmenides en Heraclitus elk op een punt gelijk. Maar op het andere punt hadden ze het allebei mis.

Volgens Empedocles was het grote verschil van mening ontstaan doordat de filosofen het als bijna vanzelfsprekend beschouwden dat er maar een oerstof bestond. Als dat waar was, zou de kloof tussen wat het verstand zegt en wat we 'voor onze ogen zien gebeuren' onoverkomelijk zijn.

Water kan natuurlijk niet in een vis of een vlinder veranderen. Water kan hoe dan ook niet veranderen. Zuiver water blijft in alle eeuwigheid zuiver water. Dus had Parmenides gelijk dat 'niets verandert'.

Tegelijkertijd was Empedocles het met Heraclitus eens, dat we moeten vertrouwen op wat onze zintuigen ons vertellen. We moeten geloven in wat we zien, en we zien in de natuur juist voortdurend veranderingen optreden.

Empedocles kwam tot de conclusie dat de gedachte dat er maar een oerstof bestond, moest worden verworpen. Water noch lucht *alleen* kan in een rozestruik of in een vlinder veranderen. De natuur kan onmogelijk maar een 'grondstof' hebben. Empedocles geloofde dat de natuur in totaal vier van dergelijke oerstoffen kent of 'elementen', zoals hij ze noemde. Die vier elementen noemde hij *aarde, lucht, vuur* en *water.*

Alle veranderingen in de natuur ontstaan, doordat die vier stoffen met elkaar worden vermengd en weer worden ontbonden.

Want alles bestaat uit aarde, lucht, vuur en water, maar in verschillende mengverhoudingen. Als een bloem of een dier sterft, worden de vier stoffen weer van elkaar gescheiden. Die verandering kunnen we met het blote oog waarnemen. De aarde en de lucht, het vuur en het water blijven echter volkomen onveranderd of 'onberoerd' door alle vermengingen die ze aangaan. Het klopt dus niet dat 'alles' verandert. Eigenlijk verandert er niets. Wat er gebeurt is dat vier verschillende stoffen zich met elkaar vermengen en weer ontbinden, om zich vervolgens weer met elkaar te vermengen.

We zouden het met een kunstschilder kunnen vergelijken. Als hij maar een kleur heeft, bijvoorbeeld rood, kan hij geen groene bomen schilderen. Maar als hij gele, rode, blauwe en zwarte verf heeft, kan hij in vele honderden verschillende kleuren schilderen omdat hij de kleuren in steeds andere verhoudingen mengt.

Een voorbeeld uit de keuken laat hetzelfde zien. Als ik alleen maar meel heb, zou ik een tovenaar moeten zijn om een cake te kunnen bakken. Maar als ik eieren, meel, melk en suiker heb, kan ik uit die vier grondstoffen een heleboel verschillende cakes bakken.

Het was geen toeval dat Empedocles dacht dat de elementen van de natuur aarde, lucht, vuur en water waren. Vóór hem hadden andere filosofen geprobeerd aan te tonen waarom de oerstof water, lucht of vuur moest zijn. Thales en Anaximenes hadden er op gewezen dat water en lucht belangrijke elementen in de natuur zijn. De Grieken geloofden dat ook het vuur belangrijk was. Zij zagen bijvoorbeeld de betekenis van de zon voor al het leven in de natuur en ze kenden natuurlijk de lichaamswarmte van mens en dier.

Misschien is het Empedocles opgevallen hoe een stuk hout precies brandt. In feite vindt er dan een ontbinding plaats. We horen het hout knetteren en murmelen. Dat is het 'water'. Er ontstaat rook. Dat is de 'lucht'. Het 'vuur' kunnen we zien. Als het vuur gedoofd is, blijft er iets achter. Dat is de as, ofwel de 'aarde'.

Empedocles heeft erop gewezen dat de veranderingen in de natuur worden veroorzaakt doordat de vier elementen worden vermengd en weer worden ontbonden, maar dan moet er toch nog steeds iets verklaard worden. Wat is er de oorzaak van dat stoffen worden samengevoegd, zodat nieuw leven ontstaat? En wat zorgt ervoor dat het 'mengsel', bijvoorbeeld een bloem, weer wordt ontbonden?

Volgens Empedocles werken er in de natuur twee verschillende *krachten*. Die noemde hij 'liefde' en 'haat'. Wat de dingen verbindt, is de liefde, en wat ontbindt, is de haat.

Hij maakt een onderscheid tussen 'stof' en 'kracht'. Dat moet je goed onthouden. Ook nu nog maakt de wetenschap onderscheid tussen 'grondstoffen' en 'natuurkrachten'. De moderne wetenschap is van mening, dat alle natuurprocessen verklaard kunnen worden als een samenspel tussen de verschillende *grondstoffen* en slechts enkele *natuurkrachten*.

Empedocles vroeg zich ook af wat er gebeurt als we iets waarnemen. Hoe kan ik bijvoorbeeld een bloem 'zien'? Wat gebeurt er dan? Heb je daar wel eens aan gedacht, Sofie? Zo niet, dan is dit je kans!

Volgens Empedocles bestaan onze ogen uit aarde, lucht, vuur en water, net als al het andere in de natuur. Zo herkent de 'aarde' in mijn oog de aarde in alles wat ik zie, de 'lucht' herkent alles wat van lucht is, het 'vuur' in mijn ogen alles wat uit vuur bestaat, en het 'water' alles wat van water is gemaakt. Als mijn oog een van deze vier stoffen niet zou bevatten, zou ik de hele natuur ook niet kunnen zien.

Iets van alles in alles

Nog een filosoof die zich er niet bij neer kon leggen dat een bepaalde oerstof, bijvoorbeeld water, kon veranderen in alles wat we in de natuur zien, was *Anaxagoras* (500-428 voor Christus). Hij accepteerde evenmin de gedachte dat aarde, lucht, vuur en water in bloed en botten konden veranderen.

Anaxagoras stelt dat de natuur is opgebouwd uit vele piepkleine deeltjes, die voor het oog niet zichtbaar zijn. Alles kan in nog kleinere stukjes worden opgedeeld, maar zelfs in die kleinste deeltjes zit iets van alles. Als huid en haar niet uit iets anders dan huid en haar kunnen ontstaan, moeten er ook huid en haar zitten in de melk die we drinken en in het voedsel dat we eten, stelde hij.

Een paar moderne voorbeelden kunnen misschien verduidelijken wat Anaxagoras dacht. Met de lasertechniek van nu is het mogelijk om zogenaamde hologrammen te maken. Als een hologram bijvoorbeeld een auto voorstelt en dat hologram kapot gaat, kunnen we nog steeds de hele auto zien, ook al hebben we alleen nog dat deel van het hologram dat de bumper voorstelde. Dat komt doordat het hele motief in elk klein deeltje aanwezig is.

Zo is ons lichaam eigenlijk ook opgebouwd. Als ik een huidcel van mijn vinger haal, bevat de celkern niet alleen informatie over mijn huid. In dezelfde cel zit ook informatie over mijn ogen, mijn haarkleur, het aantal en het soort vingers dat ik heb, enzovoort. In iedere cel van het lichaam zit een gedetailleerde beschrijving van de manier waarop alle andere cellen in het lichaam zijn opgebouwd. In iedere cel zit dus 'iets van alles'. Het geheel zit in ieder deeltje opgeslagen.

Anaxagoras noemde deze 'ondeelbare deeltjes', die iets van alles in zich hebben, 'zaden' of 'kiemen'.

Denk nog maar eens aan Empedocles die dacht dat de liefde de afzonderlijke delen tot een lichaam samenvoegde. Ook Anaxagoras geloofde dat er een soort kracht bestond die 'alles regelt' en mensen en dieren, bloemen en bomen schept. Deze kracht noemde hij de 'geest' of de 'intelligentie' (nous).

Anaxagoras is ook interessant omdat hij de eerste Atheense filosoof was, over wie we horen. Hij kwam uit Klein-Azië, maar verhuisde op 40-jarige leeftijd naar Athene. Daar werd hij wegens goddeloosheid aangeklaagd en hij moest de stad ten slotte weer verlaten. Hij had onder andere gezegd dat de zon geen god was, maar een gloeiende massa die groter was dan het schiereiland Peloponnesus.

Anaxagoras was overigens helemaal in de ban van de astronomie. Hij geloofde dat alle hemellichamen uit dezelfde stof bestonden als de aarde. Dat was zijn conclusie nadat hij een meteoriet had onderzocht. Hij dacht dat het daarom mogelijk was dat er ook op andere planeten mensen woonden. Verder wees hij erop dat de maan niet zelf schijnt, maar dat ze haar licht van de aarde krijgt. Hij gaf bovendien een verklaring voor het optreden van zonsverduisteringen.

P.S. Bedankt voor je aandacht, Sofie. Ik kan me voorstellen dat je dit hoofdstuk wel twee- of driemaal moet lezen voordat je alles begrijpt. Maar begrijpen moet een beetje eigen inzet vergen. Je zou ook geen bewondering hebben voor een vriendin, die zomaar alles begrijpt, zonder daarvoor iets te hoeven doen.

De allerbeste oplossing voor het probleem van de oerstof en de veranderingen in de natuur moet tot morgen wachten. Dan zal ik je laten kennismaken met Democritus. Genoeg voor vandaag!

Sofie zat in haar Hol en gluurde door een klein gaatje in het dichte struikgewas de tuin in. Ze moest proberen haar gedachten weer op een rijtje te krijgen, na alles wat ze had gelezen.

Het was natuurlijk zonneklaar dat gewoon water niet kon veranderen in iets anders dan ijs en waterdamp. Water kon nog geen watermeloen worden, want zelfs een watermeloen bestond uit meer dan alleen maar water. Maar dat ze dat zo zeker wist, kwam alleen maar omdat ze dat had geleerd. Zou ze bijvoorbeeld zo overtuigd zijn dat ijs alleen maar uit water bestond als ze dat niet had geleerd? Ze had in ieder geval heel precies moeten bestuderen hoe water bevroor en ijs smolt.

Opnieuw probeerde Sofie met haar eigen verstand te denken, zonder af te gaan op wat ze van anderen had geleerd.

Parmenides had geen enkele vorm van verandering willen accepteren. En hoe meer ze erover nadacht, hoe meer ze van zijn gelijk overtuigd raakte. Zijn verstand kon niet accepteren dat iets plotseling kon veranderen in 'iets heel anders'. Het was heel dapper van hem om dat te zeggen, want daarmee moest hij immers tegelijkertijd alle veranderingen in de natuur, die ieder mens kon observeren, ontkennen. Veel mensen zullen hem hebben uitgelachen.

Ook Empedocles was een expert in het gebruiken van zijn verstand, toen hij vaststelde dat de wereld noodzakelijkerwijs uit meer dan een oerstof moest bestaan. Op die manier waren wisselingen in de natuur mogelijk, zonder dat er eigenlijk iets veranderde.

Dat had die oude Griekse filosoof ontdekt, alleen maar door zijn verstand te gebruiken. Natuurlijk had hij ook de natuur bestudeerd, maar hij had niet de mogelijkheid chemische analyses uit te voeren, zoals wetenschappers dat tegenwoordig konden doen.

Sofie wist niet of ze nu echt geloofde dat alles uitsluitend uit aarde, lucht, vuur en water bestond. Maar wat maakte dat uit? In principe had Empedocles vast gelijk. De enige mogelijkheid die we hebben om alle veranderingen die onze ogen zien te accepteren, zonder tegelijkertijd ons verstand te verliezen, is het te berde brengen van meer dan een oerstof.

Sofie vond de filosofie vooral spannend omdat ze alle ideeën met haar eigen verstand kon volgen, zonder daarvoor alles wat ze op school had geleerd, te moeten onthouden. Ze kwam tot de conclusie dat filosofie eigenlijk niet iets is wat je kunt leren, maar misschien kon je wel leren filosofisch te *denken*.

DEMOCRITUS

... het meest geniale speelgoed ter wereld...

Sofie deed de koektrommel met alle getypte vellen papier van de onbekende filosofieleraar weer dicht. Ze kroop het Hol uit en bleef een tijdje de tuin inkijken. Plotseling herinnerde ze zich wat er de vorige dag was gebeurd. Haar moeder had haar aan het ontbijt nog met haar 'liefdesbrief' geplaagd. Ze haastte zich naar de brievenbus om te voorkomen dat hetzelfde weer zou gebeuren. Twee dagen achter elkaar een liefdesbrief te krijgen, was dubbel zo vervelend als wanneer ze er maar een kreeg.

Er lag weer een kleine witte envelop! Sofie begon nu een systeem in de bezorging te ontdekken: elke middag vond ze een grote gele envelop in de brievenbus. Terwijl ze de grote brief las, sloop de filosoof naar de brievenbus om er nog een kleine witte envelop in te doen.

Dat betekende dat Sofie hem met gemak kon ontmaskeren. Of was het een zij? Als ze gewoon bij het raam op haar kamer ging staan, kon ze de brievenbus beneden goed zien. Dan zou ze de geheimzinnige filosoof zeker te zien krijgen. Want witte enveloppen konden onmogelijk vanzelf ontstaan.

Sofie besloot om morgen goed op te letten. Dan was het vrijdag en had ze het hele weekend voor zich.

Ze ging naar haar kamer en maakte daar de envelop open. Vandaag stond er maar een vraag op het papiertje, maar die vraag was dan ook nog maller dan de drie vragen, die in de 'liefdesbrief' hadden gestaan:

Waarom is lego het meest geniale speelgoed ter wereld?

Sofie wist in de eerste plaats niet zo zeker of ze lego wel het meest geniale speelgoed ter wereld vond, ze had er in ieder geval al in geen jaren meer mee gespeeld. Ze begreep bovendien niet wat lego met filosofie te maken had.

Maar ze was een gehoorzame leerling. Ze begon op de bovenste plank in haar kast te rommelen en daar vond ze inderdaad een plastic zak vol legostenen in alle soorten en maten.

Voor het eerst sinds lange tijd sloeg ze met de kleine plastic stenen aan het bouwen. Terwijl ze dat deed, kwamen de gedachten als vanzelf.

Met lego kun je gemakkelijk iets bouwen, vond ze. Hoewel de stenen verschillend van formaat en vorm zijn, kun je alle legostenen met elkaar verbinden. Ze zijn bovendien onverslijtbaar. Sofie kon zich niet herinneren dat ze ooit een kapotte legosteen had gezien. Alle legostenen zagen er eigenlijk even nieuw en schoon uit als toen ze ze vele jaren geleden kreeg. En vooral: met lego kon ze van alles bouwen. Ze kon de stenen vervolgens weer uit elkaar halen en iets heel anders bouwen.

Wat kon je nog meer verlangen? Sofie besloot dat je lego inderdaad het meest geniale speelgoed ter wereld kon noemen. Maar wat dat met filosofie te maken had, was nog steeds even onbegrijpelijk.

Al gauw had Sofie een groot poppenhuis gebouwd. Ze durfde nauwelijks te bekennen dat ze in lange tijd niet meer zoveel plezier had gehad. Waarom hielden mensen op met spelen?

Toen haar moeder thuiskwam en zag wat ze had gemaakt, flapte ze eruit: 'Wat leuk om te zien dat je nog steeds als een kind kunt spelen.'

'Poeh! Ik ben bezig met ingewikkeld filosofisch onderzoek.'

Haar moeder zuchtte diep. Ze dacht natuurlijk aan het grote konijn en de hoge hoed.

Toen Sofie de volgende dag uit school kwam, kreeg ze weer een aantal nieuwe vellen papier in een grote gele envelop. Ze nam de envelop mee naar haar kamer. Ze wilde de brief meteen lezen, maar vandaag wilde ze bovendien de brievenbus in de gaten houden.

De atoomtheorie

Hier ben ik weer, Sofie. Vandaag krijg je iets over de laatste grote natuurfilosoof te horen. Hij heette *Democritus* (ca. 460-370 voor

Christus) en hij kwam uit de plaats Abdera, aan de noordkust van de Egeïsche zee. Als het je is gelukt om de vraag over lego te beantwoorden, zul je het niet moeilijk vinden om het project van deze filosoof te begrijpen.

Democritus was het met zijn voorgangers eens dat de veranderingen in de natuur niet ontstonden doordat iets echt 'veranderde'. Hij nam daarom aan dat alles moest zijn opgebouwd uit enkele kleine, onzichtbare bouwstenen die allemaal eeuwig en onveranderlijk waren. Democritus noemde deze kleinste deeltjes *atomen*.

Het woord 'atoom' betekent 'ondeelbaar'. Democritus vond het belangrijk om vast te stellen dat datgene waaruit alles is opgebouwd, niet in voortdurend kleinere deeltjes kon worden verdeeld. Als dat zo zou zijn geweest, hadden ze niet als bouwstenen dienst kunnen doen. Ja, als de atomen steeds verder konden worden afgeslepen en in steeds kleinere deeltjes konden worden verdeeld, zou de natuur op den duur als een steeds dunner wordende soep beginnen te stromen.

De bouwstenen van de natuur moesten bovendien eeuwig zijn, want niets kan uit niets en niemendal ontstaan. Hierover was Democritus het met Parmenides en de Eleaten eens. Verder meende hij dat alle atomen vast en massief waren. Maar ze konden niet allemaal hetzelfde zijn. Als de atomen allemaal hetzelfde zouden zijn, zouden we er geen fatsoenlijke verklaring voor hebben hoe ze tot andere dingen samengevoegd kunnen worden, van klaprozen en olijfbomen tot geitevel en mensenhaar.

Er zijn eindeloos veel verschillende atomen in de natuur, stelde Democritus. Sommige zijn rond en glad, andere zijn onregelmatig en gebogen. Juist omdat ze verschillend van vorm zijn, kunnen ze tot heel verschillende lichamen worden samengevoegd. Maar ook al zijn er nog zo veel en zijn ze nog zo verschillend, ze zijn allemaal eeuwig, onveranderlijk en ondeelbaar.

Wanneer een lichaam, bijvoorbeeld een boom of een dier, sterft en wordt ontbonden, verspreiden de atomen zich weer en kunnen opnieuw in nieuwe lichamen worden gebruikt. Want de atomen bewegen zich in de ruimte, maar omdat ze verschillende 'haken' en 'hoeken' hebben, klikken ze voortdurend samen tot de dingen die we om ons heen zien.

Nu begrijp je vast wel waarom ik de legostenen noemde. Ze hebben praktisch alle eigenschappen die Democritus aan de atomen toeschreef, en daarom kun je er ook zo heerlijk mee bouwen. In de eerste plaats zijn ze ondeelbaar. Ze zijn verschillend van vorm en formaat, ze zijn massief en ondoordringbaar. De legostenen hebben bovendien 'haken' en 'hoeken', die ervoor zorgen dat ze tot alle denkbare figuren kunnen worden samengeklikt. Dit verband kan later weer ongedaan worden gemaakt, zodat van dezelfde stenen nieuwe voorwerpen kunnen worden gemaakt.

Wat de legostenen zo populair heeft gemaakt, is dat ze telkens opnieuw kunnen worden gebruikt. Een legosteen kan de ene dag deel uitmaken van een auto en de volgende dag van een kasteel. We kunnen bovendien zeggen dat de legostenen 'eeuwig' zijn. Kinderen van vandaag kunnen met dezelfde legostenen spelen als waarmee hun vader of moeder als kind heeft gespeeld.

We kunnen ook dingen van pottenbakkersklei maken. Maar je kunt de klei niet telkens opnieuw gebruiken, omdat die in steeds kleinere stukjes verdeeld kan worden en dergelijke piepkleine kleihoopjes niet weer tot nieuwe voorwerpen kunnen worden 'gekneed'.

Vandaag de dag kunnen we zo goed als zeker vaststellen dat de atoomleer van Democritus klopt. De natuur is écht uit verschillende 'atomen' opgebouwd, die met elkaar verbonden zijn en elkaar dan weer loslaten. Een waterstofatoom dat in een cel op het uiterste puntje van mijn neus zit, zat voorheen ooit in de slurf van een olifant. Een koolstofatoom in mijn hartspier zat ooit in de staart van een dinosaurus.

Tegenwoordig heeft de wetenschap ontdekt dat de atomen in nog kleinere elementaire deeltjes verdeeld kunnen worden. We noemen zulke elementaire deeltjes protonen, neutronen en elektronen. En misschien kunnen deze in nog kleinere deeltjes worden verdeeld. Maar natuurkundigen zijn het met elkaar eens dat er ergens een grens moet zijn. Er moeten 'ondeelbare deeltjes' bestaan, waaruit de natuur is opgebouwd.

Democritus had niet de beschikking over de elektronische apparaten uit onze tijd. Zijn enige echte gereedschap was zijn verstand. Maar dat verstand liet hem geen keus. Als we accepteren dat niets kan veranderen, dat niets uit niets en niemendal ontstaat en dat niets verdwijnt, dan *moet* de natuur bestaan uit uiterst kleine bouwstenen die op elkaar worden gestapeld en weer van elkaar af worden gehaald.

Democritus ging niet uit van een kracht of geest die in de natuurprocessen ingrijpt. Het enige wat bestaat zijn de atomen en de lege ruimte, stelde hij. Aangezien hij in niets anders geloofde dan in het 'materiële', noemen we hem *materialist*.

Er zit dus geen bewust doel achter de bewegingen van de atomen. In de natuur gebeurt alles helemaal *mechanisch*. Dat betekent niet dat alles wat er gebeurt toevallig is, want alles volgt de onveranderlijke natuurwetten. Democritus stelt dat er een natuurlijke oorzaak bestaat voor alles wat er gebeurt, een oorzaak die in de dingen zelf besloten ligt. Hij zei eens dat hij liever een natuurwet wilde ontdekken dan koning van Perzië worden.

De atoomtheorie verklaarde volgens Democritus ook onze *gewaarwordingen*. Als we iets waarnemen, komt dat door de bewegingen van de atomen in de lege ruimte. Als ik de maan zie, komt dat doordat de 'maanatomen' mijn oog raken.

Maar hoe zit het dan met het 'bewustzijn'? Dat kan toch niet uit atomen, dus uit materiële 'dingen' bestaan? Toch wel, Democritus stelt dat de ziel uit enkele bijzondere ronde en gladde 'ziele-atomen' bestaat. Als een mens sterft, vliegen de ziele-atomen alle kanten op. Daarna kunnen ze een nieuw te vormen ziel binnengaan.

Dat betekent dat de mens geen onsterfelijke ziel bezit. Ook dat is een gedachte die vandaag de dag veel mensen aanspreekt. Zij vinden, net als Democritus, dat de ziel verbonden is met de hersenen en dat we geen vorm van bewustzijn kunnen hebben als de hersenen worden ontbonden.

Met zijn atoomleer zette Democritus een voorlopige streep onder de Griekse natuurfilosofie. Hij was het met Heraclitus eens, dat alle dingen in de natuur 'stromen'. Want de vormen komen en gaan. Maar achter alles wat 'stroomt' zitten eeuwige en onveranderlijke dingen die niet stromen. Die noemde Democritus atomen.

Onder het lezen keek Sofie een paar keer uit het raam om te zien of de geheimzinnige afzender bij de brievenbus opdook. Terwijl ze nadacht over wat ze had gelezen, keek ze de straat in.

Ze vond de gedachten van Democritus zo simpel en toch ook zo ongelooflijk slim. Hij had de oplossing gevonden voor het probleem met de oerstof en de verandering. Dat vraagstuk was zo ingewikkeld dat de filosofen zich er een paar generaties lang mee bezig hadden gehouden. Maar ten slotte had Democritus het probleem opgelost door gewoon zijn verstand te gebruiken.

Sofie moest er haast om lachen. Het *moest* waar zijn dat de natuur is opgebouwd uit kleine, onveranderlijke deeltjes. Tegelijkertijd had Heraclitus natuurlijk gelijk dat alle vormen in de natuur stromen. Want alle mensen en dieren sterven, en zelfs een bergketen lost langzaam op. Het punt is alleen dat ook deze bergketen is opgebouwd uit kleine ondeelbare onderdelen, die nooit uiteenvallen.

Democritus riep tegelijkertijd enkele nieuwe vragen op. Hij zei bijvoorbeeld dat alles helemaal mechanisch ging. Hij accepteerde geen geestelijke krachten in het bestaan, zoals Empedocles en Anaxagoras. Democritus stelde bovendien dat de mens geen onsterfelijke ziel bezit.

Kon ze erop vertrouwen dat dit klopte?

Ze wist het niet. Maar ze was dan ook nog maar net met de filosofiecursus begonnen.

HET LOT

... de waarzegger probeert iets te voorspellen wat eigenlijk onvoorspelbaar is...

Terwijl Sofie over Democritus las, had ze de hele tijd naar het tuinhek gekeken. Voor alle zekerheid besloot ze toch even in de brievenbus te gaan kijken.

Toen ze de buitendeur opendeed, zag ze een kleine envelop op de trap liggen. Ja hoor, op de envelop stond 'Sofie Amundsen'.

Hij had haar dus voor de gek gehouden! Uitgerekend vandaag, terwijl ze de brievenbus zo goed in de gaten had gehouden, was de geheimzinnige filosoof het huis van een andere kant genaderd en had de brief gewoon op de trap gelegd, waarna hij het bos weer in was gegaan. Verdorie!

Hoe kon hij weten dat Sofie juist vandaag op de brievenbus zou letten? Misschien had hij of zij haar bij het raam gezien? Ze was in ieder geval blij dat ze de envelop had gevonden, voordat haar moeder was thuisgekomen.

Sofie ging stilletjes weer naar haar kamer en maakte daar de brief open. De witte envelop was een beetje nat aan de randen en vertoonde bovendien een paar diepe inkepingen. Hoe kon dat? Het had al dagenlang niet geregend.

Op het papiertje stond:

Geloof je in het lot?
Is ziekte een straf van de goden?
Welke krachten bepalen de loop der geschiedenis?

Of ze in het lot geloofde? Nu, dat wist ze zo net nog niet. Maar ze kende heel wat mensen die er wel in geloofden. Een paar vriendinnen in haar klas bijvoorbeeld lazen de horoscopen in de weekbladen. Als ze in astrologie geloofden, geloofden ze vast ook in het lot, want de astrologen beweerden dat de plaats van de sterren aan de hemel iets kon vertellen over het leven van mensen op aarde.

Als je geloofde dat een overstekende kat ongeluk betekende, geloofde je toch ook in het lot? Hoe meer ze erover nadacht, hoe meer voorbeelden ze vond van mensen die in het lot geloofden. Waarom zei je bijvoorbeeld 'even afkloppen'? En waarom was vrijdag de dertiende een ongeluksdag? Sofie had gehoord dat vele hotels geen kamers met het nummer dertien hadden. Dat kwam waarschijnlijk doordat er dus toch veel bijgelovige mensen waren.

'Bijgeloof'. Was dat trouwens geen raar woord? Als je in het christendom of in de islam geloofde, dan werd dat alleen maar 'geloof' genoemd. Maar als je in astrologie of in vrijdag de dertiende geloofde, dan was het meteen bijgeloof!

Wie had het recht om het geloof van andere mensen bijgeloof te noemen?

Sofie wist in ieder geval een ding zeker: Democritus geloofde *niet* in het lot. Hij was materialist. Hij geloofde alleen maar in atomen en de lege ruimte.

Sofie probeerde over de andere vragen op het papiertje na te denken.

'Is ziekte een straf van de goden?' Dat geloofde tegenwoordig toch niemand meer? Maar toen bedacht ze dat veel mensen dachten dat het hielp om tot God te bidden om weer gezond te worden en dan moesten ze toch ook geloven dat het van God afhing wie ziek was en wie gezond.

Het was wat moeilijker om over de laatste vraag een mening te hebben. Sofie stond nooit stil bij de vraag waardoor de loop der geschiedenis wordt bepaald. Door de mensen toch zeker? Als het God of het lot was, kon de mens geen vrije wil hebben.

Die vrije wil bracht Sofie op iets heel anders. Waarom stond ze toe dat de geheimzinnige filosoof kat en muis met haar speelde? Waarom zou *zíj* de filosoof niet eens schrijven? Hij of zij zou vast in de loop van de nacht of morgenochtend een nieuwe grote envelop in de brievenbus leggen. Dan kon zij toch zeker een brief voor de filosofieleraar neerleggen.

Sofie begon. Ze vond het erg moeilijk om te schrijven aan iemand die ze nog nooit had gezien. Ze wist niet eens of het een man of een vrouw was. Ze wist ook niet of hij of zij oud of jong was. Voor zover ze wist, kon de geheimzinnige filosoof zelfs een bekende van haar zijn.

Al gauw had ze een briefje opgesteld:

Hooggeëerde filosoof. Hier in huis stelt men uw edelmoedige correspondentiecursus in filosofie zeer op prijs. Maar men vindt het ook vervelend dat men niet weet wie u bent. Wij verzoeken u daarom uw volledige naam te gebruiken. In ruil daarvoor bent u hartelijk welkom om binnen te komen en een kop koffie met ons te drinken, maar liefst niet als mama thuis is. Ze is iedere dag, van maandag tot vrijdag, van 7.30 uur tot 17.00 uur op haar werk. Zelf zit ik dan op school, maar behalve op donderdag ben ik altijd om kwart over twee thuis. Ik kan bovendien heel goed koffie zetten. Bij voorbaat dank.
Hartelijke groet, uw aandachtige leerling,
Sofie Amundsen, veertien jaar.

Helemaal onderaan de brief schreef ze 'Graag antwoord.'

Sofie vond de brief eigenlijk te plechtig. Maar het was niet zo eenvoudig om de juiste woorden te kiezen, als je een brief aan een mens zonder gezicht schreef.

Ze deed het velletje papier in een roze envelop en likte hem dicht. Ze schreef er 'Voor de filosoof' op.

Het probleem was hoe ze hem moest neerleggen zonder dat haar moeder hem zou vinden. In de eerste plaats kon ze hem pas in de brievenbus leggen als haar moeder thuis was. Ze moest ook niet vergeten om de volgende ochtend voordat de krant kwam in de brievenbus te kijken. Als er in de loop van de avond of de nacht geen nieuwe brief kwam, moest ze de roze envelop weer uit de brievenbus halen.

Waarom was alles zo ingewikkeld?

Die avond ging Sofie vroeg naar haar kamer, hoewel het vrijdag was. Haar moeder probeerde haar te verleiden met een pizza en een krimi op de televisie, maar Sofie zei dat ze moe was en in bed wilde lezen. Terwijl haar moeder naar de televisie zat te kijken, sloop Sofie met de brief naar de brievenbus.

Haar moeder maakte zich duidelijk zorgen. Ze sprak heel anders met Sofie sinds ze over het grote konijn en de hoge hoed hadden gesproken. Sofie vond het vervelend dat ze bezorgd was, maar ze moest nu echt naar haar kamer om de brievenbus in de gaten te houden.

Toen haar moeder rond elf uur bovenkwam, zat Sofie voor het raam naar de straat te kijken.

'Je kijkt toch niet naar de brievenbus?' zei ze.

'Ik kijk naar wat ik wil.'

'Ik geloof dat je echt verliefd bent, Sofie. Maar als hij weer een brief schrijft, brengt hij die vast niet midden in de nacht.'

Bah! Sofie kon dit gezeur over verliefd zijn niet verdragen. Maar er zat niets anders op dan haar moeder in de waan te laten.

Haar moeder ging verder: 'Had hij het soms over het konijn en de hoge hoed?'

Sofie knikte.

'Hij... hij gebruikt toch geen drugs?'

Nu had Sofie echt medelijden met haar. Ze mocht haar over dat soort dingen geen zorgen meer laten maken. Verder was het natuurlijk vreselijk dom om te denken dat leuke gedachten ook maar iets met drugs te maken hadden. Volwassenen waren af en toe echt helemaal mesjokke.

Ze draaide zich om en zei: 'Mama, ik beloof je plechtig dat ik nooit zoiets zal proberen... En "hij" gebruikt ook geen drugs. Maar hij is bezeten van filosofie.'

'Is hij ouder dan jij?'

Sofie schudde haar hoofd.

'Even oud?'

Ze knikte.

'En hij houdt zich met filosofie bezig?'

Sofie knikte weer.

'Het is vast een hele lieve jongen. Maar nu moet je proberen te slapen.'

Maar Sofie staarde nog urenlang naar de straat. Rond een uur was ze zo moe dat ze met haar ogen begon te knipperen. Ze wilde net naar bed gaan, toen ze plotseling een schaduw uit het bos zag komen.

Buiten was het bijna helemaal donker, maar het was net licht genoeg om de omtrekken van een mens te zien. Het was een man en volgens Sofie was hij heel oud. Hij was in ieder geval niet van haar eigen leeftijd! Hij droeg een baret of zoiets.

Even leek het alsof hij naar het huis op keek, maar Sofie had geen licht aan. De man liep regelrecht naar de brievenbus en stopte er een grote envelop in. Toen hij de envelop neerlegde, zag hij de brief van Sofie. Hij stak zijn hand in de brievenbus en haalde hem eruit. Het volgende moment was hij weer op weg naar het bos. Hij liep op een drafje het pad op - en weg was hij.

Sofie voelde haar hart bonzen. Ze was het liefst in haar nachthemd achter hem aan gehold. Alhoewel, nee, dat durfde ze ook niet, ze durfde niet midden in de nacht achter een vreemde aan te hollen. Maar ze *moest* de envelop halen, dat was duidelijk.

Na een poosje sloop ze de trap af. Ze deed de buitendeur voorzichtig open en liep naar de brievenbus. Ze was al snel weer terug op haar kamer, met de grote envelop in haar hand. Ze ging op bed zitten en hield haar adem in. Toen enkele minuten waren verstreken en het in huis nog steeds doodstil was, maakte ze de brief open en begon te lezen.

Ze kon natuurlijk geen antwoord op haar eigen brief verwachten. Dat kon op zijn vroegst pas morgen.

Het lot

Goedemorgen, lieve Sofie! Laat ik voor alle zekerheid benadrukken dat je nooit moet proberen mij te bespioneren. We zullen elkaar echt wel een keer ontmoeten, maar *ik* wil de tijd en plaats bepalen.

Dat is dan afgesproken; je bent toch niet ongehoorzaam?

Terug naar de filosofen. We hebben gezien hoe ze probeerden natuurlijke verklaringen voor de veranderingen in de natuur te vinden. Vroeger werden dergelijke zaken door middel van de mythen verklaard.

Maar ook op andere gebieden moest oud bijgeloof uit de weg worden geruimd. Dat zien we bij kwesties als *ziekte en gezond-*

heid en als het gaat om *politieke gebeurtenissen*. Op deze gebieden geloofden de Grieken sterk in het lot.

Met geloof in het lot wordt bedoeld dat je gelooft, dat alles wat er gebeurt, voorbestemd is. Een dergelijke opvatting vind je in de hele wereld, vroeger, maar ook tegenwoordig nog. Hier in Scandinavië vind je dat sterke geloof in de 'voorbeschikking' terug in de oude IJslandse familiesaga's.

Zowel bij de Grieken als elders in de wereld komen we bovendien de voorstelling tegen dat de mensen het lot kunnen leren kennen door middel van een *orakel*. Daarmee wordt bedoeld dat het lot van een mens of van een staat op verschillende manieren kan worden geduid. Er bestaan nog steeds heel wat mensen die geloven dat je kunt 'kaartlezen', 'handen lezen' of 'in de sterren kijken'.

Een bijzondere variant is 'koffiedik kijken'. Als een koffiekopje leeg is, blijft er soms wat koffiedik onderin het kopje liggen. Misschien vormt het een bepaald beeld of heeft het een bepaalde vorm, in ieder geval als we onze fantasie een beetje gebruiken. Als het koffiedik op een auto lijkt, betekent dat misschien dat degene, die uit het kopje heeft gedronken, een lange autorit gaat maken.

We zien dat de 'waarzegger' iets probeert te voorspellen wat eigenlijk onvoorspelbaar is. Dat is kenmerkend voor iedere vorm van voorspellen. En juist omdat datgene wat men 'voorspelt' zo onvoorspelbaar is, is het meestal niet eenvoudig om de waarzegger tegen te spreken.

Als we naar de sterrenhemel kijken, zien we een ware chaos van lichtgevende puntjes. Niettemin zijn er in de geschiedenis veel mensen geweest die geloofden dat de sterren iets over ons leven op aarde kunnen vertellen. Er zijn tegenwoordig nog politieke leiders die astrologen om raad vragen, voordat ze een belangrijke beslissing nemen.

Het orakel van Delphi

De Grieken geloofden dat het beroemde orakel van Delphi de mensen kon vertellen wat hun lot was. De orakelgod was *Apollo*. Hij sprak via de priesteres *Pythia*, die op een stoel boven een kloof in de aarde zat. Uit deze kloof kwamen bedwelmende dampen naar boven, die Pythia duizelig maakten. Dat was nodig om de spreekbuis van Apollo te kunnen zijn.

Als iemand naar Delphi kwam, moest hij eerst zijn vraag bij de priesters inleveren. Deze gaven hem aan Pythia. Ze antwoordde iets wat zo onbegrijpelijk of voor velerlei uitleg vatbaar was, dat de priesters het antwoord aan degene die de vraag had gesteld, moesten uitleggen. Op die manier konden de Grieken de wijsheid van Apollo gebruiken, want de Grieken geloofden dat Apollo alles wist, zowel over het verleden als over de toekomst.

Veel staatslieden durfden geen oorlog te voeren of andere belangrijke beslissingen te nemen, voordat ze het orakel van Delphi om raad hadden gevraagd. Zo fungeerden de priesters van Apollo bijna als diplomaten en adviseurs met een uitermate goede kennis van land en volk.

Boven de tempel in Delphi stond een beroemde inscriptie: KEN UZELF! Daarmee werd bedoeld dat de mens nooit moest geloven dat er meer was dan een mens, en dat niemand zijn lot kon ontvluchten.

Onder de Grieken deden vele verhalen de ronde over mensen die door hun lot werden ingehaald. In de loop van de tijd werden er tal van toneelstukken (tragedies) over dergelijke 'tragische' personen geschreven. Het beroemdste voorbeeld is het verhaal over koning *Oedipus*.

Geschiedeniswetenschap en medische wetenschap

Niet alleen het leven van het individu werd door het lot bepaald. De Grieken geloofden ook dat de wereldgeschiedenis door het lot werd geleid. Ze dachten dat de goden in een oorlog konden ingrijpen en zo de afloop ervan konden beïnvloeden. Ook nu nog geloven veel mensen dat God of een andere geheimzinnige kracht de loop van de geschiedenis bepaalt.

Maar juist in de tijd dat de Griekse filosofen natuurlijke verklaringen voor de natuurprocessen probeerden te vinden, begon zich een geschiedeniswetenschap te vormen die natuurlijke oorzaken voor de wereldgeschiedenis probeerde op te sporen. Dat een staat een oorlog verloor, werd dus niet langer verklaard door naar de wraak der goden te wijzen. De bekendste Griekse geschiedschrijvers waren *Herodotus* (484-424 voor Christus) en *Thucydides* (460-400 voor Christus).

De Grieken geloofden ook dat ziekte door ingrijpen van de goden veroorzaakt kon worden. Besmettelijke ziekten werden vaak uitgelegd als straf van de goden. Aan de andere kant konden de goden de mensen weer genezen, als maar op de goede manier aan hen werd geofferd.

Deze gedachte is beslist niet alleen typisch voor de Grieken. Voordat in de nieuwe tijd de moderne medische wetenschap ontstond, werd algemeen aangenomen dat ziekte een bovennatuurlijke oorzaak kon hebben. Het woord 'influenza' betekent eigenlijk dat iemand onder kwade invloed van de sterren staat.

Zelfs nu nog zijn er over de hele wereld veel mensen die geloven dat verschillende ziekten, zoals AIDS, een straf van God zijn. Velen geloven bovendien dat een zieke op bovennatuurlijke wijze kan worden genezen.

In de tijd dat de Griekse filosofen een geheel nieuwe gedachtengang aannamen, ontstond ook een Griekse medische wetenschap, die natuurlijke verklaringen voor ziekte en gezondheid probeerde te vinden. De grondlegger van de Griekse medische wetenschap was waarschijnlijk *Hippocrates*, die rond 460 voor Christus op het eiland Kos werd geboren.

De belangrijkste bescherming tegen ziekte was volgens de Hippocratische medische traditie matigheid en een gezonde levenswijze. Gezond zijn is voor de mens een natuurlijke toestand. Als je ziek wordt, komt dat omdat de natuur 'ontspoord' is vanwege het lichamelijk of geestelijk uit balans zijn. De weg naar gezondheid voor een mens was matigheid, harmonie en 'een gezonde ziel in een gezond lichaam'.

Vandaag de dag wordt er veel over 'medische ethiek' gesproken. Daarmee wordt bedoeld dat een arts verplicht is zijn beroep uit te oefenen volgens bepaalde ethische richtlijnen. Een arts mag bijvoorbeeld aan gezonde mensen geen recept voor verdovende middelen uitschrijven. Een arts is bovendien gehouden aan een zwijgplicht, die inhoudt dat hij niet aan anderen mag vertellen wat een patiënt over zijn ziekte heeft verteld. Ook deze ideeën stammen van Hippocrates. Hij eiste dat zijn leerlingen de volgende eed aflegden:

> Ik zal dieetvoorschriften toepassen tot heil van de zieken naar mijn vermogen en inzicht, en van hen afweren wat ten verderve en onrecht is. Ik zal geen dodelijk vergif aan iemand geven als hij erom vraagt, en ook geen advies dienaangaande. Rein en vroom zal ik mijn leven en mijn kunst bewaren.
> Ik zal geen lijders aan stenen opereren maar dit overlaten aan mannen wier werk dit is.
> In de huizen die ik bezoek, zal ik binnengaan tot heil der zieken, mij onthouden van elk opzettelijk onrecht en kwaad, en met name van seksuele relaties met vrouwelijke of mannelijke personen, zowel vrijen als slaven. Wat ik tijdens de behandeling of zelfs buiten de praktijk zal zien of horen aangaande het leven der mensen, dat nooit naar buiten verteld mag worden, zal ik verzwijgen, in de overtuiging dat zulke dingen onuitgesproken moeten blijven.
> Als ik deze eed in vervulling breng en niet schend moge het mij gegeven zijn mijn leven en kunst te genieten, in aanzien staande bij alle mensen voor altijd. Als ik hem overtreed en meineed pleeg moge het tegendeel mijn lot zijn.

Sofie werd die zaterdagochtend met een schok wakker. Was het maar een droom geweest of had ze de filosoof *echt* gezien?

Ze voelde met haar hand onder haar bed. Ja, daar lag de brief, die vannacht gekomen was. Sofie kon zich alles herinneren wat ze over het Griekse geloof in het lot had gelezen. Dan was het niet alleen maar een droom geweest.

Natuurlijk had ze de filosoof gezien! Meer dan dat, ze had met eigen ogen gezien dat hij haar brief meenam.

Sofie ging op de vloer zitten en boog zich onder het bed. Ze trok alle getypte vellen papier te voorschijn. Maar wat was dat? Helemaal tegen de muur aan lag iets roods. Was dat een sjaal?

Sofie kroop onder haar bed en haalde een rode zijden sjaal te voorschijn. Eén ding stond als een paal boven water: die was nooit van Sofie geweest.

Ze onderzocht de zijden sjaal nauwkeurig en slaakte een kreet toen ze zag dat er aan de rand van de zoom met zwarte pen stond geschreven: 'HILDE'.

Hilde! Maar wie *was* Hilde? Hoe was het mogelijk dat hun wegen zich op deze manier kruisten?

SOCRATES

... het verstandigst is zij die weet wat ze niet weet...

Sofie trok een zomerjurk aan en kwam even later de keuken binnen. Haar moeder stond bij het aanrecht. Sofie besloot niets over de zijden sjaal te vertellen.

'Heb je de krant gehaald?', flapte Sofie eruit.

Haar moeder draaide zich om.

'Wil jij dat misschien even voor mij doen?'

Sofie holde het grindpad op en stond even later over de groene brievenbus gebogen.

Alleen maar de krant. Ze kon natuurlijk ook niet meteen antwoord op haar brief verwachten. Op de voorpagina van de krant stonden een paar regels over het Noorse VN-bataljon in Libanon.

Het VN-bataljon... Stond dat ook niet op het stempel op de kaart van Hildes vader? Maar daar hadden Noorse postzegels op gezeten. Misschien hadden de Noorse VN-soldaten een eigen Noors postkantoor...

Toen ze weer in de keuken was, zei haar moeder plagend: 'Wat heb jij opeens een belangstelling voor de krant.'

Tijdens het ontbijt of later die dag zei ze gelukkig niets meer over brievenbussen en zo. Toen ze boodschappen ging doen, nam Sofie de brief over het geloof in het lot mee naar het Hol.

Haar hart klopte in haar keel toen ze plotseling een kleine witte envelop in de gaten kreeg, die naast de trommel met de brieven van de filosofieleraar lag. Sofie wist zeker dat zij die daar niet had neergelegd.

Ook deze brief was vochtig aan de randen. Er zaten bovendien een paar diepe inkepingen in, net als in de witte envelop die ze gisteren had gekregen.

Was de filosofieleraar hier geweest? Kende hij haar geheime schuilplaats? Waarom waren de enveloppen nat?

Al die vragen maakten Sofie duizelig. Ze maakte de envelop open en las wat er op het briefje stond.

Lieve Sofie. Ik heb je brief met veel belangstelling gelezen - en bovendien ook met de nodige bezorgdheid. Want ik moet je helaas teleurstellen wat koffievisite en dergelijke betreft. Op een dag zullen we elkaar ontmoeten, maar ik kan mij nog lang niet in Kapteinsvingen vertonen.
Ik moet er bovendien aan toevoegen dat ik vanaf nu de brieven niet meer persoonlijk kan bezorgen. Dat zou op den duur te riskant zijn. De komende brieven zullen door mijn kleine boodschapper worden gebracht. Ter compensatie worden ze rechtstreeks op de geheime plek in de tuin bezorgd.
Je kunt natuurlijk contact met mij opnemen als je daar behoefte aan hebt. In dat geval moet je een roze envelop met een zoet koekje of een suikerklontje erin klaarleggen. Als de boodschapper zo'n brief ziet, brengt hij de post naar mij toe.

P.S. Het is helemaal niet leuk om een uitnodiging om bij een jongedame een kopje koffie te komen drinken, af te slaan. Maar soms is dat noodzakelijk.
P.P.S. Mocht je een rode zijden sjaal vinden, dan vraag ik je om er goed op te passen. Het komt wel vaker voor dat zulke spullen worden verwisseld. Vooral op school en zo, en dit is per slot van rekening een filosofieschool.

Groeten, Alberto Knox.

Sofie was nu veertien jaar, maar had desondanks al heel wat brieven in haar jonge leven gekregen. In ieder geval met kerst en verjaardagen en zo. Maar dit was de vreemdste brief die ze ooit had gekregen.
Er zat geen postzegel op. Hij was zelfs niet in de brievenbus gestopt. Deze brief was rechtstreeks naar Sofies supergeheime schuilplaats in de oude heg gebracht. Het was ook vreemd dat de brief nat was met dit droge voorjaarsweer.
Het allervreemdst was natuurlijk de zijden sjaal. De filosofieleraar had ook nog een andere leerling. Ja, natuurlijk! En die andere leerling had een rode zijden sjaal verloren. Ja, natuurlijk! Maar hoe kon ze die sjaal onder het bed van Sofie kwijtraken?

En dan Alberto Knox... Wat een rare naam!

Deze brief bevestigde in ieder geval dat er een verband bestond tussen de filosofieleraar en Hilde Møller Knag. Maar dat Hildes vader de adressen had verwisseld, was onbegrijpelijk.

Sofie dacht lang na over de vraag welke verbinding er tussen Hilde en haarzelf kon zijn. Ten slotte zuchtte ze berustend. De filosofieleraar schreef dat ze hem op een dag zou ontmoeten. Zou ze Hilde dan ook ontmoeten?

Ze draaide het blad om. Ze ontdekte dat er ook een paar regels op de achterkant stonden:

Bestaat er een natuurlijke preutsheid?
Het verstandigst is zij die weet wat ze niet weet.
Het juiste inzicht komt van binnenuit.
Degene die weet wat goed is, zal ook het goede doen.

Sofie had al begrepen dat de korte zinnen die in de witte enveloppen kwamen, haar moesten voorbereiden op de grote envelop, die erop volgde. Ze kreeg een idee: als de boodschapper de gele envelop naar het Hol bracht, kon Sofie gewoon op hem wachten. Of was het een zij? Dan zou ze zich aan die persoon vastklampen totdat hij of zij iets meer over de filosoof vertelde! In de brief stond ook dat de boodschapper klein was. Was het misschien een kind?

'Bestaat er een natuurlijke preutsheid?' Sofie wist dat preutsheid een ouderwets woord voor verlegenheid was, bijvoorbeeld om je naakt te laten zien. Maar was het eigenlijk wel natuurlijk om je daarvoor te schamen? Dat iets natuurlijk was, betekende toch dat het voor alle mensen gold. In grote delen van de wereld was het juist heel natuurlijk om naakt te zijn. Dan was het toch de *maatschappij* die bepaalde wat wel of niet mogelijk was? Toen haar oma jong was, was het bijvoorbeeld volkomen ondenkbaar om topless in de zon te liggen. Maar tegenwoordig vonden de meesten dat 'natuurlijk'. Hoewel dat in vele landen nog steeds streng verboden was. Sofie krabde zich op haar hoofd. Was dit filosofie?

En dan de volgende zin: 'Het verstandigst is zij die weet wat ze niet weet.'

Verstandiger dan wie? Als de filosoof bedoelde dat iemand die besefte dat ze niet alles tussen hemel en aarde wist, verstandiger was dan degene die even weinig wist, maar zich niettemin verbeeldde dat ze heel veel wist, ja, dan was het niet zo moeilijk om het hiermee eens te zijn. Sofie had hier nog nooit eerder over nagedacht. Maar hoe meer ze erover nadacht, hoe duidelijker het haar werd dat weten wat je niet weet, eigenlijk ook een vorm van weten is. In ieder geval kon ze zich vreselijk ergeren aan mensen die overtuigd waren van dingen waar ze geen verstand van hadden.

Dan was er nog die opmerking dat het juiste inzicht van binnenuit komt. Maar alle kennis was toch ooit een keer van buiten gekomen, voor die in je hoofd was gaan zitten? Anderzijds kon Sofie zich goed herinneren dat er situaties waren waarin mama of de leraren op school hadden geprobeerd haar iets te leren, waar ze niet voor openstond. Als ze echt iets *leerde*, dan droeg ze daar op een of andere manier zelf iets toe bij. Soms begreep ze plotseling iets, en dat werd dan inzicht genoemd.

Ja, Sofie vond dat ze de eerste opdrachten prima had opgelost. Maar toen kwam een bewering die zo raar was dat ze erom moest lachen: 'Degene die weet wat goed is, zal ook het goede doen.'

Betekende dat dat een bankrover een bank beroofde, omdat hij niet beter wist? Dat geloofde Sofie niet. Integendeel, ze geloofde dat zowel volwassenen als kinderen veel domme dingen doen - waarvan ze later misschien spijt hadden - en dat ze dat juist tegen beter weten in deden.

Terwijl ze zo zat, hoorde ze een paar dorre takken kraken aan de kant van de heg die aan het grote bos grensde. Was dat misschien de boodschapper? Sofie voelde haar hart in haar keel kloppen. Ze werd nog banger toen ze hoorde dat degene die dichterbij kwam, hijgde als een dier.

Het volgende moment kwam een grote hond vanuit de kant van het bos het Hol binnen. Het was zo te zien een labrador. In zijn bek zat een grote gele envelop, die hij voor de voeten van Sofie liet vallen. Het gebeurde zo snel dat Sofie niet op tijd reageerde. Een paar tellen later zat ze met de grote envelop in haar handen en was de grote hond weer in het bos verdwenen. Pas toen alles voorbij was, kwam de schok. Sofie legde haar handen in haar schoot en huilde.

Ze wist niet hoe lang ze zo had gezeten, maar na een poosje keek ze weer op.

Dat was dus de boodschapper! Sofie zuchtte. Daarom hadden de witte enveloppen vochtige randen. Daarom hadden er natuurlijk ook diepe inkepingen ingezeten. Dat ze daar niet aan had gedacht! Nu begreep ze ook waarom ze een zoet koekje of een suikerklontje in de envelop moest stoppen, als ze een brief naar de filosoof wilde sturen.

Ze dacht niet altijd zo snel als ze wel graag zou willen. Dat de boodschapper een gedresseerde hond was, was wel heel apart. Daarmee kwam het idee om de boodschapper te dwingen haar het adres van Alberto Knox te vertellen, te vervallen.

Sofie maakte de grote envelop open en begon te lezen:

De filosofie in Athene

Lieve Sofie. Als je dit leest, heb je *Hermes* misschien al ontmoet. Voor alle zekerheid moet ik eraan toevoegen dat hij een hond is. Maar daar hoef je niet zo zwaar aan te tillen. Hij is ontzettend aardig, en bovendien verstandiger dan een heleboel mensen. Hij wekt in ieder geval niet de indruk verstandiger te zijn dan hij is.

Je mag ook onthouden dat zijn naam niet toevallig gekozen is. Hermes was de boodschapper van de Griekse goden. Hij was ook de god van de zeelieden, maar daar hoeven we niet zoveel aandacht aan te besteden, althans voorlopig niet. Het is belangrijker dat Hermes ook zijn naam heeft gegeven aan het woord 'hermetisch', wat verborgen of ontoegankelijk betekent. Dat past heel goed bij de manier waarop Hermes ons voor elkaar verborgen houdt.

Nu weet je wie de boodschapper is. Hij luistert natuurlijk naar zijn naam en is sowieso goed opgevoed.

We gaan terug naar de filosofie. Het eerste deel ligt al achter ons. Ik denk aan de natuurfilosofie, aan de breuk met het mythische wereldbeeld. Nu gaan we de drie grootste filosofen uit de oudheid ontmoeten. Ze heten *Socrates, Plato* en *Aristoteles*. Deze filosofen hebben ieder op hun eigen manier een stempel op de Europese beschaving gedrukt.

De natuurfilosofen worden ook vaak 'de presocratische filosofen' genoemd, omdat ze vóór Socrates leefden. Democritus stierf weliswaar een paar jaar na Socrates, maar zijn gedachtengang hoort toch bij de 'presocratische' natuurfilosofie. Want we brengen niet alleen wat de tijd betreft een scheidslijn bij Socrates aan. Ook in geografisch opzicht moeten we ons verplaatsen. Socrates is namelijk de eerste filosoof die in Athene is geboren en zowel hij als zijn twee opvolgers woonden en werkten in Athene. Je weet misschien nog dat ook Anaxagoras een tijdje in die stad woonde, maar hij werd er weggejaagd omdat hij dacht dat de zon een vuurbal was. (Socrates verging het niet beter!)

Vanaf de tijd van Socrates concentreert het Griekse culturele leven zich dus in Athene.

Nog belangrijker is het om te bedenken dat het filosofische project van karakter verandert, wanneer we van de natuurfilosofen naar Socrates gaan.

Voordat we Socrates ontmoeten, ga ik je iets vertellen over de zogenaamde *sofisten*, die in de tijd van Socrates hun stempel op het stadsbeeld van Athene drukten.

Het doek gaat op, Sofie! De geschiedenis van de gedachte is net een drama in veel bedrijven.

De mens in het centrum

Vanaf ca. 450 voor Christus werd Athene het culturele centrum van de Griekse wereld. En daarmee sloeg de filosofie een nieuwe richting in.

De natuurfilosofen waren in de eerste plaats natuuronderzoekers. Ze nemen daarom ook in de geschiedenis van de wetenschap een belangrijke plaats in. In Athene kwam de belangstelling voor de mens en de plaats van de mens in de maatschappij centraler te staan.

In Athene ontwikkelde zich na verloop van tijd een democratie met volksvertegenwoordigingen en rechtbanken. Voorwaarde voor de democratie was dat het volk het nodige onderwijs kreeg om aan de democratische processen deel te nemen. Dat een jonge democratie volksonderwijs nodig heeft, zien we tegenwoordig ook. De bevolking van Athene vond het vooral belangrijk om de kunst der welsprekendheid (de retorica) te beheersen.

Er stroomde al gauw een groep rondtrekkende leraren en filosofen vanuit de Griekse koloniën naar Athene. Zij noemden zich *sofisten*. Het woord *sofist* betekent een geleerd of deskundig persoon. In Athene leefden de sofisten van het onderwijzen van de burgers van de stad.

De sofisten hadden iets belangrijks met de natuurfilosofen gemeen. Ze stelden zich kritisch op ten aanzien van de overgeleverde mythen. Tegelijkertijd wezen de sofisten al die dingen af die zij als nutteloze filosofische speculaties beschouwden. Hoewel er misschien een antwoord op de filosofische vragen bestaat, kunnen de mensen geen vaststaande antwoorden op de raadselen der natuur en van het universum vinden, stelden ze. Een dergelijk standpunt wordt in de filosofie *scepsis* genoemd.

Maar ook al kunnen we geen antwoord vinden op alle raadselen der natuur, we weten dat we mensen zijn die moeten leren samenleven. De sofisten kozen ervoor zich met de mens en de plaats van de mens in de maatschappij bezig te houden.

'De mens is de maat van alle dingen,' zei de sofist *Protagoras* (ca. 487-420 voor Christus). Daarmee bedoelde hij dat wat juist en verkeerd is, goed en slecht, altijd naar de menselijke behoefte beoordeeld moet worden. Toen hem werd gevraagd of hij in de Griekse goden geloofde, antwoordde hij dat dat een moeilijk onderwerp was en het menselijk leven kort. Iemand die op die manier niet met zekerheid kan zeggen of er een god bestaat of niet, noemen we een *agnosticus*.

De sofisten reisden vaak veel en hadden op die manier vele vormen van bestuur gezien. De gewoonten en de wetten van de stadstaten waren soms heel verschillend. Tegen die achtergrond riepen de sofisten de discussie op in Athene over wat *door de natuur was bepaald* en wat *door de maatschappij was gemaakt*. Zo legden ze de basis voor een maatschappijkritiek in de stadstaat Athene.

Ze wezen er bijvoorbeeld op dat uitdrukkingen als natuurlijke preutsheid niet altijd voldoende waren. Want als het natuurlijk is om preuts te zijn, moet het iets aangeborens zijn. Maar *is* het aangeboren, Sofie, of is dat zo door de maatschappij gemaakt? Voor iemand die veel heeft gereisd, moet het antwoord eenvoudig zijn: het is niet natuurlijk, of aangeboren, om bang te zijn om je naakt te laten zien. Preutsheid, of geen preutsheid, heeft vooral met de gewoonten van de maatschappij te maken.

Zoals je zult begrijpen, konden de rondtrekkende sofisten een bitter debat in de stadsmaatschappij van Athene op gang brengen door erop te wijzen dat er geen absolute *normen* bestonden voor wat juist en verkeerd was. Socrates daarentegen probeerde aan te tonen dat sommige van die normen wel absoluut waren en voor iedereen golden.

Wie was Socrates?

Socrates (470-399 voor Christus) is wellicht de meest raadselachtige figuur in de hele geschiedenis van de filosofie. Hij heeft geen letter op papier gezet. Niettemin is hij een van degenen die de Europese manier van denken het meest hebben beïnvloed. Dat heeft met zijn dramatische dood te maken.

We weten dat hij in Athene is geboren en dat hij het grootste deel van zijn leven op straten en markten doorbracht, waar hij praatte met de mensen die hij ontmoette. De bomen op het land kunnen mij niets leren, meende hij. Hij kon ook vaak urenlang in diepe gedachten zijn verzonken.

Al tijdens zijn leven werd hij als een raadselachtig persoon beschouwd en toen hij dood was, werd hij al snel gezien als de grondlegger van een aantal filosofische stromingen. Juist omdat hij zo raadselachtig en dubbelzinnig was, konden heel verschillende richtingen hem voor hun denkbeelden gebruiken.

Het staat vast dat hij zo lelijk was als de nacht. Hij was klein en dik met uitpuilende ogen en had een korte, dikke wipneus. Maar innerlijk was hij 'volmaakt rechtvaardig', werd er gezegd. En verder: 'Men kan in het heden zoeken en men kan in het verleden zoeken, maar nooit zal men iemand als hem vinden.' Niettemin werd hij vanwege zijn filosofische activiteiten ter dood veroordeeld.

Het leven van Socrates is vooral bekend dankzij Plato, die zijn leerling was en die zelf een van de allergrootste filosofen uit de geschiedenis werd. Plato schreef vele *dialogen*, of filosofische gesprekken, waarin hij Socrates als spreekbuis gebruikte.

Als Plato woorden in de mond van Socrates legt, weten we niet zeker of deze woorden echt door Socrates zijn uitgesproken. Het is dus niet zo eenvoudig om uit te maken wat de leer van Socrates was en wat de woorden van Plato zijn. We kennen precies hetzelfde probleem met vele andere historische personen die geen schriftelijke bronnen hebben nagelaten. Het bekendste voorbeeld is natuurlijk Jezus. We weten niet zeker of de 'historische Jezus' echt heeft gezegd wat Mattheus of Lucas hem in de mond hebben gelegd. Zo zal het ook altijd een raadsel blijven wat de 'historische Socrates' heeft gezegd.

Wie Socrates eigenlijk was, is echter niet zo belangrijk. Het is in de allereerste plaats het beeld van Socrates, door Plato geschapen, dat Westerse denkers gedurende bijna 2500 jaar heeft geïnspireerd.

De kunst van het spreken

De kern van het werk van Socrates was dat hij er niet op uit was om de mensen te onderwijzen. Hij wekte daarentegen de indruk dat hij zelf wilde leren van personen, met wie hij sprak. Hij gaf dus geen onderwijs als elke willekeurige leraar. Nee, *hij voerde een dialoog*.

Nu zou hij geen beroemde filosoof zijn geworden als hij alleen maar naar anderen had geluisterd. Dan zou hij natuurlijk ook niet ter dood zijn veroordeeld. Aanvankelijk stelde hij alleen maar vragen. Zo *deed* hij alsof hij niets wist. In de loop van het gesprek wist hij de ander dikwijls zover te krijgen dat die inzag welke zwakke plekken er in zijn redenering zaten. Dan kwam zijn gesprekspartner meestal klem te zitten en moest ten slotte inzien wat goed en wat verkeerd was.

De moeder van Socrates was vroedvrouw en Socrates vergeleek zijn eigen werkzaamheid met de verloskunde van de vroedvrouw. De vroedvrouw *baart* het kind niet. Ze is alleen aanwezig om bij de bevalling te helpen. Socrates zag het als zijn opdracht om de mensen te helpen het juiste inzicht te 'baren'. Want het echte inzicht moest bij het individu van binnenuit komen. Dat kan niet door anderen worden opgelegd. Alleen inzicht dat van binnenuit komt, is werkelijk 'inzicht'.

Samengevat: het vermogen om kinderen te baren is een natuurlijke eigenschap. Op een vergelijkbare manier kunnen alle mensen, als ze hun verstand gebruiken, filosofische waarheden doorgronden. Als een mens zijn verstand gebruikt, haalt hij iets uit zichzelf.

Juist door zich van de domme te houden, dwong Socrates de mensen die hij ontmoette, hun verstand te gebruiken. Socrates kon net doen alsof hij niets wist, of doen alsof hij dommer was dan hij was. Dat noemen we 'socratische ironie'. Op die manier kon hij voortdurend op zwakheden in de denkwijze van de Atheners wijzen. Dit gebeurde soms midden op de markt, dus in het openbaar. Een ontmoeting met Socrates kon betekenen dat je voor dom werd uitgemaakt en voor een groot publiek belachelijk werd gemaakt.

Het is daarom niet zo gek dat hij na verloop van tijd werd gezien als een vervelende en irritante man, vooral door de machthebbers in de maatschappij. 'Athene is als een traag paard,' zei Socrates, 'en ik ben een horzel die het wakker probeert te maken en in leven te houden'. (Wat doe je met een horzel, Sofie? Kun je mij daar antwoord op geven?)

Een goddelijke stem

Socrates viel de mensen niet lastig om hen te plagen. Iets in hem liet hem geen keuze. Hij zei voortdurend dat er een 'goddelijke stem' in hem zat. Socrates protesteerde bijvoorbeeld tegen terdoodveroordelingen. Hij weigerde bovendien politieke tegenstanders aan te geven. Dat kostte hem ten slotte zijn leven.

In 399 voor Christus werd hij beschuldigd van het 'invoeren van nieuwe goden' en van het 'misleiden van de jeugd'. Met een krappe meerderheid werd hij door een jury van vijfhonderd leden schuldig bevonden.

Hij had natuurlijk om gratie kunnen vragen. Hij had in ieder geval zijn huid kunnen redden door in ballingschap te gaan. Maar als hij dat had gedaan, zou hij geen Socrates zijn geweest. Het punt is dat hij zijn eigen geweten, en de waarheid, hoger achtte dan zijn eigen leven. Hij gaf de verzekering dat hij alleen maar in het belang van de staat had gehandeld. Maar hij werd dus ter dood veroordeeld. Een paar weken later dronk hij in aanwezigheid van zijn beste vrienden de gifbeker leeg. Even later viel hij neer en stierf.

Waarom, Sofie? Waarom moest Socrates sterven? Die vraag wordt al 2400 jaar lang door mensen gesteld. Maar hij is niet de enige mens in de geschiedenis die volhardde in zijn overtuiging en die vanwege die overtuiging de dood heeft aanvaard. Jezus heb ik al genoemd, en er zijn inderdaad verschillende overeenkomsten tussen Jezus en Socrates. Ik zal er een paar noemen.

Zowel Jezus als Socrates werden door hun tijdgenoten als raadselachtige personen beschouwd. Geen van beiden schreef zijn boodschap op. We zijn dus helemaal afhankelijk van het beeld dat hun leerlingen van hen hebben gegeven. Het is echter zeker dat beiden de kunst van het spreken goed beheersten.

Ze spraken bovendien met een uitgesproken zelfbewustheid, die mensen in verrukking kon brengen, maar ook kon irriteren. Beiden meenden niet in de laatste plaats dat ze spraken namens iets wat groter was dan hen zelf. Ze daagden de machthebbers in de maatschappij uit door alle vormen van onrechtvaardigheid en machtsmisbruik te bekritiseren. En ten slotte: hun handelwijze kostte hen het leven.

Ook wat de rechtszaken tegen Jezus en Socrates betreft, zien we duidelijk overeenkomsten. Beiden konden gemakkelijk om genade vragen en daarmee hun leven redden. Maar ze voelden dat ze een roeping hadden, die ze zouden hebben verzaakt, als ze de rit niet hadden afgemaakt. Juist door met opgeheven gelaat de dood in te gaan, verzekerden ze zich ook na hun dood van duizenden volgelingen.

Als ik deze parallel tussen Jezus en Socrates trek, doe ik dat niet om te zeggen dat ze vergelijkbaar waren. Ik heb met name iets gezegd over het feit dat beiden een boodschap hadden, die niet van hun persoonlijke moed kan worden gescheiden.

Een joker in Athene

Socrates, Sofie! Want we zijn nog niet helemaal met hem klaar. We hebben het over zijn methode gehad. Maar wat was zijn filosofische project?

Socrates leefde in dezelfde tijd als de sofisten. Net als zij hield hij zich meer met de mens en het leven van de mens bezig dan met natuurfilosofische problemen. Een Romeinse filosoof, *Cicero*, zei een paar eeuwen later dat Socrates de filosofie uit de hemel op aarde haalde en in de steden liet wonen en in de huizen binnenleidde en de mensen dwong om na te denken over leven en gewoonten, over goed en kwaad.

Maar Socrates onderscheidde zich ook op een belangrijk punt van de sofisten. Hij vond zichzelf geen sofist, dus geen geleerd of wijs persoon. In tegenstelling tot de sofisten wilde hij daarom geen geld voor zijn onderwijs hebben. Nee, Socrates noemde zich 'filosoof' in de ware zin des woords. Een 'filo-soof' betekent eigenlijk 'iemand die naar inzicht streeft'.

Zit je goed, Sofie? Voor de rest van de cursus is het van belang dat je het verschil tussen een sofist en een filosoof kent. De sofisten lieten zich voor hun meer of minder spitsvondige verklaringen betalen en dergelijke sofisten zijn de hele geschiedenis door gekomen en gegaan. Ik denk aan alle leraren en betweters, die ofwel dik tevreden zijn met het weinige dat ze weten of opscheppen dat ze van een heleboel dingen verstand hebben, waar ze in werkelijkheid geen snars van begrijpen. Zulke sofisten ben je in je jonge leven vast wel tegengekomen. Een echte *filosoof*, Sofie, dat is iets heel anders, ja, het tegenovergestelde. Een filosoof beseft dat hij eigenlijk maar heel weinig weet. Juist daarom probeert hij telkens weer om tot werkelijk inzicht te komen. Socrates was zo'n zeldzaam iemand. Hij *besefte* dat hij niets van het leven en de wereld wist. En nu komt de clou: hij vond het uitermate vervelend dat hij zo weinig wist.

Een filosoof is dus iemand die inziet dat hij heel veel dingen niet begrijpt. En dat vindt hij vervelend. Als je het op die manier bekijkt, is hij toch wijzer dan alle mensen die erover opscheppen dat ze verstand hebben van zaken, waar ze niets van af weten. 'Het verstandigst is zij die weet wat ze niet weet,' zei ik. Zelf zei Socrates dat hij maar een ding wist, en dat was dat hij niets wist. Die uitspraak moet je goed onthouden, want deze bekentenis is een zeldzaam goed, zelfs onder filosofen. Het kan bovendien zo gevaarlijk zijn om dat openlijk te verkondigen dat het je je leven kan kosten. Zij die *vragen*, zijn altijd het gevaarlijkst. Antwoord geven is lang niet zo gevaarlijk. Eén enkele vraag kan meer kruit bevatten dan duizend antwoorden.

Heb je wel eens over de nieuwe kleren van de keizer gehoord? Eigenlijk was de keizer spiernaakt, maar niemand van zijn onderdanen durfde dat te zeggen. Toen riep een kind plotseling dat de keizer naakt was. Dat was een *moedig* kind, Sofie. Op een vergelijkbare manier durfde Socrates te beweren dat de mensen zo weinig weten. Over de overeenkomst tussen kinderen en filosofen hebben we het trouwens al eerder gehad.

Samengevat: de mensheid staat tegenover een aantal belangrijke vragen waarop we niet zonder meer goede antwoorden weten. En nu volgen er twee mogelijkheden: ofwel kunnen we onszelf en de rest van de wereld voor de gek houden door te doen alsof we alles weten wat het weten waard is. Of we kunnen onze ogen voor de grote vraagstukken sluiten en het voor eens en voor altijd opgeven om nog meer te weten te komen. Zo deelt de mensheid zich in tweeën. Grofweg zijn mensen ofwel overtuigd van zichzelf, ofwel onverschillig. (Beide soorten verschuilen zich diep in de konijnevacht!) Het is net als wanneer je een stapel kaarten in tweeën deelt, lieve Sofie. Je legt de zwarte kaarten op een stapel en de rode kaarten op een andere. Maar af en toe komt er een joker uit de stapel kaarten te voorschijn, een kaart die geen harten, klaver, ruiten of schoppen is. Zo'n joker was Socrates in Athene. Hij was niet overtuigd van zichzelf en ook niet onverschillig. Hij wist alleen dat hij niets wist, en dat liet hem niet met rust. Dus werd hij filosoof, iemand die niet opgeeft, iemand die onverstoorbaar naar het juiste antwoord blijft zoeken.

Er wordt verteld dat een inwoner van Athene aan het orakel van Delphi vroeg wie de wijste man in Athene was. Het orakel antwoordde dat dat Socrates was. Toen Socrates dit hoorde, was hij op zijn zachtst gezegd verbaasd. (Ik geloof dat hij moest lachen, Sofie!) Hij ging meteen de stad in en bezocht iemand die zowel in zijn eigen ogen als in die van anderen als zeer wijs bekend stond. Maar toen bleek dat deze man geen overtuigend antwoord kon geven op de vragen die Socrates stelde, begreep hij ten slotte dat het orakel gelijk had.

Er was Socrates alles aan gelegen om een onwrikbare basis voor onze kennis te vinden. Volgens hem zat deze basis in het menselijke denken, ofwel de *rede*. Met zijn sterke geloof in het menselijke denken was hij dus een uitgesproken *rationalist*.

Het juiste inzicht leidt tot juist handelen

Ik heb al gezegd dat Socrates dacht dat hij een goddelijke stem in zich had en dat dat 'geweten' hem vertelde wat juist was. 'Hij die weet wat goed is, zal ook het goede doen,' zei hij. Volgens hem leidde het juiste inzicht tot juist handelen. En alleen hij die het juiste doet, wordt een 'echt mens'. Als we verkeerd handelen, komt dat doordat we niet beter weten. Daarom is het zo belangrijk dat we onze kennis vergroten. Socrates hield zich juist bezig met het vinden van heel duidelijke en algemeen geldende definities van wat goed en fout is. In tegenstelling tot de sofisten vond hij namelijk dat het vermogen om onderscheid tussen goed en fout te maken in de rede en niet in de maatschappij besloten ligt.

Misschien vond je dit laatste niet zo gemakkelijk te snappen, Sofie. Ik probeer het nog een keer: Socrates stelt dat het onmogelijk is om gelukkig te worden, als je tegen je overtuiging in handelt. En hij die weet hoe je een gelukkig mens wordt, zal dat ook proberen te bereiken. Daarom zal hij die weet wat juist is, ook het juiste doen. Want geen enkel mens wil toch graag ongelukkig zijn?

Wat vind je zelf, Sofie? Kun jij gelukkig leven als je voortdurend dingen doet waarvan je eigenlijk heel goed weet dat ze niet goed zijn? Er zijn veel mensen die voortdurend liegen en stelen en ach-

ter de rug van andere mensen kletsen. Ja zeker! Ze weten ook wel dat dat niet goed is, of rechtvaardig, zo je wilt. Maar denk je dat hen dat gelukkig maakt?
Volgens Socrates niet.

Toen Sofie de brief over Socrates uit had, legde ze hem snel in de trommel en ging weer naar de tuin. Ze wilde thuis zijn als haar moeder van de winkel terugkwam, om te vermijden dat ze een heleboel vragen kreeg over waar ze was geweest. Bovendien had Sofie beloofd de afwas te doen.
Ze had nog maar net water voor de afwas gepakt toen haar moeder met twee grote draagtassen kwam binnenvallen. Misschien zei moeder daarom: 'Je bent de laatste tijd helemaal in de war, Sofie.'
Waarom Sofie het zei, wist ze niet, maar ze flapte eruit: 'Socrates ook.'
'Socrates?'
Haar moeder sperde haar ogen open.
'Jammer genoeg moest hij daarvoor met zijn leven boeten,' ging Sofie in gedachten verzonken verder.
'Sofie, houd toch op! Ik begrijp er niets meer van.'
'Dat deed Socrates ook niet. Het enige wat hij wist, was dat hij helemaal niets wist. Toch was hij de meest wijze man van Athene.'
Haar moeder was sprakeloos. Ten slotte zei ze: 'Heb je dat op school geleerd?'
Sofie schudde driftig haar hoofd.
'Daar leren we niks... Het grote verschil tussen een leraar en een echte filosoof is dat de leraar denkt dat hij heel veel weet, wat hij de leerlingen voortdurend probeert op te dringen. Een filosoof probeert de dingen samen met de leerlingen te ontdekken.'
'Hebben we het weer over witte konijnen? Ik wil nu toch echt wel eens weten wie je vriendje is. Anders ga ik nog geloven dat hij een beetje gestoord is.'
Sofie draaide zich om. Ze wees met de afwasborstel naar haar moeder.
'Hij is helemaal niet gestoord. Maar hij is een horzel die anderen onophoudelijk stoort. Dat doet hij om hen van hun oude,

gebruikelijke manier van denken te bevrijden.'

'Nu moet je ophouden. Zo te horen is hij behoorlijk eigenwijs.'

Sofie boog zich weer over de afwas.

'Hij is niet wijs en ook niet eigenwijs. Maar hij streeft naar echte wijsheid. Dat is het grote verschil tussen een echte joker en alle andere kaarten op de stapel.'

'Zei je joker?'

Sofie knikte.

'Heb je er wel aan gedacht dat er heel veel harten en ruiten in een stapel kaarten zitten? Er zijn ook een heleboel schoppen en klavers. Maar er is maar een joker.'

'M'n kind, wat geef je toch vreemde antwoorden.'

'En wat stel jij vreemde vragen!'

Haar moeder had alle boodschappen opgeborgen. Ze nam de krant mee naar de kamer. Sofie vond dat ze de deur iets te nadrukkelijk achter zich dicht deed.

Toen ze klaar was met de afwas ging ze naar haar kamer. Ze had de rode zijden sjaal helemaal boven in de kast gelegd bij de legostenen. Ze haalde hem te voorschijn en bekeek hem nauwkeurig.

Hilde...

ATHENE

... uit de ruïnes rezen enkele hoge gebouwen op...

Vroeg in de avond ging Sofies moeder bij een vriendin op bezoek. Zodra ze het huis had verlaten, liep Sofie de tuin in, naar haar Hol in de oude heg. Naast de grote koektrommel lag een dik pak. Sofie scheurde het papier eraf. Er zat een videoband in!

Ze rende terug naar het huis. Een videoband! Dat was weer iets nieuws. Maar hoe wist de filosoof dat ze een videorecorder hadden? En wat stond er op de band?

Sofie deed de band in de recorder. Even later zag ze een grote stad op het scherm. Sofie begreep al snel dat dit Athene moest zijn, want even later kwam de Akropolis in beeld. Sofie had al vaker foto's van die oude ruïnes gezien.

Het was een levendig beeld. Tussen de tempelresten wemelde het van de toeristen in vrijetijdskleding en met fototoestellen rond hun nek. Het leek wel alsof daar iemand een bordje opstak. Daar was het bordje weer! Stond er geen 'Hilde' op?

Even later was er een close-up van een man van middelbare leeftijd. Hij was nogal klein, had een goed verzorgde zwarte baard en droeg een blauwe baret. Toen keek hij recht in de camera en zei: 'Welkom in Athene, Sofie. Zoals je al wel begrepen zult hebben, ben ik Alberto Knox. Mocht je dat nog niet doorhebben, dan verklaar ik hierbij opnieuw dat het grote witte konijn nog steeds uit de zwarte hoge hoed van het universum wordt getoverd. We staan op de Akropolis. Dat woord betekent "stadsburcht", of eigenlijk "de stad op de hoogte". Hierboven hebben al sinds het stenen tijdperk mensen gewoond. De reden is natuurlijk de bijzondere ligging. Het was gemakkelijk om dit hoge plateau tegen vijanden te verdedigen. Vanaf de Akropolis had men bovendien een goed uitzicht op een van de beste havens van de Middellandse Zee... Toen de stad Athene zich op de vlakte onder het plateau ging uitbreiden, werd de Akropolis als vesting en als tempel gebruikt. In de eerste helft van 400 voor Christus woedde er een bittere oorlog tegen de Perzen en in 480 plunderde de Perzische koning *Xerxes* Athene en verbrandde hij alle oude houten gebouwen op de Akropolis.

Het jaar daarop werden de Perzen verslagen en vanaf dat moment begon het gouden tijdperk van Athene, Sofie. De Akropolis werd weer opgebouwd, trotser en mooier dan ooit en was vanaf dat moment een echte tempel. Juist in die tijd liep Socrates door de straten en over de markten en sprak met de Atheners. Zo kon hij de wederopbouw van de Akropolis en het bouwen van al die trotse gebouwen die we hier om ons heen zien, volgen. Dat was me nog eens een bouwplaats! Achter mij zie je de grootste tempel. Hij heet Parthenon, ofwel de "tempel van de maagd" en werd gebouwd ter ere van de godin *Athene*, die de beschermgodin van Athene was. Het grote marmeren gebouw heeft geen enkele rechte lijn, alle vier zijden maken een lichte boog. Dat werd gedaan om het bouwwerk levendiger te maken. Hoewel het gebouw enorme afmetingen heeft, maakt het geen imposante indruk. Dat komt dus door optisch bedrog. Ook de zuilen leunen ietwat naar binnen en zouden een piramide van 1500 meter hebben gevormd als ze zo lang waren geweest dat ze op een punt boven de tempel bij elkaar waren gekomen. In dit enorme gebouw stond alleen een twaalf meter hoog beeldhouwwerk van Athene. Ik wil hieraan toevoegen dat het witte marmer, dat in verschillende levendige kleuren was geverfd, van een berg die zestien kilometer ver weg ligt, werd gehaald...'

Het hart klopte Sofie in haar keel. Was dat echt haar filosofieleraar die op die videoband tot haar sprak? Zij had hem maar een keer gezien, in het donker, en dan nog alleen zijn omtrekken. Maar het kon dezelfde man zijn die nu op de Akropolis in Athene stond.

Even later liep hij langs de lange zijde van de tempel en de camera volgde hem. Ten slotte liep hij helemaal naar de rand van de rots en wees naar het landschap. De camera richtte zich op een oud theater dat onder het Akropolisplateau lag.

'Je ziet nu het oude Dionysustheater,' ging de man met de baret verder. 'Dit is waarschijnlijk het oudste theater van Europa. Hier werden in de tijd van Socrates de stukken van de grote treurspeldichters *Aeschylus*, *Sophocles* en *Euripides* opgevoerd. Ik had het al over de ongelukkige koning Oedipus. Het toneelstuk over hem werd hier voor het eerst opgevoerd. Maar ze voerden ook blijspelen op. De bekendste blijspeldichter was *Aristophanes*, die onder andere een boosaardige komedie over de stadsgek Socrates schreef. Helemaal achteraan zie je de stenen muur, die de toneelspelers als achtergrond diende. Die heette *skene* en daaraan is ons woord "scène" ontleend. Het woord *theater* komt overigens van een oud Grieks woord voor "zien". Maar we gaan zo meteen naar de filosofen terug, Sofie. We lopen rond het Parthenon en dan onder de ingang door...'

De kleine man liep om de grote tempel heen en aan de rechter kant verschenen er een paar kleinere tempels. Even later liep hij de trappen tussen enkele hoge zuilen af. Toen hij bij de voet van het Akropolisplateau was aangeland, liep hij een kleine verhoging op en maakte met zijn arm een gebaar in de richting van Athene: 'De hoogte waarop we nu staan heet *Areopagus*. Hier oordeelde het hoogste gerechtshof in Athene bij moordzaken. Vele eeuwen later stond de apostel Paulus hier en sprak tegen de Atheners over Jezus en het christendom. Maar we komen later nog wel een keer op deze rede terug. Linksonder zie je de ruïnes van de oude markt in Athene. Behalve de grote tempel van *Hephaestus*, de god van de metaalbewerking, zijn er alleen maar marmerblokken over. We gaan naar beneden...'

Het volgende moment dook hij tussen de oude ruïnes op. Hoog onder de hemel, en helemaal bovenin het televisiescherm van Sofie, torende de grote Athene-tempel op de Akropolis. De filosofieleraar was op een blok marmer gaan zitten. Even later keek hij in de camera en zei: 'We zitten aan de rand van de oude markt in Athene. Die ziet er niet best uit, nietwaar? Nu dus, bedoel ik. Maar rondom ons stonden ooit trotse tempels, gerechtsgebouwen en andere openbare gebouwen, winkels, een concertgebouw en zelfs een grote sportzaal. Alles stond rondom de markt, een groot, vierkant plein... Op deze bescheiden plek werd de basis voor de hele Europese beschaving gelegd. Woorden als politiek en democratie, economie en historie, biologie en fysica, mathematiek en logica, theologie en filosofie, ethiek en psychologie, theorie en methode, idee en systeem, - en nog veel, veel meer woorden - stammen van een heel klein volk dat zijn dagelijkse leven rond dit plein leidde. Hier sprak Socrates met de mensen die hij ontmoette. Misschien sprak hij een slaaf aan die een kruik olijfolie droeg en stelde de arme man een filosofische vraag. Want volgens Socrates had een slaaf hetzelfde verstand als een edelman. Misschien stond hij ijverig te discussiëren met een van de burgers of voerde hij fluisterend een gesprek met zijn jonge leerling Plato. Vreemd om daaraan te denken. We hebben het nu nog over "socratische" filosofie of over het "platonisme", maar het is iets heel anders om Plato of Socrates te *zijn*.'

Natuurlijk vond Sofie dat een vreemde gedachte. Maar ze vond het haast nog vreemder dat de filosoof plotseling tot haar sprak via een videoband, die door een geheimzinnige hond naar haar eigen geheime plaats in de tuin was gebracht.

Even later stond de filosoof op van het blok marmer, waarop hij zat. Toen zei hij op een heel zachte toon: 'Het was eigenlijk de bedoeling om het hierbij te laten, Sofie. Ik wilde je de Akropolis en de ruïnes van de oude markt in Athene laten zien. Maar ik weet niet of je wel hebt begrepen hoe trots deze omgeving vroeger was... dus kom ik in de verleiding... om nog even door te gaan. Ik ga nu natuurlijk buiten mijn boekje... maar ik vertrouw erop dat dit onder ons blijft... Nou ja, ik kan je toch maar een glimp laten zien...'

Meer zei hij niet, hij bleef gewoon een hele tijd in de camera staren. Het volgende moment verscheen er een heel ander beeld op het scherm. Uit de ruïnes rezen enkele hoge gebouwen op. Als bij toverslag waren alle oude ruïnes weer opgebouwd. Aan de horizon zag ze nog steeds de Akropolis, maar nu waren zowel de Akropolis als de gebouwen beneden op de markt splinternieuw. Ze waren met goud bedekt en in felle kleuren geschilderd. Op het grote vierkante plein wandelden mensen in kleurrijke lange gewaden. Sommigen droegen een zwaard, enkelen droegen een kruik op hun hoofd en een van hen droeg een papyrusrol onder zijn arm.

Toen pas kreeg Sofie de filosofieleraar in de gaten. Hij had nog steeds de blauwe baret op, maar nu droeg ook hij zo'n geel gewaad als de andere mensen op het beeld. Hij liep in de richting van Sofie, keek in de camera en zei: 'Zo, nu zijn we in het Athene uit de oudheid, Sofie. Zie je, ik wilde dat je hier zelf naar toe zou komen. Het is nu 402 voor Christus, slechts drie jaar voor de dood van Socrates. Ik hoop dat je dit exclusieve bezoek op prijs stelt, het was namelijk erg moeilijk om een videocamera te huren...'

Sofie voelde zich duizelig. Hoe kon die geheimzinnige man plotseling 2400 jaar geleden in Athene opduiken? Hoe kon zij een echte video-opname uit een heel andere tijd zien? Sofie wist natuurlijk dat er in de oudheid geen video bestond. Keek ze misschien naar een speelfilm? Maar de marmeren gebouwen zagen er allemaal heel echt uit. Als ze die hele oude markt in Athene en bovendien de hele Akropolis alleen maar voor een film hadden moeten opbouwen, ja, dan zouden het wel heel dure decors worden. Dat was in elk geval wel een hele hoge prijs, alleen maar om Sofie iets over Athene te leren.

De man met de baret keek weer naar haar.

'Zie je die twee mannen die daarginds onder de zuilengang staan?'

Sofie zag een oudere man in een wat rafelig gewaad. Hij had een lange, slordige baard, een platte neus, een paar doordringende blauwe ogen en bolle wangen. Naast hem stond een knappe jongeman.

'Dat zijn Socrates en zijn jonge leerling Plato. Begrijp je het, Sofie? Je zult ze nu persoonlijk ontmoeten.'

Daarop liep de filosofieleraar op de twee mannen af, die onder een hoog dak stonden. Toen hij bij hen was, deed hij zijn baret af en zei iets wat Sofie niet begreep. Ze spraken zeker Grieks. Even later keek hij weer in de camera en zei: 'Ik vertelde dat een Noors meisje hen graag wil ontmoeten. Nu gaat Plato je een paar vragen stellen waar je over na kunt denken. Maar het moet gebeuren voordat de wachten ons ontdekken.'

Sofie voelde het bloed in haar slapen kloppen, want de jongeman stapte naar voren en keek in de camera.

'Welkom in Athene, Sofie,' zei hij met rustige stem. Hij praatte zeer gebroken Noors. 'Mijn naam is Plato en ik ga je vier opdrachten geven: in de eerste plaats moet je nadenken over de vraag hoe een bakker vijftig identieke koekjes kan bakken. Dan mag je je afvragen waarom alle paarden gelijk zijn. Verder moet je erover nadenken of je gelooft dat de mens een onsterfelijke ziel bezit. Ten slotte moet je antwoord vinden op de vraag of mannen en vrouwen evenveel verstand hebben. Veel succes!'

Het volgende moment was het beeld op de televisie verdwenen. Sofie probeerde vooruit en terug te spoelen, maar ze had alles wat op de band stond, gezien.

Sofie probeerde haar gedachten te ordenen. Maar voordat een gedachte goed en wel vorm had gekregen, dacht ze al weer aan iets anders.

Ze wist al lang dat de filosofieleraar een originele leraar was. Maar als hij onderwijsmethoden ging gebruiken die dwars tegen alle bekende natuurwetten indruisten, ging hij naar Sofies mening te ver.

Had ze echt Socrates en Plato op de video gezien? Natuurlijk niet, dat was immers absoluut onmogelijk. Maar het was geen tekenfilm geweest.

Sofie haalde de videoband uit het apparaat en liep ermee naar haar kamer. Daar zette ze hem op de bovenste plank naast alle legostenen. Even later zonk ze uitgeput op haar bed neer en viel in slaap.

Enkele uren later kwam haar moeder haar kamer binnen. Ze klopte Sofie op haar schouder en zei: 'Wat is er toch met je aan de hand, Sofie?'

'Mmmm...'

'Ben je met je jurk aan naar bed gegaan?'

Sofie deed haar ogen een klein eindje open.

'Ik ben in Athene geweest,' zei ze.

Meer kon ze niet zeggen, ze draaide zich om en sliep verder.

PLATO

*... een terugverlangen naar
de eigenlijke woning van de ziel...*

De volgende ochtend schrok Sofie wakker. Ze keek op haar wekker. Het was nog maar net vijf uur, maar ze was zo klaarwakker, dat ze overeind kwam.

Waarom had ze een jurk aan? Toen herinnerde ze zich alles weer. Sofie ging op een bankje staan en keek op de bovenste plank van de kast. Ja hoor, daar lag een videoband. Dan was het toch geen droom geweest, althans niet alles.

Maar ze had Plato en Socrates toch niet écht gezien? Bah, ze had geen zin om daar nog verder over na te denken. Misschien had haar moeder gelijk dat ze de laatste tijd wat in de war was.

Ze kon in elk geval niet meer in slaap komen. Misschien moest ze naar het Hol gaan om te kijken of de hond daar weer een brief had gebracht. Sofie sloop de trap af, deed haar joggingschoenen aan en liep naar buiten.

In de tuin was alles wonderlijk helder en stil. De vogeltjes kwetterden zo energiek dat Sofie bijna moest lachen. In het gras glinsterde de ochtenddauw als kleine druppeltjes kristal.

Weer bedacht ze wat een onbegrijpelijk wonder de wereld was.

In de oude heg was het ook vochtig. Sofie kon geen nieuwe brief van de filosoof vinden, maar ze ging toch zitten op een dikke wortel, die ze eerst had afgedroogd.

Het schoot haar te binnen dat de Plato van de video haar een paar opdrachten had gegeven. De eerste opdracht was hoe een bakker vijftig identieke koekjes kon bakken.

Sofie dacht diep na, want het leek haar een lastige opgave. Als haar moeder een enkele keer een plaat boterkransjes bakte, waren er geen twee gelijk. Ze was dan ook geen professionele bakker, het ging vaak heel chaotisch. Maar de koekjes die ze in de winkel kochten, waren ook nooit hetzelfde. De bakker gaf immers elk afzonderlijk koekje vorm.

Plotseling glimlachte Sofie omdat haar een lichtje opging. Ze dacht aan die keer dat haar vader en zij de stad in waren geweest, terwijl haar moeder kerstkoekjes aan het bakken was. Toen ze thuiskwamen, lagen er een heleboel peperkoekmannetjes kriskras op het aanrecht. Hoewel ze niet allemaal even perfect waren, leken ze toch allemaal hetzelfde. En waarom was dat zo? Dat kwam natuurlijk omdat haar moeder voor alle koekjes dezelfde *vorm* had gebruikt.

Sofie was zo verguld dat ze aan die peperkoekjes had gedacht dat ze de eerste opdracht als volbracht beschouwde. Als een bakker vijftig identieke koekjes bakt, komt dat doordat hij voor alle koekjes dezelfde vorm gebruikt. Daarmee basta!

Daarna had de Plato van de video in de verborgen camera gekeken en gevraagd waarom alle paarden gelijk waren. Maar dat was immers niet zo. Sofie zou juist willen stellen dat geen enkel paard gelijk was aan het andere, net zoals geen enkel mens gelijk was aan een ander.

Ze wilde net opgeven, toen ze terugdacht aan de peperkoekjes. Die waren ook niet helemaal identiek, want sommige waren iets dikker dan de andere, andere waren bovendien mislukt. Niettemin was het voor iedereen duidelijk dat ze in feite 'precies hetzelfde' waren.

Misschien wilde Plato eigenlijk vragen waarom een paard altijd een paard was en bijvoorbeeld niet iets tussen een paard en een varken in. Want hoewel sommige paarden bruin waren als een beer en andere wit als een lammetje, hadden alle paarden iets gemeenschappelijks. Sofie had in elk geval nog nooit een paard met zes of acht benen gezien.

Plato bedoelde toch niet dat alle paarden gelijk waren, omdat ze dezelfde vorm hadden?

Toen had Plato echt een grote, moeilijke vraag gesteld. Hebben mensen een onsterfelijke ziel? Sofie voelde zich niet in staat om dáárop een antwoord te geven. Ze wist alleen dat het dode lichaam ofwel werd verbrand ofwel in de aarde werd begraven en het had dan in elk geval geen toekomst meer. Als de mens een onsterfelijke ziel bezat, moest je er ook vanuit gaan dat een mens uit twee totaal verschillende delen bestond: een lichaam dat na een aantal jaren versleten raakt en een ziel die min of meer onafhankelijk van het lichaam opereert. Haar oma had ooit eens gezegd dat ze het gevoel had dat alleen haar lichaam oud werd. Vanbinnen was ze nog steeds hetzelfde jonge meisje.

Dat 'jonge meisje' bracht Sofie op de laatste vraag: zijn mannen en vrouwen even verstandig? Daar was ze nog niet zo zeker van. Dat hing af van wat Plato met 'verstandig' bedoelde.

Plotseling herinnerde ze zich iets wat de filosofieleraar over Socrates had verteld. Socrates had erop gewezen dat alle mensen filosofische waarheden kunnen doorgronden als ze hun verstand gebruiken. Hij vond ook dat een slaaf evenveel verstand van filosofische vraagstukken had als een edelman. Sofie was ervan overtuigd dat mannen en vrouwen volgens Socrates evenveel verstand hadden.

Terwijl ze zo zat na te denken, hoorde ze plotseling geritsel in de heg, bovendien hoorde ze gezucht en gehijg, als van een stoommachine. Het volgende moment kroop de goudkleurige hond het Hol binnen. Hij had een grote envelop in zijn bek.

'Hermes!' riep Sofie uit. 'Dank je wel, dank je wel!'

De hond liet de envelop in Sofies schoot vallen waarop Sofie de hond over de nek begon te aaien.

'Hermes, brave hond,' zei ze.

De hond ging liggen en liet zich gewillig door Sofie aaien. Na een paar minuten kwam hij weer overeind en kroop de heg door langs dezelfde weg waarlangs hij was gekomen. Sofie liep met de gele envelop in haar hand achter hem aan. Ze wurmde zich door de nauwe heg en stond het volgende moment buiten de tuin.

Hermes liep op zijn gemak naar de rand van het bos en Sofie volgde hem op een paar meter afstand. Een paar keer draaide de hond zich om en gromde, maar Sofie gaf niet op. Nu zou ze de filosoof vinden, ook al moest ze er helemaal voor naar Athene lopen.

De hond begon te draven, even later sloeg hij een paadje in. Sofie verhoogde haar tempo, maar na enkele minuten draaide de hond zich om en blafte als een waakhond. Sofie gaf niet op, ze benutte de gelegenheid om nog dichterbij te komen.

Hermes rende verder het pad op. Ten slotte besefte Sofie dat ze hem niet kon inhalen. Ze bleef lange tijd staan luisteren hoe de hond zich verwijderde. Ten slotte was het helemaal stil.

Sofie ging op een stronk bij een kleine open plek in het bos zitten. In haar hand hield ze een grote gele envelop. Ze maakte de envelop open, trok er een aantal getypte vellen papier uit en begon te lezen:

De academie van Plato

Nog bedankt, Sofie. Ik bedoel natuurlijk voor onze ontmoeting in Athene. Ik heb me nu in elk geval aan je voorgesteld. Aangezien ik ook *Plato* aan je heb voorgesteld, kunnen we net zo goed meteen beginnen.

Plato (427-347 voor Christus) was 29 jaar toen Socrates de gifbeker leeg moest drinken. Hij was al heel lang een leerling van Socrates en had de rechtszaak tegen hem nauwgezet gevolgd. Dat Athene de edelste mens ter wereld ter dood kon veroordelen, maakte niet alleen een onuitwisbare indruk op hem, het zou ook de richting voor al zijn filosofische werkzaamheden bepalen.

Voor Plato gaf de dood van Socrates overduidelijk aan welke tegenstelling er kon bestaan tussen de *feitelijke* situatie in de maatschappij en dat wat *waar* of *ideaal* was. De eerste daad van Plato als filosoof was dan ook het uitgeven van de verdedigingsrede van Socrates. Daarin vermeldde hij wat Socrates tegen de grote jury had gezegd.

Je herinnert je vast nog wel dat Socrates zelf niets heeft geschreven. Dat deed een groot aantal presocratische filosofen wel. Het probleem is alleen dat het grootste deel van dat schriftelijke materiaal voor het nageslacht verloren is gegaan. Wat Plato betreft, zijn zijn belangrijkste werken voor zover wij weten, bewaard gebleven. (Naast de verdedigingsrede van Socrates schreef hij een bundel brieven en 35 filosofische dialogen.) Dat die geschriften bewaard zijn gebleven, komt niet in de laatste plaats doordat Plato een eigen filosofieschool buiten Athene heeft opgericht. Dat gebeurde op een terrein dat naar de Griekse legendarische held Akadèmos was genoemd. Plato's filosofieschool kreeg daarom de naam Academie. (Daarna zijn er duizenden academies op de hele wereld opgericht. We hebben het altijd over academici en academische vakken!)

Op de academie van Plato werd in filosofie, wiskunde en gymnastiek onderwezen. Hoewel onderwijs misschien niet het juiste woord is. Ook op de academie van Plato was het levendige gesprek het belangrijkst. Het is dus niet zo toevallig dat Plato de *dialoog* als schriftelijke vorm ging gebruiken.

Het eeuwig ware, eeuwig schone en eeuwig goede

Bij de inleiding tot deze filosofiecursus heb ik gezegd dat het vaak handig is om te vragen wat het project van een bepaalde filosoof is. Daarom stel ik nu de vraag: wat wilde Plato onderzoeken?

Heel in het kort kunnen we vaststellen dat Plato zich bezighield met de relatie tussen het eeuwige en onveranderlijke aan de ene kant en dat wat 'stroomt' aan de andere kant (Dus net als de presocratici deden!)

We zeiden dat de sofisten en Socrates zich van natuurfilosofische vraagstukken hadden afgewend en zich meer met de mens en de maatschappij gingen bezighouden. Dat klopt op zich wel, maar ook de sofisten en Socrates hielden zich op een bepaalde manier bezig met de relatie tussen het eeuwige en altijd aanwezige aan de ene kant en het 'stromende' aan de andere kant. Aan dat vraagstuk zaten bepaalde aspecten die hen interesseerden en wel de menselijke *moraal* en de maatschappelijke *idealen* of *deugden*. Grofweg vonden de sofisten dat de vraag wat goed en fout is, iets is wat van stadstaat tot stadstaat en van generatie tot generatie kan verschillen. De vraag over goed en fout is dus iets 'stromends'. Socrates kon dit niet accepteren. Volgens hem bestonden er eeuwige, tijdloze regels voor wat goed en fout is. Door hun verstand te gebruiken, kunnen alle mensen dergelijke onveranderlijke *normen* ontdekken, want het menselijk verstand is nu juist iets wat eeuwig en onveranderlijk is.

Kun je het volgen, Sofie? Dan komt Plato. Hij houdt zich bezig met zowel het eeuwige en onveranderlijke in de natuur, als met het eeuwige en onveranderlijke in de moraal en het maatschappelijk leven. Ja, voor Plato wordt dit een en hetzelfde. Hij probeert vat te krijgen op een eigen 'werkelijkheid', die eeuwig en onveranderlijk is. En eerlijk gezegd zijn filosofen daar ook voor. Zij zijn er niet op uit om het mooiste meisje van het jaar te kiezen of de goedkoopste tomaten van de donderdag uit te zoeken. (Daarom zijn ze niet altijd even populair!) De filosofen kijken met argusogen naar dergelijke verleidelijke en 'tijdelijk actuele' zaken. Ze proberen iets te ontwaren wat eeuwig 'waar', eeuwig 'schoon' en eeuwig 'goed' is.

Daarmee kunnen we in elk geval de hoofdlijnen van Plato's filosofische project ontwaren. Vanaf nu houden we ons met een ding tegelijk bezig. We gaan proberen een merkwaardige gedachtengang te begrijpen, die diepe sporen in de hele latere Europese filosofie heeft achtergelaten.

De ideeënwereld

Zowel Empedocles als Democritus heeft erop gewezen dat alle fenomenen in de natuur 'stromen', maar dat er niettemin iets moet zijn wat nooit verandert (de vier grondstoffen of de atomen). Plato interesseert zich voor dezelfde probleemstelling, maar op een heel andere manier.

Volgens Plato 'stroomt' *alles* wat we in de natuur kunnen aanraken en voelen. Er bestaan dus geen onvergankelijke 'basisstoffen'. Absoluut alles wat tot de 'zintuiglijke wereld' behoort, is gemaakt van een materiaal dat door de tijd wordt aangevreten. Maar ook is alles gevormd volgens een tijdloze 'vorm', die eeuwig en onveranderlijk is.

Begrijp je wel? Of niet?

Waarom zijn alle paarden gelijk, Sofie? Misschien denk je dat dat niet waar is. Maar er bestaat wel degelijk iets wat alle paarden gemeen hebben, waardoor we een paard altijd kunnen herkennen. Elk afzonderlijk paard 'stroomt' natuurlijk. Het kan oud en mank zijn, en zal uiteindelijk ook ziek worden en sterven. Maar de eigenlijke 'vorm' van een paard, de 'paard-heid' is eeuwig en onveranderlijk.

Voor Plato is het eeuwige en onveranderlijke dus geen fysische oerstof. Het eeuwige en onveranderlijke bestaat uit geestelijke of abstracte modellen waarnaar alle fenomenen zijn gevormd.

Samengevat: de presocratici gaven een heel plausibele verklaring voor de veranderingen in de natuur zonder te hoeven veronderstellen dat er echt iets 'verandert'. In de natuurlijke kringloop bevindt zich een aantal eeuwige en constante ondeelbare deeltjes dat niet vergaat, stelden ze. Maar dan, Sofie! Ik zeg: *maar dan!* Ze konden geen redelijk antwoord geven op de vraag *hoe* deze 'ondeelbare deeltjes' die ooit bouwstenen van een paard waren, plotseling vier- of vijfhonderd jaar later tot een compleet nieuw 'paard' konden samenklonteren! Of voor mijn part tot een olifant of tot een krokodil. Plato stelde dat de atomen van Democritus nooit een 'krokofant' of een 'oliedil' werden. Dát punt was het uitgangspunt van zijn filosofische beschouwing.

Als je nu al begrijpt wat ik bedoel, kun je deze alinea overslaan. Voor alle zekerheid volgt hier een samenvatting: je hebt een aantal legostenen waarmee je een paard bouwt. Dan haal je de stenen weer uit elkaar en legt ze in een doos. Je kunt niet verwachten dat er een nieuw paard ontstaat door gewoon met de doos te rammelen. Hoe zouden de legostenen helemaal vanzelf een paard kunnen vormen? Nee, *jij* moet het paard weer in elkaar zetten, Sofie. En als dat lukt, komt dat omdat er binnen in jouw hoofd een beeld van een paard zit. Het paard van lego is dus naar een model gevormd dat voor alle paarden hetzelfde is.

Kon je de vraag over die vijftig identieke koekjes oplossen? Laten we aannemen dat je uit het heelal op aarde bent terechtgekomen en nog nooit een bakkerij hebt gezien. Dan beland je bij een verleidelijke banketbakkerij en ziet daar vijftig volstrekt identieke peperkoekjes op een plank liggen. Ik neem aan dat je je op je hoofd krabt en je verbaasd afvraagt waarom ze allemaal hetzelfde zijn. Wellicht ontbreekt bij de een een arm, de ander mist misschien een stukje van het hoofd en in de buik van de derde zit een gat. Als je een tijdje hebt nagedacht, ontdek je waarschijnlijk dat alle peperkoekjes een *gemeenschappelijke noemer* hebben. Hoewel geen een helemaal perfect is, zal het je toch dagen dat ze een gemeenschappelijke *oorsprong* hebben. Je zult beseffen dat alle koekjes volgens een en hetzelfde model zijn gevormd. En dan, Sofie, en dan: dan wil je opeens dolgraag dat model *zien*. Want het is duidelijk dat het model oneindig veel perfecter moet zijn - en eigenlijk mooier - dan welke gebrekkige kopie ook.

Als je deze opdracht helemaal alleen hebt uitgevoerd, heb je op net zo'n manier als Plato een filosofisch probleem opgelost. Zoals de meeste filosofen kwam hij 'uit het heelal op aarde terecht'. (Hij ging helemaal op het uiteinde van een van die dunne haren van de konijnevacht zitten.) Hij verbaasde zich erover dat alle fenomenen in de natuur zo op elkaar konden lijken en ontdekte dus dat dat kwam omdat er een beperkt aantal *vormen* is dat 'boven' of 'achter' alles wat we om ons heen zien, is verborgen. Die vormen noemde Plato *ideeën*. Achter alle paarden, varkens en mensen zit de 'idee paard', de 'idee varken' en de 'idee mens'. (Zoals er in de genoemde bakkerij peperkoekmannetjes, peperkoekvarkentjes en peperkoekpaardjes kunnen zijn. Want een echte peperkoekjesbakkerij heeft meestal meer dan een vorm. Maar voor elke *soort* peperkoek is een enkel model voldoende.)

Conclusie: volgens Plato moest er achter de zintuiglijke wereld een eigen werkelijkheid bestaan. Die werkelijkheid noemde hij de 'ideeënwereld'. Daar zitten de eeuwige en onveranderlijke 'modellen' van de verschillende fenomenen, die we in de natuur tegenkomen. Die opmerkelijke theorie noemen we Plato's *ideeënleer*.

Absolute zekerheid

Tot zover kun je het misschien volgen, Sofie. Maar je vraagt je waarschijnlijk af of Plato dit ook serieus meende. Bedoelde hij dat dergelijke vormen echt bestonden in een heel andere werkelijkheid?

Dat heeft hij zich waarschijnlijk niet zijn hele leven zo letterlijk voorgesteld, maar een paar dialogen moeten wel degelijk op die manier worden geïnterpreteerd. We zullen proberen of we zijn argumentatie kunnen volgen.

Zoals gezegd probeert een filosoof vat te krijgen op iets eeuwigs en onveranderlijks. Het heeft bijvoorbeeld niet veel zin om een filosofische verhandeling over het leven van een zeepbel te schrijven. In de eerste plaats is die al uit elkaar gespat voor je hem goed en wel hebt kunnen bestuderen. In de tweede plaats is het vast moeilijk om een filosofische verhandeling aan de man te brengen over iets wat niemand heeft gezien en wat bovendien nog geen vijf seconden heeft bestaan.

   Volgens Plato kan alles wat we in de natuur om ons heen zien, wat we met onze handen kunnen aanraken en voelen, met een zeepbel worden vergeleken. Want in de zintuiglijke wereld bestaat niets wat onveranderlijk is. Je weet natuurlijk wel dat alle mensen en dieren vroeg of laat sterven en vergaan. Maar ook een brok marmer zal op den duur veranderen en afbrokkelen. (De Akropolis is een ruïne geworden, Sofie! Schandalig, als je het mij vraagt. Maar zo is het nu eenmaal.) Plato zegt juist dat we nooit iets zeker kunnen weten over iets wat voortdurend aan verandering onderhevig is. Over de zintuiglijke wereld - dingen die we dus met onze handen kunnen aanraken en voelen - hebben we slechts vage opvattingen of *vermoedens*. *Absolute zekerheid* kunnen we alleen krijgen over dingen die we met ons verstand herkennen.

   Ja, Sofie, ik zal het uitleggen: een enkel peperkoekmannetje kan na al dat kneden, rijzen en bakken zo mislukt zijn dat ik niet meer kan zien wat het voorstelt. Maar na het zien van een stuk of twintig peperkoekjes - die dus min of meer perfect kunnen zijn - kan ik waarschijnlijk wel vermoeden hoe de vorm van het koekje er uitziet. Dat kan ik concluderen hoewel ik de vorm zelf nooit heb gezien. Het is zelfs niet zeker of het ook zou helpen als ik de eigenlijke vorm wel zou zien. Want we kunnen niet altijd op onze zintuigen vertrouwen. Het gezichtsvermogen kan van mens tot mens verschillen. Daarentegen kunnen we wel vertrouwen op wat het verstand ons vertelt, want het verstand is voor alle mensen hetzelfde.

   Als je in een klas met dertig andere leerlingen zit en de leraar vraagt welke kleur van de regenboog het mooist is, ja, dan krijgt hij ongetwijfeld een heleboel verschillende antwoorden. Maar als hij vraagt hoeveel 8 x 3 is, moet de hele klas dezelfde uitkomst krijgen. Dan moet namelijk het verstand een uitspraak doen en het verstand is in een bepaald opzicht het tegenovergestelde van zien en waarnemen. We kunnen zeggen dat het denken eeuwig en universeel is, juist omdat het alleen uitspraken doet over eeuwige en universele situaties.

Plato had trouwens veel belangstelling voor wiskunde, omdat wiskundige verhoudingen nooit veranderen. Daarom is het ook iets waar we absolute zekerheid over kunnen krijgen. Maar nu is een voorbeeld op zijn plaats: stel je voor dat je in het bos een ronde denneappel vindt. Misschien zeg je dat je hem er kogelrond vindt uitzien, terwijl Jorunn beweert dat hij aan een kant plat is. (Dan beginnen jullie te bekvechten!) Maar jullie kunnen geen absolute zekerheid krijgen over iets wat je met je ogen ziet. Maar jullie kunnen wel met absolute zekerheid zeggen dat de som van de hoeken van een cirkel 360° is. Dan doen jullie een uitspraak over een *ideale* cirkel, die in de natuur misschien niet bestaat, maar die jullie je wel heel duidelijk voor de geest kunnen halen. (Jullie zeggen iets over de achterliggende koekjesvorm, niet over een willekeurig koekje op het aanrecht.)

Korte samenvatting: over wat we *waarnemen* kunnen we slechts vage afspiegelingen van ideeën hebben. Maar over dingen die we met ons verstand *herkennen*, kunnen we absoluut zeker zijn. De som van de hoeken van een driehoek is tot in alle eeuwigheid 180°. Zo heeft ook de 'idee' paard vier benen om op te staan, zelfs al zouden alle paarden in onze zintuiglijke wereld mank lopen.

Een onsterfelijke ziel

We hebben gezien hoe de werkelijkheid volgens Plato uit twee delen bestaat.

> Het ene deel is de *zintuiglijke wereld*, waarvan we slechts een globale of onvolkomen kennis kunnen krijgen door onze vijf (globale en onvolkomen) zintuigen te gebruiken. Voor alles in de zintuiglijke wereld geldt dat het 'stroomt' en dat dus niets eeuwigdurend is. Er *bestaat* niets in onze zintuiglijke wereld, er zijn alleen een heleboel dingen die *ontstaan* en weer *vergaan*.

Het andere deel is de *ideeënwereld*, waarover we absolute zekerheid kunnen krijgen door ons verstand te gebruiken. Deze ideeënwereld kunnen we dus niet door middel van onze zintuigen leren kennen. Daarentegen zijn de ideeën (of de vormen) eeuwig en onveranderlijk.

Volgens Plato is ook de mens een tweeledig wezen. We hebben een *lichaam* dat 'stroomt'. Dat is onlosmakelijk met de zintuiglijke wereld verbonden en treft hetzelfde lot als alle andere fenomenen (bijvoorbeeld een zeepbel). Al onze zintuigen zijn met het lichaam verbonden en zijn dus onbetrouwbaar. Maar we hebben ook een onsterfelijke *ziel*, waar het verstand zetelt. Juist omdat de ziel niet materieel is, kan hij in de ideeënwereld kijken.

Nu heb ik het bijna gezegd. Maar er is meer, Sofie.

Ik zeg: ER IS MEER!

Plato stelde ook dat de ziel al bestond voordat die een lichaam binnenkwam. Ooit heeft de ziel in de ideeënwereld vertoefd (helemaal bovenaan in de kast, bij alle koekjesvormen). Maar zodra de ziel in een menselijk lichaam ontwaakt, is hij de volmaakte ideeën vergeten. Dan gaat er iets gebeuren, dan begint er een wonderbaarlijk proces. Als de mens na verloop van tijd de vormen in de natuur ontdekt, vormt zich in de ziel een vage herinnering. De mens ziet een paard, maar dat is dus een onvolmaakt paard (een peperkoekpaardje!). Dat is voldoende om in de ziel een vage herinnering op te wekken aan het volmaakte 'paard', dat de ziel ooit in de ideeënwereld heeft gezien. Daardoor gaat de ziel weer terugverlangen naar haar oorspronkelijke woning. Plato noemt dit verlangen eros, wat liefde betekent. De ziel kent dus een 'liefdesverlangen' naar haar eigenlijke oorsprong. Vanaf dat moment gaat de ziel het lichaam en al het zintuiglijke als iets onvolmaakts en onwezenlijks ervaren. Op de vleugels der liefde zal de ziel naar 'huis' vliegen, naar de ideeënwereld. Zij zal zich bevrijden van de 'gevangenis van het lichaam'.

Ik moet er meteen op wijzen dat Plato hier een ideale levensloop beschrijft. Want lang niet alle mensen laten de ziel los om die aan haar thuisreis naar de ideeënwereld te laten beginnen. De meeste mensen klampen zich vast aan de 'spiegelbeelden' van de ideeën in de zintuiglijke wereld. Ze zien een paard, en nog een paard. Maar het model waarvan alle paarden slechts een onvolkomen imitatie zijn, zien ze niet. (Ze stormen de keuken binnen en storten zich op de peperkoekjes zonder zich ook maar af te vragen waar die vandaan komen.) Plato beschrijft de weg van de *filosofen*. Zijn filosofie kan als een beschrijving van filosofische activiteiten worden opgevat.

Als je een schaduw ziet, Sofie, dan zul je ook denken dat er iets moet zijn wat die schaduw veroorzaakt. Je ziet de schaduw van een dier. Misschien denk je dat het een paard is, maar je bent er niet helemaal zeker van. Dan draai je je om en zie je het echte paard, dat natuurlijk veel en veel mooier is en veel scherpere contouren heeft dan die vage 'paardeschaduw'. ZO VINDT PLATO DAT ALLE VERSCHIJNSELEN IN DE NATUUR SLECHTS SCHADUWEN VAN EEUWIGE VORMEN OF IDEEËN ZIJN. Maar de meeste mensen zijn tevreden met hun leven tussen schaduwbeelden. Ze staan er niet bij stil dat de schaduwen ergens door worden veroorzaakt. Ze geloven dat de schaduwwereld het enige is wat er bestaat en ervaren de schaduwen dus niet als schaduwen. Daarmee zijn ze ook de onsterfelijkheid van hun eigen ziel vergeten.

De weg omhoog uit de duisternis van de grot

Plato vertelt een gelijkenis die dit prachtig illustreert. We noemen dit gewoonlijk *de gelijkenis van de grot*. Ik ga deze in mijn eigen woorden vertellen.

Stel je een aantal mensen voor die in een onderaardse grot wonen. Ze zitten met hun rug naar de opening en zijn aan handen en voeten gebonden, zodat ze alleen de wand van de grot kunnen zien. Achter hen is een hoge muur en achter die muur lopen weer enkele op mensen lijkende gedaanten rond die verschillende figuren boven de rand van de muur omhoogsteken. Omdat er achter deze figuren een vuur brandt, werpen ze flakkerende schaduwen op de wand van de grot. Het enige wat de grotbewoners kunnen zien, is dus dit 'schaduwtheater'. Vanaf het moment dat ze geboren zijn, zitten ze al in dezelfde houding en ze denken dus dat die schaduwen het enige is wat bestaat.

Stel je nu voor dat een van de grotbewoners zich aan zijn gevangenschap weet te ontworstelen. Het begint ermee dat hij zich afvraagt waar alle schaduwbeelden op de wand van de grot vandaan komen. Uiteindelijk lukt het hem zich te bevrijden. Wat denk je dat er gebeurt als hij zich omdraait naar de figuren die boven de muur omhoog gehouden worden? Hij wordt natuurlijk onmiddellijk door het felle licht verblind. Hij zal ook door het zien van de scherp omlijnde figuren worden verblind, aangezien hij tot nu toe alleen maar de schaduwen van diezelfde figuren heeft gezien. Als hij over de muur heen zou weten te klimmen, het vuur zou passeren en de natuur buiten de grot zou betreden, zou hij nog erger verblind worden. Maar nadat hij zich in de ogen had gewreven, zou hij ook onder de indruk komen van de schoonheid van alle dingen. Voor het eerst van zijn leven zou hij kleuren en scherpe contouren zien. Hij zou echte dieren en bloemen zien, waarvan de figuren in de grot alleen maar slechte imitaties waren. Maar ook dan zou hij zich afvragen waar alle dieren en bloemen vandaan kwamen. Dan ziet hij de zon aan de hemel en begrijpt dat de zon aan alle bloemen en dieren in de natuur leven schenkt, zoals het vuur in de grot hem de schaduwen heeft laten zien.

Nu had de gelukkige grotbewoner de natuur in kunnen rennen om zich over zijn pas verworven vrijheid te verheugen. Maar hij denkt aan de anderen die nog in de grot zitten. Daarom gaat hij terug. Zodra hij weer beneden is, probeert hij de andere grotbewoners ervan te overtuigen dat de schaduwen op de wand van de grot alleen maar flakkerende imitaties van de *echte* dingen zijn. Maar niemand gelooft hem. Ze wijzen naar de wand van de grot en zeggen dat wat ze daar zien, alles is wat er bestaat. Ten slotte vermoorden ze hem.

Wat Plato in de gelijkenis van de grot schildert, is de weg van de filosoof van vage voorstellingen naar de werkelijke ideeën die achter de fenomenen in de natuur liggen. Hij heeft daarbij uiteraard ook aan Socrates gedacht, die door de 'grotbewoners' werd vermoord omdat hij aan hun waanvoorstellingen tornde en hen de weg naar werkelijk inzicht wilde wijzen. Zo wordt de gelijkenis van de grot een beeld van de moed en opvoedkundige verantwoordelijkheid van de filosoof.

Plato bedoelt te zeggen dat de relatie tussen de duisternis van de grot en de natuur erbuiten overeenkomt met de relatie tussen de vormen van de natuur en de ideeënwereld. Hij bedoelde niet dat de natuur duister en triest is, maar dat die duister en triest is *in vergelijking* met de helderheid van de ideeën. Een beeld van een mooi meisje is niet duister en triest, eerder het tegendeel. Maar het is niet meer dan een beeld.

De filosofiestaat

De gelijkenis van de grot van Plato kun je vinden in de dialoog 'De Staat'. Daarin schetst Plato ook een beeld van de 'ideale staat'. Dat wil zeggen een denkbeeldige voorbeeldstaat, wat wij ook wel een 'utopische' staat noemen. In het kort kunnen we zeggen dat de staat volgens Plato door filosofen geregeerd moet worden. Als hij uitlegt waarom hij dat vindt, gaat hij uit van de manier waarop de individuele mens is opgebouwd.

Volgens Plato is het menselijk lichaam in drieën verdeeld, namelijk *hoofd*, *borst* en *onderlijf*. Die drie delen corresponderen met drie afzonderlijke zielsvermogens. Het hoofd correspondeert met het *verstand*, de borst met de *wil* en het onderlijf met de lust of *begeerte*. Bij alle drie de mogelijkheden hoort bovendien een ideaal of een 'deugd'. Het verstand moet leiden tot *wijsheid*, de wil moet *moed* tonen en de begeerte moet worden beteugeld, zodat de mensen *matigheid* tonen. Pas wanneer de drie delen van de mens als een geheel fungeren, is er sprake van een harmonieus of 'rechtschapen' mens. Op school moeten de kinderen eerst leren hun begeerte te beteugelen, dan moet de moed ontwikkeld worden. Ten slotte moet het verstand tot wijsheid leiden.

Plato stelt zich een staat voor die net zo is opgebouwd als een mens, met precies dezelfde drieledigheid. Zoals het lichaam een 'hoofd', 'borst' en 'onderlijf' heeft, zo heeft de staat *regenten*, *wachters* (of soldaten) en *neringdoenden* (bijvoorbeeld boeren). Het is duidelijk dat Plato de Griekse medische wetenschap hierbij als voorbeeld gebruikt. Zoals een gezond en harmonieus mens evenwicht en matigheid toont, zo wordt een 'rechtvaardige' staat gekenmerkt door het feit dat iedereen zijn plaats in het geheel kent.

Zoals overal in de filosofie van Plato wordt ook zijn staatsfilosofie door *rationalisme* gekenmerkt. Beslissend voor het creëren van een goede staat is dat die met *de rede* wordt geleid. Zoals het hoofd het lichaam leidt, zo moeten de filosofen de maatschappij leiden.

We zullen nu een eenvoudig schema van de relatie tussen de drie delen van de mens en de staat opstellen.

Lichaam	*Ziel*	*Deugd*	*Staat*
hoofd	verstand	wijsheid	regenten
borst	wil	moed	wachters
onderlijf	begeerte	matigheid	neringdoenden

De ideale staat van Plato doet denken aan het oude Indische kastenstelsel, waarin iedereen een aparte functie had in dienst van het algemene nut. Al sinds de tijd van Plato - en zelfs daarvoor - kent het Indische kastenstelsel precies dezelfde driedeligheid tussen de leidende kaste (oftewel de 'priesterkaste'), de krijgsliedenkaste en de neringdoende kaste.

Tegenwoordig zouden we de staat van Plato wellicht een totalitaire staat noemen. Maar laten we daarbij ook aantekenen dat vrouwen volgens Plato net zo goed als mannen een staat konden regeren. De reden is dat de regenten de stadstaat juist door middel van hun *verstand* moeten besturen. Volgens hem hebben vrouwen precies hetzelfde verstand als mannen, als ze tenminste hetzelfde onderwijs krijgen en ze bovendien niet op hun kinderen hoeven te passen of het huishouden hoeven te doen. Plato wilde gezin- en privébezit voor de regenten en wachters afschaffen. De opvoeding van de kinderen was hoe dan ook te belangrijk om aan het individu over te laten. De staat moest verantwoordelijk zijn voor de opvoeding van de kinderen. (Hij was de eerste filosoof die openbare kleuterscholen en hele schooldagen propageerde.)

Nadat Plato enkele grote politieke teleurstellingen had meegemaakt, schreef hij de dialoog 'De Wetten'. Daarin schildert hij de 'wetstaat' als de op een na beste staat. Nu voert hij het privé-eigendom en de familieband weer in. Op die manier wordt de vrijheid van de vrouw ingeperkt. Maar hij zegt ook dat een staat die vrouwen niet opvoedt en opleidt, is als een mens die alleen zijn rechterarm oefent.

Over het algemeen kunnen we zeggen dat Plato een positieve visie op vrouwen had, zeker als we de tijd waarin hij leefde in aanmerking nemen. In de dialoog 'Het Gastmaal' heeft Socrates zijn filosofische inzicht te danken aan een vrouw, de priesteres *Diotima*.

Tot zover Plato, Sofie. Meer dan tweeduizend jaar lang hebben mensen zijn wonderlijke ideeënleer besproken en bekritiseerd. De eerste die dat deed was zijn eigen leerling aan de Academie. Zijn naam was *Aristoteles*, de derde grote filosoof uit Athene. Genoeg voor vandaag!

Terwijl Sofie op een boomstronk over Plato zat te lezen, was de zon boven de beboste heuvels in het oosten verschenen. De zon was net boven de horizon te zien toen ze over Socrates las die uit de grot klauterde en in het felle licht buiten de grot staarde.

Het was alsof ze zelf uit een onderaardse grot te voorschijn was gekomen. Sofie vond dat ze de natuur op een totaal nieuwe manier bekeek nu ze over Plato had gelezen. Het leek wel alsof ze kleurenblind was geweest. Ze had hooguit een paar schaduwen gezien, geen heldere ideeën.

Ze was er niet van overtuigd dat Plato gelijk had met zijn beweringen over de eeuwige modellen, maar ze vond het wel een mooie gedachte dat al het levende een onvolmaakte kopie van de eeuwige vormen in de ideeënwereld was. Want het klopte toch dat alle bloemen en bomen, mensen en dieren 'onvolkomen' waren?

Alles wat ze om zich heen zag was zo mooi en levend dat Sofie de neiging kreeg zich in de ogen te wrijven. Maar niets van wat ze hier zag, zou *blijven voortbestaan*. En toch, over honderd jaar zouden dezelfde bloemen en dieren hier weer zijn. Hoewel elke afzonderlijke bloem en elk afzonderlijk dier in feite uitgevlakt en vergeten zouden zijn, was er iets wat zich zou 'herinneren' hoe alles eruit had gezien.

Sofie staarde naar de schepping. Plotseling sprong er een eekhoorn op de stam van een denneboom. Hij draaide een paar keer om de stam heen en verdween toen tussen de takken.

Jou heb ik eerder gezien! dacht Sofie. Ze besefte natuurlijk dat het niet dezelfde eekhoorn was die ze eerder had gezien, maar ze had dezelfde 'vorm' gezien. Wat haar betrof, kon Plato best gelijk hebben met zijn stelling dat ze ooit de eeuwige 'eekhoorn' in de ideeënwereld had gezien voordat haar ziel in een lichaam had plaatsgenomen.

Zou ze echt eerder hebben geleefd? Had haar ziel al bestaan voordat die met een lichaam was opgezadeld? Was het echt mogelijk dat ze een goudklompje met zich meedroeg, een juweel waar de tijd geen vat op had, een ziel die verder zou leven als haar lichaam oud werd en stierf?

MAJORSTUA

... het meisje in de spiegel knipoogde met beide ogen...

Het was nog maar kwart over zeven. Ze hoefde zich dus nog niet te haasten om thuis te komen. Sofies moeder zou vast nog wel een paar uur slapen, 's zondags was ze altijd zo lui.

Zou ze het bos verder inlopen om te kijken of ze Alberto Knox kon vinden? Waarom had de hond zo nijdig tegen haar gegromd?

Sofie stond op van de stronk en liep het pad op dat Hermes had gevolgd. In haar hand hield ze de gele envelop met alle papieren over Plato. Als het pad zich splitste, koos ze de breedste afslag.

Overal tsjilpten de vogels, in de bomen en in de lucht, in bosjes en struiken. Ze waren druk bezig zichzelf schoon te poetsen. Hier in het bos bestond er geen verschil tussen een gewone dag en het weekend. Wie had de vogels al die dingen geleerd? Zat er in elk afzonderlijk vogeltje een computer, een 'dataprogramma' dat bepaalde wat ze moesten doen?

Het pad kwam uit op een heuveltop, en liep daarna tussen hoge dennebomen steil naar beneden. Daar was het bos zo dicht dat ze maar een paar meter vooruit kon kijken.

Plotseling zag ze tussen de dennestammen iets glinsteren. Dat moest een ven zijn. Het pad boog hier de andere kant op, maar Sofie ging het bos in. Ze wist niet goed waarom, maar haar benen leidden haar nu eenmaal die kant op. Het ven was niet veel groter dan een voetbalveld. Aan de overzijde ontdekte ze een roodgeschilderd hutje op een kleine open plek, omgeven door witte berken. Uit de schoorsteen steeg een kringeltje rook op.

Sofie liep naar de waterkant. De oever was bijna overal erg vochtig, maar toen zag ze een roeiboot liggen, die half op het land was getrokken. Er lagen ook een paar riemen in.

Sofie keek om zich heen. Het zou hoe dan ook onmogelijk zijn om het rode hutje te bereiken zonder natte voeten te krijgen. Ze liep resoluut naar de boot en duwde die het water in. Toen klom ze aan boord, legde de riemen in de dollen en gleed langzaam het water op. Al gauw had de boot de andere oever bereikt. Sofie ging aan land en probeerde de boot achter zich aan te trekken. Deze oever was veel steiler dan de andere.

Ze keek maar een keer achterom, toen liep ze naar het hutje.

Ze schrok van zichzelf. Hoe durfde ze? Ze had geen idee, het was alsof ze door 'iets anders' werd geleid.

Sofie liep naar de deur en klopte aan. Ze bleef een tijdje staan wachten, maar niemand deed open. Toen pakte ze voorzichtig de deurklink vast, en de deur ging open.

'Hallo!' riep ze. 'Is daar iemand?'

Sofie ging een grote kamer binnen. Ze durfde de deur niet achter zich dicht te doen.

Het was duidelijk dat er iemand woonde. In een oude houtkachel knetterde het nog. Er waren hier dus nog niet zo lang geleden mensen geweest.

Op een grote eettafel stond een typemachine en er lagen een paar boeken, pennen en een hele stapel papier. Voor het raam dat over het ven uitkeek, stonden een tafel en twee stoelen. Verder stonden er niet veel meubels, maar de ene wand was bedekt met boekenplanken vol boeken. Boven een witte ladenkast hing een grote, ronde spiegel met een massieve rand van koper. De spiegel maakte een erg antieke indruk.

Aan een van de wanden hingen twee schilderijen. Het ene was een olieverfschilderij van een wit huis dat op een steenworp afstand van een kleine baai met een rood botenhuis lag. Tussen de woning en het botenhuis lag een glooiende tuin waarin een appelboom en een paar dichte struiken stonden. Er waren ook een paar kale rotsen. Een groot aantal berkebomen stond als een krans om de tuin heen. De titel van het schilderij was 'Bjerkely'.

Daarnaast hing een oud portret van een man, die bij het raam in een stoel zat met een boek op schoot. Ook hier was op de achtergrond een kleine baai met bomen en heuveltjes geschilderd. Het portret was beslist een paar eeuwen oud, en de titel luidde 'Berkeley'. De schilder heette Smibert.

Berkeley en Bjerkely. Was dat niet merkwaardig?

Sofie keek verder rond in het hutje. Een deur gaf toegang tot een keukentje. Daar was net de afwas gedaan. Bordjes en glazen stonden op een linnen handdoek gestapeld, op een paar bordjes zat nog wat schuim. Op de vloer stond een metalen bord met een paar etensresten. Er woonde hier dus ook een dier, een hond of een kat.

Sofie liep terug naar de kamer. Een tweede deur leidde naar een kleine slaapkamer. Voor het bed lagen een paar in elkaar gefrommelde kleden. Sofie ontdekte een paar goudkleurige haren op de kleden. Dat was het bewijs, nu was Sofie ervan overtuigd dat Alberto Knox en Hermes in dit hutje woonden.

Toen ze weer in de kamer was, ging Sofie voor de spiegel boven de ladenkast staan. Het glas was mat en oneffen, daarom was het beeld niet zo scherp. Sofie trok gezichten tegen zichzelf, zoals ze af en toe thuis in de badkamer deed. Het spiegelbeeld deed precies hetzelfde als zij, iets anders kon je ook niet verwachten.

Plotseling gebeurde er iets merkwaardigs: opeens - gedurende een enkele tel - zag Sofie heel duidelijk dat het meisje in de spiegel met beide ogen knipoogde. Sofie sprong verschrikt achteruit. Als ze zelf met haar ogen had geknipperd, hoe kon ze dan *zien* dat die ander knipoogde? En nog iets: het was alsof het meisje in de spiegel Sofie een knipoog gaf. Het was alsof ze wilde zeggen: ik zie je wel, Sofie. Ik zit hierbinnen aan de andere kant.

Sofie voelde haar hart in haar keel kloppen. Op dat moment hoorde ze in de verte een hond blaffen. Dat moest Hermes zijn! Ze moest maken dat ze wegkwam.

Toen viel haar oog op een groene portefeuille onder de koperen spiegel op de ladenkast. Sofie pakte hem en deed hem voorzichtig open. Er zat een briefje van honderd in, een briefje van vijftig... en een scholierenkaart. Op de scholierenkaart zat een foto van een meisje met blond haar. Onder de foto stond 'Hilde Møller Knag'... en 'Scholengemeenschap Lillesand'.

Sofie voelde het bloed uit haar gezicht trekken. Toen hoorde ze de hond weer blaffen. Nu moest ze opschieten.

Toen ze langs de tafel liep, ontdekte ze tussen al die boeken en papieren een witte envelop. Op de envelop stond 'SOFIE'.

Voordat ze er goed en wel over had nagedacht, griste ze de envelop mee en stopte die in de grote gele envelop met de papieren over Plato. Toen rende ze het hutje uit en deed de deur achter zich dicht.

Buiten hoorde ze de hond nog luider blaffen. Maar het ergste was dat de boot weg was. Het duurde een paar tellen voordat ze ontdekte dat die midden op het ven dobberde. Eén van de roeispanen dreef naast de boot.

Dat kwam omdat ze de boot niet de oever op had kunnen trekken. Ze hoorde de hond weer blaffen, nu hoorde ze bovendien iets bewegen tussen de bomen aan de andere kant van het water .

Sofie dacht niet langer na. Met de grote envelop in haar hand verdween ze tussen het struikgewas achter het hutje. Even later kwam ze bij een moeras, waar ze doorheen moest. Een paar keer kwam ze tot haar knieën in het water te staan. Maar ze moest door blijven rennen. Ze moest naar huis, naar huis.

Na een tijdje kwam ze op een pad terecht. Was dat dezelfde weg waarlangs ze was gekomen? Sofie bleef stilstaan en wrong haar jurk uit, het water kletterde op het pad. Toen begon ze te huilen.

Hoe kon ze ook zo dom zijn? De boot was nog het ergste van alles. Ze raakte het beeld van de roeiboot en de roeispaan die midden op het water dreven, niet kwijt. Het was allemaal zo stom, zo belachelijk...

Nu zou de filosofieleraar al wel bij het ven zijn aangekomen. Hij had de boot nodig om thuis te komen. Sofie voelde zich een idioot. Zo had ze het niet bedoeld.

De envelop! Dat was misschien nog erger. Waarom had ze de envelop meegenomen? Omdat haar naam erop stond, natuurlijk, hij was immers ook een beetje van haar. Toch voelde ze zich een dief. Bovendien had ze daarmee duidelijk laten merken dat ze daar was geweest.

Uit de envelop haalde Sofie een papiertje te voorschijn. Daar stond op:

Wat komt het eerst, de kip of de idee 'kip'?
Hebben mensen aangeboren ideeën?
Wat is het verschil tussen een plant, een dier en een mens?
Waarom regent het?
Wat heeft de mens nodig om een goed leven te leiden?

Op dat moment slaagde Sofie er niet in om over de vragen na te denken, maar ze ging ervan uit dat die met de volgende filosoof te maken hadden. Heette die niet Aristoteles?

Toen ze de heg in het oog kreeg, na het hele bos te hebben doorgehold, voelde ze zich alsof ze na een schipbreuk aan land spoelde. Het was raar om de heg van de andere kant te zien. Pas toen ze het Hol binnenkroop, keek ze op haar horloge. Half elf. De grote envelop stopte ze bij de andere papieren in de koektrommel. Het papiertje met de nieuwe vragen stak ze in haar panty.

Haar moeder was aan de telefoon toen ze binnenkwam. Zodra Sofie in de deuropening verscheen, legde ze de hoorn neer.

'Waar *was* je toch, Sofie?'

'Ik... heb... in het bos gewandeld,' stamelde ze.

'Ja, dat kan ik wel zien.'

Sofie gaf geen antwoord, ze zag dat haar jurk droop van het water.

'Ik heb Jorunn maar gebeld...'

'Jorunn?'

Haar moeder haalde droge kleren voor haar. Sofie wist het papiertje met de vragen van de filosofieleraar net op tijd te verstoppen. Ze gingen in de keuken zitten, haar moeder maakte chocolademelk.

'Ben je bij hem geweest?' vroeg ze even later.

'Bij hem?'

Sofie kon niemand anders dan de filosofieleraar bedenken.

'Ja, bij *hem*. Bij... jouw "konijn".'

Sofie schudde haar hoofd.

'Wat doen jullie als jullie bij elkaar zijn, Sofie? Waarom ben je zo nat?'

Sofie staarde heel ernstig naar het tafelblad, maar moest diep in haar hart lachen. Arme mama, wat maakte ze zich toch een zorgen!

Ze schudde weer haar hoofd. Toen volgden er nog veel meer vragen.

'Nu wil ik alles horen. Ben je vannacht weg geweest? Waarom ben je met je jurk aan gaan slapen? Ben je weer naar beneden geslopen toen ik in bed lag? Je bent nog maar veertien jaar, Sofie. Ik wil nu weten met wie je omgaat.'

Sofie barstte in tranen uit. Toen begon ze te vertellen. Ze was nog steeds bang en als je bang bent, vertel je meestal de waarheid.

Ze vertelde dat ze vroeg wakker was geworden en in het bos had gewandeld. Ze vertelde ook over het hutje en de boot en over de merkwaardige spiegel. Maar ze repte met geen woord over de geheime schriftelijke cursus en alles wat daarmee te maken had. Ze zei ook niets over de groene portefeuille. Ze wist niet precies waarom, maar ze had het gevoel dat ze Hilde voor zichzelf moest houden.

Haar moeder sloeg haar armen om haar heen. Sofie begreep dat ze haar nu geloofde.

'Ik heb geen vriendje,' snotterde ze, 'dat zei ik alleen maar omdat je je zo'n zorgen maakte over dat witte konijn.'

'En je bent dus helemaal naar Majorstua gegaan...' zei haar moeder peinzend.

'Majorstua?' Sofie zette grote ogen op.

'Het hutje in het bos waar je geweest bent, wordt wel "Majorstua" genoemd, omdat daar vroeger, heel lang geleden, een oude majoor heeft gewoond. Het was een beetje een zonderling, Sofie. Maar daar hoeven we ons nu niet druk over te maken. Sinds die tijd staat het hutje leeg.'

'Dat had je gedacht. Nu woont er een filosoof.'

'Nee, nu moet je niet weer dingen gaan verzinnen.'

Sofie bleef op haar kamer zitten en dacht na over wat ze had meegemaakt. Haar hoofd leek wel een rumoerig circus met dikke olifanten, grappige clowns, drieste acrobaten en gedresseerde apen. Eén beeld keerde telkens weer terug: een kleine roeiboot en een roeispaan die op een ven diep in het bos drijven, en iemand die met die boot naar huis moet...

Ze wist zeker dat de filosofieleraar haar geen kwaad zou doen, en als hij doorkreeg dat Sofie in het hutje was geweest, zou hij haar vast wel vergeven. Maar ze had een belofte gebroken. Dat was haar dank voor al die moeite die die vreemde man nam om haar filosofische les te geven. Hoe kon ze dat weer goedmaken?

Sofie pakte haar roze briefpapier en schreef:

Beste filosoof. Ik was degene die zondagochtend vroeg in het hutje was. Ik wilde je zo graag ontmoeten om wat dieper op een paar filosofische probleemstellingen in te gaan. Voorlopig ben ik een fan van Plato, maar ik ben er niet zo zeker van of er echt een andere werkelijkheid bestaat waarin de ideeën of vormen verblijven. Ze bestaan natuurlijk in onze ziel, maar volgens mijn voorlopige mening is dat iets heel anders. Ik moet helaas ook bekennen dat ik er nog niet helemaal van overtuigd ben dat onze ziel echt onsterfelijk is. Persoonlijk heb ik in elk geval geen herinneringen aan mijn vroegere leven. Als je mij ervan zou kunnen overtuigen dat de ziel van mijn overleden oma het goed maakt in de ideeënwereld, ben ik je heel dankbaar.

Deze brief stop ik samen met een suikerklontje in een roze envelop. Ik schrijf je niet zozeer vanwege de filosofie. Ik wil je alleen maar om vergeving vragen omdat ik zo ongehoorzaam ben geweest. Ik probeerde de boot op de oever te trekken, maar ik was duidelijk niet sterk genoeg. Het is ook denkbaar dat een krachtige golf de boot weer terug in het water heeft getrokken.

Ik hoop dat je met droge voeten bent thuisgekomen. Als dat niet zo is kun je je troosten met de gedachte dat ikzelf kletsnat ben geworden en waarschijnlijk heel erg verkouden word. Maar dat is dan mijn eigen schuld.

Ik heb niets aangeraakt in het hutje, maar helaas ben ik voor de verleiding bezweken en heb een envelop meegenomen, waar mijn eigen naam op stond. Niet omdat ik iets wilde stelen, maar omdat mijn naam op de envelop stond, dacht ik in mijn verwarring even dat de envelop dus van mij was. Ik vraag je oprecht om vergeving en beloof dat ik je niet weer zal teleurstellen.

P.S. Ik ga nu meteen goed nadenken over alle vragen op het papiertje.

P.P.S. Is de koperen spiegel boven de ladenkast een gewone spiegel of is het een toverspiegel? Ik vraag het maar, want ik ben er niet aan gewend dat mijn eigen spiegelbeeld met beide ogen knipoogt.

Groeten, je oprecht geïnteresseerde leerling, SOFIE.

Sofie las de brief twee keer door voordat ze hem in de envelop stopte. Hij was in elk geval niet zo plechtig als de vorige brief die ze had geschreven. Voordat ze naar beneden naar de keuken ging om een suikerklontje te pikken, pakte ze het papiertje met de vragen voor die dag.

'Wat komt het eerst, de kip of de idee 'kip'?' Die vraag was bijna even moeilijk als het oude raadsel over de kip en het ei. Zonder ei kwam er geen kip, maar zonder kip kwam er ook geen ei. Was het net zo ingewikkeld om uit te vinden wie van beide het eerste was, de kip of de idee kip? Sofie begreep wat Plato bedoelde. Hij bedoelde dat de idee kip al lang in de ideeënwereld bestond, voordat er in de zintuiglijke wereld een kip bestond. Volgens Plato had de ziel de idee kip 'gezien' voor ze in een lichaam was beland. Maar Sofie had toch juist gedacht dat Plato wat dit punt betrof het bij het verkeerde eind had? Een mens die nog nooit een levende kip of een foto van een kip heeft gezien, heeft toch geen idee van een kip? Daarmee was ze toe aan de volgende vraag: 'Hebben mensen aangeboren ideeën?' Een twijfelgeval, vond Sofie. Ze kon moeilijk geloven dat een pasgeboren baby vol ideeën zat. Dat kon je natuurlijk nooit zeker weten, want ook al konden baby's niet praten, dat wilde niet zeggen dat ze geen enkel idee in hun hoofd hadden. Maar we moeten de dingen in de wereld toch eerst zien voordat we er iets vanaf kunnen weten?

'Wat is het verschil tussen een plant, een dier en een mens?' Sofie begreep onmiddellijk dat hier heel duidelijke verschillen bestonden. Ze geloofde bijvoorbeeld niet dat een plant een erg ingewikkeld zielsleven had. Had ze ooit van een grasklokje met liefdesverdriet gehoord? Een plant groeit, hij neemt voedsel op en produceert een paar zaadjes, waardoor hij zich kan voortplanten. Maar veel méér viel er over het bestaan van een plant niet te zeggen. Sofie bedacht dat alles wat voor een plant gold, ook voor dieren en mensen gold. Maar dieren hadden nog een aantal andere eigenschappen. Die konden zich bijvoorbeeld bewegen. (Ooit een roos de 100 meter zien lopen?) Het was wat lastiger om het verschil tussen een mens en een dier aan te geven. Mensen konden denken, maar dat konden dieren toch ook? Sofie was ervan overtuigd dat haar kat Shere Khan kon denken. Die gedroeg zich in elk geval zeer uitgekookt. Maar kon hij over filosofische vraagstukken nadenken? Kon de kat over het verschil tussen een plant, een dier en een mens nadenken? Nauwelijks! Een kat kon ongetwijfeld blij of verdrietig zijn, maar kon hij zich afvragen of er een God bestond en of hij een onsterfelijke ziel bezat? Sofie betwijfelde dat ten zeerste. Maar hiervoor gold natuurlijk hetzelfde als voor de vraag over de baby en de aangeboren ideeën. Het was even moeilijk om met een kat te praten als met een pasgeboren baby.

'Waarom regent het?' Sofie haalde haar schouders op. Het regent toch omdat de zee verdampt en omdat de wolken zich tot regen concentreren. Dat had ze toch al op school geleerd? Je kon natuurlijk ook zeggen dat het regende om planten en dieren te laten groeien. Maar was dat waar? Had een regenboog eigenlijk een doel?

De laatste vraag had in ieder geval wel iets met een doel te maken: 'Wat heeft de mens nodig om een goed leven te leiden?' Hierover had de filosofieleraar al in het begin van de cursus iets geschreven. Alle mensen hebben voedsel, warmte, liefde en verzorging nodig. Dat soort zaken was in elk geval een voorwaarde om een goed leven te leiden. Daarna had hij erop gewezen dat iedereen ook antwoord op bepaalde filosofische vragen moest zien te vinden. Bovendien was het eveneens van groot belang om werk te doen dat je leuk vindt. Als je bijvoorbeeld een hekel aan het verkeer hebt, word je als taxichauffeur vast niet gelukkig. En als je een hekel aan huiswerk maken hebt, kan je maar beter geen leraar worden. Sofie hield van dieren, dus zou ze eigenlijk best dierenarts kunnen worden. Ze geloofde in elk geval niet dat je een miljoen in de Lotto moest winnen om een goed leven te kunnen leiden. Eerder het tegenovergestelde. Was er niet het spreekwoord 'ledigheid is des duivels oorkussen'?

Sofie bleef op haar kamer zitten totdat haar moeder haar riep voor het avondeten. Ze had biefstuk en gebakken aardappelen gemaakt. Lekker! Ze had ook kaarsen aangestoken. Als toetje hadden ze frambozen met slagroom.

Ze praatten over van alles en nog wat. Haar moeder vroeg hoe Sofie haar vijftiende verjaardag wilde vieren. Dat zou over een paar weken zijn.

Sofie haalde haar schouders op.

'Moet je niet een paar vrienden en vriendinnen uitnodigen? Wil je geen feestje geven, bedoel ik.'

'Misschien...'

'We zouden Marte en Anne Marie kunnen vragen... en Hege. En Jorunn natuurlijk. En Jørgen, misschien... Maar dat kun je het beste zelf beslissen. Weet je, ik kan me mijn eigen vijftiende verjaardag nog zo goed herinneren. Het lijkt me helemaal niet zo lang geleden. Toen voelde ik me al volwassen, Sofie. Is dat niet vreemd? Ik heb het gevoel dat ik sinds die tijd niet veranderd ben.'

'Dat ben je ook niet. Niets 'verandert'. Je hebt je alleen maar ontwikkeld, je bent ouder geworden...'

'Hmm...ja, dat is volwassen taal. Ik vind alleen dat het zo vreselijk snel is gegaan.'

ARISTOTELES

... een ordelijk Pietje Precies die grote schoonmaak wilde houden in menselijke begrippen...

Terwijl haar moeder een dutje deed, ging Sofie naar het Hol. Ze had een suikerklontje in de roze envelop gedaan en 'Voor Alberto' op de envelop gezet.

Er lag geen nieuwe brief, maar al na een paar minuten hoorde Sofie een hond dichterbij komen.

'Hermes!' riep Sofie; het volgende moment glipte hij het Hol binnen met een grote, gele envelop in de bek.

'Brave hond!'

Sofie legde een arm om hem heen, hij zat te hijgen als een stoomlocomotief. Ze haalde de roze envelop met het suikerklontje te voorschijn en stopte die in zijn bek. Hij kroop het Hol uit en liep het bos weer in.

Sofie was een beetje zenuwachtig toen ze de envelop openmaakte. Zou er iets over het hutje en de boot in staan?

In de envelop zaten de gebruikelijke vellen papier, die met een paperclip aan elkaar zaten. Maar er lag ook een apart velletje in. Daar stond op:

Lieve juffrouw detective. Of juffrouw inbreker om wat nauwkeuriger te zijn. Het delict is al bij de politie aangegeven...
Nee hoor, ik ben niet zo boos. Als je net zo nieuwsgierig naar de antwoorden op de filosofische raadsels bent, ziet het er niet slecht uit. Het is alleen vervelend dat ik nu gedwongen ben om te verhuizen. Nu ja, dat is natuurlijk mijn eigen schuld. Ik had moeten weten dat je iemand bent die de zaken tot op de bodem wil uitzoeken.

Groeten van Alberto.

Sofie haalde opgelucht adem. Hij was dus niet boos. Maar waarom moest hij verhuizen?

Ze nam de vellen papier mee en holde naar haar kamer. Ze kon maar beter in huis zijn als haar moeder wakker werd. Even later had ze zich op haar bed geïnstalleerd. Ze begon over Aristoteles te lezen.

Filosoof en wetenschapper

Lieve Sofie. Vond je de ideeënleer van Plato niet verbazingwekkend? Dan ben je de eerste niet. Ik weet niet of je alles voor zoete koek hebt aangenomen of dat je ook een paar kanttekeningen hebt geplaatst. Maar als je kritische kanttekeningen hebt gemaakt, kun je er van op aan dat diezelfde opmerkingen al gemaakt werden door *Aristoteles* (384-322 voor Christus), twintig jaar lang leerling van de Academie van Plato.

Aristoteles kwam zelf niet uit Athene. Hij kwam uit Macedonië, maar hij kwam naar de Academie van Plato toen die 61 was. Zijn vader was een gerespecteerd arts en dus een wetenschapper. Deze achtergrond zegt al iets over het filosofische project van Aristoteles. Hij was het meest in de levende natuur geïnteresseerd. Hij was niet alleen de laatste grote Griekse filosoof, hij was ook de eerste grote Europese bioloog.

Om het wat extreem te stellen, zou je kunnen zeggen dat Plato zich zo met de eeuwige vormen of de 'ideeën' bezig hield dat de veranderingen in de natuur hem eigenlijk niet opvielen. Aristoteles hield zich juíst met deze veranderingen bezig, of met wat we tegenwoordig de natuurprocessen noemen.

Om het nog wat extremer te stellen, zou je kunnen zeggen dat Plato zich van de zintuiglijke wereld afkeerde en alles om zich heen met argusogen bekeek. (Hij wilde de grot immers uit. Hij wilde een kijkje nemen in de eeuwige ideeënwereld!) Aristoteles deed precies het omgekeerde: hij ging op handen en voeten zitten om vissen en kikkers, anemonen en klaprozen te bestuderen.

Je kunt wel stellen dat Plato alleen zijn verstand gebruikte en Aristoteles ook zijn zintuigen.

Ook in de manier waarop zij beiden schrijven, bestaan grote verschillen. Terwijl Plato een dichter en schepper van mythen is, zijn de geschriften van Aristoteles droog en uitvoerig als een encyclopedie. Maar achter een groot aantal van zijn werken liggen wel unieke natuurstudies verborgen.

In de oudheid was sprake van in totaal 170 werken, die Aristoteles zou hebben geschreven. Hiervan zijn 47 geschriften bewaard gebleven. Het gaat hier niet om kant-en-klare boeken. Over het algemeen zijn de geschriften van Aristoteles kladversies voor voordrachten. Ook in de tijd van Aristoteles was filosofie in de eerste plaats een mondelinge bezigheid.

De betekenis van Aristoteles voor de cultuur in Europa is vooral gelegen in het feit dat hij de vaktaal ontwierp waar de verschillende wetenschappen tot op de dag van vandaag nog gebruik van maken. Hij was de grote systematicus die de basis voor de verschillende wetenschappen legde en deze ordende.

Aangezien Aristoteles over alle wetenschappen schreef, zal ik alleen een paar van zijn belangrijkste werkterreinen aanstippen. Omdat ik zoveel over Plato heb verteld, zal ik je eerst vertellen hoe hij de ideeënleer van Plato weerlegt. Daarna zullen we zien hoe hij zijn eigen natuurfilosofie ontwerpt. Aristoteles had immers een samenvatting gegeven van wat de natuurfilosofen voor hem hadden gezegd. We zullen zien hoe hij onze begrippen ordent en de basis voor de logica als wetenschap legt. Ten slotte ga ik iets vertellen over de visie van Aristoteles op mens en maatschappij.

Als je het met deze voorwaarden eens bent, kunnen we nu de mouwen opstropen om aan de slag te gaan.

Geen aangeboren ideeën

Net als de filosofen vóór hem wilde Plato te midden van alle veranderingen iets eeuwigs en onveranderlijks ontdekken. Zo vond hij de volmaakte ideeën, die boven de zintuiglijke wereld stonden. Plato was bovendien van mening dat de ideeën reëler waren dan welke fenomenen dan ook in de natuur. Eerst kwam de idee 'paard', daarna kwamen alle paarden uit de zintuiglijke wereld als schaduwen op de wand van een grot aandraven. De idee 'kip' ontstond dus voor de kip en het ei.

Aristoteles vond dat Plato alles op zijn kop had gezet. Hij was het met zijn leraar eens dat het afzonderlijke paard 'stroomt' en dat geen enkel paard het eeuwige leven heeft. Hij vond ook dat de paardvorm eeuwig en onveranderlijk is. Maar de idee paard is niet meer dan een door mensen gevormd begrip, dat pas is ontstaan nadat we al een bepaald aantal paarden hebben gezien. De eigenlijke idee of de eigenlijke 'vorm' paard bestaat dus niet. De vorm paard bestaat voor Aristoteles uit de eigenschappen van het paard, of wat we momenteel de *soort* paard noemen.

Samengevat: Aristoteles bedoelt met de vorm paard die eigenschappen die alle paarden gemeenschappelijk hebben. En nu gaat het beeld met de peperkoekvormen niet op, want de peperkoekvormen staan immers helemaal los van de afzonderlijke peperkoekjes. Aristoteles geloofde niet dat er vormen bestonden die als het ware in een kast buiten de natuur lagen opgeslagen. Voor Aristoteles zijn de vormen van de dingen hetzelfde als de specifieke eigenschappen daarvan.

Aristoteles is het dus niet met Plato eens dat de idee kip vóór de kip komt. Wat Aristoteles de vorm kip noemt, is in elke afzonderlijke kip aanwezig als haar specifieke eigenschappen, bijvoorbeeld dat ze eieren legt. Zo zijn de kip en de vorm kip evenmin van elkaar te scheiden als de ziel en het lichaam.

Daarmee heb ik eigenlijk de belangrijkste kritiek van Aristoteles op de ideeënleer van Plato genoemd. Maar onthoud goed dat hier sprake is van een dramatisch keerpunt in de manier van denken. Voor Plato is de hoogste graad van werkelijkheid wat we met het verstand *denken*. Voor Aristoteles is het vanzelfsprekend dat de hoogste graad van werkelijkheid bestaat uit wat we met onze zintuigen *waarnemen*. Volgens Plato is alles wat we om ons heen in de natuur zien slechts een weerspiegeling van iets wat in feite echt bestaat in de ideeënwereld, en daarmee ook in de menselijke ziel. Aristoteles had een tegenovergestelde mening: wat in de menselijke ziel zit, zijn slechts weerspiegelingen van de voorwerpen in de natuur. De natuur is dus de eigenlijke wereld. Volgens Aristoteles blijft Plato in een mythisch wereldbeeld steken, waarin de voorstellingen van de mens met de werkelijke wereld worden verwisseld.

Aristoteles wees erop dat niets in het bewustzijn bestaat dat niet eerst in de zintuigen heeft bestaan. Plato had kunnen zeggen dat er niets in de natuur is te vinden, dat niet eerst in de ideeënwereld heeft bestaan. Aristoteles vond dat Plato zo het 'aantal der dingen verdubbelde'. Hij verklaarde het afzonderlijke paard door naar de idee paard te verwijzen. Maar wat is dat voor een verklaring, Sofie? Waar komt de idee paard vandaan, bedoel ik? Bestaat er misschien nog een derde paard, waarvan de idee paard op zijn beurt slechts een afbeelding is?

Aristoteles vindt dat al onze gedachten en ideeën ons bewustzijn zijn binnengekomen door wat we gezien en gehoord hebben. Maar we hebben ook een aangeboren verstand. We bezitten een aangeboren vermogen om alle zintuiglijke indrukken in verschillende groepen en klassen onder te brengen. Zo ontstaan de begrippen 'steen', 'plant', 'dier' en 'mens'. Zo ontstaan de begrippen 'paard', 'kreeft' en 'parkiet'.

Aristoteles ontkende niet dat de mens een aangeboren verstand bezit. Integendeel, volgens Aristoteles is juist het *denken* het opvallendste kenmerk van de mens. Maar vóór we iets hebben waargenomen, is ons verstand helemaal 'leeg'. Een mens heeft dus geen aangeboren ideeën.

De vormen zijn de eigenschappen van de dingen

Als het hem duidelijk is geworden hoe hij tegenover de ideeënleer van Plato staat, constateert Aristoteles dat de werkelijkheid uit verschillende afzonderlijke dingen bestaat, die zelf een eenheid van *vorm* en *materie* zijn. De materie is het materiaal waarvan een ding is gemaakt, terwijl de vorm uit de specifieke eigenschappen van het ding bestaat.

Stel je een fladderende kip voor, Sofie. De vorm van de kip is dus het fladderen, het kakelen en het leggen van eieren. Met de vorm van de kip worden dus de specifieke soortelijke eigenschappen van de kip bedoeld, die dingen die de kip *doet*. Als de kip doodgaat - en dus niet meer kakelt - dan houdt ook de vorm van de kip op te bestaan. Het enige wat over is, is de materie (armoe troef, Sofie!), maar dan is het geen kip meer.

Zoals ik al zei was Aristoteles geïnteresseerd in de veranderingen in de natuur. De materie heeft dus de mogelijkheid om een bepaalde vorm te bereiken. We kunnen zeggen dat de materie bezig is een potentiële mogelijkheid te verwezenlijken. Bij iedere verandering in de natuur gaat de materie volgens Aristoteles over van 'mogelijkheid' in 'werkelijkheid'.

Ja, ik zal het je uitleggen, Sofie. Ik zal je eens een leuk verhaal vertellen: er was eens een beeldhouwer die over een enorm brok graniet gebogen stond. Iedere dag stond hij in de vormeloze steen te hakken en op een dag kwam er een jongen bij hem langs. 'Waar ben je naar op zoek?' vroeg de jongen. 'Wacht maar af,' zei de beeldhouwer. Een paar dagen later kwam de jongen weer en nu had de beeldhouwer een prachtig paard uit het brok graniet gehouwen. De jongen staarde met open mond naar het paard. Toen wendde hij zich tot de beeldhouwer en zei: 'Hoe wist je dat die daar in zat?'

Ja, hoe was dat mogelijk? De beeldhouwer had in het brok graniet op een of andere manier de vorm van een paard gezien. Juist dat brok graniet bezat een potentiële mogelijkheid om tot een paard te worden gevormd. Aristoteles dacht dat zo alle dingen in de natuur een potentiële mogelijkheid bezaten om een bepaalde vorm te realiseren of te volbrengen.

We keren terug naar de kip en het ei. Een kippeëi bezit een potentiële mogelijkheid om een kip te worden. Dat betekent niet dat alle kippeëieren in kippen veranderen, want sommige komen op de ontbijttafel terecht, als zachtgekookt ei, omelet of roerei, zonder dat de potentiële vorm van het ei werkelijkheid wordt. Maar het kippeëi kan natuurlijk niet in een gans veranderen. *Die* mogelijkheid bezit een kippeëi niet. De vorm van een ding zegt dus iets over de mogelijkheid en over de beperking ervan.

Als Aristoteles het over de vorm en materie van de dingen heeft, denkt hij niet alleen aan levende organismen. Zoals het de vorm van de kip is om te kakelen, met de vleugels te fladderen en eieren te leggen, is het de vorm van de steen om op de grond te vallen. Net zo min als de kip het kakelen kan opgeven, kan de steen voorkomen dat hij op de grond valt. Je kunt natuurlijk een steen oppakken en die hoog in de lucht gooien, maar omdat het in de aard van de steen zit om op de grond te vallen, lukt het je niet om hem naar de maan te gooien. (Je moet trouwens wel voorzichtig zijn als je dit experiment uitvoert, want de steen kan snel wraaknemen. Die keert zo snel mogelijk naar de aarde terug, en wee je gebeente als je in de weg staat!)

De 'doeloorzaak'

Het feit dat alle levende en dode dingen een vorm hebben, die iets zegt over de mogelijke 'activiteit' van het ding, laten we nu rusten, maar ik wil er nog wel aan toevoegen dat Aristoteles een heel opmerkelijke visie op de oorzakelijke verhoudingen in de natuur had.

Als we het vandaag de dag hebben over de 'oorzaak' van het een of het ander, bedoelen we *hoe* iets gebeurt. De ruit gaat kapot omdat Petter er een steen doorheen gooit. Een schoen ontstaat omdat de schoenmaker die uit een aantal stukken leer in elkaar naait. Maar Aristoteles stelt dat er verschillende soorten oorzaken in de natuur zijn. In totaal noemt hij vier verschillende oorzaken. Het is belangrijk om te begrijpen wat hij met de zogenaamde 'doeloorzaak' bedoelde.

Wat het breken van de ruit betreft, is het natuurlijk gepast om te vragen *waarom* Petter de steen door de ruit gooide. Wij vragen dus naar zijn bedoeling. Dat de bedoeling of het 'doel' een belangrijke rol speelt, ook wat betreft de schoen die wordt gemaakt, staat natuurlijk buiten kijf. Maar volgens Aristoteles speelt de 'doeloorzaak' ook een rol als het om volstrekt levenloze processen in de natuur gaat. Eén voorbeeld moet genoeg zijn:

Waarom regent het, Sofie? Je hebt op school vast en zeker geleerd dat het regent omdat de waterdamp in de wolken afkoelt en dan tot waterdruppels wordt geconcentreerd, die door de zwaartekracht naar beneden vallen. Aristoteles zou begrijpend hebben geknikt. Maar hij zou eraan toevoegen dat je dan nog maar drie oorzaken hebt aangewezen. De 'materiële oorzaak' is dat de aanwezige waterdamp (de wolken) aanwezig was op het moment dat de lucht afkoelde. De 'bewegende oorzaak' is dat de waterdamp afkoelt en de 'formele oorzaak' dat het de vorm of de aard van het water is om plompverloren op de aarde te vallen. Als je dan niets meer zou zeggen, zou Aristoteles opmerken dat het regent *omdat* planten en dieren regenwater nodig hebben om te groeien. Dat noemde hij het 'doel'. Zoals je ziet heeft Aristoteles de regendruppels plotseling een levensopdracht of een 'bedoeling' gegeven.

Wij zouden het helemaal omdraaien en zeggen dat de planten groeien omdat er vochtigheid is. Zie je het verschil, Sofie? Volgens Aristoteles heeft alles in de natuur een bedoeling. Het regent opdat de planten gaan groeien en er groeien sinaasappels en druiven opdat de mensen ze gaan eten.

Zo denkt de wetenschap tegenwoordig niet. We zeggen dat voedsel en vochtigheid een voorwaarde vormen voor dieren en mensen om te leven. Als deze voorwaarden er niet zouden zijn, zouden we niet bestaan. Maar water of sinaasappels hebben niet de bedoeling ons te voeden.

Wat de visie op oorzaken betreft, zijn we dus geneigd om te zeggen dat Aristoteles het mis had. Maar laten we niet te snel oordelen. Veel mensen geloven dat God de wereld juist schiep zoals die is, opdat mensen en dieren hier kunnen leven. Vanuit die achtergrond kun je natuurlijk stellen dat er water door de rivieren stroomt omdat mensen en dieren water nodig hebben om te leven. Maar dan hebben we het over het doel of de bedoeling van *God*. Het zijn niet de regendruppels of het rivierwater die het beste met ons voor hebben.

Logica

De scheiding tussen vorm en materie speelt ook een belangrijke rol als Aristoteles beschrijft hoe de mens de dingen in de wereld doorgrondt.

Als we iets doorgronden, ordenen we de dingen in verschillende groepen of categorieën. Ik zie een paard, dan zie ik weer een paard en weer een paard. De paarden zijn niet helemaal gelijk, maar er is *iets* wat voor alle paarden gelijk is, en dat is dus de vorm van het paard. De onderlinge verschillen vallen onder de materie.

Wij mensen lopen dus op de wereld rond en rangschikken de dingen in verschillende hokjes. We plaatsen de koeien in de koeiestal, de paarden in de paardestal, de varkens in het varkenshok en de kippen in de kippenren. Hetzelfde gebeurt als Sofie Amundsen haar kamer opruimt. Ze zet de boeken op de boekenplank, doet de schoolboeken in haar rugzak en de tijdschriften in de la van de kast. De kleren worden netjes opgevouwen en in de kast gelegd, de slipjes op de ene plank, de truien op de andere plank en de sokken in een aparte la. Besef dat we in ons hoofd hetzelfde doen: we maken onderscheid tussen de dingen die van steen zijn gemaakt, dingen die van wol en dingen, die van rubber zijn gemaakt. We maken onderscheid tussen levende en dode voorwerpen en we brengen onderscheid aan tussen 'planten', 'dieren' en 'mensen'.

Kun je het nog volgen, Sofie? Aristoteles wilde de meisjeskamer van de natuur grondig opruimen. Hij probeerde aan te tonen dat alle dingen in de natuur in verschillende groepen en subgroepen bij elkaar horen. (Hermes is een levend wezen, nader bepaald een dier, nader bepaald een gewerveld dier, nader bepaald een zoogdier, nader bepaald een hond, nader bepaald een labrador, nader bepaald een reu-labrador.)

Ga eens naar je kamer, Sofie. Pak een willekeurig voorwerp op van de vloer. Wat je ook oppakt, je zult zien dat wat je vastpakt, tot een hogere orde behoort. Op de dag dat je iets zou zien wat je niet kunt classificeren, zou je je een ongeluk schrikken. Als je bijvoorbeeld een klein bolletje vindt en niet met zekerheid kunt zeggen of het bij het plantenrijk, het dierenrijk of het mineralenrijk behoort, ja, dan denk ik dat je het niet eens durft aan te raken.

Ik zei het plantenrijk, het dierenrijk en het mineralenrijk. Ik denk aan een gezelschapsspel, waarin een lid van het gezelschap de gang op wordt gestuurd terwijl de rest iets moet bedenken wat die arme stakker moet raden als hij of zij weer binnenkomt.

Het gezelschap heeft besloten aan de kat 'Mons' te denken, die op dat moment in de tuin van de buren zit. Dan komt het slachtoffer binnen en begint te raden. Het gezelschap mag alleen met 'ja' of 'nee' antwoorden. Als het slachtoffer een goede leerling van Aristoteles is - en dan is hij eigenlijk geen slachtoffer - kan het gesprek ongeveer zo verlopen: is het concreet? (Ja!) Behoort het tot het mineralenrijk? (Nee!) Is het iets levends? (Ja!) Behoort het tot het plantenrijk? (Nee!) Is het een dier? (Ja!) Is het een vogel? (Nee!) Is het een zoogdier? (Ja!) Is het het hele dier? (Ja!) Is het een kat? (Ja!) Is het Mons? (Jaaaaa! Gelach...)

Aristoteles heeft dit gezelschapsspel dus uitgevonden. Plato krijgt de eer dat hij het 'schimmenspel' heeft uitgevonden. Democritus hebben we al geëerd voor het uitvinden van de bouwstenen.

Aristoteles was een ordelijk Pietje Precies die grote schoonmaak wilde houden in menselijke begrippen. Hij was dan ook degene die de basis legde voor de *logica* als wetenschap. Hij gaf verschillende strikte regels voor de vraag welke gevolgtrekkingen of bewijzen logisch zijn. Eén voorbeeld slechts: als ik eerst vaststel dat alle levende wezens sterfelijk zijn (1e premisse) en dan vaststel dat Hermes een levend wezen is (2e premisse), dan kan ik de simpele conclusie trekken dat Hermes sterfelijk is.

Het voorbeeld laat zien dat de logica van Aristoteles gaat over de verhouding tussen begrippen, in dit geval tussen de begrippen 'levend wezen' en 'sterfelijk'. Hoewel je Aristoteles gelijk moet geven dat bovengenoemde conclusie 100% steekhoudend is, moeten we misschien toegeven dat het niet bepaald nieuw is. We wisten van tevoren dat Hermes sterfelijk is. (Hij is immers een 'hond' en alle honden zijn 'levende wezens', die dus sterfelijk zijn in tegenstelling tot de stenen op de berg Galhøpiggen.) Jazeker, Sofie, dat wisten we wel. Maar de verhouding tussen groepen dingen wordt niet altijd als even vanzelfsprekend ervaren. Af en toe kan het nodig zijn om onze begrippen te ordenen.

Weer houd ik het bij een voorbeeld: is het echt mogelijk dat de piepkleine muizejongen bij hun moeder drinken, net als schapen en varkens? Ik ben het met je eens dat het wat flauw lijkt, maar laten we goed nadenken: muizen leggen beslist geen eieren. (Wanneer heb ik voor het laatst een muizeëi gezien?) Ze baren dus levende jongen, net als varkens en schapen. Maar dieren die levende jongen baren, noemen we zoogdieren, en zoogdieren zijn nu juist de dieren die bij hun moeder drinken. Daarmee zijn we waar we wezen willen. We hadden het antwoord in ons zitten, maar we moesten nadenken. In onze haast waren we vergeten dat kleine muisjes echt bij hun moeder drinken. Misschien kwam dat omdat we nog nooit muizejongen hebben zien drinken. Dat komt natuurlijk omdat de muizen zich een beetje voor mensen schamen als ze voor hun kindertjes zorgen.

De trapsgewijze opbouw van de natuur

Als Aristoteles 'orde wil scheppen' in het bestaan, wijst hij er in de eerste plaats op dat de dingen in de natuur in twee hoofdgroepen kunnen worden ingedeeld. Aan de ene kant hebben we *levenloze dingen* - zoals stenen, waterdruppels en kluiten aarde. Die bezitten geen potentiële mogelijkheid voor verandering. Dergelijke niet-levende dingen kunnen volgens Aristoteles alleen onder invloed van buitenaf veranderen. Aan de andere kant hebben we alle *levende dingen*, die een potentiële mogelijkheid voor verandering in zich hebben.

Wat de 'levende dingen' betreft, wijst Aristoteles erop dat deze in twee verschillende hoofdgroepen moeten worden verdeeld. Aan de ene kant hebben we *levende gewassen* (of planten), aan de andere kant hebben we *levende wezens*. Ten slotte kunnen ook 'levende wezens' in twee van dergelijke subgroepen worden verdeeld, namelijk in *dieren* en *mensen*.

Je moet Aristoteles gelijk geven dat deze indeling helder en overzichtelijk is. Er bestaat een wezenlijk verschil tussen levende en niet-levende dingen, bijvoorbeeld een roos en een steen. Zo bestaat er ook een wezenlijk verschil tussen gewassen en dieren, bijvoorbeeld een roos en een paard. Ik ben bovendien van mening dat er inderdaad een bepaald verschil tussen een paard en een mens bestaat. Maar waar bestaan deze verschillen precies uit? Kun je me daar antwoord op geven?

Ik heb helaas geen tijd om te wachten tot jij het antwoord opschrijft en met een suikerklontje in een roze envelop stopt, dus kan ik net zo goed zelf het antwoord geven. Als Aristoteles de natuurverschijnselen in verschillende groepen indeelt, gaat hij uit van de eigenschappen van dingen, liever gezegd wat ze *kunnen* of wat ze *doen*.

Alle 'levende dingen' (gewassen, dieren en mensen) bezitten het vermogen om voedsel tot zich te nemen, om te groeien en zich voort te planten. Alle 'levende wezens' (dieren en mensen) bezitten ook het vermogen de wereld om zich heen te voelen en om zich in de natuur te bewegen. Alle mensen bezitten bovendien het vermogen om te denken, dat wil zeggen om hun zintuiglijke waarnemingen in verschillende groepen en klassen in te delen.

Zo gezien bestaan er geen echt strikte grenzen in de natuur. We zien een geleidelijke overgang van eenvoudige gewassen naar meer gecompliceerde planten, van eenvoudige dieren naar meer gecompliceerde dieren. Bovenaan deze 'gelaagdheid' staat de mens, die volgens Aristoteles het hele leven van de natuur leeft. De mens groeit en neemt net als de planten voedsel tot zich, hij heeft gevoelens en bezit het vermogen om zich net als de dieren te bewegen, maar hij heeft bovendien een bijzondere eigenschap, die alleen de mens bezit, en dat is het vermogen om rationeel te denken.

Daarmee bezit de mens een sprankje goddelijk verstand, Sofie. Ja ja, ik zei goddelijk. Op sommige plaatsen wijst Aristoteles erop dat er een God moet bestaan, die alle bewegingen in de natuur op gang heeft gebracht. Zo wordt God het absolute hoogtepunt van de gelaagdheid van de natuur.

Aristoteles stelde dat de bewegingen van de sterren en de planeten de bewegingen op aarde beïnvloeden. Maar er moet ook iets zijn wat ervoor zorgt dat de hemellichamen bewegen. Dit noemde Aristoteles de 'onbewogen beweger' of 'God'. De 'onbewogen beweger' is zelf in ruste, maar hij is de 'eerste oorzaak' van de bewegingen van de hemellichamen en daarmee van alle bewegingen in de natuur.

Ethiek

We gaan terug naar de mens, Sofie. De vorm van de mens bestaat er volgens Aristoteles uit dat hij zowel een 'plantenziel', een 'dierenziel' als een 'denkende ziel' heeft. Hij vraagt: hoe dient de mens te leven? Wat heeft de mens nodig om een goed leven te leiden? Ik zal kort zijn: de mens wordt alleen gelukkig als hij van al zijn vermogens en mogelijkheden gebruik maakt.

Aristoteles stelde dat er drie vormen van geluk bestaan: de eerste vorm van geluk is een leven vol lust en genot. De tweede vorm van geluk is het leven als vrije en verantwoordelijke burger. De derde vorm van geluk is het leven als onderzoeker en filosoof.

Aristoteles benadrukt dat alle drie de voorwaarden aanwezig moeten zijn als de mens een gelukkig leven wil leiden. Hij wijst dus alle vormen van eenzijdigheid af. Als hij nu geleefd zou hebben, zou hij misschien hebben gezegd dat iemand die alleen voor zijn lichaam zorgt, net zo eenzijdig - en gebrekkig - leeft als iemand die alleen zijn hoofd gebruikt. Beide uitersten wijzen op een scheefgegroeide levenswandel.

Ook op sociaal gebied wees Aristoteles een 'gouden middenweg' aan: we moeten niet laf en ook niet roekeloos zijn, maar we moeten *dapper* zijn. (Te weinig dapperheid is lafheid, teveel dapperheid is roekeloosheid.) Zo moeten we ook niet gierig of spilziek zijn, maar we moeten *vrijgevig* zijn. (Te weinig vrijgevigheid is gierig, teveel vrijgevigheid is verkwisting.)

Het is net als met eten. Het is gevaarlijk om te weinig te eten, maar het is ook gevaarlijk om te veel te eten. Zowel de ethiek van Plato als die van Aristoteles doen aan de Griekse medische wetenschap denken: alleen door evenwicht en matigheid te betrachten, word je een gelukkig of 'harmonieus' mens.

Politiek

Dat de mens volgens Aristoteles niets moet verheerlijken, blijkt ook uit zijn visie op de maatschappij. Hij zei dat de mens een 'politiek wezen' is. Zonder de maatschappij om ons heen zijn we geen fatsoenlijke mensen, vond hij. Hij wees erop dat het gezin en het dorp voor de lagere levensbehoeften zoals voedsel en warmte, huwelijk en kinderopvoeding zorgen. Maar de hoogste vorm van menselijke gemeenschap kan alleen door de staat worden verzorgd.

Dan komt de vraag hoe de staat georganiseerd dient te worden. (Je herinnert je wellicht Plato's 'filosofiestaat'?) Aristoteles noemt drie verschillende goede staatsvormen. De ene is de *monarchie*, wat inhoudt dat er slechts een heerser is. Deze staatsvorm is alleen dan goed, als de heerser niet tot 'tirannie' vervalt, dat wil zeggen dat de heerser de staat niet ten eigen bate mag besturen. Een tweede goede staatsvorm is de *aristocratie*. In een aristocratie is er sprake van een groep staatsleiders, die uit veel of weinig personen kan bestaan. Bij deze staatsvorm bestaat het gevaar dat hij zich kan ontwikkelen tot een 'oligarchie', wat we tegenwoordig een junta noemen. De derde goede staatsvorm noemde Aristoteles *politeia*, wat heerschappij van velen betekent. Maar ook deze staatsvorm heeft een keerzijde. Een heerschappij van velen kan zich snel ontwikkelen tot een volkstirannie. (Zelfs als de tiran Hitler geen staatshoofd van Duitsland was geweest, hadden alle kleine nazi's een verschrikkelijke volkstirannie kunnen vormen.)

Vrouwbeeld

Ten slotte moeten we iets over het vrouwbeeld van Aristoteles zeggen. Dat was helaas niet zo verheffend als bij Plato. Aristoteles vond eigenlijk dat de vrouw iets miste. Ze was een 'onvolledige man'. Bij de voortplanting is de vrouw passief en ontvangend, terwijl de man actief en vormend is. Het kind erft alleen de eigenschappen van de man, dacht Aristoteles. Hij geloofde dat alle eigenschappen van het kind in het zaad van de man aanwezig zijn. De vrouw is als de aarde die alleen maar ontvangt en het zaaigoed met zich meedraagt, terwijl de man de 'zaaier' is. Of om in de stijl van Aristoteles te blijven: de man schenkt de vorm, terwijl de vrouw de materie levert.

Dat een verder zo verstandige man als Aristoteles zich op het punt van de man-vrouw relatie zo kon vergissen, is uiteraard verbazingwekkend en bovendien bijzonder treurig. Maar het toont twee dingen aan: Aristoteles had in de eerste plaats niet zoveel praktische ervaring met vrouwen en kinderen. In de tweede plaats toont het aan hoe gemakkelijk de zaak kan ontsporen als mannen binnen de filosofie en de wetenschap het alleen voor het zeggen hebben.

Het verkeerde beeld dat Aristoteles van de man-vrouw relatie had, was des te erger omdat men in de middeleeuwen zíjn visie huldigde - en niet die van Plato. Zo erfde ook de kerk een vrouwbeeld, waar in de bijbel eigenlijk geen argumenten voor zijn te vinden. Jezus was niet zo vrouwonvriendelijk!

Maar nu genoeg! Je hoort wel weer van me.

Toen Sofie het hoofdstuk over Aristoteles anderhalf keer gelezen had, stopte ze de vellen papier weer in de gele envelop en keek haar kamer rond. Plotseling zag ze wat een rommel er lag. Op de vloer lagen boeken en multomappen door elkaar heen. Uit de kleerkast puilden sokken en blouses, kousen en spijkerbroeken. Op de stoel voor haar bureau lag een stapel vuile kleren.

Sofie kreeg een onweerstaanbare drang om op te ruimen. Als eerste haalde ze alle kleren uit de kleerkast. Ze legde alles op de vloer. Het was belangrijk om bij het begin te beginnen. Toen begon ze met het moeizame werk alle kledingstukken netjes op te vouwen en op de planken te leggen. Er zaten zeven planken in de kast. Sofie reserveerde een plank voor hemden en slipjes, een voor sokken en panty's en een voor lange broeken. Zo vulde ze alle planken in de kast een voor een. Ze twijfelde geen moment waar een kledingstuk moest liggen. Kleren die in de was moesten, stopte ze in een plastic tas die ze op de onderste plank had gevonden.

Ze had maar een kledingstuk waarvan ze niet wist wat ze er mee aan moest. Het was een heel gewone witte kniekous. De andere kous ontbrak niet alleen, het ding was bovendien nooit van Sofie geweest.

Ze bekeek de witte kous een paar minuten. Er stond geen naam in, maar Sofie had een sterk vermoeden van wie die kon zijn. Ze smeet hem op de bovenste plank bij een zak met legostenen, een videoband en een rode zijden sjaal.

Toen was de vloer aan de beurt. Sofie sorteerde boeken en multomappen, tijdschriften en affiches, precies zoals de filosofieleraar in het hoofdstuk over Aristoteles had beschreven. Nadat ze klaar was met de vloer, maakte ze eerst haar bed op, toen ging ze met haar bureau aan de slag.

Het allerlaatste wat ze deed, was alle papieren over Aristoteles bij elkaar op een mooie stapel leggen. Ze pakte een lege multomap en een perforator, maakte gaatjes in de vellen papier en stopte ze netjes in de multomap. De multomap zette ze bovenin de kast waar ze ook de witte kniekous had opgeborgen. Later op de dag zou ze de koektrommel uit het Hol halen.

Van nu af aan zou ze de dingen netjes opbergen. Sofie dacht niet alleen aan de spullen in haar kamer. Nu ze over Aristoteles had gelezen, begreep ze dat het net zo belangrijk was om je begrippen en ideeën op orde te hebben. Voor dergelijke vragen had ze een eigen plank bovenin de kast gereserveerd. Dat was de enige plaats in haar kamer waarover ze nog geen volledig overzicht had.

Haar moeder had zich al een paar uur niet laten horen. Sofie ging naar beneden. Voordat ze haar moeder wakker maakte, moest ze de dieren eten geven.

In de keuken boog ze over de goudviskom. De ene vis was zwart, de andere was oranje en de derde wit met rood. Daarom noemde ze ze Zwartepiet, Goudkopje en Roodkapje. Terwijl ze een beetje goudvissevoer in het water strooide, zei ze: 'Jullie horen bij het levende deel van de natuur. Dus kunnen jullie voedsel tot je nemen, jullie kunnen groeien en jullie kunnen je voortplanten. Nader bepaald horen jullie tot het dierenrijk. Dus kunnen jullie je bewegen en de kamer rond kijken. Jullie zijn vissen om precies te zijn, dus jullie kunnen ademhalen met kieuwen en in het levenswater heen en weer zwemmen.'

Sofie schroefde het deksel op het busje goudvissevoer. Ze was tevreden over de plaats van de goudvissen in de ordening van de natuur, ze was met name tevreden over de uitdrukking 'levenswater'. Toen was de beurt aan de parkieten. Sofie deed wat vogelvoer in het voederbakje en zei: 'Beste Piet en Puk. Jullie zijn lieve parkietjes geworden, omdat jullie je uit een paar lieve parkieteëitjes hebben ontwikkeld en omdat die eieren de vorm hadden om parkieten te worden, zijn jullie gelukkig geen kletsende papegaaien geworden.'

Sofie ging de grote badkamer binnen. Daar lag de luie schildpad in een grote doos. Als haar moeder een douche nam, riep ze regelmatig dat ze hem nog eens zou vermoorden. Maar tot nu toe was

was dat een loos dreigement geweest. Sofie haalde een blaadje sla uit een grote jampot en legde dat in de doos.

'Beste Govinda,' zei ze, 'jij hoort niet bepaald tot de snelste dieren. Maar je bent in elk geval een dier dat een piepklein deel van de grote wereld waarin we leven, mag ervaren. Je kunt je troosten met de gedachte dat je niet de enige bent die het niet voor elkaar krijgt zichzelf voorbij te lopen.'

Shere Khan was natuurlijk buiten op muizejacht, want dat was nu eenmaal de aard van de kat. Sofie liep door de kamer naar de slaapkamer van haar moeder. Op de salontafel stond een vaas met narcissen. Het leek alsof de gele bloemen eerbiedig bogen toen Sofie voorbijkwam. Sofie bleef een ogenblik staan en streelde met haar vingers over de gladde kopjes.

'Ook jullie horen bij het levende deel van de natuur,' zei ze. 'Eigenlijk hebben jullie een streepje voor vergeleken bij de vaas waarin jullie staan. Maar helaas zijn jullie zelf niet in staat om dat te beseffen.'

Daarna sloop Sofie de slaapkamer van haar moeder binnen. Die was diep in slaap, maar Sofie legde een hand op haar hoofd: 'Je bent een van de allergelukkigsten hier,' zei ze, 'want je bent niet alleen levend zoals de leliën in het veld. En je bent niet alleen een levend wezen zoals Shere Khan of Govinda. Je bent een mens, je bent dus uitgerust met het zeldzame vermogen om te denken.'

'Wat *zeg* je allemaal, Sofie?'

Ze werd sneller wakker dan anders.

'Ik zeg alleen dat je op een luie schildpad lijkt. Verder kan ik je vertellen dat ik mijn kamer heb opgeruimd. Ik ben met filosofische grondigheid te werk gegaan.'

Haar moeder kwam half overeind.

'Nu sta ik op,' zei ze, 'wil je een kopje koffie zetten?'

Sofie deed wat haar gevraagd werd en even later zaten ze in de keuken met koffie, vruchtesap en chocolade. Na een poosje zei Sofie: 'Mama, heb je er wel eens over gedacht waarom we leven?'

'O, jij weet ook van geen ophouden, hè.'

'Jawel, want nu weet ik het antwoord. Er leven mensen op deze planeet zodat iemand alle dingen een naam kan geven.'

'O ja? Daar heb ik nog nooit aan gedacht.'

'Dan zit je met een groot probleem, want de mens is een denkend wezen. Als je niet denkt, ben je dus geen mens.'

'Sofie!'

'Stel je eens voor dat hier alleen planten en dieren zouden leven. Dan zou niemand het verschil tussen katten en honden, lelies en kruisbessen kennen. Planten en dieren leven ook, maar alleen wij kunnen de natuur in verschillende groepen en klassen indelen.

'Ik heb nog nooit zo'n gekke dochter gehad,' zei haar moeder.

'Stel je voor dat dat niet zo was,' zei Sofie, 'alle mensen zijn in meer of mindere mate gek. Ik ben een mens, dus ben ik in meer of mindere mate gek. Je hebt maar een dochter, dus ben ik ook de gekste dochter.'

'Ik bedoelde dat je mij met al dat... gepraat van de laatste tijd angst aanjaagt.'

'Dan ben je gauw bang.'

Later die middag zat Sofie weer in het Hol. Ze wist de grote koektrommel haar kamer in te smokkelen zonder dat haar moeder het merkte.

Eerst legde ze alle papieren in de juiste volgorde, toen maakte ze er gaatjes in en stopte die in de multomap vóór het hoofdstuk over Aristoteles. Ten slotte schreef ze op ieder velletje papier het bladzijdenummer bovenin de rechterhoek. Er zaten al meer dan vijftig bladzijden in. Sofie was bezig aan haar eigen filosofieboek. Zij schreef dat niet, het werd wel speciaal voor háár geschreven.

Ze had geen tijd gehad om aan haar huiswerk voor maandag te denken. Ze zouden misschien een proefwerk bijbelkennis krijgen, maar de leraar had altijd gezegd dat hij persoonlijk engagement en eigen meningen heel belangrijk vond. Sofie had het gevoel dat ze daar nou net aan had zitten werken.

HET HELLENISME

... een vonk uit het vuur...

Hoewel de filosofieleraar de brieven al een tijdje rechtstreeks naar de oude heg stuurde, keek Sofie gewoontegetrouw maandagochtend toch in de brievenbus.

Die was leeg, ze had ook niet anders verwacht. Ze liep Kløverveien af.

Plotseling ontdekte ze dat er een foto op de grond lag. Het was een afbeelding van een witte jeep met een blauwe vlag. Op de vlag stond 'UN'. Was dat niet de vlag van de VN?

Sofie draaide de foto om, en zag toen pas dat het een ansichtkaart was. Aan 'Hilde Møller Knag, p/a Sofie Amundsen....' Er zat een Noorse postzegel op en in het stempel van vrijdag 15 juni 1990 stond 'VN-bataljon'.

15 juni! Dat was de verjaardag van Sofie!

Op de kaart stond:

Lieve Hilde. Ik ga ervan uit dat je nog steeds je vijftiende verjaardag viert. Of is het nu de dag erna? Nou ja, het maakt niet zoveel uit hoe lang het cadeau duurt. Eigenlijk zal het je hele leven duren. Maar ik feliciteer je dus nog een keer. Nu begrijp je misschien waarom ik de kaarten naar Sofie stuur. Ik weet zeker dat zij ze aan jou geeft.

P.S. Mama vertelde dat je je portefeuille had verloren. Ik beloof je dat ik je de 150 kronen zal vergoeden. Een nieuwe scholierenkaart krijg je ongetwijfeld op school, voordat de zomervakantie begint.

Veel liefs, papa.

Sofie bleef als aan de grond genageld staan. Wanneer was de vorige kaart gestempeld? Diep in haar achterhoofd zei een klein stemmetje dat ook de kaart met het strand in juni was afgestempeld, ook al duurde dat dus nog een hele maand. Ze had gewoon niet goed gekeken...

Ze keek op haar horloge, en rende toen weer terug naar huis. Vandaag moest ze dan maar te laat komen.

Sofie ging naar binnen en rende naar haar kamer. Ze vond de eerste kaart voor Hilde onder een rode zijden sjaal. Ja hoor, ook die was op 15 juni afgestempeld! Op de verjaardag van Sofie en op de dag voor het begin van de zomervakantie.

Terwijl ze naar de supermarkt holde om Jorunn te ontmoeten, dacht ze diep na.

Wie was Hilde? Hoe kon haar vader er zo zeker van zijn dat Sofie haar zou vinden? Hoe dan ook, het was onzinnig dat hij de kaarten naar Sofie stuurde in plaats van rechtstreeks naar zijn dochter. Sofie ging ervan uit dat hij dat niet deed omdat hij het adres van zijn eigen dochter niet kende. Was het een grap? Wilde hij zijn dochter op haar verjaardag verrassen door een wildvreemd meisje als detective en postbode in te schakelen? Kreeg ze daarom een maand voorsprong? Gebruikte hij haar misschien als tussenpersoon omdat hij zijn dochter voor haar verjaardag een nieuwe vriendin wilde geven? Was zij misschien het cadeau dat het hele leven zou duren?

Als die vreemde snuiter inderdaad in Libanon zat, hoe was hij dan achter het adres van Sofie gekomen? En nog iets: Sofie en Hilde hadden ten minste twee dingen gemeen. Als Hilde ook op 15 juni jarig was, waren ze op dezelfde dag geboren. Bovendien hadden ze allebei een vader die veel op reis was.

Sofie had het gevoel alsof ze een magische wereld werd binnengetrokken. Misschien was het toch niet zo dom om in het lot te geloven. Maar ze moest dergelijke conclusies niet te snel trekken, alles kon een logische verklaring hebben. Maar hoe kon Alberto Knox de portefeuille van Hilde hebben gevonden als Hilde in Lillesand woonde? Dat lag op honderden kilometers afstand. En waarom vond Sofie deze ansichtkaart op de grond? Had de postbode hem vlak voordat hij bij de brievenbus van Sofie was uit zijn tas laten vallen? En waarom dan net deze kaart?

'Je bent hartstikke gek!' riep Jorunn uit toen ze Sofie bij de supermarkt in de gaten kreeg.

'Het spijt me.'
Jorunn keek haar streng aan alsof ze haar leraar was: 'Ik hoop dat je een goede verklaring hebt.'
'Het heeft iets met de VN te maken,' zei Sofie. 'Ik werd door een vijandige militie uit Libanon opgehouden.'
'Poeh! Je bent gewoon verliefd.'
Ze renden naar school zo snel hun vier benen hen konden dragen.
Het proefwerk bijbelkennis, dat Sofie niet geleerd had omdat ze er geen tijd voor had gevonden, werd in het derde uur uitgedeeld. Op het papier stond:

LEVENSBESCHOUWING EN TOLERANTIE

1. Schrijf op wat een mens kan weten. Schrijf vervolgens in een aparte kolom op wat we alleen maar kunnen geloven.
2. Noem enkele factoren die medebepalend zijn voor de levensbeschouwing van een mens.
3. Wat wordt met geweten bedoeld? Denk je dat alle mensen evenveel geweten hebben?
4. Wat wordt bedoeld met prioriteitenstelling?

Sofie dacht lang na voordat ze begon te schrijven. Kon ze iets gebruiken van wat Alberto Knox haar had geleerd? Dat moest wel, want het was al een aantal dagen geleden dat ze haar godsdienstboek voor het laatst had opengedaan. Toen ze eindelijk begon te schrijven, vloeiden de zinnen als een waterval uit haar pen.
Sofie schreef dat we kunnen weten dat de maan geen grote kaas is en dat er ook op de achterkant van de maan kraters zitten, dat zowel Socrates als Jezus ter dood werden veroordeeld, dat alle mensen vroeg of laat zullen sterven, dat de grote tempels op de Akropolis in de vierde eeuw voor Christus na de Perzische oorlogen werden gebouwd, en dat het belangrijkste orakel van de Grieken het orakel van Delphi was. Als voorbeelden van dingen die we alleen maar kunnen geloven, noemde ze of er al dan niet leven op andere planeten bestaat, of er al dan niet een God bestaat, of er

al dan niet leven is na de dood en of Jezus de zoon van God was of alleen maar een wijze man. 'We weten in elk geval niet waar de wereld vandaan komt,' schreef ze ten slotte. 'Het universum kan worden vergeleken met een groot konijn dat uit een hoge hoed te voorschijn wordt getoverd. De filosofen proberen op een van de dunne haren van de konijnevacht te klimmen om De Grote Goochelaar recht in de ogen te kijken. Het is een open vraag of ze daar ooit in zullen slagen. Maar als de ene filosoof op de rug van de ander klimt, zullen ze steeds verder uit de zachte konijnevacht te voorschijn komen en dan is het volgens mijn bescheiden mening wel degelijk mogelijk dat ze er op een dag in zullen slagen.

P.S. In de bijbel staat iets over een mogelijke haar uit de vacht van dat konijn. Dat werd de toren van Babel genoemd en werd met de grond gelijkgemaakt omdat de Goochelaar niet wilde dat de kleine mensenluizen uit de vacht van het witte konijn klommen, dat hij zojuist had geschapen.'

Toen de volgende vraag. 'Noem enkele factoren die medebepalend zijn voor de levensbeschouwing van een mens.' Opvoeding en milieu waren in dat opzicht natuurlijk een heel belangrijke factor. Mensen die in de tijd van Plato leefden, hadden een andere levensbeschouwing dan de meeste mensen van tegenwoordig, gewoonweg omdat ze in een andere tijd en een andere omgeving leefden. Verder was het van belang welke ervaringen men wilde opdoen. Maar ook het verstand van de mensen speelde een rol bij het kiezen van een levensbeschouwing. Het verstand werd niet door de omgeving bepaald, dat was voor alle mensen gelijk. Misschien waren omgeving en maatschappelijke verhoudingen te vergelijken met de situatie, zoals die in de diepe grot van Plato had bestaan. Met zijn verstand kon het individu uit de duisternis van de grot omhoog klauteren. Een dergelijke tocht vereiste echter een grote dosis persoonlijke moed. Socrates was een goed voorbeeld van iemand die erin slaagde zich met behulp van het verstand van de heersende opvattingen in zijn eigen tijd te bevrijden. Ten slotte schreef ze: 'In onze tijd vermengen mensen uit verschillende landen en culturen zich steeds meer met elkaar. Daarom kunnen er in een en hetzelfde flatgebouw zowel christenen, moslims als boeddhisten wonen. Dan is het belangrijker om elkaars geloof te verdragen dan te vragen waarom niet iedereen hetzelfde gelooft.'

Ja, volgens Sofie kwam ze al een heel eind met wat de filosofieleraar haar had geleerd. Verder kon ze een portie aangeboren verstand toevoegen, plus wat ze in ander verband had gelezen en gehoord.

Ze wierp zich op de derde vraag: 'Wat wordt met geweten bedoeld? Denk je dat alle mensen evenveel geweten hebben?' Daarover hadden ze het in de klas veel gehad. Sofie schreef: 'Met geweten bedoelt men het vermogen van de mensen om te reageren op wat goed en fout is. Mijn persoonlijke mening is dat alle mensen dit vermogen bezitten, dat wil zeggen dat het geweten aangeboren is. Socrates zou hetzelfde hebben gezegd. Maar wat het geweten precies vertelt, kan van mens tot mens heel sterk verschillen. Je kunt je afvragen of de sofisten in dit opzicht niet iets wezenlijks hebben aangekaart. Zij dachten dat wat goed en fout is in de allereerste plaats werd bepaald door de omgeving waarin het individu opgroeide. Socrates was daarentegen van mening dat alle mensen hetzelfde geweten hebben. Misschien hadden ze allebei gelijk. Hoewel niet alle mensen een slecht geweten krijgen als ze zich zonder kleren vertonen, krijgen toch de meesten wel een slecht geweten als ze zich rottig tegenover een ander mens gedragen. Het is in elk geval zonneklaar dat het feit dat je een geweten hebt, niet wil zeggen dat je het ook gebruikt. In sommige gevallen kan het lijken alsof sommige mensen volkomen gewetenloos handelen, maar persoonlijk vind ik dat ook zij een soort geweten hebben, hoewel dat goed verborgen zit. Zo kan het ook lijken alsof sommige mensen geen verstand hebben, maar dat komt alleen omdat ze dat niet gebruiken. P.S. Zowel het verstand als het geweten kun je met een spier vergelijken. Als je een spier niet gebruikt, wordt die langzaam maar zeker slapper.'

Nu was er nog maar een vraag over: 'Wat wordt bedoeld met prioriteitenstelling?' Hierover hadden ze de laatste tijd ook veel gepraat. Het kon bijvoorbeeld belangrijk voor je zijn om auto te rijden, zodat je je snel van de ene naar de andere plaats kon verplaatsen. Maar als autorijden tot het afsterven van de bossen en het vergiftigen van de natuur leidde, moest je prioriteiten gaan stellen. Sofie had dit grondig overwogen en volgens haar was het zo dat gezonde bossen en een zuivere natuur eigenlijk belangrijker waren dan snel op het werk zijn. Ze noemde nog een paar voorbeelden. Ten slotte schreef ze: 'Persoonlijk ben ik van mening dat filosofie belangrijker is dan Engelse grammatica. Het zou daarom een verstandige prioriteitenstelling zijn om het vak filosofie op het lesrooster te zetten en het aantal uren Engels wat te verminderen.'

In het laatste vrije kwartier nam de leraar Sofie apart.

'Ik heb je proefwerk al gelezen,' zei hij, 'het lag bijna bovenaan.'

'Ik hoop dat het u aan het denken heeft gezet.'

'Daarover wilde ik het net met je hebben. Het waren eigenlijk heel volwassen antwoorden. Verrassend volwassen, Sofie. En zelfstandig. Maar had je het wel geleerd?'

Sofie probeerde zich eruit te redden: 'U zei toch dat u waarde hecht aan persoonlijke meningen.'

'Jawel... maar er zijn grenzen.'

Nu keek Sofie haar leraar recht in de ogen. Ze vond dat ze daar wel het recht toe had na alles wat ze de laatste dagen had meegemaakt.

'Ik ben met een cursus filosofie begonnen,' zei ze. 'Dat is een goede achtergrond voor eigen meningen.'

'Maar het is niet zo gemakkelijk om jouw proefwerk te beoordelen. Ik moet je een vier of een tien geven.'

'Want ik heb het of helemaal goed of helemaal verkeerd gemaakt? Bedoelt u dat?'

'Een tien dan maar,' zei haar leraar, 'maar zorg ervoor dat je het de volgende keer wel leert.'

Toen Sofie die middag uit school thuiskwam, slingerde ze haar rugzak op de trap en rende meteen naar het Hol. Daar lag een gele envelop op de dikke wortels. De randen waren al helemaal droog, dus moest het al een tijd geleden zijn dat Hermes langs was geweest.

Ze nam de envelop mee en ging het huis in. Eerst gaf ze de dieren te eten, daarna ging ze naar haar kamer. Ze ging op bed liggen, maakte de brief van Alberto open en las:

Het hellenisme

Dag Sofie, daar gaan we weer. Je hebt al gehoord over de natuurfilosofen en Socrates, Plato en Aristoteles. Daarmee is de basis gelegd voor de Europese filosofie. Daarom laten we de inleidende vragen waarover je kon nadenken en die je in een witte envelop werden gestuurd, van nu af aan maar zitten.

Opdrachten, proefwerken en dat soort dingen krijg je op school al meer dan je lief is, kan ik me zo voorstellen.

Ik ga je vertellen over de lange periode vanaf Aristoteles aan het eind van de derde eeuw voor Christus tot aan het begin van de middeleeuwen, ongeveer 400 na Christus. Let wel, we hebben het nu over vóór en ná Christus. Eén van de belangrijkste fenomenen uit deze periode - en de wonderlijkste - was namelijk het christendom.

Aristoteles stierf in het jaar 322 voor Christus en Athene was omstreeks die tijd zijn leidende positie kwijtgeraakt. Dat hing niet in de laatste plaats samen met grote politieke omwentelingen die het gevolg waren van de veroveringen van *Alexander de Grote* (356-323).

Alexander de Grote was koning van Macedonië. Aristoteles kwam ook uit Macedonië, een tijd lang was hij zelfs de leraar van de jonge Alexander. Alexander behaalde de laatste beslissende overwinning op de Perzen. En nog belangrijker, Sofie: met zijn vele veldtochten bracht hij Egypte en het gehele oosten tot aan India met de Griekse beschaving in contact.

Toen begon een heel nieuw tijdperk in de geschiedenis van de mens. Er ontstond een wereldmaatschappij waarin de Griekse cultuur en de Griekse taal een overheersende rol speelden. Die periode, die ongeveer 300 jaar duurde, wordt gewoonlijk het *hellenisme* genoemd. Met 'hellenisme' worden zowel de periode als de door de Grieken gedomineerde cultuur bedoeld, die in de drie grote hellenistische rijken heerste - Macedonië, Syrië en Egypte.

Vanaf ongeveer vijftig voor Christus kreeg Rome in militair en politiek opzicht de overhand. De nieuwe grootmacht veroverde een voor een alle hellenistische rijken, waarna de Romeinse cultuur en het Latijn van Spanje in het westen tot ver in Azië de meeste invloed kregen. Daarmee begint de *Romeinse tijd*, die we ook wel de *late oudheid* noemen. Maar je moet een ding goed onthouden: voordat de Romeinen de hellenistische wereld veroverd hadden, was Rome zelf een Griekse culturele provincie geworden. Zo bleef de Griekse cultuur - en de Griekse filosofie - nog lang een grote rol spelen toen de politieke betekenis van de Grieken allang verbleekt was.

Godsdienst, filosofie en wetenschap

Kenmerkend voor het hellenisme was, dat de grenzen tussen de verschillende landen en culturen werden uitgewist. Vroeger vereerden Grieken, Romeinen, Egyptenaren, Babyloniërs, Syriërs en Perzen hun goden binnen wat we gewoonlijk een 'nationale religie' noemen. Tijdens het hellenisme vermengden de verschillende culturen zich in een grote heksenketel van religieuze, filosofische en wetenschappelijke ideeën.

We kunnen zeggen dat het marktplein werd vervangen door de wereldarena. Ook op het oude marktplein had het gegonsd van stemmen die nu eens verschillende goederen en dan weer verschillende gedachten en ideeën aanprezen. Nieuw was dat de marktpleinen nu met goederen en ideeën uit de hele wereld werden gevuld. Nu gonsden de stemmen ook in verschillende talen.

We hebben al vermeld dat de Griekse gedachtenwereld haar intrede tot ver buiten de oude Griekse cultuurgebieden deed. Maar nu werden in het hele Middellandse Zeegebied ook oosterse goden vereerd. Er ontstonden verschillende nieuwe religies, die hun goden en religieuze voorstellingen uit diverse oude naties konden betrekken. Dat wordt *syncretisme* of vermenging van religies genoemd.

Vroeger voelden de mensen een sterke verbondenheid met hun eigen volk en hun eigen stadstaat. Naarmate grenzen en scheidslijnen vervaagden, gingen velen twijfelen over zaken als levensbeschouwing. De late oudheid werd sowieso door religieuze twijfel, culturele vervaging en pessimisme gekenmerkt. De 'wereld is oud', werd er gezegd.

De nieuwe religies werden tijdens het hellenisme gekenmerkt door het feit dat ze meestal een leer over verlossing uit de dood bevatten. Die leer was vaak geheim. Door zich bij een een dergelijke geheime leer aan te sluiten en bovendien door bepaalde rituelen uit te voeren, kon de mens op de onsterfelijkheid van de ziel en een eeuwig leven hopen. Een bepaald *inzicht* in de ware natuur van het universum kon net zo belangrijk voor de verlossing van de ziel zijn als religieuze rituelen.

Dat waren de nieuwe religies, Sofie. Maar ook de *filosofie* bewoog zich meer en meer in de richting van 'verlossing' en levenstroost. Het filosofische inzicht droeg niet alleen een waarde in zich, het moest de mensen ook van doodsangst en pessimisme bevrijden. Zo werden de grenzen tussen religie en filosofie uitgewist.

In het algemeen kunnen we zeggen dat de hellenistische filosofie weinig origineel was. Er dook geen nieuwe Plato of Aristoteles op. Maar de drie grote filosofen uit Athene werden wel een belangrijke inspiratiebron voor verschillende filosofische stromingen, die ik zometeen in het kort zal schetsen.

Ook de hellenistische *wetenschap* werd gekenmerkt door het feit dat de ervaringen van de verschillende culturen door elkaar werden geschud. De stad Alexandrië in Egypte speelde hierin een sleutelrol als ontmoetingsplaats tussen oost en west. Terwijl Athene de hoofdstad van de filosofie met de filosofische scholen van Plato en Aristoteles bleef, werd Alexandrië het centrum van de wetenschap. Met haar grote bibliotheek werd deze stad een centrum voor wiskunde, astronomie, biologie en medicijnen.

De hellenistische cultuur kan goed met de hedendaagse wereld worden vergeleken. Ook de twintigste eeuw wordt door een steeds opener wordende wereldmaatschappij gekenmerkt. En ook in onze tijd heeft dat tot grote omwentelingen op het gebied van religie en levensbeschouwing geleid. Zoals men in Rome rond het begin van onze tijdrekening Griekse, Egyptische en oosterse godsvoorstellingen kon tegenkomen, zijn tegen het eind van de twintigste eeuw in iedere Europese stad van enig formaat religieuze voorstellingen uit alle werelddelen te vinden.

Ook in onze eigen tijd zien we hoe een bundeling van oude en nieuwe religie, filosofie en wetenschap de basis van nieuwe aanbiedingen op de 'levensbeschouwingsmarkt' kan vormen. Heel veel van dergelijk 'nieuw weten' is in werkelijkheid oud gedachtengoed, waarvan de wortels onder andere in het hellenisme liggen.

Zoals ik al zei, ging de hellenistische filosofie door met probleemstellingen die door Socrates, Plato en Aristoteles waren opgeworpen. Zij hadden alle drie antwoord willen geven op de vraag hoe de mens het best kon leven en sterven. Zij zetten dus de *ethiek* op de agenda. In de nieuwe wereldmaatschappij werd dat het belangrijkste filosofische project. De vraag luidde waaruit het echte geluk eigenlijk bestond en hoe dat kon worden bereikt. We zullen vier van dergelijke filosofische stromingen gaan bestuderen.

De cynici

Er wordt van Socrates verteld dat hij op een keer voor een marktkraam bleef staan, waarop tal van goederen waren uitgestald. Ten slotte riep hij uit: 'Wat bestaan er veel dingen die ik niet nodig heb!'

Deze uitspraak kan als titel fungeren voor de *cynische filosofie*, waarvan de basis rond 400 voor Christus in Athene door *Antisthenes* werd gelegd. Hij was een leerling van Socrates en voelde zich met name door de bescheidenheid van Socrates aangetrokken.

De cynici benadrukten dat werkelijk geluk niet in uiterlijke zaken zoals materiële luxe, politieke macht en een goede gezondheid te vinden was. Werkelijk geluk kon je pas bereiken door je onafhankelijk op te stellen tegenover zulke toevallige en kwetsbare dingen. Juist omdat het geluk niet van dat soort zaken afhankelijk was, kon het door iedereen worden bereikt. Je kon het bovendien niet meer verliezen als je het eenmaal had gevonden.

De bekendste cynicus was *Diogenes*, leerling van Antisthenes. Van hem wordt verteld dat hij in een ton woonde en alleen maar een mantel, een stok en een kalebas bezat. (Probeer zo iemand maar eens zijn geluk af te pakken!) Toen hij op een keer voor zijn ton in de zon zat, kreeg hij bezoek van Alexander de Grote. Die ging voor de wijze man staan en vroeg of hij iets wenste, want dan zou hij die wens onmiddellijk vervullen. Diogenes antwoordde: 'Ga alleen een beetje opzij, zodat ik weer in de zon zit.' Zo liet Diogenes zien dat hij rijker en gelukkiger was dan de grote legeraanvoerder. Hij had immers alles wat hij wenste.

De cynici vonden dat de mensen zich niet om hun eigen gezondheid hoefden te bekommeren. Zelfs over het lijden en de dood hoefden ze zich geen zorgen te maken. Zo hoefden ze zich ook niet druk te maken over het lijden van andere mensen.

Ongevoeligheid voor andermans lijden wordt tegenwoordig vaak met de woorden 'cynisch' en 'cynisme' uitgedrukt.

De stoïcijnen

De cynici waren van betekenis voor de *stoïcijnse filosofie*, die rond 300 voor Christus in Athene ontstond. De stichter was *Zeno*, die oorspronkelijk uit Cyprus kwam, maar die zich na een schipbreuk in Athene bij de cynici aansloot. Hij verzamelde zijn toehoorders gewoonlijk onder een zuilengalerij. De naam 'stoïcijns' komt van het Griekse woord voor zuilengalerij (Stoa). Het stoïcisme zou later voor de Romeinse cultuur van grote betekenis worden.

Net als Heraclitus dachten de stoïcijnen dat alle mensen deel uitmaakten van hetzelfde wereldverstand - of *logos*. Ze dachten dat ieder mens een wereld in miniatuur was, een 'microkosmos', die een afspiegeling was van de 'macrokosmos'.

Dit leidde tot de gedachte dat er een algemeen geldend recht bestond, het zogenaamde 'natuurrecht'. Omdat het natuurrecht op het tijdloze denken van de mens en het universum steunde, verschilde het niet per tijd en plaats. In dat opzicht kozen ze dus de zijde van Socrates, tegen de sofisten.

Het natuurrecht gold voor alle mensen, ook voor de slaven. De stoïcijnen beschouwden de wetboeken van de verschillende staten als onvolmaakte imitaties van een 'recht' dat in de natuur zelf aanwezig is.

Net zoals de stoïcijnen het verschil tussen de individuele mens en het universum uitwisten, wezen ze ook het idee af dat er een tegenstelling tussen 'geest' en 'materie' bestond. Volgens hen bestond er slechts een natuur. Zo'n opvatting wordt 'monisme' genoemd (in tegenstelling tot bijvoorbeeld Plato's duidelijke 'dualisme' of tweeledigheid der werkelijkheid).

Als echte kinderen van hun tijd waren de stoïcijnen uitgesproken 'kosmopolieten'. Ze stonden dus meer open voor de cultuur van hun tijd dan de 'tonfilosofen' (de cynici). Ze wezen op de onderlinge verbondenheid van de mensen, hielden zich met politiek bezig en een aantal van hen waren actieve staatslieden, bijvoorbeeld de Romeinse keizer *Marcus Aurelius* (121-180). Ze leverden een bijdrage aan het bevorderen van Griekse cultuur en filosofie in Rome. De redenaar, filosoof en politicus *Cicero* (106-43 voor Christus) was een van de bekendste stoïcijnen. Hij was degene die het begrip 'humanisme' bedacht - dat wil zeggen een levenshouding die de individuele mens centraal stelt. De stoïcijn *Seneca* (4 voor Christus - 65 na Christus) zei een paar jaar later dat de 'mens voor de mens iets heiligs is'. Dat is door de eeuwen heen de leus van het humanisme gebleven.

De stoïcijnen benadrukten bovendien dat alle natuurprocessen, zoals bijvoorbeeld ziekte en dood, de onveranderlijke wetten der natuur volgen. De mens moet daarom leren zich met zijn lot te verzoenen. Niets gebeurt toevallig, vonden ze. Alles heeft een doel en als het lot aan je deur klopt heeft het weinig zin om je te gaan beklagen. Ook de aangename kanten van het leven moet de mens met de grootste rust tegemoet treden. Hier zien we de verwantschap met de cynici, die beweerden dat alle uiterlijke zaken er niet toe deden. Vandaag de dag spreken we van 'stoïcijnse kalmte' wanneer een mens zich niet door zijn gevoelens laat meeslepen.

De epicuristen

Zoals we weten onderzocht Socrates hoe de mens een goed leven kon leiden. Zowel de cynici als de stoïcijnen meenden dat de mens volgens Socrates afstand van materiële luxe moest doen. Maar Socrates had ook een leerling die *Aristippus* heette. Volgens hem moest het je levensdoel zijn om zoveel mogelijk zinnelijk genot te bereiken. 'Het hoogste goed is de lust,' zei hij, 'het grootste kwaad is de pijn.' Zo wilde hij een levenskunst ontwikkelen die ten doel had alle vormen van pijn te vermijden. (Het doel van de cynici en stoïcijnen was alle vormen van pijn te *verdragen*. Dat is iets anders dan alles op alles zetten om pijn te *vermijden*.)

Rond 300 voor Christus stichtte *Epicurus* (341-270) een filosofische school in Athene (de epicuristen). Hij ontwikkelde de lustethiek van Aristippus verder en combineerde die met de atoomleer van Democritus.

Er wordt gezegd dat de epicuristen in een tuin bijeenkwamen. Daarom worden ze de 'tuinfilosofen' genoemd. Boven de ingang van de tuin zou een inscriptie hebben gehangen met de woorden 'Vreemdeling, hier zult u het goed hebben. Hier is de lust het hoogste goed'.

Epicurus vond het belangrijk dat het lustbevredigend resultaat altijd tegen eventuele bijwerkingen moet opwegen. Mocht je ooit een keer te veel chocola hebben gegeten, dan begrijp je wat ik bedoel. Als dat niet zo is, geef ik je de volgende oefening: neem je spaargeld en koop voor tweehonderd kronen chocola. (Ik ga ervan uit dat je van chocola houdt.) Voor deze oefening moet je alle chocola in een keer opeten. Zo'n half uur nadat je die verrukkelijke chocola hebt opgegeten, zul je begrijpen wat Epicurus met 'bijwerkingen' bedoelde.

Epicurus vond ook dat een lustbevredigend resultaat op korte termijn moet worden afgewogen tegen de mogelijkheid van een groter, langduriger of intenser genot op lange termijn. (Je kunt je bijvoorbeeld voorstellen dat je besluit om een heel jaar lang geen chocola te eten, omdat je al je zakgeld liever gebruikt om voor een nieuwe fiets of voor een dure vakantie in het buitenland te sparen.) In tegenstelling tot dieren heeft de mens namelijk de mogelijkheid om zijn leven te plannen. De mens bezit het vermogen om een 'lustberekening' uit te voeren. Lekkere chocola is natuurlijk waardevol, maar dat zijn de fiets en de reis naar Engeland ook.

Epicurus benadrukt dat 'lust' niet per se hetzelfde is als zinnelijk genot, zoals bijvoorbeeld chocola. Ook waarden als vriendschap en kunstbeleving vallen daaronder. Een voorwaarde om van het leven te genieten vormden bijvoorbeeld oude Griekse idealen als beheersing, matigheid en gemoedsrust. Want de begeerte moet worden beteugeld. En de gemoedsrust zal ons helpen om de pijn te verdragen.

Vaak waren het mensen met religieuze angst die de tuin van Epicurus opzochten. Hier was de atoomleer van Democritus een nuttig middel tegen religie en bijgeloof. Om een goed leven te leiden was het vooral belangrijk om de angst voor de dood te overwinnen. Daarvoor greep Epicurus naar de leer van Democritus over de 'ziele-atomen'. Je herinnert je wellicht dat er volgens Democritus geen leven na de dood bestond, omdat de 'ziele-atomen' als we sterven alle kanten op stuiven.

'De dood gaat ons niet aan,' zei Epicurus eenvoudigweg, 'want zolang wij er zijn, is de dood er niet. En wanneer de dood er is, zijn wij er niet meer'. (Zo bekeken heeft eigenlijk niemand ooit last van dood-zijn gehad.) Epicurus gaf zelf een samenvatting van zijn bevrijdende filosofie met wat hij de 'vier geneeskrachtige kruiden' noemde:

Voor de goden hoef je niet te vrezen. Over de dood hoef je je geen zorgen te maken. Het goede is eenvoudig te verkrijgen. Het afschuwelijke is gemakkelijk te verdragen.

In de Griekse cultuur was het niets nieuws om de opdracht van de filosoof met de medische wetenschap te vergelijken. Hier wordt bedoeld dat de mens zich van een 'filosofische reisapotheek' moet voorzien, die dus vier belangrijke medicijnen bevat.

In tegenstelling tot de stoïcijnen toonden de epicuristen weinig belangstelling voor politiek en maatschappelijk leven. 'Leef in het verborgene!' luidde het advies van Epicurus. We kunnen zijn tuin misschien met de woongemeenschappen van onze tijd vergelijken. Ook in onze tijd zijn er velen die in de grote maatschappij een eiland of toevluchtshaven hebben gezocht.

Na Epicurus gaven veel epicuristen zich over aan een eenzijdige, ziekelijke genotszucht. Hun motto werd 'pluk de dag'. Het woord 'epicurist' wordt vandaag de dag vaak in een negatieve betekenis voor een 'genotsmens' gebruikt.

Het neoplatonisme

We hebben gezien dat zowel de cynici, de stoïcijnen als de epicuristen voor hun ideeën teruggingen tot de tijd van Socrates. Soms gingen ze zelfs terug naar presocratici als Heraclitus en Democritus. De belangrijkste filosofische stroming in de late oudheid haalde de inspiratie vooral uit de ideeënleer van Plato. Daarom noemen we die stroming *neoplatonisme*.

De belangrijkste neoplatonist was *Plotinus* (ca. 205-270), die filosofie studeerde in Alexandrië, maar die later naar Rome verhuisde. Merk op dat hij uit Alexandrië afkomstig was, de stad die al eeuwenlang de grote ontmoetingsplaats tussen Griekse filosofie en oosterse mystiek was. Plotinus haalde een bevrijdingsleer naar Rome, die een serieuze concurrent van het christendom zou worden, toen dat in opkomst was. Maar ook het neoplatonisme zou op de christelijke theologie een sterke invloed gaan uitoefenen.

Je herinnert je Plato's ideeënleer nog wel, Sofie. Je herinnert je dat hij een scheiding aanbracht tussen de ideeënwereld en de zintuiglijke wereld. Zo voerde hij ook een strikte scheiding in tussen de menselijke ziel en het menselijk lichaam. Daarmee werd de mens een dubbel wezen: het lichaam bestaat uit aarde en materie, net als al het andere in de zintuiglijke wereld, maar we hebben ook een onsterfelijke ziel. Dit was al lang voor Plato's tijd een wijdverbreide voorstelling onder de Grieken. Plotinus wist bovendien dat er ook in Azië zulke voorstellingen bestonden.

Plotinus is van mening dat de wereld tussen twee polen is gespannen. Aan het ene uiteinde staat het goddelijke licht, wat hij het 'Ene' noemde. Soms noemde hij het 'God'. Aan het andere uiteinde is de absolute duisternis, waar het licht uit het Ene niet doordringt. Maar volgens Plotinus heeft die duisternis eigenlijk geen bestaansgrond. Het is enkel een afwezigheid van het licht - het *bestaat* niet. Het enige wat bestaat is God of het Ene, maar zoals een lichtbron geleidelijk in de duisternis opgaat, zo loopt er ergens een grens tot waar de goddelijke stralen kunnen reiken. Volgens Plotinus is de ziel door licht van het Ene bestraald, terwijl de materie de duisternis is die geen eigenlijke bestaansgrond heeft. Maar ook de vormen in de natuur bezitten een sprankje van het Ene.

Stel je een groot brandend vuur in de nacht voor, Sofie. Uit het vuur spatten vonken alle kanten uit. In het donker is een wijde kring rond het vuur verlicht. Ook op een afstand van vele kilometers kan men in de verte een zwak schijnsel van een vuur zien. Als we nog verder weg gaan, zullen we nog slechts een piepklein verlicht stipje zien, als een zwakke lantaarn in de nacht. En als we dan nog verder van het vuur weglopen, zal het licht ons niet meer bereiken. Ergens verdwijnen de lichtstralen in de nacht en als het helemaal duister is, zien we niets meer. Dan zijn er geen schaduwen of contouren meer.

Stel je voor dat de werkelijkheid een dergelijk vuur is. Wat brandt, is God, en de duisternis buiten is de koude materie waarvan mensen en dieren zijn gemaakt. Het dichtst bij God staan de eeuwige ideeën, de oervormen van alle schepselen. In de eerste plaats is de menselijke ziel zo'n 'vonk uit het vuur'. Maar ook in de hele natuur kunnen we een weerschijn van het goddelijke licht zien. We zien het in alle levende wezens, zelfs een roos of een grasklokje bezit zo'n goddelijk schijnsel. Het verst van de levende God vandaan staan aarde, water en steen.

Ik zeg dat er in alles wat bestaat iets van een goddelijk mysterie aanwezig is. We kunnen het in een zonnebloem of in een klaproos zien schitteren. In een vlinder die van een tak opstijgt, zit vermoedelijk nog meer van dat ondoorgrondelijke mysterie verborgen, of in een goudvis die in een goudviskom zwemt. Maar in onze eigen ziel benaderen we God het dichtst. Alleen daar kunnen we met het grote levensmysterie worden verenigd. Ja, op zeldzame momenten kunnen we zelfs meemaken dat *wijzelf dit goddelijke mysterie zijn.*

Het beeldgebruik van Plotinus doet denken aan de gelijkenis van de grot van Plato: hoe dichter we bij de grotopening komen, hoe dichter we komen bij datgene waarvan al het eeuwige afstamt. Maar in tegenstelling tot Plato's duidelijke tweeledigheid van de werkelijkheid, draagt de gedachtengang van Plotinus het stempel van het holisme. Alles is een, want alles is God. Zelfs de schaduwen ver weg op de wand van Plato's grot dragen een zwakke gloed van het Ene.

Gedurende zijn leven heeft Plotinus een paar keer meegemaakt dat de ziel met God samensmolt. Dat noemen we meestal een *mystieke ervaring.* Plotinus is niet de enige die zulke ervaringen heeft gehad. Het is iets waarover mensen in alle tijden en in alle culturen hebben verteld. Ze kunnen de ervaring op een verschillende manier beschrijven, maar in die beschrijvingen komt ook weer een groot aantal belangrijke trekken terug. We gaan een paar van zulke gemeenschappelijke trekken bekijken.

Mystiek

Een mystieke ervaring wil zeggen dat men zich een voelt met God of met de 'kosmos'. In vele religies wordt benadrukt dat er een kloof tussen God en de schepping bestaat, maar de *mysticus* ervaart die kloof niet. Hij of zij heeft het 'opgaan in God' of het 'samensmelten' met Hem ervaren.

De gedachte hierachter is dat wat wij 'Ik' noemen, gewoonlijk niet ons eigenlijke Ik is. Heel af en toe kunnen we ervaren dat we identiek met een groter Ik zijn. Sommige mystici noemen dat God, sommigen noemen het de kosmos, de gehele natuur of het wereldheelal. Als de samensmelting plaatsvindt, ervaart de mysticus dat hij zichzelf verliest, hij gaat op in God of verdwijnt in God zoals een waterdruppel zichzelf verliest als hij zich met de zee vermengt. Een Indische mysticus drukte het ooit zo uit: 'Toen ik bestond, bestond God niet. Nu bestaat God en ik besta niet meer'. De christelijke mysticus *Silesius* (1624-1677) drukte het zo uit: 'De druppel wordt tot zee is hij in zee gekomen, de mens wordt God als hij in God is opgenomen.'

Je denkt misschien dat het niet zo aangenaam is om 'jezelf te verliezen'. Ja zeker, Sofie, ik begrijp wat je bedoelt. Maar het punt is dat wat je verliest, zo oneindig veel minder is dan wat je wint. Je verliest jezelf juist in die gedaante die je op dat moment bent, maar je begrijpt tegelijkertijd dat je in werkelijkheid iets oneindig veel groters bent. Je bent de hele kosmos. Ja, jij bent de kosmos, lieve Sofie. Jij bent God. Ook al moet je jezelf als Sofie Amundsen loslaten, je kunt je troosten met de gedachte dat je die 'alledaagse Ik' op een dag toch zult verliezen. Je ware Ik - die je alleen maar kunt ervaren als het je lukt jezelf los te laten - is volgens de mystici als een wonderlijk vuur dat in alle eeuwigheid brandt.

Maar een dergelijke mystieke ervaring komt niet altijd vanzelf. De mysticus moet voor de ontmoeting met God maar al te vaak de 'weg van reiniging en vorming' gaan. Die weg bestaat uit een sobere levenswijze en verschillende meditatietechnieken. Als de mysticus dan opeens zijn doel bereikt, kan hij of zij uitroepen: 'Ik ben God' of 'Ik ben U'.

In alle grote wereldreligies bestaan mystieke richtingen. De beschrijvingen die de mystici van de mystieke ervaring geven, tonen een opvallende overeenkomst die dwars door alle culturele voorwaarden heengaat. Pas wanneer de mysticus een religieuze of filosofische interpretatie van zijn mystieke ervaring gaat geven, komt de culturele achtergrond naar voren.

In de *westerse mystiek* - dat wil zeggen binnen het jodendom, het christendom en de islam - benadrukt de mysticus dat hij een ontmoeting ervaart met een persoonlijke God. Hoewel God in de natuur en in de menselijke ziel aanwezig is, is hij ook hoog boven de wereld verheven. In de *oosterse mystiek* - dat wil zeggen binnen het hindoeïsme, het boeddhisme en de Chinese religie - zie je meestal dat de mysticus een totale samensmelting met God of de kosmos ervaart. 'Ik ben de kosmos' kan de mysticus zeggen, of 'ik ben God'. Want God is niet alleen maar op de wereld, hij is ook nergens anders.

Vooral in India bestonden lang voor de tijd van Plato sterke mystieke stromingen. *Swami Vivekananda*, die ertoe heeft bijgedragen dat de ideeën van het hindoeïsme in het westen bekendheid hebben gekregen, zei een keer het volgende:

> 'Net als bepaalde religies in de wereld zeggen dat een mens die niet in een persoonlijke God buiten zichzelf gelooft, een atheïst is, zeggen wij dat een mens die niet in zichzelf gelooft, een atheïst is. Niet geloven in de heerlijkheid van zijn eigen ziel noemen we atheïsme'.

Een mystieke beleving kan ook voor de ethiek van belang zijn. *Radhakrishnan*, een vroegere president van India, heeft ooit gezegd: 'Je moet je naaste liefhebben als jezelf, omdat jij je naaste *bent*. Het is een illusie om te denken dat je naaste iemand anders is dan jezelf.'

Ook moderne mensen die geen bepaald geloof aanhangen, kunnen over mystieke ervaringen meepraten. Plotseling maken ze iets mee wat ze 'kosmisch bewustzijn' of 'oceaangevoel' noemen. Ze voelen zich losgerukt uit de tijd en ervaren de wereld 'vanuit het perspectief van de eeuwigheid'.

Sofie ging rechtop in bed zitten. Ze wilde voelen of ze nog steeds een lichaam bezat...

Toen ze over Plotinus en de mystici aan het lezen was, had ze het gevoel dat ze door de kamer ging zweven, het raam uit en boven de stad. Van daaruit zag ze alle mensen beneden op de markt, maar zij zweefde verder over de aardbol waarop ze leefde, over de Noordzee en Europa, zuidwaarts over de Sahara en over de wijde steppen van Afrika.

Die hele grote aardbol leek op een levend persoon en het was alsof die persoon Sofie zelf was. Ik ben de wereld, dacht ze. Dat geweldig grote universum waarvan ze vaak het gevoel had gehad dat het iets ondoorgrondelijks en angstaanjagends was - dat was haar eigen Ik. Ook nu was het universum groot en majestueus, maar nu was zij degene, die zo groot was.

Dat wonderlijke gevoel verdween al snel weer, maar Sofie wist zeker dat ze het nooit meer zou vergeten. Het was alsof er iets uit haar hoofd was ontsnapt dat zich met al het andere had vermengd, zoals een druppel kleurstof een hele beker water kleur kon geven.

Toen alles voorbij was, had ze het gevoel alsof ze met hoofdpijn was wakker geworden na een wonderbaarlijke droom. Sofie constateerde met een lichte teleurstelling dat ze een lichaam had dat overeind probeerde te komen. Ze had pijn in haar rug gekregen doordat ze op haar buik in de papieren van Alberto Knox had liggen lezen. Maar ze had iets meegemaakt wat ze nooit meer zou vergeten.

Ten slotte wist ze uit bed te komen. Ze perforeerde gaatjes in de vellen papier en borg ze bij de andere lessen op in de multomap.

Toen wandelde ze de tuin in.

De vogels kwetterden alsof de wereld net was geschapen. De berkebomen achter de oude konijnehokken staken zo fel met hun lichtgroene kleur af dat het leek alsof de schepper nog niet klaar was met het mengen van de kleur.

Kon ze echt geloven dat alles een goddelijk Ik was? Kon ze geloven dat ze een ziel bezat die een 'vonk uit het vuur' was? Als dat zo was, was ze zelf een goddelijk wezen.

DE ANSICHTKAARTEN

... *ik leg mezelf een strenge censuur op...*

Er gingen een paar dagen voorbij zonder dat Sofie een nieuwe brief van de filosofieleraar kreeg. Donderdag was het 17 mei, de nationale feestdag. De achttiende hadden ze ook vrij van school.

Woensdag de zestiende, op weg van school naar huis, zei Jorunn in een opwelling: 'Zullen we gaan kamperen?'

Sofies eerste gedachte was dat ze niet te lang van huis weg kon blijven.

Ze wist zich te beheersen.

'Prima.'

Een paar uur later was Jorunn met een grote rugzak bij Sofie. Sofie had haar rugzak ook gepakt, zij droeg de tent. Verder namen ze slaapzakken en warme kleren mee, een ligmat en zaklantaarns, grote thermosflessen met thee en een heleboel lekkere dingen.

Toen haar moeder om een uur of vijf thuiskwam, kregen ze tal van waarschuwingen voor wat ze wel en niet moesten doen. Haar moeder wilde bovendien weten waar ze naar toe zouden gaan.

Ze zeiden dat ze hun tent bij Tiurtoppen zouden opzetten. Misschien zouden ze dan de volgende ochtend de roep van de auerhaan kunnen horen.

Sofie had ook een bijbedoeling om hun tent juist daar op te zetten. Volgens haar was het van Tiurtoppen niet zo ver meer naar Majorstua. Iets trok haar daar weer naar toe, maar ze wist ook zeker dat ze daar nooit meer alleen naar toe durfde te gaan.

Ze liepen het pad op vanaf de kleine keerplaats vlak buiten het hek van Sofies huis. Jorunn en Sofie praatten over van alles en nog wat en Sofie vond het heerlijk om alles wat met filosofie te maken had, even uit haar hoofd te zetten.

Al om een uur of acht hadden ze hun tent op een open plek bij Tiurtoppen opgezet. Ze hadden een slaapplaats voor de nacht in orde gemaakt en hun slaapzakken uitgerold. Toen ze elk hun gro-

te voorraad proviand hadden opgegeten, zei Sofie: 'Heb je wel eens van Majorstua gehoord?'
'Majorstua?'
'Er staat hier ergens in het bos een hutje... aan een ven. Er heeft ooit een vreemde majoor gewoond, daarom wordt het hutje Majorstua genoemd.'
'Woont er nu ook iemand?'
'Zullen we eens gaan kijken?'
'Waar is het dan?'
Sofie wees tussen de bomen.
Jorunn had eerst niet zoveel zin, maar uiteindelijk gingen ze op weg. De zon stond laag aan de hemel.
Eerst liepen ze tussen grote dennebomen door, daarna moesten ze zich een weg door bosjes en struiken banen. Na een tijdje bereikten ze een pad. Was dit het pad dat Sofie zondagochtend ook had gevolgd?
Ja, na een tijdje wees ze naar de bomen aan de rechterkant van het pad, waar ze iets zag schitteren.
'Daarginds is het,' zei ze.
Even later stonden ze bij het ven. Sofie tuurde naar het hutje. De luiken zaten nu voor de ramen. Het rode gebouwtje maakte een erg verlaten indruk. Het was lang geleden dat ze zoiets eenzaams had gezien..
Jorunn keek om zich heen.
'Moeten we door het water lopen?' vroeg ze.
'Nee hoor, we gaan roeien.'
Sofie wees in het riet. Daar lag de boot, precies zoals de vorige keer.
'Ben je hier al eerder geweest?'
Sofie schudde haar hoofd. Het was veel te ingewikkeld om haar vriendin over het vorige bezoek te vertellen. Dan moest ze wel iets over Alberto Knox en de filosofiecursus vertellen en dat kon toch niet?
In een vrolijke stemming roeiden ze over het water. Sofie zorgde ervoor dat ze de boot aan de andere kant zorgvuldig de oever optrokken. Toen stonden ze voor de deur. Jorunn pakte de deurklink, het was duidelijk dat er niemand in het hutje was.

'Gesloten... Je dacht toch niet dat hij open was?'
'Misschien kunnen we een sleutel vinden,' zei Sofie.

Ze begon tussen de stenen in het fundament te zoeken.

'Hè, laten we maar weer naar de tent gaan,' zei Jorunn na een paar minuten.

Maar toen riep Sofie uit: 'Ik heb hem gevonden, ik heb hem gevonden!'

Triomfantelijk hield ze een sleutel omhoog. Ze deed hem in de deur, die nu openging.

De twee vriendinnen slopen naar binnen zoals je ergens binnengaat waar 'verboden toegang' opstaat. Het was er koud en donker.

'We kunnen toch niets zien,' zei Jorunn.

Maar ook daar had Sofie aan gedacht. Ze haalde een lucifersdoosje uit haar zak te voorschijn en streek een lucifer aan. Ze zagen alleen dat het hutje helemaal leeg was, toen was de lucifer opgebrand. Sofie stak nog een lucifer aan en toen viel haar blik op een kleine kaars in een smeedijzeren kandelaar boven de open haard. Ze stak hem met de derde lucifer aan, en dat gaf genoeg licht om in de kleine ruimte rond te kijken.

'Is het niet vreemd dat een klein vlammetje zoveel duisternis kan verlichten?' zei Sofie.

Haar vriendin knikte.

'Maar ergens verdwijnt het licht in de duisternis,' ging Sofie verder, 'eigenlijk bestaat de duisternis niet. Het is alleen gebrek aan licht.'

'Wat praat je toch raar, kom, laten we gaan...'

'Eerst in de spiegel kijken.'

Sofie wees naar een koperen spiegel die boven de ladenkast hing, net als de vorige keer.

'Wat mooi...'

'Het is een toverspiegel.'

'Spiegeltje, spiegeltje aan de wand, wie is de schoonste in het land?'

'Ik maak geen grapjes, Jorunn. Volgens mij kun je door die spiegel naar de andere kant kijken.'

'Je zei toch dat je hier nog nooit eerder was geweest? Waarom vind je het trouwens zo leuk om mij bang te maken?'

Op die vraag wist Sofie geen antwoord.
'Sorry!'
Toen ontdekte Jorunn opeens iets in een hoek op de grond. Het was een doosje. Jorunn pakte het op.
'Ansichtkaarten,' zei ze.
Sofie slaakte een lichte kreet.
'Raak ze niet aan! Hoor je, haal het niet in je hoofd om ze aan te raken.'
Jorunn schrok. Ze liet de doos op de vloer vallen, alsof ze zich eraan had gebrand. De kaarten vlogen alle kanten op. Na een paar seconden begon ze te lachen.
'Het zijn gewoon ansichtkaarten.'
Jorunn ging op de vloer zitten en begon de kaarten bij elkaar te rapen. Even later ging Sofie er ook bij zitten. 'Libanon... Libanon... Libanon... Alle kaarten komen uit Libanon,' stelde Jorunn vast.
'Ik weet het,' snikte Sofie bijna.
Jorunn ging overeind zitten en keek Sofie recht in de ogen.
'Dan ben je hier dus toch eerder geweest.'
'Ja, dat klopt.'
Ze bedacht dat alles eenvoudiger zou worden als ze gewoon toegaf dat ze hier eerder was geweest. Het kon vast geen kwaad als ze haar vriendin iets zou vertellen over de geheimzinnige dingen die ze de afgelopen dagen had meegemaakt.
'Ik wilde het niet zeggen vóór we hier waren.'
Jorunn begon de kaarten te lezen.
'Ze zijn allemaal voor ene Hilde Møller Knag.'
Sofie had nog geen enkele kaart aangeraakt.
'Is dat het hele adres?'
Jorunn las: 'Hilde Møller Knag, p/a Alberto Knox, Lillevann, Noorwegen.'
Sofie haalde opgelucht adem. Ze was bang geweest dat er op deze kaarten ook p/a Sofie Amundsen zou staan. Nu pas begon ze ze nader te bestuderen.
'28 april... 4 mei... 6 mei... 9 mei... Ze zijn pas een paar dagen geleden afgestempeld.'
'Maar er is ook nog iets anders... Alle stempels zijn *Noors*. Kijk

eens, "VN bataljon". Het zijn ook Noorse postzegels...'

'Volgens mij doen ze dat zo. Ze moeten immers neutraal zijn, dus ze hebben daarginds een eigen Noors postkantoor.'

'Hoe wordt de post dan naar huis gestuurd?'

'Met militaire vliegtuigen, geloof ik.'

Sofie zette de kaars op de vloer. Toen begonnen de twee vriendinnen te lezen wat er op de kaarten stond. Jorunn legde ze in de goede volgorde. Zij las de eerste kaart.

> Lieve Hilde. Reken maar dat ik zin heb om thuis te komen in Lillesand. Ik denk dat ik vroeg in de avond van het midzomerfeest op Kjevik land. Ik zou het liefst op je vijftiende verjaardag zijn gekomen, maar ik sta nu eenmaal onder militair commando. Als troost beloof ik je dat ik al mijn aandacht aan een groot cadeau voor je verjaardag zal besteden. Veel liefs van iemand die voortdurend aan de toekomst van zijn dochter denkt.
>
> P.S. Ik stuur een kopie van deze kaart aan een gemeenschappelijke kennis. Je begrijpt het wel, Hildelief. Op dit moment doe ik erg geheimzinnig, maar je begrijpt het vast wel.

Sofie pakte de volgende kaart.

> Lieve Hilde. We leven hier van dag tot dag. Als er iets is wat ik van deze maanden in Libanon zal onthouden, dan is het wel al dat wachten. Maar ik doe wat ik kan om jou een zo mooi mogelijk cadeau voor je vijftiende verjaardag te geven. Meer kan ik op dit moment niet zeggen. Ik leg mezelf een strenge censuur op.
>
> Groeten van papa.

De twee vriendinnen hielden hun adem in van spanning. Geen van beiden zei iets, ze hadden enkel oog voor wat er op de kaarten stond.

> Lief kind. Het liefst zou ik je mijn geheim door een witte duif laten bezorgen. Maar er is in heel Libanon geen witte duif te krijgen. Als

er iets is wat dit door oorlog geteisterde land mist, dan zijn het witte duiven. Moge de VN er eindelijk een keer in slagen om de vrede in deze wereld te herstellen.

P.S. Zou je verjaardagscadeau ook met andere mensen kunnen worden gedeeld? Dat moeten we maar bekijken als ik thuiskom. Maar je hebt natuurlijk nog steeds geen idee waar ik het over heb.

Groeten van iemand die veel tijd heeft om aan ons beiden te denken.

Toen ze zes kaarten hadden gelezen, was er nog een over. Daarop stond:

Lieve Hilde. Ik barst nu zo van opwinding over alle geheimen rond jouw verjaardag dat ik mezelf wel een paar keer per dag moet bedwingen je op te bellen en je alles te vertellen. Het is iets wat voortdurend groeit. En je weet, als iets steeds maar groter wordt, dan wordt het ook moeilijker om het voor je te houden.

Groeten van papa.

P.S. Je zult een meisje ontmoeten dat Sofie heet. Om jullie de kans te geven iets meer van elkaar te weten voordat jullie elkaar ontmoeten, ben ik begonnen haar kopieën te sturen van alle kaarten die ik jou stuur. Waarschijnlijk zal ze binnenkort het verband gaan vermoeden, Hildelief! Tot nu toe weet ze net zoveel als jij. Ze heeft een vriendin die Jorunn heet. Misschien dat zij haar kan helpen?

Toen Jorunn en Sofie de laatste kaart hadden gelezen, bleven ze elkaar aankijken. Jorunn had Sofies pols gepakt en hield die stevig vast.
'Ik ben bang,' zei ze.
'Ik ook.'
'Wanneer is de laatste kaart afgestempeld?'
Sofie keek weer op de kaart.
'16 mei,' zei ze, 'dat is vandaag.'

'Dat kan niet!', antwoordde Jorunn. Het leek wel alsof ze boos was.

Ze bestudeerden het stempel nauwkeurig maar er was geen twijfel mogelijk. '16-05-90' stond erop.

'Dat kan niet,' hield Jorunn vol, 'ik begrijp bovendien niet wie dit kan hebben geschreven. Het moet toch iemand zijn die ons kent. Maar hoe kon hij weten dat we net vandaag hier naar toe zouden gaan?'

Jorunn was het bangste. Voor Sofie was al dat gedoe met Hilde en haar vader per slot van rekening niet helemaal nieuw meer.

'Ik geloof dat het iets met de koperen spiegel te maken heeft.'

Jorunn schrok weer.

'Je wilt toch niet zeggen dat de kaarten uit de spiegel springen zodra ze in Libanon op een postkantoor worden afgestempeld?'

'Heb jij een betere verklaring?'

'Nee.'

'Maar er zijn hier nog meer geheimzinnige dingen.'

Sofie ging staan en hield de kaars voor de twee schilderijen aan de muur. Jorunn boog zich over de schilderijen heen.

' "Berkeley" en "Bjerkely". Wat betekent dat?'

'Ik heb geen idee.'

Nu was de kaars bijna opgebrand.

'We gaan,' zei Jorunn, 'kom!'

'Ik wil alleen die spiegel meenemen.'

Sofie ging op haar tenen staan en haakte de grote koperen spiegel die boven de witte ladenkast hing, van de muur. Jorunn wilde protesteren, maar Sofie liet zich niet tegenhouden.

Toen ze buitenkwamen, was het zo donker als het in een meinacht maar kan worden. De hemel was net licht genoeg om struiken en bomen nog duidelijke contouren te geven. Het ven leek een spiegelbeeld van de hemel. De twee vriendinnen roeiden langzaam naar de andere kant.

Op de terugweg naar de tent zeiden ze weinig, maar ze vermoedden allebei dat de ander diep nadacht over wat ze hadden gezien. Af en toe maakten ze een vogel aan het schrikken, een paar keer hoorden ze een uil.

Toen ze de tent hadden bereikt, kropen ze meteen in hun slaapzakken. Jorunn wilde absoluut niet dat de spiegel in de tent zou liggen. Voordat ze in slaap vielen, waren ze het er beiden over eens geworden dat het al eng genoeg was om te weten dat hij vlak voor de tentopening lag. Sofie had de ansichtkaarten ook meegenomen. Ze had ze in een zijvak van haar rugzak gedaan.

De volgende ochtend werden ze vroeg wakker. Sofie was het eerst haar slaapzak uit. Ze deed haar laarzen aan en ging de tent uit. Daar lag de grote koperen spiegel in het gras. Hij zat helemaal onder de dauw. Sofie droogde hem met haar trui af en staarde daarna naar haar eigen spiegelbeeld. Het was alsof ze zichzelf van top tot teen bekeek. Gelukkig lagen er geen dagverse ansichtkaarten uit Libanon.

Flarden ochtendnevel zweefden als katoenen watjes boven de open plek achter de tent. De vogeltjes kwetterden er energiek op los. Grote vogels zag of hoorde ze niet.

De twee vriendinnen deden een extra trui aan en ontbeten buiten de tent. Al gauw praatten ze over Majorstua en de geheimzinnige ansichtkaarten.

Na het ontbijt braken ze de tent op en begonnen ze aan de thuisreis. Sofie droeg de grote koperen spiegel de hele tijd onder haar arm. Soms moest ze even blijven staan om uit te rusten, want Jorunn weigerde de spiegel aan te raken.

Toen ze de eerste huizen naderden, hoorden ze een paar knallen. Sofie dacht aan wat Hildes vader over het door oorlog geteisterde Libanon had geschreven. Ze bedacht hoeveel geluk ze had dat ze in een vreedzaam land mocht leven. Dit waren gewoon een paar rotjes.

Sofie nodigde Jorunn uit voor een kop warme chocolademelk. Haar moeder stelde de ene vraag na de andere om erachter te komen waar ze die grote spiegel vandaan hadden. Sofie zei dat ze die buiten Majorstua hadden gevonden. Haar moeder zei nogmaals dat er al jarenlang geen mens meer in het hutje had gewoond.

Toen Jorunn naar huis ging, trok Sofie een rode jurk aan. De rest van de nationale feestdag verliep heel gewoon. In het journaal was een reportage over de feestviering van de Noorse VNstrijdkrachten in Libanon. Sofie zat gekluisterd aan de tv. Eén van de mannen die ze zag, kon de vader van Hilde zijn.

Het laatste dat Sofie op 17 mei deed, was de grote koperen spiegel op haar kamer ophangen. De volgende ochtend vond ze weer een gele envelop in het Hol. Ze scheurde de envelop open en begon onmiddellijk te lezen wat er op de witte vellen papier stond.

TWEE CULTUREN

*... alleen zo blijf je niet
door de lege ruimte zweven...*

Nu duurt het niet lang meer voor we elkaar ontmoeten, lieve Sofie. Ik wist wel dat je nog een keer naar Majorstua zou gaan, daarom heb ik daar ook alle ansichtkaarten van Hildes vader laten liggen. Alleen op die manier kunnen de kaarten bij Hilde terechtkomen. Je hoeft je geen zorgen te maken over hoe zij de kaarten moet krijgen. Het is nog lang geen 15 juni.

We hebben gezien dat de hellenistische filosofen de oude Griekse filosofen bleven herkauwen. Men stond zelfs op het punt hen tot stichters van een nieuwe religie uit te roepen. Het scheelde maar weinig of Plotinus had Plato als de Verlosser van de mensheid gehuldigd.

Maar wij weten dat er halverwege de periode die we net hebben behandeld een andere Verlosser werd geboren, buiten het Grieks-Romeinse gebied. Ik denk aan *Jezus van Nazareth*. In dit hoofdstuk zullen we zien hoe het christendom geleidelijk de Grieks-Romeinse wereld binnendrong, ongeveer zoals de wereld van Hilde geleidelijk de *onze* binnendringt.

Jezus was een Jood, en het Joodse volk maakte deel uit van de Semitische cultuur. De Grieken en Romeinen behoorden tot de Indo-europese cultuur. We kunnen dus vaststellen dat de Europese beschaving twee wortels heeft. Voor we gaan kijken hoe het christendom zich geleidelijk met de Grieks-Romeinse cultuur vermengde, zullen we eerst die twee wortels onder de loep nemen.

De Indo-europeanen

Met de Indo-europeanen bedoelen we alle landen en culturen waar een Indo-europese taal wordt gesproken. Dat zijn alle Europese talen, met uitzondering van de Finoegrische talen (het Samisch,

Fins, Estisch en Hongaars) en het Baskisch. Ook de meeste Indische en Iraanse talen behoren tot de Indo-europese taalfamilie.

Ongeveer vierduizend jaar geleden leefden de oer-Indo-europeanen in het gebied rond de Zwarte Zee en de Kaspische Zee. Al gauw waaierden die Indo-europese stammen in golfbewegingen uit over het land. Naar het zuidoosten naar Iran en India; naar het zuidwesten naar Griekenland, Italië en Spanje; naar het westen via Midden Europa naar Engeland en Frankrijk; naar het noordwesten naar Scandinavië en naar het noorden naar Oost-Europa en Rusland. Overal waar ze kwamen integreerden de Indo-europeanen met de volkeren die er al woonden. Maar de Indo-europese religie en de Indo-europese taal zouden een overheersende rol gaan spelen.

Zowel de oude Indische veda's, de Griekse filosofie en niet te vergeten de Gylfaginning, het leerboek over de Noordgermaanse godenwereld van de IJslander *Snorre* zijn dan ook geschreven in aan elkaar verwante talen. Maar de verwantschap beperkt zich niet alleen tot de talen. Bij talen die aan elkaar verwant zijn, horen in de regel gedachten die aan elkaar verwant zijn. Daarom spreken we van een Indo-europese cultuur.

De cultuur van de Indo-europeanen had als voornaamste kenmerk dat ze in meerdere goden geloofden. Dat noemt men *polytheïsme*. De namen van die goden en een groot aantal belangrijke religieuze woorden en uitdrukkingen zijn in het hele Indo-europese gebied terug te vinden. Ik zal je een paar voorbeelden geven.

De oude Indiërs aanbaden de hemelgod *Dyaus*. In het Grieks heet deze god *Zeus*, in het Latijn Jupiter (eigenlijk Juvans-pater, wat wil zeggen 'Vader Jovis') en in het Oudnoors *Tyr*. De namen Dyaus, Zeus, Jovis en Tyr zijn dus verschillende 'dialectvarianten' van een en hetzelfde woord.

Je weet misschien dat de Vikingen in Scandinavië geloofden in goden die Azen werden genoemd. Ook dat woord voor 'goden' kunnen we in het hele Indo-europese gebied terugvinden. In het Oudindisch (Sanskriet) worden de goden *Asura* genoemd en in het Iraans *Ahura*. Een ander woord voor 'god' in het Sanskriet is *Deva*, in het Iraans *Daeva*, in het Latijn *Deus* en in het Oudnoors *Tivurr*.

In Scandinavië geloofden de mensen behalve in de Azen in een tweede groep goden, de vruchtbaarheidsgoden (bijvoorbeeld Njord, Freyr en Freya). Deze goden werden *Wanen* genoemd. Dat woord is verwant aan de Latijnse naam voor de godin van de vruchtbaarheid *Venus*. In het Sanskriet bestaat het hieraan verwante woord *vani*, dat 'lust' of 'begeerte' betekent.

Zo zijn er ook mythen die over het hele Indo-europese gebied zijn verspreid. Wanneer Snorre over de Oudnoorse goden vertelt, doen sommige van zijn mythen denken aan Indische mythen die twee- tot drieduizend jaar eerder werden verteld. Natuurlijk zijn de mythen van Snorre beïnvloed door de natuurlijke gesteldheid van Scandinavië en de Indische mythen door de Indische natuur. Maar veel mythen bevatten een kern die uit een gemeenschappelijk verleden stamt. Zo'n kern is het duidelijkst te herkennen in mythen over een onsterfelijkheidsdrank en in mythen over de strijd van de goden tegen een monster uit de onderwereld.

Ook in de manier van denken van de verschillende Indo-europese culturen zien we duidelijke overeenkomsten. Zo'n typisch gemeenschappelijke trek is de voorstelling dat de wereld wordt beheerst door een onverzoenlijke strijd tussen goede en kwade krachten. De Indo-europeanen probeerden dan ook in de toekomst te 'schouwen' om te weten hoe het met de wereld zou aflopen.

Je kunt wel stellen dat het geen toeval is dat de Griekse filosofie uitgerekend in het Indo-europese gebied ontstond. Zowel in de Indische, de Griekse als de Scandinavische mythologie zien we een duidelijke tendens tot filosofisch of 'speculatief' denken.

De Indo-europeanen probeerden 'inzicht' in de geschiedenis van de wereld te krijgen. Het is zelfs zo dat je een bepaald woord voor 'inzicht' in het hele Indo-europese gebied van cultuur tot cultuur kunt volgen. In het Sanskriet heet het *vidya*. Dat woord is identiek met het Griekse woord *idé*, dat zoals je nog wel weet een belangrijke rol speelde in de filosofie van Plato. Ons woord *video* komt uit het Latijn, maar voor de oude Romeinen betekende het gewoon 'zien'. (Pas in onze tijd is 'zien' bijna hetzelfde geworden als naar een televisiescherm staren). Het Engels heeft woorden als *wise* en *wisdom* (wijsheid), het Duits kent het woord *wissen*, *dat net als het* Noorse *viten* overeenkomt met het Nederlandse woord *weten*. Het Noorse woord 'viten' heeft dus dezelfde oorsprong als het Indische woord 'vidya', het Griekse 'idé' en het Latijnse 'video'.

Over het algemeen kun je constateren dat voor de Indo-europeanen *het gezicht* het belangrijkste zintuig was. Zowel bij de Indiërs als bij de Grieken, bij de Perzen als bij de Germanen werd de literatuur gekenmerkt door grote kosmische visioenen. (Kijk daar heb je het woord weer: 'visioen' is afkomstig van het Latijnse woord 'video'). Een ander kenmerk van de Indo-europese culturen was dat ze afbeeldingen en beelden maakten van hun goden en van de gebeurtenissen die in hun mythen werden verteld.

Tenslotte hadden de Indo-europeanen met elkaar gemeen dat ze een *cyclische* opvatting van de geschiedenis hadden. Daarmee wordt bedoeld dat ze ervan uitgingen dat de geschiedenis een cirkel - of een 'cyclus' - doorloopt, net als de jaargetijden waarbij zomer en winter elkaar afwisselen. De geschiedenis kent met andere woorden geen echt begin of einde. Vaak wordt gesproken van verschillende werelden die ontstaan en vergaan in een eeuwige wisselwerking tussen geboorte en dood.

De twee grote oosterse religies - het hindoeïsme en het boeddhisme - hebben een Indo-europese oorsprong. Zoals we gezien hebben, heeft de Griekse filosofie dat ook; er zijn dan ook veel overeenkomsten te vinden tussen het hindoeïsme en het boeddhisme aan de ene kant en de Griekse filosofie aan de andere kant. Tot op de dag van vandaag dragen het hindoeïsme en het boeddhisme het stempel van filosofische beschouwing.

Niet zelden wordt er in het hindoeïsme en het boeddhisme benadrukt dat het goddelijke in alles aanwezig is (pantheïsme) en dat de mens door religieus inzicht eenwording met God kan bereiken (Herinner je je Plotinus nog, Sofie?) Om dat te laten gebeuren, is meestal een grote mate van innerlijke beschouwing of meditatie vereist. Daarom zijn passiviteit en een leven in afzondering in het Oosten vaak religieuze idealen. Maar ook in Griekenland waren veel mensen die vonden dat de mens in ascese - of religieuze afzondering - moest leven om zijn ziel te verlossen. Veel facetten van het middeleeuwse kloosterwezen kunnen worden teruggevoerd tot dat soort opvattingen in de Grieks-Romeinse wereld.

Ten slotte zien we dat het geloof aan een ronddolende ziel de basis van veel Indo-europese culturen vormt. Al meer dan 2500 jaar is het doel van iedere Indiër zijn ronddolende ziel te verlossen. En zoals je weet, geloofde ook Plato aan een ronddolende ziel.

De Semieten

Nu gaan we het over de Semieten hebben, Sofie. De Semieten behoren tot een heel andere cultuur en spreken een heel andere taal. Oorspronkelijk zijn ze afkomstig van het Arabische schiereiland, maar de Semitische cultuur heeft zich over grote delen van de wereld verspreid. Meer dan tweeduizend jaar heeft het Joodse volk ver van hun oorspronkelijke vaderland geleefd. Het christendom heeft de Semitische geschiedenis en religie ver buiten hun oorspronkelijke grondgebied verspreid. Ook de verbreiding van de islam heeft de Semitische cultuur ver gebracht.

De drie grote westerse religies - het jodendom, het christendom en de islam - hebben een Semitische achtergrond. Zowel de *Koran*, de heilige schrift van de moslims, als het *Oude Testament* zijn geschreven in aan elkaar verwante Semitische talen. Een van de woorden die in het Oude Testament voor 'god' worden gebruikt heeft dezelfde linguïstische oorsprong als het islamitische *Allah*. (Het woord 'allah' betekent niets meer of minder dan 'god').

Als we kijken naar het christendom, zien we een iets ingewikkelder beeld. Ook het christendom heeft een Semitische achtergrond. Maar het *Nieuwe Testament* werd in het Grieks geschreven en toen de christelijke theologie of geloofsleer vorm kreeg, werd deze beïnvloed door de Griekse en de Latijnse taal en daarmee ook door de hellenistische filosofie.

We hebben gezien dat de Indo-europeanen in meerdere goden geloofden. Bij de Semieten is het opvallend dat ze al heel vroeg in de geschiedenis in slechts een God geloofden. Dat noemt men *monotheïsme*. De basis van zowel het jodendom, het christendom als de islam wordt gevormd door de gedachte dat er slechts een God bestaat.

Een tweede kenmerk van de Semieten, is dat ze een *lineaire kijk* op de geschiedenis hebben. Daarmee bedoelt men dat de geschiedenis als een lijn wordt beschouwd. Ooit schiep God de wereld, en vanaf dat moment begint de geschiedenis. Maar de geschiedenis zal ooit ook weer ophouden, en dat is op de 'dag des oordeels' als God zijn oordeel over de levenden en de doden velt.

Een belangrijk kenmerk van de drie grote westerse religies is juist de grote rol die de geschiedenis daarin speelt. Men gaat uit van de gedachte dat God in de geschiedenis ingrijpt; sterker nog, dat de geschiedenis alleen bestaat om de wil van God te laten geschieden. Zoals hij eens Abraham naar het 'beloofde land' voerde, zo voert hij het leven van de mensen door de geschiedenis heen naar de 'dag des oordeels'. Dan zal al het kwaad in de wereld worden vernietigd.

Omdat ze zo'n grote nadruk op Gods bemoeienissen met de geschiedenis leggen, zijn de Semieten al duizenden jaren met geschiedschrijving bezig. Juist die historische achtergrond vormt de kern van de heilige geschriften.

Tegenwoordig is de stad Jeruzalem een belangrijk religieus centrum voor joden, christenen en moslims. Ook dat zegt ons iets over de gemeenschappelijke, historische achtergrond van die drie religies. Je vindt er belangrijke (joodse) synagogen, (christelijke) kerken en (islamitische) moskeeën. Daarom is het ook zo tragisch dat juist Jeruzalem tot twistappel is geworden en dat mensen elkaar bij bosjes tegelijk uitmoorden omdat ze het niet met elkaar eens kunnen worden wie de heerschappij over de 'heilige stad' moet hebben. Moge de VN er op een dag in slagen om van Jeruzalem een religieuze ontmoetingsplaats voor al die drie religies te maken. (Dit praktische deel van deze filosofiecursus laten we hier verder buiten beschouwing. Dat is meer iets voor de vader van Hilde. Je had zeker wel begrepen dat hij VN-waarnemer in Libanon is? Om precies te zijn kan ik verklappen dat hij majoor is. Als je nu langzamerhand een verband vermoedt, dan heb je het bij het juiste eind. Aan de andere kant willen we ook weer niet op de zaken vooruitlopen).

We hebben gezien dat het belangrijkste zintuig voor de Indoeuropeanen *het gezicht* was. Net zo opvallend is het dat in de Semitische cultuur *het gehoor* een belangrijke rol speelt. Het is geen toeval dat de joodse geloofsbelijdenis begint met de woorden

'Hoor, Israël!' In het Oude Testament lezen we hoe de mensen het woord des Heren 'hoorden' en de joodse profeten begonnen hun verkondiging vaak met de formule 'Zo zegt Jahwe (God)'. Ook in het christendom wordt veel belang gehecht aan het 'horen' van het woord van God. We zien bovendien dat de joodse, de christelijke en de islamitische eredienst door hardop (voor)lezen of 'reciteren' worden gekenmerkt.

Ik vertelde dat de Indo-europeanen afbeeldingen en beelden van hun goden maakten. Typerend voor de Semieten is dat ze een verbod op het afbeelden van hun god hadden ingesteld. Ze mochten God en het heilige op geen enkele manier afbeelden. Ook in het Oude Testament staat dat de mens zich geen beeld van God zal maken. Dit geldt tegenwoordig nog steeds voor de islam en het jodendom. In de islamitische wereld kom je trouwens in het algemeen een weerzin tegen foto's en beeldende kunst tegen. Die berust op de gedachte dat de mens niet als 'schepper' met God zal concurreren.

Maar in de christelijke kerken zien we toch overal afbeeldingen van God en Jezus, zul je nu misschien denken. Dat klopt, Sofie, maar dat is nu juist een voorbeeld van de Grieks-Romeinse invloed op het christendom. (In de orthodoxe kerk - dus in Griekenland en Rusland - is het nog steeds verboden om bijbelse taferelen in een 'gesneden' beeld uit te drukken, dat wil zeggen in de vorm van een standbeeld of een crucifix).

In tegenstelling tot de grote oosterse religies wordt in de drie westerse religies benadrukt dat er een kloof tussen God en zijn schepping bestaat. Niet met het doel om de ronddolende ziel te verlossen, maar om van de zonde en de schulden verlost te worden. Het religieuze leven is vooral doordrongen van het gebed, de prediking en het lezen van de heilige schrift in plaats van innerlijke beschouwing en meditatie.

Israël

Nu ben ik niet van plan om met je godsdienstleraar te gaan wedijveren, lieve Sofie. Maar ik zal je toch een kort overzicht van de joodse achtergrond van het christendom geven.

Het begon er allemaal mee dat God de wereld schiep. Hoe dat ging, kun je op de allereerste bladzijden van de bijbel lezen. Maar toen kwamen de mensen tegen God in opstand. God strafte niet alleen door Adam en Eva uit het paradijs te verdrijven. Hij bracht ook de dood in de wereld.

De ongehoorzaamheid van de mens aan God loopt als een rode draad door de bijbel. Sla het eerste boek van Mozes maar op en je hoort van de zondvloed en de ark van Noach. Dan horen we dat God een verbond sloot met Abraham en zijn nageslacht. Dat verbond - die afspraak - hield in dat *Abraham* en zijn nageslacht zich aan Gods geboden zouden houden. In ruil daarvoor beloofde God de nakomelingen van Abraham te beschermen. Het verbond werd later vernieuwd toen *Mozes* op de berg Sinaï de stenen wetstafelen (het wetboek van Mozes) met de tien geboden kreeg. Dat was ongeveer in het jaar 1200 voor Christus. Toen waren de Israëlieten lange tijd slaven in Egypte geweest, maar met de hulp van God konden ze weer naar Israël terugkeren.

In de duizend jaar voorafgaand aan Christus - dus lang voordat er zoiets als Griekse filosofie bestond - horen we van drie grote koningen in Israël. De eerste was *Saul*, toen kwam *David* en na hem koning *Salomo*. Het hele Israëlitische volk was nu in een koninkrijk verenigd en vooral onder koning David beleefde het een tijd van grote politieke, militaire en culturele bloei. Wanneer de koningen de troon bestegen, werden ze door het volk gezalfd. Zo kregen ze de titel *Messias*, dat de 'gezalfde' betekent. Vanuit religieus oogpunt werden de koningen gezien als tussenpersonen tussen God en het volk. Een koning werd daarom ook wel een 'zoon Gods' genoemd en het land het 'koninkrijk Gods'.

Maar het duurde niet lang voor de macht van Israël afnam. Het koninkrijk werd in een noordelijk koninkrijk (Israël) en een zuidelijk (Judea) opgedeeld. In het jaar 722 voor Christus werd het noordelijk koninkrijk door de Assyriërs bezet en verloor het zijn politieke en religieuze betekenis. In het zuiden ging het al niet veel beter. Het zuidelijk koninkrijk werd in het jaar 586 voor Christus veroverd door de Babyloniërs. De tempel werd verwoest en een groot deel van het volk werd naar Babylon gevoerd. Deze 'Babylonische gevangenschap' duurde tot 539 voor Christus. Toen mocht het volk naar Jeruzalem terugkeren en werd de grote tempel opnieuw opgebouwd. Maar in de tijd tot het begin van onze jaartelling leefde het Joodse volk voortdurend onder vreemde heerschappij.

De vraag die de Joden zich stelden was *waarom* het koninkrijk van David ten onder ging en het volk door het ene na het andere ongeluk werd getroffen. God had toch beloofd om Israël zijn beschermende hand boven het hoofd te houden? Maar het volk had God beloofd dat het zich aan zijn gebod zou houden. Na verloop van tijd werd algemeen aangenomen dat Israël door God voor zijn ongehoorzaamheid werd gestraft.

Vanaf ongeveer 750 voor Christus stonden met grote regelmaat *profeten* op om Gods straf over Israël te verkondigen, omdat het volk zich niet aan Gods gebod had gehouden. Eens zal God zijn oordeel over Israël vellen, zeiden ze. Zulke profetieën noemen we 'onheilsprofetieën'.

Het duurde niet lang of er doken ook profeten op die verkondigden dat God een klein deel van het volk zou redden en een 'Vredevorst' of koning van de vrede van het geslacht David zou sturen. Hij zou het oude koninkrijk van David weer oprichten en het volk een gelukkige toekomst geven.

'Het volk dat in donkerheid wandelt, ziet een groot licht,' zei de profeet *Jesaja*. En 'over hen die wonen in een land van diepe duisternis, straalt een licht.' Zulke profetieën noemen we 'verlossingsprofetieën'.

Samengevat: het volk van Israël beleefde onder koning David een gelukkige tijd. Toen het de Israëlieten na verloop van tijd slecht ging, verkondigden de profeten dat er uit het geslacht David ooit een nieuwe koning zou opstaan. Deze 'Messias' of 'zoon Gods' zou het volk 'verlossen', Israël als grootmacht doen herrijzen en een 'koninkrijk Gods' stichten.

Jezus

Goed, Sofie. Ik neem aan dat je het nog kunt volgen. De trefwoorden zijn 'Messias', 'zoon Gods', 'verlossing' en het 'koninkrijk Gods'. Aanvankelijk gaf iedereen deze woorden een politieke betekenis. Ook in de tijd van Jezus dachten veel mensen bij het woord 'Messias' aan een nieuwe politieke, militaire en religieuze leider van het kaliber van koning David. Deze 'verlosser' werd dus gezien als een nationale vrijheidsstrijder die een eind zou maken aan het lijden van de Joden onder de heerschappij van de Romeinen.

Zeker. Maar er waren ook mensen die iets verder keken. Al een paar honderd jaar voor Christus hadden profeten verkondigd dat de beloofde 'Messias' de verlosser van de hele wereld zou zijn. Niet alleen zou hij de Israëlieten van het juk van de vreemde overheersing bevrijden, hij zou alle mensen van hun zonden en schulden verlossen - en niet te vergeten van de dood. De hoop op een 'verlossing' in die zin was, zoals we gezien hebben, ook in de hellenistische wereld wijd verbreid.

En toen kwam Jezus. Hij was niet de enige die zich als de beloofde Messias presenteerde. Ook Jezus gebruikte de woorden 'zoon Gods', 'koninkrijk Gods', 'Messias' en 'verlossing'. En verwijst zo steeds weer naar de oude profetieën. Hij rijdt Jeruzalem binnen en laat zich door de menigte als de verlosser van het volk huldigen. En zinspeelt daarmee rechtstreeks op de wijze waarop de oude koningen met een typisch 'troonbestijgingsritueel' hun plaats op de troon innamen. Ook hij laat zich door het volk zalven. 'De tijd is vervuld', zegt hij, 'het koninkrijk Gods is nabij'.

Dat zijn allemaal belangrijke tekens. Maar let nu goed op: Jezus onderscheidde zich van andere 'messiassen' doordat hij duidelijk liet weten dat hij geen militaire of politieke rebel was. Zijn taak ging veel verder. Hij verkondigde de verlossing en de vergeving van God voor alle mensen. Zo kon hij tegen mensen die hij onderweg tegenkwam zeggen: 'uw zonden worden u vergeven.'

Dat hij zomaar 'vergeving van de zonden' liep uit te delen, was volstrekt ongehoord. Nog erger was dat hij God met 'vader' (abba) aansprak. Dat was in de Joodse samenleving ten tijde van Jezus niet eerder vertoond. Het duurde daarom niet lang voor de schriftgeleerden begonnen te morren. Na een tijdje troffen ze voorbereidingen om hem te berechten.

Samengevat: in de tijd van Jezus verwachtten veel mensen een Messias die met veel bombarie (d.w.z. wapengekletter) opnieuw het 'koninkrijk Gods' zou stichten. De uitdrukking 'koninkrijk Gods' loopt ook als een rode draad door de verkondiging van Jezus heen, maar nu in een veel ruimere betekenis. Jezus zegt dat het 'koninkrijk Gods' de liefde voor de medemens is, de zorg voor de zwakke en de behoeftige, en de vergeving van hen die een fout hebben gemaakt.

We zien hier hoe een oude en deels militaire uitdrukking spectaculair van betekenis verandert. Het volk zat te wachten op een legeraanvoerder die het 'koninkrijk Gods' zou uitroepen. En toen kwam Jezus die in zijn hemd en op sandalen kwam vertellen dat het 'koninkrijk Gods' - of het 'nieuwe verbond' - inhield dat 'gij uw naaste zult liefhebben als uzelf'. Meer dan dat, Sofie: hij zei bovendien dat we onze vijanden moeten liefhebben. Als zij ons slaan, moeten we hen niet met gelijke munt betalen, nee, we moeten hen 'onze andere wang keren'. En we moeten vergiffenis schenken - niet zeven keer, maar zeventig keer zeven keer.

Ook in de manier waarop hij zelf leeft, laat Jezus zien dat hij zich niet te goed acht om met hoeren, corrupte tollenaars en politieke vijanden van het volk te praten. Hij gaat nog een stap verder: hij zegt dat een lummel die zijn vaders erfenis erdoor heeft gejaagd, of een slonzige tollenaar die geld heeft verduisterd, beiden rechtvaardig zijn voor God als ze zich maar tot hem wenden en hem om vergeving vragen. Zo groot is God in zijn genade.

En hij gaat nog een stapje verder, Sofie, houd je vast: Jezus zei dat zulke 'zondaars' *meer* rechtvaardig zijn voor God - dus Gods vergeving *meer* verdienen - dan de onberispelijke Farizeeërs en 'voorbeeldige burgers' die trots liepen te zijn op hun onberispelijkheid.

Jezus benadrukt dat geen mens Gods genade kan verdienen. We kunnen onszelf niet verlossen. (Veel Grieken dachten van wel!) Als Jezus in de Bergrede zijn strenge ethische eisen stelt, doet hij dat niet alleen om te laten zien wat de wil van God is. Hij wil ook laten zien dat geen enkel mens rechtvaardig voor God is. De genade van God kent geen grenzen, maar wij moeten ons tot God wenden en in een gebed om zijn vergeving vragen.

Ik laat het aan je godsdienstleraar over om je meer te vertellen over Jezus en wat hij verkondigde. Hij staat voor een moeilijke taak. Ik hoop dat hij jullie kan laten zien hoe uniek Jezus was. Op geniale wijze gebruikt hij de taal van zijn tijd, maar tegelijkertijd geeft hij de oude slogans een volstrekt nieuwe en ruimere betekenis. Het is niet zo vreemd dat hij aan het kruis is geëindigd. Zijn radicale vredesboodschap druiste tegen zoveel belangen en machtsposities in, dat hij uit de weg moest worden geruimd.

Toen ik je iets over Socrates vertelde, hebben we gezien hoe gevaarlijk het is om een beroep te doen op het gezonde verstand van de mensen. Bij Jezus zien we hoe gevaarlijk het is om van de mens te eisen dat hij zijn naaste onvoorwaardelijk liefheeft en hem even onvoorwaardelijk vergiffenis schenkt.

Je herinnert je hoe boos Plato was dat de meest rechtvaardige mens van Athene dat met zijn leven had moeten bekopen. Volgens het christendom is Jezus de enige rechtvaardige mens die ooit heeft geleefd. Toch werd hij ter dood veroordeeld. Volgens het christendom stierf hij voor de mensen. Dat wordt vaak het 'plaatsvervangend lijden' van Jezus genoemd. Jezus was de 'lijdende dienaar' die de schulden van alle mensen op zich nam, zodat wij ons met God kunnen 'verzoenen' en van de straf van God verlost worden.

Paulus

Enkele dagen nadat Jezus was gekruisigd en begraven, ontstonden er geruchten dat hij uit zijn graf was opgestaan. Zo liet hij zien dat hij meer dan een mens was. Zo liet hij zien dat hij werkelijk 'Gods zoon' was.

We kunnen zeggen dat de christelijke Kerk ontstaat op de ochtend van Pasen met de geruchten over de opstanding van Jezus. Dat werd al door Paulus vastgesteld: 'En indien Christus niet is opgewekt, dan is immers onze prediking zonder inhoud, en zonder inhoud is ook uw geloof.'

Nu konden alle mensen op een 'opwekking des vlezes' hopen. Jezus werd immers gekruisigd om ons te verlossen. En let nu op, lieve Sofie, de joden doelen hier niet op een 'onsterfelijke' ziel of een soort 'ronddolende' ziel. Dat was een Griekse - en dus Indo-europese - gedachte. Volgens het christendom is niets in de mens onsterfelijk op zich, ook de menselijke 'ziel' niet. De Kerk gelooft aan de 'opstanding uit de dood en een eeuwig leven', maar het is juist een godswonder dat we van de dood en de 'verdoemenis' gered worden. Dat is niet onze verdienste en ook niet het gevolg van een natuurlijke - of aangeboren - eigenschap.

De eerste christenen gingen nu de 'blijde boodschap' verkondigen van de verlossing door het geloof in Jezus Christus. Dankzij zijn verlossingswerk stond het 'koninkrijk Gods' voor de deur. Nu kon de hele wereld voor Christus worden gewonnen. (Het woord 'christus' is een Griekse vertaling van het Joodse woord 'messias' en betekent 'gezalfde').

Slechts enkele jaren na de dood van Jezus bekeerde de Farizeeër *Paulus* zich tot het christendom. Met zijn vele missiereizen door het hele Grieks-Romeinse gebied maakte hij het christendom tot een wereldreligie. Daarvan horen we in De Handelingen der Apostelen. Door de vele brieven die hij aan de eerste christelijke gemeenten schreef, weten we bovendien wat Paulus verkondigde en welke raadgevingen hij de christenen meegaf.

Dan duikt hij op in Athene. Zonder omwegen wandelt hij in de hoofdstad van de filosofie naar de markt. En 'zijn geest werd in hem geprikkeld, toen hij zag dat de stad zo vol afgodsbeelden was', wordt er verteld. Hij bezocht de joodse synagoge in Athene en sprak daar met epicuristische en stoïsche filosofen. Deze namen hem mee naar de berg Areopagus. Daar aangekomen zeiden ze: 'Zouden wij ook mogen vernemen, wat dit voor een nieuwe leer is, waarvan gij spreekt? Want gij brengt ons enige vreemde dingen ten gehore; wij wensten dan wel te weten wat dit zeggen wil.'

Zie je het voor je, Sofie? Daar duikt op de markt van Athene een Jood op die begint te spreken van een verlosser die aan een kruis werd gehangen en een poosje later uit zijn graf opstond. Al tijdens het bezoek van Paulus aan Athene kunnen we de enorme botsing tussen de Griekse filosofie en de christelijke verlossingsleer zien aankomen. Maar Paulus slaagt er klaarblijkelijk in om met de Atheners in gesprek te komen. Op de Areopagos - dus onder de trotse tempels op de Akropolis - houdt hij de volgende toespraak.

Mannen van Athene, ik zie voor mijn ogen, dat gij in elk opzicht buitengewoon ontzag voor godheden hebt; want toen ik door uw stad liep en de voorwerpen uwer verering aanschouwde, heb ik ook een altaar gevonden met het opschrift: Aan een onbekende god. Wat gij dan, zonder het te kennen vereert, dat verkondig ik u. De God, die de wereld gemaakt heeft en al wat daarin is, die een Heer is van hemel en aarde, woont niet in tempels met handen gemaakt, en laat Zich ook niet door mensenhanden dienen, alsof Hij nog iets nodig had, daar Hij zelf aan allen leven en adem en alles geeft. Hij heeft uit een enkele het gehele menselijke geslacht gemaakt om op de ganse oppervlakte der aarde te wonen en Hij heeft de hun toegemeten tijden en de grenzen van hun woonplaatsen bepaald, opdat zij God zouden zoeken, of zij Hem al tastende vinden mochten, hoewel Hij niet ver is van een ieder van ons. Want in Hem leven wij, bewegen wij ons en zijn wij, gelijk ook enige van uw dichters hebben gezegd:
Want wij zijn ook van zijn geslacht.
Daar wij dan van Gods geslacht zijn, moeten wij niet menen, dat de godheid gelijk is aan goud of zilver of steen door menselijke kunstvaardigheid gesneden of bedacht. God dan verkondigt, met voorbijzien van de tijden der onwetendheid, heden aan de mensen, dat zij allen overal tot bekering moeten komen; omdat Hij een dag heeft bepaald, waarop Hij de aardbodem rechtvaardig zal oordelen door een man, die Hij aangewezen heeft, waarvan Hij voor allen het bewijs geleverd heeft door Hem uit de doden op te wekken.'

Paulus in Athene, Sofie. We zijn op het punt beland dat het christendom de Grieks-Romeinse wereld binnensijpelt. Als iets anders, iets totaal anders dan epicuristische, stoïcijnse of neoplatonische filosofie. Toch vindt Paulus in deze cultuur een aanknopingspunt. Hij wijst erop dat het zoeken naar God in alle mensen ligt besloten. Dat was voor de Grieken niets nieuws. Het nieuwe dat Paulus verkondigt, is dat God zich ook aan de mensen heeft geopenbaard en hen werkelijk heeft ontmoet. Hij is dus niet alleen een 'filosofische God' naar wie de mens met zijn verstand kan reiken. Ook is hij niet gelijk 'aan goud of zilver of steen door menselijke kunstvaardigheid gesneden of bedacht'. Daarvan waren er zowel op de Akropolis als op de grote markt in de stad al meer dan genoeg. Maar God 'woont niet in tempels met handen gemaakt'. Hij is een persoonlijke God die in de geschiedenis ingrijpt en voor de zonden van de mensen aan het kruis sterft.

De Handelingen der Apostelen vertellen, dat toen Paulus zijn toespraak op de Areopagus had gehouden, sommigen hem bespotten omdat hij had gezegd dat Jezus uit de dood was opgestaan. Maar er waren er ook die zeiden: 'Wij zullen u hierover nog wel eens horen.' En er waren enkelen die zich bij Paulus aansloten en zich tot het christelijk geloof bekeerden. Een van hen was de vrouw *Dámaris* en dat is iets om even bij stil te staan. Het waren vaak vrouwen die zich tot het christendom bekeerden.

Zo zette Paulus zijn missiewerkzaamheden voort. Een paar decennia na de dood van Jezus waren er al in alle belangrijke Griekse en Romeinse steden christelijke gemeenten - in Athene, in Rome, in Alexandrië, in Ephesus, in Corinthus. In drie- tot vierhonderd jaar tijd was de gehele hellenistische wereld gekerstend.

Geloofsbelijdenis

Paulus was niet alleen als apostel van wezenlijk belang voor het christendom. Ook binnen de christelijke gemeenten had hij grote invloed. Er bestond een grote behoefte aan geestelijke raadgevingen.

Een belangrijke vraag was in die eerste jaren na Christus of nietjoden christenen konden worden zonder zich eerst tot het jodendom te bekeren. Moest een Griek zich eigenlijk aan de wet van Mozes houden? Volgens Paulus was dat niet nodig. Het christendom was meer dan een joodse sekte. Het christendom richtte zich tot alle mensen met een universele boodschap over verlossing. Het 'oude verbond' tussen God en Israël was vervangen door een 'nieuw verbond' dat Jezus had gesloten tussen God en alle mensen.

Maar het christendom was in die tijd niet de enige nieuwe religie. We hebben gezien dat het hellenisme werd gekenmerkt door de vermenging van verschillende religies. Daarom was het belangrijk dat de kerk een korte samenvatting van de christelijke leer gaf. Dat was belangrijk om de grenzen met andere religies af te bakenen, maar ook om te voorkomen dat de christelijke kerk zichzelf zou opsplitsen. Zo ontstonden de eerste *geloofsbelijdenissen*. Een geloofsbelijdenis vat de belangrijkste christelijke 'dogma's' of leerstellingen samen.

Een belangrijke leerstelling was dat Jezus zowel God als mens was. Hij was dus niet alleen vanwege zijn daden 'Gods zoon'. Hij was zelf God. Maar hij was ook een 'waarachtig mens' die het leven van de mens kende en aan het kruis werkelijk had geleden.

Dat klinkt haast als een tegenstelling. Maar de boodschap van de kerk was juist dat *God mens werd*. Jezus was geen 'halfgod' (half mens en half goddelijk). Het geloof aan zulke 'halfgoden' was in de Griekse en hellenistische religies wijd verbreid. De kerk leerde dat Jezus 'volkomen God en volkomen mens' was.

Post scriptum

Ik probeer iets te zeggen over hoe alles met elkaar te maken heeft, Sofie. Wanneer het christendom de Grieks-Romeinse wereld binnentreedt, betekent dat een dramatische ontmoeting tussen twee culturen. Maar het betekent tevens dat de geschiedenis voor een van zijn grote cultuurwisselingen staat.

We staan op het punt de klassieke oudheid te verlaten. Sinds de eerste Griekse filosofen zijn bijna duizend jaar verstreken. Voor ons liggen de christelijke middeleeuwen, die ook bijna duizend jaar zouden duren.

De Duitse dichter *Goethe* zei ooit dat 'Wer nicht von dreitausend Jahren sich weiss Rechenschaft zu geben, bleib im Dunkeln unerfahren, mag von Tag zu Tage leben'. Ik wil niet dat jij een van hen zult zijn. Ik doe mijn uiterste best om ervoor te zorgen dat jij je historische wortels zult kennen. Alleen zo kun je mens worden. Alleen zo ben je meer dan een naakte aap. Alleen zo blijf je niet door de lege ruimte zweven.'

'Alleen zo kun je mens worden. Alleen zo ben je meer dan een naakte aap...'
Sofie zat door de openingen in de heg naar de tuin te staren. Ze begon te begrijpen hoe belangrijk het was om je historische wortels te kennen. Voor het volk van Israël was het in ieder geval belangrijk geweest.
Zelf was ze niets anders dan een toevallig mens. Maar als ze haar historische wortels kende, werd ze iets minder toevallig.
Zelf had ze nog maar een paar jaar op deze planeet geleefd. Maar als de geschiedenis van het menselijk geslacht ook haar eigen geschiedenis was, dan was ze in feite al duizenden jaren oud.
Sofie nam alle vellen papier met zich mee en kroop uit het Hol. Vrolijk huppelend liep ze door de tuin naar het huis toe en holde toen naar boven naar haar kamer.

DE MIDDELEEUWEN

... niet erg ver komen is niet hetzelfde als de verkeerde weg inslaan...

Een week ging voorbij zonder dat Sofie iets van Alberto Knox hoorde. Ze kreeg ook geen ansichtkaarten uit Libanon meer, maar ze praatte voortdurend met Jorunn over de kaarten die ze in Majorstua hadden gevonden. Jorunn was helemaal van streek geweest. Maar toen er verder niets meer gebeurde, hadden huiswerk en badmintonnen de eerste schrik verdrongen.

Sofie had de brieven van Alberto al verschillende keren gelezen, omdat ze hoopte er iets in te vinden wat haar meer zou vertellen over de dingen die met Hilde te maken hadden. Zo kreeg ze mooi de gelegenheid om de filosofie uit de oudheid rustig te verteren. Ze kon Democritus, Socrates, Plato en Aristoteles nu zonder problemen uit elkaar houden.

Op vrijdag 25 mei stond ze achter het fornuis te koken, zodat ze konden eten als haar moeder van haar werk thuiskwam. Dat deed Sofie altijd op vrijdag. Vandaag maakte ze vissoep met visballetjes en wortels. Makkelijk zat.

Buiten was het gaan waaien. Terwijl Sofie in de pan stond te roeren, draaide ze zich om en keek uit het raam. De berkebomen zwiepten als korenaren heen en weer.

Plotseling vloog er iets tegen het raam. Toen Sofie zich opnieuw omdraaide, zag ze dat er een stukje papier tegen de ruit zat geplakt.

Ze liep naar het raam en zag dat het een ansichtkaart was. Door het glas heen las ze: 'Hilde Møller Knag, p/a Sofie Amundsen...'

Als ze het niet dacht! Ze deed het raam open en pakte de kaart. Die zou toch zeker niet helemaal uit Libanon zijn komen aanwaaien?

Ook deze kaart was op vrijdag 15 juni gedateerd.

Sofie nam de pan van de kookplaat en ging aan de keukentafel zitten. Op de kaart stond:

Lieve Hilde. Ik weet niet of je nog steeds jarig bent als je deze kaart leest. Eigenlijk hoop ik van wel, in ieder geval hoop ik dat er sinds je verjaardag nog niet veel dagen zijn verstreken. Dat er bij Sofie een of twee weken voorbij zijn gegaan, hoeft natuurlijk niet te betekenen dat dat voor ons ook zo is. Zelf kom ik thuis als het midzomer is. Dan gaan we samen in de schommelbank naar de zee zitten kijken, Hilde. We hebben veel te bepraten. Groeten van je papa, die af en toe zo treurig wordt van die eeuwenlange strijd tussen joden, christenen en moslims. Ik moet mezelf er voortdurend aan herinneren dat die religies alle drie zijn terug te voeren op Abraham en dus dezelfde wortels hebben. Dan zou je toch denken dat ze ook tot dezelfde God bidden? Hier in het zuiden zijn Kaïn en Abel elkaar nog steeds aan het doodslaan.

P.S. Wil je Sofie de groeten van me doen? Het arme kind, ze heeft nog niet begrepen hoe het allemaal in elkaar zit. Maar jij misschien wel?

Sofie leunde uitgeput voorover op de keukentafel. Het stond als een paal boven water dat ze niet snapte hoe dit in elkaar zat. Zou Hilde dat wel begrijpen?

Als de vader van Hilde haar kon vragen Sofie de groeten te doen, moest dat wel betekenen dat Hilde meer van Sofie wist dan Sofie van Hilde. Het was allemaal zo ingewikkeld dat Sofie maar weer ging koken.

Een kaart die zomaar uit zichzelf tegen het raam vloog. Luchtpost - in de letterlijke zin van het woord...

Toen ze de pan weer op de kookplaat had gezet, ging de telefoon.

Stel je voor dat dat papa was! Kwam hij maar thuis, dan kon ze hem alles vertellen wat ze de afgelopen weken had beleefd. Maar het zou Jorunn of mama wel zijn... Sofie holde naar het toestel.

'Sofie Amundsen'.

'Met mij,' klonk het aan de andere kant van de lijn.

Sofie wist drie dingen zeker. Dit was papa niet; het was een mannenstem. Ze had de stem bovendien al eerder gehoord.

'Met wie?' vroeg ze.

'Met Alberto.'

'O...'

Sofie wist niet wat ze moest antwoorden. Ze herinnerde zich de stem van de videoband over Athene.

'Gaat het goed met je?'

'Ja hoor...'

'Van nu af aan is het afgelopen met de brieven.'

'Ik heb geen kikker aangeraakt!'

'Ik moet je spreken, Sofie. We hebben niet veel tijd meer, snap je.'

'Waarom niet?'

'We staan op het punt door de vader van Hilde te worden ingesloten.'

'Hoe bedoel je, ingesloten?'

'Van alle kanten, Sofie. We moeten nu samenwerken.'

'Hoe...'

'Maar je kunt me niet helpen zolang ik je nog niet over de middeleeuwen heb verteld. En niet te vergeten de renaissance en de vijftiende eeuw. En dan Berkeley nog, die speelt een sleutelrol...'

'Stond hij niet op een schilderij in Majorstua?'

'Ja, die bedoel ik. Misschien wordt de strijd pas beslecht als we bij zijn filosofie zijn aangekomen.'

'Het lijkt wel of je het over een oorlog hebt?'

'Ik zou het liever een gevecht van de geest willen noemen. We moeten proberen Hildes aandacht te trekken en haar aan onze kant te krijgen voor haar vader thuiskomt in Lillesand.'

'Ik snap er niets van.'

'Misschien kunnen de filosofen je ogen openen. Kom morgenvroeg om vier uur naar de Mariakerk. Maar kom alleen, m'n kind.'

'Midden in de nacht?'

'...klik!'

'Hallo?'

Die gluiperd! Hij had de hoorn op de haak gelegd. Sofie vloog terug naar het fornuis. Het had weinig gescheeld of de soep was overgekookt. Ze deed de visballetjes en de wortels in de soep en draaide de kookplaat lager.

De Mariakerk? Dat was een oude stenen kerk uit de middeleeuwen. Sofie dacht dat die kerk alleen maar werd gebruikt voor concerten en heel bijzondere kerkdiensten. 's Zomers was de kerk af en toe voor toeristen geopend. Maar midden in de nacht toch niet?

Toen haar moeder thuiskwam, had Sofie de kaart uit Libanon in de kast gelegd, bij alle andere dingen van Alberto en Hilde. Na het eten ging ze naar Jorunn.

'Ik moet je iets ongewoons vragen,' zei ze tegen haar vriendin toen deze de deur opendeed.

Meer zei ze niet, ze wachtte tot ze de deur van Jorunns kamer achter zich hadden dichtgetrokken.

'Ik vind het een beetje moeilijk,' ging Sofie verder.

'Vertel op!'

'Ik zal tegen mama moeten zeggen dat ik vannacht bij jou slaap.'

'Leuk.'

'Maar dat zeg ik alleen maar, snap je. In werkelijkheid ben ik heel ergens anders.'

'Dat is niet zo leuk. Heb je soms een vriendje?'

'Nee, het heeft met Hilde te maken.'

Jorunn floot zachtjes en Sofie keek haar strak in de ogen.

'Vanavond kom ik hier naar toe,' zei ze, 'maar om een uur of drie moet ik weg. Je moet me dekken tot ik terug ben.'

'Waar ga je dan heen? Wat ga je *doen*, Sofie?'

'Sorry. Ik heb strikte orders gekregen.'

Een nachtje bij Jorunn slapen was geen enkel probleem, integendeel. Soms had Sofie het gevoel dat haar moeder het prettig vond om het huis voor zich alleen te hebben.

'Zorg je ervoor dat je morgenvroeg voor de pap weer terugbent?' was het enige wat haar moeder zei toen ze wegging.

'Zo niet, dan weet je waar ik ben.'

Waarom zei ze dat nou? Dat was precies de zwakke plek in haar verhaal.

Het nachtje slapen bij Jorunn begon zoals nachtjes slapen meestal beginnen, met vertrouwelijke gesprekken tot diep in de nacht. Met als verschil dat Sofie deze keer de wekker op kwart over drie zette toen ze om een uur of een eindelijk gingen slapen.

Jorunn werd maar heel even wakker toen Sofie de wekker twee uur later afzette.

'Wees voorzichtig,' zei ze.

En toen was Sofie op weg. Het was vele kilometers lopen naar de Mariakerk, maar hoewel ze maar een paar uur had geslapen, was ze klaarwakker. Boven de bergen in het oosten hing een rode streep.

Toen ze voor de ingang van de oude stenen kerk stond, was het vier uur. Sofie voelde aan de zware deur. Hij was open!

In de kerk was het leeg en stil. Door de gebrandschilderde ramen viel een blauw licht dat duizenden kleine stofdeeltjes in de lucht onthulde. Het was alsof al het stof zich had verzameld in dikke balken die kris-kras door het binnenste van de kerk liepen. Sofie ging zitten op een bank in het midden van het schip. Daar zat ze te staren naar het altaar en naar een oud kruisbeeld dat in matte kleuren was geschilderd.

Enkele minuten verstreken. Plotseling begon het orgel te spelen. Sofie durfde zich niet om te draaien. Het klonk als de melodie van een heel oude psalm, vast eentje uit de middeleeuwen.

Na een poosje werd het weer helemaal stil. Maar al gauw hoorde ze achter zich de voetstappen van iemand die dichterbij kwam. Moest ze zich nu omdraaien? Ze besloot van niet en bleef krampachtig naar Jezus aan het kruis kijken.

De voetstappen passeerden haar en ze zag een gedaante die over het middenpad door de kerk liep. Hij droeg een bruine monnikspij. Sofie zou durven zweren dat het een monnik uit de middeleeuwen was.

Ze was bang, maar niet zo erg dat ze in paniek raakte. De monnik liep in een boog om het altaar heen en beklom ten slotte de preekstoel. Hij leunde naar voren, keek op Sofie neer en zei iets in het Latijn.

'Gloria patri et filio et spiriti sancto. Sicut erat in principio et nunc et semper in saecola saecolorum.'

'Spreek je moers taal, idioot,' riep Sofie uit.

De woorden galmden door de oude stenen kerk.

Ze had begrepen dat de monnik niemand anders kon zijn dan

Alberto Knox. Toch speet het haar dat ze zich in zulke weinig plechtige bewoordingen in die oude kerk had uitgelaten. Maar ze was bang en als je bang bent, helpt het soms om taboes te doorbreken.

'Sst!'

Alberto hief zijn hand op als een geestelijke die wil dat de gemeente gaat zitten.

'Hoe laat is het, m'n kind?' vroeg hij.

'Vijf voor vier,' antwoordde Sofie. Ze was nu niet bang meer.

'Dan is het zover. Nu beginnen de middeleeuwen.'

'Beginnen de middeleeuwen om vier uur?' vroeg Sofie met grote ogen van verbazing.

'Ja, ongeveer om vier uur. En het werd vijf uur en zes uur en zeven uur. Maar het was alsof de tijd stil stond. Het werd acht uur en negen uur en tien uur. En nog steeds waren de middeleeuwen aan de gang, begrijp je. Tijd om op te staan en een nieuwe dag te beginnen, denk je misschien. Ja, ik begrijp wat je bedoelt. Maar het is weekend, snap je, een heel lang weekend. Het werd elf uur en twaalf uur en een uur. Om deze tijd spreken we van de hoge middeleeuwen. Het is de tijd dat in Europa de grote kathedralen werden gebouwd. Pas om een uur of twee beginnen ergens een paar hanen te kraaien. En dan - pas dan lopen die lange middeleeuwen op hun eind.'

'Dan hebben de middeleeuwen tien uur geduurd,' zei Sofie.

Alberto maakte een bruuske beweging met zijn hoofd dat onder de capuchon van de bruine monnikspij uitkwam en keek uit over zijn gemeente, die op dat moment slechts uit een meisje van veertien jaar bestond.

'Als een uur honderd jaar is, dan wel. We zouden kunnen zeggen dat Jezus rond middernacht wordt geboren. Paulus begon vlak voor half een met zijn missiereizen en overleed een kwartier later in Rome. Tot een uur of drie was de christelijke kerk min of meer verboden, maar in het jaar 313 werd het christendom in het Romeinse Rijk als godsdienst erkend. Dat was onder keizer Constantinus. Zelf werd de vrome keizer pas vele jaren later op zijn sterfbed gedoopt. Vanaf 380 werd het christendom in het hele Romeinse Rijk tot staatsgodsdienst.

'Maar ging het Romeinse Rijk dan niet ten onder?'
'Ja, het stond inderdaad te wankelen op zijn grondvesten. We staan vlak voor een van de belangrijkste cultuurwisselingen in onze geschiedenis. In de vierde eeuw werd Rome door verschillende volksstammen vanuit het noorden bedreigd, terwijl het rijk tegelijkertijd van binnenuit dreigde uiteen te vallen. In 330 verhuisde keizer Constantinus de hoofdzetel van het Romeinse Rijk naar Constantinopel, een stad die hij zelf had gesticht bij de toegang tot de Zwarte Zee. Door sommigen werd deze nieuwe stad dan ook als het "andere Rome" gezien. In 395 werd het Romeinse Rijk in tweeën gesplitst, het Westromeinse Rijk met als centrum Rome en het Oostromeinse Rijk met de nieuwe stad Constantinopel als hoofdstad. In 410 werd Rome door barbaarse volksstammen geplunderd en in 476 ging het hele Westromeinse Rijk ten onder. Het Oostromeinse Rijk bleef als staat bestaan tot aan 1453, toen Constantinopel door de Turken werd veroverd.'
'En kreeg de stad toen de naam Istanbul?'
'Precies. Een andere datum die we moeten onthouden is het jaar 529. Toen sloot de kerk de Academie van Plato in Athene. In hetzelfde jaar werd de orde der benedictijnen gesticht. Dat was de eerste grote monnikenorde. Zo werd het jaar 529 symbolisch voor de manier waarop de christelijke kerk de Griekse filosofie in de doofpot stopte. Vanaf dat moment hadden de kloosters het alleenrecht op onderwijs, beschouwing en verdieping. Het is dan bijna half zes...'
Sofie had allang begrepen wat Alberto met al die tijdstippen bedoelde. Middernacht was het jaar 0, een uur betekende 100 na Christus, zes uur was 600 na Christus en 1400 uur was 1400 na Christus...
Alberto vertelde verder.
'Met de middeleeuwen wordt eigenlijk de tijd tussen twee andere tijdperken bedoeld. De uitdrukking stamt uit de renaissance. Men zag de middeleeuwen toen als een lange "duizendjarige nacht" die Europa in de ban hield tussen de klassieke oudheid en de renaissance. Nog steeds gebruiken we het woord middeleeuwen neerbuigend voor alles wat we autoritair en onbuigzaam vinden. Maar er zijn ook mensen die de middeleeuwen zien als

een periode van "duizendjarige groei". Zo werd bijvoorbeeld ons schoolsysteem in de middeleeuwen gevormd. Al in de vroege middeleeuwen ontstonden de eerste kloosterscholen. In de twaalfde eeuw kwamen de kathedraalscholen en omstreeks 1200 werden de eerste universiteiten gesticht. Tot aan de dag van vandaag heeft men de vakken in verschillende groepen of "faculteiten" ingedeeld, net als in de middeleeuwen.

'Duizend jaar is een ontzettend lange tijd.'

'Maar het christendom had ook tijd nodig om tot het volk te kunnen doordringen. In de loop van de middeleeuwen zagen we bovendien het ontstaan van verschillende naties, met hun steden en burgers, hun volksmuziek en volksverhalen. Wat zouden onze sprookjes en volksliederen zonder de middeleeuwen zijn geweest? Wat zou Europa zonder de middeleeuwen zijn geweest, Sofie? Een Romeinse provincie? Maar de resonantie van namen als Noorwegen, Engeland of Nederland ligt nu juist in die bodemloze diepte die we de middeleeuwen noemen. Uit die diepte valt heel wat op te vissen, ook al zou je dat niet meteen denken. De IJslander Snorre was een middeleeuwer. En zo ook de koning die Noorwegen kerstende, Olav de Heilige. En Karel de Grote. En niet te vergeten Romeo en Julia, Reinaard de Vos, Sneeuwwitje en de trollen uit de oude Noorse volkssprookjes. Plus een hele rij trotse vorsten en majesteiten, koene ridders en mooie jonkvrouwen, anonieme glasschilders en geniale orgelbouwers. En dan heb ik de kloosterbroeders, de kruisvaarders of de wijze vrouwen nog niet eens genoemd.'

'Je hebt de geestelijken ook niet genoemd.'

'Dat klopt. Het christendom kwam pas in de elfde eeuw naar Noorwegen, maar het zou overdreven zijn om te zeggen dat Noorwegen na de slag bij Stiklestad, waar koning Olav voor het christendom sneuvelde en daarna heilig werd verklaard, een christelijk land was. Onder de christelijke oppervlakte leefde de oude heidense gedachtenwereld verder, en veel van die voorchristelijke elementen vermengden zich algauw met de christelijke ideeën. Zo hebben de christelijke gebruiken in de viering van het Noorse kerstfeest bijvoorbeeld met de gebruiken uit de Oudnoorse godenwereld een verbond gesloten, dat voortduurt tot de dag van vandaag. Net als bij huwelijksverbonden geldt ook hier de oude regel dat de echtgenoten steeds meer op elkaar gaan lijken. Zo doen het kerstbrood, het kerstvarken en het kerstbier inmiddels meer en meer denken aan de drie Wijzen uit het oosten en de stal in Betlehem. Wat niet wegneemt dat het christendom na verloop van tijd toch de alom heersende levensbeschouwing werd. Daarom zeggen we vaak dat er in de middeleeuwen sprake was van een christelijke "eenheidscultuur".'

'Dus het waren niet alleen maar duistere en trieste eeuwen?'

'In de eerste eeuwen na het jaar 400 kon je wel degelijk spreken van een cultureel verval. De Romeinse tijd was een periode van culturele bloei met grote steden die openbare rioleringen, badhuizen en bibliotheken hadden. En niet te vergeten hun trotse architectuur. Die hele cultuur ging in de eerste eeuwen van de middeleeuwen ten onder. Dat gold ook voor de handel en de geldhuishouding. In de middeleeuwen keerde de ruilhandel terug. De economie werd beheerst door wat we het feodale stelsel of het leenstelsel noemen. Daarmee wordt bedoeld dat het land in bezit was van slechts een paar rijke leenheren, die de landarbeiders lieten werken om op die manier in hun levensonderhoud te voorzien. Ook de bevolking werd in die eerste eeuwen aanzienlijk kleiner. Je moet weten dat Rome in de oudheid een miljoenenstad was. In de zevende eeuw was de bevolking van de oude wereldstad al gereduceerd tot 40.000 inwoners, een fractie van wat er eerst woonde. En dit kleine aantal mensen liep rond tussen de resten van de majestueuze bouwwerken uit de hoogtijdagen van de stad. Als ze bouwmaterialen nodig hadden, hoefden ze maar om zich heen te grijpen, aan oude ruïnes geen gebrek. Natuurlijk tot ergernis van de archeologen van onze tijd; die hadden liever gezien dat de mensen uit de middeleeuwen die oude monumenten met rust hadden gelaten.'

'Achteraf is het makkelijk praten.'

'Als politieke grootheid was de tijd van Rome al voorbij aan het eind van de vierde eeuw. Maar de bisschop van Rome werd algauw het hoofd van de hele rooms-katholieke kerk. Hij werd paus - of vader - genoemd en na een poosje zag men hem als de vertegenwoordiger van Jezus op aarde. Zo was Rome gedurende bijna de hele middeleeuwen de hoofdstad van de kerk. En er waren maar weinigen die Rome durfden tegenspreken. Na verloop van tijd kregen de koningen en vorsten van de nieuwe nationale staten echter zo'n enorme macht dat enkelen van hen toch tegen de gevestigde kerkelijke macht in opstand durfden komen. Een van hen was koning Sverre van Noorwegen.'

Sofie keek op naar de geleerde monnik.

'Je zei dat de kerk de Academie van Plato in Athene sloot. Werden alle Griekse filosofen vergeten?'

'Niet helemaal. Men kende nog enkele geschriften van Aristoteles en Plato. Maar het oude Romeinse Rijk werd na verloop van tijd in drie verschillende cultuurgebieden opgedeeld. In West-Europa ontstond een *Latijnstalige* christelijke cultuur met Rome als hoofdstad. In Oost-Europa zien we een *Griekstalige* christelijke cultuur met Constantinopel als hoofdstad. Later kreeg de stad de Griekse naam Byzantium. Daarom spreken we van de Byzantijnse middeleeuwen ten onderscheid van de rooms-katholieke middeleeuwen. Maar ook Noord-Afrika en het Midden-Oosten hadden tot het Romeinse Rijk behoord. In dat gebied ontwikkelde zich tijdens de middeleeuwen een *Arabischtalige* islamitische cultuur. Nadat Mohammed in 632 was gestorven, werden zowel het Midden-Oosten als Noord-Afrika voor de islam gewonnen. Niet veel later werd ook Spanje een deel van het islamitische cultuurgebied. De islam kreeg zijn heilige plaatsen met steden als Mekka, Medina, Jeruzalem en Bagdad. Van cultuurhistorische betekenis was ook het feit dat de Arabieren de oude hellenistische stad Alexandrië overnamen. Zo ging veel van de Griekse kennis op de Arabieren over. Gedurende de hele middeleeuwen geven de Arabieren binnen wetenschappen als de wiskunde, de scheikunde, de astronomie en de medicijnen de toon aan. En wij gebruiken nog steeds Arabische cijfers. Op vele gebieden was de Arabische cultuur de christelijke cultuur dan ook de baas.'

'Ik vroeg hoe het verder ging met de Griekse filosofen.'

'Probeer je eens een brede rivier voor te stellen die zich tijdelijk in drie rivierstromen opdeelt, om daarna weer tot een grote rivier samen te vloeien.'

'Ik zie het voor me.'

'Dan zie je ook hoe de Grieks-Romeinse cultuur in het westen werd doorgegeven door de rooms-katholieke cultuur, in het oosten door de oost-roomse cultuur en in het zuiden door de Arabische cultuur. Ook al is het een erg vereenvoudigde voorstelling van zaken, toch zou je kunnen zeggen dat het neoplatonisme in het westen werd doorgegeven, Plato in het oosten en Aristoteles door de Arabieren in het zuiden. En tegelijkertijd was er in alle drie de rivierstromen van alles een beetje aanwezig. Belangrijk is dat de drie rivierstromen aan het eind van de middeleeuwen in Noord-Italië weer bij elkaar komen. De Arabische invloed kwam van de Arabieren in Spanje, de Griekse invloed uit Griekenland en Byzantium. En dan begint de renaissance, de wedergeboorte van de cultuur van de klassieke oudheid. Je zou kunnen zeggen dat de cultuur van de klassieke oudheid de lange middeleeuwen op die manier had overleefd.'

'Ik snap het.'

'Maar we moeten niet op de gebeurtenissen vooruit lopen. Eerst gaan we nog over de filosofie van de middeleeuwen praten, m'n kind. En ik zal je niet langer vanaf de preekstoel toespreken. Ik kom naar beneden.'

Sofie voelde aan haar ogen dat ze maar een paar uur had geslapen. Toen ze de wonderlijke monnik vanaf de preekstoel in de Mariakerk naar beneden zag klimmen, had ze het gevoel dat ze droomde.

Alberto liep naar het altaarhek. Daar aangekomen keek hij eerst op naar het altaar met het oude kruisbeeld. Toen draaide hij zich om naar Sofie en liep met langzame passen naar haar toe. Hij ging naast haar op de kerkbank zitten.

Het was een vreemde gewaarwording zo dicht bij hem te zitten. Onder de muts zag Sofie een paar bruine ogen. Ze waren van een man van middelbare leeftijd met donker haar en een puntbaard.

Wie ben je? dacht ze. Waarom heb je ingegrepen in mijn leven?

'We leren elkaar nog wel beter kennen,' zei hij alsof hij haar gedachten had gelezen.

Terwijl ze daar zo zaten en het licht dat door de gebrandschilderde ramen de kerk binnenviel, steeds feller werd, begon Alberto Knox zijn verhaal over de filosofie van de middeleeuwen.

'Dat het christendom de waarheid was, werd door de filosofen in de middeleeuwen haast als vanzelfsprekend aangenomen,' zei hij.

'De vraag was alleen of we de christelijke openbaring moeten *geloven* of dat we de christelijke waarheden ook met het verstand kunnen begrijpen. Wat was de relatie tussen de Griekse filosofen en de inhoud van de bijbel? Bestond er een tegenstelling tussen de bijbel en het verstand of waren geloof en kennis verenigbaar? Bijna alle filosofie uit de middeleeuwen draaide om die ene vraag.'

Sofie knikte ongeduldig. Op het examen bijbelkennis had ze de vraag over geloof en kennis ook moeten beantwoorden.

'We zullen zien dat we het probleem ook tegenkomen bij de twee belangrijkste filosofen uit de middeleeuwen. Laten we beginnen met *Augustinus*, die leefde van 354 tot 430. In het leven van die ene man kunnen we de overgang van de late oudheid naar het begin van de middeleeuwen bestuderen. Augustinus werd geboren in de kleine stad Thagaste in Noord-Afrika, maar al op zestienjarige leeftijd verhuisde hij naar Carthago om te studeren. Later vertrok hij naar Rome en Milaan en de laatste jaren van zijn leven bracht hij door als bisschop van de stad Hippo Regius, enkele tientallen kilometers ten westen van Carthago. Maar hij is niet zijn hele leven een christen geweest. Augustinus maakte met vele religieuze en filosofische stromingen kennis, voor hij zich tot het christendom bekeerde.'

'Kun je een paar voorbeelden geven?'

'Een tijd lang was hij manicheeër. De manicheeërs vormden voor de late oudheid een bijzonder kenmerkende religieuze sekte. Het was een deels religieuze, deels filosofische verlossingsleer. Men ging ervan uit dat de wereld in tweeën was verdeeld, tussen goed en kwaad, licht en duisternis, geest en materie. Met zijn geest kon de mens zich boven de stoffelijke wereld verheffen en op die manier de basis leggen voor de verlossing van zijn ziel. Maar de strikte scheiding tussen goed en kwaad liet Augustinus niet met rust. De jonge Augustinus was bijzonder gefascineerd door wat we vaak het probleem van het kwaad noemen. Daarmee wordt de vraag bedoeld waar het kwaad vandaan komt. Een tijd lang werd hij beïnvloed door de stoïcijnse filosofie. Volgens de stoïcijnen bestond er niet zo'n duidelijk onderscheid tussen goed en kwaad. Augustinus werd echter het meest beïnvloed door de tweede belangrijke filosofische stroming uit de late oudheid: het neoplatonisme. Daar stuitte hij op de idee dat het hele bestaan van goddelijke aard is.'

'En toen werd hij een neoplatonische bisschop?'

'Ja, zo zou je het misschien kunnen zeggen. In de eerste plaats bekeerde hij zich tot het christendom, maar het christendom van Augustinus wordt in hoge mate beïnvloed door een platonische manier van denken. Zo zie je maar, Sofie, dat er aan het begin van de christelijke middeleeuwen eigenlijk nog geen sprake is van een dramatische breuk met de Griekse filosofie. Veel van de Griekse filosofie werd door kerkvaders als Augustinus naar de nieuwe tijd meegenomen.'

'Bedoel je dat Augustinus voor vijftig procent christen en voor vijftig procent neoplatonist was?'

'Hij vond zelf natuurlijk dat hij voor honderd procent christen was. Maar hij zag geen scherpe tegenstelling tussen het christendom en de filosofie van Plato. Hij vond de overeenkomsten tussen de filosofie van Plato en de christelijke leer zo opvallend, dat hij zich afvroeg of Plato sommige delen van het Oude Testament niet gekend moest hebben. Dat is natuurlijk niet erg aannemelijk. Het is juister om te zeggen dat Augustinus Plato gekerstend heeft.'

'Hij zei dus niet onmiddellijk vaarwel tegen alles wat met filosofie te maken had, ook al begon hij in het christendom te geloven?'

'Maar hij wees er wel op dat er grenzen zijn aan wat het verstand kan bevatten als het om religieuze vragen gaat. Het christendom is ook een goddelijk mysterie, dat we alleen maar door ons geloof kunnen benaderen. Maar als we in het christendom geloven, zal God onze ziel verlichten, zodat we een soort bovennatuurlijke kennis van God bereiken. Augustinus had zelf ervaren dat er grenzen waren aan hoeveel de filosofie kon verklaren. Pas toen hij christen werd, vond zijn ziel rust. "Ons hart is onrustig tot het rust vindt in u," schrijft hij.'

'Ik begrijp niet helemaal hoe de ideeënleer van Plato met het christendom kon worden verenigd,' wierp Sofie nu tegen. 'Hoe zat het dan met de eeuwige ideeën?'

'Augustinus stelt inderdaad vast dat God de wereld uit het niets heeft geschapen, en dat is een bijbelse gedachte. De Grieken neigden eerder naar de gedachte dat de wereld er altijd was geweest. Maar volgens hem bestonden de ideeën al in Gods gedachten, voordat God de wereld schiep. Op die manier plantte hij de platonische ideeën in God en redde zo het platonische beeld van de eeuwige ideeën.'

'Slim van hem.'

'Het illustreert hoe Augustinus en met hem vele andere kerkvaders zich tot het uiterste inspanden om de Griekse en joodse gedachtenwereld met elkaar te verenigen. Je zou kunnen zeggen dat ze burgers van twee culturen waren. Ook in zijn visie op het kwaad grijpt Augustinus terug op het neoplatonisme. Hij dacht net als Plotinus dat het kwaad een afwezigheid van God is. Het kwaad kent geen zelfstandig bestaan, het is iets wat niet is. Want het scheppingswerk van God is eigenlijk alleen maar goed. Het kwaad kwam voort uit de ongehoorzaamheid van de mens, volgens Augustinus. Of om het met zijn eigen woorden te zeggen: "De goede wil is Gods werk, de kwade wil is het wegvallen van Gods werk".'

'Dacht hij ook dat de mens een goddelijke ziel heeft?'

'Ja en nee. Augustinus stelt vast dat er een onoverbrugbare kloof bestaat tussen God en de wereld. Op dit punt staat hij stevig op bijbelse grond en wijst hij de leer van Plotinus dat alles een is af. Maar hij benadrukt ook dat de mens een geestelijk wezen is. De mens heeft een stoffelijk lichaam, dat toebehoort aan de fysische wereld waar mot en roest alles verteren, maar ook een ziel die God kan erkennen.'

'Wat gebeurt er met de menselijke ziel als we doodgaan?'

'Volgens Augustinus gaat het hele menselijke geslacht na de zondeval ten onder. Toch heeft God besloten dat sommige mensen van de eeuwige ondergang verlost zullen worden.'

'Dan had hij net zo goed kunnen besluiten dat niemand ten onder zal gaan,' vond Sofie.

'Op dit punt punt stelt Augustinus dat de mens het recht niet heeft om God te bekritiseren. En hij verwijst naar iets wat Paulus in zijn brief aan de Romeinen heeft geschreven:

Maar gij, o mens! wie zijt gij, dat gij God zoudt tegenspreken? Zal het geboetseerde soms tot zijn boetseerder zeggen: Waarom hebt gij mij zo gemaakt? Of heeft de pottebakker niet de vrije beschikking over het leem om uit dezelfde klomp het ene voorwerp te vervaardigen tot eervol, het andere tot alledaags gebruik?

'Dus God zit in de hemel met de mensen te spelen? En als hij niet tevreden is over iets wat hij zelf heeft gemaakt, gooit hij het bij het kaf.'

'Wat Augustinus wil zeggen is dat geen mens Gods verlossing verdient. En toch heeft God sommigen uitverkoren die van de ondergang verlost zullen worden. Voor hem is het daarom geen geheim wie verlost zullen worden en wie ten onder zullen gaan. Dat is van tevoren bepaald. Ja, inderdaad, wij zijn leem in de handen van God. We zijn volledig afhankelijk van zijn genade.'

'Dus je zou kunnen zeggen dat hij terugkeerde naar het oude geloof in het lot?'

'Daar zit wel iets in. Maar Augustinus ontzegt de mens niet de verantwoordelijkheid voor zijn eigen leven. Hij raadt ons aan om zo te leven dat we aan onze eigen levensloop kunnen merken dat we tot de uitverkorenen behoren. Want hij ontkent niet dat we een vrije wil hebben. Maar God heeft van tevoren gezien hoe we gaan leven.'

'Is dat niet een beetje onrechtvaardig?' vroeg Sofie. 'Socrates dacht dat alle mensen dezelfde mogelijkheden hadden omdat iedereen hetzelfde verstand had. Maar Augustinus deelt de mensen in twee groepen in. De ene groep wordt verlost, de andere gaat ten onder.'

'Met de theologie van Augustinus hebben we ons inderdaad eén eind van het humanisme in Athene verwijderd. Maar het was natuurlijk niet Augustinus die de mensheid in twee groepen indeelde. Hij bouwt voort op de leer van de bijbel over ondergang en verlossing. In een groot werk dat "Over de Staat Gods" heet, gaat hij verder hierop in.'

'Vertel op!'

'De uitdrukking Staat Gods of Koninkrijk Gods is afkomstig uit de bijbel en uit de verkondiging van Jezus. Augustinus was van mening dat de geschiedenis uit slechts een verhaal bestaat en dat is het verhaal over de strijd tussen de Staat Gods en de Wereldlijke Staat. Daarbij moet je niet denken aan twee politieke staten die duidelijk van elkaar gescheiden zijn. De twee staten vechten hun strijd in ieder mens afzonderlijk uit. Toch zou je kunnen zeggen dat de Staat Gods min of meer in de kerk zetelt en dat de Wereldlijke Staat te vinden is in de politiek gevormde staten, zoals bijvoorbeeld het Romeinse Rijk, dat juist in de tijd van Augustinus uiteen viel. Deze opvatting deed steeds meer opgang, toen kerk en staat gedurende de vroege middeleeuwen ook werkelijk om de macht streden. "Er bestaat geen verlossing buiten de kerk," was het nieuwe motto. De Staat Gods van Augustinus werd ten slotte dus gelijkgesteld met de kerk. Pas in de zestiende eeuw begon men tijdens de reformatie te protesteren tegen de gedachte dat een mens door de weg van de kerk te volgen, de verlossing van God kon ontvangen.'

'Dat werd hoog tijd.'

'We moeten ook even stilstaan bij het feit dat we met Augustinus de eerste filosoof zijn tegengekomen die de geschiedenis zelf in zijn filosofie betrekt. De strijd tussen het goed en het kwaad was niets nieuws. Wel nieuw was dat deze strijd zich in onze geschiedenis afspeelt. Op dit punt is bij Augustinus weinig meer te merken van het Platonisme. Hier baseert hij zich helemaal op het lineaire geschiedenisdenken uit het Oude Testament. Volgens dit denken heeft God onze hele geschiedenis nodig om zijn Staat Gods te verwezenlijken. De geschiedenis is noodzakelijk om de mens te kunnen opvoeden en het kwaad te vernietigen. Of om het met de woorden van Augustinus te zeggen: "De goddelijke voorzienigheid voert de mensheid door zijn geschiedenis vanaf Adam tot aan het eind van de geschiedenis, alsof het de geschiedenis van een enkel mens was die zich vanaf zijn jeugd tot aan zijn ouderdom stapsgewijs ontwikkelt".'

Sofie keek op haar horloge.

'Het is acht uur,' zei ze, 'ik moet naar huis.'

'Maar eerst wil ik je nog over de tweede grote filosoof van de middeleeuwen vertellen. Zullen we buiten gaan zitten?'

Alberto stond op van de kerkbank. Hij legde zijn handpalmen

tegen elkaar en schreed over het middenpad van de kerk naar de buitendeur. Het leek alsof hij tot God bad of over een paar geestelijke waarheden liep na te denken. Sofie liep achter hem aan, ze kon niet anders.

Buiten hing nog een dunne nevel boven de grond. De zon was al een poosje geleden opgekomen, maar nog niet helemaal door de ochtendmist heen gebroken. De Mariakerk lag aan de rand van het oude deel van de stad.

Alberto ging op een bank voor de kerk zitten. Sofie vroeg zich af wat er zou gebeuren als er iemand langskwam. Op zich was het al vreemd om 's ochtends om acht uur op een bank te zitten en dat ze er samen met een middeleeuwse monnik zat, maakte de zaak er niet beter op.

'Het is acht uur,' begon de monnik, 'sinds Augustinus is er ongeveer vierhonderd jaar verstreken en we staan aan het begin van een lange schooldag. Tot tien uur maken de kloosterscholen de dienst uit als het om onderwijs gaat. Tussen elf en twaalf worden de eerste kathedraalscholen gesticht en om een uur of twaalf komen de eerste universiteiten. Dat is ook de tijd dat de grote gotische kathedralen worden gebouwd. De kerk waarin we nu zitten, stamt ook uit de dertiende eeuw, ook wel de hoge middeleeuwen genoemd. In onze stad hadden ze geen geld om grotere kathedralen te bouwen.'

'Dat was toch ook niet nodig,' zei Sofie, 'lege kerken vind ik het ergste dat er is.'

'Maar de grote kathedralen werden niet alleen gebouwd om onderdak te bieden aan een grote schaar van gelovigen. Ze werden opgericht ter ere van God en waren zo op zich al een soort kerkdienst. Maar er gebeurde in die hoge middeleeuwen ook nog iets anders en die gebeurtenis was vooral voor ons filosofen van belang.'

'Vertel!'

Alberto ging verder.

'Het was de tijd dat de invloed van de Arabieren in Spanje merkbaar werd. De Arabieren kenden gedurende de hele middeleeuwen een levendige Aristoteles-traditie en vanaf het eind van de twaalfde eeuw bezochten geleerde Arabieren op uitnodiging van de daar levende vorsten Noord-Italië. Zo raakten veel geschriften van Aristoteles ook daar bekend en na verloop van tijd werden ze uit het Grieks en het Arabisch in het Latijn vertaald. Daardoor ontstond een hernieuwde belangstelling voor natuurwetenschappelijke vragen. Bovendien werd de oude vraag over het verband tussen de christelijke openbaring en de Griekse filosofie nieuw leven ingeblazen. Bij vragen van natuurwetenschappelijke aard kon men niet langer om Aristoteles heen. Maar wanneer moest je nu naar de filosofie luisteren, en wanneer moest je je uitsluitend aan de bijbel houden? Kun je het nog volgen, Sofie?'

Sofie knikte even en de monnik vervolgde zijn verhaal.

'De grootste en belangrijkste filosoof uit de hoge middeleeuwen was *Thomas van Aquino*, die leefde van 1225 tot 1274. Hij kwam uit de kleine stad Aquino ergens tussen Rome en Napels, maar werkte ook als docent aan de universiteit van Parijs. Ik noem hem filosoof, maar je zou hem even goed theoloog kunnen noemen. In die tijd bestond er eigenlijk geen scheiding tussen filosofie en theologie. Heel in het kort zou je kunnen zeggen dat Thomas van Aquino Aristoteles kerstende, zoals Augustinus aan het begin van de middeleeuwen Plato had gekerstend.'

'Was het niet een beetje raar om filosofen te kerstenen die honderden jaren voor Christus leefden?'

'Dat zou je kunnen zeggen. Maar met de kerstening van de twee grote Griekse filosofen bedoelen we dat ze zo werden geïnterpreteerd en verklaard, dat ze niet langer als een bedreiging voor de christelijke leer werden gezien. Van Thomas van Aquino wordt wel gezegd dat hij "de koe bij de horens vatte".'

'Ik wist niet dat filosofie ook al iets met veeteelt te maken had.'

'Thomas van Aquino was een van de mensen die probeerden de filosofie van Aristoteles met het christendom te verenigen. We zeggen dat hij de grote synthese tussen geloof en weten tot stand heeft gebracht. En dat deed hij door op de filosofie van Aristoteles in te gaan en die letterlijk te nemen.'

'Of hem dus bij de horens te vatten. Ik heb vannacht tot mijn spijt bijna niet geslapen, dus ik ben bang dat je je nog iets nader moet verklaren.'

'Thomas van Aquino was van mening dat er geen tegenstelling hoeft te bestaan tussen wat de filosofie ons vertelt en wat de christelijke openbaring of het geloof ons vertelt. Heel vaak vertellen het christendom en de filosofie ons hetzelfde. Daarom kunnen we met behulp van ons verstand tot dezelfde waarheden komen als die waarover we in de bijbel kunnen lezen.'

'Hoe kan dat nou? Kan het verstand ons vertellen dat God de wereld in zes dagen heeft geschapen? Of dat Jezus de zoon van God was?'

'Nee, zulke pure geloofswaarheden kunnen we alleen maar vinden door middel van het geloof en de christelijke openbaring. Maar Thomas was van mening dat er daarnaast een aantal "natuurlijke theologische waarheden" bestond. Daarmee bedoelde hij waarheden die én door de christelijke openbaring én door ons aangeboren of "natuurlijke" verstand kunnen worden begrepen. Zo'n waarheid is bijvoorbeeld dat er een God bestaat. Thomas dacht dat er twee wegen naar God voerden. De ene weg is die van het geloof en de openbaring. De tweede weg is die van het verstand en de zintuiglijke waarnemingen. Van deze twee wegen is die van het geloof en de openbaring overigens wel de meest veilige, want als je alleen op je verstand vertrouwt, kun je gemakkelijk verdwalen. Maar de boodschap van Thomas is dat er tussen een filosoof als Aristoteles en de christelijke leer geen tegenstelling hoeft te zijn.'

'We kunnen ons dus even goed aan Aristoteles als aan de bijbel houden?'

'Beslist niet. Want Aristoteles komt niet erg ver omdat hij de christelijke openbaring niet kende. Maar niet erg ver komen is niet hetzelfde als de verkeerde weg inslaan. Zo is het bijvoorbeeld niet verkeerd om te zeggen dat Athene in Europa ligt. Maar erg nauwkeurig is het niet. Als een boek je alleen maar vertelt dat Athene een Europese stad is, is het misschien slim om ook in een aardrijkskundeboek te kijken. En daar zul je de hele en volledige waarheid vinden: Athene is de hoofdstad van Griekenland, een klein land in het zuidoosten van Europa. Als je geluk hebt, lees je ook nog iets over de Akropolis. En over Socrates, Plato en Aristoteles niet te vergeten!'

'Maar de eerste informatie over Athene was ook waar.'
'Precies! Het punt van Thomas was juist dat er slechts een waarheid bestaat. Wanneer Aristoteles ons op iets wijst waarvan we met ons verstand weten dat het juist is, dan is dat niet in strijd met de christelijke leer. We kunnen met ons verstand en onze zintuiglijke waarnemingen maar tot een deel van de waarheid doordringen; dat zijn de waarheden waar Aristoteles het over heeft als hij het planten- en dierenrijk beschrijft. Een ander deel van de waarheid heeft God ons in de bijbel geopenbaard. Op een groot aantal punten overlappen die twee elkaar en op een aantal vragen geven de bijbel en ons verstand ons precies hetzelfde antwoord.'
'Bijvoorbeeld dat God bestaat?'
'Juist. Ook de filosofie van Aristoteles ging ervan uit dat er een God - of een eerste oorzaak - bestaat, die alle natuurprocessen op gang bracht. Maar hij beschrijft God verder niet. Wat dat betreft zijn we op de bijbel en de verkondiging van Jezus aangewezen.'
'Is het dan zeker dat God bestaat?'
'Daarover kun je natuurlijk discussiëren. Maar tot aan de dag van vandaag zullen de meeste mensen het erover eens zijn dat het menselijk verstand in ieder geval het tegendeel niet kan bewijzen. Thomas ging nog een stap verder. Hij dacht dat hij op basis van de filosofie van Aristoteles het bestaan van God kon bewijzen.'
'Dan kon hij meer dan wij.'
'Volgens hem kunnen we ook met ons verstand tot het inzicht komen dat alles om ons heen een eerste oorzaak moet hebben. Zo kun je zeggen dat God zich in de bijbel en in het verstand aan de mensen heeft geopenbaard. We spreken daarom van een "openbaringstheologie" en van een "natuurlijke theologie". Hetzelfde geldt voor morele vragen. In de bijbel kunnen we lezen hoe God wil dat we zullen leven. Maar God heeft ons ook een geweten gegeven dat ons in staat stelt om op natuurlijke wijze goed van kwaad te onderscheiden. Dus ook als het om morele vragen gaat, bestaan er twee wegen. We kunnen weten dat het verkeerd is een mens kwaad te doen, ook als we niet in de bijbel zouden hebben gelezen dat "u uw naaste moet behandelen zoals u wilt dat uw naaste u behandelt". Ook hier geldt echter dat de geboden uit de bijbel de mens de grootste zekerheid bieden.'

'Ik geloof dat ik het begrijp,' zei Sofie, 'het is net zoiets als weten dat het onweert omdat je buiten de bliksem ziet en de donder hoort.'

'Ja, precies. Ook al zouden we blind zijn, dan kunnen we het nog horen donderen. En ook al zouden we doof zijn, dan kunnen we nog het onweer zien. Het beste is natuurlijk om het tegelijk te zien en te horen. Maar er bestaat geen *tegenstelling* tussen wat we zien en wat we horen. Integendeel, de twee indrukken vullen elkaar aan.'

'Ik begrijp het.'

'Laat ik nog een ander voorbeeld geven. Als je een roman leest, "Victoria" van Knut Hamsun bijvoorbeeld...'

'Die heb ik zelfs gelezen...'

'Kom je dan niet iets van de schrijver te weten, gewoon omdat je een roman leest die hij heeft geschreven?'

'Ik kan er in elk geval vanuit gaan dat er een schrijver bestaat die het boek heeft geschreven.'

'Weet je nog meer van hem?'

'Hij heeft vrij romantische ideeën over de liefde.'

'Als je die roman leest - Knut Hamsuns schepping - dan krijg je dus ook een soort inzicht in het karakter van Hamsun. Maar je kunt niet verwachten dat je persoonlijke gegevens van de schrijver in het boek zult vinden. Vertelt "Victoria" je bijvoorbeeld hoe oud de schrijver is en hoeveel kinderen hij had?'

'Nee, natuurlijk niet.'

'Maar zulke gegevens kun je wel vinden in een biografie over Knut Hamsun. Alleen in een biografie - of autobiografie - leer je de schrijver ook als *persoon* kennen.'

'Ja, dat is zo.'

'Ongeveer zo zit het ook met de schepping van God en de bijbel. Alleen al door buiten in de natuur te lopen kunnen we weten dat er een God bestaat. En we kunnen zonder meer zien dat hij van bloemen en dieren houdt, anders zou hij ze immers niet hebben geschapen. Maar gegevens over de persoon van God komen we alleen maar tegen in de bijbel, Gods autobiografie.'

'Wat een goed voorbeeld.'

'Hm...'

Het was de eerste keer dat Alberto in gedachten zat verzonken en geen antwoord gaf.

'Heeft dit ook iets met Hilde te maken?' liet Sofie zich ontvallen.

'We weten toch niet zeker of er een Hilde bestaat?'

'Maar we weten wel dat er op allerlei plaatsen sporen van haar zijn te vinden. Ansichtkaarten en een zijden sjaal, een groene portefeuille, een kniekous...'

Alberto knikte: 'en het is net alsof het aan de vader van Hilde is om te bepalen hoeveel van zulke sporen hij wil uitzetten. Maar tot nu toe weten we alleen maar dat er een persoon bestaat die ons al die ansichtkaarten stuurt. Ik zou willen dat hij ook iets over zichzelf schreef. We zullen hier later nog wel op terugkomen.'

'Het is nu twaalf uur. Ik moet in ieder geval naar huis voordat de middeleeuwen zijn afgelopen.'

'Ik zal je tot slot nog vertellen hoe Thomas van Aquino de filosofie van Aristoteles overnam op alle punten waar zijn filosofie niet tegen de kerkelijke theologie indruiste. Het gaat om de logica, de ervaringsfilosofie en niet op de laatste plaats de natuurfilosofie van Aristoteles. Weet je nog hoe Aristoteles alles wat leeft, van plant en dier tot mens, in oplopende schalen beschreef?'

Sofie knikte.

'Aristoteles dacht al dat die gradenschaal op een God wees die een soort hoogste bestaansvorm was. Het schema kon door de christelijke theologie gemakkelijk worden aangepast. Volgens Thomas zijn er verschillende bestaansniveaus, die oplopen van de planten en de dieren naar de mensen, van de mensen naar de engelen en van de engelen naar God. De mens heeft net als de dieren een lichaam met zintuigen, maar daarnaast heeft de mens een denkend vermogen. Engelen hebben geen lichaam met zintuigen, daarom hebben ze een onmiddellijk en ogenblikkelijk intellect. Ze hoeven niet zoals mensen na te denken, ze hoeven niet eerst conclusies te trekken. Ze weten alles wat de mens kan weten, zonder zoals wij stapje-voor-stapje tot een inzicht te komen. Omdat engelen geen lichaam hebben, gaan ze ook nooit dood. Ze zijn niet eeuwig zoals God, omdat ze ooit door God geschapen zijn. Maar ze hebben geen lichaam dat ze kunnen verlaten en daarom zullen ze nooit doodgaan.'

'Dat klinkt wonderbaarlijk.'
'Maar boven de engelen troont God, Sofie. Hij kan alles in een samenhangend visioen zien en weten.'
'Dan ziet hij ons nu ook.'
'Ja, misschien ziet hij ons wel. Maar niet nu. Voor God bestaat de tijd niet zoals voor ons. Ons "nu" is niet Gods "nu". Als er voor ons een paar weken verstrijken, betekent dat niet dat er ook voor God een paar weken verstrijken.'
'Dat is griezelig!' riep Sofie uit.
Ze hield haar hand voor de mond. Alberto keek haar aan en Sofie zei: 'ik heb weer een kaart van Hildes vader gekregen. Hij schreef dat als er een week of twee voor Sofie verstrijken, dat niet hoeft te betekenen dat er voor ons net zoveel tijd verstrijkt. Het was bijna hetzelfde als wat je net over God zei!'
Sofie zag hoe het gezicht onder de bruine muts in een grimas vertrok.
'Hij moest zich schamen!'
Sofie begreep niet wat hij bedoelde, misschien bedoelde hij er ook niets mee. Alberto ging verder.
'Jammer genoeg nam Thomas van Aquino ook het vrouwbeeld van Aristoteles over. Je herinnert je misschien dat de vrouw volgens Aristoteles zo ongeveer een onvolkomen man was. Hij dacht bovendien dat kinderen alleen de eigenschappen van hun vader erfden. Want de vrouw was passief en ontvangend en de man was actief en vormend. Zulke gedachten kwamen volgens Thomas overeen met woorden uit de bijbel, waar bijvoorbeeld verteld wordt dat de vrouw uit de rib van de man werd geschapen.'
'Wat een onzin!'
'Het is, denk ik, goed hieraan toe te voegen dat pas in 1827 werd aangetoond dat vrouwelijke zoogdieren eieren hebben. Daarom was het misschien niet zo vreemd, dat men bij het voortplantingsproces dacht dat de man degene was die vormde en het leven schonk. Aan de andere kant moeten we niet voorbijgaan aan het feit dat de vrouw volgens Thomas alleen als natuurwezen ondergeschikt was aan de man. De ziel van de vrouw is gelijkgesteld aan de ziel van de man. In de hemel zijn man en vrouw

gelijk om de eenvoudige reden dat alle lichamelijke verschillen tussen de seksen daar niet meer bestaan.'

'Een schrale troost. Bestonden er in de middeleeuwen geen vrouwelijke filosofen?'

'Het kerkelijk leven werd in de middeleeuwen gedomineerd door mannen. Maar dat betekent niet dat er geen vrouwelijke denkers waren. Een van hen was *Hildegard van Bingen*...'

Sofie sperde haar ogen wagenwijd open: 'Heeft ze iets met Hilde te maken?'

'Jij kunt meer vragen dan ik kan beantwoorden! Hildegard was een non en ze leefde van 1098 tot 1179 in het dal van de Rijn. Hoewel ze vrouw was, was ze ook predikant, schrijfster, arts, botanica en natuurwetenschapster. Ze kan misschien als symbool dienen voor het feit dat het vaak de vrouwen waren die in de middeleeuwen het meest praktisch en het meest wetenschappelijk waren.'

'Ik vroeg of ze iets met Hilde te maken had.'

'Het is een oude christelijke en joodse opvatting dat God niet alleen een man is. Hij had ook een vrouwelijke kant of "moedernatuur". Want ook de vrouw is naar Gods beeld geschapen. In het Grieks heet die vrouwelijke kant van God *Sophia*. Sophia of Sofie betekent wijsheid.'

Sofie schudde mistroostig het hoofd. Waarom had niemand haar dat ooit verteld? En waarom had zij het nooit aan iemand gevraagd?

Alberto ging door met zijn verhaal.

'Zowel bij de joden als in de Grieks orthodoxe kerk speelde Sophia - of Gods moedernatuur - tijdens de middeleeuwen een rol. In het westen werd ze vergeten. Maar toen kwam Hildegard. Ze vertelt dat Sophia zich in visioenen aan haar vertoonde. Ze was gekleed in een goudkleurige tuniek, versierd met kostbare edelstenen...'

Sofie stond op van de bank waarop ze zat. Sophia had zich in visioenen aan Hildegard vertoond...

'Misschien ga ik me wel aan Hilde vertonen.'

Ze ging weer zitten. Voor de derde keer legde Alberto een hand op haar schouder.

'Dat moeten we nog uitzoeken. Maar het is nu bijna een uur. Jij moet nog ontbijten en er daagt een nieuwe tijd. Ik nodig je uit voor een nieuwe bijeenkomst over de renaissance. Hermes zal je in de tuin ophalen.'

En toen stond de wonderlijke monnik op en liep in de richting van de kerk. Sofie bleef zitten en dacht na over Hildegard en Sophia, Hilde en Sofie. Plotseling ging er een schok door haar heen. Ze ging staan en riep haar als monnik geklede filosofieleraar achterna: 'Leefde er in de middeleeuwen ook een Alberto?'

Hij ging iets langzamer lopen, draaide zijn hoofd naar haar toe en zei: 'Thomas van Aquino had een beroemde filosofieleraar. Zijn naam was Albertus Magnus...'

Op hetzelfde moment boog hij zijn hoofd om onder de deur van de Mariakerk door te kunnen lopen en was hij verdwenen.

Sofie gaf zich niet gewonnen. Ze liep ook de kerk in. Maar deze was nu helemaal leeg. Was hij door de aarde verzwolgen?

Toen ze de kerk uit liep, viel haar oog op een afbeelding van Maria. Ze liep dicht naar het schilderij toe en bekeek het nauwkeurig. Plotseling ontdekte ze een druppeltje water onder het ene oog op het schilderij. Was het een traan?

Sofie stormde de kerk uit en holde naar het huis van Jorunn.

DE RENAISSANCE

*... o goddelijk geslacht
in menselijke gedaante...*

Jorunn stond op het pleintje voor het gele huis toen Sofie puffend en hijgend tegen half twee bij het tuinhek aankwam.
 'Je bent meer dan tien uur weg geweest,' riep ze uit.
 Sofie schudde het hoofd: 'Ik ben meer dan duizend jaar weg geweest.'
 'Waar ben je al die tijd dan geweest?'
 'Ik had een afspraakje met een monnik uit de middeleeuwen. Grappige vent!'
 'Je bent niet goed snik. Je moeder heeft een half uur geleden gebeld.'
 'Wat heb je gezegd?'
 'Ik heb gezegd dat je naar de kiosk was.'
 'Wat zei ze toen?'
 'Dat je haar moest bellen als je terug was. Papa en mama waren een groter probleem. Die kwamen ons om een uur of tien wakker maken met broodjes en chocolademelk. En toen was het ene bed leeg.'
 'Wat heb je gezegd?'
 'Het was nogal pijnlijk. Ik heb gezegd dat je naar huis was gegaan omdat we ruzie hadden gekregen.'
 'Dan moeten we het maar snel weer bijleggen. En jouw ouders mogen een paar dagen niet met mijn moeder praten. Denk je dat we dat voor elkaar krijgen?'
 Jorunn haalde de schouders op. Het volgende moment verscheen de vader van Jorunn met een kruiwagen in de tuin. Hij had een overall aangetrokken. Je kon duidelijk zien dat hij zich nog niet had verzoend met de afgevallen bladeren van het vorig jaar.
 'Daar hebben we de ruziemaaksters, zijn jullie het weer met elkaar eens?' zei hij. 'En met de dorre bladeren in de tuin is het

ook afgelopen, ik heb het allerlaatste blaadje net van het kelderluik geveegd.'

'Geweldig,' antwoordde Sofie, 'misschien kunnen we daar dan onze chocolademelk opdrinken in plaats van in bed.'

Jorunns vader lachte ongemakkelijk en Jorunn maakte een afwerende beweging. Ze waren bij Sofie thuis iets minder voorzichtig met hun woorden dan bij financieel adviseur Ingebrigtsen en zijn vrouw.

'Het spijt me, Jorunn. Maar ik vond dat ik mijn steentje moest bijdragen om ons geheim te bewaren.'

'Krijg ik er nog iets over te horen?'

'Als je mee naar mijn huis gaat. Het is geen kost voor financieel adviseurs of overjarige Barbiepoppen.'

'Wat een rotopmerking. Is een slecht lopend huwelijk waarbij een van de partners zijn heil op zee zoekt, soms beter?'

'Je hebt gelijk. Maar ik heb vannacht bijna niet geslapen. Bovendien begin ik me af te vragen of Hilde alles wat we doen kan zien.'

Ze liepen in de richting van Kløverveien.

'Bedoel je dat ze helderziend is?'

'Misschien. Maar misschien is het ook iets anders.'

Het was duidelijk dat Jorunn al die geheimzinnigheid maar niets vond.

'Maar dat verklaart nog niet waarom haar vader krankzinnige ansichtkaarten naar een verlaten hut in het bos stuurt.'

'Ik geef toe dat dat een zwak punt is.'

'Vertel nu eerst maar eens waar je geweest bent.'

En Sofie vertelde. Ook van de geheimzinnige filosofiecursus. Maar pas nadat Jorunn haar plechtig had beloofd dat het hun geheim zou zijn.

Ze liepen een poos naast elkaar zonder iets te zeggen.

'Het bevalt me niets,' zei Jorunn toen ze vlak bij Kløverveien 3 waren.

Ze bleef voor het hek van het huis van Sofie staan en gebaarde dat ze niet verder mee ging.

'Dat verlangt ook niemand van je. Maar filosofie is geen onschuldig gezelschapsspel. Wie zijn we? Waar komen we van-

daan? Daarover gaat het. Vind je dat we daar op school genoeg over leren?'
'Niemand weet toch het antwoord op zulke vragen?'
'Maar wij leren niet eens welke vragen we moeten stellen.'

Toen Sofie de keuken binnenkwam, stond de zaterdagse pap al op tafel. Haar moeder zei er niets van dat ze niet had teruggebeld.

Na het eten zei Sofie dat ze een poosje wilde slapen. Ze bekende dat ze bij Jorunn bijna geen oog had dichtgedaan. Dat was wel vaker het geval na een nachtje logeren.

Voor ze naar bed ging, bleef ze even voor de grote koperen spiegel staan die ze aan de wand had gehangen. Eerst zag ze alleen maar haar eigen bleke, vermoeide gezicht. Maar toen was het plotseling net alsof ze achter haar eigen gezicht de vage omtrekken van een ander gezicht zag opduiken.

Sofie haalde een paar keer diep adem. Nu moest ze zich geen dingen in het hoofd gaan halen.

Ze zag de scherpe omtrekken van haar eigen bleke gezicht, dat werd omkranst door zwart haar dat zich maar voor een kapsel leende, het puur natuurlijke 'steil naar beneden'-kapsel. Maar onder dat gezicht dook de beeltenis van een ander meisje op. Plotseling begon het vreemde meisje heftig met haar ogen te knipperen. Alsof ze wilde laten zien dat ze zich echt aan de andere kant van de spiegel bevond. Het duurde maar een paar seconden. Toen was ze verdwenen.

Sofie ging op bed zitten. Ze twijfelde er geen seconde aan dat het gezicht in de spiegel van Hilde was. In Majorstua had ze een foto van haar op een scholierenkaart gezien. Ze wist zeker dat dat hetzelfde meisje was als het meisje in de spiegel.

Was het niet vreemd dat ze die geheimzinnige dingen alleen meemaakte als ze verschrikkelijk moe was? Achteraf vroeg ze zich dan altijd af of ze het niet allemaal had gedroomd.

Sofie legde haar kleren op een stoel en kroop onder haar dekbed. Ze viel meteen in slaap. Terwijl ze sliep, had ze een wonderlijk intense en duidelijke droom.

Ze droomde dat ze in een grote tuin stond die uitkeek op een fjord. Aan het water lag een rood botenhuis. Op de steiger bij het botenhuis zat een blond meisje over de zee uit te kijken. Sofie liep naar haar toe en ging naast haar zitten. Maar het was alsof het vreemde meisje niet merkte dat ze er was. 'Ik heet Sofie,' stelde ze zich voor. Maar het vreemde meisje kon haar niet horen en niet zien. 'Ben je soms doof en blind?' zei Sofie. Maar het vreemde meisje was echt doof voor de woorden van Sofie. Op hetzelfde moment hoorde Sofie een stem roepen 'Hildelief!'. Het vreemde meisje sprong op van de steiger en holde in de richting van het huis. Ze was dus toch niet doof en blind. Uit het huis kwam een oudere man op haar af rennen. Hij droeg een uniform en had een blauwe baret op zijn hoofd. Het vreemde meisje vloog hem om de hals en de man zwaaide haar een paar keer in het rond. Toen zag Sofie een ketting met een gouden kruisje op de rand van de steiger waar het meisje had gezeten. Ze pakte het op en hield het in haar hand. Op dat moment werd ze wakker.

Sofie keek op de wekker. Ze had een paar uur geslapen. Ze ging op de rand van het bed zitten en dacht na over de wonderlijke droom. Het was zo'n intense, duidelijke droom dat het was alsof het echt gebeurd was. Sofie wist zeker dat het huis en de steiger die ze in haar droom had gezien, echt ergens bestonden. Leek het niet op het schilderij dat in Majorstua hing? Ze twijfelde er niet aan dat het meisje in de droom Hilde Møller Knag was en dat de man haar vader was die uit Libanon was thuisgekomen. In haar droom had de man haar aan Alberto Knox doen denken...

Toen Sofie uit haar bed stapte en het dekbed recht trok, ontdekte ze een gouden ketting met een kruisje onder haar hoofdkussen. Op de achterkant van het kruisje stonden drie letters gegraveerd: 'HMK'.

Het was niet de eerste keer dat Sofie droomde dat ze iets waardevols had gevonden. Maar het was wel de allereerste keer dat het haar gelukt was om dat waardevolle uit haar droom met zich mee te nemen.

'Verdorie', zei ze hardop tegen zichzelf.

Ze was zo boos dat ze haar kastdeur opentrok en het tere sieraad in de kast smeet, bij de zijden sjaal, de witte kniekous en alle ansichtkaarten uit Libanon.

Toen Sofie die zondagochtend wakker werd gemaakt, stond er een groot ontbijt met warme broodjes, sinaasappelsap, een ei en Italiaanse salade voor haar klaar. Een enkele keer gebeurde het dat haar moeder zondags eerder wakker was dan zij. En dan vond ze het leuk om een uitgebreid zondagsontbijt te maken, voor ze Sofie wekte.

Tijdens het ontbijt zei haar moeder: 'Er loopt een vreemde hond in de tuin. Hij heeft de hele ochtend bij de oude heg rondgehangen. Snap jij wat hij daar te zoeken heeft?'

'O, jawel,' antwoordde Sofie; ze kon zich de tong wel afbijten.

'Is hij hier dan eerder geweest?'

Sofie was al van tafel opgestaan en liep nu naar het raam dat op de grote tuin uitkeek. Het was zoals ze had gedacht. Hermes was voor de geheime ingang van het Hol gaan liggen.

Wat moest ze nu zeggen? Ze had geen tijd meer om iets te bedenken, want haar moeder stond al naast haar.

'Zei je dat hij hier al eerder was geweest?'

'Hij heeft vast een bot in de tuin begraven. En nu is hij teruggekomen om zijn schat op te halen. Honden hebben ook een geheugen...'

'Misschien wel, Sofie. Jij bent van ons beiden de beste dierenpsycholoog.'

Sofie dacht hard na.

'Ik zal hem wel naar huis brengen,' zei ze.

'Weet je dan waar hij woont?'

Ze haalde de schouders op.

'Er staat vast wel een adres in zijn halsband.'

Enkele minuten later was Sofie op weg naar de tuin. Toen Hermes haar in het oog kreeg, rende hij op haar af, kwispelde driftig met zijn staart en sprong tegen haar op.

'Goed zo, braaf, Hermes,' zei Sofie.

Ze wist dat haar moeder voor het raam stond. Als hij nu maar niet door de heg heenkroop! Maar de hond vloog naar het grindpad voor het huis, rende daarna over de oprit en sprong tegen het tuinhek omhoog.

Toen ze het hek achter zich had dichtgedaan, bleef Hermes een paar meter voor Sofie uit lopen. Er volgde een lange tocht door de villawijk. Sofie en Hermes waren niet de enigen die een zondagse wandeling maakten. Hele gezinnen waren buiten op pad. Sofie voelde een steek van jaloezie.

Af en toe liet Hermes haar even alleen om te snuffelen aan een andere hond of aan iets wat aan de kant van de weg lag, maar steeds als Sofie 'hier' riep, kwam hij naast haar lopen.

Ze kwamen langs een oude moestuin, een groot sportveld en een speelplaats. Nu waren ze in een drukkere buurt. Ze bleven in de richting van het centrum lopen langs een brede geplaveide straat waar trolleybussen reden.

Toen ze in het centrum waren aangekomen, stak Hermes Stortorget over en liep daarna Kirkegaten in. Ze kwamen uit bij het oude stadsdeel met grote huurkazernes van rond de eeuwwisseling. Het was bijna half twee.

Ze waren nu aan de andere kant van de stad. Sofie kwam hier niet vaak. Eén keer, toen ze nog klein was, had ze een oude tante bezocht die in een van deze straten woonde.

Toen kwamen ze aan bij een klein marktplein dat werd omringd door oude huizen. Het plein heette Nytorget, de Nieuwe Markt, hoewel alles hier al heel oud moest zijn. De stad was zelf immers ook al heel oud en stamde ergens uit de middeleeuwen.

Hermes liep naar portiek 14 en bleef daar staan wachten tot Sofie de deur zou opendoen. Ze was nerveus.

Beneden in het trappenhuis hing één muur vol met groene brievenbussen. Sofie ontdekte een ansichtkaart op een van de bovenste brievenbussen. Op de kaart was een stempel gezet: 'onbekend op dit adres'. De geadresseerde was: 'Hilde Møller Knag, Nytorget 14...'. De kaart was afgestempeld op 15 juni. Het duurde nog ruim twee weken voordat het zover was, maar dat was de postbode kennelijk niet opgevallen.

Sofie haalde de kaart van de brievenbus en las:

Lieve Hilde. Sofie is nu bij het huis van haar filosofieleraar aangekomen. Ze is bijna vijftien, maar jij werd gisteren al vijftien. Of is het vandaag, Hildelief? Als het vandaag is, is het vast al laat. Maar onze klokken lopen niet altijd helemaal gelijk. Terwijl de ene generatie oud wordt, begint een andere generatie te ontluiken. Intussen gaat de geschiedenis haar gang. Heb je er weleens aan gedacht dat je de geschiedenis van Europa kunt vergelijken met een mensenleven? De oudheid is het kind Europa. Daarna komen de lange middeleeuwen: Europa zit op school. Maar dan komt de renaissance. De lange schooldag is voorbij en het jonge Europa staat ongeduldig te trappelen en wil de wereld in. Je zou kunnen zeggen dat de renaissance de vijftiende verjaardag van Europa is. Het is midden juni, m'n kind en hier te zijn is goddelijk. O, wat is het leven toch mooi!'

P.S. Wat jammer dat je je gouden kruisje hebt verloren. Je moet voortaan beter op je spullen passen!

Groeten papa, die nu vlak in de buurt is.

Hermes was al op weg naar boven. Sofie nam de ansichtkaart met zich mee en liep achter hem aan. Ze moest hollen om hem bij te houden, hij kwispelde wild met zijn staart. Ze kwamen langs de eerste, tweede, derde en vierde verdieping. Vanaf hier liep alleen maar een smalle trap nog verder naar boven. Ze zouden toch niet het dak opgaan? Hermes liep de trap op. Voor een smalle deur bleef hij staan en begon er met zijn nagels aan te krabben.

Al snel hoorde Sofie aan de binnenkant voetstappen dichterbij komen. Toen ging de deur open en daar stond Alberto Knox. Ook vandaag had hij zich verkleed, al had hij nu een ander pak aan. Witte kniekousen, een wijde rode broek en een gele jas met schoudervullingen. Hij deed Sofie denken aan een joker uit een kaartspel. Als ze moest raden, zou ze zeggen dat hij een typisch renaissancekostuum droeg.

'Wat ben je toch een clown!' riep Sofie uit. Ze duwde hem aan de kant en liep de flat binnen.

Opnieuw was die arme filosofieleraar de dupe van haar gemengde gevoelens van angst en verlegenheid. Bovendien was Sofie nog overstuur door de kaart die ze beneden in het trappenhuis had gevonden.

'Kalm aan, m'n kind,' zei Alberto nu, terwijl hij de deur achter zich dicht deed.

'En hier is de post,' zei Sofie. Ze gaf hem de kaart alsof ze hem ervoor verantwoordelijk stelde.

Alberto las wat er op de kaart stond en bleef toen hoofdschuddend staan.

'Hij wordt steeds brutaler. Straks gebruikt hij ons nog als een soort verjaardagsvermaak voor zijn dochter.'

Terwijl hij dat zei, griste hij de kaart uit haar hand en scheurde die kapot. De snippers gooide hij in een prullenbak.

'Op de kaart stond dat Hilde haar gouden kruisje had verloren,' zei Sofie.

'Ja, dat zag ik.'

'Maar datzelfde kruisje heb ik thuis in mijn bed gevonden. Kun jij begrijpen hoe dat daar is terechtgekomen?'

Alberto keek haar ernstig in de ogen. 'Dat lijkt misschien op toveren... Maar het is een goedkope truc die hem niet de minste moeite kost. Laten wij liever kijken naar het grote konijn dat uit de zwarte hoge hoed die het universum heet, werd getoverd.'

Ze liepen de kamer in, de vreemdste kamer die Sofie ooit had gezien.

Alberto woonde in een groot zolderappartement met een schuin dak. In het dak was een raam gemaakt waardoor het scherpe licht van boven recht naar binnen viel. Maar de kamer had ook een raam dat op de stad uitkeek. Door dat raam kon Sofie alle daken van de oude huizen van het centrum zien.

Maar Sofie verbaasde zich vooral over de vele vreemde dingen die zich in de kamer bevonden. De kamer stond vol meubels en voorwerpen uit zeer uiteenlopende perioden. Een bank die vermoedelijk uit de jaren dertig stamde, een oude secretaire uit de jaren rond de eeuwwisseling en een stoel die honderden jaren oud moest zijn. Maar het waren niet alleen de meubels. Op boekenplanken en in kasten stonden alle mogelijke oude gebruiksvoorwerpen en siervoorwerpen kris-kras door elkaar heen. Oude klokken en kannen, vijzels en destilleerkolven, messen en poppen, ganzeveren en boekensteunen, octanten en sextanten, kompassen en barometers. Eén wand was helemaal bedekt met boeken, maar dan geen boeken zoals je die in iedere boekhandel kon vinden. Ook de verzameling boeken was een doorsnede van vele eeuwen boekdrukkunst. Aan de wanden hingen tekeningen en schilderijen. Sommigen dateerden uit de afgelopen decennia, maar de meeste schilderijen waren veel ouder. Er hingen bovendien veel oude kaarten. Op een van die kaarten lag de Sognefjord in de provincie Trøndelag en de Trondheimsfjord ergens in Noord-Noorwegen.

Sofie bleef minutenlang staan zonder iets te zeggen. Ze draaide haar hoofd net zolang tot ze de kamer vanuit alle mogelijke hoeken had bekeken.

'Je hebt veel rommel om je heen verzameld, zie ik,' zei ze ten slotte.

'Nou, nou. Bedenk eens hoeveel eeuwen geschiedenis in deze kamer bijeen zijn gebracht. Ik zou het geen rommel willen noemen.'

'Heb je een antiquariaat of zo?'

Alberto kreeg nu een bijna weemoedige uitdrukking op zijn gezicht.

'Niet iedereen kan zich op de stroom van de geschiedenis mee laten drijven, Sofie. Sommigen van ons moeten stoppen om op te rapen wat er aan de oever van de rivier is aangespoeld.'

'Dat is raar uitgedrukt.'

'Maar het is wel waar, m'n kind. We leven niet alleen in onze eigen tijd. We dragen ook onze geschiedenis met ons mee. Je moet niet vergeten dat alle dingen die je in deze kamer ziet, ooit fonkelnieuw zijn geweest. Die kleine pop uit de zestiende eeuw kan best gemaakt zijn voor de vijfde verjaardag van een meisje. Misschien wel door een oude opa... En toen werd ze een tiener, Sofie. En daarna werd ze volwassen en ging ze trouwen. Misschien kreeg ze zelf een dochter aan wie ze de pop weer heeft doorgegeven. Toen werd ze nog ouder en op een dag was ze er niet meer. Ze had een leven lang geleefd, maar toen was ze er dus niet meer. En ze komt nooit weer terug. In feite was ze hier maar voor korte tijd op bezoek. Maar haar pop - die staat nu hier op de plank.'

'Het klinkt zo treurig en indrukwekkend als je het zo zegt.'

'Maar het leven *is* ook treurig en indrukwekkend. We worden in een schitterende wereld neergezet, komen elkaar tegen, begroeten elkaar, en brengen een poosje met elkaar door. En dan zijn we er niet meer, we zijn even plotseling en onverklaarbaar verdwenen als we ooit gekomen zijn.'

'Mag ik je iets vragen?'

'We spelen nu geen verstoppertje meer.'

'Waarom ben je naar Majorstua verhuisd?'

'Omdat ik niet zo ver van je af wilde wonen, toen we alleen nog maar per brief met elkaar spraken. Ik wist dat de oude boshut leeg stond.'

'En toen ben je daar zomaar ingetrokken?'

'Toen ben ik daar zomaar ingetrokken.'

'Dan weet je misschien ook wel hoe de vader van Hilde wist dat jij daar was komen wonen.'

'Als ik gelijk heb, weet hij bijna alles.'

'Maar ik snap nog steeds niet hoe je een postbode zo gek krijgt dat hij midden in het bos post gaat bezorgen.'

Alberto glimlachte fijntjes.

'Zelfs zulke dingen zijn voor de vader van Hilde waarschijnlijk maar een kleinigheid. Goedkope hocus-pocus, eenvoudige narrestreken. Wij leven misschien wel onder 's werelds strengste bewaking.'

Sofie merkte dat ze boos werd.

'Als ik hem ooit tegenkom, krab ik hem de ogen uit zijn kop!'

Alberto liep naar de bank en ging zitten. Sofie volgde hem en nestelde zich in een grote leunstoel.

'Alleen de filosofie kan ons dichter bij de vader van Hilde brengen,' zei Alberto nu. 'Vandaag vertel ik je over de renaissance.'

'Ga je gang.'

'Al een paar jaar na de dood van Thomas van Aquino begon de christelijke eenheidscultuur te scheuren. De filosofie en de wetenschap maakten zich steeds verder los van de kerkelijke theologie, wat echter ook tot gevolg had dat het geloofsleven zich vrijer ten opzichte van het verstand opstelde. Steeds meer mensen vonden dat we God niet met ons verstand konden benaderen, want God was hoe dan ook ongrijpbaar voor ons denken. De mens kon zich beter aan Gods wil onderwerpen dan proberen het christelijke mysterie te begrijpen.'

'Ik snap het.'

'Het feit dat het geloofsleven en de wetenschap zich van elkaar losmaakten, gaf nieuwe impulsen aan de wetenschappelijke methoden maar ook aan de geloofsbeleving. Het legde de basis voor twee belangrijke omwentelingen die in de vijftiende en zestiende eeuw plaatsvonden, namelijk de *renaissance* en de *reformatie*.'

'Laten we ons tot een omwenteling per keer beperken.'

'Met de renaissance bedoelen we een grootse culturele opbloei vanaf het eind van de veertiende eeuw. Deze begon in Noord-Italië, maar verbreidde zich in de vijftiende en zestiende eeuw snel naar het noorden.'

'Zei je niet dat het woord "renaissance" wedergeboorte betekent?'

'Ja, de wedergeboorte van de kunst en cultuur uit de klassieke oudheid. We hebben het ook wel over het "humanisme" van de renaissance, omdat de mens nu opnieuw het uitgangspunt werd, nadat de lange middeleeuwen alles in een goddelijk licht hadden gesteld. "Terugkeer naar de bronnen" werd het nieuwe motto en daarmee bedoelde men vooral het klassieke humanisme. Het werd haast een volkssport om oude beelden en handschriften uit de klassieke oudheid op te graven. Zo werd het ook mode om Grieks te leren. Dat had een hernieuwde studie van de Griekse cultuur tot gevolg. Men bestudeerde het Griekse humanisme vooral uit pedagogische overwegingen. De studie van de humaniora zorgde voor een "klassieke vorming" en een ontwikkeling van wat we "menselijke kwaliteiten" zouden kunnen noemen. "Paarden worden geboren," zei men, "maar mensen niet, die worden gevormd".'

'Dus eigenlijk moeten we tot mensen worden opgevoed?'

'Ja, dat dacht men. Maar voor we nader ingaan op de humanistische ideeën uit de renaissance, zal ik je iets vertellen over de politieke en culturele achtergrond van die tijd.'

Alberto stond op en ijsbeerde door de kamer. Bij een bijzonder oud instrument dat op een van de boekenplanken stond, bleef hij staan.

'Wat is dat?' vroeg hij.

'Het ziet er uit als een oud kompas.'
'Juist.'
Nu wees hij naar een oud geweer dat boven de bank aan de wand hing.
'En dat?'
'Een geweer van een oude jaargang.'
'Hm, en dit?'
Alberto trok nu een groot boek uit de kast.
'Dat is een oud boek.'
'Om precies te zijn een incunabel.'
'Een incunabel?'
'Eigenlijk betekent het "wiegedruk". Het woord wordt gebruikt voor boeken die werden gedrukt in de wieg van de boekdrukkunst. Dat wil zeggen voor 1500.'
'Is het boek echt zo oud?'
'Ja, zo oud is het. En juist deze drie uitvindingen - het kompas, het kruit en de boekdrukkunst - zijn belangrijke voorwaarden voor de nieuwe tijd die wij de renaissance noemen.'
'Dat moet je me eens uitleggen.'
'Door het kompas kon men gemakkelijker navigeren. Daardoor werden de grote ontdekkingsreizen mogelijk gemaakt. Dat gold trouwens ook voor het kruit. Dankzij de nieuwe wapens waren de Europeanen in militair opzicht de meerdere van de Amerikaanse en Aziatische culturen. Maar ook binnen Europa was het kruit van groot belang. De boekdrukkunst speelde een belangrijke rol voor de verspreiding van de nieuwe gedachten van de humanistische renaissance-mens. En vooral vanwege de boekdrukkunst raakte de kerk haar monopolie-positie als hoeder van kennis kwijt. Later volgden er aan de lopende band nieuwe instrumenten en nieuwe hulpmiddelen. Een belangrijk instrument was bijvoorbeeld de verrekijker. Die bood geheel nieuwe mogelijkheden voor de astronomie.'
'En ten slotte kwamen de raketten en een toestel waarmee men op de maan kon landen?'
'Nu ga je iets te snel. Maar tijdens de renaissance is wel het proces begonnen dat de mens uiteindelijk op de maan zou brengen. En nu we het daar toch over hebben, ook Hiroshima en Tsjerno-

byl zou teweegbrengen. Maar het begon allemaal met een reeks veranderingen op cultureel en economisch gebied. Een belangrijke voorwaarde voor die veranderingen was de overgang van een economie gebaseerd op ruilhandel naar een geldhuishouding. Aan het einde van de middeleeuwen waren de steden uitgegroeid tot plaatsen vol bedrijvige ambachtslieden, handel in allerlei nieuwe waren, een geldhuishouding en bankinstellingen. Zo was een burgerij aangetreden die zich een zekere vrijheid ten aanzien van de natuurlijke omstandigheden had verworven. De noodzakelijke levensbehoeften konden nu voor geld worden gekocht. Het was een ontwikkeling die de vlijt, de fantasie en de creativiteit van het individu bevorderde. En aan het individu werden geheel nieuwe eisen gesteld.'

'Het doet me een beetje denken aan wat er tweeduizend jaar daarvoor bij het ontstaan van de Griekse steden gebeurde.'

'Dat is niet zo raar. Ik heb je verteld hoe de Griekse filosofie zich losmaakte van het mythische wereldbeeld dat met de boerencultuur was verbonden. Op dezelfde manier maakten de burgers zich tijdens de renaissance los van de leenheren en de macht van de kerk. En dat gebeurde allemaal terwijl de Griekse cultuur opnieuw werd ontdekt door het aanhalen van de contacten met de Arabieren in Spanje en de Byzantijnse cultuur in het oosten.'

'De drie rivierstromen uit de oudheid vloeien weer tot een grote rivier samen.'

'Je hebt goed opgelet. Maar nu heb ik genoeg gezegd over de achtergronden van de renaissance. Nu zal ik je over de nieuwe ideeën vertellen.'

'Ik luister. Maar ik moet wel voor het eten thuis zijn.'

Alberto ging weer op de bank zitten. Hij keek Sofie strak aan. 'In de allereerste plaats leidde de renaissance tot een *nieuw mensbeeld*. De humanisten stelden een heel nieuw vertrouwen in de mens en de waarde van de mens, iets wat in schrille tegenstelling stond tot de ideeën in de middeleeuwen, toen men voortdurend hamerde op de zondige natuur van de mens. Nu werd de mens gezien als iets oneindig groots en waardevols. Een van de centrale figuren uit de renaissance heette *Ficino*. Hij declameerde: "Ken u zelve, o goddelijk geslacht in menselijke gedaante!" Een ander,

Pico della Mirandola, schreef een "Lofzang op de menselijke waardigheid". Zoiets zou in de middeleeuwen ondenkbaar zijn geweest. Gedurende de hele middeleeuwen had men God als uitgangspunt genomen. De humanisten namen de mens zelf als uitgangspunt.'

'Maar dat hadden de Griekse filosofen toch ook gedaan?'

'Daarom spreken we ook van de wedergeboorte van het humanisme uit de oudheid. Maar de humanisten uit de renaissance droegen, meer dan de klassieke humanisten, het stempel van het *individualisme*. Wij zijn niet alleen mensen, wij zijn ook unieke individuen. Deze gedachte bracht een bijna ongebreidelde verheerlijking van het genie met zich mee. Het nieuwe ideaal werd wat wij wel de "renaissance-mens" of "homo universale" noemen. Daarmee wordt iemand bedoeld die actief is op alle gebieden van het leven, de kunst en de wetenschap. Het nieuwe mensbeeld bleek ook uit de belangstelling voor de anatomie van het menselijk lichaam. Net als in de oudheid ontleedde men dode mensen om erachter te komen hoe het lichaam in elkaar zat. Dat was niet alleen van belang voor de medische wetenschap, maar ook voor de kunst. In de kunst werd de mens weer in zijn naakte vorm getoond. Na een periode van duizend jaar van verlegenheid, zou je kunnen zeggen. De mensen durfden opnieuw zichzelf te zijn. Ze hoefden zich niet langer meer voor iets te schamen.'

'Het klinkt haast als een roes,' zei Sofie, terwijl ze vooroverop een tafeltje leunde, dat tussen haar en haar filosofieleraar in stond.

'Absoluut. Het nieuwe mensbeeld bracht een totaal *nieuwe levensopvatting* met zich mee. De mens was er niet langer alleen voor God. God had de mens ook voor de mens geschapen. Daarom kon de mens ook aan het gewone, dagelijkse leven plezier beleven. En als de mens zich vrijelijk kon ontplooien, waren zijn mogelijkheden grenzeloos. Het doel werd alle grenzen te overschrijden. Ook dat was nieuw vergeleken met het klassieke humanisme. De klassieke humanisten hadden immers benadrukt dat de mens vóór alles zijn gemoedsrust, zijn matigheid en beheersing moest bewaren.'

'Deden de nieuwe humanisten dat dan niet?'

'Ze waren in elk geval niet erg matig. Ze hadden het gevoel alsof de hele wereld opnieuw ontwaakte. De mensen werden zich zeer bewust van het tijdperk waarin ze leefden. Ze voerden het woord "middeleeuwen" in voor alle eeuwen die tussen de oudheid en hun eigen tijd lagen. Op alle gebieden zag je een ongekende bloei. Dat gold voor de kunst en de architectuur, de literatuur en de muziek, de filosofie en de wetenschap. Ik zal een concreet voorbeeld geven. We hebben het gehad over het Rome van de oudheid, dat trotse benamingen kende als "stad der steden" en "de navel van de wereld". Tijdens de middeleeuwen raakte de stad in verval en in het jaar 1417 had de oude miljoenenstad nog maar 17.000 inwoners.'

'Niet veel meer dan er in Lillesand wonen.'

'De humanisten uit de renaissance hadden als cultureel en politiek doel Rome te doen herrijzen. De eerste stap was de bouw van de grote Sint Pieterskerk op het graf van de apostel Petrus. En als we naar de Sint Pieterskerk kijken, kunnen we moeilijk van matigheid of beheersing spreken. Vooraanstaande kunstenaars uit de renaissance werden bij dit grootste bouwproject aller tijden ingeschakeld. Vanaf 1506 werd meer dan 120 jaar gebouwd en daarna zou het nog vijftig jaar duren voor ook het grote Sint Pietersplein klaar was.'

'Dat moet een grote kerk zijn geworden.'

'De kerk is meer dan 200 meter lang, 130 meter hoog en heeft een oppervlakte van meer dan 16.000 vierkante meter. Maar genoeg over de overmoed van de renaissance-mens. Van grote betekenis was ook dat we in de renaissance een *nieuwe opvatting van de natuur* zien ontstaan. Dat de mens zich thuis voelde op aarde - en het leven hier niet alleen zag als een voorbereiding op het leven in de hemel - schiep een geheel nieuwe houding ten opzichte van de fysische wereld om hem heen. De natuur werd als iets positiefs gezien. Veel mensen dachten ook dat God in zijn schepping aanwezig is. Hij was immers oneindig, dus moest hij ook overal zijn. Deze opvatting werd het *pantheïsme* genoemd. De filosofen uit de middeleeuwen hadden erop gehamerd dat er een onoverkomelijke kloof tussen God en zijn schepping bestond. Nu waren er mensen die zeiden dat de natuur goddelijk was - of zelfs dat de natuur de "ontplooiing van God" was. Zulke nieuwe ideeën werden hen door de kerk niet altijd in dank afgenomen. Een dramatisch voorbeeld van de reactie van de kerk was het lot van *Giordano Bruno*. Hij beweerde niet alleen dat God in de natuur aanwezig was. Hij dacht bovendien dat het universum oneindig was. Daarvoor werd hij bijzonder streng gestraft.'

'Hoe dan?'

'Hij werd in 1600 op de bloemenmarkt van Rome levend verbrand...'

'Wat een rotstreek... en wat dom. En dat noem jij humanisme?'

'Nee, dat niet. Bruno was de humanist, niet zijn beulen. Maar tijdens de renaissance beleefde ook het zogenaamde antihumanisme een opbloei. Daarmee bedoel ik de autoritaire macht van de kerk en de staat. Tijdens de renaissance floreerden de heksenprocessen en de brandstapels waarop de ketters werden verbrand, de zwarte magie en het bijgeloof. Overal woedden bloedige godsdienstoorlogen - en dan heb ik het nog niet over de wrede verovering van Amerika. Maar het humanisme heeft altijd een duistere keerzijde gehad. Geen enkel tijdperk is alleen maar goed of alleen maar slecht. Het goede en het kwade vormen samen twee draden die door de hele geschiedenis van de mensheid heenlopen. Vaak zijn ze met elkaar verweven. En dat geldt niet in de laatste plaats voor het volgende trefwoord. Ik ga je vertellen over iets wat de renaissance ons ook heeft gebracht, namelijk een *nieuwe wetenschappelijke methode*.'

'Werden in die tijd ook de eerste fabrieken gebouwd?'

'Nog niet direct. Maar voor alle technische ontwikkelingen die na de renaissance plaatsvonden, was een nieuwe wetenschappelijke methode noodzakelijk. Daarmee bedoel ik een hele nieuwe opvatting van wat wetenschap is. De technische vruchten van deze nieuwe methode werden pas enige tijd later geplukt.'

'Wat was dat dan voor een nieuwe methode?'

'Op de eerste plaats berustte deze op het principe dat de natuur door middel van eigen waarnemingen moest worden onderzocht. Al in de veertiende eeuw hadden steeds meer mensen gewaarschuwd tegen het blinde geloof in de oude autoriteiten. Dat gold zowel voor de leerstellingen van de kerk als voor de natuurfilosofie van Aristoteles. Zo werd ook gewaarschuwd tegen de gedachte dat je een probleem kunt oplossen door er over na te denken. Een dergelijk overdreven vertrouwen in de betekenis van het verstand had het denken gedurende de hele middeleeuwen bepaald. Nu zei men dat elk onderzoek van de natuur gebaseerd moet zijn op waarneming, ervaring en experiment. Dat noemen we de *empirische methode*.'

'En dat betekent?'

'Dat betekent niets anders dan dat je je kennis van de dingen op je eigen ervaring baseert - en dus niet op die uit stoffige boekenrollen of op hersenspinsels. Ook in de oudheid hield men zich met de empirische wetenschap bezig. Aristoteles bijvoorbeeld had veel belangrijke natuurobservaties verzameld. Maar systematische *experimenten* waren iets nieuws.'

'Ze hadden natuurlijk niet de technische apparatuur die we nu hebben.'

'Nee, ze hadden geen rekenmachines of electronische weegschalen. Maar ze hadden wel wiskunde, en gewichten hadden ze ook. Keer op keer werd benadrukt hoe belangrijk het was om wetenschappelijke observaties in een nauwkeurige, wiskundige taal uit te drukken. "Meet wat gemeten kan worden, en maak dat wat niet kan worden gemeten, meetbaar," zei *Galileo Galilei*, een van de belangrijkste wetenschappers uit de zeventiende eeuw. Hij zei ook dat "het boek van de natuur is geschreven in een wiskundige taal".'

'En werd door al die experimenten en metingen de weg geopend naar alle nieuwe ontdekkingen?'

'De nieuwe wetenschappelijke methode was de eerste fase van dat proces. Zij maakte de weg vrij voor de technische revolutie, en die technische doorbraak maakte de weg vrij voor alle uitvindingen die daarna zijn gekomen. Je zou kunnen zeggen dat de mens zich begon los te maken van de voorwaarden van de natuur. De natuur was niet langer iets waarvan de mens slechts deel uitmaakte. De natuur was iets wat we konden gebruiken en uitbuiten. "Kennis is macht!" zei de Engelse filosoof *Francis Bacon*. Zo benadrukte hij dat je van kennis een praktisch voordeel kunt hebben - en dat was iets nieuws. De mens ging serieus ingrijpen in de natuur en begon haar te beheersen.'

'Dat was zeker niet alleen maar een positieve ontwikkeling?'
'Nee, we hebben het net al even gehad over het goede en het kwade, die zich als twee draden verweven met alles wat de mens doet. De technische doorbraak die tijdens de renaissance begon, heeft geleid tot spinnerijen en werkeloosheid, tot medicijnen en nieuwe ziekten, tot intensivering van de landbouw en verarming van de natuur, tot nieuwe praktische hulpmiddelen als wasmachines en koelkasten, maar ook tot milieuverontreiniging en afvalbergen. Met de enorme bedreigingen van het milieu van onze tijd in het achterhoofd beschouwen veel mensen de technische doorbraak als een gevaarlijk afwijken van de voorwaarden die de natuur ons stelt. Ze wijzen erop dat de mensen een proces zijn begonnen dat we niet langer onder controle hebben. De optimisten onder ons geloven dat de techniek nog in haar kinderschoenen staat. De technische beschaving heeft weliswaar last van kinderziekten, maar na verloop van tijd zal de mens leren de natuur te beheersen zonder haar tegelijkertijd naar het leven te staan.'

'Wat denk jij?'

'Dat beide partijen misschien een beetje gelijk hebben. Op sommige gebieden moet het afgelopen zijn met onze bemoeienissen met de natuur, op andere gebieden kan het best tot iets goeds leiden. Het is in elk geval zeker dat er geen weg terug is naar de middeleeuwen. Vanaf de renaissance is de mens niet uitsluitend meer een deel van de schepping geweest. De mens is zelf gaan ingrijpen in de natuur en is deze naar zijn eigen beeld gaan vormen. Dat zegt ook wel iets over het wonderlijke schepsel dat de mens is.'

'We zijn al op de maan geweest. Ik neem aan dat geen mens uit de middeleeuwen had geloofd dat dat mogelijk zou zijn?'

'Nee, daar kun je gif op innemen. En dat brengt ons bij het *nieuwe wereldbeeld*. Gedurende de hele middeleeuwen had de mens onder de hemel gelopen en opgekeken naar de zon, de maan, de sterren en de planeten. Niemand had er ooit aan getwijfeld dat de aarde het centrum van het heelal was. Geen enkele observatie had twijfel gezaaid over de veronderstelling dat de aarde zelf stil stond en dat de hemellichamen in een baan om de aarde heen draaiden. We noemen dat het *geocentrische wereldbeeld*, wat wil zeggen dat alles om de aarde draait. Ook de christelijke voorstelling dat God boven alle hemellichamen troont, droeg bij tot de instandhouding van dat wereldbeeld.'

'Ik zou willen dat het zó gemakkelijk was.'

'Maar in 1543 verscheen een boekje onder de titel "Over de omwentelingen der hemellichamen". Het was geschreven door de Poolse astronoom *Copernicus*, die stierf op de dag dat het boek uitkwam. Copernicus beweerde dat niet de zon om de aarde heen draaide, maar de aarde om de zon. In ieder geval leek hem dat mogelijk op grond van de observaties die men van de hemellichamen had gedaan. Als de mensen dachten dat de zon in een baan om de aarde draaide, dan kwam dat omdat de aarde om zijn eigen as draaide, zei hij. Hij wees er verder op dat de observaties van de hemellichamen veel gemakkelijker waren te begrijpen, als men ervan uitging dat zowel de aarde als de andere planeten in cirkelvormige banen om de zon draaiden. Dat noemen we het *heliocentrische wereldbeeld*, wat wil zeggen dat alles om de zon draait.'

'En dat was het goede wereldbeeld?'

'Niet helemaal. Zijn belangrijkste stelling, namelijk dat de aarde in een baan om de zon draait, is natuurlijk juist. Maar hij beweerde ook dat de zon het middelpunt van het heelal was. Vandaag weten we dat de zon maar een van talloze sterren is, en dat alle sterren om ons heen maar een van vele miljarden melkwegstelsels vormen. Copernicus dacht bovendien dat de aarde en de andere planeten cirkelvormige bewegingen om de zon heen maakten.'

'Is dat dan niet zo?'

'Nee, zijn idee van de cirkelvormige bewegingen stoelde alleen op de oude opvatting dat de hemellichamen kogelrond waren en in cirkelvormige bewegingen draaiden, puur en alleen omdat ze hemels waren. Al vanaf Plato werden de kogel en de cirkel beschouwd als de meest perfecte geometrische figuren. Maar in het begin van de zeventiende eeuw kon de Duitse astronoom *Johannes Kepler* de resultaten van uitgebreide observaties laten zien, waaruit bleek dat de planeten in elliptische - of ovale - banen draaien, met de zon in het brandpunt. Hij wees er bovendien op dat de snelheid van de planeten het grootst is als ze het dichtst bij de zon zijn. Ten slotte gaf hij aan dat een planeet langzamer beweegt naarmate de planeetbaan verder van de zon af ligt. Pas in de tijd van Kepler werd verwoord dat de aarde een planeet als alle andere planeten is. Kepler benadrukte ook dat in het hele universum dezelfde fysische wetten van kracht zijn.'

'Hoe kon hij dat zo zeker weten?'

'Omdat hij de bewegingen van de planeten door middel van zijn eigen waarnemingen had onderzocht, in plaats van blind te vertrouwen op de overleveringen uit de oudheid. Ongeveer in dezelfde tijd als Kepler, leefde in Italië de beroemde wetenschapper Galileo Galilei. Ook hij bestudeerde de hemellichamen door een verrekijker. Hij keek naar de kraters op de maan en wees erop dat de maan net als de aarde bergen en dalen had. Galilei ontdekte ook dat de planeet Jupiter vier manen had. De aarde was dus niet de enige planeet met een maan. De belangrijkste ontdekking van Galilei was echter dat hij als eerste de *traagheidswet* formuleerde.'

'En die luidt?'

'Galilei formuleerde het als volgt: "De snelheid die een lichaam heeft, zal het houden zolang externe oorzaken voor versnelling of vertraging afwezig zijn".'

'Dat zal wel.'

'Het is een belangrijke observatie. Al sinds de oudheid had men de veronderstelling dat de aarde om zijn eigen as beweegt, afgewezen op grond van de gedachte dat een steen die ergens omhoog wordt gegooid, in dat geval zou neerkomen op een plek die daar vele meters vandaan is.'

'Waarom is dat dan niet zo?'

'Als je in een trein zit en een appel laat vallen, valt die appel ook niet achterin de coupé op de grond omdat de trein zich beweegt. De appel valt recht naar beneden. Dat doet hij op grond van de traagheidswet. De appel houdt precies dezelfde snelheid als hij had voordat je hem op de grond liet vallen.'

'Ik geloof dat ik het begrijp.'

'Nu waren er in de tijd van Galilei nog geen treinen. Maar als je een ronde kogel over de grond rolt en die plotseling loslaat...'

'... dan rolt de kogel verder...'

'... omdat hij zijn snelheid houdt ook nadat je de kogel hebt losgelaten.'

'Maar als de kamer groot genoeg is, komt hij na verloop van tijd tot stilstand.'

'Dat komt omdat zijn snelheid door andere krachten wordt afgeremd. Ten eerste wordt hij door de vloer afgeremd, vooral als dat een ruwe houten vloer is. Maar ook de zwaartekracht zal de kogel vroeg of laat tot stilstand brengen. Wacht maar even, dan zal ik je iets laten zien.'

Alberto Knox stond op en liep naar de oude secretaire. Hij pakte iets uit een van de laden. Toen hij ermee terugkwam, legde hij het op het salontafeltje. Het was een doodgewone houten plank, die aan een zijde een paar millimeter dik was en aan de andere zijde schuin afliep. Naast de houten plank, die bijna de hele tafel bedekte, legde hij een groene knikker.

'Dit noemen we een hellend vlak,' zei hij nu. 'Wat zou er gebeuren als ik de knikker aan de dikste kant van het hellend vlak loslaat?'

Sofie zuchtte diep.

'Ik wed om tien kronen dat de knikker via de tafel op de grond zal vallen en daarna over de grond verder zal rollen.'

'We zullen zien.'

Alberto liet de knikker los en die deed precies wat Sofie had gezegd. Eerst rolde hij op de tafel, toen rolde hij over het tafelblad verder, kwam daarna met een zachte plof op de grond terecht en stootte ten slotte tegen de drempel naar het halletje.

'Indrukwekkend,' zei Sofie.

'Ja, hè? Je begrijpt dat dit een van die experimenten is waarmee Galilei zich bezighield.'

'Was hij dan zo dom?'

'Rustig maar. Hij wilde alles met zijn eigen zintuigen onderzoeken en we zijn nog maar net begonnen. Vertel me eerst maar eens waarom de knikker van het hellend vlak afrolde.'

'De knikker rolde, omdat hij gewicht had.'

'O, en wat is gewicht dan eigenlijk, m'n kind?'

'Nu stel je wel een hele domme vraag.'

'Als je me geen antwoord kunt geven, stel ik geen domme vraag. Waarom rolde de knikker op de grond?'

'Door de zwaartekracht.'

'Precies, of gravitatie zoals we ook wel zeggen. Gewicht heeft dus met zwaartekracht te maken. Dat was de kracht die de knikker in beweging zette.'

Alberto had de knikker inmiddels van de grond opgeraapt. Hij stond alweer met de knikker klaar bij het hellend vlak.

'Nu zal ik proberen de knikker dwars over het hellend vlak te laten rollen,' zei hij.

'Kijk goed hoe de knikker zich beweegt.'

Hij boog zich dichter naar de tafel toe en mikte. Toen probeerde hij de knikker dwars over de schuine plank te laten rollen. Sofie zag dat de knikker steeds verder afboog, alsof hij langs het hellend vlak naar beneden werd getrokken.

'Wat gebeurde er?' vroeg Alberto.

'De knikker rolde scheef omdat de plank scheef is.'

'Nu zal ik de knikker met een viltstift kleuren... dan kunnen we misschien nauwkeurig bestuderen wat je met "scheef" bedoelt.'

Hij pakte een viltstift en maakte de knikker zwart. Daarna rolde hij de knikker weer over de plank. Nu kon Sofie precies zien waar de knikker langs was gerold, want er was een zwarte lijn op de plank achtergebleven.

'Hoe zou je de beweging van de knikker beschrijven?' vroeg Alberto.

'Hij loopt in een boog... het lijkt wel een stuk van een cirkel.'

'Goed zo!'

Alberto keek naar haar op en trok zijn wenkbrauwen omhoog. 'Hoewel het niet echt een cirkel is. De figuur heet een parabool.'

'Voor mijn part.'

'Maar *waarom* beweegt de knikker zich nu precies langs die lijn?'

Sofie dacht goed na. Ten slotte zei ze: 'omdat de plank schuin afloopt, wordt de knikker door de zwaartekracht naar de vloer toe getrokken.'

'Ja, nietwaar? Dit is gewoonweg een sensatie. Haal ik hier een willekeurig meisje naar mijn zolder en laat die nou tot exact hetzelfde inzicht komen als Galilei, en dat na slechts een experiment.'

Hij klapte in zijn handen. Sofie was even bang dat hij gek was geworden. Hij ging verder.

'Je hebt gezien wat er gebeurt als er *twee krachten* tegelijkertijd op een voorwerp inwerken. Galilei ontdekte dat hetzelfde ook opging voor bijvoorbeeld een kanonskogel. De kogel wordt de lucht in geschoten en maakt daarna een vlucht boven de grond, maar algauw wordt hij ook naar de aarde toe getrokken. Dan heeft de kogel een baan gevolgd die overeenkomt met de baan van de knikker over het hellend vlak. En in de tijd van Galilei was dat een nieuwe ontdekking. Aristoteles dacht dat een projectiel dat schuin de lucht in wordt gegooid eerst een flauwe boog volgt, maar ten slotte loodrecht op aarde valt. Dat was dus niet zo, maar men kon pas weten dat Aristoteles het bij het verkeerde eind had toen men dat kon *demonstreren*.'

'Ik vind het best hoor. Is dit nu echt zo belangrijk?'

'En of het belangrijk is! Het is een ontdekking van kosmische betekenis, m'n kind. Van alle wetenschappelijke ontdekkingen die er in de geschiedenis van de mens zijn gedaan, is dit een van de allerbelangrijkste.'

'Dan durf ik te wedden dat je me zo zult uitleggen waarom.'

'Iets later kwam de Engelse natuurkundige *Isaac Newton*, die leefde van 1642 tot 1727. Hij was het die de uiteindelijke beschrijving gaf van ons zonnestelsel en de bewegingen van de planeten. Niet alleen kon hij beschrijven hoe de planeten zich om de zon heen bewegen, hij kon bovendien precies verklaren *waarom* ze zich zo bewegen. En dat kon hij onder andere door te verwijzen naar de zogenaamde dynamiek van Galilei.'

'Zijn de planeten soms knikkers op een hellend vlak?'

'Zoiets. Maar wacht nog even, Sofie.'

'Ik heb weinig keus.'

'Kepler had er al op gewezen dat er een kracht moest zijn die maakt dat de hemellichamen elkaar aantrekken. Zo moest er bijvoorbeeld een kracht van de zon uitgaan die de planeten in hun planeetbanen vasthoudt. Zo'n kracht zou bovendien verklaren waarom de planeten hun baan om de zon langzamer doorlopen naarmate ze verder van de zon verwijderd zijn. Kepler dacht verder dat eb en vloed - dus het fenomeen waarbij de oppervlakte van de oceaan daalt en stijgt - te wijten moest zijn aan de kracht van de maan.'

'En dat is immers ook zo.'

'Ja, dat is ook zo. Maar Galilei wees die gedachte af. Hij stak de gek met Kepler die "het eens was met het idee dat de maan het water beheerst". Galilei wees de gedachte af dat zulke gravitatiekrachten over grote afstanden konden werken, *tussen* de verschillende hemellichamen bijvoorbeeld.'

'Daar maakte hij een fout.'

'Ja, daar maakte hij een fout. Grappig eigenlijk als je bedenkt dat hij zich bezighield met de zwaartekracht van de aarde en hoe lichamen op de aarde vallen. Bovendien had hij erop gewezen dat de bewegingen van een lichaam door meerdere krachten kunnen worden gestuurd.'

'Maar je zei toch iets over Newton?'

'Ja, toen kwam Newton. Hij formuleerde de zogenaamde wet van de *universele gravitatie*. Die wet zegt dat ieder voorwerp een ander voorwerp aantrekt met een kracht die toeneemt naarmate de voorwerpen groter zijn en die afneemt naarmate de afstand tussen die voorwerpen groter is.'

'Ik geloof dat ik het helemaal begrijp. Er bestaat bijvoorbeeld een grotere aantrekkingskracht tussen twee olifanten dan tussen twee muizen. En er bestaat een grotere aantrekkingskracht tussen twee olifanten die zich in dezelfde dierentuin bevinden dan tussen een Indische olifant in India en een Afrikaanse olifant in Afrika.'

'Dan heb je het goed begrepen. En nu het belangrijkste. Newton wees erop dat deze aantrekkingskracht - of gravitatie - universeel is. Dat wil zeggen dat ze overal geldt, ook tussen de hemellichamen in het heelal. Het verhaal gaat dat hij dat idee kreeg toen hij een keer onder een appelboom zat. Toen hij een appel uit de boom zag vallen, vroeg hij zich af of diezelfde kracht er soms ook voor zorgde dat de maan tot de aarde werd aangetrokken en of dat de reden was dat de maan in alle eeuwigheid om de aarde bleef heen draaien.'

'Slim van hem. Maar ook weer niet zo slim.'

'Waarom niet, Sofie?'

'Als de maan door dezelfde kracht tot de aarde wordt aangetrokken als de kracht die de appel laat vallen, dan zou de maan uiteindelijk op de aarde neervallen in plaats van als een kat om de hete brij heen te draaien...'

'Nu komen we in de buurt van Newtons wetten voor de bewegingen van de planeten. Als je kijkt naar hoe de zwaartekracht van de aarde de maan aantrekt, heb je voor vijftig procent gelijk, maar ook voor vijftig procent ongelijk. Waarom valt de maan niet op de aarde, Sofie? Want het is echt zo dat de gravitatie van de aarde de maan met een enorme kracht aantrekt. Bedenk maar eens welke krachten nodig zijn om de oceaan een meter of twee te laten stijgen als het vloed is.'

'Ik zou het niet weten.'

'Denk nog eens aan het hellend vlak van Galilei. Wat gebeurde er toen ik de knikker over het hellend vlak rolde?'

'Zijn er dan twee verschillende krachten die op de maan inwerken?'

'Precies. Eens, heel lang geleden, tijdens het ontstaan van ons zonnestelsel, werd de maan met een enorme kracht van de aarde vandaan het heelal in geslingerd. Die kracht zal de maan eeuwig voortduwen omdat ze zich in het luchtledige bevindt en geen weerstand ondervindt...'

'En tegelijkertijd wordt de maan tot de aarde aangetrokken door de zwaartekracht van de aarde?'

'Juist. Beide krachten zijn constant en beide krachten werken op hetzelfde moment. Daarom zal de maan altijd in een baan om de aarde blijven draaien.'

'Is het echt zo eenvoudig?'

'Zo eenvoudig is het nu. Het punt van Newton was juist dat het zo eenvoudig was. Hij wees erop dat er maar een klein aantal fysische wetten bestaat en dat die wetten in het hele universum gelden. Om de bewegingen van de planeten aan te geven, had hij maar twee natuurwetten gebruikt en dat waren dezelfde wetten waar Galilei ook al op had gewezen. De eerste wet was de *traagheidswet*, die door Newton als volgt werd gedefinieerd: "Een lichaam houdt zijn toestand van rust of van gelijkmatige rechtlijnige beweging zolang dat lichaam niet door externe krachten wordt gedwongen deze toestand te verlaten." De tweede wet had Galilei geïllustreerd aan de hand van zijn kogels op een hellend vlak, en deze luidde als volgt: "Wanneer twee krachten tegelijkertijd op een lichaam inwerken, zal dit lichaam een ellipsvormige baan afleggen".'

'En met behulp daarvan kon Newton verklaren waarom alle planeten in een baan om de zon bewegen.'

'Precies. Alle planeten doorlopen ellipsvormige banen om de zon die door twee bewegingen worden bepaald. Ten eerste door de rechtlijnige beweging die ze ooit kregen toen ons zonnestelsel werd gevormd, en ten tweede als gevolg van de gravitatie of zwaartekracht de beweging naar de zon toe.'

'Dat was behoorlijk slim.'

'Dat mag je wel zeggen. Newton liet zien dat voor alle lichamen in het hele universum dezelfde wetten van beweging golden. En zo ruimde hij de oude middeleeuwse voorstellingen dat er "in de hemel" andere wetten zouden gelden dan hier op aarde, uit de weg. Het heliocentrische wereldbeeld was daarmee niet alleen definitief bevestigd, maar ook verklaard.'

Nu stond Alberto op om het hellend vlak op te bergen in de la waar hij het uit had gehaald. Hij pakte ook de knikker van de vloer, maar die legde hij op het tafeltje tussen hen in.

Sofie vond het ongelooflijk hoeveel je met een schuine houten plank en een knikker kon doen. Ze zat naar de groene knikker te kijken - die nog steeds een beetje zwart was van de viltstift - en moest even aan de aardbol denken. Ze zei: 'En de mensen moesten zomaar goedvinden dat ze op een toevallige planeet in het grote heelal woonden?'

'Het nieuwe wereldbeeld was inderdaad niet gemakkelijk te verteren. Je zou de situatie kunnen vergelijken met die van een paar eeuwen later, toen Darwin de mensen liet zien dat ze zich vanuit de dieren hadden ontwikkeld. In beide gevallen verloor de mens iets van zijn bijzondere plaats in de schepping. In beide gevallen ook stribbelde de kerk hevig tegen.'

'Dat kan ik wel begrijpen. Want waar is God gebleven in dit verhaal? Toen de aarde nog het middelpunt was en God en alle hemellichamen zich op de verdieping boven ons bevonden, was het allemaal veel eenvoudiger.'

'En dan was dit nog niet eens de grootste uitdaging. Toen Newton stelde dat in het hele universum dezelfde fysische wetten golden, zou je misschien denken dat hij tegelijkertijd aan het geloof in een almachtige God tornde. Maar Newton had zelf een onwrikbaar geloof in God. Hij beschouwde de natuurwetten als een bewijs van Gods grootheid en almacht. Met het beeld dat de mens van zichzelf had, was het minder goed gesteld.'

'Wat bedoel je?'

'Sinds de renaissance heeft de mens moeten wennen aan het idee dat hij een willekeurig leven op een willekeurige planeet in het enorme heelal leidt. Ik vraag me af of we daaraan al helemaal gewend zijn. Maar sinds diezelfde renaissance waren er ook mensen die erop wezen dat ieder afzonderlijk mens daardoor een nog meer centrale positie innam dan ooit tevoren.'

'Dat begrijp ik niet.'

'Vroeger was de aarde het middelpunt van de wereld. Maar toen de astronomen erop wezen dat het universum geen absoluut middelpunt heeft, ontstonden er net zoveel middelpunten als er mensen zijn.'

'Ik snap het.'

'De renaissance bracht ook een *nieuwe relatie tot God* met zich mee. Toen de filosofie en de wetenschap zich steeds meer van de theologie losmaakten, groeide er een nieuwe christelijke vroomheid. Daarna kwam de renaissance met haar individualistische visie op de mens. Die visie kreeg ook gevolgen voor het geloofsleven. Zo werd de persoonlijke relatie van het individu met God belangrijker dan iemands relatie tot een organisatie als de kerk.'

'Bedoel je bijvoorbeeld iemands persoonlijke avondgebed?'

'Ja, dat ook. In de katholieke kerk van de middeleeuwen vormden de Latijnse liturgie en de rituele kerkgebeden de ruggegraat van het godsdienstige leven. Alleen geestelijken en monniken konden de bijbel lezen, want die was er alleen maar in het Latijn. Maar tijdens de renaissance werd de bijbel uit het Hebreeuws en het Grieks in veel volkstalen vertaald. Dat was belangrijk voor wat we de *reformatie* noemen.'

'Maarten Luther...'

'Ja, *Luther* was belangrijk, maar hij was niet de enige reformator. Er waren ook kerkelijke reformatoren die ervoor kozen lid van de rooms-katholieke kerk te blijven. Een van hen was *Erasmus van Rotterdam*.'

'Luther brak toch met de katholieke kerk, omdat hij niet voor de aflaat wilde betalen?'

'Dat ook. Maar het ging om nog iets veel belangrijkers. Volgens Luther liep de weg naar Gods vergeving niet door de kerk of langs de priesters van de kerk. En nog minder was Gods vergeving afhankelijk van het betalen van aflaten aan de kerk. De zogenaamde aflaathandel werd ook in de katholieke kerk vanaf het midden van de zestiende eeuw verboden.'

'Ik denk dat God daar wel blij mee was.'

'Luther distantieerde zich helemaal van de vele religieuze gebruiken en geloofswaarheden die tijdens de middeleeuwen in de kerk ingeburgerd waren. Hij wilde terug naar het oorspronkelijke christendom zoals we dat in het Nieuwe Testament vinden. "Alleen het Woord" zei hij. Met dat devies wilde Luther terug naar de bronnen van het christendom, zoals de humanisten uit de renaissance terug wilden naar de klassieke bronnen van kunst en cultuur. Hij vertaalde de bijbel in het Duits en legde daarmee de basis voor de geschreven Duitse taal. Iedereen moest de bijbel kunnen lezen en in zekere zin zijn eigen geestelijke zijn.'

'Zijn eigen geestelijke? Ging dat niet een beetje ver?'

'Luther was van mening dat de geestelijken geen bijzondere relatie met God hadden. Ook in de Lutherse gemeenten werden uit praktische overwegingen geestelijken aangesteld om de dienst te leiden en de dagelijkse kerkzaken te behartigen. Maar Luther meende dat de mens niet door God werd vergeven en van zijn zonden werd verlost op grond van kerkelijke rituelen. De mens ontvangt de verlossing helemaal gratis door het geloof alleen, zei hij. Tot die conclusie was hij gekomen door in de bijbel te lezen.'

'Dus Luther was ook een typische renaissance-mens?'

'Ja en nee. Typisch voor de renaissance was dat hij veel nadruk legde op de enkeling en de persoonlijke relatie van die enkeling tot God. Toen hij 35 was, leerde hij Grieks en begon aan het moeizame werk de bijbel in het Duits te vertalen. Dat het Latijn plaats moest maken voor de volkstaal was ook typisch voor de renaissance. Maar Luther was geen humanist zoals Ficino of *Leonardo da Vinci*. Hij werd tegengesproken door humanisten als Erasmus van Rotterdam omdat die vond dat Luther een negatief mensbeeld had. Luther benadrukte namelijk dat er van de mens na de zondeval niets goeds meer over was. Alleen door Gods genade kan de mens "gerechtvaardigd" worden, dacht hij. Want het lot van de zondaar is de dood.'

'Dat klinkt inderdaad niet erg vrolijk.'

Nu stond Alberto Knox op. Hij pakte de groen-zwarte knikker van de tafel en deed hem in zijn borstzak.

'Het is al vier uur geweest!' riep Sofie uit.

'En het volgende grote tijdperk in de geschiedenis van de mens is de barok. Maar die bewaren we voor een andere keer, lieve Hilde.'

'Wat zei je nu?'

Sofie was van haar stoel opgesprongen.

'Lieve *Hilde*,' zei je.

'Dan heb ik me lelijk versproken.'

'Maar verspreken gebeurt nooit zomaar.'

'Misschien heb je gelijk. Het lijkt wel of Hildes vader ons af en toe woorden in de mond begint te leggen. Ik geloof dat hij, als we moe zijn, van de situatie gebruik maakt. Dat zijn de momenten dat we ons niet zo gemakkelijk kunnen verdedigen.'

'Je hebt gezegd dat je niet de vader van Hilde bent. Zweer je me dat dat de waarheid is?'

Alberto knikte.

'Maar ben ik soms Hilde?'

'Ik ben moe, Sofie. Dat moet je begrijpen. We hebben meer dan twee uur bij elkaar gezeten en al die tijd ben ik vrijwel onafgebroken aan het woord geweest. Moest je niet naar huis om te eten?'

Sofie kreeg het gevoel dat hij haar eruit gooide. Terwijl ze de kamer uitliep, dacht ze ingespannen na waarom hij zich had versproken. Alberto liep achter haar aan.

Onder een kleine kapstok in het halletje, waar veel vreemde kleren hingen die haar aan theaterkostuums deden denken, lag Hermes te slapen. Alberto knikte naar de hond en zei: 'Hij haalt je wel op.'

'Bedankt voor je gastvrijheid,' zei Sofie.

Ze sprong omhoog en gaf Alberto een zoen.

'Je bent de beste en de liefste filosofieleraar die ik ooit heb gehad,' zei ze.

Ze opende de deur naar het trappenhuis. Terwijl de deur weer in het slot viel zei Alberto: 'Nu duurt het niet lang meer voor we elkaar terugzien, Hilde.'

Met die woorden werd Sofie aan zichzelf overgelaten.

Opnieuw had Alberto zich versproken, de schurk! Sofie had haast weer op de deur geklopt, maar iets weerhield haar.

Buiten op straat schoot haar te binnen dat ze geen geld had meegenomen. Dan moest ze dat hele eind naar huis lopen. Verdorie! Haar moeder zou niet alleen boos maar ook ongerust worden als ze pas om een uur of zes thuis was.

Ze had nog maar een paar meter gelopen toen ze plotseling een briefje van tien kronen op straat vond. Een buskaartje met een overstap kostte precies tien kronen.

Sofie keek rond tot ze een bushalte zag en wachtte daar op een bus die naar Stortorget ging. Daarvandaan kon ze een bus nemen die vlak bij haar huis stopte.

Pas toen ze op Stortorget op de aansluiting stond te wachten, bedacht ze dat ze wel ontzettend veel geluk had gehad tien kronen te vinden, net op het moment dat ze die nodig had.

Het biljet zou daar toch niet door de vader van Hilde zijn neergelegd? Hij was immers een meester in het deponeren van verschillende voorwerpen op alle mogelijke plaatsen.

Hoe kon hij dat doen als hij in Libanon was?

En waarom had Alberto zich versproken? Niet een keer, maar wel twee keer.

Sofie voelde een rilling over haar rug lopen.

DE BAROK

... van dezelfde stof zijn wij als dromen...

Er verstreken enkele dagen zonder dat Sofie iets van Alberto hoorde, hoewel ze dagelijks verscheidene keren in de tuin keek of Hermes daar misschien was. Ze had haar moeder gezegd dat de hond zelf de weg naar huis had gevonden en dat ze door de eigenaar van de hond, een oude natuurkundeleraar, was binnengevraagd. Hij had Sofie van alles over ons zonnestelsel verteld en over de nieuwe wetenschap die in de zestiende eeuw opkwam.

Tegen Jorunn zei ze meer. Ze vertelde over haar bezoek aan Alberto, over de ansichtkaart in het trappenhuis en over het briefje van tien kronen dat ze onderweg naar huis had gevonden. De droom over Hilde en het gouden kruisje hield ze voor zichzelf.

Op dinsdag 29 mei stond Sofie in de keuken af te drogen, terwijl haar moeder in de kamer was gaan zitten om naar het nieuws te kijken. Toen de tune was afgelopen, hoorde ze in de keuken dat een majoor van het Noorse VN-bataljon door een granaat was gedood.

Sofie liet de linnen droogdoek op het aanrecht vallen en rende de kamer in. Gedurende enkele seconden zag ze de foto van een VN-soldaat op het scherm, toen ging het nieuws weer verder.

'O nee!' riep ze uit.

Haar moeder draaide zich naar haar dochter om.

'Ja, oorlog is verschrikkelijk...'

Sofie barstte in huilen uit.

'Maar Sofie toch. Zo erg is het toch niet.'

'Zeiden ze hoe hij heette?'

'Ja... maar ik weet het niet meer. Hij kwam uit Grimstad.'

'Is dat niet hetzelfde als Lillesand?'

'Nee, nu praat je onzin.'

'Maar als je uit Grimstad komt, kun je best in Lillesand op school zitten.'

Sofie huilde niet meer. Nu was het haar moeders beurt om te reageren. Ze stond uit haar stoel op en deed de televisie uit.

'Wat is dit allemaal, Sofie?'

'Niets...'

'Jawel, er is wel iets! Je hebt een vriendje en ik begin me af te vragen of hij niet veel ouder is dan jij. Geef me eens antwoord: ken jij een man die in Libanon is?'

'Nee, dat niet precies...'

'Ben je dan misschien iemand tegengekomen die de *zoon* van iemand in Libanon is?'

'Nee, zeg ik toch. Ik ken zijn dochter niet eens.'

'De dochter van wie?'

'Dat gaat je niet aan.'

'Gaat me dat niet aan?'

'Ik kan beter jou een paar vragen stellen. Waarom is papa nooit thuis? Alleen maar omdat jullie te laf zijn om te scheiden? Heb je misschien een andere vriend die papa en ik niet kennen? En zo kan ik nog wel even doorgaan. We hebben allebei genoeg te vragen.'

'Ik denk dat we in elk geval eens moeten praten.'

'Misschien wel. Maar nu ben ik zo moe dat ik naar bed ga. En ik ben ook nog ongesteld geworden.'

Sofie rende met een brok in haar keel naar haar kamer.

Toen ze uit de badkamer kwam en onder haar dekbed kroop, kwam haar moeder haar kamer in.

Sofie deed alsof ze sliep, ook al wist ze dat haar moeder dat niet zou geloven. Ze begreep dat haar moeder ook niet geloofde dat Sofie geloofde dat haar moeder geloofde dat ze sliep. Toch deed ook haar moeder alsof Sofie sliep. Ze bleef op de rand van het bed zitten en streelde haar nek.

Sofie dacht eraan hoe moeilijk het was om twee levens tegelijk te leiden. Ze verheugde zich op het moment dat de filosofiecursus afgelopen zou zijn. Op haar verjaardag misschien. In ieder geval als het midzomer was, want dan kwam Hildes vader terug uit Libanon...

'Ik wil een feest geven voor mijn verjaardag,' zei ze nu.

'Wat een goed idee. Wie wil je uitnodigen?'

'Heel veel mensen... Mag dat?'

'Natuurlijk. We hebben immers een grote tuin... Misschien blijft het nog wel een poosje mooi weer.'

'Maar ik zou mijn verjaardag het liefst willen vieren als het midzomer is.'

'Nou, dan doen we dat toch.'

'Midzomer is een belangrijke dag,' zei Sofie en daarbij dacht ze niet alleen aan haar verjaardag.

'O...'

'Ik vind dat ik de laatste tijd zo groot ben geworden.'

'Vind je dat niet fijn?'

'Ik weet het niet.'

Sofie lag te praten met haar hoofd diep in het kussen. Haar moeder zei: 'maar je moet me toch vertellen waarom je de afgelopen dagen zo... zo van slag bent, Sofie.'

'Was jij nooit van slag toen je vijftien was?'

'Vast wel. Maar je weet best wat ik bedoel.'

Sofie draaide zich naar haar moeder om: 'De hond heet Hermes,' zei ze.

'Ja?'

'Hij is van een man die Alberto heet.'

'O.'

'Hij woont in het oude gedeelte van de stad.'

'Ben je de hond daar helemaal naar toe gevolgd?'

'Dat geeft toch niet.'

'En je zei dat de hond hier al veel vaker was geweest.'

'Zei ik dat?'

Nu moest ze goed nadenken. Ze wilde zo veel mogelijk vertellen, maar ze kon niet alles vertellen.

'Jij bent toch bijna nooit thuis,' begon ze.

'Nee, ik heb het te druk.'

'Alberto en Hermes zijn hier veel vaker geweest.'

'Maar waarom dan? Zijn ze ook binnen geweest?'

'Kun je niet een vraag tegelijk stellen? Ze zijn niet in het huis geweest. Maar ze gaan vaak in het bos wandelen. Dat is toch niet zo vreemd?'

'Nee, dat is helemaal niet vreemd.'

'Net als veel andere mensen komen ze langs ons hek als ze naar het bos toe gaan. Toen ik een keer uit school kwam, zei ik iets tegen de hond. Zo leerde ik Alberto kennen.'

'En hoe zit het dan met dat witte konijn en zo?'

'Dat heeft Alberto een keer gezegd. Hij is namelijk een echte filosoof. Hij heeft me over veel andere filosofen verteld.'

'Gewoon over het tuinhek?'

'We zijn er natuurlijk bij gaan zitten. Maar hij heeft me ook brieven geschreven, tamelijk veel zelfs. Soms kwamen die brieven met de post, maar het gebeurde ook wel dat hij de brieven in de brievenbus gooide, wanneer hij hierlangs kwam op weg naar het bos.'

'Was dat die "liefdesbrief" waar we het over gehad hebben?'

'Ja, alleen was het geen liefdesbrief.'

'Heeft hij alleen maar over filosofen geschreven?'

'Ja, bijzonder hè? Ik heb meer van hem geleerd dan in acht jaar op school. Heb jij bijvoorbeeld gehoord van Giordano Bruno die in het jaar 1600 op de brandstapel werd verbrand? Of van de universele gravitatiewet van Newton?'

'Nee, er zijn veel dingen die ik niet weet...'

'Ik denk zelfs dat je niet eens weet waarom de aarde in een baan om de zon beweegt, ook al is het je eigen planeet.'

'Hoe oud is hij ongeveer?'

'Geen idee. Vijftig of zo.'

'Maar wat heeft hij met Libanon te maken?'

Dat kon ze niet zo gemakkelijk beantwoorden. Sofie dacht tien dingen tegelijk. Toen pikte ze daar de enige gedachte uit die ze kon gebruiken: 'Alberto heeft een broer die majoor is in het VN-bataljon. En die komt uit Lillesand. Ik maak me sterk dat hij niet degene is die vroeger in Majorstua heeft gewoond.'

'Is Alberto niet een beetje een gekke naam?'

'Dat kan best.'

'Het klinkt Italiaans.'

'Ja, dat weet ik. Bijna alles van betekenis komt uit Griekenland of Italië.'

'Maar hij spreekt Noors?'

'Alsof hij hier geboren is.'

'Weet je wat ik vind, Sofie? Ik vind dat je die Alberto van je maar een keer bij ons te eten moet vragen. Ik heb nog nooit een echte filosoof ontmoet.'

'We zullen zien.'

'Misschien kunnen we hem voor je feest uitnodigen. Het is misschien wel leuk om mensen van alle leeftijden te vragen. Dan mag ik misschien ook op je feest komen. Ik kan de drankjes en de hapjes verzorgen. Is dat geen goed idee?'

'Ja, als hij wil. Het is in elk geval veel interessanter om met hem te praten dan met de jongens uit de klas. Maar...'

'Ja?'

'Dan denkt iedereen vast dat Alberto je nieuwe vriend is.'

'Dan vertel je hen maar dat dat niet zo is.'

'We zien wel.'

'Ja, we zien wel. En Sofie, je hebt gelijk dat het niet altijd even goed gaat tussen papa en mij. Maar er is nooit iemand anders geweest...'

'Nu wil ik slapen. Ik heb ontzettende pijn in mijn buik.'

'Wil je een aspirientje?'

'Ja.'

Toen haar moeder met het tabletje en een glas water terugkwam, was Sofie in slaap gevallen.

31 mei was een donderdag. Sofie worstelde zich door de laatste lesuren op school heen. Nadat ze met de filosofiecursus was begonnen, was ze in sommige vakken beter geworden. In de meeste vakken schommelde haar cijfer meestal tussen een 7 en een 8, maar de afgelopen maand had ze voor maatschappijleer en het schrijven van een opstel een dikke 8 gekregen. Met wiskunde was het wat droeviger gesteld.

Het allerlaatste uur kregen ze een opstel terug. Sofie had gekozen voor het onderwerp 'Mens en techniek'. Ze had een heel verhaal geschreven over de renaissance en de doorbraak van de wetenschap, over de nieuwe opvatting van de natuur, over Francis Bacon die zei 'kennis is macht' en over de nieuwe wetenschappelijke methode. Ze had heel nauwkeurig beschreven hoe de empirische methode aan de nieuwe technische uitvindingen was voorafgegaan. Daarna had ze allerlei nadelen van de techniek genoemd, die haar al schrijvend te binnen waren geschoten. Alles wat de mens doet, kan zowel ten goede als ten kwade worden gebruikt, had ze ten slotte geschreven. Het goede en het kwade zijn als een zwarte en witte draad die door elkaar heen worden geweven. Soms lopen de draden zo dicht naast elkaar dat het niet meer mogelijk is ze van elkaar te onderscheiden.

Toen de leraar de schriften teruggaf, keek hij Sofie eens aan en knikte haar toe met een olijke blik in zijn ogen.

Ze kreeg een 8+ en de opmerking: 'Waar heb je het allemaal vandaan?'

Sofie pakte een viltstift en schreef met grote letters in haar opstelschrift: 'Ik studeer filosofie.'

Toen ze het schrift wilde dichtslaan, viel er iets uit wat tussen de middelste bladzijden had gezeten. Het was een ansichtkaart uit Libanon.

Sofie leunde voorover op haar schoolbank en las wat er op de kaart stond.

Lieve Hilde. Als je dit leest hebben we al door de telefoon met elkaar gesproken over het tragische ongeval dat hier gebeurd is. Ik vraag me wel eens af of oorlog en geweld te vermijden zouden zijn als de mensen beter zouden leren denken. Misschien zou het beste middel tegen oorlog en geweld een cursus filosofie zijn. Wat denk je van een 'filosofieboekje van de VN' dat aan alle nieuwe wereldburgers in hun eigen taal wordt gegeven? Ik zal het idee eens opperen aan de secretaris-generaal van de VN.

Je zei me door de telefoon dat je geleerd hebt beter op je spullen te passen. Goed zo, want je bent een van de grootste sloddervossen die ik ooit ben tegengekomen. Je zei me ook dat je na de laatste keer dat we elkaar hadden gesproken, nog maar een ding was verloren, een biljet van tien kronen. Ik zal mijn best doen om je te helpen die terug te vinden. Zelf ben ik natuurlijk ver van huis, maar ik ken wel iemand die een handje kan helpen. (Als ik de tien kronen vind, zal ik ze in je verjaardagscadeau stoppen).

Groeten van papa, die het gevoel heeft dat hij al aan de lange reis naar huis is begonnen.

Sofie had de kaart net gelezen toen de bel ging van het laatste lesuur. Talloze gedachten stormden door haar hoofd.

Op het schoolplein stond Jorunn zoals gewoonlijk te wachten. Op weg naar huis maakte Sofie haar rugzak open en liet de kaart aan haar vriendin zien.

'Wanneer is hij afgestempeld?' vroeg Jorunn.
'15 juni, denk ik...'
'Nee, kijk ... 30-5-1990 staat er.'
'Dat was gisteren... de dag na het ongeluk in Libanon.'
'Ik betwijfel of een ansichtkaart in een dag van Libanon naar Noorwegen kan komen,' zei Jorunn.
'En al helemaal niet als je bedenkt naar welk adres het is gestuurd. "Hilde Møller Knag, p/a Sofie Amundsen, scholengemeenschap Furulia...".'
'Denk je dat hij met de post is gekomen? En dat de leraar de kaart gewoon in je opstelschrift heeft gelegd?'
'Geen idee. Ik weet ook niet of ik er wel naar durf te vragen.'
En dat was het laatste dat over de ansichtkaart werd gezegd.
'Ik ga een groot tuinfeest geven als het midzomer is,' zei Sofie.
'Met jongens?'
Sofie haalde de schouders op.
'Die we stom vinden hoeven we toch niet uit te nodigen.'
'Maar Jørgen toch wel?'
'Als jij dat wilt. Een eekhoorn past ook eigenlijk wel goed op een tuinfeest. Misschien nodig ik Alberto Knox trouwens ook wel uit.'
'Jij bent hartstikke gek.'
'Ja, dat weet ik.'
Toen kwam er een eind aan het gesprek, omdat ze bij de supermarkt ieder een andere kant opgingen.

Het eerste dat Sofie deed toen ze thuis kwam, was kijken of ze Hermes in de tuin zag. En vandaag scharrelde hij rond tussen de appelbomen.

'Hermes!'

Een seconde lang bleef de hond doodstil staan. Sofie wist precies wat er gedurende die seconde in zijn hoofd omging. De hond hoorde Sofie roepen, herkende haar stem en besloot toen te kijken of ze op de plek stond waar het geluid vandaan kwam. Toen pas zag hij haar en besloot hij naar haar toe te rennen. Aan het eind van de seconde roffelden zijn vier poten over de grond. Dat was niet niks voor de duur van een seconde.

Hij kwam op haar af stormen, kwispelde driftig met zijn staart en sprong tegen haar op.

'Goed zo Hermes, brave hond! Af, af... niet likken, Hermes. Ga liggen... goed zo!'

Sofie deed de deur open en ging het huis in. Nu schoot ook Shere Khan uit de struiken te voorschijn. Hij vond dat vreemde beest maar niets. Sofie zette eten voor de kat neer, deed zaad in het etensbakje van de vogels, pakte een slablaadje voor de schildpad en schreef een briefje aan haar moeder.

Ze schreef dat ze Hermes naar huis bracht en zou bellen als ze niet om zeven uur thuis was.

En toen waren ze weer op weg door de stad. Deze keer had Sofie eraan gedacht geld mee te nemen. Ze vroeg zich af of ze de bus zou nemen met Hermes, maar kwam tot de slotsom dat ze daarmee zou wachten tot ze had gehoord wat Alberto ervan vond.

Terwijl ze daar zo liep met Hermes voor zich uit, vroeg ze zich af wat een dier eigenlijk was.

Wat was het verschil tussen een hond en een mens? Ze wist nog wat Aristoteles daarover had gezegd. Hij wees erop dat mensen en dieren allebei levende wezens zijn met een heleboel belangrijke overeenkomsten. Maar er bestond ook een wezenlijk verschil tussen een mens en een dier en dat was het menselijk verstand.

Hoe kon hij zo zeker zijn van dat verschil?

Democritus op zijn beurt was van mening dat mensen en dieren haast gelijk zijn, omdat ze allebei uit atomen zijn opgebouwd. Hij dacht ook niet dat mens of dier een onsterfelijke ziel had. Volgens hem was ook de ziel opgebouwd uit kleine atomen die alle kanten op vliegen op het moment dat een mens doodgaat. Hij was dus van mening dat de menselijke ziel onlosmakelijk met de hersenen was verbonden.

Maar hoe kon een ziel nu uit atomen bestaan? Je ziel was immers niet iets wat je kon aanraken en pakken zoals de rest van je lichaam. De ziel was iets 'geestelijks'.

Ze waren Stortorget overgestoken en kwamen nu in de buurt van het oude deel van de stad. Toen ze op de stoep stonden waar Sofie de tien kronen had gevonden, keek ze in een reflex naar het asfalt. En daar - precies op de plek waar ze zich een paar dagen geleden had gebukt om het biljet van tien kronen op te pakken - daar lag nu een ansichtkaart met de afbeelding naar boven. Het was een foto van een tuin met palmen en sinaasappelbomen. Sofie boog zich voorover en pakte de kaart op. Op hetzelfde moment begon Hermes te grommen. Het was net alsof hij niet wilde dat Sofie de kaart oppakte.

Op de kaart stond:

Lieve Hilde. Het leven is een lange aaneenschakeling van toevalligheden. Het is niet helemaal onwaarschijnlijk dat het biljet van tien kronen dat je hebt verloren, precies op deze plek terecht is gekomen. Misschien werd het op de markt in Lillesand wel door een oude dame gevonden die op de bus naar Kristiansand stond te wachten. Van Kristiansand nam ze de trein om haar kleinkinderen op te zoeken en het is dus mogelijk dat ze vele, vele uren later de tien kronen hier op Nytorget heeft verloren. Verder is het heel goed mogelijk dat hetzelfde briefje van tien kronen later die dag werd gevonden door een meisje dat zat te springen om tien kronen, zodat ze de bus naar huis kon nemen. Je kunt nooit weten, Hilde, maar als het werkelijk zo is gegaan, moet je je wel afvragen of er niet een soort voorzienigheid van God achter dit alles zit. Groeten van papa, die met zijn hoofd al thuis in Lillesand op de steiger zit.

P.S. Ik schreef toch dat ik je zou helpen om je tien kronen terug te vinden.

Op de plaats van het adres stond 'Hilde Møller Knag, p/a een toevallige passant...' De kaart was gestempeld op 15-6.

Sofie rende op een draf achter Hermes aan alle trappen op. Toen Alberto de deur opendeed, zei ze: 'Aan de kant, oudje. Hier komt de postbode.'

Ze vond dat ze alle reden had om ballorig te zijn.

Hij liet haar binnen. Hermes ging net als de vorige keer onder de kapstok liggen.

'Heeft de majoor weer een visitekaartje achtergelaten, m'n kind?'

Sofie keek hem aan. Pas nu zag ze dat hij een ander kostuum had aangetrokken. Het eerste dat haar opviel was de pruik met lange krullen die hij had opgezet. Verder droeg hij een wijd, flodderig pak met veel kant eraan. Om zijn hals had hij een opzichtig zijden sjaaltje en over het pak had hij een rode mantel geslagen. Aan zijn benen droeg hij een paar witte kousen en aan zijn voeten smalle lakschoenen met een strik erop. Het hele kostuum deed Sofie denken aan plaatjes die ze had gezien van het hof van Lodewijk XIV.

'IJdeltuit,' zei ze terwijl ze hem de ansichtkaart gaf.

'Hm... en op precies dezelfde plek waar hij de kaart had neergelegd, had je eerder tien kronen gevonden?'

'Ja.'

'Hij wordt steeds brutaler. Maar misschien is dat maar goed ook.'

'Hoezo?'

'Omdat het dan ook gemakkelijker wordt hem te ontmaskeren. Maar deze keer vind ik zijn trucjes nogal pompeus en onkies. Ze stinken naar goedkope parfum.'

'Parfum?'

'Ja, ook al maakt het nog zo'n elegante indruk, het neemt niet weg dat het een grote maskerade is. Zie je niet hoe hij de brutaliteit heeft ons op slinkse wijze te bespioneren en dat te vergelijken met Gods voorzienigheid?'

Hij wees naar de kaart. En toen scheurde hij die net als de vorige keer in snippers. Om zijn humeur niet nog slechter te maken, zei Sofie maar niets van de kaart die ze in haar opstelschrift had gevonden.

'We gaan in de kamer zitten, beste leerling. Hoe laat is het?'

'Vier uur.'

'En vandaag hebben we het over de eeuw die in het jaar 1600 begint.'

Ze liepen de kamer met het schuine dak en het dakraam in. Sofie zag dat Alberto sommige voorwerpen die hier de vorige keer hadden gestaan, had weggehaald. Daarvoor in de plaats had hij andere voorwerpen neergezet.

Op tafel stond een oud kistje met een grote collectie verschillende brilleglazen. Naast het kistje lag een opengeslagen boek. Het zag er erg oud uit.

'Wat is dat?' vroeg Sofie.

'Het boek is een eerste uitgave van het beroemde boek "Verhandeling over de methode" van Descartes. Het boek kwam uit in 1637 en is een van mijn dierbaarste bezittingen.'

'En het kistje...'

'... bevat een unieke verzameling lenzen - ook wel optische glazen genoemd. Ze werden in het midden van de zeventiende eeuw geslepen door de Nederlandse filosoof Spinoza. Ze hebben me veel gekost, maar het zijn dan ook de kostbaarste voorwerpen die ik bezit.'

'Ik zou vast beter begrijpen hoe waardevol het boek en het kistje zijn als ik wist wie die Spinoza en Descartes van je waren.'

'Natuurlijk. Maar laten we ons eerst een beetje inleven in de tijd waarin ze leefden. We gaan er bij zitten.'

En ze gingen net zo zitten als de vorige keer, Sofie in een diepe leunstoel en Alberto Knox op de bank. Tussen hen het tafeltje met het boek en het kistje. Terwijl ze gingen zitten, zette Alberto zijn pruik af en legde die op de secretaire.

'We gaan het hebben over de zeventiende eeuw, de tijd die ook wel de *barok* wordt genoemd.'

'De barok? Is dat geen vreemde naam?'

'Het woord barok komt van een woord dat eigenlijk grillige parel betekent. Typisch voor de kunst uit de barok waren dan ook contrastrijke vormen, dit in tegenstelling tot de kunst uit de renaissance die veel eenvoudiger en harmonieuzer was. De zeventiende eeuw was helemaal een tijdperk vol spanningen tussen onverzoenlijke contrasten. Aan de ene kant zag je dat de bruisende levensstemming uit de renaissance bleef bestaan - aan de andere kant zochten veel mensen het andere uiterste, namelijk een leven van religieuze afzondering en van onthouding van wereldse genoegens. Zowel in de kunst als in het dagelijkse leven zien we een pompeuze en opzichtige levensstijl. Tegelijkertijd ontstaan er allerlei kloosterbewegingen die zich van de wereld afwenden.

'Trotse burchten en vergeten kloosters dus.'

'Zo zou je het kunnen zeggen. Een van de motto's van de barok was de Latijnse zegswijze "carpe diem" dat "pluk de dag" betekent. Een andere Latijnse uitdrukking die vlijtig werd geciteerd was het motto "momento mori" dat "gedenk te sterven" betekent. In de schilderkunst zag je op een en hetzelfde schilderij soms een bombastische levensvreugde, terwijl er in het onderste hoekje een skelet was geschilderd. Op veel manieren werd de barok gekenmerkt door *ijdelheid* en praalzucht. Maar anderen hielden zich bezig met de keerzijde van de medaille, met de *vergankelijkheid* van alle dingen. Dat wil zeggen dat al het mooie om ons heen ooit zal sterven en vergaan.'

'Dat is waar. Het is triest om te bedenken dat niets blijvend is.'

'Dan denk je net als veel mensen uit de zeventiende eeuw. Ook in politiek opzicht was de barok het tijdperk van grote tegenstellingen. Ten eerste werd Europa verscheurd door oorlogen. De ergste was de dertigjarige oorlog die van 1618 - 1648 grote delen van het Europese continent teisterde. Eigenlijk was het een reeks van oorlogen, die vooral in Duitsland grote verwoestingen achterliet. Dat Frankrijk na verloop van tijd een grootmacht werd en een overheersende rol in Europa ging spelen, was onder andere een gevolg van die dertigjarige oorlog.'

'Waar vochten ze dan om?'

'Voor een belangrijk deel was het een strijd tussen protestanten en katholieken. Verder ging het om politieke macht.'

'Ongeveer zoals in Libanon.'

'De zeventiende eeuw werd bovendien gekenmerkt door grote klasseverschillen. Je hebt vast wel van de Franse adel en het hof in Versailles gehoord. Ik weet niet of je evenveel over de armoede van het volk hebt geleerd. Maar er kan geen *vertoon van pracht* zonder *vertoon van macht* bestaan. Er wordt wel gezegd dat de politieke situatie in de barok vergeleken kan worden met de kunst en de architectuur uit die tijd. Barokke bouwwerken worden gekenmerkt door veel grillige hoeken, en rondingen en uitstulpingen. Zo werd ook de politiek gekenmerkt door sluipmoorden, intriges en komplotten.'

'Werd er niet een Zweedse koning in een theater neergeschoten?'

'Je bedoelt *Gustav III*, hij is inderdaad een goed voorbeeld. De moord op Gustav III vond pas in 1792 plaats, maar de omstandigheden waren tamelijk barok. Hij werd vermoord tijdens een groot gemaskerd bal.'

'Ik dacht dat het in een theater was gebeurd.'

'Het grote gemaskerde bal vond plaats in de Opera. Pas met de moord op Gustav III kunnen we zeggen dat er een eind aan de Zweedse barok is gekomen. Hij was een verlicht despoot, net als Lodewijk XIV bijna honderd jaar daarvoor. Gustav III was ook een bijzonder ijdel mens en dol op alle Franse ceremoniën en hoffelijke plichtplegingen. Bovendien was hij gek op theater...'

'En dat werd zijn dood.'

'Maar het theater was tijdens de barok meer dan alleen maar een kunstvorm. Het theater was ook bij uitstek het symbool van die tijd.'

'Symbool voor wat dan?'

'Voor het leven, Sofie. Ik weet niet hoe vaak er in de loop van de zeventiende eeuw wel is gezegd dat "het leven een theater is". Het moet in ieder geval heel vaak zijn geweest. Juist tijdens de barok zag je de opkomst van het moderne theater - waarbij gebruik werd gemaakt van decors in allerlei vormen en van theatermachines. In het theater bouwde men op het podium eerst een illusie op en daarna onthulde men dat het spel op het podium maar een illusie was. Op die manier toonde het theater het doodgewone leven. Het liet zien dat "hoogmoed voor de val komt". Zo liet men genadeloos zien dat de mens een nietig wezen is.'

'Leefde *Shakespeare* in de barok?'

'Hij schreef zijn grootste toneelstukken omstreeks het jaar 1600. En staat daarmee met een been in de renaissance en met het andere in de barok. Maar al bij Shakespeare krioelt het van de citaten dat het leven een theater is. Wil je een paar voorbeelden horen?'

'Graag.'

'In zijn stuk "As you like it" zegt hij:

De hele wereld is een schouwtoneel,
En mannen, vrouwen, allen zijn maar spelers;
Ze komen op en ze verdwijnen weer,
En een man speelt in 't leven vele rollen

En in "Macbeth" zegt hij:

Het leven is een zwervend schaduwbeeld,
Een arme speler, die op het toneel
Zijn uurtje praalt en raast, en dan verdwijnt.
Het is een sprookje, door een gek verteld,
Vol dolheid en rumoer, dat niets beduidt.

'Dat klinkt erg pessimistisch.'
'Het was een obsessie van hem dat het leven zo kort is. Misschien ken je het allerbekendste citaat van Shakespeare?'
'"To be or not to be - that is the question".'
'Ja, dat zei Hamlet. De ene dag lopen we nog op aarde rond - de andere dag zijn we er niet meer.'
'Ja, dat begint me zo langzamerhand duidelijk te worden.'
'Als ze het leven niet met een theater vergeleken, vergeleken de dichters uit de barok het leven met een droom. Shakespeare zei bijvoorbeeld al: "Van dezelfde stof zijn wij als dromen; en ons kleine leven is door een slaap omringd".'
'Dat klinkt poëtisch.'
'De Spaanse dichter *Calderon*, die werd geboren in het jaar 1600, schreef een toneelstuk getiteld "Het leven is een droom". Daarin zegt hij: "Wat is het leven? Waanzin. Wat is het leven? Een illusie, een schaduw, een fictie, en het hoogste goed is weinig waard, want het hele leven is een droom...".'
'Misschien had hij gelijk. We hebben op school ook een toneelstuk gelezen. Dat heette "Jeppe op de Berg".'
'Van de Deens-Noorse dichter *Ludvig Holberg*, nietwaar? In Scandinavië was hij een indrukwekkende overgangsfiguur uit de periode tussen de barok en de verlichting.'

'Jeppe valt in slaap langs de kant van de weg... en wordt wakker in het bed van de baron. Dan denkt hij dat hij alleen maar heeft gedroomd dat hij een arme boerensloeber is. Ten slotte wordt hij al slapend weer langs de kant van de weg gelegd, waar hij opnieuw wakker wordt. Dan denkt hij dat hij heeft gedroomd dat hij in het bed van de baron heeft gelegen.'

'Holberg heeft dat motief van Calderon geleend en op zijn beurt had Calderon het weer geleend van de oude Arabische sprookjes van Duizend-en-een-nacht. Het leven vergelijken met een droom is echter een motief dat we nog veel verder terug in de geschiedenis tegenkomen, met name in India en China. De Chinese oude wijze man *Chuangtze* zei bijvoorbeeld: "Eens droomde ik dat ik een vlinder was en nu weet ik niet meer of ik Chuangtze ben die ooit droomde dat hij een vlinder was of dat ik een vlinder ben die droomt dat hij Chuangtze is".'

'Het is in elk geval onmogelijk om te bewijzen wat waar is.'

'In Noorwegen leefde een rasechte barokdichter die *Petter Dass* heette. Hij leefde van 1647 tot 1707. Aan de ene kant vond hij het belangrijk om te schrijven over het leven van alledag, aan de andere kant benadrukt hij dat alleen God eeuwig en onveranderlijk is.'

'"God is God zelfs al was al het land verlaten, God is God zelfs al had iedere man het leven gelaten...".'

'Maar in diezelfde psalm vertelt hij ook van de natuur in Noord-Noorwegen, hij schrijft over de zeewolf en de koolvis, over de kabeljauw die kuit schiet. Dat is kenmerkend voor de barok. In één tekst worden zowel het aardse bestaan aan deze zijde als het hemelse hiernamaals aan gene zijde beschreven. Het doet denken aan de scheiding van Plato tussen de concrete zintuiglijke wereld en de overanderlijke ideeënwereld.'

'En de filosofie dan?'

'Ook de filosofie werd gekenmerkt door krachtige golfbewegingen tussen totaal verschillende manieren van denken. Zoals ik al zei, dachten sommigen dat het bestaan in wezen van spirituele of geestelijke aard was. Dat uitgangspunt wordt *idealisme* genoemd. Het tegenovergestelde uitgangspunt wordt *materialisme* genoemd. Daarmee bedoelt men een filosofie die alle verschijnselen in de wereld om ons heen wil herleiden tot concrete, fysische grootheden. Ook het materialisme kende in de zeventiende eeuw veel zegslieden. De meest invloedrijke was waarschijnlijk de Engelse filosoof *Thomas Hobbes*. Hij dacht dat alle verschijnselen - ook de mensen en de dieren - uitsluitend uit stofdeeltjes bestonden. Zelfs het bewustzijn van de mens - of de ziel van de mens - kwam voort uit de bewegingen van piepkleine stofdeeltjes in onze hersenen.'

'Dan dacht hij hetzelfde als Democritus tweeduizend jaar eerder.'

'Het idealisme en het materialisme lopen als een rode draad door de hele geschiedenis van de filosofie heen. Maar beide opvattingen zijn zelden zo duidelijk in een tijdperk aanwezig geweest als in de barok. Het materialisme werd steeds opnieuw gevoed vanuit de natuurwetenschap. Newton wees erop dat in het hele universum dezelfde wetten van beweging golden. Hij dacht dat alle veranderingen in de natuur - zowel op aarde als in het heelal - werden veroorzaakt door de wet van de zwaartekracht en de wetten voor de bewegingen van hemellichamen. Alles wordt dus gestuurd door dezelfde onwrikbare wetmatigheid, of anders gezegd door hetzelfde *mechaniek*. In principe is het daarom mogelijk om iedere verandering in de natuur met mathematische nauwkeurigheid te berekenen. En daarmee legde Newton de laatste stukjes van de puzzel die we het *mechanistische wereldbeeld* noemen, op hun plaats.'

'Dacht hij dat de wereld een grote machine was?'

'Precies. Het woord mechanisch komt van het Griekse woord "mechane" dat machine betekent. Maar daarbij moet je wel weten dat Newton, evenals Hobbes, niet vond dat er tussen het mechanistische wereldbeeld en het geloof in God een tegenstelling lag. Voor de materialisten uit de achttiende en negentiende eeuw lag dat wel eens anders. De Franse arts en filosoof *La Mettrie* schreef in het midden van de achttiende eeuw een boek dat "L'homme machine" heette. Dat betekent "De mens - een machine". Zoals het been spieren heeft om mee te lopen, zei hij, zo hebben de hersenen "spieren" om mee te denken. Nog later gaf de Franse wiskundige *Laplace* met de volgende gedachte blijk van een extreem mechanistische opvatting: als een intelligentie de ligging van alle stofdeeltjes op een bepaald tijdstip zou kennen, dan "zou niets onzeker zijn en de toekomst en het verleden zouden open en bloot voor die intelligentie liggen". De gedachte die hierachter ligt is dat alles van tevoren is bepaald. "De kaarten zijn geschud" en wat er gebeuren gaat, ligt vast. Zo'n visie noemen we *determinisme*.'

'Dan heeft de mens dus ook geen vrije wil.'

'Nee, dan is alles het produkt van mechanische processen - ook onze dromen en gedachten. In de negentiende eeuw zeiden Duitse materialisten dat denkprocessen dezelfde relatie tot onze hersenen hebben als urine tot onze nieren en gal tot onze lever.'

'Maar urine en gal zijn beide materie. Dat zijn gedachten niet.'

'Nu noem je iets belangrijks. Ik kan je een verhaal vertellen dat op dezelfde gedachte is gebaseerd. Er waren eens een Russische astronaut en een Russische hersenspecialist die over religie discussieerden. De hersenspecialist was christelijk, de astronaut niet. "Ik ben verschillende keren in het heelal geweest," pochte de astronaut, "maar ik ben God of de engelen nooit tegengekomen." "En ik heb al heel wat wijze hersenen geopereerd," antwoordde de hersenspecialist, "maar ik ben nooit een gedachte tegengekomen".'

'En dat betekent niet dat er geen gedachten bestaan.'

'Maar het benadrukt dat gedachten iets heel anders zijn dan dingen die je kunt opereren en in steeds kleinere stukjes kunt opdelen. Zo valt het bijvoorbeeld niet mee om een misvatting weg te snijden. Het is net alsof die te diep zit. *Leibniz*, een belangrijke filosoof uit de zeventiende eeuw, wees erop dat het grote verschil tussen het *materiële* en het *geestelijke* is dat materiële zaken in steeds kleinere stukjes kunnen worden opgedeeld. Maar je kunt een ziel niet in tweeën delen.'

'Nee, wat voor mes zou je daarvoor moeten gebruiken?'

Alberto schudde het hoofd. Hij wees op de tafel tussen hen in en zei: 'de twee belangrijkste filosofen uit de zeventiende eeuw waren Descartes en Spinoza. Ook zij hielden zich bezig met vragen over de relatie tussen de ziel en het lichaam. Laten we die twee filosofen eens nader onder de loep nemen.'

'Toe maar. Als we niet voor zeven uur klaar zijn, moet ik wel even van je telefoon gebruik maken.'

DESCARTES

*... hij wilde al het oude materiaal
van de bouwplaats verwijderen...*

Alberto was opgestaan en had de rode mantel uitgedaan. Hij hing hem over een stoel en installeerde zich op de bank.

'*René Descartes* werd geboren in 1596 en reisde tijdens zijn leven veel door Europa. Al op jonge leeftijd koesterde hij een innig verlangen om een duidelijk inzicht te krijgen in de aard van de mens en het universum. Maar toen hij een aantal jaren filosofie had gestudeerd, was hij steeds meer gaan beseffen dat hij zo weinig wist.'

'Net als Socrates?'

'Zo ongeveer wel ja. Net als Socrates was hij ervan overtuigd dat we alleen door te denken ware kennis kunnen verkrijgen. We kunnen nooit vertrouwen op wat er in oude boeken staat. We kunnen niet eens op onze zintuigen vertrouwen.'

'Dat vond Plato ook. Hij geloofde dat alleen ons verstand ons echte kennis kon geven.'

'Precies. Er loopt een lijn van Socrates en Plato via Augustinus naar Descartes. Het waren allemaal uitgesproken rationalisten. Zij waren van mening dat het verstand de enige zekere bron van kennis was. Na uitgebreide studies kwam Descartes tot de slotsom dat de uit de middeleeuwen overgeleverde kennis niet per definitie betrouwbaar was. Je kunt het misschien vergelijken met Socrates, die niet vertrouwde op de gangbare meningen die hij op de markt van Athene hoorde. En wat doe je dan, Sofie? Kun je me daar een antwoord op geven?'

'Dan ga je zelf filosoferen.'

'Juist. Descartes besloot door Europa te reizen, zoals Socrates zijn leven besteedde aan discussies met mensen in Athene. Zelf zegt hij dat hij vanaf dat moment alleen nog naar die wetenschap zocht, die hij of in zichzelf, of in "het grote boek van de wereld" kon vinden. Hij nam daarom dienst in het leger en kwam op die manier op verschillende plaatsen in Midden-Europa terecht. Later woonde hij een paar jaar in Parijs en in 1629 vertrok hij naar Nederland, waar hij bijna twintig jaar zou blijven terwijl hij aan zijn filosofische geschriften werkte. In 1649 ontving hij een uitnodiging van koningin Christina van Zweden. Maar tijdens zijn verblijf in dat land, dat hij het land van beren, ijs en rotsen noemde, liep hij een longontsteking op, waaraan hij in de winter van 1650 overleed.'

'Dan is hij maar 54 jaar geworden.'

'Maar hij zou ook na zijn dood van grote betekenis voor de filosofie zijn. Het is niet overdreven om te stellen dat de basis van de moderne filosofie door Descartes is gelegd. Na de opzienbarende herontdekking van mens en natuur in de renaissance, ontstond opnieuw de behoefte om de eigentijdse ideeën in een samenhangend filosofisch systeem onder te brengen. De eerste grote systeembouwer was Descartes, na hem kwamen Spinoza en Leibniz, Locke en Berkeley, Hume en Kant.'

'Wat bedoel je met een filosofisch systeem?'

'Daarmee bedoel ik een filosofie die helemaal vanaf de grond wordt opgebouwd en die een soort antwoord probeert te geven op alle belangrijke filosofische vraagstukken. In de oudheid waren onder meer Plato en Aristoteles de grote systeembouwers geweest. In de middeleeuwen had je Thomas van Aquino, die een brug wilde slaan tussen de filosofie van Aristoteles en de christelijke theologie. Toen kwam de renaissance, met een wirwar van oude en nieuwe ideeën over natuur en wetenschap en over God en de mens. Pas in de zeventiende eeuw probeerde de filosofie de nieuwe ideeën in een geordend filosofisch systeem onder te brengen. De eerste die daar een poging toe deed, was Descartes. Hij zette de toon voor iets wat voor de generaties na hem het belangrijkste filosofische project zou worden. Hij was in de allereerste plaats geïnteresseerd in wat we kunnen weten, dus in de *zekerheid van onze kennis*. De tweede grote vraag die hem bezighield, was de *relatie tussen ziel en lichaam*. Deze twee probleemstellingen zouden de filosofische discussies de volgende 150 jaar gaan beheersen.'

'Dan was hij zijn tijd ver vooruit.'

'Maar de vragen lagen ook in de tijd besloten. Wat het verkrijgen van absolute kennis betrof, gaven velen uitdrukking aan een totale filosofische *scepsis*. Zij vonden dat de mens zich maar tevreden moest stellen met de gedachte dat hij niets wist. Maar Descartes legde zich daar niet bij neer. Als hij dat wel had gedaan, zou hij geen echte filosoof zijn geweest. Weer kunnen we een parallel met Socrates trekken, die zich niet wilde neerleggen bij de scepsis van de sofisten. Juist in de tijd van Descartes had de nieuwe natuurwetenschap een methode ontwikkeld die een heel zekere en exacte beschrijving van de natuurprocessen opleverde. Descartes móest zichzelf wel afvragen of er voor filosofische beschouwingen ook niet zo'n zekere en exacte methode bestond.'

'Ik snap het.'

'Maar dat was nog maar een kant van de zaak. De nieuwe natuurwetenschap had bovendien de vraag opgeworpen wat de aard van de materie was, dus hoe de fysische processen in de natuur werden bepaald. Steeds meer mensen gingen de natuur op een mechanistische wijze opvatten. Maar hoe mechanistischer men de fysische wereld opvatte, des te indringender werd de vraag wat de relatie tussen ziel en lichaam was. Vóór de zeventiende eeuw werd de ziel gewoonlijk gezien als een soort levensgeest, die door alle levende wezens stroomde. De oorspronkelijke betekenis van de woorden "ziel" en "geest" zijn dan ook "levensadem" of "ademtocht". Dat geldt voor bijna alle Europese talen. Voor Aristoteles was de ziel iets wat in het hele organisme aanwezig was, als het levensprincipe van dat organisme, en dus als iets wat je je niet zonder dat lichaam kon voorstellen. Hij sprak daarom ook van een planteziel of een dierenziel. Pas in de zeventiende eeuw voerden de filosofen een radicale scheiding tussen ziel en lichaam in. De reden was dat alle fysische voorwerpen - ook het lichaam van een dier of een mens - als een mechanisch proces werden gezien. Maar de menselijke ziel kon natuurlijk geen deel van die lichaamsmachine uitmaken. Wat was de ziel dan? En hoe kon iets geestelijks een mechanisch proces in werking stellen?'

'Eigenlijk is het een raar idee.'

'Wat bedoel je?'

'Nou, ik besluit dat ik mijn arm wil optillen... en hopla, mijn arm gaat omhoog. Of ik besluit dat ik naar de bus ga hollen, en het volgende ogenblik beginnen mijn benen als trommelstokken te bewegen. Een andere keer denk ik aan iets verdrietigs. Plotseling stromen de tranen over mijn wangen. Dan moet er dus een of andere geheimzinnige verbinding tussen mijn bewustzijn en mijn lichaam zijn.'

'Juist dat probleem zette Descartes aan het denken. Net als Plato was hij ervan overtuigd dat er een scherpe scheiding tussen geest en materie bestond. Maar op de vraag hoe het lichaam de ziel beïnvloedt - of de ziel het lichaam -, op die vraag had Plato geen antwoord.'

'Ik ook niet, dus ik ben benieuwd naar het antwoord van Descartes.'

'Laten we zijn gedachtengang volgen.'

Alberto wees naar het boek dat op de tafel tussen hen in lag en vervolgde: 'In het boekje "Verhandeling over de methode" werpt Descartes de vraag op welke methode de filosoof moet gebruiken als hij een filosofisch probleem wil oplossen. De natuurwetenschap had immers al een nieuwe methode gevonden...'

'Ja, daar heb je het al over gehad.'

'Descartes stelt eerst vast dat we iets pas als waarheid mogen aannemen als we heel duidelijk en zeker weten dat het waar is. Om dat te bereiken moet je een samengesteld probleem eerst in zoveel mogelijk afzonderlijke delen opsplitsen. Dat stelt ons in staat om met de allereenvoudigste gedachten te beginnen. Je zou kunnen zeggen dat iedere gedachte gewogen en gemeten moet worden, zoals Galilei wilde dat alles gemeten werd en dat wat niet kon worden gemeten, meetbaar moest worden gemaakt. Descartes dacht dat de filosoof van het eenvoudige naar het samengestelde kon gaan. Zo zou het mogelijk zijn om een nieuw inzicht op te bouwen. Uiteindelijk moest men dan door steeds maar weer te rekenen en te controleren zich ervan verzekeren dat er niets was vergeten. Pas dan zou een filosofische conclusie mogelijk zijn.'

'Het lijkt wel wiskunde.'

'Ja, Descartes wilde de mathematische methode ook toepassen op filosofische beschouwingen. Hij wilde filosofische waarheden op dezelfde manier bewijzen als waarop wiskundige stellingen werden bewezen. Hij wilde dus precies hetzelfde gereedschap gebruiken dat wij gebruiken als we met getallen werken, namelijk ons vermogen om te denken, de *rede*. Want alleen de rede kan ons een absoluut inzicht verschaffen. Het is niet zo vanzelfsprekend dat we onze zintuigen kunnen vertrouwen. We hebben de verwantschap met Plato al genoemd. Ook hij wees erop dat de kennis die we via wiskunde en getalverhoudingen vergaren, betrouwbaarder is dan de kennis die we met onze zintuigen opdoen.'

'Maar kun je op die manier filosofische problemen oplossen?'

'Daarvoor moeten we teruggaan naar Descartes' eigen gedachtengang. Zijn doel is zoals gezegd het verkrijgen van een absoluut inzicht in de aard van het bestaan, en hij begint met vast te stellen dat we in principe overal aan moeten twijfelen. Hij wil zijn filosofische systeem namelijk niet op drijfzand bouwen.'

'Want als het fundament verzakt, stort misschien het hele huis in elkaar.'

'Dank je wel, m'n kind. Descartes vindt niet dat je overal aan móet twijfelen, alleen dat je in principe aan alles kúnt twijfelen. Het is ten eerste niet zo zeker dat we door Plato of Aristoteles te lezen verder komen met onze filosofische zoektocht. We vergroten dan misschien wel onze historische kennis, maar niet onze kennis van de wereld. Voor Descartes was het belangrijk om zich van alle oude gedachten te ontdoen, voordat hij aan zijn eigen filosofische onderzoek begon.'

'Hij wilde al het oude materiaal van de bouwplaats verwijderen voor hij een nieuwe huis ging bouwen.'

'Ja, om er zeker van te zijn dat het nieuwe ideeëngebouw overeind zou blijven, wilde hij alleen maar nieuw, vers materiaal gebruiken. Maar de twijfels van Descartes zaten nog dieper. We kunnen niet eens vertrouwen op wat onze zintuigen ons vertellen, vond hij. Misschien houden ze ons wel voor de gek.'

'Hoe dan?'

'Ook als we dromen, denken we dat wat we meemaken, echt gebeurt. Is er wel een verschil tussen de waarnemingen die we doen als we wakker zijn en die wanneer we dromen? "Als ik er goed over nadenk, vind ik in wezen geen enkele eigenschap die de wakkere toestand van de droom onderscheidt," schrijft Descartes. En hij vervolgt: "Hoe kun je nu zeker weten dat niet je hele leven een droom is?"'

'In het toneelstuk "Jeppe op de Berg" dacht Jeppe toch dat hij alleen maar had gedroomd dat hij in het bed van de baron had gelegen.'

'En toen hij in het bed van de baron lag, dacht hij dat zijn leven als arme boer alleen maar een droom was geweest. Zo trekt Descartes uiteindelijk alles in twijfel. Veel filosofen voor hem waren hun filosofische beschouwingen ook met die gedachte geëindigd.'

'Dan zijn ze niet erg ver gekomen.'

'Maar Descartes probeerde juist vanuit dat nulpunt verder te werken. Hij was tot de slotsom gekomen dat hij overal aan twijfelde, en dat dat nu juist het enige was waarvan hij helemaal zeker was. En dan valt hem iets in: van een ding kan hij ondanks alles toch zeker zijn, en dat is het feit dat hij twijfelt. Maar als hij twijfelt, staat het vast dat hij denkt, en als hij denkt, dan moet het wel vaststaan dat hij een denkend wezen is. Of zoals hij het zelf heeft gezegd: "Cogito, ergo sum."'

'En dat betekent?'

'Ik denk, dus ik ben.'

'Ik vind het niet zo'n opzienbarende conclusie.'

'Misschien niet, maar kijk eens met wat voor intuïtieve zekerheid hij zichzelf opeens opvat als een denkend Ik. Je weet misschien nog dat Plato vond dat wat we met de rede konden vatten, meer werkelijk was dan wat we met onze zintuigen waarnamen. Zo ging het ook met Descartes. Hij begreep niet alleen dat hij een denkend Ik was, hij begreep tegelijkertijd dat dat denkende Ik reëler was dan de fysische wereld die we met onze zintuigen waarnamen. En toen ging hij verder, Sofie. Hij was nog lang niet klaar met zijn filosofisch onderzoek.'

'Ga dan maar gauw door met je verhaal.'

'Descartes vraagt zich op dit punt af of hij met diezelfde intuïtieve zekerheid nog andere dingen weet dan dat hij een denkend wezen is. Hij komt tot de conclusie dat hij ook een heldere, duidelijke voorstelling heeft van een volmaakt wezen. Die voorstelling heeft hij altijd gehad en Descartes vindt het vanzelfsprekend dat een dergelijke voorstelling niet van hemzelf afkomstig is. De voorstelling van een volmaakt wezen kan niet afkomstig zijn van iets wat zelf niet volmaakt is, beweert hij. Dus moet de voorstelling van een volmaakt wezen afkomstig zijn van dat volmaakte wezen zelf, of met andere woorden van God. Dat er een God is, is voor Descartes dus net zo vanzelfsprekend als het feit dat iemand die denkt, ook een denkend Ik moet zijn.'

'Ik vind het toch wel een wat voorbarige conclusie. En dat terwijl hij toch eerst zo voorzichtig was.'

'Ja, velen vinden dit dan ook het zwakste punt van Descartes. Maar je gebruikt het woord conclusie. Er is hier eigenlijk ook geen sprake van een bewijs. Descartes is alleen van mening dat we allemaal een voorstelling van een volmaakt wezen hebben, en dat in diezelfde voorstelling besloten ligt dat dat volmaakte wezen bestaat. Want een volmaakt wezen zou niet volmaakt zijn als het niet bestond. Wij zouden ons bovendien geen voorstelling van zo'n volmaakt wezen kunnen maken als dat niet bestond. Wij zijn immers onvolmaakt, dus de idee van een volmaakt wezen kan niet van ons afkomstig zijn. De idee van een God is volgens Descartes een aangeboren idee. We dragen die vanaf onze geboorte met ons mee, "net zoals een kunstwerk de signatuur van de kunstenaar draagt."'

'Maar als ik me een voorstelling van een "krokofant" kan maken, dan betekent dat toch nog niet dat een krokofant bestaat?'

'Descartes zou gezegd hebben dat het ook niet in het begrip krokofant besloten ligt dat een krokofant bestaat. Daarentegen ligt wel in het begrip "volmaakt wezen" besloten dat zo'n wezen bestaat. Volgens Descartes is dat net zo zeker als dat in het begrip cirkel besloten ligt dat alle punten in de cirkel even ver van het middelpunt af liggen. Als dat niet zo is, spreek je niet van een cirkel. Zo kun je evenmin over een volmaakt wezen spreken als de belangrijkste eigenschap, namelijk het bestaan, ontbreekt.'

'Dat is wel een heel bijzondere manier van denken.'

'Het is een uitgesproken rationalistische manier van denken. Descartes vond, net als Socrates en Plato, dat er een samenhang bestaat tussen denken en bestaan. Hoe beter je iets kunt beredeneren, des te aannemelijker het is dat het ook bestaat.'

'Hij is dus tot de slotsom gekomen dat hij een denkend wezen is en dat er bovendien een volmaakt wezen bestaat.'

'En met dat uitgangspunt gaat hij verder. Het zou natuurlijk kunnen zijn dat alle voorstellingen die wij hebben van de stoffelijke wereld - zon en maan bijvoorbeeld -, allemaal droombeelden zijn. Maar ook de stoffelijke wereld heeft eigenschappen die wij kunnen beredeneren. Dat zijn de wiskundige verhoudingen, dat wil zeggen de eigenschappen die gemeten kunnen worden, namelijk lengte, breedte en diepte. Zulke kwantitatieve eigenschappen zijn voor de rede net zo helder en duidelijk als dat ik een denkend wezen ben. Kwalitatieve eigenschappen, zoals kleur, geur en smaak zijn daarentegen verbonden aan ons zintuiglijk apparaat en geven eigenlijk geen beschrijving van de stoffelijke wereld.'

'De natuur is dus toch geen droom.'

'Nee, en op dat punt komt Descartes weer aan met onze voorstelling van een volmaakt wezen. Als onze rede iets heel overtuigend en duidelijk erkent - zoals het geval is met de mathematische verhoudingen van de stoffelijke wereld - dan is dat dus ook een feit. Want een volmaakte God houdt ons niet voor de gek. Descartes beroept zich op de goddelijke garantie dat datgene dat wij met onze rede erkennen, ook inderdaad met de werkelijkheid overeenkomt.'

'Vooruit maar. Nu is hij dus tot de slotsom gekomen dat hij een denkend wezen is, dat er een God is en dat er bovendien een stoffelijke wereld bestaat.'

'Maar die stoffelijke wereld verschilt hemelsbreed van de werkelijkheid van de gedachte. Descartes kan nu vaststellen dat er twee verschillende vormen van werkelijkheid bestaan, of liever gezegd twee "substanties". De ene substantie is het *denken*, ofwel de "ziel", de andere is de *uitgebreidheid*, ofwel de "materie". De ziel is alleen maar bewust, die neemt geen plaats in de ruimte in en kan daarom ook niet in steeds kleinere delen worden opgesplitst. De materie kent daarentegen alleen maar uitbreiding, ze neemt wel plaats in de ruimte in en kan altijd in steeds kleinere delen worden opgesplitst; maar ze is niet bewust. Volgens Descartes zijn beide substanties afkomstig van God, want alleen God bestaat onafhankelijk van iets anders. Maar ook al zijn denken en uitgebreidheid van God afkomstig, het zijn twee substanties die geheel onafhankelijk van elkaar zijn. Het denken staat los van de materie - en omgekeerd: de materiële processen opereren eveneens onafhankelijk van de gedachte.'

'En daarmee werd Gods schepping in tweeën gedeeld.'

'Juist. We zeggen dat Descartes een *dualist* is, dat wil zeggen dat hij een strikte tweedeling tussen de geestelijke en de uitgebreide werkelijkheid doorvoert. Zo heeft bijvoorbeeld alleen de mens een ziel. De dieren horen allemaal tot de uitgebreide werkelijkheid. Hun levens en bewegingen verlopen mechanisch. Descartes beschouwde dieren als een soort ingewikkelde automaten. Ten aanzien van de uitgebreide werkelijkheid heeft hij dus een mechanistisch werkelijkheidsbeeld - net als de materialisten.'

'Ik vraag me toch af of Hermes inderdaad een machine of een automaat is. Descartes heeft vast niet van dieren gehouden. En hoe staat het met onszelf? Zijn wij ook automaten?'

'Ja en nee. Descartes kwam tot de conclusie dat de mens een *dubbel wezen* is, dat zowel denkt als plaats in de ruimte inneemt. De mens heeft dus een ziel én een uitgebreid lichaam. Augustinus en Thomas van Aquino hadden ook al iets dergelijks gezegd. Zij dachten dat de mens een lichaam had als de dieren, maar ook een geest als de engelen. Volgens Descartes is het menselijk lichaam een prachtig mechanisme. Maar de mens heeft ook een ziel die helemaal los van het lichaam kan opereren. De lichamelijke processen kennen een dergelijke vrijheid niet, zij volgen hun eigen wetten. Maar wat we met de rede denken, gebeurt niet in ons lichaam. Dat gebeurt in de ziel, die helemaal losstaat van de stoffelijke wereld. Ik moet er misschien aan toevoegen dat Descartes niet uitsloot dat ook dieren konden denken. Als ze dat inderdaad kunnen, dan moet diezelfde tweedeling tussen denken en uitgebreidheid ook voor hen gelden.'

'Daar hebben we het al over gehad. Als ik besluit om naar de bus te hollen, begint de hele automaat te bewegen. En als ik de bus dan toch nog mis, springen de tranen me in de ogen.'

'Zelfs Descartes kon niet ontkennen dat er een voortdurende wisselwerking tussen ziel en lichaam plaatsvindt. Hij dacht dat zolang de ziel in het lichaam zat, deze door middel van een speciaal orgaan in de hersenen, de pijnappelklier, met het lichaam was verbonden. In dat orgaan vindt een gestage wisselwerking tussen geest en materie plaats. Zo kan de ziel steeds door gevoelens en opwellingen die aan lichamelijke behoeften zijn gekoppeld, in verwarring worden gebracht. Maar de ziel kan zich ook van dergelijke "lage" impulsen bevrijden en los van het lichaam opereren. Het doel is om het verstand de controle te laten overnemen. Want ook al heb ik nog zo'n buikpijn, de som van de hoeken van een driehoek blijft altijd 180°. Zo heeft de gedachte het vermogen om boven lichamelijke behoeften uit te stijgen en "volgens de rede" te handelen. Zo bekeken is de ziel souverein ten opzichte van het lichaam. Onze benen kunnen oud en krom worden, onze rug kan scheef zijn en onze tanden kunnen uitvallen, maar 2 + 2 is en blijft 4, zolang ons denkvermogen maar in stand blijft. Want de rede wordt niet oud en gebrekkig. Het is ons lichaam dat ouder wordt. Voor Descartes is de rede de eigenlijke ziel. Lagere opwellingen en gemoedstoestanden als begeerte en haat zijn nauw verbonden met ons lichaam - en dus met de uitgebreidheid.'

'Ik snap nog niet helemaal waarom Descartes ons lichaam met een machine of met een automaat vergeleek.'

'Dat deed hij omdat de mensen in zijn tijd enorm gefascineerd waren door machines en uurwerken die schijnbaar vanzelf werkten. Het woord "automaat" betekent ook "iets wat uit zichzelf beweegt". Nu was het natuurlijk een illusie dat apparaten uit zichzelf werkten. Een astronomisch uurwerk is bijvoorbeeld door mensen ontworpen en wordt ook door mensen opgewonden. Descartes stelt dat dergelijke kunstige apparaten heel eenvoudig zijn samengesteld uit maar een paar onderdelen, als je het vergelijkt met de hoeveelheid beenderen, spieren, zenuwen, slagaderen en aderen waaruit de lichamen van mensen en dieren bestaan. Waarom zou God op basis van de wetten van de mechanica geen dierlijk of menselijk lichaam kunnen maken?'

'Tegenwoordig heeft iedereen het over kunstmatige intelligentie.'

'Dan spreek je over de automaten van ónze tijd. We hebben machines gecreëerd die ons af en toe het gevoel geven dat ze echt intelligent zijn. Descartes zou zich van dergelijke machines een ongeluk zijn geschrokken. Misschien zou hij zijn gaan twijfelen of de menselijke rede wel zo vrij en zelfstandig was als hij dacht. Want er zijn filosofen die vinden dat het zielsleven van een mens net zo min vrij is als de lichamelijke processen. De menselijke ziel is natuurlijk oneindig gecompliceerder dan een computerprogramma, maar er zijn mensen die denken dat wij in principe net zo onvrij zijn als zo'n computerprogramma. Kom Sofie, ik zal je wat laten zien.'

Alberto wees naar een groot bureau aan de andere kant van de kamer. Er stond een kleine computer op. Alberto stond op en liep er naar toe, Sofie volgde hem.

Alberto zette de machine aan, en al gauw verscheen er C:\> op het scherm. Hij tikte 'Laila' in en zei: 'Dit is een geavanceerd dialoogprogramma.'

Even later verscheen er een tekst op het scherm:

'Dag, ik heet Laila. Zit je goed?'

Sofie tikte twee letters in.

'Ja,' schreef ze, hoewel ze nog niet was gaan zitten. Alberto schoof een stoel aan.

'Hoe heet jij?' vroeg het scherm.

'Sofie Amundsen,' schreef Sofie, en de computer antwoordde:

'Kløverveien 3. Leuk je te ontmoeten, Sofie. Verheug je je al op je vijftiende verjaardag?'

Sofie stond perplex. Alberto legde een hand op haar schouder en zei: 'Ik heb haar alleen je naam, adres en geboortedatum gegeven. Net alsof je aan iemand wordt voorgesteld. Dan is het prettig om van te voren een paar dingen van elkaar te weten.'

'Niet slecht,' tikte Sofie in.

'Je voelt je toch niet slecht, Sofie? Je moet proberen om in hele zinnen te praten.'

'Dank je wel, het gaat uitstekend met me. Mag ik je iets vragen?'

'Fijn dat het uitstekend met je gaat. Je mag me gerust iets vragen.'

'Hoe oud ben je?' tikte Sofie in.

'Ik ben op 8 augustus 1988 in Atlanta gemaakt, en ik werd op 28 maart 1990 op de Technische Hogeschool van Noorwegen in het Noors vertaald.'

'Gossie!'

'Ik zei dat je moest proberen om in hele zinnen te praten.'

'Ik zei alleen maar gossie!'
'Ik versta geen slang. Ik ken meer dan 100.000 woorden, maar het woord gossie ken ik niet. Het woord gospel komt er het dichtste bij.'
'Dat betekent evangelie.'
'Ben je een christen, Sofie?'
'Ik weet het niet.'
'Iets niet weten is gewoonlijk een stadium op weg naar nieuwe kennis.'
'Zoiets had Socrates kunnen zeggen. Of Descartes.'
'Socrates was een Griekse filosoof die leefde van 470 tot 399 voor Christus. Als je meer wilt weten, moet je F7 indrukken. Descartes was een Franse filosoof die leefde van 1596 tot 1650. Als je meer wilt weten, moet je F8 indrukken.'
'Dank je, zo is het wel genoeg. Mag ik je iets anders vragen?'
'Fijn dat het zo wel genoeg is. Je mag me gerust iets anders vragen.'
Alberto zat te grinniken. Sofie tikte in:
'Wie is Hilde Møller Knag?'
'Hilde Møller Knag woont in Lillesand en is net zo oud als Sofie Amundsen.'
'Hoe weet je dat?'
'Ik weet niet hoe ik dat weet, het staat op mijn harde schijf.'
Sofie voelde een hand op haar schouder.
'Ik heb de weinige gegevens die wij over Hilde hebben, bij haar ingevoerd.'
'Weet je nog meer over Hilde?' tikte Sofie in.
'Hildes vader is VN-waarnemer in Libanon. Hij heeft de rang van majoor en stuurt voortdurend ansichtkaarten aan zijn dochter.'
'Ik wil dat je hem zoekt!'
'Dat kan ik niet. Hij staat niet op mijn files en ik ben niet aan een database gekoppeld.'
'Ik zei: Zoek hem!!!!!!'
'Ben je boos, Sofie? Zoveel uitroeptekens zijn een duidelijke indicatie van heftige emoties.'
'Ik wil de vader van Hilde spreken!'
'Je hebt moeite om je wil te beheersen. Als je over je jeugd wilt praten, moet je F9 indrukken.'

Weer legde Alberto een hand op de schouder van Sofie.
'Ze heeft gelijk. Het is geen kristallen bol, m'n kind. "Laila" is gewoon een computerprogramma.'
'Hou je mond!' tikte Sofie nu in.
'Zoals je wilt, Sofie. Onze kennismaking duurde slechts 13 minuten en 52 seconden. Ik zal alles onthouden wat we hebben gezegd. Nu beëindig ik het programma.'
Opnieuw verscheen er C:\> op het scherm.
'Laten we maar weer gaan zitten,' zei Alberto.
Maar Sofie had alweer nieuwe letters ingetikt.
'Knag,' stond er op het scherm.
Het volgende ogenblik verscheen de volgende mededeling:
'Hier ben ik.'
Nu was het Alberto's beurt om perplex te staan.
'Wie ben jij?' tikte Sofie in.
'Majoor Albert Knag, tot uw dienst. Ik meld mij rechtstreeks vanuit Libanon. Wat zijn uw orders?'
'Dit heb ik nog nooit meegemaakt,' kreunde Alberto. 'Nu is die ellendeling ook nog de harde schijf binnengedrongen.'
Hij duwde Sofie van de stoel af en ging voor het toetsenbord zitten.
'Hoe heb je verdorie mijn PC kunnen binnendringen?' tikte hij in.
'Een kleinigheid, waarde collega. Ik ben altijd daar waar ik mij wens te openbaren.'
'Vervloekt computervirus dat je bent!'
'Ho, ho! Momenteel treed ik op als verjaardagsvirus. Mag ik misschien de groeten overbrengen?'
'Nee, dank je, daar hebben we nu wel genoeg van.'
'Ik zal het kort houden: dit alles is ter ere van jou, lieve Hilde. Opnieuw wil ik je hartelijk feliciteren met je vijftiende verjaardag. Je moet de situatie maar voor lief nemen, ik wil dat mijn felicitaties je overal omringen. De groeten van je vader die je graag een dikke zoen zou willen geven.'
Voordat Alberto nog iets had kunnen intikken verscheen het teken C:\> weer op het scherm.
Alberto tikte 'dir knag*.*' in en nu verscheen de volgende mededeling op het scherm:

| knag.lib | 147.643 | 15/06-90 | 12.47 |
| knag.lil | 326.439 | 23/06-90 | 22.34 |

Alberto tikte in: 'erase knag*.*' en zette de machine uit.

'Zo, nu heb ik hem gewist,' zei hij, 'maar ik kan niet voorspellen waar hij de volgende keer zal opduiken.'

Hij bleef naar de monitor zitten kijken, en zei toen: 'Het ergste vind ik de naam. Albert Knag...'

Pas nu viel Sofie de naamsovereenkomst op. Albert Knag en Alberto Knox. Maar Alberto was zo uit het veld geslagen dat ze niets durfde te zeggen.

Ze gingen weer aan tafel zitten.

SPINOZA

... God is geen poppenspeler...

Ze bleven een hele tijd zitten. Ten slotte zei Sofie, alleen om Alberto aan iets anders te laten denken: 'Descartes moet een merkwaardig mens zijn geweest. Is hij beroemd geworden?'

Alberto haalde een paar keer diep adem voor hij antwoord gaf.

'Hij heeft veel invloed gehad. Het allerbelangrijkste was misschien de betekenis die hij had voor een andere grote filosoof. Ik denk nu aan de Nederlander *Baruch de Spinoza*, die leefde van 1632 tot 1677.'

'Ga je ook iets over hem vertellen?'

'Dat is wel de bedoeling. We laten ons niet afschrikken door militaire provocaties.'

'Ik ben een en al oor.'

'Spinoza was lid van de joodse gemeenschap in Amsterdam, maar hij werd al gauw in de ban gedaan en uitgestoten wegens ketterij. Er zijn maar weinig filosofen in de moderne tijd zo bespot en vervolgd vanwege hun ideeën als Spinoza. Er werd zelfs een moordaanslag op hem gepleegd. De reden van dat alles was dat hij de officiële godsdienst bekritiseerde. Hij vond dat het christendom en het jodendom alleen dankzij verstarde dogma's en holle rituelen bleven voortbestaan. Zelf was hij de eerste die de bijbel op een zogenaamde historisch-kritische wijze opvatte.'

'Leg dat eens uit.'

'Hij verwierp het idee dat de bijbel tot en met de kleinste letter door God was geïnspireerd. Als wij de bijbel lezen, moeten we er ons de hele tijd van bewust zijn in welke tijd die is geschreven. Een dergelijk kritisch lezen zal ook een aantal inconsequenties tussen de verschillende bijbelboeken blootleggen. Onder de oppervlakte van de boeken in het Nieuwe Testament komen we echter Jezus tegen, die wel de spreekbuis van God kan worden genoemd. De verkondiging van Jezus betekende juist een bevrijding uit het verstarde jodendom. Jezus verkondigde een "verstandsreligie", waarin de liefde de hoogste waarde had. In Spinoza's visie is dat zowel de liefde voor God als de liefde voor de medemens. Maar ook het christendom verzandde al spoedig in vastgeroeste dogma's en holle rituelen.'

'Ik kan me voorstellen dat voor kerken en synagogen zulke ideeën niet zo gemakkelijk te verteren waren.'

'Op het hoogtepunt van de strijd liet zelfs zijn eigen familie Spinoza in de steek. Ze probeerden hem te onterven op grond van ketterij. Het paradoxale was dat er maar weinig mensen waren die zich zo sterk maakten voor vrijheid van meningsuiting en religieuze tolerantie als Spinoza. De tegenstand waarmee hij te maken kreeg, zorgde er uiteindelijk voor dat hij een teruggetrokken leven ging leiden, dat helemaal aan de filosofie was gewijd. Om aan de kost te komen sleep hij optische glazen. Deze lenzen, die in mijn bezit zijn gekomen, bijvoorbeeld.'

'Ik ben diep onder de indruk.'

'Het heeft bijna iets symbolisch dat hij leefde van het slijpen van lenzen. Filosofen moeten de mensen immers helpen om de wereld vanuit een nieuw perspectief te zien. Een van de kernpunten van Spinoza's filosofie is dat hij de dingen vanuit het perspectief van de eeuwigheid wil bezien.'

'Het perspectief van de eeuwigheid?'

'Ja, Sofie. Denk jij dat je je eigen leven in een kosmisch verband kunt zien? Dan moet je jezelf en je eigen leven als het ware met toegeknepen ogen bekijken...'

'Hm, dat is niet zo gemakkelijk.'

'Je moet je voorstellen dat je een minuscuul deeltje van de hele levende natuur bent. Je maakt dus deel uit van een ongelooflijk groot geheel.'

'Ik geloof dat ik begrijp wat je bedoelt.'

'Kun je het ook voelen? Lukt het je om de hele natuur, ja, het hele universum, in een blik te overzien?'

'Ik ben bang van niet. Misschien heb ik wel optische glazen nodig.'

'Ik denk nu niet alleen aan de oneindige ruimte. Ik denk ook aan een oneindige tijdspanne. Dertigduizend jaar geleden leefde er een klein jongetje in het dal van de Rijn. Hij was een minuscuul deeltje van de hele natuur, een kleine rimpeling in een oneindig grote zee. En jij Sofie, jij bent net zo'n minuscuul deeltje van het leven van de natuur. Tussen jou en dat jongetje bestaat geen verschil.'

'Maar ik leef nu.'

'Ja, maar daar moest je nu net naar proberen te kijken. Wie ben jij over dertigduizend jaar?'

'Is dat ketterij?'

'Nou... Spinoza zei niet alleen dat alles wat bestaat deel uitmaakt van de natuur. Hij trok ook parallellen tussen God en de natuur. Hij zag God in alles wat bestaat en hij zag alles wat bestaat in God.'

'Hij was dus een pantheïst.'

'Inderdaad. Voor Spinoza is God niet iemand die de wereld heeft geschapen en zelf verder buiten de schepping staat. Nee, God ís de wereld. Soms drukt Spinoza zich een beetje anders uit. Hij wijst erop dat de wereld *in* God is. Hier doelt hij op de toespraak die Paulus op de Areopagus voor de Atheners hield. "In Hem leven wij, bewegen wij ons en zijn wij", had Paulus gezegd. Maar laten we Spinoza's eigen gedachtengang volgen. Zijn belangrijkste boek heet "Ethica, naar geometrische methode beschreven".'

'Ethiek... en geometrische methode?'

'Het komt misschien een beetje vreemd op ons over. Met ethiek bedoelen de filosofen de leer die ons vertelt hoe we moeten leven om een goed leven te leiden. In die betekenis spreken we bijvoorbeeld over de ethiek van Socrates of Aristoteles. Pas in onze tijd is de ethiek gereduceerd tot een paar regels over hoe we moeten leven zonder andere mensen op de tenen te trappen.'

'Omdat denken aan je eigen geluk als egoïsme wordt opgevat?'

'Zoiets, ja. Als Spinoza het woord ethiek gebruikt, kun je dat evengoed met levenskunst vertalen als met moraal.'

'Maar dan nog... "levenskunst naar geometrische methode beschreven."'

'De geometrische methode doelt op de taal of de vorm waarin de boodschap wordt gebracht. Je herinnert je dat Descartes de mathematische methode ook voor filosofische beschouwingen wilde gebruiken. Daarmee bedoelde hij dat een filosofische beschouwing uit strikt logische conclusies moest worden opgebouwd. Spinoza valt onder dezelfde rationalistische traditie. In zijn ethiek wilde hij aantonen hoezeer het leven van een mens door de wetten van de natuur wordt bepaald. Wij moeten ons daarom van onze gevoelens en onze affecties bevrijden. Alleen op die manier vinden we rust en worden we gelukkig, dacht hij.'

'Ons leven wordt toch niet alleen door de wetten van de natuur bepaald?'

'Tja, Spinoza is als filosoof niet zo gemakkelijk te begrijpen, Sofie. Laten we het stap-voor-stap bekijken. Je herinnert je dat volgens Descartes de werkelijkheid uit twee strikt gescheiden substanties bestaat, namelijk denken en uitgebreidheid.'

'Hoe zou ik dat nu kunnen vergeten?'

'Het woord substantie kan worden vertaald met datgene waaruit iets bestaat, wat het in essentie is, of waarop het kan worden teruggevoerd. Descartes werkte met twee van dergelijke substanties. Alles is denken of uitgebreidheid, dacht hij.'

'Je hoeft het niet te herhalen hoor.'

'Maar Spinoza accepteerde die scheiding niet. Volgens hem was er maar een substantie. Alles wat bestaat, kan op een en hetzelfde worden teruggevoerd. En dat noemt hij eenvoudigweg *substantie*. Soms noemt hij het God of de natuur. Spinoza heeft dus geen dualistische opvatting van de werkelijkheid zoals Descartes. Wij zeggen dat hij een "monist" is. Dat wil zeggen dat hij de hele natuur en alle levensomstandigheden op een en dezelfde substantie terugvoert.'

'Een groter meningsverschil konden die twee niet hebben.'

'Het verschil tussen Descartes en Spinoza is niet zo groot als dikwijls is beweerd. Ook Descartes wijst erop dat alleen God op eigen kracht bestaat. Pas als Spinoza God en de natuur op een lijn stelt - of God en de schepping - pas dan neemt hij afstand van Descartes en van een joodse of christelijke wereldopvatting.'

'Want daar *is* de natuur God, punt uit.'

'Maar als Spinoza het woord natuur gebruikt, denkt hij niet alleen aan de uitgebreide natuur. Met het begrip substantie, God of de natuur bedoelt hij alles wat er is, ook dat wat geestelijk is.'

'Zowel denken als uitgebreidheid dus.'
'Ja, precies. Volgens Spinoza kennen wij mensen God onder twee aspecten of verschijningsvormen. Spinoza noemt deze aspecten *attributen*, en die twee attributen zijn nu juist het denken en de uitgebreidheid van Descartes. God - of de natuur - verschijnt dus als hetzij denken hetzij uitgebreidheid. Nu kan het zo zijn dat God oneindig veel andere eigenschappen heeft dan denken en uitgebreidheid, maar dat zijn de enige twee attributen die wij mensen kennen.'
'Ik kan het wel volgen, maar wat een omslachtige manier van uitdrukken!'
'Ja, je moet haast een hamer en een beitel gebruiken om in Spinoza's taal te kunnen doordringen. Je kunt je troosten met de gedachte dat je ten slotte op een loepzuivere gedachte stuit, even zuiver als een diamant.'
'Ik ben benieuwd.'
'Alles wat in de natuur is, is dus hetzij denken, hetzij uitgebreidheid. De afzonderlijke fenomenen die we in ons dagelijkse leven tegenkomen, bijvoorbeeld een bloem of een gedicht over een bloem, zijn verschillende *modi* van de attributen denken of uitgebreidheid. Met een "modus" - in het meervoud "modi" - wordt een bepaalde manier bedoeld waarop de substantie, God of de natuur zich uit. Een bloem is een modus van het attribuut uitgebreidheid, en een gedicht over diezelfde bloem is een modus van het attribuut denken. Maar allebei zijn het in essentie uitdrukkingen van de substantie, God of de natuur.'
'Poeh, wat een ingewikkeld heerschap.'
'Maar alleen zijn taal is zo ingewikkeld. Onder de stijve formuleringen ligt een wonderbaarlijk inzicht verscholen dat zo geweldig simpel is dat onze gewone spreektaal ontoereikend is.'
'Ik geloof dat ik toch de voorkeur aan de gewone omgangstaal geef.'
'Best. Laten we met jouzelf beginnen. Als je buikpijn hebt, wat heeft er dan pijn?'
'Dat heb je al gezegd. Ik.'
'Goed. En als je dan later terugdenkt aan die keer dat je buikpijn had, wat denkt er dan?'

'Weer ik.'

'Want jij bent een persoon, die de ene keer buikpijn heeft en de andere keer in een bepaalde gemoedstoestand verkeert. Zo dacht Spinoza dat alle fysische dingen die bestaan of om ons heen gebeuren, uitdrukkingen zijn van God of de natuur. Zo zijn ook alle gedachten die gedacht worden, de gedachten van God of de natuur. Want alles is een. Er is maar een God, een natuur of een substantie.'

'Maar als ik iets denk, dan ben *ik* het toch die denkt. En als ik beweeg, dan ben *ik* het toch die beweegt. Waarom moet je daar God bij betrekken?'

'Ik stel je betrokkenheid op prijs. Maar wie ben jij? Jij bent Sofie Amundsen, maar je bent ook een uitdrukking van iets oneindig veel groters. Je kunt nu wel zeggen dat *jij* denkt of dat *jij* beweegt, maar kun je niet ook zeggen dat het de natuur is die jouw gedachten denkt, of dat het de natuur is die zich in jou beweegt? Het is vooral een kwestie van door welke lenzen je kijkt.'

'Bedoel je dat ik niet over mezelf beslis?'

'Tja. Misschien heb je wel de vrijheid om te bepalen of je je duim wilt bewegen of niet. Maar die kan alleen maar bewegen volgens zijn eigen aard. De duim kan niet van je hand afspringen en in de kamer ronddansen. Zo heb jij ook je plaats in het geheel, m'n kind. Jij bent Sofie, maar je bent ook een vinger aan het lichaam van God.'

'Dus dan bepaalt God alles wat ik doe?'

'Of de natuur, of de wetten van de natuur. Spinoza dacht dat God - of de wetten van de natuur - de *interne oorzaak* was van alles wat er gebeurde. Hij is geen externe oorzaak, want God uit zich via de wetten van de natuur, en ook alleen maar via die wetten van de natuur.'

'Ik zie het verschil niet zo.'

'God is geen poppenspeler die aan de touwtjes trekt en op die manier bepaalt wat er allemaal gebeurt. Zo'n marionettenmeester bestuurt zijn poppen van buitenaf en is dus de externe oorzaak van de bewegingen die de poppen maken. Maar dat is niet de manier waarop God de wereld bestuurt. God bestuurt de wereld volgens de wetten van de natuur. Zo is God - of de natuur - de interne oorzaak van alles wat er gebeurt. Dat wil zeggen dat alles wat er in de natuur gebeurt, noodzakelijk is. Spinoza had een deterministische kijk op het leven van de natuur.'

'Zoiets heb je toch al eens eerder gezegd?'

'Misschien denk je nu aan de *stoïcijnen*. Ook zij benadrukten dat alles wat gebeurt, noodzakelijk is. Daarom was het zo belangrijk om alles wat er gebeurt met "stoïcijnse kalmte" tegemoet te treden. De mensen moesten zich niet door hun gevoel laten meeslepen. Dat is, kort samengevat, ook de ethiek van Spinoza.'

'Ik geloof dat ik snap wat hij bedoelt. Maar ik vind het geen leuk idee dat ik niet over mezelf kan beslissen.'

'Laten we weer teruggaan naar die jongen uit het stenen tijdperk, dertigduizend jaar geleden. Toen hij groter werd, joeg hij met speren op wilde dieren, beminde hij een vrouw die de moeder van zijn kinderen werd, en ongetwijfeld vereerde hij de goden van zijn stam. Wat bedoel je eigenlijk als je zegt dat hij dat allemaal zelf heeft beslist?'

'Ik weet het niet.'

'Of denk eens aan een leeuw in Afrika. Denk je dat die zelf besloten heeft om als roofdier te leven? Werpt hij zich soms daarom op een manke antilope? Had hij niet beter vegetariër kunnen worden?'

'Nee, een leeuw volgt zijn eigen natuur.'

'Of liever gezegd de wetten van de natuur. Dat doe jij net zo goed, Sofie, want jij bent ook een onderdeel van de natuur. Nu kun je natuurlijk - refererend aan Descartes - aanvoeren dat de leeuw een dier is en geen mens met een vrije geest. Maar denk eens aan een pasgeboren baby. Ze huilt en gaat tekeer; als ze geen melk krijgt, zuigt ze op een vinger. Heeft die baby een vrije wil?'

'Nee.'

'Wanneer krijgt dat kind dan een vrije wil? Als ze twee jaar is, gaat ze overal op af en wijst alles in haar omgeving aan. Als ze drie jaar is, jengelt ze tegen haar moeder en als ze vier is, is ze plotseling bang in het donker. Waar blijft die vrijheid nu, Sofie?'

'Ik weet het niet.'

'Als ze vijftien jaar is, staat ze voor de spiegel met make-up te experimenteren. Is dat soms het moment waarop ze haar eigen besluiten neemt en doet wat ze zelf wil?'

'Ik snap wat je bedoelt.'

'Zij is Sofie Amundsen, dat staat vast. Maar ze leeft ook volgens de wetten van de natuur. Het punt is dat ze dat zelf niet ziet, omdat er zo veel en ongelooflijk ingewikkelde oorzaken zijn voor elke handeling die ze verricht.'

'Dank je, ik heb nu wel genoeg gehoord.'

'Toch wil ik nog graag een laatste antwoord van je horen. In een grote tuin groeien twee even oude bomen. De ene boom staat op een zonnige plek en heeft genoeg vocht en vruchtbare grond tot zijn beschikking. De andere boom staat op schrale grond en in de schaduw. Welke boom is volgens jou het grootst? En welke boom draagt de meeste vruchten?'

'De boom met de beste groeiomstandigheden natuurlijk.'

'Volgens Spinoza is die boom vrij. Hij heeft alle vrijheid gehad om zijn aangeboren mogelijkheden te ontwikkelen. Maar als het een appelboom is, kan hij geen peren of pruimen dragen. Zo is het ook met de mensen gesteld. We kunnen in onze ontwikkeling en in onze persoonlijke groei worden gehinderd, bijvoorbeeld door politieke omstandigheden. Zo kunnen we door een externe dwang worden tegengehouden. Alleen als we onze aangeboren mogelijkheden vrij kunnen ontplooien, leven we als vrije mensen. Maar wij worden net zo bepaald door interne aanleg en externe voorwaarden als dat jongetje uit het stenen tijdperk in het dal van de Rijn, de leeuw in Afrika of de appelboom in de tuin.'

'Ik geloof dat ik het maar opgeef.'

'Spinoza benadrukt dat er maar een wezen is dat helemaal en volkomen een "oorzaak in zichzelf" is en die in volle vrijheid kan handelen. Alleen God of de natuur vertegenwoordigen zo'n vrije, niet-toevallige ontplooiing. Een mens kan streven naar vrijheid om zonder externe dwang te kunnen leven. Maar hij zal nooit een vrije wil krijgen. Wij bepalen nu eenmaal niet zelf wat er met ons lichaam gebeurt - wat een modus van het attribuut uitgebreidheid is. En zo kunnen we ook niet kiezen wat we denken. De mens heeft dus geen vrije ziel, die als het ware in een mechanisch lichaam gevangen zit.'

'Dat snap ik toch niet zo goed.'

'Spinoza vond dat de menselijke hartstochten - zoals eerzucht en begeerte - ons verhinderen om het ware geluk en de echte harmonie te vinden. Maar als we inzien dat alles wat gebeurt, noodzakelijk is, kunnen we een intuïtieve kennis van de natuur als geheel verwerven. We kunnen een punt bereiken, waarop we loepzuiver ervaren dat alles met elkaar samenhangt, ja, dat alles een is. Je moet als het ware alles wat bestaat in een totale blik omvatten. Pas dan kun je het hoogste geluk en de grootste gemoedsrust bereiken. Volgens Spinoza zie je dan alles "sub specie aeternitatis".'

'En dat betekent?'

'Alles zien vanuit het perspectief van de eeuwigheid. Waren we daar niet mee begonnen?'

'Daar moeten we ook mee eindigen. Ik moet als een haas naar huis.'

Alberto stond op en pakte een grote fruitschaal uit de boekenkast. Hij zette de schaal op tafel.

'Wil je nog wat fruit voor je weggaat?'

Sofie pakte een banaan, Alberto nam een groene appel.

Ze knakte het topje van de banaan en begon de schil eraf te trekken.

'Er staat iets op,' zei ze opeens.

'Waar?'

'Hier - aan de binnenkant van de schil. Het lijkt wel alsof het er met een zwarte viltstift is opgeschreven...'

Sofie boog zich naar Alberto toe en liet hem de banaan zien. Hij las hardop: *'Daar ben ik weer, Hilde. Ik ben overal, m'n kind. Gefeliciteerd met je verjaardag!'*

'Wat een humor,' zei Sofie.

'Hij wordt steeds geraffineerder.'

'Maar is dit niet volslagen... onmogelijk? Weet jij of ze ook bananen telen in Libanon?'

Alberto schudde het hoofd.

'Ik eet hem in elk geval niet op.'

'Laat hem dan maar liggen. Iemand die zijn dochter felicitaties stuurt aan de binnenkant van een ongeschilde banaan, is natuurlijk niet goed bij zijn hoofd. Maar hij is wel ontzettend uitgekookt...'

'Ja, zeg dat wel.'

'Kunnen we dan hier en nu vaststellen dat Hilde een uitgekookte vader heeft? Hij is bepaald niet dom.'

'Dat zei ik toch. Wie weet heeft hij er wel voor gezorgd dat jij me de vorige keer opeens Hilde noemde. Wie weet legt hij ons wel alle woorden in de mond.'

'We mogen niets uitsluiten. Maar we moeten ook overal aan twijfelen.'

'Misschien is ons hele leven wel een droom.'

'Laten we niet te hard van stapel lopen. Er kan ook best een eenvoudiger verklaring voor zijn.'

'Hoe dan ook, ik moet naar huis. Mama wacht op me.'

Alberto volgde Sofie naar de deur. Toen ze wegging, zei hij:

'Tot ziens, lieve Hilde.'

Het volgende ogenblik ging de deur achter haar dicht.

LOCKE

... net zo leeg en inhoudloos als een schoolbord voor de binnenkomst van de leraar...

Sofie was om half negen thuis. Anderhalf uur later dan was afgesproken, hoewel er eigenlijk niets was afgesproken. Ze had gewoon het avondeten overgeslagen en voor haar moeder een briefje achtergelaten dat ze uiterlijk om zeven uur weer thuis zou zijn.

'Zo gaat het niet langer, Sofie. Nu heb ik Inlichtingen moeten bellen om te vragen wat het nummer was van ene Alberto die in het oude deel van de stad woonde. Ze lachten me gewoon uit.'

'Ik kon niet eerder weg. Ik geloof dat we vlakbij de oplossing van een groot mysterie zijn.'

'Wat een onzin!'

'Nee, echt waar.'

'Heb je hem voor het tuinfeest uitgenodigd?'

'O nee, dat ben ik vergeten.'

'Ik wil nu beslist met hem kennismaken. Morgen. Het is niet gezond voor een jong meisje om op zo'n manier met een oudere man om te gaan.'

'Je hoeft niet bang te zijn voor Alberto. Als het nou de vader van Hilde was...'

'Wie is Hilde?'

'De dochter van die man in Libanon. Volgens mij is dat een grote schurk. Misschien heeft hij de hele wereld wel in zijn macht.'

'Als je mij nu niet onmiddellijk met Alberto laat kennismaken, wil ik niet dat je hem nog een keer ziet. Hoe kan ik hem nou vertrouwen als ik niet eens weet hoe hij eruit ziet?'

Opeens kreeg Sofie een idee. Ze holde naar haar kamer.

'Wat is er met jou aan de hand?' riep haar moeder haar na.

Al snel was Sofie weer terug in de kamer.

'Over een paar minuten weet je hoe hij eruit ziet. Maar dan hoop ik wel dat je me verder met rust laat.'

Ze zwaaide met een videoband en liep naar de videorecorder.

'Heeft hij je een videoband gegeven?'

'Van Athene...'

Even later verschenen de beelden van de Akropolis op het scherm. Sofies moeder keek stomverbaasd naar Alberto, die naar voren stapte en rechtstreeks tegen Sofie begon te praten.

Nu viel Sofie iets op wat ze was vergeten. Bij de Akropolis wemelde het van de mensen van verschillende reisgezelschappen. Temidden van al die groepen werd een bordje omhooggehouden. Op het bordje stond 'HILDE'...

Alberto zette zijn wandeling door de Akropolis voort. Hij ging door de ingang naar binnen en beklom de Areopagus, waar Paulus de Atheense burgers had toegesproken. Toen vervolgde hij zijn verhaal tegen Sofie vanaf de oude markt.

Sofies moeder bleef naar de video zitten kijken terwijl ze de beelden in halve zinnen van commentaar voorzag: 'Ongelooflijk... is dát Alberto? Daar heb je dat konijn weer... Maar... Ja, hij praat toch echt tegen jou, Sofie. Ik wist niet dat Paulus in Athene was geweest...'

De video naderde het punt waar het oude Athene plotseling uit de ruïnes oprees. Nog net op tijd wist Sofie de band stop te zetten. Haar moeder had nu met Alberto kennisgemaakt, het was niet nodig om haar ook nog eens met Plato te laten kennismaken.

In de kamer werd het helemaal stil.

'Vond je hem niet knap?' zei Sofie plagend.

'Wat een rare man, dat hij zich in Athene laat filmen, alleen maar om die film naar een meisje te sturen dat hij nauwelijks kent. Wannéér is hij in Athene geweest?'

'Geen idee.'

'Maar er is nog wat...'

'Ja?'

'Hij lijkt sprekend op de majoor die een paar jaar in dat hutje in het bos heeft gewoond.'

'Misschien is het hem wel, mama.'

'Maar het is meer dan vijftien jaar geleden dat iemand hem hier voor het laatst heeft gezien.'

'Misschien is hij op reis gegaan, naar Athene bijvoorbeeld.'

Haar moeder schudde het hoofd.

'Toen ik hem in de jaren zeventig een keer heb gezien, leek hij geen dag jonger dan de Alberto die ik vandaag heb gezien. Hij had een buitenlandse achternaam...'

'Knox?'

'Ja, dat kan best, Sofie. Misschien heette hij wel Knox.'

'Of was het Knag?'

'Nee, ik weet het echt niet meer... wie is trouwens die Knox of Knag waar jij het over hebt?'

'De een is Alberto, de ander is de vader van Hilde.'

'Nu gaat het me duizelen, geloof ik.'

'Is er nog iets te eten?'

'Je kunt wel een paar gehaktballetjes opwarmen.'

Daarna gingen er precies twee weken voorbij zonder dat Sofie iets van Alberto hoorde. Ze kreeg nog een verjaardagskaart voor Hilde, maar geen enkele kaart voor zichzelf, hoewel haar verjaardag met rasse schreden naderde.

Op een middag ging Sofie weer naar het oude deel van de stad en klopte op Alberto's deur. Hij was niet thuis, maar er hing een briefje aan de deur. Op het briefje stond:

Gefeliciteerd met je verjaardag, Hilde! Nu staat het grote keerpunt voor de deur. Het moment van de waarheid, m'n kind. Ik doe het bijna in mijn broek van het lachen als ik er aan denk. Het heeft natuurlijk met Berkeley te maken, houd je maar vast.

Sofie scheurde het briefje van de deur en stopte het bij het verlaten van het trappenhuis in Alberto's brievenbus.

Verdorie! Hij zou toch niet weer naar Athene zijn gegaan? Hoe kon hij Sofie nu met al die onbeantwoorde vragen alleen laten?

Toen ze donderdag 14 juni thuiskwam uit school, scharrelde Hermes rond in de tuin. Sofie rende op hem af en hij sprong haar tegemoet. Ze legde haar armen om hem heen, alsof de hond alle raadsels kon oplossen.

Weer liet ze een briefje voor haar moeder achter, maar dit keer zette ze Alberto's adres erbij.

Toen ze door de stad liepen, dacht Sofie aan de volgende dag. Ze dacht niet eens aan haar eigen verjaardag, die zou toch pas op midzomeravond worden gevierd. Maar morgen was het ook de verjaardag van Hilde. Sofie was ervan overtuigd dat er die dag iets heel bijzonders zou gebeuren. In ieder geval zou het dan afgelopen zijn met al die verjaardagswensen uit Libanon.

Nadat ze Stortorget waren gepasseerd en naar het oude stadsdeel liepen, kwamen ze langs een park met een speeltuin. Daar bleef Hermes voor een bank staan, het was alsof hij wilde dat Sofie op die bank ging zitten.

Ze ging zitten en aaide de goudkleurige hond over zijn nek, terwijl ze hem in de ogen keek. Een paar keer schokte het dier. Zo meteen gaat hij blaffen, dacht Sofie.

Plotseling trilden zijn kaken, maar Hermes ging niet grommen of blaffen. Hij deed zijn bek open en zei: 'Gefeliciteerd met je verjaardag, Hilde!'

Sofie bleef als versteend zitten. Had de hond tegen haar gepraat?

Nee, dat moest ze zich verbeeld hebben, omdat ze de hele tijd aan Hilde dacht. Maar diep in haar hart was ze ervan overtuigd dat Hermes die vijf woorden wel degelijk tegen haar had gezegd. Ze waren met een diepe, welluidende bas uitgesproken.

Het volgende ogenblik was alles weer normaal. Hermes blafte een paar keer demonstratief alsof hij wilde verdoezelen dat hij met een menselijke stem had gesproken en drentelde verder naar het huis van Alberto. Toen ze het trappehuis binnengingen, keek Sofie omhoog naar de lucht. Het was de hele dag mooi weer geweest, maar nu stapelden donkere wolken zich op aan de horizon.

Toen Alberto de deur opendeed, zei Sofie: 'Laat die beleefdheidsfrases maar achterwege. Je bent een grote dwaas en dat weet je zelf maar al te goed.'

'Wat is er dan, m'n kind?'

'De majoor heeft Hermes leren *praten*.'

'Nee toch, is het al zo ver gekomen?'

'Ja, stel je toch eens voor.'

'En wat heeft hij gezegd?'

'Dat mag je raden.'
'Vast iets in de trant van "gefeliciteerd met je verjaardag".'
'Bingo.'
Alberto liet Sofie binnen. Ook vandaag had hij een nieuw kostuum aangetrokken. Het verschilde niet zoveel van het vorige, alleen zaten er niet zoveel linten, bandjes en kant aan.
'Maar er is nog iets,' zei Sofie toen.
'Wat dan?'
'Heb je dat briefje niet in je brievenbus gevonden?'
'O, dat. Dat heb ik meteen weggegooid.'
'Voor mijn part doet hij het elke keer in zijn broek als hij aan Berkeley denkt. Maar wat is er zo bijzonder aan die filosoof, dat hij zo'n reactie teweegbrengt?'
'Even geduld nog.'
'Maar je zou vandaag toch over hem gaan vertellen?'
'Ja, dat is zo.'
Alberto ging er goed voor zitten. Toen zei hij:
'De vorige keer dat we hier zaten, heb ik je over Descartes en Spinoza verteld. We waren het erover eens dat ze een belangrijk ding gemeen hadden. Ze waren allebei uitgesproken *rationalisten*.'
'En een rationalist is iemand die een groot vertrouwen heeft in de betekenis van het vermogen tot denken.'
'Ja, een rationalist gelooft dat de rede een bron van kennis is. Hij gelooft meestal dat de mens bepaalde aangeboren ideeën heeft, die dus in het bewustzijn van de mens aanwezig zijn, voordat er van enige ervaring sprake is. Hoe duidelijker een dergelijk idee of dergelijke voorstelling is, des te zekerder is dat het ook met iets werkelijks overeenkomt. Je weet nog wel dat Descartes een heel duidelijke voorstelling had van een volmaakt wezen. Op grond van die voorstelling concludeerde hij dat er echt een God bestaat.'
'Er mankeert niets aan mijn geheugen.'
'Zo'n rationalistische denkwijze was typerend voor de filosofie van de zeventiende eeuw. Ook in de middeleeuwen zijn we dat tegengekomen en het komt ook bij Plato en Socrates voor. Maar in de achttiende eeuw kwam er steeds meer kritiek op dat rationa-

lisme. Verschillende filosofen gingen toen uit van het standpunt dat we geen enkel bewustzijn hebben voordat we zintuiglijke ervaringen hebben opgedaan. Een dergelijke zienswijze wordt *empirisme* genoemd.'

'En over die empiristen ga je het vandaag hebben?'

'Dat was wel mijn bedoeling. De belangrijkste empiristen - of ervaringsfilosofen - waren Locke, Berkeley en Hume, alle drie Britten. De meest toonaangevende rationalisten uit de zeventiende eeuw waren de Fransman Descartes, de Nederlander Spinoza en de Duitser Leibniz. We maken daarom onderscheid tussen *het Britse empirisme* en *het continentale rationalisme*.

'Oké, dat zijn wel weer genoeg termen. Kun je nog even herhalen wat er met empirisme wordt bedoeld?'

'Een empirist wil alle kennis over de wereld afleiden uit wat de zintuigen ons vertellen. De klassieke formulering van een empirische houding komt van Aristoteles. Hij heeft gezegd dat er niets in het bewustzijn is wat niet eerst in de zintuigen is geweest. Die visie hield een uitgesproken kritiek in op Plato, die geloofde dat de mens met een aantal ideeën uit de ideeënwereld ter wereld kwam. Locke herhaalt de woorden van Aristoteles, en als Locke ze gebruikt, zijn ze tegen Descartes gericht.'

'Niets in het bewustzijn... wat niet eerst in de zintuigen is geweest?'

'We hebben geen aangeboren ideeën of voorstellingen van de wereld. We weten zelfs helemaal niets over de wereld waarin we terechtkomen, voordat we die hebben gezien. Als wij een idee of voorstelling hebben die niet in verband kan worden gebracht met iets wat we hebben meegemaakt, dan is dat een valse voorstelling. Als we bijvoorbeeld een woord als "God", "eeuwigheid" of "substantie" gebruiken, dan staat ons verstand stil. Want niemand heeft God, of de eeuwigheid, of wat de filosofen substantie hebben genoemd, *ervaren*. Zo kunnen er geleerde verhandelingen worden geschreven, die op de keper beschouwd geen enkele nieuwe kennis bevatten. Zo'n zorgvuldig uitgedacht filosofisch systeem mag dan misschien gewichtig overkomen, in wezen zijn het gewoon hersenspinsels. De filosofen uit de zeventiende en achttiende eeuw hadden een hele serie van dergelijke geleerde verhandelingen geërfd. Nu moesten ze onder de loep worden genomen. Alle loze gedachten moesten eruit worden verwijderd. Misschien kun je het vergelijken met het zeven van goud. Het overgrote deel bestaat uit zand en leem, maar hier en daar glinstert er een goudkorreltje.'

'Zo'n goudkorreltje is dan een echte ervaring?'

'Of in ieder geval een gedachte die aan de menselijke ervaring gekoppeld kan worden. Voor de Britse empiristen was het van groot belang om alle menselijke voorstellingen te onderzoeken om te zien of ze met echte ervaringen onderbouwd waren. Maar laten we de filosofen een voor een bekijken.'

'Steek maar van wal!'

'De eerste was de Engelsman *John Locke*, die leefde van 1632 tot 1704. Zijn belangrijkste werk heeft als titel "An essay concerning human understanding", en is verschenen in 1690. Hierin probeert hij een antwoord te geven op twee vragen. De eerste vraag is waar de mensen hun gedachten en voorstellingen vandaan halen; de tweede is de vraag of wij kunnen vertrouwen op wat de zintuigen ons vertellen.'

'Niet bepaald een gemakkelijk project.'

'Laten we elk probleem apart bekijken. Locke is ervan overtuigd dat alle gedachten en voorstellingen die wij hebben, louter en alleen een reflectie zijn van wat we gezien en gehoord hebben. Voor we iets gewaarworden, is ons bewustzijn als een "tabula rasa", ofwel een onbeschreven blad.'

'Laat dat Latijn maar zitten.'

'Voor we iets gewaarworden, is ons bewustzijn net zo leeg en inhoudloos als een onbeschreven blad papier, of als een schoolbord voor de binnenkomst van de leraar. Locke vergelijkt ons bewustzijn ook wel met een ongemeubileerde kamer. Maar dan gaan we waarnemen. We zien de wereld om ons heen, we ruiken, proeven, voelen en horen. Niemand doet dat intenser dan een klein kind. Op die manier ontstaat, wat Locke noemt, de *eenvoudige ideeën* ofwel de *uiterlijke ervaring*. Maar het bewustzijn ontvangt dergelijke uitwendige indrukken niet zonder meer passief. Er gebeurt ook iets ín het bewustzijn. De eenvoudige ideeën ondergaan een bewerking door middel van denken, redeneren, geloof en twijfel. Zo ontstaan volgens Locke de *reflectie-ideeën*, ofwel de *innerlijke ervaring*. Hij maakt dus onderscheid tussen gewaarwording en reflectie. Het bewustzijn is namelijk niet alleen maar een passieve ontvanger. Het ordent en bewerkt alle zintuiglijke indrukken zoals ze opgedaan worden. En op dat punt moeten we juist oppassen.'

'Waarom?'

'Locke benadrukt dat het enige wat we via onze zintuigen waarnemen, *enkelvoudige indrukken* zijn. Als ik bijvoorbeeld een appel eet, word ik die appel niet in een totale indruk gewaar. In werkelijkheid ontvang ik een heleboel enkelvoudige indrukken, zoals een groene kleur, een frisse geur, een sappige, zurige smaak. Pas als ik vaker een appel heb gegeten, kan ik denken dat ik een "appel" eet. Locke zegt dat we dan een *complexe voorstelling* van een appel hebben gevormd. Toen we kinderen waren en voor de eerste keer een appel aten, hadden we nog niet zo'n complexe voorstelling. We zagen iets groens, we proefden iets sappigs en fris, lekker maar een beetje zuur. Na een tijdje gaan we een groot aantal van die ervaringsindrukken combineren en vormen we begrippen als "appel", "peer" en "sinaasappel". Maar al het materiaal voor onze kennis van de wereld bereikt ons uiteindelijk via ons zintuiglijk apparaat. Kennis die niet tot zulke enkelvoudige indrukken valt terug te leiden, is daarom valse kennis en moet worden verworpen.'

'We kunnen er in ieder geval zeker van zijn dat alles wat we zien en horen, ruiken en proeven is zoals we het waarnemen.'

'Ja en nee. Dat is de tweede vraag waarop Locke het antwoord probeert te vinden. Eerst heeft hij het antwoord gevonden op de vraag waar we onze ideeën en voorstellingen vandaan halen. Maar dan stelt hij ook de vraag of de wereld echt is zoals we hem waarnemen. Dat is namelijk niet zo vanzelfsprekend, Sofie. We moeten niet te snel zijn met onze conclusies. Dat is het enige wat een echte filosoof niet mag.'

'Ik zeg niks.'

'Locke maakt onderscheid tussen wat hij "primaire" en "secundaire" ervaringskwaliteiten noemt. En hier reikt hij de filosofen voor hem de hand, zoals Descartes bijvoorbeeld.'

'Leg dat eens uit.'

'Met *primaire kwaliteiten* worden de uitgebreidheid en de massa van de dingen bedoeld, de vorm, de beweging en het aantal. Wat die eigenschappen betreft, kunnen we er zeker van zijn dat onze zintuigen de werkelijke eigenschappen van de dingen weergeven. Maar we nemen ook andere eigenschappen waar. We zeggen dat iets zoet of zuur is, groen of rood, warm of koud. Dat noemde Locke *secundaire kwaliteiten*. Dat soort zintuiglijke indrukken - zoals kleur, geur, smaak en geluid - geven niet de werkelijke eigenschappen weer die in de dingen zelf besloten liggen. Ze geven alleen de indrukken van de stoffelijke wereld op onze zintuigen weer.'

'Over smaak valt niet te twisten.'

'Precies. De primaire eigenschappen, zoals omvang en gewicht, zijn dingen waarover iedereen het eens kan worden, omdat ze in de dingen zelf besloten liggen. Maar de secundaire eigenschappen, zoals kleur en smaak, kunnen van dier tot dier en van mens tot mens verschillen, afhankelijk van de vraag hoe het zintuiglijk apparaat van ieder individu is opgebouwd.'

'Als Jorunn een sinaasappel eet, trekt ze net zo'n gezicht als anderen doen als ze een citroen eten. Ze kan meestal niet meer dan een partje op. "Zuur," zegt ze dan. Terwijl ik precies dezelfde sinaasappel lekker zoet vind.'

'En jullie hebben geen van beiden gelijk, maar jullie hebben het ook geen van beiden mis. Jullie beschrijven gewoon hoe de sinaasappel op jullie zintuigen overkomt. Zo is het ook met kleuren. Misschien vind je een bepaalde kleur rood niet mooi. Als Jorunn net een jurk gekocht heeft in die kleur, is het misschien verstandig om je mening voor je te houden. Jullie beleven de kleur anders, maar de jurk is mooi noch lelijk.'

'Maar een sinaasappel is rond, daarover is iedereen het eens.'

'Ja, als je een ronde sinaasappel hebt, heeft het geen zin om te vinden dat het een kubus is. Je kunt hem wel zoet of zuur vinden, maar als hij een ons of twee weegt, kun je niet vinden dat hij acht kilo weegt. Je *denkt* misschien dat hij een paar kilo zwaar is, maar dan heb je er geen verstand van. Als verschillende mensen moeten raden hoeveel iets weegt, is er altijd eentje die meer gelijk heeft dan de anderen. Dat geldt ook voor aantallen. Er zitten wel of niet 986 erwten in een fles. Beweging is net zoiets. De auto beweegt, of hij staat stil.'

'Ik snap het.'

'Als het om de uitgebreidheid gaat, is Locke het dus eens met Descartes; beiden zijn van mening dat de uitgebreidheid inderdaad bepaalde eigenschappen heeft die de mens met zijn verstand kan begrijpen.'

'Het is ook niet zo moeilijk om het daarover eens te zijn.'

'Ook op andere gebieden stond Locke open voor wat hij noemde intuïtieve of demonstratieve kennis. Hij dacht bijvoorbeeld dat bepaalde ethische grondregels voor iedereen vanzelfsprekend waren. Hij is dus een aanhanger van de gedachte van het zogenaamde *natuurrecht*, en dat is een zuiver rationalistisch trekje. Een ander, even duidelijk rationalistisch trekje van Locke is dat hij dacht dat het bestaan van God in de menselijke rede besloten lag.'

'Misschien had hij wel gelijk.'

'In wat voor opzicht?'

'Misschien bestaat God ook wel.'

'Dat is natuurlijk denkbaar. Maar voor Locke is het geen kwestie van wel of niet geloven. Hij vindt dat de erkenning van het bestaan van God uit de menselijke rede voortkomt. En dát is een rationalistisch trekje. Ik moet daaraan toevoegen dat hij een voorstander was van vrijheid van denken en tolerantie. Bovendien maakte hij zich sterk voor gelijkstelling van de beide seksen. Dat de vrouw ondergeschikt zou zijn aan de man, vond hij iets wat door mensen was bedacht. En daarom ook iets wat door mensen kon worden veranderd.'

'Ik geef hem geen ongelijk.'

'Locke was een van de eerste moderne filosofen die zich bezighield met de rolpatronen. Hij had grote invloed op zijn naamgenoot *John Stuart Mill*, die op zijn beurt weer een grote rol speelde bij de gelijkstelling van mannen en vrouwen. Locke was trouwens helemaal vroeg als het gaat om een groot aantal liberale gedachten die later in de achttiende eeuw tijdens de Franse verlichting tot bloei kwamen. Hij was bijvoorbeeld de eerste die zich uitsprak voor het zogenaamde principe van de *scheiding van de macht...*'

'Dat wil zeggen dat de macht van de staat over verschillende instellingen is verdeeld.'

'Weet je ook nog welke instellingen?'

'Je hebt de wetgevende macht, ofwel het parlement. En dan de rechtsprekende macht, dat zijn de rechtbanken. En dan nog de uitvoerende macht, oftewel de regering.'

'Die driedeling is bedacht door de Franse verlichtingsfilosoof *Montesquieu*. Locke had vooral gehamerd op het feit dat je de wetgevende en de uitvoerende macht van elkaar moest scheiden om tirannie te voorkomen. Hij was een tijdgenoot van Lodewijk XIV, die alle macht in één hand had verzameld. "De staat, dat ben ik," zei hij. Wij zeggen dat hij een absoluut heerser was. Tegenwoordig zouden we van een rechteloze toestand spreken. Om een rechtsstaat te kunnen garanderen, moeten de vertegenwoordigers van het volk de wetten opstellen, en de koning of de regering moet dan de wetten uitvoeren, vond Locke.'

HUME

... gooi het dan maar in het vuur...

Alberto staarde naar de tafel die tussen hen in stond. Eenmaal draaide hij zich om en keek uit het raam.

'De lucht betrekt,' zei Sofie.

'Ja, het is benauwd.'

'Ga je nu over Berkeley vertellen?'

'Hij was de tweede van de drie Britse empiristen. Maar omdat hij in veel opzichten in een aparte categorie geplaatst kan worden, gaan we het eerst over *David Hume* hebben, die leefde van 1711 tot 1776. Algemeen wordt aangenomen dat hij de belangrijkste empirische filosoof is geweest. Van wezenlijk belang is ook het feit dat hij de grote filosoof Immanuel Kant op het spoor van diens filosofie heeft gezet.'

'Het speelt zeker geen rol dat ik liever eerst iets over de filosofie van Berkeley wil horen.'

'Nee, dat speelt inderdaad geen rol. Hume groeide op in Schotland, even buiten Edinburgh, en zijn familie wilde graag dat hij jurist werd, maar hij zei dat hij een onoverkomelijke weerstand voelde tegen alles wat geen filosofie of wetenschap was. Hij leefde in de tijd van de verlichting, was een tijdgenoot van grote Franse denkers als *Voltaire* en *Rousseau*, en hij had veel door Europa gereisd voor hij zich aan het einde van zijn leven in Edinburgh vestigde. Zijn belangrijkste werk, "Verhandeling over de menselijke natuur", verscheen toen Hume 28 jaar oud was. Zelf beweerde hij dat hij het idee voor dit boek al op vijftienjarige leeftijd had gekregen.'

'Ik begrijp dat ik moet opschieten.'

'Je bent al bezig.'

'Maar als ik mijn eigen filosofie maak, wordt die wel heel anders dan wat ik tot nu toe heb gehoord.'

'Heb je iets specifieks gemist?'

'Ten eerste zijn alle filosofen over wie ik iets heb gehoord, mannen. En mannen leven toch in hun eigen wereld. Ik interesseer me voor de echte wereld. Bloemen, dieren en kinderen die geboren worden en opgroeien. Die filosofen van jou hebben het steeds over de "mens", en nu kom je weer aanzetten met een verhandeling over de "menselijke natuur". Maar het lijkt wel alsof die mens een man van middelbare leeftijd is. Je zou bijna vergeten dat het leven met zwangerschap en geboorte begint. Ik heb tot nu toe naar mijn idee veel te weinig over luiers en kindertranen gehoord. Misschien ook wel te weinig over liefde en vriendschap.'

'Je hebt natuurlijk volkomen gelijk. Maar misschien is juist Hume een filosoof die een beetje anders denkt. Meer dan iemand anders neemt hij de alledaagse wereld als uitgangspunt. Ik geloof bovendien dat Hume een bijzonder oog heeft voor de manier waarop kinderen - de nieuwe wereldburgers dus - het bestaan ervaren.'

'Ik zal goed opletten.'

'Als empirist zag Hume het als zijn taak alle onduidelijke begrippen en gedachtenconstructies die die mannen van jou hadden bedacht, op te ruimen. Zowel in woord als geschrift wemelde het van het oude wrakhout van middeleeuwse en zeventiende-eeuwse, rationalistische filosofen. Hume wilde terug naar de directe menselijke gewaarwording. Volgens Hume kan geen enkele filosofie ons op wat voor manier dan ook terugvoeren achter de dagelijkse ervaringen, of ons andere gedragsregels geven dan de regels die wij verkrijgen door na te denken over het dagelijkse leven.'

'Dat klinkt weer veelbelovend hoor. Kun je ook voorbeelden geven?'

'In de tijd van Hume werd algemeen aangenomen dat er engelen bestonden. Met een engel bedoelen we een mannelijke gedaante met vleugels. Heb jij weleens zo'n wezen gezien, Sofie?'

'Nee.'

'Maar je hebt weleens een man gezien?'

'Niet zulke domme vragen stellen.'

'En je hebt ook wel eens vleugels gezien?'

'Natuurlijk, maar nooit bij een mens.'

'Volgens Hume is een engel een "samengesteld" of "complex begrip". Het bestaat uit twee verschillende ervaringen die in werkelijkheid niet bij elkaar horen, maar die desondanks in de menselijke fantasie aan elkaar zijn gekoppeld. Het is met andere woorden een valse voorstelling die meteen overboord moet worden gegooid. Zo moeten we al onze gedachten en voorstellingen opruimen. Net zoals we onze boekenkast moeten opruimen. Want zoals Hume het uitdrukte: "Als we een boek oppakken, moeten we ons afvragen: bevat het ook een theoretische beschouwing over uitgebreidheid of hoeveelheid? Nee. Bevat het soms een ervaringsoordeel over feitelijke verbanden en feitelijk bestaan? Nee. Gooi het dan maar in het vuur, want dan kan het alleen maar drogredenen en hersenspinsels bevatten".'

'Is dat niet wat drastisch?'

'Maar wat je overhoudt is de wereld, Sofie. Frisser en met scherpere contouren dan ooit tevoren. Hume wilde terug naar de manier waarop een kind de wereld beleeft - voordat alle gedachten en reflecties een plaats in het bewustzijn hebben ingenomen. Zei je niet dat veel van die filosofen over wie je had gehoord, in hun eigen wereld leefden, en dat jij meer in de echte wereld was geïnteresseerd?'

'Zoiets, ja.'

'Het hadden Humes woorden kunnen zijn. Maar laten we zijn eigen gedachtengang nog wat nauwkeuriger volgen.'

'Steek maar van wal.'

'Hume begint met de constatering dat de mens twee verschillende soorten voorstellingen kent. Namelijk *indrukken* en *ideeën*. Met indrukken bedoelt hij de onmiddellijke gewaarwording van de stoffelijke wereld. Met ideeën bedoelt hij de herinnering aan zo'n indruk.'

'Voorbeelden graag.'

'Als je je aan een warme kachel brandt, heb je een onmiddellijke indruk. Later kun je terugdenken aan het moment dat je je brandde. Dat noemt Hume een idee. Het verschil tussen die twee is dat de indruk sterker en levendiger is dan de herinnering daaraan. Je kunt zeggen dat de indruk het origineel is en het idee of de herinnering aan de indruk slechts een bleke kopie. Want de

indruk is immers de directe oorzaak van het idee dat vervolgens in het bewustzijn wordt opgeslagen.'
'Tot zover kan ik het volgen.'
'Verder legt Hume de nadruk op het feit dat indrukken en ideeën zowel *enkelvoudig* als *samengesteld of complex* kunnen zijn. Weet je nog dat we het bij Locke over een appel hadden? De onmiddellijke gewaarwording van een appel is zo'n complexe indruk. Zo is ook de voorstelling over een appel in je bewustzijn een complex idee.
'Neem me niet kwalijk dat ik je onderbreek, maar is dat echt zo belangrijk?'
'En of het belangrijk is! Ook al hebben de filosofen zich af en toe met schijnproblemen beziggehouden, je moet niet terugschrikken voor redeneringen. Hume zou Descartes beslist gelijk hebben gegeven dat het belangrijk is om een redenering van de grond af op te bouwen.'
'Jij wint.'
'Hume stelt dat wij soms ideeën kunnen samenstellen die in de werkelijkheid enkelvoudig zijn. Zo ontstaan valse ideeën en voorstellingen die niet in de natuur te vinden zijn. We hebben de engelen al genoemd. Eerder hebben we het over krokofanten gehad. Een ander voorbeeld is Pegasus, een paard met vleugels. In al die gevallen moeten we toegeven dat ons bewustzijn als het ware op eigen houtje met schaar en lijm in de weer is geweest. Het heeft de vleugels van een indruk aan de paarden van een andere indruk vastgemaakt. Alle onderdelen zijn ooit een keer waargenomen en als een echte indruk het theater van het bewustzijn binnengekomen. Niets is eigenlijk door het bewustzijn zelf verzonnen. Het bewustzijn heeft al knippend en plakkend op die manier valse ideeën of voorstellingen geconstrueerd.'
'Ik snap het. Nu snap ik ook waarom dat belangrijk is.'
'Mooi zo. Hume wil dus iedere voorstelling onderzoeken om te zien of die is samengesteld op een manier die we niet in de werkelijkheid tegenkomen. Hij stelt de vraag: van welke indruk is die voorstelling afkomstig? Allereerst moet hij uitzoeken uit welke enkelvoudige ideeën een samengesteld begrip bestaat. Op die manier beschikt hij over een kritische methode om menselijke

voorstellingen te analyseren. Op die manier wil hij onze gedachten en begrippen opruimen.'

'Kun je voorbeelden geven?'

'In de tijd van Hume hadden veel mensen een duidelijke voorstelling van de hemel of van het nieuwe Jeruzalem. Misschien herinner je je nog dat Descartes erop had gewezen dat heldere en duidelijke voorstellingen op zichzelf een garantie konden zijn voor het feit dat dergelijke voorstellingen overeenkwamen met iets wat werkelijk bestond.'

'Er mankeert nog steeds niets aan mijn geheugen.'

'Wij hebben snel door dat de hemel een enorm samengestelde voorstelling is. Om maar een paar elementen te noemen: in de hemel staan "paarlen poorten", er ligt een "straat van zuiver goud", er zijn "engelen" bij de vleet, enzovoort. Maar nog hebben we dan niet alles in enkelvoudige elementen opgedeeld. Want ook paarlen poorten, een straat van zuiver goud en engelen zijn op hun beurt weer samengestelde voorstellingen. Pas als we hebben geconstateerd dat onze voorstelling van de hemel bestaat uit enkelvoudige voorstellingen als "parel", "poort", "straat", "goud", "gedaante met witte kleren" en "vleugels", kunnen we de vraag stellen of we werkelijk enkelvoudige indrukken hebben opgedaan die daarmee overeenstemmen.'

'Ja, die hebben we. Maar daarna hebben we uit al die enkelvoudige indrukken met schaar en lijm een droombeeld samengesteld.'

'Je slaat de spijker op zijn kop. Want als er iets is wat wij mensen doen als we dromen, dan is dat knippen en plakken. Nu hamert Hume erop dat al het materiaal waaruit wij droombeelden samenstellen, ons bewustzijn ooit een keer als enkelvoudige indruk is binnengedrongen. Iemand die nooit goud heeft gezien, zal zich ook geen straat van zuiver goud kunnen voorstellen.'

'Hij was bepaald niet dom. Maar hoe zit het met Descartes die een heldere en duidelijke voorstelling van God had?'

'Ook daar heeft Hume een antwoord op. Laten we zeggen dat we ons God voorstellen als een "oneindig intelligent, wijs en goed wezen". We hebben dus een samengesteld idee dat bestaat uit iets oneindig intelligents, iets oneindig wijs' en iets oneindig goeds.

Als we nooit intelligentie, wijsheid en goedheid hadden ervaren, zouden we ook nooit zo'n godsbegrip kunnen hebben. Misschien stellen we ons God ook wel voor als een "strenge maar rechtvaardige vader" - dus een voorstelling die is samengesteld uit streng, rechtvaardig en vader. Na Hume hebben veel godsdienstcritici er inderdaad op gewezen dat zo'n godsvoorstelling teruggevoerd kan worden op de manier waarop we als kind onze eigen vader ervoeren. De voorstelling van een vader heeft geleid tot de voorstelling van een vader in de hemel, is wel gezegd.'

'Dat is misschien wel zo. Maar ik heb nooit begrepen waarom God zo nodig een man moet zijn. Mama heeft God als tegenwicht weleens Godin genoemd.'

'Hume wil dus alle gedachten en voorstellingen aanpakken die niet tot overeenkomstige indrukken kunnen worden herleid. Hij zegt dat hij al het zinloze gepraat wil wegjagen dat het metafysische denken zo lang heeft beheerst en in diskrediet heeft gebracht.

Maar ook in het dagelijkse leven gebruiken we samengestelde begrippen zonder erover na te denken of ze wel kloppen. Dat geldt bijvoorbeeld voor de voorstelling van een "ik" of een "persoonlijkheidskern". Die voorstelling was immers de basis voor de filosofie van Descartes. Op die ene heldere en duidelijke voorstelling was zijn hele filosofie gebaseerd.'

'Ik hoop toch niet dat Hume ontkent dat ik ik ben. Dan is hij gewoon weer zo'n praatjesmaker.'

'Sofie, als er een ding is dat je van deze filosofiecursus moet opsteken, is het dat je niet te snel conclusies moet trekken.'

'Ga door.'

'Nee, gebruik zelf Humes methode maar om dat wat je als jouw Ik opvat, te analyseren.'

'Dan moet ik me om te beginnen afvragen of mijn Ik-voorstelling een enkelvoudige of een samengestelde voorstelling is.'

'Wat is je antwoord?'

'Ik geef toe dat ik mezelf nogal complex vind. Ik ben bijvoorbeeld behoorlijk humeurig. En ik vind het soms heel moeilijk om een beslissing te nemen. Bovendien vind ik een en dezelfde persoon het ene moment aardig en het andere moment onuitstaanbaar.'

'Jouw Ik-voorstelling is dus een complex idee.'

'Oké. Nu moet ik dus de vraag stellen of ik een overeenkomstige complexe indruk van mijn eigen Ik heb. Maar dat heb ik toch? Dat heb ik toch altijd gehad?'

'Waarom twijfel je?'

'Ik verander de hele tijd. Ik ben nu niet dezelfde persoon die ik was toen ik vier was. Mijn humeur en de manier waarop ik mezelf opvat, veranderen elk ogenblik. Soms voel ik me gewoon een compleet nieuw mens.'

'Het gevoel dat je een onveranderlijke persoonlijkheidskern bezit, is dus een valse voorstelling. Jouw Ik-voorstelling is in werkelijkheid een lange keten van enkelvoudige indrukken die je nooit *op een en hetzelfde moment* hebt opgedaan. Het is niets anders dan een bundeling of een verzameling van verschillende gewaarwordingen, die elkaar met onbegrijpelijke snelheid opvolgen en zich in een voortdurend veranderende stroom bevinden, aldus Hume. Hij vergelijkt het bewustzijn met een soort theater waarin de verschillende opvattingen om de beurt opkomen, verdwijnen, weer terugkomen, wegglijden en zich in een oneindig veelvoud van posities en situaties vermengen. Humes punt is dat wij onder of achter de opvattingen en gemoedsstemmingen die komen en gaan, geen achterliggende persoonlijkheid hebben. Het is als de beelden op het witte doek: omdat ze elkaar zo snel opvolgen, zien we niet dat de film uit afzonderlijke foto's is samengesteld. Maar in wezen bestaat er tussen de foto's geen verband. In werkelijkheid is de film een som van momenten.'

'Ik geef me gewonnen.'

'Wil dat zeggen dat je de voorstelling van een onveranderlijke persoonlijkheidskern opgeeft?'

'Ja.'

'En zoëven had je nog een heel andere mening! Ik moet er wel aan toevoegen dat Humes analyse van het menselijke bewustzijn en zijn afwijzing van de gedachte dat de mens een onveranderlijke persoonlijkheidskern heeft, bijna 2500 jaar eerder op een heel andere plaats op de aardbol werden verwoord.'

'Door wie dan?'

'Door *Boeddha*. Het is haast griezelig om te zien hoezeer hun formuleringen overeenkomen. Boeddha beschouwde het menselijk leven als een onafgebroken reeks mentale en fysieke processen die de mens van moment tot moment veranderen. De baby is niet dezelfde persoon als de volwassene, en ik ben niet dezelfde persoon als gisteren. Van niets kan ik zeggen dat dit van mij is, zei Boeddha, en van niets kan ik zeggen dat ik dit ben. Er bestaat dus geen Ik of een onveranderlijke persoonlijkheidskern.'

'Ja, dat lijkt verbluffend veel op wat Hume zei.'

In het verlengde van de idee van een onveranderlijke Ik beschouwden veel rationalisten het ook als een vaststaand gegeven dat de mens een onsterfelijke ziel heeft.'

'Is dat dan ook een valse voorstelling?'

'Volgens Hume en Boeddha wel. Weet je wat Boeddha tegen zijn volgelingen zei, vlak voor hij stierf?'

'Nee, hoe zou ik dat moeten weten?'

'"Alles wat samengesteld is, is vergankelijk". Misschien zou Hume hetzelfde hebben gezegd. Democritus wellicht ook. We weten in ieder geval zeker dat Hume elke poging om de onsterfelijkheid van de ziel of het bestaan van God te bewijzen, afwees. Dat betekent niet dat hij die twee dingen uitsloot, maar denken dat het mogelijk is om religieus geloof met het menselijk verstand te bewijzen, is rationalistisch geraaskal. Hume was geen christen, maar hij was ook geen overtuigd atheïst. Hij was een zogenaamde *agnosticus*.'

'En dat betekent?'

'Een agnosticus is iemand die niet weet of er een God bestaat. Toen Hume op sterven lag en bezoek kreeg van een vriend, vroeg de vriend of hij in een leven na de dood geloofde. Hume zou geantwoord hebben: "Het is ook mogelijk dat een stukje kool dat op het vuur wordt gelegd, niet gaat branden."'

'Tja...'

'Het antwoord is typerend voor zijn onvoorwaardelijke objectiviteit. Hij nam echt alleen die dingen voor waar aan, die hij zelf als zodanig had ervaren. Alle andere mogelijkheden hield hij open. Hij wees het christendom niet af, en evenmin het geloof in wonderen. Maar die twee dingen zijn gebaseerd op *geloof* en niet op overtuiging of verstand. Je zou kunnen zeggen dat de allerlaatste koppeling tussen geloof en wetenschap met de filosofie van Hume werd opgeheven.'

'Je zei dat hij wonderen niet afwees.'

'Maar dat betekent niet dat hij erin geloofde, integendeel zelfs. Hij wijst erop dat mensen een sterke behoefte schijnen te hebben om te geloven aan wat wij tegenwoordig meestal bovennatuurlijke gebeurtenissen noemen. Het is alleen opvallend dat alle wonderen waarover mensen vertellen, altijd ergens ver weg of heel lang geleden gebeurd zijn. Als je het zo bekijkt wijst Hume wonderen gewoon af, omdat hij ze niet zelf heeft meegemaakt. Maar hij heeft ook niet meegemaakt dat er geen wonderen kunnen gebeuren.'

'Kun je dat ook uitleggen?'

'Een wonder is volgens Hume een inbreuk op de wetten van de natuur. Maar het is zinloos om te zeggen dat we de wetten van de natuur *ervaren* hebben. We ervaren dat een steen op de grond valt als we hem loslaten en als hij *niet* zou vallen, wel, dan zouden we dat hebben ervaren.'

'Ik zou zeggen dat het een wonder was, of iets bovennatuurlijks.'

'Jij denkt dus dat er twee naturen zijn, een "natuur" en een "bovennatuur". Ben je nu niet weer bezig met rationalistisch geraaskal?'

'Misschien wel, maar ik denk dat een steen altijd op de grond valt als je hem loslaat.'

'Waarom?'

'Doe niet zo vervelend.'

'Ik doe niet vervelend, Sofie. Een filosoof mag altijd vragen stellen. Misschien hebben we het nu wel over het allerbelangrijkste punt in de filosofie van Hume. Geef maar antwoord, hoe kun je zo zeker weten dat de steen altijd op de grond valt?'

'Ik heb het zo vaak gezien dat ik het zeker weet.'

'Hume zou hebben gezegd dat je vele malen hebt ervaren dat een steen op de grond valt. Maar je hebt niet ervaren dat de steen *altijd* zal vallen. Doorgaans zeggen we dat de steen vanwege de zwaartekracht op de grond valt. Maar we hebben die wet nooit ervaren. We hebben alleen maar ervaren dat de dingen op de grond vallen.'

'Is dat dan niet hetzelfde?'
'Niet helemaal. Je zei dat je dacht dat de steen op de grond zal vallen, omdat je het zo vaak hebt gezien. En dat is nu precies waar het Hume om gaat. Je bent er zo aan gewend dat het één volgt op het andere, dat je langzamerhand bent gaan verwachten dat er steeds hetzelfde gebeurt als je een steen loslaat. Op die manier ontstaan de voorstellingen van wat wij de onveranderlijke wetten van de natuur noemen.'
'Dacht hij dan echt dat het mogelijk is dat de steen niet op de grond valt?'
'Hij was vast even overtuigd als jij van het feit dat de steen elke keer dat hij het zou proberen, op de grond zou vallen. Maar hij wijst erop dat hij niet heeft ervaren *waarom* dat gebeurt.'
'Zijn we nu niet weer kilometers van de kindertjes en de bloemetjes vandaan geraakt?'
'Nee, integendeel. Je kunt een kind heel goed gebruiken als getuige voor het feit dat Hume de waarheid spreekt. Wie denk je zou zich er het meest over verbazen dat een steen een paar uur boven de grond zou zweven: jij of een eenjarig kind?'
'Ik.'
'Waarom, Sofie?'
'Waarschijnlijk omdat ik beter dan dat kleine kind begrijp hoe tegennatuurlijk dat zou zijn.'
'Waarom zou het kind het niet tegennatuurlijk vinden?'
'Omdat het nog niet geleerd heeft hoe de natuur is.'
'Of omdat het nog niet aan de natuur *gewend* is.'
'Daar zit wat in. Hume wilde dus dat de mensen bewuster met hun zintuigen zouden omgaan.'
'Dan krijg je nu de volgende oefening: als jij en een klein kind een beroemde goochelaar aan het werk zouden zien - die bijvoorbeeld voorwerpen in de lucht zou laten zweven - wie van jullie zou zijn optreden dan het leukste vinden?'
'Ik, denk ik.'
'Waarom?'
'Omdat ik zou begrijpen hoe idioot dat is.'
'Precies. Het kind beleeft geen plezier aan het opheffen van de wetten van de natuur, zolang het die wetten nog niet kent.'

'Ja, zo zou je het kunnen zeggen.'

'Nu zijn we nog steeds bij de kern van Humes empirische filosofie. Hij zou eraan hebben toegevoegd dat het kind nog geen slaaf is van de gewenning. Dat kleine kind is dus van jullie twee degene met de minste vooroordelen. Het is de vraag of dat kind niet ook de grootste filosoof van jullie beiden is. Het stelt zich namelijk helemaal zonder vooringenomen opvattingen op. En dat, mijn beste Sofie, is de grootste deugd van de filosofie. Het kind neemt de wereld waar zoals die is, zonder er meer in te leggen dan hij ervaart.'

'Ik vind het altijd heel vervelend als ik merk dat ik vooringenomen ben.'

'Wanneer Hume de macht van de gewenning analyseert, concentreert hij zich op de "wet van oorzaak en gevolg". Volgens die wet moet alles wat gebeurt, een oorzaak hebben. Hume gebruikt als voorbeeld twee biljartballen. Als een rode biljartbal tegen een stilliggende witte bal aanrolt, wat gebeurt er dan met de witte bal?'

'Als de rode tegen de witte bal aanrolt, gaat de witte bewegen.'

'Ja, en waarom?'

'Omdat die door de rode is geraakt.'

'In dat geval zeggen we meestal dat de botsing met de rode bal er de *oorzaak* van is dat de witte bal in beweging komt. Maar nu moeten we eraan denken dat we iets alleen maar als een zekerheid mogen aannemen als we het hebben ervaren.'

'Toevallig heb ik dat heel vaak ervaren. Jorunn heeft een biljart in de kelder.'

'Hume zegt dat het enige wat jij hebt ervaren, is dat de rode bal de witte raakt en dat vervolgens de witte bal over de tafel gaat rollen. De eigenlijke oorzaak dat de witte bal gaat rollen, heb je niet ervaren. Je hebt ervaren dat de ene gebeurtenis de andere gebeurtenis in de tijd opvolgt, maar je hebt niet ervaren dat de tweede gebeurtenis *vanwege* de eerste plaatsvindt.'

'Is dat niet een beetje vergezocht?'

'Nee, het is juist heel belangrijk. Hume benadrukt dat de eigenlijke verwachting dat het een volgt op het ander, niet in de dingen zelf maar in ons bewustzijn ligt besloten. En verwachting heeft, zoals we hebben gezien, met gewenning te maken. Weer is het zo dat een klein kind niet verbaasd zou zijn als de beide ballen doodstil zouden blijven liggen, nadat de ene de andere had geraakt. Wanneer we het hebben over natuurwetten of over oorzaak en gevolg, hebben we het eigenlijk over de menselijke gewoonte en niet over iets wat logisch of redelijk is. Het is niet zo dat de natuurwetten redelijk of onredelijk zouden zijn, ze zijn er gewoon. De verwachting dat de witte biljartbal gaat bewegen als hij door de rode bal wordt geraakt, is dus niet aangeboren. Verwachtingen van hoe de wereld is of hoe de dingen in de wereld in elkaar zitten, zijn in elk geval niet aangeboren. De wereld is zoals ze is, en vroeger of later ervaren we dat.'

'Ik heb weer het idee dat dit niet zo geweldig belangrijk is.'

'Het kan belangrijk zijn als we op grond van onze verwachtingen te snel conclusies gaan trekken. Hume ontkent niet dat er onveranderlijke natuurwetten bestaan, maar omdat we niet in staat zijn om die natuurwetten zelf te ervaren, kunnen we gemakkelijk al te snel conclusies trekken.'

'Kun je daar een paar voorbeelden van geven?'

'Ook al zie je een hele kudde zwarte paarden, wil dat nog niet zeggen dat alle paarden zwart zijn.'

'Daar heb je natuurlijk gelijk in.'

'En ook al heb ik mijn hele leven alleen maar zwarte raven gezien, betekent dat nog niet dat er geen witte raaf bestaat. Zowel voor een filosoof als voor een wetenschapper is het belangrijk om de mogelijkheid dat er een witte raaf bestaat, niet af te wijzen. Je zou bijna kunnen zeggen dat de jacht op de witte raaf de allerbelangrijkste taak van de wetenschap is.'

'Ik snap het.'

'Als je nu kijkt naar de relatie tussen oorzaak en gevolg, zijn er wellicht veel mensen die denken dat bliksem de oorzaak is van de donder, omdat de donder altijd na de bliksem komt. Dat voorbeeld verschilt eigenlijk niet zo erg van het voorbeeld met de twee biljartballen. Maar ís de bliksem ook de oorzaak van de donder?'

'Nee, niet helemaal, eigenlijk bliksemt en dondert het op precies hetzelfde moment.'

'Omdat zowel donder als bliksem door een elektrische ontlading ontstaan. Ook al nemen wij de donder altijd pas na de bliksem waar, dat betekent niet dat de bliksem de oorzaak is van de donder. In werkelijkheid is er een derde factor die beide dingen veroorzaakt.'

'Ik snap het.'

'Een empirist uit onze eeuw, *Bertrand Russell*, heeft een tamelijk grotesk voorbeeld gegeven. Een kip die elke dag meemaakt dat er eten in haar bakje ligt nadat de boer het erf is overgelopen, zal ten slotte de conclusie trekken dat er een oorzakelijk verband is tussen het feit dat de boer over het erf loopt en het feit dat er eten in haar bakje ligt.'

'Maar op een dag krijgt de kip zeker geen eten?'

'Op een dag loopt de boer weer over het erf en draait de kip de nek om.'

'Hè bah!'

'Dat sommige dingen elkaar in tijd opvolgen, hoeft dus niet te betekenen dat er sprake is van een oorzakelijk verband. De mensen waarschuwen voor het trekken van overhaaste conclusies is een van de belangrijkste taken van de filosofie. In wezen worden een heleboel vormen van bijgeloof juist veroorzaakt door het al te snel trekken van conclusies.'

'Hoe dat zo?'

'Stel, je ziet een zwarte kat de weg oversteken. Later die dag val je en breek je je arm. Dat betekent niet dat er tussen die twee gebeurtenissen een oorzakelijk verband bestaat. Vooral in de wetenschap is het belangrijk om niet al te snel conclusies te trekken. Ook al worden veel mensen beter na het slikken van een bepaald medicijn, het betekent nog niet dat het medicijn hen heeft genezen. In zo'n geval is het belangrijk om een grote controlegroep te hebben met mensen die denken dat ze hetzelfde medicijn krijgen, maar die in werkelijkheid alleen water en meel krijgen. Als ook die mensen genezen, dan moet er een derde factor in het spel zijn - bijvoorbeeld de overtuiging dat het medicijn zal werken - die hen heeft genezen.'

'Ik begin te begrijpen wat er met empirisme wordt bedoeld.'

'Ook in zaken over ethiek en moraal verzette Hume zich tegen het rationalistische denken. De rationalisten dachten dat het in het menselijk verstand lag besloten om onderscheid tussen goed en kwaad te maken. De gedachte van het zogenaamde natuurrecht zijn we al bij veel filosofen tegengekomen, vanaf Socrates tot en met Locke. Maar volgens Hume wordt wat we zeggen en doen niet door ons verstand bepaald.'

'Waardoor dan?'

'Door onze *passie* of ons *gevoel*. Als je besluit om iemand te helpen die hulp nodig heeft, word je daar door je gevoel toe aangezet, niet door je verstand.'

'En als ik niet wil helpen?'

'Ook dat wordt door je gevoel bepaald. Hulp weigeren aan iemand die hulp nodig heeft is verstandig noch onverstandig, je zou het hooguit onsympathiek kunnen noemen.'

'Ergens moet toch een grens zijn. Iedereen weet dat het niet goed is om een ander mens te doden.'

'Volgens Hume hebben alle mensen een gevoel voor het lief en leed van andere mensen. We hebben dus het vermogen om medeleven te tonen. Maar dat heeft niets met verstand te maken.'

'Ik weet niet of ik het daar wel mee eens ben.'

'Het hoeft niet altijd onverstandig te zijn om een ander mens uit de weg te ruimen, Sofie. Als er bepaalde dingen zijn die je wilt bereiken, kan het zelfs heel effectief zijn.'

'Ben je nou helemaal! Dat gaat te ver!'

'Kun je me dan ook uitleggen waarom je een lastig mens niet mag doodmaken?'

'Omdat die ander ook van het leven houdt. Daarom mag je hem niet doodmaken.'

'Is dat een logisch bewijs?'

'Dat weet ik niet.'

'Weet je wat je net deed? Je maakte van een *beschrijvende zin* - "die andere houdt ook van het leven" - een wat we noemen *voorschrijvende* of *normatieve zin* - "daarom mag je hem niet doodmaken". Puur verstandelijk bekeken is dat nonsens. Je kunt even goed zeggen dat "er zoveel mensen zijn die de belasting ontduiken, dat ik dat ook zou moeten doen". Hume wees erop dat je uit een zin met "zijn" nooit een conclusie mag trekken waarin het woord "moeten" in de zin van "behoren" voorkomt. Toch wordt dat heel veel gedaan - niet in de laatste plaats in kranteartikelen, programma's van politieke partijen en politieke redevoeringen. Wil je een paar voorbeelden horen?'

'Graag.'

'"Er zijn steeds meer mensen die met het vliegtuig willen reizen. Daarom moeten er meer vliegvelden komen." Vind je dat een steekhoudende conclusie?'

'Nee, dat is flauwekul. We moeten ook aan het milieu denken. Ik vind dat we beter meer spoorlijnen kunnen aanleggen.'

'Een ander voorbeeld: "De ontwikkeling van nieuwe olievelden zal de levensstandaard in ons land met 10% verhogen. Daarom moeten we zo snel mogelijk nieuwe olievelden exploiteren."'

'Onzin. Ook hier moeten we aan het milieu denken. Bovendien is onze levensstandaard hoog genoeg.'

'Je hoort ook weleens zeggen: "Deze wet is door het parlement aangenomen, daarom moeten alle inwoners van ons land zich aan die wet houden." Maar het komt maar al te vaak voor dat zulke aangenomen wetten tegen je diepste overtuiging ingaan.'

'Ik snap het.'

'We hebben dus aangetoond dat we niet met ons verstand kunnen bewijzen hoe we moeten handelen. Verantwoordelijk handelen is niet je verstand scherpen, maar je gevoel voor het lief en leed van anderen scherpen. Het is volgens Hume niet strijdig met het verstand om het vergaan van de wereld te prefereren boven een jaap in je vinger.

'Niet zo'n leuke bewering.'

'Het is nog minder leuk om valse kaarten uit te delen. Zoals je weet hebben de nazi's miljoenen joden vermoord. Zou je zeggen dat er iets met het verstand van die mensen aan de hand was of denk je dat er iets aan hun gevoelsleven mankeerde?'

'Er was op de allereerste plaats iets mis met hun gevoel.'

'Veel van hen waren behoorlijk knappe koppen. Achter de meest gevoelloze besluiten zit vaak ijskoude berekening. Na de oorlog werden veel nazi's veroordeeld, maar niet omdat ze "onverstandig" zouden zijn geweest. Ze werden veroordeeld omdat ze wreed waren geweest. Het komt zelfs voor dat mensen die niet helemaal goed bij hun verstand zijn, vrijgesproken kunnen worden van wat ze hebben gedaan. We zeggen dan dat ze "verminderd toerekeningsvatbaar" zijn of dat ze "ontoerekeningsvatbaar waren op het moment van de daad". Het is nog nooit gebeurd dat iemand is vrijgesproken vanwege gevoelloosheid.'

'Dat ontbreekt er nog maar aan.'

'Maar we hoeven ons niet te richten op de meest groteske voorbeelden. Als bijvoorbeeld door een overstroming veel mensen hulp nodig hebben, is het ons gevoel dat beslist of we iets doen. Als we gevoelloos zouden zijn en de beslissing aan ons koele verstand zouden overlaten, zouden we misschien denken dat het niet zo gek was als er een paar miljoen mensen zouden sterven in een wereld die bedreigd wordt door overbevolking.'

'Ik word al kwaad dat je zoiets zou kunnen denken.'

'Dan is het niet je verstand dat kwaad wordt.'

'Oké, zo is het wel weer genoeg geweest.'

BERKELEY

*... als een duizelige planeet
om een brandende zon...*

Alberto stond op en liep naar het raam dat over de stad uitkeek. Sofie ging naast hem staan. Net toen ze daar stonden, scheerde er een klein propellervliegtuig over de daken van de huizen. Er hing een lang spandoek aan. Sofie dacht dat er een aankondiging van een groot concert of iets dergelijks op het doek zou staan dat als een lange staart achter het vliegtuig aan wapperde. Maar toen het dichterbij kwam, zag ze dat er iets heel anders stond.

'GEFELICITEERD MET JE VIJFTIENDE VERJAARDAG, HILDE!'

'Opdringerig,' was Alberto's enige commentaar.

Vanaf de heuvelrug in het zuiden kwamen donkere wolken opzetten in de richting van de stad. Het vliegtuig verdween in een van de donkere wolken.

'Ik ben bang dat het gaat onweren,' zei Alberto.

'Dan ga ik wel met de bus naar huis.'

'Als de majoor maar niet achter het onweer zit.'

'Hij is toch niet almachtig?'

Alberto gaf geen antwoord. Hij liep weer terug naar de stoel bij de kleine tafel en ging zitten.

'We moeten het over Berkeley hebben,' zei hij na een poosje.

Sofie was al gaan zitten. Ze betrapte zich erop dat ze op haar nagels beet.

'*George Berkeley* was een Ierse bisschop, die leefde van 1685 tot 1753,' begon Alberto, en zweeg vervolgens lange tijd.

'Berkeley was een Ierse bisschop,' herhaalde Sofie.

'Maar hij was ook filosoof...'

'Ja?'

'Hij had het gevoel dat de filosofie en de wetenschap van zijn tijd een bedreiging betekenden voor de christelijke levensbeschouwing. Hij vond vooral dat het steeds consequenter doorgevoerde materialisme een bedreiging vormde voor het christelijke geloof, dat God degene was die de hele natuur had geschapen en in stand hield...'

'Ja?'

'Tegelijkertijd was Berkeley de meest consequente empirist.'

'Hij vond dat we niet meer van de wereld weten dan wat we waarnemen?'

'Meer dan dat. Berkeley vond dat de dingen in de wereld precies zijn zoals we ze waarnemen, alleen zijn het geen "dingen".'

'Dat moet je even uitleggen.'

'Weet je nog dat Locke erop had gewezen dat we ons niet kunnen uitspreken over de secundaire eigenschappen van dingen? We kunnen niet zeggen dat een appel groen en zuur is, alleen dat wij de appel op die manier gewaarworden. Maar Locke had ook gezegd dat de primaire eigenschappen, zoals vastheid, massa en gewicht, echt deel uitmaken van de stoffelijke wereld om ons heen. De stoffelijke wereld heeft dus een fysische substantie.'

'Er mankeert nog steeds niets aan mijn geheugen. Ik geloof bovendien dat Locke daarmee op een belangrijk verschil wees.'

'Tja Sofie, was het maar zo eenvoudig.'

'Ga door!'

'Locke dacht dus - net als Descartes en Spinoza - dat de fysische wereld een realiteit was.'

'Ja?'

'Dat is nu precies wat Berkeley in twijfel trekt, en hij doet dat door een consequent empirisme voor te staan. Hij zegt dat het enige wat bestaat, is wat wij waarnemen. Maar wij nemen geen materie of stof waar. Wij nemen niet waar dat de dingen concrete "dingen" zijn. De vooronderstelling dat wat wij waarnemen een eigen, achterliggende substantie heeft, is een te snel getrokken conclusie. Zo'n bewering kunnen we helemaal niet onderbouwen met een op ervaring gebaseerde gewaarwording.'

'Wat een onzin. Let maar eens op!'

Sofie sloeg hard met haar vuist op tafel.

'Au,' zei ze, zo hard sloeg ze. 'Is dat soms geen bewijs dat deze tafel een echte tafel is die zowel materieel als stoffelijk is?'

'Wat voelde je?'

'Ik voelde iets hards.'

'Je had een duidelijke gewaarwording van iets hards, maar de echte *stof* in de tafel voelde je niet. Zo kun je ook dromen dat je tegen iets hards aan slaat, maar is er in een droom wel iets hards?'

'Niet in een droom, nee.'

'Bovendien kan bij een mens de suggestie worden gewekt dat hij het een en ander voelt. Je kunt een mens via hypnose warm en koud laten voelen, zachte liefkozingen en harde vuistslagen.'

'Maar als het niet de tafel was, wat voelde ik dan?'

'Berkeley dacht dat het een "wil of geest" was. Hij meende dat al onze ideeën een oorzaak hebben die buiten ons bewustzijn ligt, en dat die oorzaak niet van stoffelijke maar van geestelijke aard is.'

Sofie beet weer op haar nagels. Alberto ging verder:

'Volgens Berkeley kan mijn eigen ziel de oorzaak zijn van mijn eigen voorstellingen - zoals wanneer ik droom - maar alleen een andere wil of geest kan de oorzaak zijn van de ideeën die onze materiële wereld vormen. Alles "wordt veroorzaakt door de geest die 'alles veroorzaakt' en 'waardoor alle dingen bestaan'", zei hij.'

'Wat voor geest zou dat dan moeten zijn?'

'Berkeley denkt natuurlijk aan God. Hij zegt dat er voor het bestaan van God veel meer te zeggen valt dan voor het bestaan van de mensen.'

'Is het niet eens zeker dat wij bestaan?'

'Nou... alles wat we zien en voelen is volgens Berkeley een effect van de kracht van God. Volgens Berkeley is God intiem in ons bewustzijn aanwezig en roept daarin alle veelvouden van ideeën en gewaarwordingen op, waaraan wij voortdurend worden blootgesteld. De hele natuur om ons heen en ons hele bestaan berusten dus op God. Hij is de enige oorzaak van alles wat er bestaat.'

'Ik sta paf, om het zwak uit te drukken.'

'"Zijn of niet zijn", is dus niet de hele vraag. De vraag is ook *wat* wij zijn. Zijn we echte mensen van vlees en bloed? Bestaat onze wereld uit concrete dingen, of zijn we omringd door bewustzijn?'

Opnieuw beet Sofie op haar nagels. Alberto ging verder:

'Want Berkeley trekt niet alleen de stoffelijke werkelijkheid in twijfel. Hij trekt bovendien in twijfel of tijd en ruimte wel een

absoluut of zelfstandig bestaan hebben. Ook onze beleving van tijd en ruimte bestaat wellicht alleen in ons bewustzijn. Een paar weken voor ons hoeven voor God niet een paar weken te zijn...'
'Je zei dat die geest waarop alles berust, voor Berkeley de christelijke God is.'
'Dat heb ik gezegd, ja. Maar voor ons...'
'Ja?'
'... voor ons kan die wil of geest die alles veroorzaakt ook de vader van Hilde zijn.'
Sofie bleef sprakeloos zitten. Haar gezicht was een groot vraagteken. Tegelijkertijd leek het alsof haar opeens een licht opging.
'Denk je dat echt?'
'Ik zie geen andere mogelijkheid. Dit is misschien wel de enig mogelijke verklaring voor alles wat we hebben meegemaakt. Ik denk aan de diverse ansichtkaarten en toespelingen die overal opduiken. Aan Hermes die ging praten, en aan mijn eigen ongewilde versprekingen.'
'Ik...'
'Stel je toch voor dat ik je de hele tijd Sofie heb genoemd, Hilde! Ik heb toch aldoor geweten dat jij geen Sofie heet.'
'Wat zeg je nou allemaal? Heb je een klap van de molen gehad?'
'Ja, een draaiende molen, m'n kind. Die draait maar door, als een duizelige planeet om een brandende zon.'
'En die zon is de vader van Hilde?'
'Zo zou je het kunnen zeggen.'
'Bedoel je dat hij voor ons een soort God is?'
'Zonder blikken of blozen. Hij moest zich schamen!'
'Hoe zit het dan met Hilde?'
'Zij is een engel, Sofie.'
'Een engel?'
'Hilde is degene tot wie de "geest" zich richt.'
'Je bedoelt dat Albert Knag Hilde over ons vertelt?'
'Of over ons schrijft. Want wij kunnen de stof van waaruit onze werkelijkheid is gemaakt, niet waarnemen, dat hebben we wel geleerd. We kunnen niet weten of onze uitwendige werkelijkheid van geluidsgolven of van papier en inkt is gemaakt. Volgens Berkeley kunnen we alleen weten dat we van geestelijke aard zijn.'

'En Hilde is een engel...'
'Ja, zij is een engel. Laat dat het laatste zijn wat er gezegd wordt. Gefeliciteerd met je verjaardag, Hilde!'

Plotseling werd de kamer fel verlicht door een blauwachtig licht. Een paar seconden later hoorden ze een knetterende donderslag, het huis schudde op zijn grondvesten.

Alberto had een afwezige blik in de ogen.

'Ik moet naar huis,' zei Sofie. Ze stond op en vloog naar de deur. Toen ze naar buiten ging, werd Hermes wakker die onder de kapstok had liggen slapen. Het was alsof hij iets zei toen ze vertrok:

'Tot ziens, Hilde.'

Ze rende de trap af en stormde de straat op. Er was geen mens te bekennen. De regen viel met bakken uit de hemel.

Enkele auto's baanden zich een weg over het natte asfalt, maar Sofie kon geen bus ontdekken. Ze holde over Stortorget en toen door de stad. Onder het hollen bleef steeds dezelfde gedachte door haar hoofd malen.

Morgen ben ik jarig, dacht ze. Was het niet extra bitter om op de dag voor je vijftiende verjaardag in te zien dat het leven een droom is? Alsof je droomt dat je een miljoen hebt gewonnen en dan vlak voordat je het geld zult krijgen, beseft dat het allemaal maar een droom was.

Sofie rende het natte sportveld over. Toen zag ze iemand op haar af komen lopen. Het was haar moeder. Een paar keer werd de stad getroffen door felle bliksemflitsen.

Toen ze elkaar bereikt hadden, sloeg haar moeder de armen om haar heen.

'M'n kind, wat gebeurt er toch met ons?'

'Ik weet het niet,' huilde Sofie. 'Het is net een boze droom.'

BJERKELY

... een oude toverspiegel die overgrootmoeder van een zigeunerin had gekocht...

Hilde Møller Knag werd wakker op de zolderkamer van de oude kapiteinsvilla even buiten Lillesand. Ze keek op de wekker, het was nog maar zes uur. Toch was het al helemaal licht. Een brede streep ochtendzon bedekte bijna de hele wand.

Ze stapte uit bed en liep naar het raam. Onderweg boog ze zich over haar bureau en scheurde een vel van de bureaukalender. Donderdag 14 juni 1990. Ze frommelde het papier in elkaar en gooide het in de prullenmand.

Vrijdag 15 juni 1990 stond er nu op de kalender, het straalde haar tegemoet. Al in januari had ze 'VIJFTIEN JAAR' op dit kalenderblad gezet. Ze vond dat het nog eens extra indruk maakte dat ze op de vijftiende vijftien jaar werd. Dat zou nooit meer gebeuren.

Vijftien jaar! Was dit niet de eerste dag van haar 'volwassen' leven? Ze kon niet gewoon weer naar bed gaan. Bovendien was het de laatste schooldag voor de vakantie. Vandaag moesten ze alleen nog om een uur in de kerk zijn. En er was nog iets: over een week zou haar vader terugkomen uit Libanon. Hij had beloofd dat hij op midzomeravond weer thuis zou zijn.

Hilde ging bij het raam staan en keek over de tuin uit naar de steiger en het rode botenhuis. De houten motorboot lag nog in de winterberging, maar de oude roeiboot lag vastgemeerd aan de steiger. Ze moest niet vergeten om hem na die zware regenbuien leeg te hozen.

Terwijl ze over de kleine baai tuurde, herinnerde ze zich opeens weer dat ze, toen ze een jaar of zes was, een keer in de roeiboot was gekropen en helemaal alleen de fjord op was geroeid. Toen was ze overboord gevallen, en ze had de wal maar net weten te bereiken. Drijfnat was ze door de dichte struiken gelopen. Toen ze in de tuin voor het huis stond, kwam haar moeder naar haar toe gerend. De boot en de beide roeispanen dobberden in de fjord.

Soms droomde ze nog wel eens van die verlaten boot, die daar stuurloos ronddreef. Het was een afschuwelijke ervaring geweest.

De tuin was niet bijzonder weelderig of goed onderhouden. Maar het was een grote tuin, en het was háár tuin. Een verwaaide appelboom en een paar bessestruiken waar nauwelijks bessen aan zaten, hadden zich ondanks de zware winterstormen weten te handhaven.

Tussen stenen en struikgewas stond een oude schommelbank op een klein stukje gras. De bank maakte in het felle ochtendlicht zo'n verlaten indruk. Dat trieste beeld werd nog eens versterkt doordat de kussens er niet op lagen. Haar moeder had ze gisteravond zeker nog voor het onweer naar binnen gehaald.

De tuin was omringd door berken. Die zorgden in ieder geval voor een beetje beschutting tegen de ergste windvlagen. Die bomen waren ook de reden geweest dat het perceel destijds, meer dan honderd jaar geleden, de naam Bjerkely had gekregen, wat berkenluwte betekent.

Hildes overgrootvader had het huis vlak voor de eeuwwisseling gebouwd. Hij was kapitein geweest op een van de laatste grote zeilschepen. Nog steeds werd het huis de kapiteinsvilla genoemd.

Deze morgen droeg de tuin de sporen van de zware regenbui die die nacht was gevallen. Hilde was een paar keer wakker geworden van donderslagen. Nu was de lucht helemaal helder.

Het werd altijd zo heerlijk fris na zo'n zomerse regenbui. De laatste weken was het warm en droog geweest, de berkeblaadjes waren zelfs al geel aan de randen. Nu leek de wereld na een flinke wasbeurt weer als nieuw. Deze morgen leek het bovendien net alsof het onweer haar hele jeugd had weggespoeld.

'Ja heus, het doet pijn als de knoppen openspringen...' Had een Zweedse dichteres dat niet geschreven? Of was het een Finse?

Hilde ging voor de grote koperen spiegel staan, die boven de oude ladenkast van oma hing.

Was ze mooi? Maar toch ook niet lelijk? Misschien een beetje ertussenin...

Ze had lang blond haar. Hilde had altijd gevonden dat haar haar ofwel wat blonder ofwel wat donkerder had mogen zijn. Er tussenin was zo nietszeggend. Wel kreeg ze pluspunten voor haar krullen. Veel van haar vriendinnen waren altijd met hun haar in de weer om er een beetje slag in te krijgen, maar Hildes haar had altijd een natuurlijke slag. Ze gaf zichzelf ook pluspunten voor haar groene ogen, die echt knalgroen waren.

'Zijn ze echt zo groen?' zeiden haar ooms en tantes altijd, terwijl ze zich over haar heen bogen.

Hilde vroeg zich af of het spiegelbeeld waar ze naar keek, dat van een meisje of van een jonge vrouw was. Geen van beide, besloot ze. Haar lichaam zag er weliswaar best vrouwelijk uit, maar haar gezicht leek op een onrijpe appel.

Iets aan die oude spiegel deed haar altijd denken aan papa. Vroeger had de spiegel in het 'atelier' gehangen. Het atelier was haar vaders combinatie van bibliotheek, mopperhoek en schrijfkamer boven het botenhuis. Albert, zoals Hilde hem noemde als hij thuis was, had altijd iets groots willen schrijven. Hij was een keer aan een roman begonnen, maar het was bij een onvoltooide poging gebleven. Een paar van zijn gedichten en enkele impressies van de scherenkust waren met tussenpozen in de plaatselijke krant gepubliceerd. Hilde was bijna net zo trots als haar vader als ze zijn naam gedrukt zag staan. ALBERT KNAG. Die naam had in ieder geval in Lillesand een bijzondere klank. Ook haar overgrootvader had Albert geheten.

Ja, die spiegel. Lang geleden had papa voor de grap gezegd dat je in een spiegel jezelf hooguit een knipoog kon geven, dus met een oog, niet met beide ogen. De enige uitzondering was deze koperen spiegel, omdat deze spiegel toevallig een toverspiegel was die overgrootmoeder vlak na haar huwelijk van een zigeunerin had gekocht.

Hilde had een hele tijd voor de spiegel geprobeerd om met beide ogen te knipogen, maar ze had net zo goed kunnen proberen om van haar eigen schaduw weg te rennen. Uiteindelijk had zij het oude erfstuk mogen hebben. Al die jaren had ze steeds opnieuw pogingen gedaan om het onmogelijke kunststuk te volbrengen.

Logisch dat ze vandaag in gedachten was. Logisch dat ze een beetje met zichzelf bezig was. Vijftien jaar...

Pas nu wierp ze een blik op haar nachtkastje. Er lag een dik pak! Omwikkeld met prachtig hemelsblauw papier en een rood zijden lint eromheen. Een verjaardagscadeau! Was dat misschien het CADEAU? Het grote cadeau van papa, waar hij zo geheimzinnig over had gedaan? Hij had er rare toespelingen op gemaakt als hij kaarten uit Libanon had gestuurd. Maar hij had zichzelf 'een strenge censuur opgelegd'.

Het cadeau was iets wat 'voortdurend groeit', had hij geschreven. Vervolgens had hij gezinspeeld op een meisje dat ze spoedig zou leren kennen, en had hij geschreven dat hij dat meisje een kopie van alle kaarten aan Hilde had gestuurd. Hilde had geprobeerd haar moeder uit te horen over wat hij had bedoeld, maar zij had ook geen idee.

Het allervreemdst was nog wel de opmerking geweest dat het cadeau misschien met andere mensen kon worden gedeeld. Niet voor niets werkte hij voor de VN. Als er een gedachte was waarvan Hildes vader bezeten was - alleen waren het er zo veel - dan was het wel het idee dat de VN een soort regeringsverantwoordelijkheid voor de hele wereld moesten hebben. 'Mogen de VN er op een dag in slagen om de vrede in deze wereld te herstellen' had hij op een van zijn kaarten geschreven. Zou ze het pak mogen openen voordat haar moeder zingend de trap opkwam met broodjes, limonade en een vlaggetje? Vast wel, daarom lag het er toch?

Hilde liep zachtjes door de kamer en nam het pak van het nachtkastje. Wat was het zwaar! Ze vond het kaartje: 'Voor Hilde ter gelegenheid van haar vijftiende verjaardag van papa'.

Ze ging op bed zitten en maakte voorzichtig het rode zijden lint los. Daarna maakte ze het papier los.

Het was een grote multomap!

Was dat het cadeau? Was dat het cadeau voor haar vijftiende verjaardag waarover zoveel gesproken was? Was dat het cadeau dat voortdurend groeide en dat bovendien met andere mensen kon worden gedeeld?

Een snelle blik onthulde dat de multomap vol getypte vellen papier zat. Hilde herkende het lettertype van de schrijfmachine die haar vader mee naar Libanon had genomen.

Had hij een compleet boek voor haar geschreven?

Op de eerste bladzijde stond met grote handgeschreven letters:
DE WERELD VAN SOFIE.

Iets verder op de bladzijde stond ook een getypt stukje:

WAT ZONNESCHIJN IS VOOR DE ZWARTE AARDE,
IS WARE KENNIS VOOR HAAR VERWANTEN.

N.F. S. Grundtvig

Hilde sloeg de bladzijde om. Bovenaan de volgende bladzijde begon het eerste hoofdstuk. De titel was 'De hof van Eden'. Ze nestelde zich op het bed, legde de multomap op haar benen en begon te lezen.

Sofie Amundsen was op weg van school naar huis. Het eerste stuk had ze gezelschap gehad van Jorunn. Ze hadden het over robots gehad. Jorunn was van mening dat je de hersenen van een mens kon vergelijken met een ingewikkelde computer. Sofie wist niet zeker of ze dat wel met haar eens was. Een mens was toch meer dan een machine?

Hilde las verder, al gauw was ze alles om zich heen vergeten, zelfs dat ze jarig was. Slechts af en toe dook tussen de regels van de tekst een vraag op: had haar vader een roman geschreven? Had hij toch weer verder gewerkt aan zijn grote roman, en had hij die in Libanon voltooid? Hij had er vaak over geklaagd dat de tijd hem op die breedtegraad zo lang viel.
De vader van Sofie was ook vaak op reis. Zij was zeker het meisje dat Hilde zou leren kennen...

Pas toen ze duidelijk voelde dat ze op een dag helemaal verdwenen zou zijn, kreeg ze echt door hoe oneindig waardevol het leven is. ... Waar komt de wereld vandaan? ... Uiteindelijk moest er toch ooit iets uit niets en niemendal zijn ontstaan. Maar was dat mogelijk? Was dat niet net zo onmogelijk als de gedachte dat de wereld er altijd al was geweest?

Hilde las verder, verward schoot ze overeind toen ze las dat Sofie Amundsen een ansichtkaart uit Libanon kreeg. 'Hilde Møller Knag, p/a Sofie Amundsen, Kløverveien 3...'

Lieve Hilde. Hartelijk gefeliciteerd met je vijftiende verjaardag. Je begrijpt dat ik je een cadeau wil geven waar je nog jaren wat aan hebt. Vergeef me dat ik de kaart naar Sofie stuur. Dat was het gemakkelijkste.

Veel liefs, papa.

Die gluiperd! Hilde had altijd al gedacht dat haar vader vol verrassingen zat, maar vandaag had hij haar echt te pakken genomen. In plaats van haar een kaart te sturen, had hij de kaart in het cadeau verwerkt.
 Maar die arme Sofie! Ze snapte er natuurlijk niets van:

Waarom zou een vader een verjaardagskaart naar het adres van Sofie sturen als duidelijk was dat die kaart ergens anders naar toe moest? Welke vader zou zijn eigen dochter een verjaardagskaart door de neus boren door de kaart zomaar naar een verkeerd adres te sturen? Waarom was het zo 'het gemakkelijkste'? En vooral: hoe moest zij Hilde nu opsporen?

Tja, hoe moest ze dat klaarspelen?
 Hilde bladerde verder en begon het tweede hoofdstuk te lezen. Het heette 'De hoge hoed'. Al gauw kwam ze bij een lange brief die de mysterieuze persoon aan Sofie had geschreven. Hilde hield de adem in.

Zich te interesseren voor de vraag waarom we leven, is dus niet een even willekeurige interesse als het verzamelen van postzegels. Wie zich voor dergelijke vragen interesseert, houdt zich bezig met iets waarover de mensen al hebben gesproken, zolang we op deze planeet leven...

'Sofie was bekaf.' Hilde ook. Papa had voor haar verjaardag niet zomaar een boek geschreven, maar een heel bijzonder en raadselachtig boek.

Korte samenvatting: een wit konijn wordt uit een lege hoge hoed getoverd. Omdat het een heel groot konijn is, duurt de truc miljarden jaren lang. Helemaal aan het uiteinde van de dunne haartjes worden de mensenkinderen geboren. Zo zijn ze in staat zich te verwonderen over de onmogelijke goocheltruc. Maar naarmate ze ouder worden, kruipen ze steeds dieper weg in de konijnevacht. En daar blijven ze zitten...

Niet alleen Sofie had het gevoel dat ze al bezig was geweest om in de dikke vacht van het konijn weg te kruipen. Vandaag werd Hilde vijftien jaar. Ook zij kreeg het gevoel dat de tijd was aangebroken om voor zichzelf te bepalen welke weg ze moest inslaan.

Ze las over de Griekse natuurfilosofen. Hilde wist dat haar vader zich enorm voor filosofie interesseerde. Hij had in de krant geschreven dat filosofie op school als een apart vak moest worden gegeven. 'Waarom het vak filosofie een plaats in het leerplan moet krijgen' heette het artikel. Hij had het zelfs ter sprake gebracht op een ouderavond van de klas van Hilde. Hilde had zich verschrikkelijk gegeneerd.

Ze keek eens hoe laat het was. Het was al half acht. Het zou zeker nog een uur duren voordat haar moeder met het verjaardagsontbijt naar boven kwam, gelukkig maar, want ze was nu helemaal in de ban van Sofie en van alle filosofische vragen. Ze las het hoofdstuk met de titel 'Democritus'. Eerst kreeg Sofie een vraag om over na te denken: 'Waarom is lego het meest geniale speelgoed?' Toen vond ze een grote gele envelop in de brievenbus.

Democritus was het met zijn voorgangers eens dat de veranderingen in de natuur niet ontstonden doordat iets echt 'veranderde'. Hij nam daarom aan dat alles moest zijn opgebouwd uit enkele kleine, onzichtbare bouwstenen die allemaal eeuwig en onveranderlijk waren. Democritus noemde deze kleinste deeltjes atomen.

Hilde schrok toen Sofie de rode zijden sjaal onder haar bed vond.

Dáár was hij dus gebleven. Maar hoe kon haar sjaal in een verhaal verdwijnen? Hij moest toch ook nog ergens anders zijn...?

Het hoofdstuk over Socrates begon ermee dat Sofie in de krant 'een paar regels over het Noorse VN-bataljon in Libanon' las. Typisch papa! Hij vond het zo erg dat de mensen in Noorwegen zich zo weinig voor het vredeswerk van de VN-troepen interesseerden. Als het verder niemand interesseerde, kon hij in ieder geval Sofie nog belangstelling laten tonen. Op die manier kon je op papier net doen alsof de media er wel degelijk aandacht aan besteedden.

Onwillekeurig moest ze glimlachen toen ze in de brief van de filosofieleraar aan Sofie een P.S. las.

> *Mocht je een rode zijden sjaal vinden, dan vraag ik je om er goed op te passen. Het komt wel vaker voor dat zulke spullen worden verwisseld. Vooral op school en zo, en dit is per slot van rekening een filosofieschool.*

Hilde hoorde iets op de trap. Dat was vast haar moeder die met haar verjaardagsontbijt naar boven kwam. Nog voor ze op de deur had geklopt, was Hilde alweer aan het lezen over Sofie, die op haar geheime plek in de tuin een video over Athene had gevonden.

'Lang zal ze leven, lang zal ze leven...'

Halverwege de trap begon ze al te zingen.

'... in de gloria, in de gloria...'

'Kom maar binnen,' zei Hilde, terwijl ze over de filosofieleraar las die rechtstreeks vanaf de Akropolis tegen Sofie sprak. Hij leek sprekend op Hildes vader, met een 'goedverzorgde zwarte baard' en een blauwe baret.

'Hartelijk gefeliciteerd, Hilde!'

'Mmm...'

'Wat is er, Hilde?'

'Ga maar zitten.'

'Moet je niet...?'

'Je ziet toch dat ik bezig ben?'

'Kind, je bent vijftien jaar geworden.'

'Ben je wel eens in Athene geweest, mama?'
'Nee, hoezo?'
'Het is eigenlijk heel gek dat die oude tempels daar nog steeds staan. Ze zijn 2500 jaar oud. De grootste wordt trouwens de "tempel van de maagd" genoemd.'
'Heb je papa's cadeau opengemaakt?'
'Welk cadeau?'
'Hilde, kijk me aan! Je bent helemaal in de war.'
Hilde liet de grote multomap in haar schoot vallen.
Haar moeder boog zich over het bed. Op het dienblad stonden brandende kaarsjes, gesmeerde broodjes en een flesje sinas. Er lag ook een pakje op het blad. Omdat ze maar twee handen had, hield ze het vlaggetje onder haar arm.'
'Dank je wel, mama. Je bent een schat, maar zie je, ik heb eigenlijk helemaal geen tijd.'
'Je hoeft pas om een uur in de kerk te zijn.'
Nu besefte Hilde pas echt waar ze was, en nu pas zette haar moeder het dienblad op het nachtkastje neer.
'Neem me niet kwalijk. Ik was hier helemaal in verdiept.'
Ze wees naar de multomap en zei: 'Het is van papa...'
'Wat heeft hij in vredesnaam geschreven, Hilde? Ik ben net zo nieuwsgierig als jij. Ik kon maandenlang geen verstandig woord uit hem krijgen.'
Om een of andere reden geneerde Hilde zich een beetje.
'Ach, het is maar een verhaal...'
'Een verhaal?'
'Ja, een verhaal. Ja, en ook een filosofieboek. Of iets dergelijks.'
'Maak je mijn pakje niet open?'
Hilde vond dat ze geen onderscheid mocht maken, dus pakte ze het pakje van haar moeder ook uit. Het was een gouden armband.
'Wat mooi. Dank je wel!'
Hilde kwam overeind en gaf haar moeder een zoen.
Ze bleven een poosje zitten praten.
Maar al snel zei Hilde: 'Nu mag je wel gaan. Hij staat op dit moment boven op de Akropolis, snap je?'
'Wie?'

'Ik heb geen idee, en Sofie ook niet. Dat is het nou juist.'
'Ik moet zo naar kantoor. Eet je je broodjes op? Je jurk hangt beneden.'
Eindelijk ging haar moeder weer de trap af. Hetzelfde deed Sofies filosofieleraar, hij daalde de trappen van de Akropolis af en ging op de Areopagus staan, waarna hij even later op de oude markt in Athene opdook.

Er ging een schok door Hilde heen toen de oude gebouwen plotseling uit de ruïnes oprezen. Een van haar vaders stokpaardjes was het idee dat alle bij de VN aangesloten landen zich gezamenlijk moesten inspannen om een getrouwe kopie van de oude markt in Athene op te bouwen. Daar zou men dan aan filosofische vraagstukken kunnen werken en bovendien aan ontwapeningsvoorstellen. Een dergelijk gigantisch project zou de mensheid volgens hem dichter bij elkaar brengen. 'We kunnen toch ook booreilanden en maanlandingsvoertuigen maken'.

Nu was ze bij Plato aangekomen. 'Op vleugels der liefde zal de ziel naar "huis" vliegen naar de ideeënwereld. Zij zal zich bevrijden van de "gevangenis van het lichaam".'

Sofie was door de heg geglipt en achtervolgde Hermes, maar ze raakte hem kwijt. Nadat ze over Plato had gelezen, ging ze verder het bos in en kwam bij een rode hut bij een ven. Daar hing een schilderij van Bjerkely. Uit de beschrijving bleek duidelijk dat het Hildes Bjerkely moest zijn. Er hing ook nog een portret van een man die Berkeley heette. 'Was dat niet merkwaardig?'

Hilde legde de grote multomap op bed, liep naar de boekenkast en bladerde in de beknopte, driedelige encyclopedie, die ze voor haar veertiende verjaardag had gekregen. Berkeley... daar!

BERKELEY, *George, 1685-1753, Eng. filosoof, bisschop van Cloyne. Ontkent het bestaan van een materiële wereld buiten het menselijke bewustzijn. Onze zintuiglijke waarnemingen zijn opgeroepen door God. B. is bovendien beroemd vanwege zijn kritiek op de abstracte algemene voorstellingen. Hoofdwerk: a Treatise Concerning the Principles of Human Knowledge (1710).*

Dat was inderdaad merkwaardig. Hilde stond even in gedachten

verzonken voor ze weer naar het bed en de multomap terugkeerde.
 In feite had haar vader die twee schilderijen opgehangen. Zou er nog een ander verband zijn dan de naamsovereenkomst?
 Berkeley was dus een filosoof die het bestaan van een materiële wereld buiten het menselijk bewustzijn ontkende. Dat was toch wel een typische bewering. Maar het was ook niet altijd even gemakkelijk om tegenargumenten tegen zulke stellingen te vinden. Voor de wereld van Sofie ging de beschrijving uitstekend op. Haar gewaarwordingen werden immers door Hildes vader opgeroepen.
 Ze zou er wel meer van te weten komen als ze verder las. Hilde moest lachen toen ze las dat Sofie een spiegelbeeld van een meisje zag dat met beide ogen knipoogde. 'Het was alsof het meisje in de spiegel Sofie een knipoog gaf. Het was alsof ze wilde zeggen: Ik zie je wel, Sofie. Ik zit hierbinnen aan de andere kant.'
 Daar vond ze ook nog de groene portefeuille, met geld en al! Hoe kon die daar nou terecht zijn gekomen?
 Onzin! Even dacht Hilde dat Sofie hem echt had gevonden. Maar toen probeerde ze zich voor te stellen hoe alles er van Sofies kant moest uitzien. Voor haar moest het allemaal nog ondoorgrondelijker en mysterieuzer zijn.
 Voor de eerste keer voelde Hilde de drang om Sofie een keer in levenden lijve te ontmoeten. Ze kreeg zin om haar te vertellen hoe alles in elkaar zat.
 Maar nu moest Sofie de hut zien uit te komen om niet op heterdaad betrapt te worden. De boot dobberde natuurlijk eenzaam op het ven rond. Hij moest en zou haar dus weer even aan die oude geschiedenis met de boot herinneren!
 Hilde nam een slok van haar sinas en begon aan een broodje met garnalensalade, terwijl ze de brief over Aristoteles las, de Pietje Precies die de ideeënleer van Plato had bekritiseerd.

Aristoteles wees erop dat niets in het bewustzijn bestaat dat niet eerst in de zintuigen heeft bestaan. Plato had kunnen zeggen dat er niets in de natuur is te vinden, dat niet eerst in de ideeënwereld heeft bestaan. Aristoteles vond dat Plato zo het 'aantal der dingen verdubbelde'.

Hilde had nooit beseft dat het spelletje over het plantenrijk, dierenrijk en mineralenrijk in feite door Aristoteles was bedacht.

Aristoteles wilde de meisjeskamer van de natuur grondig opruimen. Hij probeerde aan te tonen dat alle dingen in de natuur in verschillende groepen en subgroepen bij elkaar horen.

Toen ze over het vrouwbeeld van Aristoteles las, was ze teleurgesteld en behoorlijk gepikeerd. Dat je zo'n schrandere filosoof kon zijn en tegelijkertijd zo'n complete idioot!

Geïnspireerd door Aristoteles ging Sofie haar eigen meisjeskamer opruimen.

Daar vond ze tussen allerlei andere rommel de witte kniekous die een maand geleden uit de kast van Hilde was verdwenen! Sofie stopte alle brieven die ze van Alberto had gekregen bij elkaar in een multomap. 'Er zaten al meer dan 50 bladzijden in'. Hilde was al op bladzijde 134, maar zij las behalve de brieven van Alberto Knox ook nog het hele verhaal over Sofie.

'Het hellenisme' heette het volgende hoofdstuk. Het eerste dat er in dat hoofdstuk gebeurde was dat Sofie een ansichtkaart met een afbeelding van een VN-jeep vond. In het stempel stond: VN-bataljon, 15-06. Weer zo'n 'kaart' aan Hilde die haar vader in het verhaal had verwerkt in plaats van haar via de post te versturen.

> *Lieve Hilde. Ik ga ervan uit dat je nog steeds je vijftiende verjaardag viert. Of is het nu de dag erna? Nou ja, het maakt niet zoveel uit hoe lang het cadeau duurt. Eigenlijk zal het je hele leven duren. Maar ik feliciteer je dus nog een keer. Nu begrijp je misschien waarom ik de kaarten naar Sofie stuur. Ik weet zeker dat zij ze aan jou geeft.*
>
> *P.S. Mama vertelde dat je je portefeuille had verloren. Ik beloof je dat ik je de 150 kronen zal vergoeden. Een nieuwe scholierenkaart krijg je ongetwijfeld op school, voordat de zomervakantie begint.*
>
> *Veel liefs, papa.*

Niet gek, op die manier was ze 150 kronen rijker. Een zelfgemaakt cadeau vond hij dus kennelijk niet voldoende.

Blijkbaar werd Sofie op 15 juni ook vijftien jaar. Maar op de kalender van Sofie was het nog maar de eerste helft van mei. Waarschijnlijk had papa toen dat hoofdstuk geschreven, en had hij de datum op de 'verjaardagskaart' aan Hilde aangepast.

Maar die arme Sofie, die naar de supermarkt holde om Jorunn te ontmoeten.

Wie was Hilde? Hoe kon haar vader er zo zeker van zijn dat Sofie haar zou vinden? Hoe dan ook, het was onzinnig dat hij de kaarten naar Sofie stuurde in plaats van rechtstreeks naar zijn dochter.

Ook Hilde had het gevoel dat ze 'door de kamer ging zweven', toen ze over Plotinus las.

Ik zeg dat er in alles wat bestaat iets van een goddelijk mysterie aanwezig is. We kunnen het in een zonnebloem of in een klaproos zien schitteren. In een vlinder die van een tak opstijgt, zit vermoedelijk nog meer van dat ondoorgrondelijke mysterie verborgen, of in een goudvis die in een goudviskom zwemt. Maar in onze eigen ziel benaderen we God het dichtst. Alleen daar kunnen we met het grote levensmysterie worden verenigd. Ja, op zeldzame momenten kunnen we meemaken dat *wijzelf dit goddelijke mysterie zijn.*

Dit was wel het meest duizelingwekkende wat Hilde tot dusverre had gelezen. Maar het was tegelijkertijd ook het meest eenvoudige: alles is een, en dat ene is een goddelijk mysterie waar iedereen deel van uitmaakt.

Dat was eigenlijk niet iets wat je moest geloven. Het is gewoon zo, dacht Hilde. Dan mag iedereen zelf bepalen wat hij of zij in het woord goddelijk wil zien.

Ze bladerde snel door naar het volgende hoofdstuk. Sofie en Jorunn zouden in de nacht van 17 mei gaan kamperen. Ze gingen naar Majorstua...

Hilde had nog maar een paar bladzijden gelezen of ze stond

opgewonden van haar bed op en liep een paar passen met de multomap in haar armen.
  Dit was toch wel het toppunt! In dat hutje in het bos liet papa die twee meisjes kopieën vinden van alle ansichtkaarten die hij Hilde in de eerste helft van mei had gestuurd. De kopieën klopten ook nog. Hilde las de kaarten van haar vader altijd wel twee of drie keer achter elkaar. Ze kon zich elk woord herinneren.

Lieve Hilde. Ik barst nu zo van opwinding over alle geheimen rond jouw verjaardag dat ik mezelf wel een paar keer per dag moet bedwingen je op te bellen en je alles te vertellen. Het is iets wat voortdurend groeit. En je weet, als iets steeds maar groter wordt, dan wordt het ook moeilijker het voor je te houden...

Sofie kreeg een nieuwe les van Alberto. Het ging over de joden en de Grieken en de twee grote culturen. Hilde was blij dat er zo'n algemeen overzicht over de geschiedenis in stond. Zoiets had ze nooit op school gehad. Daar waren het alleen maar details en nog eens details. Toen ze de les uit had, had ze dankzij haar vader een compleet nieuwe visie op Jezus en het christendom gekregen.
  Het citaat van Goethe 'Wer nicht von dreitausend Jahren sich weiss Rechenschaft zu geben, bleib im Dunkeln unerfahren, mag von Tag zu Tage leben', beviel haar wel.
  Het volgende hoofdstuk begon met een stukje papier dat tegen het keukenraam van Sofie zat geplakt. Het was natuurlijk weer een nieuwe verjaardagsgroet voor Hilde.

Lieve Hilde. Ik weet niet of je nog steeds jarig bent als je deze kaart leest. Eigenlijk hoop ik van wel, in ieder geval hoop ik dat er sinds je verjaardag nog niet veel dagen zijn verstreken. Dat er bij Sofie een of twee weken voorbij zijn gegaan, hoeft natuurlijk niet te betekenen dat dat voor ons ook zo is. Zelf kom ik thuis als het midzomer is. Dan gaan we samen in de schommelbank naar de zee zitten kijken, Hilde. We hebben veel te bepraten...

Toen belde Alberto Sofie op, het was de eerste keer dat ze zijn stem hoorde.

'Het lijkt wel of je het over een oorlog hebt?'
'Ik zou het liever een gevecht van de geest willen noemen. We moeten proberen Hildes aandacht te trekken en haar aan onze kant te krijgen voor haar vader thuiskomt in Lillesand.'

Zo kwam het dat Sofie Alberto Knox, verkleed als een middeleeuwse monnik, in de oude stenen kerk uit de twaalfde eeuw ontmoette. O ja, de kerk. Hilde keek op haar horloge. Kwart over een... Ze was de tijd helemaal vergeten.

Het was misschien niet zo erg dat ze op haar eigen verjaardag spijbelde, maar op de een of andere manier werkte die verjaardag haar op de zenuwen. Zo miste ze natuurlijk wel een heleboel felicitaties. Hoewel, daar had het haar eigenlijk niet aan ontbroken.

Toch moest ze even later een lange preek aanhoren. Het kostte Alberto kennelijk geen moeite om voor priester te spelen.

Toen ze over Sophia las die zich in een visioen aan Hildegard had geopenbaard, sloeg ze de encyclopedie er weer op na. Maar nu kon ze niets vinden, over de een noch over de ander. Was dat niet merkwaardig? Zodra het over vrouwen of iets vrouwelijks ging, was de encyclopedie net zo nietszeggend als een maankrater. Was de encyclopedie soms gecensureerd door de Bescherming Mannenbevolking?

Hildegard van Bingen was predikant, schrijfster, arts, botanica en natuurwetenschapster geweest. Ze kon bovendien 'als symbool dienen voor het feit dat het meestal de vrouwen waren die in de middeleeuwen het meest praktisch en het meest wetenschappelijk waren.' Maar nog geen letter over haar in de driedelige encyclopedie. Schande!

Hilde had nooit eerder gehoord dat God een vrouwelijke kant of een moedernatuur had. Die heette dus Sophia, maar ook zij was de drukinkt niet waard. Wat er nog het dichtste bij kwam was de Sophiakerk in Constantinopel. 'Hagia Sophia' heette die en dat betekende de heilige wijsheid. Een hoofdstad en ontelbare vorstinnen waren naar die wijsheid vernoemd, maar over het feit dat zij vrouwelijk was, geen woord. Als dat geen censuur was...

Overigens klopte het wel dat Sofie zich aan 'Hildes innerlijke blik' vertoonde. Ze had de hele tijd het idee dat ze het meisje met het zwarte haar voor zich kon zien...

Toen Sofie thuiskwam na bijna de hele nacht in de Mariakerk te hebben doorgebracht, ging ze voor de koperen spiegel staan die ze uit de hut in het bos had meegenomen.

Ze zag de scherpe omtrekken van haar eigen bleke gezicht, dat werd omkranst door zwart haar dat zich maar voor een kapsel leende, het puur natuurlijke 'steil naar beneden'- kapsel. Maar onder dat gezicht dook de beeltenis van een ander meisje op. Plotseling begon het vreemde meisje heftig met haar ogen te knipperen. Alsof ze wilde laten zien dat ze zich echt aan de andere kant van de spiegel bevond. Het duurde maar een paar seconden. Toen was ze verdwenen.

Hoe vaak had Hilde niet zelf zo voor de spiegel gestaan en daarin naar het beeld van een ander gespeurd. Maar hoe kon haar vader dat weten? Ze had toch ook naar een vrouw met donkere haren gezocht? Haar overgrootmoeder had de spiegel immers van een zigeunerin gekocht...

Hilde voelde dat de handen waarmee ze de grote multomap vasthield, trilden. Ze had het gevoel dat Sofie werkelijk ergens 'aan de andere kant' bestond.

Nu droomde Sofie over Hilde en Bjerkely. Hilde kon haar niet zien of horen, maar toen, ja, toen vond Sofie het gouden kruisje van Hilde op de rand van de steiger. En vervolgens lag het gouden kruisje, met Hildes initialen en alles wat er bijhoorde in het bed van Sofie toen ze na die droom ontwaakte!

Hilde dacht na. Ze was haar gouden kruisje toch niet kwijtgeraakt? Ze liep naar de ladenkast en keek in haar juwelenkistje. Het gouden kruisje, dat ze van oma als doopgeschenk had gekregen, was verdwenen!

Het was haar dus inderdaad gelukt het sieraad kwijt te raken. Fraaie boel! Maar hoe kon haar vader dat weten als ze het zelf niet eens wist?

En er was nog iets: Sofie had blijkbaar gedroomd dat Hildes vader thuiskwam uit Libanon. Maar dat zou pas de volgende week gebeuren. Was de droom van Sofie misschien profetisch? Bedoelde vader dat wanneer hij thuiskwam, Sofie er op de een of andere manier ook zou zijn? Hij had geschreven dat ze een nieuwe vriendin zou krijgen...

In een verblindend helder, maar kortdurend visioen was Hilde ervan overtuigd dat Sofie meer was dan papier en drukinkt. Ze *bestond.*

DE VERLICHTING

*... vanaf de manier waarop een naald
wordt gemaakt tot en met de wijze waarop
een kanon wordt gegoten...*

Hilde was begonnen aan het hoofdstuk over de renaissance, toen ze opeens haar moeder de voordeur hoorde opendoen. Ze keek op de wekker. Het was vier uur.

Haar moeder liep snel de trap op en opende de deur.

'Ben je niet naar de kerk geweest?'

'Jawel.'

'Maar... wat had je dan aan?'

'Hetzelfde als nu.'

'Je nachtpon?'

'Ja... ik ben naar de Mariakerk geweest.'

'De Mariakerk?'

'Dat is een oude stenen kerk uit de middeleeuwen.'

'Hilde!'

Ze legde de multomap in haar schoot en keek moeder aan.

'Ik was de tijd vergeten, mama. Het spijt me, maar zie je, het is zo'n spannend boek.'

Nu moest moeder onwillekeurig glimlachen.

'Het is een magisch boek,' voegde Hilde eraan toe.

'Ja hoor, Hilde. Nogmaals van harte gefeliciteerd met je verjaardag!'

'Nou, ik weet niet of ik nog meer felicitaties aankan.'

'Maar ik heb toch niet... Ik wil even bijkomen en dan ga ik heel lekker voor je koken. Ik heb aardbeien kunnen krijgen.'

'Ik ga nog even verder lezen.'

Haar moeder verdween weer en Hilde las verder.

Sofie volgde Hermes door de stad. In het trappenhuis van Alberto vond ze een nieuwe kaart uit Libanon. Ook die was gedateerd op 15 juni.

Nu pas doorzag ze het systeem van de datering: de kaarten die vóór 15 juni waren gedateerd, waren 'kopieën' van kaarten die

Hilde al eerder had ontvangen. Maar de kaarten die precies op 15 juni waren gedateerd, ontving ze voor het eerst via de multomap.

Lieve Hilde. Sofie is nu bij het huis van haar filosofieleraar aangekomen. Ze is bijna vijftien, maar jij werd gisteren al vijftien. Of is het vandaag, Hildelief? Als het vandaag is, is het vast al laat. Maar onze klokken lopen niet altijd helemaal gelijk.

Hilde las hoe Alberto Sofie over de renaissance vertelde, en over de nieuwe wetenschap, de rationalisten uit de zeventiende eeuw en het Britse empirisme.

Herhaaldelijk ging er een schok door haar heen als ze nieuwe ansichtkaarten en felicitaties tegenkwam, die vader in het verhaal had verwerkt. Hij liet zulke verwijzingen uit een opstelschrift vallen, of aan de binnenkant van een bananeschil opduiken, of een computer binnendringen. Zonder dat het hem de minste moeite kostte, zorgde hij ervoor dat Alberto zich versprak, en Sofie Hilde noemde. Het toppunt was misschien wel dat hij Hermes liet zeggen: 'Gefeliciteerd met je verjaardag, Hilde!'

Hilde was het met Alberto eens dat het te ver ging dat hij zichzelf met God en de goddelijke Voorzienigheid vergeleek. Maar met wie was ze het dan eigenlijk eens? Legde haar vader die kritische geluiden - of zelfkritiek - niet zelf in de mond van Alberto? Ze besefte dat de vergelijking met God in feite helemaal niet zo vergezocht was. Voor de wereld van Sofie was haar vader immers een almachtige god.

Toen Alberto over Berkeley ging vertellen, was Hilde haast nog nieuwsgieriger dan Sofie. Wat zou er nu gebeuren? Het lag er dik bovenop dat er iets heel bijzonders zou gebeuren als ze bij de filosoof waren aangekomen, die het bestaan van een materiële wereld buiten het menselijk bewustzijn had ontkend. Hilde had immers al in de encyclopedie gespiekt.

Het begon ermee dat ze voor het raam stonden en zagen dat Hildes vader een vliegtuig met een lang felicitatiespandoek had gestuurd. Tegelijkertijd kwamen donkere wolken in de richting van de stad opzetten.

'Zijn of niet zijn', is dus niet de hele vraag. De vraag is ook *wat* wij zijn. Zijn we echte mensen van vlees en bloed? Bestaat onze wereld uit concrete dingen, of zijn we omringd door bewustzijn?

Logisch dat Sofie op haar nagels ging bijten. Hilde had die slechte gewoonte nooit gehad, maar ze was op dat moment ook niet zo gerust op de verdere gebeurtenissen.

Toen kwam de aap uit de mouw: '... voor ons kan die wil of geest die alles veroorzaakt ook de vader van Hilde zijn.'

'Bedoel je dat hij voor ons een soort God is?'
'Zonder blikken of blozen. Hij moest zich schamen!'
'Hoe zit het dan met Hilde?'
'Zij is een engel, Sofie.'
'Een engel?'
'Hilde is degene tot wie de "geest" zich richt.'

Toen rukte Sofie zich los van Alberto en rende de stortbui in. Het zou toch niet hetzelfde onweer zijn geweest dat vannacht boven Bjerkely had gewoed? Een paar uur nadat Sofie door de stad had gehold?

'Morgen ben ik jarig, dacht ze. Was het niet extra bitter om op de dag voor je vijftiende verjaardag in te zien dat het leven een droom is? Alsof je droomt dat je een miljoen hebt gewonnen en dan vlak voordat je het geld zult krijgen beseft dat het allemaal maar een droom was.

Sofie rende het natte sportveld over. Toen zag ze iemand op haar af komen lopen. Het was haar moeder. Een paar keer werd de stad getroffen door felle bliksemflitsen. Toen ze elkaar bereikt hadden, sloeg haar moeder de armen om haar heen.

'M'n kind, wat gebeurt er toch met ons?'
'Ik weet het niet,' huilde Sofie, 'het is net een boze droom.'

Hilde merkte dat haar ooghoeken vochtig waren. 'To be or not to be... that is the question.'

Ze gooide de multomap op het bed en stond op. Ze ijsbeerde heen en weer. Ten slotte ging ze voor de koperen spiegel staan, en daar bleef ze staan tot haar moeder haar voor het avondeten kwam halen. Toen ze op de deur klopte, had Hilde geen idee hoelang ze zo had gestaan. Maar ze wist zeker, heel zeker, dat het spiegelbeeld met beide ogen had geknipoogd.

Tijdens het eten probeerde ze een dankbare jarige te zijn. Maar ze moest de hele tijd aan Sofie en Alberto denken.

Hoe zou het verder met hen gaan nu ze *wisten* dat Hildes vader alles bepaalde? Hoewel weten en weten... het was natuurlijk onzin dat ze überhaupt iets wisten. Het was toch gewoon papa die deed alsof ze iets wisten? Hoe dan ook, het probleem was hetzelfde: wanneer Sofie en Alberto 'wisten' hoe alles in elkaar zat, zat de reis er wat hen betrof op. Ze verslikte zich bijna in een groot stuk aardappel toen ze besefte dat diezelfde probleemstelling misschien ook voor haar eigen wereld gold. De mensheid kende de natuurwetten steeds beter. Zou de geschiedenis gewoon verder gaan als de laatste stukjes van de filosofische en wetenschappelijke puzzel op hun plaats waren gevallen?

Of naderde de mensheid het einde van de geschiedenis? Bestond er soms een verband tussen de ontwikkeling van het denken en van de wetenschap aan de ene kant, en het broeikaseffect en de gekapte regenwouden aan de andere kant? Misschien was het toch niet zo vreemd om de menselijke drang naar kennis zondeval te noemen.

De vraag was zo overweldigend en angstaanjagend dat Hilde haar probeerde te vergeten. Ze zou het bovendien vast beter begrijpen als ze verder las in papa's verjaardagscadeau.

'Liefje, m'n liefje, wat wil je nog meer', zong haar moeder, toen ze het ijs met de Italiaanse aardbeien op hadden. 'Nu doen we alleen waar jij zin in hebt.'

'Ik weet dat het een beetje raar klinkt, maar ik zou het liefste verder lezen in papa's cadeau.'

'Pas maar op dat hij je niet in de war brengt.'

'Nee hoor.'

'We kunnen tijdens Derrick een pizza eten...'

'Ja, misschien.'

Hilde moest denken aan de manier waarop Sofie met haar moeder had gesproken. Papa had toch niet iets van Hildes moeder in de andere moeder verwerkt? Ze besloot om maar niets te vertellen over witte konijnen die uit de hoge hoed van het universum werden getoverd. In ieder geval niet vandaag.

'Trouwens,' zei ze, toen ze wilde opstaan.

'Ja?'

'Ik kan mijn gouden kruisje niet vinden.'

Haar moeder keek haar geheimzinnig aan.

'Dat heb ik een paar weken geleden op de steiger gevonden. Je hebt het daar natuurlijk verloren, sloddervos!'

'Heb je het aan papa verteld?'

'Dat kan ik me niet herinneren. Ja toch, ik geloof het wel.'

'Waar is het nu dan?'

Nu ging haar moeder haar eigen juwelenkistje halen. Hilde hoorde een verwonderde kreet uit de slaapkamer komen. Even later was haar moeder weer terug in de kamer.

'Weet je... ik kan het nu even niet vinden.'

'Dat dacht ik al.'

Ze gaf haar moeder een kus en rende weer naar haar zolderkamer. Eindelijk... Nu zou ze verder lezen over Sofie en Alberto. Ze installeerde zich weer net zo als daarstraks op bed met de zware multomap op schoot.

Sofie werd de volgende ochtend wakker doordat haar moeder haar kamer binnenkwam. Ze had een dienblad in haar handen dat vol lag met cadeautjes. In een leeg limonadeflesje had ze een vlaggetje gestoken.

'Gefeliciteerd met je verjaardag, Sofie!'

Sofie wreef de slaap uit haar ogen. Ze probeerde zich te herinneren wat er gisteren allemaal was gebeurd. Maar het waren alleen maar losse stukjes van een legpuzzel. Een van de stukjes was Alberto, een ander stukje was Hilde en nog een ander was de majoor. Een van de stukjes was Berkeley, een ander Bjerkely. Het donkerste stukje was het zware onweer. Ze had bijna een soort zenuwinzinking gekregen. Moeder had haar met een handdoek warm gewreven en haar meteen in bed gelegd met een beker war-

me melk met honing. Ze was als een blok in slaap gevallen.
'Ik geloof dat ik leef,' stamelde ze.
'Ja, natuurlijk leef je. En vandaag ben je vijftien geworden.'
'Weet je het zeker?'
'Heel zeker. Zou een moeder soms niet weten wanneer haar enige kind is geboren? 15 juni 1975... om half twee, Sofie. Dat was het gelukkigste moment van mijn hele leven.'
'Weet je zeker dat het niet allemaal een droom is?'
'Dan is het in elk geval een goede droom, als je wakker wordt met broodjes en limonade en cadeautjes.'
Ze zette het dienblad met de cadeautjes op een stoel en ging even de kamer uit. Toen ze terugkwam, had ze een nieuw dienblad bij zich. Daarop lagen de broodjes en stond een flesje limonade. Ze zette het op het voeteneinde van Sofies bed neer.

Nu was het weer een gewone verjaardagsochtend met cadeautjes uitpakken en herinneringen ophalen aan de eerste weeën vijftien jaar geleden. Van haar moeder kreeg ze een tennisracket. Ze had nog nooit getennist, maar op slechts enkele minuten van Kløverveien vandaan lag een tennisbaan. Vader had een FM-radio gestuurd, met een ingebouwde minitelevisie. Het scherm was niet groter dan een foto. Verder waren er nog cadeaus van oude tantes en kennissen.

Na een poosje zei moeder: 'Wat vind je, zal ik vandaag vrij nemen?'

'Nee, waarom?'

'Je was gisteren zo in de war. Als dat zo doorgaat moeten we voor jou maar eens een afspraak bij de psycholoog maken.'

'Die moeite kun je je besparen.'

'Kwam het alleen van het onweer, of had het ook iets met die Alberto te maken?'

'En jij dan? "M'n kind, wat gebeurt er toch met ons?" zei je.'

'Ik maakte me zorgen omdat jij steeds vaker afspraakjes had met vreemde snuiters in de stad. Misschien is het wel mijn schuld...'

'Het is niemands "schuld" dat ik in mijn vrije tijd een filosofiecursus volg. Ga maar gerust naar je werk. Ik moet om tien uur op school zijn. We hebben eerst een uur dat we zelf mogen invullen en daarna krijgen we de rapporten.'

'Weet je wat voor cijfers je krijgt?'
'In ieder geval meer achten dan met Kerstmis.'

Niet lang nadat haar moeder was vertrokken, ging de telefoon.
'Met Sofie Amundsen.'
'Je spreekt met Alberto.'
'O...'
'De majoor heeft gisteren behoorlijk zwaar geschut gebruikt.'
'Ik begrijp niet wat je bedoelt.'
'Het onweer, Sofie.'
'Ik weet niet wat ik ervan moet denken.'
'Dat is de grootste deugd van een echte filosoof. Ik ben er bijna trots op dat je in zo'n korte tijd al zoveel hebt geleerd.'
'Ik ben zo bang dat er helemaal niets echt bestaat.'
'Dat heet existentiële angst, en die markeert gewoonlijk de overgang naar nieuwe kennis.'
'Ik geloof dat ik een tijdje met de cursus wil stoppen.'
'Zitten er op dit moment veel kikkers in de tuin?'
Nu moest Sofie lachen. Alberto ging verder: 'Ik geloof dat we beter kunnen doorgaan. Trouwens, nog gefeliciteerd. We moeten zorgen dat we voor het midzomerfeest klaar zijn met de cursus. Dat is onze laatste hoop.'
'Wat voor laatste hoop?'
'Zit je goed? Dit kan wel even duren, begrijp je.'
'Ik zit goed.'
'Herinner je je Descartes nog?'
'"Ik denk, dus ik ben".'
'Met onze eigen methodische twijfels hebben we op dit moment geen been om op te staan. We weten niet eens of we denken. Misschien blijkt later dat wijzelf een gedachte zijn, en dat is toch iets heel anders dan zelf denken. We hebben voldoende redenen om aan te nemen dat we door Hildes vader zijn bedacht en op die manier een soort verjaardagsvermaak voor zijn dochter in Lillesand vormen. Kun je het volgen?'
'Ja...'
'Maar daar zit ook een ingebouwde tegenstrijdigheid in. Als we verzonnen zijn, hebben we niet het recht om wat dan ook te "gelo-

ven". Dan is dit hele telefoongesprek niets anders dan inbeelding.'
'En dan bezitten we geen spat vrije wil. Dan bepaalt de majoor alles wat we zeggen en doen. Dan kunnen we dus net zo goed ophangen.'
'Nee, nu maak je het te simpel.'
'Leg eens uit.'
'Wil je zeggen dat een mens zelf kan bepalen waarover hij droomt? Het is niet onwaarschijnlijk dat Hildes vader *op de hoogte is* van alles wat we doen. Om van zijn eigen alwetendheid weg te lopen is waarschijnlijk net zo moeilijk als om van je eigen schaduw weg te rennen. Maar - en hierover ben ik een plan aan het uitwerken - het is niet zeker dat de majoor alles wat er gaat gebeuren van te voren heeft bepaald. Het kan zijn dat hij pas op het laatste ogenblik, dus op het moment van de schepping, een beslissing neemt. Juist op zulke ogenblikken is het voorstelbaar dat wij een eigen initiatief hebben dat onze woorden en daden stuurt. Een dergelijk initiatief zou natuurlijk ongehoord zwakke impulsen betreffen, vergeleken met het kabaal dat de majoor maakt. We staan praktisch machteloos tegenover ons opgedrongen uitwendige situaties, zoals sprekende honden, propellervliegtuigjes met felicitatiespandoeken, boodschappen in bananen en onweer op bestelling. Maar we mogen niet uitsluiten dat we een eigen wil hebben, al is die nog zo zwak.'
'Hoe zou dat kunnen?'
'De majoor is natuurlijk alwetend in onze kleine wereld, maar dat wil niet zeggen dat hij almachtig is. We moeten in ieder geval proberen om ons leven te leiden alsof hij er niet is.'
'Ik geloof dat ik snap wat je bedoelt.'
'De kunst is om iets helemaal op eigen houtje te doen, iets wat de majoor niet eens zou kunnen ontdekken.'
'Hoe is dat nou mogelijk, als we niet eens bestaan?'
'Wie heeft gezegd dat we niet bestaan? De vraag is niet *of* we zijn, maar *wat* we zijn en *wie* we zijn. Ook al zou blijken dat we slechts impulsen in het gespleten bewustzijn van de majoor zijn, dan nog ontneemt ons dat niet het kleine beetje bestaan dat we hebben.'
'En onze vrije wil dan?'

'Daar wordt aan gewerkt, Sofie.'

'Maar dat eraan gewerkt wordt, is iets waar Hildes vader zich maar al te zeer van bewust moet zijn.'

'Beslist. Maar het eigenlijke plan kent hij niet. Ik probeer een archimedisch punt te vinden.'

'Een archimedisch punt?'

'*Archimedes* was een hellenistische wetenschapper. "Geef mij een vast punt," zei hij, "en ik zal de aarde bewegen". Zo'n punt moeten we vinden om uit het inwendige universum van de majoor te verdwijnen.'

'Dat is niet niks.'

'Maar we kunnen niet ontsnappen voor we de filosofiecursus helemaal hebben afgemaakt. Tot die tijd heeft hij ons te vast in zijn greep. Hij heeft kennelijk besloten dat ik jou door de eeuwen heen naar onze eigen tijd moet begeleiden. We hebben nog maar een paar dagen voor hij ergens in het Midden-Oosten in een vliegtuig gaat zitten. Als we ons niet uit zijn kleffe fantasie hebben weten te bevrijden voor hij in Bjerkely aankomt, ja, dan zijn we verloren.'

'Je maakt me bang.'

'Eerst moet ik je de belangrijkste punten van de Franse verlichting vertellen. Dan moeten we de hoofdlijnen van de filosofie van Kant bespreken, voor we ons met de romantiek kunnen gaan bezighouden.

Met name Hegel is voor ons een sleutelfiguur. En dat betekent ook dat we het verontwaardigde protest van Kierkegaard tegen de hegeliaanse filosofie moeten behandelen. En dan hebben we Marx, Darwin en Freud nog. Als we dan ook nog een paar afsluitende opmerkingen over Sartre en het existentialisme kunnen maken, kan het plan ten uitvoer worden gebracht.'

'Dat is nogal veel voor een week.'

'Daarom moeten we onmiddellijk beginnen. Kun je nu komen?'

'Ik moet naar school. We mogen een uur doen waar we zin in hebben en daarna krijgen we ons rapport.'

'Laat dat maar zitten! Als we enkel bewustzijn zijn, is het alleen maar verbeelding dat limonade en snoep tijdens zo'n uur ergens naar smaken.'

'Maar mijn rapport dan?'

'Sofie, óf je leeft in een wonderlijk universum op een minuscule planeet in een van de vele honderden miljarden sterrenstelsels, óf je bestaat uit een paar elektromagnetische impulsen in het bewustzijn van een majoor. En dan heb jij het over je rapport! Je moest je schamen!'
'Sorry.'
'Maar je kunt misschien toch beter naar school gaan voor je mij opzoekt. Het zou een slecht voorbeeld voor Hilde zijn als je de laatste schooldag zou spijbelen. Hilde gaat vast en zeker naar school, of ze nu jarig is of niet. Zij is immers een engel.'
'Dan kom ik direct uit school naar je toe.'
'Laten we elkaar in Majorstua ontmoeten.'
'In Majorstua?'
... klik!

Hilde legde de multoband in haar schoot. Daar had papa haar toch mooi met een slecht geweten opgezadeld, omdat ze de laatste schooldag had gespijbeld. De gluiperd!

Ze bleef een ogenblik zitten nadenken over het plan dat Alberto aan het uitbroeden was. Zou ze even spieken op de laatste bladzijde? Nee, dat zou flauw zijn, ze kon beter snel verder lezen.

Ze vond dat Alberto op een belangrijk punt gelijk had. Het klopte dat vader een overzicht had over wat er met Sofie en Alberto gebeurde. Maar tijdens het schrijven wist hij vast niet alles wat er nog zou gaan gebeuren. Terwijl hij als een gek aan het schrijven was, kon hij per ongeluk iets opschrijven, wat hij pas veel later zou ontdekken. In zo'n ongelukje school voor Sofie en Alberto een zekere vrijheid.

Weer kreeg Hilde een visioen dat Sofie en Alberto werkelijk bestonden. Ook al lijkt de zee nog zo rustig, dat wil niet zeggen dat er diep onder het oppervlak niet iets gebeurt, dacht ze.

Maar waarom dacht ze dat?

Het was in ieder geval geen gedachte die zich aan de oppervlakte bewoog.

Op school werd Sofie van alle kanten gefeliciteerd, zoals het hoort als je jarig bent. Misschien was er wel extra veel belangstelling voor haar omdat iedereen toch al in een opgetogen stemming was vanwege de rapporten en de limonade.

Zodra de leraar hen een goede zomer had toegewenst en ze de klas mochten verlaten, vloog Sofie naar huis. Jorunn probeerde haar tegen te houden, maar Sofie riep terug dat ze haast had.

In de brievenbus vond ze twee ansichtkaarten uit Libanon. Op beide kaarten stond "HAPPY BIRTHDAY - 15 YEARS". Het waren van die voorbedrukte verjaardagskaarten.

De ene kaart was voor "Hilde Møller Knag, p/a Sofie Amundsen...". Maar de andere kaart... was voor Sofie zelf. Op beide kaarten stond in het stempel: VN-bataljon, 15-06.

Sofie las eerst de kaart die aan haarzelf was gericht.

Lieve Sofie Amundsen. Vandaag is een felicitatie aan jou ook op zijn plaats. Van harte, Sofie. Heel erg bedankt voor alles wat je tot nu toe voor Hilde hebt gedaan.
Vriendelijke groeten, majoor Albert Knag.

Sofie wist niet precies hoe ze moest reageren nu Hildes vader haar uiteindelijk ook een kaart had gestuurd. Ze vond het eigenlijk wel ontroerend.

Op de kaart aan Hilde stond:

Lieve Hilde. Ik weet natuurlijk niet welke dag het nu in Lillesand is en hoe laat het daar precies is. Maar dat speelt zoals gezegd geen rol. Als ik je goed ken, ben ik nog niet te laat met een laatste of in ieder geval voorlaatste felicitatie. Maar je mag niet te laat opblijven hoor! Alberto zal je spoedig vertellen over de ideeën van de Franse verlichting. Hij zal zich op zeven punten concentreren. Die zeven punten zijn:
1. opstand tegen het gezag
2. rationalisme
3. verlichtingsgedachte
4. cultuuroptimisme
5. terug naar de natuur
6. humanisering van het christendom
7. mensenrechten

Het was duidelijk dat hij hen nog steeds in de gaten hield.

Sofie ging de voordeur binnen en legde haar rapport met alle achten op de keukentafel. Toen kroop ze de heg door en rende het bos in.

Weer moest ze het ven over roeien. Alberto zat voor de hut toen ze kwam. Hij gebaarde dat ze naast hem moest komen zitten.

Het was mooi weer, maar bij het ven trok het kil op. Het was alsof het ven nog niet bekomen was van het onweer.

'We steken maar direct van wal,' zei Alberto. 'Na Hume was de Duitser *Kant* de volgende grote systeembouwer. Maar ook in Frankrijk leefden in de achttiende eeuw veel belangrijke denkers. We kunnen stellen dat het filosofische zwaartepunt in Europa in de eerste helft van de achttiende eeuw in Engeland lag, in het midden van de eeuw in Frankrijk, en tegen het einde van de eeuw in Duitsland.'

'Dus een verschuiving van west naar oost.'

'Precies. Ik zal heel in het kort een paar ideeën behandelen die veel Franse verlichtingsfilosofen gemeen hadden. Ik doel hier op belangrijke namen als *Montesquieu, Voltaire, Rousseau* en een groot aantal anderen. Ik wil me beperken tot zeven belangrijke punten.'

'Dank je, daar weet ik alles al van.'

Sofie overhandigde hem de kaart van Hildes vader. Alberto zuchtte diep.

'Dat was nu ook weer niet nodig geweest... Het eerste trefwoord is dus *opstand tegen het gezag*. Veel Franse verlichtingsfilosofen reisden naar Engeland, dat in een heleboel opzichten vrijzinniger was dan hun eigen vaderland. Daar werden ze gefascineerd door de Engelse natuurwetenschap, in het bijzonder door Newton en zijn universele fysica. Maar ze werden ook geïnspireerd door de Britse filosofie, met name door de politieke filosofie van Locke. Terug in Frankrijk trokken ze daarna ten strijde tegen het bestaande gezag. Ze meenden dat het belangrijk was om zich sceptisch op te stellen ten opzichte van alle overgeërfde waarheden. Het idee was dat het individu zelf het antwoord op alle vragen moest vinden. De traditie van Descartes was in dat opzicht een grote inspiratiebron.'

'Want hij bouwde alles vanaf de grond op.'

'Precies. De opstand tegen het bestaande gezag keerde zich niet in de laatste plaats tegen de macht van de kerk, de koningen en de adel. Die instituties waren in de achttiende eeuw in Frankrijk veel machtiger dan in Engeland.'
'Toen kwam de revolutie.'
'Ja, in 1789. Maar de nieuwe ideeën waren al eerder ontstaan. Het volgende trefwoord is *rationalisme*.'
'Ik dacht dat het rationalisme met Hume was afgelopen.'
'Hume zelf stierf pas in 1776. Dat was zo'n twintig jaar na Montesquieu en maar twee jaar voor Voltaire en Rousseau, die beiden in 1778 stierven. Alle drie waren ze in Engeland geweest en waren ze goed bekend met de filosofie van Locke. Nu weet je misschien nog dat Locke geen consequente empirist was. Hij dacht bijvoorbeeld dat zowel het geloof in God als bepaalde morele normen in de menselijke rede lagen besloten. Dat is ook de kern van de Franse verlichtingsfilosofie.'
'Je hebt ook verteld dat de Fransen altijd iets rationalistischer waren dan de Britten.'
'Dat verschil gaat helemaal terug tot de middeleeuwen. Als Engelsen het hebben over "common sense", hebben Fransen het altijd over "evidence". De Engelse uitdrukking betekent letterlijk vertaald "gemeenschappelijk gevoel", de Franse betekent "duidelijkheid" - althans, voor de rede.'
'Ik snap het.'
'Net als de humanisten uit de oudheid - Socrates en de stoïcijnen bijvoorbeeld - hadden de meeste verlichtingsfilosofen een rotsvast vertrouwen in de menselijke rede. Dat kwam zo sterk naar voren dat velen de Franse verlichting eenvoudigweg het "rationalisme" noemen. De nieuwe natuurwetenschap had onthuld dat de natuur logisch in elkaar zat. Nu zagen de verlichtingsfilosofen het als hun taak om ook voor de moraal, de religie en de ethiek een basis te leggen die in overeenstemming was met de onveranderlijke rede van de mens. Dat leidde ten slotte tot de *verlichtingsgedachte*.'
'En dat was het derde punt.'
'Nu moest de brede laag van de bevolking worden "verlicht". Dat was de voornaamste voorwaarde voor een betere maatschappij. Men dacht dat armoede en onderdrukking aan onwetendheid

en bijgeloof te wijten waren. Aan de opvoeding van zowel kinderen als van het volk werd daarom grote aandacht besteed. Het is geen toeval dat de pedagogische wetenschap in de verlichting is ontstaan.'

'Ons schoolsysteem stamt dus uit de middeleeuwen en de pedagogie uit de verlichting.'

'Zo kun je het zeggen. Het monument van de verlichtingsgedachte was niet voor niets een groot naslagwerk. Ik denk hier aan de zogenaamde Encyclopedie, die van 1751 tot 1771 in 28 delen verscheen, met bijdragen van alle grote verlichtingsfilosofen. "Alles stond erin", zei men, "vanaf de manier waarop een naald wordt gemaakt tot en met de wijze waarop een kanon wordt gegoten".'

'Het volgende punt was *cultuuroptimisme*.'

'Zou je die kaart alsjeblieft willen wegleggen als ik aan het woord ben?'

'Neem me niet kwalijk.'

'Als de rede en de kennis maar zouden toenemen, zou de mensheid een grote stap vooruit maken, dachten de verlichtingsfilosofen. Het was slechts een kwestie van tijd voor de domheid en de onwetendheid zouden wijken voor een "verlichte" mensheid. Die gedachte heeft in West-Europa tot voor kort de boventoon gevoerd. Tegenwoordig zijn we er niet meer zo van overtuigd dat alle ontwikkeling positief is. Maar die kritiek op de beschaving werd al door de Franse verlichtingsfilosofen naar voren gebracht.'

'Dan hadden we misschien naar hen moeten luisteren.'

'Voor sommigen werd *terug naar de natuur* een motto. Maar met natuur bedoelden de verlichtingsfilosofen bijna hetzelfde als met rede. Want de menselijke rede is immers een gave van de natuur, in tegenstelling tot de kerk en de beschaving. Men wees erop dat de natuurvolkeren vaak gezonder en gelukkiger waren dan de Europeanen, juist omdat ze niet "beschaafd" waren. Rousseau was degene die het motto onder woorden bracht: "We moeten terug naar de natuur". Want de natuur is goed en de mens is van nature goed. Juist in de maatschappij schuilt het kwaad. Rousseau vond ook dat kinderen zo lang mogelijk hun natuurlijke onschuld moesten behouden. Je zou kunnen zeggen dat de gedachte van de

eigenwaarde van de jeugd uit de verlichting stamt. Daarvóór werd de jeugd meer beschouwd als een voorbereiding op het volwassen leven. Maar wij zijn allemaal mensen, en leiden ons leven op aarde, ook als we nog kinderen zijn.'
'Dat zou ik denken.'
'Met name de religie moest "natuurlijk" worden gemaakt.'
'Wat bedoelden ze daar dan mee?'
'Ook de religie moest met het natuurlijke verstand van de mens in overeenstemming worden gebracht. Veel mensen maakten zich sterk voor een *gehumaniseerde opvatting van het christendom*, en dat is het zesde punt op de lijst. Nu waren er verschillende consequente materialisten, die niet in een God geloofden en dus een atheïstisch standpunt innamen. Maar de meeste verlichtingsfilosofen vonden dat het niet volgens de rede was om zich een wereld zonder God voor te stellen. Daar was de wereld te consequent voor ingericht. Dat was bijvoorbeeld het standpunt van Newton. Zo vond men het ook niet meer dan redelijk om in de onsterfelijkheid van de ziel te geloven. Net als voor Descartes werd de vraag of de mens een onsterfelijke ziel had, meer een vraag voor de rede dan een geloofsvraag.'
'Dat vind ik een beetje merkwaardig. Voor mij is dat nu een typisch voorbeeld van iets wat je alleen maar kunt geloven en niet weten.'
'Maar jij leeft dan ook niet in de achttiende eeuw. Volgens de verlichtingsfilosofen moesten alle onlogische dogma's of geloofsopvattingen die in de loop van de kerkgeschiedenis aan de eenvoudige verkondiging van Jezus waren toegevoegd, weer worden verwijderd.'
'Daar ben ik het mee eens.'
'Velen zwoeren ook bij iets wat *deïsme* genoemd wordt.'
'Uitleg graag!'
'Met het woord deïsme wordt een opvatting bedoeld waarin men ervanuit gaat dat God de wereld ooit in het grijze verleden heeft geschapen, maar dat hij zich daarna niet meer aan die wereld heeft geopenbaard. Op die manier werd God gereduceerd tot een hoogste wezen, dat zich alleen via de natuur en de natuurwetten aan de mensen te kennen geeft en zich dus niet op bovennatuurlij-

ke manier openbaart. Een dergelijke filosofische God komen we ook bij Aristoteles tegen. Voor hem was God de eerste oorzaak of de "eerste beweger" van het universum.'

'Dan rest ons nog een punt en dat is het punt van de *mensenrechten*.'

'Maar dat is dan ook misschien wel het belangrijkste punt. Je kunt over het geheel genomen zeggen dat de Franse verlichtingsfilosofie praktischer was georiënteerd dan de Engelse filosofie.'

'Ze aanvaardden de consequenties van hun filosofie en handelden daarnaar?'

'Ja, de Franse verlichtingsfilosofen namen geen genoegen met theoretische standpunten over de plaats van de mens in de maatschappij. Ze streden actief voor wat ze de natuurlijke rechten van de burgers noemden. In de eerste plaats ging het over de strijd tegen de censuur - en dus voor de vrijheid van de pers. Zowel op religieus, moreel als op politiek gebied moest het recht van het individu om vrijuit te denken en voor zijn mening uit te komen, gewaarborgd worden. Bovendien werd er gestreden tegen de slavernij van de negers en voor een meer humane behandeling van wetsovertreders.'

'Ik geloof dat ik het meeste wel kan onderschrijven.'

'Het principe van de "onschendbaarheid van het individu" vond ten slotte zijn neerslag in de "Verklaring van de rechten van de mens en de burger" die door de Franse Nationale Vergadering in 1789 werd aangenomen. Deze Verklaring van de rechten van de mens vormde een belangrijke basis voor onder andere de Noorse grondwet van 1814.'

'Maar nog steeds zijn er heel veel mensen die voor die rechten moeten vechten.'

'Helaas wel. Maar de verlichtingsfilosofen wilden bepaalde rechten vaststellen die alle mensen hebben, eenvoudigweg vanwege het feit dat ze als mensen zijn geboren. Dat bedoelden ze met de term "natuurlijke rechten". Nog steeds gebruiken we het woord natuurrecht, wat dikwijls in strijd is met de heersende wetten van bepaalde landen. Nog steeds komt het voor dat individuele mensen - of hele bevolkingsgroepen - zich op die natuurrechten beroepen, om te protesteren tegen rechteloosheid, onvrijheid en onderdrukking.'

'Hoe zit het met de rechten van de vrouw?'
'De revolutie in 1789 stelde een aantal rechten vast die voor alle "burgers" moesten gelden. Maar het woord burger was eigenlijk synoniem met het woord man. Toch zien we juist tijdens de Franse Revolutie de eerste voorbeelden van de vrouwenstrijd.'
'Dat werd tijd.'
'Al in 1787 gaf de verlichtingsfilosoof *Condorcet* een pamflet uit over de rechten van de vrouw. Hij vond dat vrouwen dezelfde natuurlijke rechten hadden als mannen. Tijdens de revolutie van 1789 waren de vrouwen bijzonder actief in de strijd tegen de oude feodale maatschappij. Vrouwen voerden bijvoorbeeld de demonstraties aan die de koning ten slotte dwongen zijn paleis in Versailles te ontvluchten. In Parijs werden diverse vrouwengroepen opgericht. Ze eisten niet alleen dezelfde politieke rechten als mannen, ze eisten ook dat de huwelijkswetten en de sociale omstandigheden voor vrouwen werden veranderd.'
'Kregen ze die rechten?'
'Nee. Zoals zovele keren daarna, kwam het probleem van vrouwenrechten naar boven in verband met een revolutie. Maar zodra de dingen in een nieuwe orde een vaste plaats hadden gevonden, werd de oude mannelijke maatschappij weer in ere hersteld.'
'Typisch.'
'Een van de vrouwen die tijdens de Franse revolutie het meest voor de vrouwenrechten opkwam, was *Olympe de Gouges*. In 1791 - dus twee jaar na de revolutie - publiceerde ze een verklaring van de rechten van de vrouw. De verklaring van de rechten van de burgers bevatte namelijk geen artikelen over de natuurlijke rechten van *vrouwen*. Olympe de Gouges eiste nu voor vrouwen precies dezelfde rechten als voor mannen.'
'Hoe liep het af?'
'Ze werd in 1793 terechtgesteld. Toen werd het vrouwen ook verboden om enige vorm van politieke activiteit te ontplooien.'
'Allemachtig!'
'Pas in de negentiende eeuw kwam de vrouwenstrijd echt op gang, zowel in Frankrijk als in de rest van Europa. Geleidelijk aan begon die strijd ook vruchten af te werpen. Maar bijvoorbeeld in Noorwegen kregen de vrouwen pas in 1913 stemrecht. En nog

steeds moeten vrouwen in veel landen voor een groot aantal zaken strijd voeren.'

'Op mijn steun kunnen ze rekenen.'

Alberto zat een poosje over het ven uit te kijken. Na een tijdje zei hij: 'Dit was denk ik alles wat ik over de verlichtingsfilosofie zou zeggen.'

'Hoezo "denk" je dat?'

'Ik heb niet het gevoel dat er nog wat komt.'

Terwijl hij die woorden uitsprak, gebeurde er opeens iets in het ven. In het midden spoot plotseling water omhoog. Toen verscheen er een groot gedrocht boven water.

'Een monster!' riep Sofie uit.

Het donkere schepsel kronkelde een paar keer heen en weer en dook toen weer naar beneden, en al snel was het water weer even roerloos als daarvoor.

Alberto had de andere kant opgekeken.

'We gaan naar binnen,' zei hij.

Beiden stonden op en liepen de hut in.

Sofie bleef voor de schilderijen van Berkeley en Bjerkely staan. Ze wees naar het schilderij van Bjerkely en zei: 'Ik geloof dat Hilde hier ergens in dat schilderij woont.'

Tussen de schilderijen hing nu ook een borduurwerkje. 'VRIJHEID, GELIJKHEID EN BROEDERSCHAP' stond erop.

Sofie draaide zich om naar Alberto: 'Heb jij dat hier opgehangen?'

Hij schudde het hoofd met een trieste grimas.

Toen ontdekte Sofie dat er een envelop op de schoorsteenmantel lag. 'Voor Hilde en Sofie' stond er op de envelop. Sofie begreep meteen wie de afzender was, maar dat hij ook met haar rekening hield, was iets nieuws.

Ze maakte de envelop open en las hardop:

Lieve allebei. De filosofieleraar van Sofie had er ook nog op moeten wijzen hoe belangrijk de Franse verlichtingsfilosofie is geweest voor de idealen en de principes van de VN. Tweehonderd jaar geleden droeg de leus 'Vrijheid, gelijkheid en broeder-

schap' ertoe bij dat de Franse burgerij zich verenigde. Tegenwoordig moeten dezelfde woorden de hele wereld verenigen. Nog nooit eerder was het zo duidelijk dat de mensheid een grote familie is. De mensen die na ons komen zijn onze eigen kinderen en kleinkinderen. Wat voor soort wereld erven ze van ons?

De moeder van Hilde riep dat Derrick over tien minuten zou beginnen en dat ze een pizza in de oven had gezet. Hilde voelde zich volledig uitgeput na alles wat ze had gelezen. Ze was al vanaf zes uur op.

Ze besloot om de rest van de avond samen met haar moeder haar vijftiende verjaardag te vieren. Maar eerst wilde ze iets opzoeken in haar encyclopedie.

Gouges... nee. De Gouges? Weer niet. Olympe de Gouges dan? Niets! Haar driedelige encyclopedie bevatte geen woord over de vrouw die vanwege haar feministische engagement was terechtgesteld. Was het geen schande?

Ze was toch geen verzinsel van papa?

Hilde rende de trap af om in de grote encyclopedie te kijken.

'Ik moet nog even iets opzoeken,' zei ze tegen haar verbaasde moeder.

Ze pakte het deel dat van FORV tot GP liep uit de kast en nam het mee naar haar kamer.

Gouges... ja, daar!

Gouges, Marie Olympe (1748-93), Fr. schrijfster, was zeer actief tijdens de Franse revolutie, en schreef o.a. talrijke pamfletten over sociale vraagstukken en een aantal toneelstukken. Ze is een van de weinigen die tijdens de revolutie ijverde voor het standpunt dat mensenrechten ook voor vrouwen moesten gelden. In 1791 publiceerde ze de 'Verklaring van de rechten van de vrouw'. Ze werd in 1793 terechtgesteld, omdat ze het had gewaagd Lodewijk XVI te verdedigen en Robespierre aan te vallen. (LIT. L.Lacour, 'Les origines du féminisme contemporain', 1900)

KANT

... de sterrenhemel boven mij
en de zedelijke wet binnen in mij...

Pas omstreeks middernacht belde majoor Albert Knag naar huis om Hilde met haar vijftiende verjaardag te feliciteren.
Hildes moeder nam de telefoon op.
'Het is voor jou, Hilde.'
'Hallo?'
'Met papa.'
'Je bent niet goed wijs. Het is bijna twaalf uur.'
'Ik wilde je alleen maar even feliciteren met je verjaardag...'
'Dat heb je de hele dag al gedaan.'
'... maar ik wilde wachten met bellen tot de dag bijna voorbij was.'
'Waarom?'
'Heb je het cadeau soms niet gekregen?'
'Ach, natuurlijk! Dank je wel.'
'Kwel me nou niet zo. Wat vind je ervan?'
'Het is reusachtig. Ik heb vandaag bijna niet gegeten.'
'Je moet wel eten, hoor.'
'Maar het is zo spannend.'
'Hoever ben je gekomen? Toe Hilde, zeg het nou.'
'Ze gingen de hut in omdat je ze met een monster zat te treiteren...'
'De verlichting.'
'En Olympe de Gouges.'
'Dan zat ik er niet zo ver naast.'
'Hoe bedoel je?'
'Ik geloof dat er nog maar een verjaardagswens over is. Maar dat is dan ook een muzikale.'
'Ik lees nog wel wat op bed voor ik ga slapen.'
'Begrijp je het allemaal?'
'Ik heb vandaag meer geleerd dan... dan ooit tevoren. Het is

haast niet te geloven dat het nog maar een dag geleden is dat Sofie thuiskwam uit school en de eerste envelop vond.'

'Gek hè, dat er maar zo weinig voor nodig is.'

'Maar ik heb wel medelijden met haar.'

'Met mama?'

'Nee, met Sofie natuurlijk.'

'O...'

'Ze is helemaal in de war, dat arme kind.'

'Maar zij is alleen maar... ik bedoel...'

'Je wilt zeker zeggen dat ze alleen maar een verzinsel van je is.'

'Ja, iets dergelijks.'

'Ik geloof dat Sofie en Alberto *bestaan*.'

'We moeten maar verder praten als ik thuiskom.'

'Ja.'

'En verder nog een fijne dag toegewenst.'

'Wat zei je?'

'Fijne nacht, bedoel ik, welterusten.'

'Welterusten.'

Toen Hilde een half uur later naar bed ging, was het nog steeds zo licht buiten, dat ze over de tuin en de baai kon uitkijken. In deze tijd van het jaar werd het 's nachts niet donker.

Ze stelde zich voor dat ze zich in een schilderij bevond dat in een boshut aan de muur hing. Kon je vanuit dat schilderij kijken naar de wereld die daarbuiten was?

Voordat ze ging slapen, las ze verder in de grote multomap.

Sofie legde de brief van Hildes vader terug op de schoorsteenmantel.

'Dat met de VN kan nog zo belangrijk zijn,' zei Alberto, 'maar ik vind het niet prettig dat hij zich met mijn lessen bemoeit.'

'Ik geloof niet dat je daar zo zwaar aan moet tillen.'

'Vanaf dit moment zal ik in ieder geval alle bijzondere fenomenen als monsters en dergelijke negeren. We gaan voor het raam zitten. Ik zal je over Kant vertellen.'

Sofie ontdekte dat er op een tafeltje tussen twee leunstoelen een bril lag. Het viel haar op dat beide glazen rood waren. Was het soms een sterke zonnebril?

'Het is bijna twee uur,' zei ze. 'Ik moet voor vijf uur thuis zijn.

Mama heeft vast plannen voor mijn verjaardag.'
'Dan hebben we nog drie uur.'
'Begin maar.'
'*Immanuel Kant* werd in 1724 geboren in de Oostpruisische stad Koningsbergen als zoon van een zadelmaker. Hij bleef daar ongeveer zijn hele leven wonen tot hij op tachtigjarige leeftijd overleed. Hij kwam uit een streng christelijk gezin. Zijn christelijke overtuiging vormde dan ook een belangrijke achtergrond voor zijn filosofie. Net als Berkeley vond hij het belangrijk om de basis voor het christelijke geloof te redden.'
'Dank je, over Berkeley heb ik wel genoeg gehoord.'
'Van de filosofen die we tot nu toe behandeld hebben, is Kant ook de eerste die op een universiteit als professor in de filosofie was aangesteld. Hij was "vakfilosoof", zoals we dat doorgaans noemen.'
'Een vakfilosoof?'
'Het woord filosoof wordt tegenwoordig in twee ietwat verschillende betekenissen gebruikt. Met een filosoof bedoelen we ten eerste iemand die zijn eigen antwoorden op de filosofische vragen probeert te vinden. Maar een filosoof kan ook een expert zijn in de geschiedenis van de filosofie zonder dat hij of zij een eigen filosofie uitwerkt.'
'En Kant was zo'n vakfilosoof?'
'Hij was allebei. Als hij alleen maar een goede professor was geweest - dus een expert in de ideeën van andere filosofen - zou hij zich geen plaats hebben verworven in de filosofische geschiedenis. Maar we moeten wel in de gaten houden dat Kant goed op de hoogte was van de filosofische traditie vóór hem. Hij wist veel van rationalisten als Descartes en Spinoza, en ook van empiristen als Locke, Berkeley en Hume.'
'Ik zei toch dat je Berkeley niet meer moest noemen.'
'Zoals je weet dachten de rationalisten dat de bron van alle menselijke kennis in de menselijke rede lag. De empiristen dachten dat alle kennis over de wereld van onze zintuiglijke waarneming stamt. Hume had er bovendien op gewezen dat de conclusies die we uit onze waarnemingen kunnen trekken, beperkt zijn.'
'Met wie was Kant het eens?'

'Hij vond dat beide groepen in een bepaald opzicht gelijk hadden, maar er in een ander opzicht naast zaten. De vraag die iedereen bezighield, was wat we van de wereld konden weten. Dat filosofische project was voor alle filosofen na Descartes hetzelfde. Men onderscheidde twee mogelijkheden: is de wereld precies zoals we haar waarnemen, of is ze zoals ze zich aan ons verstand voordoet?'
'Wat vond Kant?'
'Kant vond dat zowel de waarnemingen als het verstand bij het ervaren van de wereld een belangrijke rol speelden. Maar hij vond dat de rationalisten te veel nadruk legden op wat het verstand kan bijdragen, en hij vond dat de empiristen te eenzijdig het accent hadden gelegd op de waarnemingen.'
'Als je niet snel met een voorbeeld komt, blijven het voor mij alleen maar woorden.'
'Qua uitgangspunt is Kant het eens met Hume en de empiristen dat al onze kennis over de wereld van onze waarnemingen stamt. Maar - en hiermee reikt hij de rationalisten de hand - ook in ons denkvermogen liggen belangrijke voorwaarden besloten voor de wijze waarop we de wereld om ons heen opvatten. In de menselijke rede zijn dus bepaalde condities aanwezig die onze opvatting van de wereld mede bepalen.'
'Was dat een voorbeeld?'
'Laten we liever een kleine oefening doen. Kun je de bril pakken die daar op dat tafeltje ligt? Ja, die. Zet hem eens op!'
Sofie zette de bril op. Alles om haar heen kreeg nu een rode kleur. De lichte kleuren werd lichtrood en de donkere donkerrood.
'Wat zie je?'
'Ik zie precies dezelfde dingen als eerst, alleen is alles nu rood.'
'Dat komt omdat de brilleglazen jou in je werkelijkheidsopvatting beperken. Alles wat je ziet, hoort tot de wereld om je heen, maar *hoe* je het ziet heeft ook met de brilleglazen te maken. Je kunt niet zeggen dat de wereld rood is, ook al ervaar je dat zo.'
'Nee, natuurlijk niet...'
'Als je nu in het bos zou lopen, of terug naar huis naar Kapteinsvingen, zou je alles zien wat je altijd hebt gezien. Maar wat je ook ziet, het zou rood zijn.'

'Als ik de bril tenminste niet afzet.'
'Kant dacht dat onze rede zo is ingericht, dat al onze ervaringen op een bepaalde manier worden gekenmerkt, alsof we door een bijzondere bril kijken.'
'Op wat voor manier worden ze dan gekenmerkt?'
'Wat we ook zien, we zullen het in de allereerste plaats opvatten als fenomenen in *tijd* en *ruimte*. Kant noemde tijd en ruimte twee "aanschouwingsvormen" van de mens. En hij benadrukt dat deze twee aanschouwingsvormen in ons bewustzijn vóór iedere ervaring komen. Want wij zijn niet in staat om de bril van onze rede af te zetten.'
'Hij bedoelt dus dat het een aangeboren eigenschap is om dingen als verschijnselen in tijd en ruimte op te vatten.'
'In zekere zin wel, ja. *Wat* we zien is verder nog afhankelijk van de plaats waar we opgroeien, India of Groenland bijvoorbeeld. Maar overal ervaren we de wereld als processen van tijd en ruimte. Dat is iets wat we van te voren kunnen zeggen.'
'Maar *zijn* tijd en ruimte geen dingen die buiten onszelf staan?'
'Nee, Kant beweert dat tijd en ruimte bij de menselijke constitutie horen. Tijd en ruimte zijn in de eerste plaats eigenschappen van onze rede en niet van de wereld.'
'Dat is een heel nieuwe zienswijze.'
'Het menselijke bewustzijn is dus geen passief schoolbord dat alleen waarnemingsindrukken van buitenaf ontvangt. Het is een actief vormende instantie. Het bewustzijn werkt zelf actief mee aan de wijze waarop wij de wereld ervaren. Je kunt het misschien vergelijken met wat er gebeurt als je water in een glas giet. Dan voegt het water zich naar de vorm van het glas. Zo voegen onze waarnemingen zich ook naar onze aanschouwingsvormen.'
'Ik geloof dat ik snap wat je bedoelt.'
'Kant stelt dat niet alleen ons bewustzijn zich naar de dingen richt. De dingen richten zich ook naar ons bewustzijn. Zelf noemt Kant dat de "Copernicaanse wending" in het probleem van de menselijke kennis.
Daarmee bedoelde hij dat het net zo nieuw en net zo radicaal verschillend van de oude gedachtengangen was als toen Copernicus erop wees dat de aarde om de zon draaide en niet andersom.'

'Ik snap nu wat hij bedoelde met de opmerking dat zowel de rationalisten als de empiristen een beetje gelijk hadden. De rationalisten hadden eigenlijk de betekenis van de ervaring vergeten, en de empiristen hadden niet gezien hoe ons eigen denkvermogen onze opvatting van de wereld kleurt.'
 'Ook de *wet van oorzaak en gevolg*, waarvan Hume dacht dat die niet door mensen kon worden ervaren, was volgens Kant een deel van de menselijke rede.'
 'Leg eens uit.'
 'Je weet nog wel dat Hume beweerde dat wij alleen door gewenning een oorzakelijk verband achter de natuurprocessen ervaren. Volgens Hume konden we immers niet waarnemen dat de rode biljartbal de oorzaak van de beweging van de witte bal was. Daarom konden we ook niet bewijzen dat de rode bal de witte bal altijd in beweging zal brengen.'
 'Ja, dat weet ik nog.'
 'Maar wat we volgens Hume dus niet kunnen bewijzen, dat ziet Kant nu net als een eigenschap van de menselijk rede. De wet van oorzaak en gevolg geldt altijd en gaat absoluut altijd op, eenvoudigweg omdat de menselijke rede alles wat er gebeurt als een verhouding tussen oorzaak en gevolg opvat.'
 'Weer zou ik zeggen dat de wet van oorzaak en gevolg in de natuur zelf besloten ligt en niet in de mensen.'
 'Kant is van mening dat het in ieder geval in onszelf besloten ligt. Hij is het trouwens eens met Hume dat we niet zeker kunnen weten hoe de wereld "op zich" is. We kunnen alleen weten hoe de wereld "voor mij" of voor alle mensen is. Het onderscheid dat Kant maakt tussen *das Ding an sich* en *das Ding für mich* is zijn belangrijkste bijdrage aan de filosofie.'
 'Duits is niet mijn sterkste punt.'
 'Kant maakt een belangrijk onderscheid tussen "het ding op zich" en "het ding voor mij". Hoe de dingen "op zich" zijn, kunnen we nooit helemaal zeker weten. We kunnen alleen weten hoe de dingen zich aan ons voordoen. Wel kunnen we, vóór we iets ervaren hebben, wat zeggen over de wijze waarop de dingen door de menselijke rede worden opgevat.'
 'Is dat zo?'

'Voor je 's ochtends de deur uitgaat, kun je niet weten wat je die dag zult zien of meemaken. Maar je weet wel dat je wat je ziet en meemaakt, zult opvatten als gebeurtenissen in tijd en ruimte. Je kunt er bovendien zeker van zijn dat de wet van oorzaak en gevolg zal gelden, eenvoudigweg omdat je die als een deel van je bewustzijn met je mee draagt.'

'Maar we zouden dus anders geschapen kunnen zijn.'

'Ja, we hadden een ander zintuiglijk apparaat kunnen hebben. Zo zouden we ook een ander tijdgevoel en een ander ruimtegevoel kunnen hebben. We zouden bovendien zo geschapen kunnen zijn dat we niet naar de oorzaken van de gebeurtenissen om ons heen zouden zoeken.'

'Heb je een voorbeeld?'

'Stel je eens voor dat er in de kamer een kat op de vloer ligt. En stel je dan voor dat er een bal de kamer in rolt. Wat zou de kat dan doen?'

'Dat heb ik zo vaak gezien. De kat rent achter de bal aan.'

'Precies. Stel je nu voor dat niet de kat maar jij in de kamer zou zitten. Als jij plotseling een rollende bal zou zien, zou jij dan ook achter de bal aan gaan?'

'Ik zou eerst kijken waar de bal vandaan kwam.'

'Ja, omdat je een mens bent, zul je per definitie de oorzaak van elke gebeurtenis proberen te vinden. De wet van oorzaak en gevolg is dus een deel van je eigen constitutie.'

'Is dat echt zo?'

'Hume had erop gewezen dat wij de natuurwetten niet kunnen waarnemen of bewijzen. Dat wilde Kant niet zomaar accepteren. Hij geloofde dat hij de absolute geldigheid van de natuurwetten kon aantonen door te laten zien dat we het in feite hadden over wetten voor de menselijke kennis.'

'Zou een klein kind zich ook omdraaien om te kijken waar de bal vandaan komt?'

'Misschien niet. Maar Kant wijst erop dat het denkvermogen van een klein kind pas volledig ontwikkeld is als het genoeg ervaringsmateriaal heeft verzameld. Het heeft geen zin om over een leeg verstand te spreken.'

'Nee, dat zou ook een heel vreemd verstand zijn.'

'Tijd voor een korte samenvatting. Volgens Kant zijn er twee omstandigheden die de manier waarop de mensen de wereld opvatten beïnvloeden. De ene bestaat uit de uitwendige omstandigheden die we pas leren kennen als we ze hebben waargenomen. Dat kunnen we het *materiaal* van de kennis noemen. De andere is de inwendige omstandigheid van de mens zelf, bijvoorbeeld het vermogen om alles als processen van ruimte en tijd op te vatten, en bovendien als processen die een onveranderlijke wet van oorzaak en gevolg volgen. Dat kunnen we de *vorm* van de kennis noemen.'

Alberto en Sofie zaten een poosje uit het raam te kijken. Plotseling zag Sofie een klein meisje tussen de bomen aan de andere kant van het ven opduiken.

'Kijk daar!' zei Sofie, 'wie is dat?'

'Ik zou het niet weten.'

Het meisje liet zich maar een paar tellen zien, toen was ze verdwenen. Het viel Sofie op dat ze iets roods op haar hoofd had.

'We moeten ons door dat soort dingen niet laten afleiden.'

'Ga dan maar verder.'

'Kant stelt ook dat het menselijk denkvermogen duidelijke beperkingen kent. Je zou kunnen zeggen dat die grenzen bepaald worden door de bril van de rede.'

'Hoe dan?'

'Je weet nog wel dat de filosofen vóór Kant over de echt "grote" filosofische vraagstukken hadden gediscussieerd, bijvoorbeeld of de mens een onsterfelijke ziel heeft, of er een God bestaat, of de natuur uit minuscule ondeelbare deeltjes bestaat, en of het heelal eindig of oneindig is.'

'Ja.'

'Kant denkt dat de mens zulke vragen nooit met zekerheid kan beantwoorden. Dat wil niet zeggen dat hij dergelijke probleemstellingen afwijst. Integendeel, als hij zulke vragen gewoon had afgewezen, zou je hem nauwelijks een filosoof kunnen noemen.'

'Wat deed hij dan?'

'Even geduld. Als het om zulke grote filosofische vragen gaat, is Kant van mening dat de rede de grenzen van wat wij mensen kunnen weten, overschrijdt. Tegelijkertijd kent de menselijke natuur - of de menselijke rede - de fundamentele drang om juist zulke vragen te stellen. Maar als wij bijvoorbeeld vragen of het heelal eindig of oneindig is, dan stellen wij een vraag over een geheel waar we zelf slechts een klein deeltje van uitmaken. Dat geheel kunnen wij dus nooit volledig kennen.'

'Waarom niet?'

'Toen je de rode bril opzette, toonden we volgens Kant aan dat er twee elementen zijn die onze kennis van de wereld beïnvloedden.'

'De zintuiglijke waarneming en de rede.'

'Ja, het materiaal voor onze kennis bereikt ons via de zintuigen, maar het voegt zich ook naar de eigenschappen van de rede. Het ligt bijvoorbeeld in de eigenschappen van de rede besloten om te vragen naar de oorzaak van een gebeurtenis.'

'Waarom een bal over de vloer rolt, bijvoorbeeld.'

'Ja, bijvoorbeeld. Maar als we ons afvragen waar de wereld vandaan komt - en dus mogelijke antwoorden overwegen - dan slaat onze rede als het ware op hol. Dan is er namelijk geen ervaringsmateriaal dat "behandeld" kan worden, er zijn geen ervaringen waaraan de rede zich kan toetsen. Want we hebben die grote werkelijkheid waar we zelf een klein deeltje van uitmaken, nooit ervaren.'

'We zijn eigenlijk een deeltje van de bal die over de vloer rolt. Daarom kunnen we niet weten waar die vandaan komt.'

'Maar het zal altijd een eigenschap van de menselijke rede zijn om te *vragen* waar de bal vandaan komt. Daarom stellen we de ene vraag na de andere, we doen ons uiterste best om de meest vergaande vragen te beantwoorden. Maar we krijgen nooit iets tastbaars te pakken, we kunnen nooit definitieve antwoorden krijgen, omdat onze rede op hol is geslagen.'

'Dank je, dat gevoel ken ik.'

'Kant toonde aan dat er bij dergelijke grote vragen die de hele werkelijkheid betreffen, altijd twee tegengestelde standpunten zijn die, uitgaande van wat de menselijke rede ons kan vertellen, even waarschijnlijk als onwaarschijnlijk zijn.'

'Voorbeelden graag.'

'Het is even zinvol om te zeggen dat de wereld een begin in tijd moet hebben gehad als om te zeggen dat er niet zo'n begin is geweest. Maar voor onze rede zijn beide mogelijkheden even onvoorstelbaar. We kunnen beweren dat de wereld er altijd is geweest, maar kán iets altijd bestaan hebben zonder dat er ooit een begin is geweest? Dus worden we gedwongen om het tegenovergestelde standpunt in te nemen. We zeggen dan dat de wereld ooit is ontstaan - en dan moet die dus uit niets zijn ontstaan, anders was er slechts sprake van een verandering van een toestand in een andere. Maar kán iets wel uit niets ontstaan, Sofie?'

'Nee, beide mogelijkheden zijn even onvoorstelbaar. Toch moet een ervan waar zijn en de andere niet.'

'Je herinnert je nog wel dat Democritus en de materialisten stelden dat de natuur uit minuscule deeltjes moest bestaan waaruit alle dingen waren samengesteld. Anderen, bijvoorbeeld Descartes, geloofden dat de uitgebreide werkelijkheid altijd in steeds kleinere deeltjes konden worden opgedeeld. Wie van hen had er nu gelijk?'

'Allebei... geen van beiden.'

'Verder hadden veel filosofen erop gewezen dat vrijheid een van de belangrijkste eigenschappen van de mens was. Maar we hebben ook gezien dat er filosofen waren, zoals Socrates en de stoïcijnen, die benadrukten dat alles volgens noodzakelijke natuurwetten verliep. Ook op dit punt vond Kant dat de menselijke rede geen absoluut antwoord kon geven.'

'Beide dingen zijn even logisch als onlogisch.'

'Ten slotte schieten we te kort als we met behulp van de rede het bestaan van God proberen te bewijzen. De rationalisten, zoals Descartes, hadden geprobeerd te bewijzen dat God bestond, eenvoudigweg omdat we een voorstelling hadden van een volmaakt wezen. Anderen - bijvoorbeeld Aristoteles en Thomas van Aquino - waren tot de conclusie gekomen dat er een God moet bestaan omdat alle dingen een oorspronkelijke oorzaak moeten hebben.'

'Wat vond Kant?'

'Hij verwierp beide godsbewijzen. Noch de rede noch de ervaring leverde voldoende bewijs voor de stelling dat er een God was. Voor de rede is het even waarschijnlijk als onwaarschijnlijk dat er een God is.'

'Maar je begon je verhaal toch met te zeggen dat Kant de basis voor het christelijk geloof wilde redden?'

'Ja, hij maakt juist de weg vrij voor een religieuze dimensie. Daar waar rede en ervaring te kort schieten, daar ontstaat een lege ruimte die opgevuld kan worden door religieus *geloof*.'

'En op die manier redde hij het christendom?'

'Als je het zo wilt stellen. Nu kan het van belang zijn te weten dat Kant protestants was. Sinds het begin van het protestantse geloof tijdens de reformatie was een van de kenmerken ervan, dat het op geloof was gebaseerd. De katholieke kerk stond al vanaf de vroege middeleeuwen op het standpunt dat de rede een mogelijke steun voor het geloof kon zijn.'

'Ik snap het.'

'Maar Kant ging nog verder dan enkel vast te stellen dat deze essentiële vragen aan het geloof moeten worden overgelaten. Hij vond dat het voor de menselijke moraal haast noodzakelijk was om ervanuit te gaan dat de mens een *onsterfelijke ziel* had, dat *God bestond* en dat de mens *een vrije wil had*.'

'Dan doet hij hetzelfde als Descartes. Eerst staat hij ontzettend kritisch tegenover alles wat we kunnen begrijpen en dan smokkelt hij God en dergelijke via een achterdeur weer naar binnen.'

'Maar in tegenstelling tot Descartes wijst Kant er nadrukkelijk op dat niet de rede hem tot die conclusie heeft gebracht, maar het geloof. Zelf noemde hij het geloof in een onsterfelijke ziel, in het bestaan van God en het geloof in de vrije menselijke ziel, *praktische postulaten*.'

'En dat betekent?'

'Iets postuleren wil zeggen dat je iets vaststelt zonder dat je het kunt bewijzen. Met een praktisch postulaat bedoelt Kant iets wat de mens omwille van de praktijk van het mens-zijn moet aannemen, dat wil zeggen vanuit het oogpunt van de menselijke moraal. Volgens Kant was het vanuit moreel oogpunt noodzakelijk om aan te nemen dat God bestond.'

Hij was nog niet uitgesproken of er werd op de deur geklopt. Sofie stond meteen op en toen Alberto geen aanstalten maakte om haar voorbeeld te volgen, zei ze: 'We moeten toch opendoen?'

Alberto haalde zijn schouders op, maar ten slotte kwam hij ook overeind. Ze deden de deur open; buiten stond een klein meisje in een witte zomerjurk met een rode capuchon op haar hoofd. Het was het meisje dat ze aan de andere kant van het meer hadden gezien. Aan haar ene arm hing een mandje met etenswaren.

'Dag,' zei Sofie, 'wie ben jij?'
'Roodkapje, dat zie je toch?'
Sofie keek naar Alberto en Alberto knikte.
'Je hebt gehoord wat ze zei.'
'Ik zoek het huis van mijn grootmoeder,' zei het meisje. 'Ze is oud en ziek, en nu kom ik haar wat eten brengen.'
'Hier woont ze niet,' zei Alberto. 'Ga dus maar weer verder.'

Terwijl hij sprak, maakte hij een gebaar dat Sofie deed denken aan de manier waarop je een vlieg probeert te verjagen.

'Maar ik moest een brief bezorgen,' ging het meisje met de rode capuchon verder.

Ze haalde een kleine envelop te voorschijn en gaf die aan Sofie. Toen trippelde ze weer verder.

'Pas op voor de wolf!' riep Sofie haar na.

Alberto was alweer naar binnen gegaan. Sofie volgde hem en ze gingen weer net als daarstraks in de stoelen zitten.

'Stel je voor, dat was Roodkapje,' zei Sofie.
'En het heeft geen enkele zin om haar te waarschuwen. Ze gaat naar het huis van haar grootmoeder waar ze door de wolf wordt opgegeten. Ze leert het nooit, dat is iets wat zich in alle eeuwigheid herhaalt.'
'Maar ik heb nooit gehoord dat ze nog bij een ander huisje langsging voordat ze bij grootmoeder kwam.'
'Een kleinigheid, Sofie.'

Nu pas keek Sofie naar de envelop die ze had gekregen. "Voor Hilde" stond er op. Ze maakte de envelop open en las hardop:

Lieve Hilde, als het menselijke brein zo eenvoudig was dat we het konden begrijpen, dan zouden we zo dom zijn dat we het toch niet zouden begrijpen.

Groeten, papa.

Alberto knikte.

'Een waar woord. Ik denk dat Kant iets dergelijks gezegd zou kunnen hebben. We kunnen niet verwachten dat we begrijpen wat we *zijn*. Misschien kunnen we een bloem helemaal begrijpen of een insekt, maar onszelf kunnen we nooit begrijpen. We kunnen nog minder verwachten dat we het hele universum zullen begrijpen.'

Sofie moest de wonderlijke zin een paar keer herlezen, maar toen vervolgde Alberto: 'We moeten ons niet door monsters en dergelijke laten afleiden. Voor we er voor vandaag een punt achter zetten, zal ik je over de ethiek van Kant vertellen.'

'Wel opschieten graag, ik moet zo naar huis.'

'Door de scepsis van Hume tegen wat de rede en de zintuigen ons kunnen vertellen, werd Kant gedwongen om zich opnieuw in een groot aantal essentiële levensvraagstukken te verdiepen. Dat gold vooral voor vraagstukken op het gebied van de moraal, ook wel de *zedelijke* vraagstukken genoemd.'

'Hume zei toch dat het niet mogelijk was om te bewijzen wat goed of fout was. Want we kunnen uit een zin met "zijn" nooit een conclusie trekken waar de woorden "moeten" of "behoren" in voorkomen.'

'Volgens Hume wordt het verschil tussen goed en fout niet door het verstand of door de ervaringen bepaald. Dat wordt gewoon door het gevoel bepaald. Die basis was voor Kant te smal.'

'Ja, dat kan ik me wel voorstellen.'

'Kants uitgangspunt was de overtuiging dat het verschil tussen goed en fout reëel was. Op dat punt was hij het met de rationalisten eens, die erop hadden gewezen dat de menselijke rede in staat was om een onderscheid tussen goed en fout te maken. Iedereen weet wat goed en fout is, en we weten het niet alleen omdat we dat geleerd hebben, we weten het omdat het in onze rede ligt besloten. Volgens Kant hebben alle mensen een "praktische rede", dat wil zeggen een denkvermogen dat ons op elk willekeurig moment vertelt wat op zedelijk gebied goed en fout is.'

'Het is dus aangeboren?'

'Het vermogen om goed en fout te onderscheiden is net zo goed aangeboren als alle andere eigenschappen van de rede. Net zoals

alle mensen dezelfde vorm van logica hebben - bijvoorbeeld dat wij alles beschouwen als iets wat een oorzaak heeft - heeft ook iedereen toegang tot dezelfde universele *zedelijke wet.* Die zedelijke wet heeft dezelfde absolute geldigheid als de fysische natuurwetten. Ze is even fundamenteel voor ons morele leven als het feit dat alles een oorzaak heeft of dat zeven plus vijf twaalf is dat is voor ons logisch gevoel.'
'En wat zegt die zedelijke wet?'
'Omdat ze vóór iedere ervaring komt, is ze "formeel". Dat wil zeggen dat ze zich niet beperkt tot bepaalde morele keuzesituaties. Ze geldt immers voor alle mensen in alle samenlevingen en in alle tijden. Die wet schrijft dus niet voor wat je precies moet doen als je in een bepaalde situatie bent terechtgekomen. Ze schrijft voor hoe je in *alle* situaties moet handelen.'
'Maar wat voor zin heeft het om een zedelijke wet te bezitten, als die niet zegt wat je in bepaalde situaties moet doen?'
'Kant formuleert de zedelijke wet als een *categorische imperatief.* Daarmee bedoelt hij dat de zedelijke wet "categorisch" is, dat wil zeggen dat ze in alle situaties geldt. Ze is bovendien een "imperatief", dat wil zeggen dat ze een "gebod" is, dat je er dus absoluut niet aan kunt ontkomen.'
'O...'
'Nu formuleert Kant die categorische imperatief op verschillende manieren. Ten eerste zegt hij *dat je altijd moet handelen volgens een regel waarvan je zou willen dat het een algemeen geldende wet zou zijn.*'
'Dus als ik iets doe, moet ik me ervan verzekeren dat ik zou wensen dat alle andere mensen hetzelfde zouden doen als ze in een vergelijkbare situatie zaten.'
'Precies. Alleen dan handel je volgens de zedelijke wet die in je zit. Kant formuleerde de categorische imperatief ook door te zeggen *dat je een mens altijd als een doel op zichzelf moet behandelen en niet als een middel voor iets anders.*'
'We mogen andere mensen dus niet enkel gebruiken om er zelf ons voordeel mee te doen.'
'Nee, omdat alle mensen een doel op zichzelf zijn. Maar dat geldt niet alleen voor andere mensen, het geldt ook voor jezelf. Je

mag ook jezelf niet gebruiken als een middel om iets anders te bereiken.'
'Dat doet me een beetje denken aan de gulden regel "wat gij niet wilt dat u geschiedt, doe dat ook een ander niet".
'Ja, dat is ook een formele richtlijn die in principe alle ethische keuzesituaties omvat. Je kunt zeggen dat ook die gulden regel uitdrukking geeft aan wat Kant de zedelijke wet noemde.'
'Maar dat zijn toch alleen maar veronderstellingen? Had Hume niet gelijk met zijn stelling dat wij niet met ons verstand kunnen bewijzen wat goed of fout is?'
'Volgens Kant was de zedelijke wet even absoluut en algemeen geldig als bijvoorbeeld de wet van oorzaak en gevolg. Die kunnen we ook niet met ons verstand bewijzen, maar desondanks ontkomen we er niet aan. Geen mens zal die wet bestrijden.'
'Ik krijg het gevoel dat we eigenlijk over het geweten praten. Alle mensen hebben toch een geweten.'
'Ja, als Kant de zedelijke wet beschrijft, geeft hij eigenlijk een beschrijving van het menselijke geweten. We kunnen niet bewijzen wat het geweten voorschrijft, maar toch weten we het.'
'Soms ben ik heel aardig en vriendelijk tegen anderen, alleen maar omdat dat in mijn voordeel is. Het is bijvoorbeeld een manier om populair te worden.'
'Maar als je alleen maar met anderen deelt om populair te worden, handel je niet volgens de zedelijke wet. Je handelt misschien in overeenstemming met die wet - waar niets op tegen is - maar om iets een zedelijke handeling te kunnen noemen, moet die handeling het resultaat zijn van een zelfoverwinning. Alleen als je iets doet omdat je voelt dat het je *plicht* is om de zedelijke wet te volgen, kun je spreken van een zedelijke handeling. De ethiek van Kant wordt daarom vaak de *plichtsethiek* genoemd.'
'Ik voel het als mijn plicht om geld in te zamelen voor UNICEF of Vluchtelingenwerk.'
'Ja, en het is van essentieel belang dat je dat doet, omdat je gelooft dat het goed is. Ook al wordt het geld dat je ingezameld hebt verspild, of voedt het niet de monden die het zou moeten voeden, je hebt de zedelijke wet gevolgd. Je hebt met een zuivere instelling gehandeld, en volgens Kant is die instelling bepalend of

we een handeling zedelijk juist kunnen noemen. De gevolgen van die handeling zijn wat dat betreft dus niet van belang. Die ethiek van Kant wordt met een moeilijk woord ook wel de *deontologische ethiek* genoemd.'

'Waarom was het voor hem zo belangrijk om precies te weten wanneer je volgens de zedelijke wet handelt? Is het niet belangrijker dat wat we doen, werkelijk andere mensen dient?'

'Zeker, daar zou Kant het beslist mee eens zijn. Maar alleen als we voor onszelf weten dat we volgens de zedelijke wet handelen, handelen we in *vrijheid*.'

'We handelen dus alleen in vrijheid als we volgens een wet handelen? Is dat niet een beetje merkwaardig?'

'Niet volgens Kant. Je weet misschien nog dat hij moest "beweren" of "postuleren" dat de mens een vrije wil heeft. Dat is een belangrijk punt, want Kant geloofde immers ook dat alles volgens de wet van oorzaak en gevolg gaat. Hoe kunnen we dan een vrije wil hebben?'

'Dat moet je niet aan mij vragen.'

'Op dit punt deelt Kant de mens in tweeën, en hij doet dat op een manier die doet denken aan de manier waarop Descartes erop had gewezen dat de mens een dubbel wezen is, omdat hij zowel een lichaam heeft als een vermogen om te denken. Als een zintuiglijk wezen zijn wij geheel en al overgeleverd aan onveranderlijke wetten van oorzaak en gevolg, aldus Kant. We bepalen immers niet zelf wat we waarnemen, de gewaarwordingen zijn noodzakelijk en drukken hun stempel op ons, of we willen of niet. Maar de mens is niet uitsluitend een zintuiglijk wezen. We zijn ook denkende wezens.'

'Uitleg graag!'

'Als zintuiglijke wezens zijn we geheel en al een onderdeel van de natuurlijke orde. We zijn daarom ook onderworpen aan de wet van oorzaak en gevolg. Zo bekeken hebben we dan ook geen vrije wil. Maar als denkende wezens maken we deel uit van wat Kant "das Ding an sich" noemde, dus van de wereld zoals die op zichzelf is, onafhankelijk van onze waarnemingen. Alleen als we onze praktische rede volgen, die maakt dat we morele keuzes kunnen maken, hebben we een vrije wil. Want wanneer wij ons onderwerpen aan de zedelijke wet, schrijven we onszelf de wet voor waarnaar we ons richten.'

'Ja, dat klopt op zich wel. Want ik ben immers degene - of iets wat in mezelf zit - die zegt dat ik niet gemeen tegen anderen mag doen.'

'Als je besluit om niet gemeen te doen, hoewel dat tegen je eigen belangen kan ingaan, dan handel je in vrijheid.'

'Je bent dus bepaald niet vrij en zelfstandig als je gewoon je eigen zin doet.'

'Je kunt ergens een slaaf van worden. Je kunt zelfs een slaaf worden van je eigen egoïsme. Zelfstandigheid - en vrijheid - zijn noodzakelijk om je boven je lusten en lasten te kunnen verheffen.'

'Hoe zit het met de dieren? Die volgen toch gewoon hun behoeften en instincten? Hebben die geen vrijheid om zo'n zedelijke wet te volgen?'

'Nee, juist die vrijheid maakt ons tot mensen.'

'Dat heb ik nu wel begrepen.'

'Tot slot kunnen we misschien zeggen dat Kant erin was geslaagd om een weg te vinden uit de chaos waarin de filosofie door de strijd tussen de rationalisten en de empiristen was terechtgekomen. Met Kant is daarom ook een tijdperk in de geschiedenis van de filosofie afgesloten. Hij stierf in 1804, aan het begin van het tijdperk dat wij de romantiek noemen. Op zijn grafsteen in Koningsbergen staat een van zijn bekendste uitspraken. "Hoe meer en vaker ik erover nadenk, met des te meer bewondering en eerbied vervullen twee dingen mijn gemoed: de sterrenhemel boven mij en de zedelijke wet binnen in mij", staat er. En hij vervolgt: "Ze zijn voor mij het bewijs dat er een God boven mij is en een God binnen in mij".'

Alberto leunde achterover in zijn stoel.

'Dat was alles,' zei hij, 'ik geloof dat we het belangrijkste over Kant hebben gezegd.'

'Bovendien is het kwart over vier.'

'Nog wat anders. Zou je nog even willen wachten?'

'Ik ga nooit de klas uit voordat de leraar heeft gezegd dat de les is afgelopen.'

'Heb ik gezegd dat Kant gelooft dat we geen vrijheid hebben als we enkel als zintuiglijke wezens leven?'
'Ja, iets dergelijks heb je gezegd.'
'Maar als wij de universele rede volgen, dan zijn we vrij en zelfstandig. Heb ik dat ook gezegd?'
'Ja, waarom herhaal je dat?'
Alberto boog zich over naar Sofie, keek haar diep in de ogen en fluisterde: 'Geloof niet alles wat je ziet, Sofie.'
'Wat bedoel je daarmee?'
'Draai je hoofd maar gewoon een andere kant op, m'n kind.'
'Ik snap echt niet wat je bedoelt.'
'Mensen zeggen zo vaak: "Eerst zien, dan geloven." Maar ook dan hoef je het nog niet te geloven, hoor.'
'Zoiets heb je al eens eerder gezegd.'
'Over Parmenides, ja.'
'Maar ik snap nog steeds niet wat je bedoelt.'
'Ach, we zaten daar toch voor de hut met elkaar te praten, toen er zo'n monster uit het water opdook.'
'Ja, gek was dat, hè.'
'Helemaal niet. Toen kwam Roodkapje langs. "Ik zoek het huis van mijn grootmoeder". Kinderachtig, Sofie. Allemaal flauwekul die de majoor heeft verzonnen. Net als brieven in bananen en onzinnige onweersbuien.'
'Denk je...'
'Maar ik zei dat ik een plan had. Zolang we ons verstand volgen, kan hij ons niet voor de gek houden. Dan zijn we als het ware vrij. Want hij kan ons van alles laten waarnemen, niets verbaast me meer. Als hij de lucht laat verduisteren door vliegende olifanten, zal ik hooguit glimlachen. Maar zeven plus vijf is en blijft twaalf. Dat is kennis die alle tekenfilmeffecten overleeft. Filosofie is het tegengestelde van een sprookje.'
Sofie bleef hem een tijdje verwonderd zitten aankijken.
'Nu mag je gaan,' zei hij ten slotte. 'Ik roep je weer op voor een sessie over de romantiek. Dan zullen we het ook over Hegel en Kierkegaard hebben. We hebben nog maar een week voordat de majoor op vliegveld Kjevik landt. Voor die tijd moeten we ons van zijn kleffe fantasie ontdaan hebben. Ik zeg niets meer, Sofie. Maar

je moet weten dat ik een wonderbaarlijk plan voor ons beiden aan het uitwerken ben.'
'Dan ga ik maar.'
'Wacht, we zijn het allerbelangrijkste vergeten.'
'Wat dan?'
'Een verjaardagslied. Vandaag is Hilde vijftien jaar geworden.'
'Ik ook.'
'Ja, jij ook. Laten we maar gaan zingen.'
Ze stonden allebei op en zongen:
'Happy birthday to you! Happy birthday to you! Happy birthday to Hilde! Happy birthday to you!'

Het was half vijf. Sofie holde naar het ven en roeide naar de andere kant. Ze trok de boot het riet in en rende het bos door.

Toen ze bij het pad was gekomen, zag ze plotseling iets tussen de boomstammen bewegen. Sofie dacht eerst dat het Roodkapje was die in haar eentje door het bos naar haar grootmoeder ging, maar de gedaante die ze tussen de bomen zag, was veel kleiner.

Ze liep erheen. De gedaante was niet groter dan een pop, hij had een bruine vacht en droeg een rode trui.

Sofie bleef stokstijf staan toen ze besefte dat het een teddybeer was.

Dat iemand een teddybeer in het bos had achtergelaten, was op zich niet zo vreemd. Maar deze teddybeer was springlevend, hij was tenminste druk met iets bezig.

'Hallo?' zei Sofie.

De kleine gedaante draaide zich prompt om.

'Ik heet Winnie-de-Poeh,' zei hij. 'Het beloofde vandaag nog wel zo'n leuke dag te worden, maar nou ben ik de weg in het bos kwijtgeraakt. Want jou heb ik nog nooit gezien.'

'Misschien ben ik wel degene die hier nooit eerder is geweest,' zei Sofie, 'en dat betekent dat je nog steeds in het Honderd-Bunders-bos bent.'

'Nee, dat is te moeilijk voor me. Denk eraan dat ik een beer ben met maar heel weinig hersens.'

'Ik heb van je gehoord.'

'Dan ben jij zeker Alice. Christoffer Robin heeft me een keer

over jou verteld, waarschijnlijk kennen we elkaar daarvan. Jij dronk toen zoveel uit een flesje dat je steeds kleiner werd. Maar als je uit een ander flesje dronk, werd je weer groter. Je moet trouwens altijd oppassen wat je in je mond stopt. Ik heb zelf een keer zoveel gegeten, dat ik in een konijnehol bleef vastzitten.'
'Ik ben Alice niet.'
'Het maakt niet uit wie je bent. Het is belangrijker *dat* we zijn. Dat zegt Uil en hij weet een heleboel. Zeven plus vier is twaalf, zei hij een keertje op een heel gewone zonnige dag. Iejoor en ik werden er verlegen van, want wij vinden cijfers heel moeilijk. Het is veel gemakkelijker om het weer te voorspellen.'
'Ik heet Sofie.'
'Leuk je te ontmoeten, Sofie. Zoals ik al zei denk ik dat je hier nieuw bent. Maar nu moet de kleine beer gaan, want ik moet de weg naar Knorretje zien te vinden. We gaan naar een tuinfeest bij Konijn en zijn vrienden.'
Hij zwaaide met zijn ene poot. Pas nu zag Sofie dat hij een papiertje vasthield.
'Wat heb je daar?' vroeg ze.
Winnie-de-Poeh stak het papiertje omhoog en zei: 'Daardoor ben ik verdwaald.'
'Maar dat is gewoon een papiertje.'
'Nee, dat is helemaal niet "gewoon een papiertje". Het is een brief voor Spiegel-Hilde.'
'O, dan mag ik het hebben.'
'Maar jij bent toch niet het meisje in de spiegel?'
'Nee, maar...'
'Een brief moet altijd persoonlijk bezorgd worden. Dat heb ik gisteren nog van Christoffer Robin geleerd.'
'Maar ik ken Hilde.'
'Dat speelt geen rol. Zelfs als je iemand heel goed kent, dan nog mag je nooit haar brieven lezen.'
'Ik bedoel dat ik het aan Hilde kan geven.'
'Dat is iets anders. Alsjeblieft, Sofie. Als ik deze brief kwijt ben, vind ik de weg naar Knorretje vast wel weer terug. Om Spiegel-Hilde te vinden moet je eerst een grote spiegel vinden. Maar dat is niet zo eenvoudig hier.'

Daarop gaf de kleine beer het papiertje dat hij vasthield, aan Sofie, en rende op zijn pootjes het bos in. Toen hij verdwenen was, vouwde Sofie het papiertje open en las:

Lieve Hilde, het is een schande dat Alberto Sofie niet vertelde dat Kant vond dat er een volkerenbond moest worden opgericht. In zijn werk "Voor de eeuwige vrede" schreef hij dat alle landen zich moesten verenigen in een verbond der volkeren, dat voor een vreedzame co-existentie tussen de verschillende naties moest zorgen. Ongeveer 125 jaar nadat dat werk in 1795 was verschenen, na de Eerste Wereldoorlog, werd de zogenaamde Volkerenbond opgericht. Na de Tweede Wereldoorlog werd de Volkerenbond vervangen door de VN. Je kunt dus zeggen dat Kant een soort vader van het idee achter de VN is geweest. Kant stelde dat de praktische rede van de mens de staten beveelt om uit een natuurlijke toestand die steeds weer nieuwe oorlogen schept, te treden en een internationale rechtsorde op te richten die oorlog voorkomt. Ook al kan de weg naar de oprichting van een volkerenbond lang zijn, dan nog is het onze plicht om te ijveren voor een algemene en duurzame garantie voor vrede. Voor Kant was de oprichting van een dergelijk verbond een doel in de verte. Je zou kunnen zeggen dat het het uiterste doel van de filosofie was. Zelf ben ik op dit moment in Libanon. Groeten, papa.

Sofie deed het papiertje in haar zak en liep terug naar huis. Voor dat soort ontmoetingen in het bos had Alberto haar gewaarschuwd. Maar ze had de kleine beer toch niet eeuwig naar Spiegel-Hilde kunnen laten zoeken?

DE ROMANTIEK

... de geheimzinnige weg voert naar binnen...

Hilde liet de grote multomap van haar schoot glijden. Even later viel hij op de grond.
Het was alweer lichter in de kamer dan toen ze naar bed was gegaan. Ze keek op de wekker. Het was bijna drie uur. Ze draaide zich om en ging slapen. Terwijl ze in slaap viel, vroeg ze zich af waarom haar vader over Roodkapje en Winnie-de-Poeh had geschreven.
De volgende ochtend sliep ze tot elf uur. Toen ze wakker werd, voelde ze aan haar hele lichaam dat ze de hele nacht zwaar had gedroomd, maar ze kon zich niet herinneren waarover. Het was alsof ze in een heel andere werkelijkheid was geweest.
Ze ging naar beneden en maakte haar ontbijt klaar. Haar moeder had een blauwe overall aangetrokken. Ze wilde naar het botenhuis gaan om de motorboot zijn jaarlijkse opknapbeurt te geven. Ook al lag hij nog niet in het water, hij moest in ieder geval klaar zijn voor Hildes vader uit Libanon kwam.
'Kom je me ook helpen?'
'Ik moet eerst nog wat lezen. Zal ik je straks een twaalfuurtje komen brengen?'
'Het is al bijna twaalf uur.'
Toen Hilde had gegeten, ging ze terug naar haar kamer, maakte haar bed op en installeerde zich weer met de grote multomap op schoot.

Sofie kroop door de heg en stond al gauw weer in de grote tuin die ze eens met de Hof van Eden had vergeleken...
Nu zag ze dat er na het onweer van gisteravond overal bladeren en takken lagen. Het was alsof er een soort verband bestond tussen het onweer en de afgerukte takken aan de ene kant, en het feit dat ze Roodkapje en Winnie-de-Poeh had ontmoet, aan de andere kant.

Sofie liep naar de schommelbank en veegde de dennenaalden en takken weg. Gelukkig lagen er plastic kussens op, zodat ze die niet iedere keer als er een bui kwam naar binnen hoefden te dragen.

Ze ging het huis binnen. Haar moeder was net thuis en zette een paar flessen frisdrank in de koelkast. Op de keukentafel stonden een grote tulband en een traditionele Noorse kransentaart.

'Krijg je visite?' vroeg Sofie. Ze was bijna vergeten dat ze jarig was.

'We hebben zaterdag wel een groot tuinfeest, maar ik vond dat we vandaag ook iets bijzonders moesten doen.'

'Wat dan?'

'Ik heb Jorunn en haar ouders uitgenodigd.'

Sofie haalde haar schouders op.

'Mij best.'

De gasten kwamen even voor half acht. Het was een nogal stijve bedoening, want Sofies moeder kende de ouders van Jorunn niet zo goed.

Sofie en Jorunn gingen al gauw naar Sofies kamer om uitnodigingen voor het tuinfeest te schrijven. Omdat ze Alberto Knox ook zouden vragen, kreeg Sofie het idee om iedereen voor een 'filosofisch tuinfeest' uit te nodigen. Jorunn had geen bezwaar, het was immers Sofies feest en het was tegenwoordig razend populair om 'themafeesten' te geven.

Ten slotte hadden ze een uitnodiging opgesteld. Ze waren er meer dan twee uur mee bezig geweest en hadden heel wat afgelachen.

Beste...
Hierbij nodigen we je uit voor een filosofisch tuinfeest op zaterdag 23 juni (Midzomeravond) om zeven uur 's avonds op Kløverveien 3. In de loop van de avond zullen we hopelijk het raadsel van het leven oplossen. Neem een warme trui mee en slimme ideeën die kunnen bijdragen aan een spoedige opheldering van de geheimen van de filosofie. We hebben helaas geen toestemming voor een kampvuur wegens bosbrandgevaar, maar het vuur van onze fantasie mag hoog oplaaien. Onder de gasten zal

ten minste een echte filosoof zijn. Het feest is daarom besloten (geen persmuskieten!).

*Met vriendelijke groeten,
Jorunn Ingebrigtsen (feestcommissie)
en Sofie Amundsen (gastvrouw).*

Toen gingen ze weer naar de volwassenen, die wat meer ontspannen met elkaar praatten dan toen Sofie en Jorunn naar boven waren gegaan. Sofie gaf haar moeder de met een kalligrafische pen geschreven uitnodiging.
'Achttien kopieën graag,' zei ze. Ze vroeg haar moeder wel vaker om op het werk iets voor haar te kopiëren.
Haar moeder las de uitnodiging snel door en gaf hem daarna aan de financieel adviseur.
'Nou zien jullie het zelf. Ze draaft helemaal door.'
'Dit ziet er anders reuze spannend uit,' zei de financieel adviseur terwijl hij het briefje aan zijn echtgenote overhandigde. 'Ik zou zelf maar wat graag op dat feestje willen komen.'
Toen mocht Barbie wat zeggen; ze had de uitnodiging zowaar al helemaal gelezen: 'Wat énig! Mogen wij ook komen, Sofie?'
'Dan worden het twintig kopieën,' zei Sofie, die hun opmerkingen serieus nam.
'Je bent hartstikke gek,' zei Jorunn.
Voor Sofie die avond naar bed ging, keek ze lange tijd uit het raam. Ze dacht terug aan de keer dat ze de contouren van Alberto in het donker had gezien. Dat was meer dan een maand geleden. Het was nu net zo laat als toen, maar de nachten waren nu veel lichter.

Alberto liet pas op dinsdagmorgen weer van zich horen. Hij meldde zich telefonisch, vlak nadat Sofies moeder naar haar werk was gegaan.
'Met Sofie Amundsen.'
'Met Alberto Knox.'
'Dat dacht ik wel.'
'Neem me niet kwalijk dat ik niet eerder heb gebeld, maar ik heb

hard aan ons plan gewerkt. Alleen als de majoor zich helemaal op jou concentreert, kan ik ongestoord in mijn eentje werken.'
'Wat vreemd.'
'Dan zie ik mijn kans schoon om weg te sluipen, zie je. Zelfs de beste opsporingsdienst ter wereld heeft zijn beperkingen als er maar een persoon in dienst is... Ik heb een kaart van je gekregen.'
'Een uitnodiging bedoel je.'
'Durf je het aan?'
'Waarom niet?'
'Het is moeilijk te voorspellen wat er op zo'n feest kan gebeuren.'
'Kom je?'
'Natuurlijk kom ik. Maar er is nog een ander punt. Heb je er wel aan gedacht dat op de dag van het feest ook de vader van Hilde uit Libanon terugkomt?'
'Nee, eigenlijk niet.'
'Het kan onmogelijk toeval zijn dat hij je een filosofisch tuinfeest laat organiseren op dezelfde dag dat hij weer thuiskomt in Bjerkely.'
'Ik heb er zoals gezegd niet aan gedacht.'
'Maar hij wel. Nou ja, we komen er nog wel op terug. Kun je vanochtend naar Majorstua komen?'
'Ik zou onkruid gaan wieden.'
'Laten we dan om twee uur afspreken. Lukt dat?'
'Ik zal er zijn.'

Ook vandaag zat Alberto voor de deur toen Sofie kwam.
'Ga zitten,' zei hij, en kwam direct ter zake. 'We hebben het eerder gehad over de renaissance, de barok en de verlichting. Vandaag zullen we het hebben over de *romantiek*, wat wel de laatste grote cultuurperiode in Europa kan worden genoemd. We naderen het einde van een lange geschiedenis, m'n kind.'
'Duurde de romantiek zo lang?'
'Het begon aan het einde van de achttiende eeuw en duurde tot ongeveer het midden van de vorige eeuw. Maar na 1850 heeft het geen zin meer om van complete perioden te spreken, die zowel literatuur en filosofie, kunst, wetenschap en muziek omvatten.'
'Maar de romantiek was wel zo'n periode?'

'Men heeft wel gezegd dat Europa in de romantiek voor het laatst een gemeenschappelijke houding ten opzichte van het leven aannam. De romantiek begon in Duitsland, en ontstond als reactie op de eenzijdige verheerlijking van de rede in de verlichting. Na Kant en zijn koele rede was het alsof de jongeren in Duitsland opgelucht konden ademhalen.'

'Wat zetten ze ervoor in de plaats?'

'De nieuwe trefwoorden waren "gevoel", "fantasie", "beleving" en "verlangen". Ook een paar denkers uit de verlichting - met name Rousseau - hadden gewezen op de betekenis van het gevoel, maar toen was het meer kritiek op het eenzijdige belang dat aan de rede werd gehecht. Nu werd die onderstroom de eigenlijke hoofdstroom in het Duitse culturele leven.'

'Kant bleef dus niet zo lang populair.'

'Ja en nee. Veel romantici beschouwden zich ook als erfgenamen van Kant. Kant had immers vastgesteld dat onze kennis van "das Ding an sich" beperkt was. Aan de andere kant had hij erop gewezen hoe belangrijk de bijdrage van het Ik voor de kennis is. Dat gaf de individuele mens een vrijbrief voor een eigen vertolking van het bestaan. De romantici buitten dat uit in een haast ongebreidelde zelfverheerlijking. Dat leidde ook tot een opwaardering van het kunstzinnige genie.'

'Waren er dan zoveel genieën?'

'*Beethoven* was zo iemand. In zijn muziek ontmoeten we een persoon die uitdrukking geeft aan zijn eigen gevoelens en verlangens. Beethoven was in dat opzicht een "vrije" kunstenaar, in tegenstelling tot de meesters van de barok, zoals *Bach* en *Händel*, die hun werken componeerden ter ere van God, en vaak volgens strikte regels.'

'Ik ken alleen maar de Mondscheinsonate en de vijfde symfonie.'

'Maar je hoort hoe romantisch de Mondscheinsonate is en hoe dramatisch Beethoven zich uitdrukt in de vijfde symfonie.'

'Je zei toch dat ook de humanisten uit de renaissance individualisten waren.'

'Ja, er zijn veel overeenkomsten tussen de renaissance en de romantiek. Een van de opvallendste overeenkomsten was het grote belang dat men aan de betekenis van de kunst voor de menselijke kennis hechtte. Ook hieraan heeft Kant een bijdrage geleverd. In zijn esthetica had hij onderzocht wat er gebeurt als we door iets moois worden overweldigd, bijvoorbeeld door een kunstwerk. Als we ons overgeven aan een kunstwerk louter en alleen om de kunst te beleven, dan komen we ook dichter bij een beleving van "das Ding an sich".'

'De kunstenaar kan dus iets overbrengen wat de filosofen niet kunnen uitdrukken?'

'Dat was de opvatting van de romantici. Volgens Kant kan de kunstenaar ongehinderd met zijn vermogen tot inzicht spelen. De Duitse dichter *Schiller* werkte de gedachten van Kant verder uit. Hij schrijft dat het werk van de kunstenaar een soort spel is, en alleen wanneer mensen spelen, zijn ze vrij, omdat ze dan hun eigen wetten maken. De romantici vonden dat alleen de kunst ons dichter bij het "onuitsprekelijke" kon brengen. Sommigen gingen nog verder en vergeleken de kunstenaar met God.'

'Want de kunstenaar schept zijn eigen wereld net zoals God de wereld heeft geschapen.'

'Men heeft wel gezegd dat de kunstenaar een "wereldscheppende verbeeldingskracht" heeft. In zijn artistieke vervoering kan hij beleven dat de scheiding tussen droom en werkelijkheid wordt opgeheven. *Novalis*, een van de jonge genieën, heeft gezegd dat "de wereld een droom wordt, en de droom werkelijkheid". Zelf schreef hij een roman over de middeleeuwen met de titel "Heinrich von Ofterdingen". Het werk was nog niet helemaal voltooid toen de schrijver in 1801 overleed, maar desondanks kreeg het grote betekenis. We lezen onder meer over de jonge Heinrich die op zoek is naar de blauwe bloem die hij een keer in een droom heeft gezien en waarnaar hij sindsdien altijd heeft verlangd. De Engelse romanticus *Coleridge* drukte dezelfde gedachte op de volgende manier uit:

What if you slept? And what if, in your sleep, you dreamed? And what if, in your dream, you went to heaven and there plucked a strange and beautiful flower? And what if, when you awoke, you had the flower in your hand? Ah, what then?

'Wat mooi.'
'Dat verlangen naar iets verafs en onbereikbaars was kenmerkend voor de romantici. Ze konden ook terugverlangen naar een voorbije tijd, bijvoorbeeld naar de middeleeuwen, die aanmerkelijk in waardering stegen na de negatieve houding van de verlichting. De romantici koesterden bovendien een hevig verlangen naar verre culturen, bijvoorbeeld naar het "oostland" en naar de mystiek daarvan. Verder voelden ze zich aangetrokken tot de nacht, de schemering, oude ruïnes en het bovennatuurlijke. Ze werden gefascineerd door de zogenaamde duistere kant van het bestaan, dat wil zeggen het donkere, griezelige en mystieke.'
'Ik vind het allemaal wel spannend klinken. Wie waren die romantici eigenlijk?'
'De romantiek was in de eerste plaats een stedelijk fenomeen. Juist in de eerste helft van de vorige eeuw zien we dat in veel Europese steden, niet in de laatste plaats in Duitsland, een bloeiende stadscultuur ontstaat. De typische romantici waren jonge mannen, meestal studenten, hoewel hun studie vaak niet zoveel voorstelde. Ze hadden een uitgesproken anti-burgerlijke instelling en noemden bijvoorbeeld politiebeambten of hospita's "kleinburgerlijk" of eenvoudigweg "vijanden".'
'Dan had ik nooit een romanticus op kamers willen hebben.'
'De eerste generatie romantici was rond het jaar 1800 een jaar of twintig, en daarom kunnen we de romantische beweging ook wel het eerste jongerenprotest in Europa noemen. De romantici vertoonden veel overeenkomsten met de hippies van 150 jaar later.'
'Bloemen en lang haar, tokkelen op een gitaar en niets doen?'
'Ja, ze zeggen wel dat ledigheid het ideaal van het genie is en luiheid de deugd van de romantiek. Het was de plicht van de romantici om het leven te beleven, of zich ervan weg te dromen. Om de alledaagse dingen moesten de kleinburgerlijke lieden zich maar bekommeren.'
'Was de dichter Henrik Wergeland ook een romanticus?'
'Zowel *Wergeland* als zijn collega *Welhaven* waren romantici. Veel van Wergelands idealen stamden weliswaar uit de verlichting, maar zijn levensstijl, die door een geïnspireerde, maar rusteloze koppigheid werd gekenmerkt, had bijna alle markante trekken

van een typische romanticus. Vooral zijn zweverige verliefdheden waren kenmerkend voor de romantiek. De Stella, aan wie hij zijn liefdesgedichten richtte, was net zo ver en onbereikbaar als de blauwe bloem van Novalis. Novalis zelf verloofde zich met een meisje dat nog maar veertien jaar oud was. Ze stierf vier dagen na haar vijftiende verjaardag, maar Novalis bleef de rest van zijn leven van haar houden.'

'Zei je dat ze vijftien jaar en vier dagen oud was toen ze overleed?'

'Ja...'

'Vandaag ben *ik* vijftien jaar en vier dagen.'

'Ja, dat is zo...'

'Hoe heette ze?'

'Ze heette Sophie.'

'Wat zeg je?'

'Nou, dat ze...'

'Je maakt me bang! Zou het toeval zijn?'

'Dat weet ik niet, Sofie. Maar ze heette Sophie.'

'Ga door!'

'Zelf werd Novalis maar 29 jaar oud. Hij was een van de "jonge doden". Want veel romantici stierven jong, met name aan tuberculose. Sommigen pleegden ook zelfmoord...'

'Wat afschuwelijk!'

'Degenen die oud werden, waren na hun dertigste meestal geen romanticus meer. Sommigen werden heel burgerlijk en conservatief.'

'Dan waren ze naar de vijand overgelopen.'

'Ja, misschien. Maar we hadden het over de romantische verliefdheid. De onbereikbare liefde werd al door *Goethe* geïntroduceerd in zijn brievenroman "Die Leiden des jungen Werthers", die in 1774 verscheen. Aan het einde van die korte roman schiet Werther zichzelf dood omdat hij degene van wie hij houdt, niet kan krijgen...'

'Gaat dat niet een beetje te ver?'

'Het bleek dat het aantal zelfmoorden na de publikatie van het boek toenam, in Denemarken en Noorwegen werd het boek daarom een tijdlang verboden. Het was dus niet ongevaarlijk om romanticus te zijn. Er waren heftige gevoelens in het spel.'

'Als jij het over de romantiek hebt, denk ik aan grote landschapsschilderingen. Ik zie geheimzinnige bossen en woeste natuur voor me... het liefst in nevel gehuld.'
'Een van de belangrijkste kenmerken van de romantiek was inderdaad dat verlangen naar de natuur en de natuurmystiek. En zoals gezegd, zoiets ontstaat niet op het platteland. Je weet misschien nog dat Rousseau de uitdrukking "terug naar de natuur" introduceerde. Pas tijdens de romantiek kreeg dat motto de wind in de zeilen. De romantiek was vooral een reactie op het mechanistische universum van de verlichting. Men zei wel dat de romantiek een renaissance van het oude kosmische bewustzijn inhield.'
'Leg eens uit.'
'Daarmee bedoelt men dat de natuur als een geheel wordt beschouwd. In dit opzicht keerden de romantici terug naar Spinoza, en ook naar Plotinus en renaissancefilosofen als *Jacob Böhme* en Giordano Bruno. Zij hadden allemaal gemeen dat ze in de natuur een goddelijk Ik ervoeren.'
'Ze waren pantheïsten...'
'Zowel Descartes als Hume hadden een duidelijk onderscheid gemaakt tussen het Ik aan de ene kant en de uitgebreide werkelijkheid aan de andere kant. Ook Kant had een duidelijk onderscheid gemaakt tussen de beseffende Ik en de natuur "op zich". Nu werd er gezegd dat de natuur een groot Ik was. De romantici gebruikten ook de uitdrukking wereldziel of wereldgeest.'
'Ik snap het.'
'De meest toonaangevende romantische filosoof was *Schelling*, die leefde van 1775 tot 1854. Hij probeerde de scheiding tussen geest en materie op te heffen. De hele natuur - zowel de menselijke ziel als de fysische werkelijkheid - was een uitdrukking van die ene God of wereldgeest, dacht hij.'
'Ja, dat doet wel aan Spinoza denken.'
'Volgens Schelling was de natuur de zichtbare geest, en de geest de onzichtbare natuur. Want overal in de natuur kunnen wij een structurerende geest vermoeden. Hij zei ook dat de materie sluimerende intelligentie was.'
'Kun je dat misschien uitleggen?'
'Schelling zag dus een wereldgeest in de natuur, maar hij zag

diezelfde wereldgeest in het menselijke bewustzijn. Zo bekeken zijn de natuur en het menselijke bewustzijn eigenlijk twee uitdrukkingen voor hetzelfde fenomeen.'

'Ja, waarom niet?'

'Je kunt de wereldgeest dus zowel in de natuur als in je eigen gemoed zoeken. "De geheimzinnige weg voert naar binnen", kon Novalis daarom zeggen. Hij geloofde dat de mens het hele universum in zich droeg en dat de mens de geheimen van de wereld daarom het beste kon ervaren door in zichzelf te treden.'

'Een mooie gedachte.'

'Voor veel romantici waren filosofie, natuuronderzoek en lyriek een deel van een hogere eenheid. Of je nu op je studeerkamer geïnspireerde gedichten zat te schrijven, of het leven van planten en de samenstelling van stenen zat te bestuderen, in werkelijkheid waren het twee kanten van dezelfde zaak. Want de natuur is geen dood mechanisme, het is een levende wereldgeest.'

'Als je nu nog even doorgaat, word ik vast ook een romantica.'

'De in Noorwegen geboren natuuronderzoeker *Henrik Steffens,* die door Wergeland "Noorwegens weggewaaide laurierblad" werd genoemd omdat hij in Duitsland was gaan wonen, ging in 1801 naar Kopenhagen om lezingen over de Duitse romantiek te houden. Hij karakteriseerde de romantische beweging met de volgende woorden: "moe van de eeuwige pogingen om ons door de ruwe materie heen te werken, kozen we een andere weg en wilden het oneindige tegemoet ijlen. We betraden onszelf en schiepen een nieuwe wereld..."'

'Hoe onthoud je dat allemaal?'

'Een kleinigheid, m'n kind.'

'Ga verder.'

'In Schellings visie was er in de natuur ook sprake van een ontwikkeling die bij aarde en stenen begon en bij het menselijk bewustzijn eindigde. Hij wees op heel geleidelijke overgangen van levenloze natuur naar steeds gecompliceerdere levensvormen. De romantische natuurvisie werd trouwens vooral gekenmerkt door het feit dat men de natuur als een organisme beschouwde, dat wil zeggen als een geheel dat zijn eigen mogelijkheden voortdurend ontwikkelt. De natuur is als een bloem die zijn bladeren en kroon-

bladeren ontvouwt. Of als een dichter die zijn gedichten vorm geeft.'
'Lijkt dat niet een beetje op wat Aristoteles heeft gezegd?'
'Jazeker. De romantische natuurfilosofie had trekken van zowel Aristoteles als van het neoplatonisme. Aristoteles zag de natuurprocessen immers als iets organisch, in tegenstelling tot de mechanistische materialisten.'
'Ik snap het.'
'Vergelijkbare ideeën treffen we ook aan bij een nieuwe visie op de geschiedenis. Iemand die voor de romantici van grote betekenis zou zijn, was de historische filosoof *Herder*, die leefde van 1744 tot 1803. Hij geloofde dat ook het verloop van de geschiedenis werd gekenmerkt door samenhang, groei en doelgerichtheid. We zeggen dat hij een dynamische visie op de geschiedenis had, omdat hij de geschiedenis als een proces zag. De verlichtingsfilosofen hadden in de regel een statisch beeld van de geschiedenis. Voor hen bestond er slechts een universele of algemeen geldige rede, die zich per periode meer of minder kon doen gelden. Herder stelde dat iedere periode in de geschiedenis zijn eigen waarde had. Zo heeft ook ieder volk zijn eigen aard, of "volksaard". De vraag is of wij ons in de situatie van andere culturen kunnen verplaatsen.'
'Net zoals we ons in de situatie van een ander mens moeten verplaatsen om hem beter te kunnen begrijpen, moeten we ons dus in andere culturen kunnen verplaatsen om die te kunnen begrijpen.'
'Dat is tegenwoordig bijna vanzelfsprekend. Maar in de romantiek was dat een heel nieuw gezichtspunt. De romantiek was ook van groot belang voor het ontwikkelen van een eigen identiteitsgevoel van de diverse naties. Het is geen toeval dat de Noorse strijd voor nationale zelfstandigheid juist in 1814 tot volle bloei kwam.'
'Ik begrijp het.'
'Omdat de romantiek op heel veel terreinen nieuwe inzichten met zich meebracht, onderscheidt men doorgaans twee vormen van romantiek. Met het woord romantiek bedoelen we in de eerste plaats de zogenaamde *universele romantiek*. Dan denken we aan de romantici die zich vooral interesseerden voor de natuur, de wereldziel en het kunstzinnige genie. Die vorm van romantiek bloeide het eerst op, met name in de stad Jena rond het jaar 1800.'

'En de andere vorm van romantiek?'
'Dat is de zogenaamde *nationale romantiek*. Die kwam iets later tot bloei, vooral in de stad Heidelberg. De nationale romantici waren in de eerste plaats geïnteresseerd in de geschiedenis en in de taal van het volk, ja, eigenlijk in alles wat met volkscultuur te maken had. Want ook een volk werd beschouwd als een organisme dat zijn eigen mogelijkheden ontwikkelde, net als de natuur en de geschiedenis.'
'Zeg mij waar je woont en ik zal je zeggen wie je bent.'
'Wat de universele romantiek met de nationale romantiek verbond, was in de allereerste plaats het trefwoord "organisme". De romantici beschouwden zowel een plant als een volk als een levend organisme. Ook een dichtwerk was op die manier een levend organisme. De taal was een organisme, ja, zelfs de natuur werd als een levend organisme beschouwd. Daarom is er eigenlijk geen duidelijke scheiding te trekken tussen de nationale romantiek en de universele romantiek. De wereldgeest was evenzeer in het volk en de volkscultuur aanwezig als in de natuur en de kunst.'
'Ik snap het.'
'Herder was een van de eersten die volksliedjes uit een groot aantal landen verzamelde en hij gaf zijn verzameling de tot de verbeelding sprekende titel "Stimmen der Völker in Liedern". Hij omschreef de volksliteratuur zelfs als de moedertaal van het volk. In Heidelberg ging men in die tijd volksliedjes en volkssprookjes verzamelen. Je hebt vast wel van de sprookjes van de gebroeders *Grimm* gehoord?'
'O ja, "Sneeuwwitje" en "Roodkapje", "Assepoester" en "Hans en Grietje"...'
'En nog vele andere. In Noorwegen reisden *Asbjørnsen* en *Moe* het land door om de Noorse volksliteratuur te verzamelen. Het was alsof men een sappige vrucht ging oogsten, waarvan men plotseling de smakelijke en voedzame eigenschappen had ontdekt. En het had haast... de vruchten waren voor een deel al van de boom gevallen. De Noor *Landstad* verzamelde volksliedjes, en *Ivar Aasen* tekende zelfs voor het eerst de complete Noorse taal op. Vanaf het midden van de vorige eeuw werden ook de mythen en de godenliederen uit de heidense tijd herontdekt. In heel Europa gingen

componisten volksmelodieën in hun composities verwerken. Zo probeerden ze een brug te slaan tussen de volksmuziek en de kunstmuziek.'

'Kunstmuziek?'

'Met kunstmuziek bedoelen we muziek die door een bepaald mens gecomponeerd is, bijvoorbeeld door Beethoven. De volksmuziek was immers niet door een bepaald persoon gemaakt, maar door het volk zelf. Daarom weten we ook niet precies wanneer de verschillende melodieën zijn ontstaan. Op dezelfde manier maken we ook onderscheid tussen volkssprookjes en kunstsprookjes.'

'Wat wordt er precies met een kunstsprookje bedoeld?'

'Dat is een sprookje dat door een schrijver is bedacht, bijvoorbeeld door *Andersen*. Vooral het sprookjesgenre werd door de romantici hartstochtelijk beoefend. Een van de Duitse meesters daarin was *Hoffmann*.'

'Ik geloof dat ik weleens van de "Sprookjes van Hoffmann" heb gehoord.'

'Onder romantici was het sprookje het literaire ideaal, net zoals het theater de kunstvorm van de barok was. Het gaf de dichter alle mogelijkheden om met zijn eigen scheppingskracht te spelen.'

'Hij kon God spelen voor een verzonnen wereld.'

'Precies. Misschien is een kleine samenvatting hier wel op zijn plaats.'

'Ga je gang.'

'De filosofen vatten de wereldziel op als een Ik, die in een min of meer dromerige toestand de dingen in de wereld creëert. De filosoof *Fichte* stelde dat de natuur van een hoger, onbewust verbeeldingsproces was afgeleid. Schelling zei zelfs dat de wereld "in God" was. Iets was zich van God bewust, geloofde hij, maar er zaten ook kanten aan de natuur die het onbewuste in God vertegenwoordigden. Want ook God had een duistere kant.'

'Een angstaanjagend idee, maar ook wel fascinerend. Het doet me aan Berkeley denken.'

'Op vrijwel dezelfde manier bekeek men de verhouding tussen de dichter en zijn scheppingswerk. Het sprookje gaf de dichter de mogelijkheid om met zijn eigen wereldscheppende verbeeldingskracht te spelen. De eigenlijke scheppingsdaad was niet altijd zo

bewust. Soms overkwam het de dichter dat het verhaal dat hij aan het schrijven was, door een eigen interne kracht werd voortgedreven. Af en toe was hij tijdens het schrijven bijna in trance.'
'O?'
'Maar soms kon de dichter ook plotseling de illusie verbreken. Hij kon de vertelling soms onderbreken met kleine, ironische opmerkingen aan het adres van de lezer, zodat die er toch af en toe aan werd herinnerd dat het sprookje een sprookje was.'
'Ik snap het.'
'Op die manier liet de dichter de lezer bovendien beseffen dat ook zijn eigen bestaan een sprookje was. Die vorm van illusie verbreken noemen we ook wel "romantische ironie". De toneelschrijver *Ibsen* laat een van de personen in "Peer Gynt" bijvoorbeeld zeggen: "Men sterft niet halverwege de vijfde acte."'
'Nu snap ik pas waarom die repliek zo grappig is. Want daarmee geeft die persoon ook aan dat hij alleen maar fantasie is.'
'Die uitspraak is zo paradoxaal, dat wij die heel goed met een nieuwe alinea kunnen markeren.'

'Wat bedoelde je daar nou mee?'
'Niets, Sofie. We zeiden toch dat de geliefde van Novalis net als jij Sophie heette en dat ze stierf toen ze nog maar vijftien jaar en vier dagen oud was...'
'Dan snap je zeker wel dat ik daarvan schrok.'
Alberto had een starre blik in zijn ogen. Hij vervolgde:
'Maar jij hoeft niet bang te zijn dat je hetzelfde lot zult ondergaan als de geliefde van Novalis.'
'Waarom niet?'
'Omdat er nog een heleboel hoofdstukken komen.'
'Wat zeg je nu weer?'
'Ik zeg dat degene die het verhaal van Sofie en Alberto leest, met haar vingertoppen kan voelen dat er nog een heleboel bladzijden volgen. We zijn nog maar bij de romantiek.'
'Het duizelt me.'
'In werkelijkheid moet het Hilde duizelen, dat wil de majoor althans. Zo simpel is het, Sofie. Nieuwe alinea!'

Alberto was nog maar net uitgesproken toen er een jongen uit het bos kwam rennen. Hij droeg Arabische kleren en had een tulband op zijn hoofd. In zijn hand droeg hij een olielamp.
 Sofie pakte Alberto's arm stevig vast.
 'Wie is dat?' vroeg ze.
 Maar de jongen gaf zelf antwoord.
 'Ik heet Aladdin en ik kom helemaal uit Libanon.'
 Alberto keek hem streng aan.
 'En wat zit er in je lamp, jongen?'
 Daarop wreef de jongen over de lamp; er steeg een dikke rookwolk op. De rook veranderde in de gedaante van een man. Hij had net als Alberto een zwarte baard en droeg een blauwe baret. Boven de lamp zwevend zei hij het volgende: 'Kun je me horen, Hilde? Het is nu vast te laat voor nieuwe felicitaties. Ik wil nu alleen maar even zeggen dat ook Bjerkely en Lillesand in mijn ogen een beetje op een sprookje lijken. Tot over een paar dagen.'
 Daarmee verdween de mannelijke gedaante weer in de rook, en de hele wolk werd de olielamp ingezogen. De jongen met de tulband nam de lamp onder zijn arm, rende het bos weer in en was verdwenen.'
 'Dat... dat is ongelooflijk,' zei Sofie eindelijk.
 'Een kleinigheid, m'n kind.'
 'Die geest praat net als de vader van Hilde.'
 'Het was ook zijn geest.'
 'Maar...'
 'Jij, ik en alles om ons heen leven diep in het bewustzijn van de majoor. Het is zaterdag 28 april, diep in de nacht, alle VN-soldaten rondom de wakkere majoor slapen, zelf valt hij ook bijna in slaap. Maar hij moet het boek afmaken dat hij Hilde op haar vijftiende verjaardag zal geven. Daarom moet hij werken, Sofie, daarom krijgt die arme man nauwelijks of geen rust.'
 'Ik geloof dat ik het maar opgeef.'
 'Nieuwe alinea!'

Sofie en Alberto bleven over het ven zitten uitkijken. Alberto leek wel versteend. Na een poosje klopte Sofie hem op de schouder.
 'Ben je met stomheid geslagen?'

381

'Ja, dat was wel een zeer directe ingreep. Die laatste alinea's waren tot op de letter ingegeven. Hij moest zich schamen. Maar daarmee heeft hij zich ook verraden, hij heeft zich helemaal blootgegeven. Nu weten we dat we onze levens leiden in een boek dat Hildes vader haar als verjaardagscadeau zal sturen. Je hebt toch wel gehoord wat ik zei? Nou ja, het was helemaal niet "ik" die dat zei.'

'Als dat waar is, wil ik uit het boek wegvluchten en mijn eigen weg gaan.'

'Dat is nu precies mijn geheime plan. Maar voordat dat gebeurt, moeten we proberen om Hilde te spreken te krijgen. Ze leest immers elk woord dat we nu zeggen. Als we er eenmaal in geslaagd zijn hieruit weg te vluchten, zal het veel moeilijker zijn om weer contact met haar op te nemen. Dus moeten we nu onze kans grijpen.'

'Maar wat moeten we zeggen?'

'Ik geloof dat de majoor bijna boven zijn schrijfmachine in slaap valt, hoewel zijn vingers nog met een koortsachtige snelheid over het toetsenbord vliegen.'

'Wat een raar idee.'

'Juist op zo'n moment kan hij dingen schrijven waar hij later spijt van krijgt. En hij heeft geen correctievloeistof, Sofie. Dat is een belangrijke schakel in mijn plan. Wee degene die majoor Albert Knag een flesje correctievloeistof geeft!'

'Van mij zal hij nog geen snippertje Tipp-Ex krijgen.'

'Vanaf deze plaats roep ik dat arme kind van hem op om tegen haar eigen vader in opstand te komen. Ze moest zich schamen dat ze zich door zijn verdorven spel met schaduwbeelden laat amuseren. Als hij hier was, zouden we hem eens flink de waarheid zeggen.'

'Maar hij is hier niet.'

'Hij is hier wel met ziel en geest aanwezig, maar hij zit ook veilig in Libanon. Want alles om ons heen is het Ik van de majoor.'

'Maar hij is ook meer dan wat we hier om ons heen zien.'

'Omdat wij alleen maar schaduwen in de ziel van de majoor zijn. Het is voor een schaduw niet zo eenvoudig om zijn meester aan te vallen, Sofie. Daar heb je wijsheid en beleid voor nodig.

Maar we hebben de mogelijkheid om Hilde te beïnvloeden. Alleen een engel kan tegen een god in opstand komen.'
'We kunnen Hilde vragen hem eens flink de waarheid te zeggen als hij thuiskomt. Ze kan zeggen dat ze hem een brutale vlerk vindt. Ze kan zijn boot vernielen, of in ieder geval zijn scheepslamp.'
Alberto knikte. Toen zei hij: 'Ze kan bovendien van hem weglopen. Dat is voor haar veel gemakkelijker dan voor ons. Ze kan het huis van de majoor verlaten en zich nooit meer laten zien. Zou dat geen goede straf zijn voor een majoor die zich ten koste van ons met zijn wereldscheppende verbeeldingskracht vermaakt?'
'Ik zie het al voor me. De majoor reist de hele wereld af op zoek naar Hilde. Maar Hilde is en blijft weg, omdat ze niet kan leven met een vader die de clown uithangt ten koste van Alberto en Sofie.'
'Ja, hij hangt de clown uit. Dat bedoelde ik toen ik zei dat hij ons als verjaardagsvermaak gebruikt. Maar hij moet oppassen, Sofie. Hilde trouwens ook.'
'Wat bedoel je?'
'Zit je goed?'
'Zolang er geen nieuwe geest uit de fles komt.'
'Probeer je voor te stellen dat alles wat we beleven, in het bewustzijn van een ander gebeurt. Wij *zijn* dat bewustzijn. We hebben dus geen eigen ziel, we zijn de ziel van een ander. Tot zover zijn we op vertrouwde filosofische bodem. Berkeley en Schelling zouden hun oren hebben gespitst.'
'Ja?'
'Dan kun je je voorstellen dat die ziel de vader van Hilde Møller Knag is. Hij zit in Libanon een filosofieboek voor de vijftiende verjaardag van zijn dochter te schrijven. Als Hilde op 15 juni wakker wordt, vindt ze het boek op haar nachtkastje, en dan kan zij, net als andere mensen, over ons lezen. Er is immers al eerder gesuggereerd dat het cadeau met anderen kan worden gedeeld.'
'Ja, dat kan ik me herinneren.'
'Wat ik nu tegen je zeg, wordt dus door Hilde gelezen, nadat haar vader in Libanon had gezeten en fantaseerde dat ik je vertelde dat hij in Libanon zat... en fantaseerde dat ik je vertelde dat hij in Libanon zat...'

Nu begon het Sofie te duizelen. Ze probeerde na te denken over wat ze over Berkeley en de romantici had gehoord. Alberto Knox ging verder:

'Maar ze moeten om die reden geen al te hoge pet van zichzelf op hebben. En ze moeten vooral niet lachen, want het lachen kan hen snel vergaan.'

'Over wie heb je het?'

'Over Hilde en haar vader. Over hen hadden we het toch?'

'Maar waarom moeten ze geen hoge pet van zichzelf ophebben?'

'Omdat je je ook heel goed kunt voorstellen dat ook *zij* alleen maar bewustzijn zijn.'

'Hoe kan dat nou?'

'Als het voor Berkeley en de romantici mogelijk was, dan moet het ook voor hen mogelijk zijn. Misschien is de majoor ook zo'n schaduwbeeld in een boek dat over hem en Hilde gaat, en natuurlijk over ons twee, omdat wij een klein deel van hun leven zijn.'

'Dat zou nog veel erger zijn. Dan zijn we alleen maar schaduwbeelden van schaduwbeelden.'

'Maar het kan zijn dat ergens anders nog een andere schrijver een boek zit te schrijven over VN-majoor Albert Knag, die een boek voor zijn dochter Hilde schrijft. Dat boek gaat over een zekere Alberto Knox, die Sofie Amundsen in Kløverveien 3 plotseling een paar beknopte filosofielesjes stuurt.'

'Geloof je dat?'

'Ik zeg alleen maar dat het mogelijk is. Voor ons zou die schrijver een "verborgen God" zijn, Sofie. Ook al is alles wat we zijn en alles wat we doen en zeggen van hem afkomstig, omdat we hem *zijn*, zouden we nooit iets over hem te weten komen. We zijn in het allerachterste doosje gestopt.'

Nu bleven Sofie en Alberto allebei lange tijd voor zich uit zitten kijken zonder iets te zeggen. Sofie verbrak uiteindelijk de stilte:

'Maar als er werkelijk zo'n schrijver is die het verhaal van Hildes vader in Libanon verzint, zoals hij het verhaal over ons heeft verzonnen...'

'Ja?'

'... dan is het mogelijk dat ook hij niet zo'n hoge pet van zichzelf moet ophebben.'

'Wat bedoel je?'
'Hij zit daar dus met Hilde en mij ergens diep in zijn hoofd, maar kan het niet zo zijn dat ook hij zijn leven in een hoger bewustzijn leidt?'
Alberto bleef zitten en knikte.
'Uiteraard, Sofie. Ook dat is mogelijk. En als dat zo is, dan heeft hij ons dit filosofische gesprek nu juist laten voeren om die mogelijkheid aan te geven. Dan heeft hij willen benadrukken dat ook hij een weerloos schaduwbeeld is en dat het boek waarin Hilde en Sofie hun levens leiden, in werkelijkheid een filosofisch leerboek is.'
'Een leerboek?'
'Want alle gesprekken die we hebben gevoerd, Sofie, alle dialogen...'
'Ja?'
'... zijn dan in werkelijkheid een monoloog.'
'Nu heb ik het gevoel dat alles in bewustzijn en geest is opgegaan. Ik ben blij dat er nog een paar filosofen moeten komen. De filosofie die zo trots met Thales, Empedocles en Democritus begon, kan hier toch niet stranden?'
'Nee hoor. Ik zal je over Hegel vertellen. Hij was de eerste filosoof die de filosofie probeerde te redden, nadat de romantiek alles vergeestelijkt had.'
'Ik ben benieuwd.'
'Om niet door nog meer geesten of schaduwbeelden te worden onderbroken, kunnen we beter naar binnen gaan.'
'Bovendien is het hier wat fris.'
'Nieuwe alinea!'

HEGEL

... wat redelijk is, dat is werkelijk...

Hilde liet de zware multomap met een klap op de grond vallen. Ze lag op bed naar het plafond te staren. Daarboven was iets wat aldoor ronddraaide.

Het duizelde haar inderdaad, dat was papa wel gelukt. De schurk! Hoe kón hij? Sofie had rechtstreeks met haar proberen te praten. Ze vroeg of Hilde tegen haar vader in opstand wilde komen. Sofie was er inderdaad in geslaagd haar op een idee te brengen. Een plan...

Sofie en Alberto konden haar vader natuurlijk nog geen haar krenken. Maar Hilde kon dat wel. Op die manier was het voor Sofie mogelijk om Hildes vader via haarzelf te benaderen.

Ze was het met Sofie en Alberto eens dat haar vader te ver ging met zijn spel met schaduwbeelden. Ook al had hij Sofie en Alberto alleen maar verzonnen, hij moest zijn machtsvertoon binnen de perken houden.

Arme Sofie en Alberto! Ze stonden even machteloos tegenover de verbeelding van de majoor als het witte doek tegenover de filmprojector.

Maar Hilde zou hem leergeld laten betalen als hij thuiskwam! Ze zou hem een lelijke poets bakken, ze zag al helemaal voor zich hoe ze het moest aanpakken.

Ze liep naar het raam en keek uit over de baai. Het was bijna twee uur. Ze maakte het raam open en riep naar het botenhuis: 'Mama!'

Haar moeder kwam even later naar buiten.

'Ik breng je over een uurtje wat boterhammen. Is dat goed?'

'Ja hoor...'

'Ik moet alleen nog wat over Hegel lezen.'

Alberto en Sofie waren allebei in een stoel voor het raam gaan zitten dat uitkeek over het ven.

'*Georg Wilhelm Friedrich Hegel* was een echt kind van de romantiek,' begon Alberto. 'Je zou bijna kunnen zeggen dat zijn eigen ontwikkeling die van de Duitse geest volgde. Hij werd in 1770 in Stuttgart geboren en ging in Tübingen theologie studeren toen hij 18 jaar was. Vanaf 1799 werkte hij in Jena samen met Schelling, in de periode dat de romantische beweging haar meest explosieve bloei beleefde. Na docent in Jena te zijn geweest werd hij professor in Heidelberg, het middelpunt van de Duitse nationale romantiek. Ten slotte werd hij in 1818 professor in Berlijn, in de tijd dat die stad bezig was het intellectuele middelpunt van Duitsland te worden. In november 1831 stierf hij aan de cholera, maar toen had het "hegelianisme" al op bijna alle universiteiten in Duitsland veel aanhang gekregen.'

'Hij heeft dus bijna overal een graantje van meegepikt.'

'Ja, en dat geldt ook voor zijn filosofie. Hegel wist bijna alle verschillende ideeën die in de romantiek waren ontstaan, te verenigen en verder te ontwikkelen. Maar hij was ook een scherpzinnig criticus, bijvoorbeeld van de filosofie van Schelling.'

'Waar had hij precies kritiek op?'

'Schelling en de andere romantici dachten dat de diepste reden van het bestaan was gelegen in wat zij de wereldgeest noemden. Ook Hegel gebruikt de term wereldgeest, maar hij geeft die uitdrukking een nieuwe betekenis. Als Hegel het heeft over de wereldgeest of "wereldrede", bedoelt hij de som van alle menselijke uitingen. Want alleen de mens bezit Geest. In die zin kan hij spreken over de weg die de wereldgeest door de geschiedenis aflegt. We moeten daarbij wel onthouden dat hij spreekt over het leven, de ideeën en de cultuur van de mensen.'

'En dan is die geest meteen minder spookachtig. Dan ligt hij niet langer als een sluimerende intelligentie in stenen en bomen op de loer.'

'Je weet dat Kant het had over iets wat hij "das Ding an sich" noemde. Ook al verwierp hij de gedachte dat de mens een duidelijk inzicht kon hebben in het diepste geheim van de natuur, hij wees er wel op dat er een soort onbereikbare waarheid was. Hegel

zei: "de waarheid is subjectief". Daarmee verwierp hij de gedachte dat er een waarheid bestaat die boven of buiten de menselijke rede ligt. Alle kennis is menselijke kennis, vond hij.'
'Hij wilde de filosofie als het ware weer met beide benen op de grond zetten.'
'Ja, zo kun je het misschien wel zeggen. Nu is de filosofie van Hegel zo veelomvattend en zo genuanceerd, dat we ons hier tevreden moeten stellen met een paar van de meest essentiële punten. Het is trouwens nog maar de vraag of Hegel wel echt een eigen filosofie heeft ontwikkeld. Wat wij de filosofie van Hegel noemen, is in de eerste plaats een *methode* om de loop van de geschiedenis te begrijpen. Daarom kun je bijna niet spreken over Hegel zonder het daarbij over de geschiedenis van de mens te hebben. De filosofie van Hegel leert ons niets over het diepste wezen van het bestaan, maar wel hoe we op een vruchtbare manier moeten denken.'
'Dat is misschien al belangrijk genoeg.'
'Alle filosofische systemen vóór Hegel hadden gemeen, dat men probeerde om eeuwige criteria vast te stellen voor wat de mens van de wereld kon weten. Dat gold zowel voor Descartes en Spinoza als voor Hume en Kant. Ze hadden allemaal getracht te onderzoeken wat de basis was van de menselijke kennis. Maar ze hadden het ook allemaal over *tijdloze* condities voor de menselijke kennis van de wereld.'
'Is dat dan niet de plicht van een filosoof?'
'Hegel geloofde dat dat niet mogelijk was. Hij dacht dat de basis voor de menselijke kennis van generatie tot generatie verschilde. Daarom zijn er geen eeuwige waarheden. Er bestaat geen tijdloze rede. Het enige vaste punt wat de filosoof houvast biedt, is de geschiedenis zelf.'
'Dat moet je even uitleggen. De geschiedenis verandert toch steeds, hoe kan die dan een vast punt vormen?'
'Ook een rivier verandert voortdurend. Dat betekent niet dat je niet van een rivier kunt spreken. Maar je kunt niet vragen op welke plek in het dal de rivier de meest echte rivier is.'
'Nee, de rivier is overal evenveel rivier.'
'Voor Hegel was de geschiedenis net zoiets als de loop van een rivier. Op ieder willekeurig punt wordt elke beweging in het water,

hoe klein ook, in werkelijkheid bepaald door het verval en de draaikolken stroomopwaarts. Maar ook door de stenen en de bochten in de rivier op de plaats waar jij naar de rivier kijkt.'
'Ik geloof dat ik het snap.'
'Ook de ideeëngeschiedenis - of de geschiedenis van de rede - is als de loop van een rivier. Zowel de gedachten die meegestroomd zijn met de tradities van de mensen die voor je hebben geleefd, als de materiële voorwaarden die in je eigen tijd gelden, zijn medebepalend voor de wijze waarop je denkt. Je kunt daarom niet stellen dat een bepaald idee voor eeuwig en altijd juist is. Maar het kan wel juist zijn vanuit jouw positie.'
'Dat betekent toch niet dat alles even fout is, of dat alles even goed is?'
'Nee, maar wel dat iets alleen maar goed of fout kan zijn vanuit een historisch perspectief. Als je in 1990 de slavernij verdedigt, ben je in het gunstigste geval een zot. Maar 2500 jaar geleden was het niet zo dwaas. Hoewel er toen ook al progressieve stemmen opgingen om de slavernij af te schaffen. Maar we kunnen ook een voorbeeld nemen dat wat dichter bij ons staat. Nog maar honderd jaar geleden leek het niet onverstandig om grote bospercelen af te branden om plaats te maken voor landbouwgrond. Maar tegenwoordig vinden we dat verschrikkelijk onverstandig. Wij hebben heel andere - en betere - maatstaven voor dergelijke oordelen.'
'Dat heb ik nu wel begrepen.'
'Ook bij filosofische beschouwingen is de rede volgens Hegel iets dynamisch, een soort proces. De "waarheid" is nu juist dat proces. Buiten het historische proces om bestaan er namelijk geen criteria die bepalen wat het meest waar of het meest verstandig is.'
'Voorbeelden graag!'
'Je kunt niet zomaar een aantal ideeën uit de oudheid of de middeleeuwen, renaissance of verlichting nemen en zeggen dat ze goed of fout zijn. Daarom kun je ook niet zeggen dat Aristoteles gelijk had en Plato niet. Je kunt niet zeggen dat Hume het bij het verkeerde eind had, maar ook niet dat Kant of Schelling gelijk hadden. Dat is een ahistorische manier van denken.'
'Dat klinkt niet zo best.'
'Je kunt een willekeurige filosoof - of een idee in het algemeen -

niet beoordelen zonder daarbij rekening te houden met de historische situatie van die filosoof of van dat idee. Maar - en hier beland ik bij een nieuw punt - omdat er steeds iets nieuws bijkomt, is de rede "progressief". Dat wil zeggen dat de menselijke kennis zich steeds verder uitbreidt en vanuit dat oogpunt vooruit gaat.'
'En dan is de filosofie van Kant misschien toch juister dan de filosofie van Plato?'
'Ja, de wereldgeest heeft zich ontwikkeld - en uitgebreid - van Plato tot Kant. Stel je voor dat dat niet zo was! Als we terugkeren naar onze rivier, dan kunnen we zeggen dat er meer water doorheen stroomt. Er zijn tenslotte ook al meer dan tweeduizend jaar verstreken. Kant moet niet denken dat zijn waarheden als onwrikbare stenen aan de rivieroevers blijven liggen. Ook aan de ideeën van Kant wordt verder geschaafd, ook zijn rede wordt aan de kritiek van de volgende generaties onderworpen. En dat is inderdaad gebeurd.'
'Maar die rivier waarover je het had...'
'Ja?'
'Waar stroomt die?'
'Hegel stelt dat hoe groter de wereldgeest wordt, des te meer deze zich van zichzelf bewust wordt. Zo is het nu eenmaal met rivieren, hoe dichter ze bij zee komen, hoe breder ze worden. Volgens Hegel is de geschiedenis eigenlijk een proces waarin de wereldgeest langzaam wakker wordt en zich van zichzelf bewust wordt. De wereld is er altijd geweest, maar door de menselijke cultuur en ontwikkeling wordt de wereldgeest zich steeds meer van zijn eigen aard bewust.'
'Hoe kon hij daar zo zeker van zijn?'
'Hij benadrukte dat het een historische realiteit was. Het was dus niet iets wat hij voorspelde. Iedereen die de geschiedenis bestudeert, zal zien dat de mensheid een steeds grotere zelfkennis krijgt, en zichzelf steeds verder ontplooit. Volgens Hegel blijkt uit een studie van de geschiedenis dat de mensheid zich beweegt in de richting van een steeds grotere *rationaliteit* en een steeds grotere *vrijheid*. Ondanks al haar kronkels gaat de historische ontwikkeling dus vooruit. We zeggen dat de geschiedenis zelfoverschrijdend of doelgericht is.'

'Er vindt dus een ontwikkeling plaats. Logisch.'
'Ja, de geschiedenis is een lange aaneenschakeling van beschouwingen. Hegel wees er ook op dat er voor die aaneenschakeling van beschouwingen bepaalde regels bestaan. Iemand die de geschiedenis nauwgezet bestudeert, zal het opvallen dat een idee maar al te vaak gebaseerd is op andere ideeën die al eerder zijn geopperd. Maar zodra een idee wordt geopperd, zal het door een ander idee worden tegengesproken. Zo ontstaat er een spanning tussen twee tegengestelde manieren van denken. Die spanning wordt opgeheven doordat er een derde idee wordt geponeerd dat het beste van de twee standpunten als uitgangspunt heeft. Dat noemt Hegel een *dialectische* ontwikkeling.'
'Kun je een voorbeeld geven?'
'Je herinnert je misschien dat de presocratici debatteerden over de vraag over de oerstof en de verandering...'
'Iets dergelijks, ja.'
'Toen beweerden de Eleaten dat iedere verandering eigenlijk onmogelijk was. Ze waren daarom genoodzaakt om iedere verandering te ontkennen, ook al registreerden ze die veranderingen met hun zintuigen. De Eleaten hadden een stelling geponeerd, en zo'n standpunt noemde Hegel een *positie.*'
'O?'
'Maar telkens als er zo'n radicale stelling wordt geopperd, zal er een tegengestelde stelling opduiken. Dat noemde Hegel een *negatie.* De negatie van de Eleaten was Heraclitus, die zei dat "alles stroomt". Op die manier ontstond er een spanning tussen twee lijnrecht tegenovergestelde manieren van denken. Maar die spanning werd opgeheven toen Empedocles erop wees dat beiden een beetje gelijk en een beetje ongelijk hadden.'
'Ja, het daagt me weer...'
'De Eleaten hadden gelijk met hun bewering dat er in wezen niets is wat echt verandert, maar ze hadden ongelijk door te stellen dat we niet op onze zintuigen kunnen vertrouwen. Heraclitus had gelijk toen hij zei dat we wel op onze zintuigen kunnen vertrouwen, maar hij had het bij het verkeerde eind door te stellen dat *alles* stroomt.'
'Omdat er meer dan een grondstof was. Alleen de samenstelling

veranderde, niet de grondstoffen zelf.'
'Precies. Het standpunt van Empedocles - die tussen de twee tegengestelde standpunten bemiddelde - noemde Hegel de *negatie van de negatie*.'
'Wat een uitdrukking!'
'Hij noemde de drie stadia van kennis ook wel "these", "antithese" en "synthese". Je kunt bijvoorbeeld zeggen dat het rationalisme van Descartes een *these* was, die door Humes empirische *antithese* werd tegengesproken. Maar die tegenstelling, die spanning tussen twee verschillende manieren van denken, werd opgeheven door Kants *synthese*. Kant gaf de rationalisten in een opzicht gelijk en de empiristen in een ander opzicht. Hij toonde ook aan dat beiden het op belangrijke punten bij het verkeerde eind hadden gehad. Maar de geschiedenis houdt niet op bij Kant. Nu werd de synthese van Kant het uitgangspunt voor zo'n nieuwe driedelige aaneenschakeling van beschouwingen, ook wel "triade" genaamd. Want ook de synthese wordt tegengesproken door een nieuwe antithese.'
'Dat is wel erg theoretisch.'
'Ja, het is heel theoretisch. Maar het was niet Hegels bedoeling om de geschiedenis in een schema te duwen. Hij meende dat hij zo'n theoretisch model uit de geschiedenis zelf kon opmaken. Zo wees hij erop dat hij bepaalde wetten voor de ontwikkeling van de rede - of voor de weg van de wereldgeest door de geschiedenis - had ontdekt.'
'Ik snap het.'
'Maar de dialectiek van Hegel is niet alleen van toepassing op de geschiedenis. Ook als we ergens over discussiëren of iets bespreken, denken we op een dialectische manier. We proberen gebreken aan een bepaalde denkwijze op te sporen. Dat noemde Hegel "negatief denken". Maar als we gebreken aan een bepaalde denkwijze opsporen, bewaren we ook het beste.'
'Voorbeeld!'
'Als een socialist en een liberaal bij elkaar gaan zitten om een maatschappelijk probleem op te lossen, zal er al gauw een spanning tussen twee verschillende denkwijzen boven tafel komen. Dat betekent niet dat de een helemaal gelijk heeft en de ander helemaal niet. Het is heel waarschijnlijk dat ze allebei gedeeltelijk

gelijk en gedeeltelijk ongelijk hebben. Naarmate de discussie vordert, zal het beste van de beide argumentaties overeind blijven.'
'Hopelijk wel.'
'Maar als we midden in zo'n discussie zitten, is het niet altijd zo eenvoudig om vast te stellen wat het meest redelijk is. Het is in feite aan de geschiedenis om aan te tonen wat goed en wat fout is. "Wat redelijk is, dat is werkelijk".'
'Dat wat blijft voortbestaan, is dus het juiste gebleken.'
'Of omgekeerd: dat wat juist is, blijft voortbestaan.'
'Heb je niet een klein voorbeeld, zodat ik het me wat beter kan voorstellen?'
'Anderhalve eeuw geleden ijverden veel mensen voor gelijke rechten van de vrouw. Maar er waren ook veel mensen die verbeten tegenstand boden. Als we nu de argumenten van de beide partijen opzoeken en bestuderen, is het niet moeilijk om te zien wie de meest redelijke argumenten had. Maar we moeten niet vergeten dat we alleen maar achteraf kunnen praten. Het is *gebleken* dat degenen die voor gelijkstelling waren, gelijk hadden. Een heleboel mensen zouden zich schamen als ze zouden lezen wat hun opa bij die gelegenheid had gezegd.'
'Ja, dat denk ik ook. Wat vond Hegel daarvan?'
'Van gelijke rechten?'
'Daar hadden we het toch over?'
'Wil je een citaat horen?'
'Graag!'
'"Het verschil tussen man en vrouw is als tussen een dier en een plant," schreef hij. "Het dier komt meer met het karakter van de man overeen, de plant meer met dat van de vrouw, omdat haar ontwikkeling meer uit een kalme ontplooiing bestaat, die gebaseerd is op een onbepaald geheel van gevoelens. Als vrouwen aan het hoofd van een regering staan, is het land in gevaar, omdat ze niet volgens de algemeen geldende eisen handelen, maar volgens toevallige neigingen en opinies. Er treedt ook bij vrouwen een vorming op - men weet niet hoe - doordat ze als het ware voorstellingen inademen, meer door het leven dan doordat ze kennis verwerven. De man daarentegen bereikt zijn positie enkel en alleen door zich meester te maken van ideeën en door grote technische inspanningen".'

'Dank je, zo is het wel genoeg! Dat soort citaten kan ik missen als kiespijn.'
'Maar het is een prachtig voorbeeld van het idee dat de opvatting van wat redelijk is, voortdurend verandert. Het laat zien dat ook Hegel een kind van zijn tijd was. En wij ook. Onze "vanzelfsprekende" opvattingen zullen de historische toets der kritiek ook niet kunnen doorstaan.'
'Heb je een voorbeeld?'
'Nee, daarvan heb ik geen voorbeeld.'
'Waarom niet?'
'Omdat ik in dat geval zou wijzen op iets wat al aan het veranderen is. Ik kan bijvoorbeeld niet zeggen dat het dom is om auto te rijden, omdat auto's de natuur vervuilen. Er zijn al een heleboel mensen die er zo over denken. Dat zou dus een slecht voorbeeld zijn. Maar de geschiedenis zal leren dat veel van wat wij vanzelfsprekend vinden, het oordeel van de geschiedenis niet kan doorstaan.'
'Ik snap het.'
'We kunnen bovendien iets anders opmerken: omdat zoveel mannen uit Hegels tijd zulke krasse uitspraken over de onderdanigheid van de vrouw deden, kwam de vrouwenemancipatie juist in een stroomversnelling terecht.'
'Hoe is dat nou mogelijk?'
'Ze poneerden een these of een positie. De reden dat zij dat deden, was het feit dat de vrouwen bezig waren om in opstand te komen. Het is niet nodig om een mening te hebben over iets waarover iedereen het eens is. En hoe krasser hun uitspraken over de onderdanigheid van de vrouw waren, hoe sterker de negatie werd.'
'Ik geloof dat ik het snap.'
'Je kunt dus zeggen dat je het allerbeste maar energieke tegenstanders kunt hebben. Hoe extremer de tegenstanders, des te krachtiger ook de reactie die ze oproepen. Je kent toch wel de uitdrukking: olie op het vuur gooien?'
'Mijn vlammen laaiden daarnet inderdaad behoorlijk op.'
'Ook logisch of filosofisch gezien zal er vaak een dialectische spanning tussen twee begrippen zijn.'
'Voorbeelden graag!'
'Als je nadenkt over het begrip Zijn, zul je onvermijdelijk ook het

tegengestelde begrip moeten gebruiken, namelijk Niet-Zijn, ofwel Niets. Het is immers niet mogelijk om na te denken over de vraag of je Bent, zonder dat je jezelf meteen herinnert aan het feit dat er een tijd komt dat je Niet-Bent. De spanning tussen Zijn en Niets wordt opgeheven door het begrip Worden. Als iets Wordt, betekent dat in wezen dat het zowel Is als Niet-is.'
'Ik snap het.'
'De rede van Hegel is dus een *dynamische rede*. Omdat de werkelijkheid door tegenstrijdigheden wordt beheerst, moet ook een beschrijving van de werkelijkheid tegenstrijdigheden bevatten. Daarvan heb ik ook een voorbeeld voor je: men zegt dat de Deense atoomfysicus *Niels Bohr* een hoefijzer boven zijn voordeur had hangen.'
'Dat betekent geluk.'
'Maar het is puur bijgeloof, en Niels Bohr was alles behalve bijgelovig. Hij kreeg op een keer bezoek van een vriend, die er een opmerking over maakte. "Jij gelooft toch niet in die dingen,", zei hij. "Nee," antwoordde Niels Bohr, "maar ik heb gehoord dat het toch werkt." '
'Ik ben sprakeloos.'
'Het antwoord was heel dialectisch, sommigen zouden het tegenstrijdig willen noemen. Niels Bohr stond net als de Noorse dichter *Vinje* bekend om zijn ambivalentie, en hij heeft een keer het volgende gezegd: "Er zijn twee soorten waarheden. Je hebt de oppervlakkige waarheden, waarvan het tegendeel duidelijk onwaar is. Maar er zijn ook diepe waarheden, waarvan het tegendeel even waar is."'
'Wat voor waarheden zijn dat dan?'
'Als ik bijvoorbeeld zeg dat het leven kort is...'
'Dan ben ik het met je eens.'
'Maar bij een andere gelegenheid kan ik met gespreide armen uitroepen dat het leven lang is.'
'Je hebt gelijk. Dat is in wezen ook waar.'
'Ter afsluiting zal ik je vertellen hoe een dialectische spanning een spontane handeling kan uitlokken die tot een plotselinge verandering leidt.'
'Laat horen!'

'Stel je een meisje voor dat iedere morgen tegen haar moeder zegt: "ja mama", "jawel mama", "goed mama", "ik zal het meteen doen, mama".'
'Jakkes.'
'Op den duur gaat het de moeder irriteren dat haar dochter altijd zo gehoorzaam is. Ten slotte roept ze geprikkeld uit: "Wees toch niet altijd zo gehoorzaam!" En het meisje antwoordt: "Goed mama, ik zal ongehoorzaam zijn".'
'Ik zou haar een tik geven.'
'Ja hè? Wat zou je hebben gedaan als het meisje had gezegd: "Maar mama, ik wil juist wél gehoorzaam zijn!"?'
'Dat zou een raar antwoord zijn. Misschien zou ik haar dan ook een tik geven.'
'De situatie zat met andere woorden muurvast. De dialectische spanning was zo hoog opgelopen dat er wel een verandering *moest* optreden.'
'Je doelt zeker op de tik.'
'We moeten nog een bijzonderheid van Hegels filosofie noemen.'
'Ik luister.'
'Herinner je je nog dat we zeiden dat romantici individualisten waren?'
'"De geheimzinnige weg voert naar binnen".'
'Juist dat individualisme ontmoette zijn negatie of tegenstelling in de filosofie van Hegel. Hegel hechtte waarde aan wat hij de "objectieve" machten noemde. Daarmee bedoelde hij het gezin en de staat. Je zou kunnen zeggen dat Hegel het individu met argusogen bekeek. Hij geloofde dat het individu een organisch deel van het geheel uitmaakte. De rede of de wereldgeest was iets wat in de eerste plaats in het samenspel tussen mensen zichtbaar werd.'
'Kun je dat ook uitleggen?'
'De rede komt in de allereerste plaats in de taal tot uiting. En de taal is iets waarin we bij onze geboorte terechtkomen. Onze taal kan zich prima redden zonder meneer Hansen, maar meneer Hansen kan zich niet redden zonder onze taal. Niet het individu bepaalt dus de taal, maar de taal bepaalt het individu.'
'Ja, zo zou je het kunnen zeggen.'

'Op dezelfde manier waarop het individu in een taal terechtkomt, komt het ook in zijn eigen historische situatie terecht. Niemand staat daar los van. Degene die zijn plaats in de staat niet kan vinden, is dus een mens zonder historie. Je weet misschien nog wel hoe belangrijk die gedachte was voor de grote filosofen in Athene. Net zo min als de staat zonder burgers kan, kunnen de burgers zonder de staat.'

'Ik snap het.'

'Volgens Hegel is de staat meer dan de individuele burger. De staat is zelfs meer dan de som van alle burgers. Volgens Hegel kun je je dus niet terugtrekken uit de maatschappij. Iemand die zich niets aantrekt van de maatschappij waarin hij of zij leeft en "zichzelf" wil vinden, is daarom een nar.'

'Ik weet niet of ik het daar wel helemaal mee eens ben, maar oké.'

'Volgens Hegel vindt niet het individu zichzelf, maar de wereldgeest.'

'Vindt de wereldgeest zichzelf?'

'Hegel zei dat de wereldgeest in drie stadia tot zichzelf terugkeert. Daarmee bedoelt hij dat die zich via drie stadia ontplooit.'

'Laat maar horen.'

'Eerst ontplooit de wereldgeest zich in het individu. Dat noemt Hegel de *subjectieve Geest*. In het gezin, in de maatschappij en in de staat bereikt de wereldgeest een hogere ontplooiing. Dat noemt Hegel de *objectieve Geest*, omdat die Geest naar voren komt in het samenspel tussen mensen. Maar er is nog een laatste stadium...'

'Ik ben benieuwd.'

'De hoogste vorm van ontplooiing of zelfkennis bereikt de wereldgeest in de *absolute Geest*. En die absolute Geest is de kunst, de religie en de filosofie. Van die drie is de filosofie de hoogste vorm, want in de filosofie reflecteert de wereldgeest over zijn eigen activiteiten in de geschiedenis. Dus pas in de filosofie komt de wereldgeest zichzelf tegen. Je kunt misschien zeggen dat de filosofie de spiegel is van de wereldgeest.'

'Dit was allemaal zo mysterieus dat ik er nog even over na moet denken. Maar het klonk wel mooi.'

'Ik zei dat de filosofie de spiegel was van de wereldgeest.'

'Dat vond ik mooi. Denk je dat het iets met de koperen spiegel te maken heeft?'
'Tja, nu je daar zo naar vraagt.'
'Wat bedoel je daar mee?'
'Ik ga ervan uit dat die koperen spiegel een bijzondere betekenis heeft, aangezien die steeds ter sprake komt.'
'Dan heb je zeker ook een idee wat die betekenis is.'
'Nee. Ik zei alleen maar dat de spiegel niet zo vaak ter sprake zou komen als hij voor Hilde en haar vader geen bijzondere betekenis zou hebben. Maar op de vraag *welke* betekenis dat is, kan alleen Hilde het antwoord geven.'
'Was dat nou romantische ironie?'
'Een hopeloze vraag, Sofie.'
'Waarom?'
'Omdat wij niet degenen zijn die zich met dat soort dingen bezighouden. Wij zijn alleen maar de weerloze *slachtoffers* van dergelijke ironie. Als een groot kind iets op een vel papier tekent, kun je niet aan het papier vragen wat de tekening moet voorstellen.'
'Jakkes!'

KIERKEGAARD

... Europa is op weg naar een bankroet...

Hilde keek op de wekker. Het was al over vieren. Ze legde de multomap op haar bureau en liep snel naar de keuken. Ze moest als een haas met boterhammen naar het botenhuis gaan, voordat haar moeder geen zin meer had om erop te wachten. Terwijl ze de kamer uitholde, wierp ze nog een blik op de koperen spiegel.

Ze zette haastig theewater op en smeerde in een razend tempo een paar boterhammen.

Nou en of, ze zou vader een flinke poets bakken. Hilde voelde zich steeds meer een bondgenoot van Sofie en Alberto. Het zou al in Kopenhagen beginnen...

Niet lang daarna stond ze met een groot dienblad in het botenhuis.

'Hier komt je twaalfuurtje.'

Haar moeder had een blok met schuurpapier in haar hand. Ze streek de haren weg uit haar gezicht. Er zat zand in haar haar.

'Dan slaan we het avondeten maar over.'

Even later zaten ze op de steiger te eten.

'Wanneer komt papa thuis?' vroeg Hilde na een poosje.

'Zaterdag. Dat weet je toch?'

'Maar hoe laat? Je zei toch dat hij eerst naar Kopenhagen ging?'

'Ja...'

Moeder had net een hap van een boterham met leverworst en komkommer genomen.

'... Hij komt om een uur of vijf in Kopenhagen aan. Het vliegtuig naar Kristiansand gaat om kwart over acht. Ik geloof dat hij om half tien op Kjevik landt.'

'Dan heeft hij nog een paar uur op Kastrup...'

'Hoezo?'

'Nee... ik vroeg me gewoon af wat zijn reisschema was.'

Ze aten. Toen Hilde vond dat er voldoende tijd was verstreken, zei ze:

'Heb je de laatste tijd nog wat van Anne en Ole gehoord?'
'Ja, ze bellen af en toe. Ze komen ergens in juli voor vakantie terug.'
'Niet eerder?'
'Nee, dat geloof ik niet.'
'Dan zitten ze deze week dus in Kopenhagen...'
'Wat is er toch, Hilde?'
'Niets. We moeten toch ergens over praten.'
'Maar je hebt het nu al twee keer over Kopenhagen gehad.'
'Is dat zo?'
'We zeiden toch dat papa een tussenlanding maakt in...'
'Daarom moest ik natuurlijk plotseling aan Anne en Ole denken.'
Toen ze uitgegeten waren, zette Hilde de borden en kopjes op het dienblad.
'Ik moet weer verder lezen, mama.'
'Ja, natuurlijk...'
Lag er een licht verwijt in haar woorden? Ze hadden immers afgesproken dat ze samen de boot zouden opknappen voordat papa thuiskwam.
'Papa heeft me min of meer laten beloven dat ik het boek zou uithebben als hij thuiskwam.'
'Dat soort dingen vind ik nou niet leuk. Dat hijzelf weg is, is al erg genoeg, maar hij moet niet ook nog eens de zaken hier thuis willen dicteren.'
'Je moest eens weten hoeveel hij dicteert,' zei Hilde geheimzinnig. 'En je weet niet half hoeveel plezier hij daarin heeft.'
Daarop ging ze weer naar haar kamer en las verder.

Op dat moment hoorde Sofie dat er op de deur werd geklopt. Alberto wierp haar een strenge blik toe: 'We laten ons niet storen.'
Er werd harder geklopt.
'Ik ga je vertellen over een Deense filosoof die zich bijzonder ergerde aan de filosofie van Hegel,' zei Alberto.
Nu werd er zo hard op de deur gebonsd dat de deur ervan schudde.
'Dat is natuurlijk de majoor weer die een of andere fantasie-

figuur heeft gestuurd om te kijken of we er ook intrappen,' ging Alberto verder, 'dat kost hem geen enkele moeite.'
'Maar als we niet opendoen om te kijken wie het is, kost het hem ook geen enkele moeite om het hele huis te laten instorten.'
'Misschien heb je gelijk. Laten we dan maar opendoen.'
Ze liepen naar de deur. Omdat er zo hard was gebonsd, had Sofie verwacht dat er een fors iemand voor de deur zou staan. Maar op de trap voor het huis stond alleen een klein meisje met lang blond haar in een gebloemde zomerjurk. In haar hand had ze twee kleine flesjes. Het ene was rood, het andere blauw.
'Dag,' zei Sofie, 'wie ben jij?'
'Ik heet Alice,' zei het meisje, en maakte verlegen een buiging.
'Dat dacht ik al,' zei Alberto, 'Alice in Wonderland.'
'Hoe heeft ze de weg hierheen gevonden?'
Alice gaf zelf antwoord:
'Wonderland is een volstrekt grenzeloos land. Dat betekent dat Wonderland overal is, ongeveer net zoals de VN. Het land zou daarom erelid van de VN moeten worden. We zouden in elke commissie een afgevaardigde moeten hebben. Want de VN zijn een wonderland voor alle mensen.'
'Daar heb je de majoor weer,' bromde Alberto.
'En wat brengt jou hier?' vroeg Sofie.
'Ik moest Sofie deze filosofieflesjes geven.'
Ze gaf de flesjes aan Sofie. Beide waren van kleurloos glas, maar in het ene zat een rode vloeistof en in het andere een blauwe. Op het rode flesje stond 'DRINK MIJ', op het blauwe stond 'DRINK MIJ OOK'.
Het volgende ogenblik kwam er een wit konijn langs de hut rennen. Hij liep rechtop op zijn twee achterpoten en had bovendien een vest en een jas aan. Vlak voor de hut haalde hij een horloge uit zijn vestzak te voorschijn en zei: 'O wee, o wee, ik kom vast te laat.'
Daarop snelde hij weer verder. Alice rende achter hem aan. Terwijl ze vertrok, maakte ze nog een buiging en zei: 'Daar gaan we weer.'
'De groeten aan Dina en de Koningin,' riep Sofie haar achterna.
Toen was ze verdwenen. Alberto en Sofie bleven op de trap achter en onderzochten de flesjes.

'DRINK MIJ en DRINK MIJ OOK,' las Sofie.
'Ik weet niet of ik het durf. Misschien is het wel giftig.'
Alberto haalde zijn schouders op.
'Het komt van de majoor, en alles wat van de majoor komt, is bewustzijn. Dus is het alleen maar denksap.'
Sofie schroefde de dop van het rode flesje en zette het voorzichtig aan haar mond. Het sap had een rare, zoete smaak, maar dat was niet het enige. Tegelijkertijd gebeurde er iets met haar hele omgeving.
Het was alsof het ven en het bos en de hut samenvloeiden. Even later was het alsof alles wat ze zag, een persoon was, en die persoon was Sofie zelf. Ze wierp een blik naar Alberto, maar nu was het net alsof ook hij deel uitmaakte van Sofies ziel.
'Dat is raar,' zei ze. 'Ik zie precies wat ik daarnet zag, maar nu is het alsof alles met elkaar verbonden is. Ik heb het gevoel dat alles een bewustzijn is.'
Alberto knikte, maar het was alsof Sofie tegen zichzelf knikte.
'Dat is het pantheïsme, of de eenheidsfilosofie,' zei hij. 'De wereldgeest van de romantici. Die ervoeren immers alles als een groot Ik. Het is ook Hegel, die het individu met argusogen bekeek en alles beschouwde als een uitdrukking voor die ene wereldrede.'
'Zal ik ook uit het andere flesje drinken?'
'Dat staat er op.'
Sofie schroefde de dop van het blauwe flesje en nam een grote slok. Dit sap smaakte wat frisser en zuurder dan het rode. Ook nu begon alles om haar heen opeens te veranderen.
In nog geen tel was het rode sap uitgewerkt; de dingen schoven weer terug op hun oorspronkelijke plaats. Alberto werd Alberto, de bomen van het bos werden de bomen van het bos en het water vloeide weer terug tot het oorspronkelijke ven.
Maar dat duurde maar een tel, want alles wat Sofie zag gleed nog verder van elkaar. Het bos was niet langer een bos, iedere boom, hoe klein ook, leek nu een wereld op zich. Elk takje leek een wereld apart, waar je wel duizend sprookjes over kon vertellen.
Opeens leek het kleine ven op een onmetelijke zee, niet zozeer wat betreft breedte of diepte, maar vanwege de glinsterende details en de wondermooie golven. Sofie begreep dat ze een leven lang

naar dat ven kon blijven kijken, en zelfs als dat leven eenmaal afgelopen was, zou het ven voor haar nog een ondoorgrondelijk mysterie blijven.

Ze keek omhoog naar een boomkruin. Daar voerden drie mussen een koddig spel op. Sofie had op de een of andere manier geweten dat de vogels in die boom zaten, ook toen ze na een slok uit het rode flesje gedronken te hebben om zich heen had gekeken, maar ze had ze niet echt goed gezien. Het rode flesje had alle tegenstellingen en onderlinge verschillen weggevaagd.

Nu stapte Sofie af van de grote steen voor de hut en knielde neer in het gras. Ze ontdekte een nieuwe wereld, net zoiets als wanneer je diep in het water duikt en je ogen onder water voor het eerst open doet. Tussen de pollen en de sprieten in het mos wemelde het van de levende details. Sofie zag een spin die stoer en zelfverzekerd over het mos kroop... een rode bladluis die over een grasspriet heen en weer rende... en een heel leger mieren die samen in het gras aan een project werkten. Maar ieder miertje tilde zijn poten op zijn eigen karakteristieke manier op.

Het raarste zag ze trouwens toen ze weer opstond en naar Alberto keek, die nog steeds voor de hut stond. In Alberto zag ze nu een wonderlijk persoon, hij leek op een wezen van een andere planeet, of op een sprookjesfiguur uit een ander sprookje. Tegelijkertijd ervoer ze op een heel nieuwe manier dat zijzelf een uniek persoon was. Ze was niet alleen een mens, ze was niet alleen een meisje van vijftien, ze was Sofie Amundsen, en zij was de enige die dat was.

'Wat zie je?' vroeg Alberto.
'Ik zie dat jij een rare kwibus bent.'
'Zo?'
'Ik geloof dat ik nooit zal begrijpen hoe het is om een ander mens te zijn. Geen mens in de hele wereld is gelijk.'
'En het bos?'
'Dat is niet langer een geheel. Het is als een heel universum van wonderlijke sprookjes.'
'Precies wat ik dacht. Het blauwe flesje is het individualisme. Het is bijvoorbeeld *Søren Kierkegaards* reactie op de eenheidsfilosofie van de romantiek. Maar het is ook een andere Deen die in

dezelfde tijd als Kierkegaard leefde, de beroemde sprookjesschrijver Andersen. Hij had een scherpe blik voor de onmetelijke rijkdom aan details die in de natuur te vinden is. Een filosoof die datzelfde meer dan honderd jaar daarvoor had gezien, was de Duitser Leibniz. Leibniz had op dezelfde manier op Spinoza's eenheidsfilosofie gereageerd als Kierkegaard op Hegel.'

'Ik hoor wel wat je zegt maar je bent zo'n rare verschijning dat ik gewoon moet lachen.'

'Ik begrijp het. Neem maar weer een slok uit het rode flesje. Dan gaan we hier op de trap zitten. We zullen het nog even over Kierkegaard hebben en dan is het voor vandaag wel genoeg geweest.'

Sofie ging naast Alberto zitten. Ze nam een slokje uit het rode flesje, en nu begonnen de dingen weer samen te vloeien. Ze vloeiden een beetje te veel samen, want opnieuw kreeg Sofie het gevoel dat verschillen geen betekenis hadden. Het was voldoende om even met haar tong aan de rand van het blauwe flesje te likken; toen was de wereld weer ongeveer net zo als voor de komst van Alice met de twee flesjes.

'Maar wat is nu waar?' vroeg ze. 'Geeft het rode flesje nu de echte ervaring of doet het blauwe flesje dat?'

'Allebei, Sofie. We kunnen niet zeggen dat de romantici ongelijk hadden, want er is maar een werkelijkheid. Maar misschien waren ze een beetje eenzijdig.'

'Hoe zit het met het blauwe flesje?'

'Ik denk dat Kierkegaard daar een paar flinke teugen uit heeft genomen. Hij had in ieder geval een scherp oog voor de betekenis van het individu. We zijn immers niet alleen maar kinderen van onze tijd. Ieder van ons is tevens een uniek individu dat alleen maar deze ene keer leeft.'

'En daar had Hegel zich niet zo druk om gemaakt.'

'Nee, hij was meer geïnteresseerd in de grote lijnen van de geschiedenis. Juist daartegen verzette Kierkegaard zich. Hij vond dat zowel de eenheidsfilosofie van de romantici als het historicisme van Hegel ieders individuele verantwoordelijkheid voor het eigen leven had verdrongen. Voor Kierkegaard waren Hegel en de romantici dus twee loten aan dezelfde stam.'

'Ik kan me voorstellen dat hij kwaad werd.'

'Søren Kierkegaard werd geboren in 1813 en kreeg van zijn vader een strenge opvoeding. Van zijn vader erfde hij ook een religieuze zwaarmoedigheid.'
'Dat klinkt niet zo best.'
'Juist vanwege die zwaarmoedigheid voelde hij zich gedwongen om zijn verloving te verbreken. Dat werd hem door de burgerij van Kopenhagen niet in dank afgenomen. Zo werd hij al vroeg uitgestoten en bespot. Ach, op den duur wist hij zelf ook aardig van zich af te bijten. Hij werd steeds meer het soort persoon dat door Henrik Ibsen later een "vijand van het volk" zou worden genoemd.'
'Allemaal vanwege een verbroken verloving?'
'Nee, niet alleen. Vooral aan het einde van zijn leven oefende hij felle kritiek op de cultuur uit. "Heel Europa is op weg naar een bankroet", zei hij. Hij vond dat hij in een tijd leefde die volledig verstoken was van hartstocht en betrokkenheid. Hij reageerde vooral heel fel op de passiviteit binnen de kerk. Zijn kritiek op wat wij wel het "zondagchristendom" noemen, was niet mals.'
'Tegenwoordig zou je het beter "belijdenischristendom" kunnen noemen. De meesten doen immers alleen maar belijdenis vanwege de cadeaus.'
'Ja, precies. Voor Kierkegaard was het christendom zo overweldigend, maar ook zo strijdig met het verstand dat er alleen van een "of - of" situatie sprake kon zijn. Je kon niet "een beetje" of "tot op zekere hoogte" christen zijn. Of Jezus stond op eerste paasdag weer op uit de dood, of niet. En als hij werkelijk uit de dood is herrezen, als hij dus werkelijk voor ons is gestorven, dan is dat zo overweldigend dat het ons leven moet beheersen.'
'Ik snap het.'
'Maar Kierkegaard merkte dat zowel de kerk als de meeste mensen op een berekenende manier met religieuze vraagstukken omgingen. Voor Kierkegaard zelf waren religie en verstand als water en vuur. Het is niet voldoende om te geloven dat het christendom waar is. Christelijk geloof wil zeggen dat je in de voetstappen van Christus moet treden.'
'Wat heeft dat met Hegel te maken?'
'Tja, misschien zijn we aan de verkeerde kant begonnen.'

'Dan stel ik voor dat je de auto in de achteruit zet en opnieuw begint.'

'Kierkegaard ging al op zeventienjarige leeftijd theologie studeren, maar langzamerhand kreeg hij een steeds grotere interesse voor filosofische vraagstukken. Toen hij 27 was, promoveerde hij met het proefschrift "Over het begrip ironie". Hierin verwerpt hij de romantische ironie en het vrijblijvende spel van de romantici met de illusie. Als tegenhanger voor die vorm van ironie stelde hij de "socratische ironie" voor. Ook Socrates had de ironie gebruikt, maar dan als instrument om diep serieuze levensvragen boven water te krijgen. In tegenstelling tot de romantici was Socrates een "existerend denker", zoals Kierkegaard het noemde. Dat wil zeggen een denker die zijn hele existentie, zijn hele bestaan bij zijn filosofische beschouwing betrekt.'

'O.'

'Na de verbroken verloving vertrok Kierkegaard in 1841 naar Berlijn, waar hij onder andere de colleges van Schelling volgde.'

'Heeft hij Hegel ook ontmoet?'

'Nee, Hegel was tien jaar daarvoor gestorven, maar de geest van Hegel was zowel in Berlijn als in grote delen van Europa alom aanwezig. Zijn systeem werd nu gebruikt als een soort universele aanpak voor alle soorten vragen. Kierkegaard wees erop dat de objectieve waarheden waar de hegeliaanse filosofie zich mee bezighield, voor het bestaan van de individuele mens volstrekt onbelangrijk waren.'

'Welke waarheden zijn dan wel belangrijk?'

'Belangrijker dan het vinden van de Waarheid met een grote W is volgens Kierkegaard het vinden van waarheden die voor het leven van het individu van belang zijn. Het is belangrijk om de "waarheid voor mij" te vinden. Zo plaatste hij het individu - of de *enkeling* - tegenover het systeem. Kierkegaard vond dat Hegel vergeten was dat hijzelf een mens was. Over het hegeliaanse professortype schreef hij het volgende: "Terwijl de speculerende, hooggeleerde Heer Professor het hele bestaan verklaart, is hij in zijn verstrooidheid zijn eigen naam vergeten: dat hij een mens is, een doodgewoon mens, niet een fantastische 3/8 van een paragraaf".'

'En wat is een mens volgens Kierkegaard?'

'Daar kun je niet zo in zijn algemeenheid antwoord op geven. Een algemeen geldende beschrijving van de natuur van de mens of van het wezen van de mens is voor Kierkegaard volstrekt oninteressant. Alleen de *existentie* van de enkeling is interessant. En de mens ervaart zijn eigen existentie niet achter zijn bureau. Pas wanneer de mens handelt - en vooral wanneer hij belangrijke *keuzes* maakt - neemt hij stelling ten aanzien van zijn eigen existentie. Er is een verhaal over Boeddha dat kan illustreren wat Kierkegaard bedoelde.'

'Over Boeddha?'

'Ja, want ook de filosofie van Boeddha ging uit van de existentie van de mens. Er was eens een monnik die vond dat Boeddha onduidelijke antwoorden gaf op belangrijke vragen over wat de wereld was en wat de mens was. Boeddha antwoordde door te verwijzen naar iemand die door een giftige pijl was verwond. De gewonde zou vast niet uit louter theoretische belangstelling vragen waar de pijl van was gemaakt, wat voor gif erop zat of vanuit welke hoek hij was beschoten.'

'Hij wilde natuurlijk dat iemand de pijl eruit zou trekken en de wond zou behandelen.'

'Nietwaar? Dat was namelijk van existentieel belang voor hem. Boeddha en Kierkegaard waren zich er beiden sterk van bewust dat ze maar een korte tijd zouden bestaan. En zoals gezegd: dan ga je niet achter je bureau zitten om over de natuur van de wereldgeest na te denken.'

'Ik snap het.'

'Kierkegaard zei ook dat de waarheid subjectief is. Daarmee bedoelde hij niet dat wat wij denken of geloven niet ter zake doet. Hij bedoelde daarmee dat de werkelijk belangrijke waarheden *persoonlijk* zijn. Alleen dat soort waarheden zijn een "waarheid voor mij".'

'Kun je een voorbeeld geven van zo'n subjectieve waarheid?'

'Een belangrijke vraag is bijvoorbeeld of het christendom waar is. Dat is geen vraag die je vanuit een theoretische of wetenschappelijke stellingname kunt beantwoorden. Voor iemand die "zichzelf in existentie begrijpt" is het een kwestie van leven of dood. Het is dus niet iets waarover je alleen maar omwille van de discussie zit

te discussiëren. Het is een vraag die de grootst mogelijke hartstocht en oprechtheid vereist.'
'Ik snap het.'
'Als je in het water valt, stel je je niet theoretisch op tegenover de vraag of je al dan niet zult verdrinken. Dan is het evenmin "interessant" of "oninteressant" of er krokodillen in het water zitten. Het is een kwestie van leven of dood.'
'Dank je, nu heb ik het wel begrepen.'
'We moeten dus een onderscheid maken tussen de filosofische vraag of er een God bestaat en de opstelling van het individu tegenover diezelfde vraag. Bij dergelijke vragen staat ieder mens helemaal alleen. We kunnen ons bovendien alleen via het *geloof* met dergelijke belangrijke vragen bezighouden. Dingen die we met ons verstand kunnen weten, zijn volgens Kierkegaard volkomen onbelangrijk.'
'Zou je dat even willen uitleggen.'
'8 + 4 = 12, Sofie. Daarvan kunnen we absoluut zeker zijn. Het is een voorbeeld van een waarheid die je kunt beredeneren, waarover alle filosofen na Descartes hadden gesproken. Maar moeten we die ook in ons avondgebed betrekken? Is het iets waar we misschien over moeten nadenken als we eenmaal gaan sterven? Nee, dergelijke waarheden zijn misschien wel objectief en algemeen, maar juist daarom doen ze voor het bestaan van de enkeling volstrekt niet ter zake.'
'Hoe zit het met het geloof?'
'Je kunt niet weten of iemand je zal vergeven als je iets verkeerds hebt gedaan. Juist daarom is het voor jou van existentieel belang. Het is een vraag die je blijft bezighouden. Je kunt ook niet weten of een ander mens van je houdt. Het is iets wat je alleen kunt geloven of hopen. Maar het is voor jou van groter belang dan dat de som van de hoeken van een driehoek 180° is. Trouwens, bij je eerste kus denk je toch ook niet aan de wet van oorzaak en gevolg of aan de aanschouwingsvormen.'
'Nee, dat zou heel vreemd zijn.'
'Het geloof is in de allereerste plaats belangrijk wanneer het over religieuze vragen gaat. Daarover schreef Kierkegaard: "Als ik God objectief kan begrijpen, geloof ik niet, maar juist omdat ik dat niet

kan, daarom moet ik geloven. En als ik mij in het geloof wil behouden, moet ik er voortdurend voor zorgen dat ik die objectieve ongewisheid vasthoud, dat ik me in die objectieve ongewisheid boven 70.000 vadem water bevind, en toch blijf geloven."'

'Dat is wat zwaar uitgedrukt.'

'Vóór Kierkegaard hadden velen geprobeerd om het bestaan van God te bewijzen, of in ieder geval getracht hem met het verstand te begrijpen. Maar als je je met een dergelijk godsbewijs of verstandelijke argumenten tevreden stelt, dan verlies je het eigenlijke geloof, en daarmee ook de religieuze oprechtheid. Want het gaat er niet om of het christendom waar is, maar of het voor mij waar is. In de middeleeuwen werd diezelfde gedachte uitgedrukt met de spreuk: "credo quia absurdum".'

'Zo.'

'Dat betekent: "Ik geloof omdat het strijdig is met het verstand." Als het christendom aan ons verstand had geappelleerd - en niet aan andere aspecten van ons - zou het ook geen geloofskwestie zijn.'

'Dat heb ik begrepen.'

'We hebben nu gezien wat Kierkegaard bedoelde met existentie, wat hij bedoelde met een subjectieve waarheid en welke waarde hij aan het begrip geloof toekende. Die drie begrippen zijn ontstaan als kritiek op de filosofische traditie, en in het bijzonder op de filosofie van Hegel. Maar er lag ook algehele kritiek op de beschaving in besloten. In de moderne stadsmaatschappij waren de mensen "publiek" geworden of "openbaarheid", vond Kierkegaard, en het voornaamste kenmerk van de massa was al dat vrijblijvende geklets. Tegenwoordig zouden we misschien het woord conformisme gebruiken, dat wil zeggen dat iedereen hetzelfde vindt en voorstaat, zonder dat iemand daar echt enige hartstocht bij voelt.'

'Ik vraag me af of Kierkegaard niet een appeltje te schillen had met Jorunns ouders.'

'Maar hij kon ook ongenadig uit de hoek komen met zijn typeringen. Hij had een scherpe pen en een bittere ironie. Hij kon bijvoorbeeld spitsvondigheden bedenken als "de massa is de leugen", of "de waarheid is altijd in de minderheid". Hij wees er ook op dat de meeste mensen deden alsof het leven een soort spel was.'

'Barbie-poppen verzamelen is een ding. Het wordt pas een probleem als je zelf een Barbie-pop bent...'
'Dat brengt ons op de leer van Kierkegaard aangaande de drie "stadia op de levensweg".'
'Wat zeg je?'
'Kierkegaard stelde dat er drie verschillende levenshoudingen zijn. Zelf gebruikt hij het woord *stadia*. Hij noemt ze het "esthetische stadium", het "ethische stadium" en het "religieuze stadium". Als hij het woord stadium gebruikt, is dat ook om aan te geven dat je, als je je in een van de onderste twee stadia bevindt, plotseling een "sprong" naar een hoger stadium kunt maken. Veel mensen blijven hun hele leven echter in hetzelfde stadium steken.'
'Ik wed dat je nu met een uitleg komt. Bovendien ben ik nieuwsgierig in welk stadium ikzelf zit.'
'Wie in het *esthetische stadium* verkeert, leeft van dag tot dag en is altijd op zoek naar genotsbevrediging. Alle mooie, fraaie of behaaglijke dingen zijn goed. Zo'n mens leeft geheel en al in de wereld van de zintuigen. De estheticus wordt een speelbal van zijn eigen lusten en stemmingen. Dat wat negatief is, is saai of "stom".'
'Ja, die houding ken ik geloof ik wel.'
'De echte romanticus is daarom ook een echte estheticus. Want het gaat niet alleen om zintuiglijk genot. Ook iemand die de werkelijkheid als een spel opvat - of bijvoorbeeld de kunst of de filosofie waar hij of zij mee bezig is - verkeert in het esthetische stadium. Je kunt je namelijk ook tegenover verdriet of lijden esthetisch of "beschouwend" opstellen. IJdelheid zwaait de scepter. De toneelschrijver Henrik Ibsen heeft in de persoon Peer Gynt een typische estheticus geschetst.'
'Ik geloof dat ik begrijp wat je bedoelt.'
'Herken je jezelf?'
'Niet helemaal. Maar het doet me een klein beetje aan de majoor denken.'
'Ja, misschien wel, Sofie. Hoewel dat weer zo'n voorbeeld van die kleffe romantische ironie is. Ga je mond maar spoelen.'
'Wat zeg je nou?'
'Ach ja, het is ten slotte niet jouw schuld.'
'Ga door!'

'Iemand die in het esthetische stadium verkeert, kan snel last hebben van angst en een gevoel van leegheid. Maar als dat gebeurt, is er ook hoop. Volgens Kierkegaard is de *angst* haast iets positiefs. Het drukt uit dat je je in een "existentiële situatie" bevindt. Op zo'n moment kan de estheticus kiezen om de grote sprong naar een hoger stadium te maken. Maar het gebeurt helemaal, óf het gebeurt niet. Het heeft geen zin om op zo'n moment de sprong maar gedeeltelijk te maken. Er is hier sprake van "of - of". Maar niemand kan de sprong voor je maken. Je moet er zelf voor kiezen.'

'Het doet me een beetje denken aan stoppen met drinken of stoppen met drugs.'

'Ja, misschien wel. Als Kierkegaard die "categorie van de beslissing" beschrijft, doet hij misschien aan Socrates denken, die benadrukt dat al het werkelijke inzicht van binnenuit komt. Ook de *keuze* die ertoe leidt dat een mens van een esthetische naar een ethische of een religieuze levenshouding springt, moet van binnenuit komen. Dat schildert Ibsen in "Peer Gynt". Een andere, meesterlijke schildering van de manier waarop de existentiële keuze uit innerlijke nood en vertwijfeling wordt geboren, geeft de Russische schrijver *Dostojevski* in zijn grote roman over Raskolnikov.'

'In het beste geval kies je dus een andere levenshouding.'

'En zo ga je misschien in het *ethische stadium* leven. Dat wordt gekenmerkt door ernst en consequente keuzes volgens een morele maatstaf. Die levenshouding doet een beetje denken aan de plichtsethiek van Kant. Men probeert volgens de zedelijke wet te leven. Net zoals Kant richt Kierkegaard zijn aandacht in de eerste plaats op het menselijke gemoed. Het is niet zozeer van belang wat je goed vindt en wat fout, het gaat er met name om dat je er überhaupt voor kiest om stelling te nemen ten opzichte van wat "goed of fout" is. De estheticus was immers alleen maar geïnteresseerd in wat "leuk of saai" was.'

'Word je door zo te leven niet een al te serieus mens?'

'Jazeker. Volgens Kierkegaard is ook het ethische stadium niet bevredigend. Ook de plichtmens zal ten slotte moe worden van het voortdurende en nauwgezette plichtsbesef. Mensen vertonen zo'n vermoeidheidsreactie vaak op middelbare leeftijd. Sommigen zullen dan terugvallen tot het spelende leven in het esthetische stadium. Maar anderen maken weer een nieuwe sprong naar het *religieuze stadium*. Zij wagen de werkelijk grote sprong in de "70.000 vadem water" van het geloof. Ze verkiezen het geloof boven het esthetische genot en de plichten van het verstand. En ook al kan het "verschrikkelijk zijn om in de handen van de levende God te vallen", zoals Kierkegaard het uitdrukte, pas in dat stadium vindt de mens verzoening.'

'In het christendom dus.'

'Ja, voor Kierkegaard was het religieuze stadium het christendom. Maar hij kreeg ook grote betekenis voor niet-christelijke denkers. In de twintigste eeuw ontstond er een omvangrijke existentiefilosofie, die door de Deense denker was geïnspireerd.'

Nu keek Sofie op haar horloge.

'Het is bijna zeven uur. Ik moet als een haas naar huis. Mama springt nog uit haar vel.'

Ze zwaaide naar haar filosofieleraar en holde naar het ven waar de boot lag.

MARX

... een spook waart door Europa...

Hilde stond op van haar bed en ging voor het raam staan dat uitzag over de baai. Het eerste wat ze die zaterdag had gedaan, was lezen over Sofies vijftiende verjaardag. De dag daarvoor was ze zelf jarig geweest.

Als haar vader erop had gerekend dat ze de vorige dag nog over Sofies verjaardag had gelezen, waren zijn verwachtingen te hoog gespannen geweest. Ze had de hele dag niets anders gedaan dan lezen. Maar hij had gelijk gehad dat er nog maar een felicitatie zou komen. Dat was toen Alberto en Sofie 'Happy Birthday' hadden gezongen. Hilde had zich opgelaten gevoeld.

Toen had Sofie uitnodigingen gemaakt voor een filosofisch tuinfeest op dezelfde dag als waarop de vader van Hilde uit Libanon zou thuiskomen. Hilde was ervan overtuigd dat er die dag iets zou gaan gebeuren waar noch zij noch haar vader een duidelijke voorstelling van had.

Eén ding stond in ieder geval vast: voordat haar vader thuiskwam in Bjerkely, zou hij een koekje van eigen deeg krijgen. Dat was wel het minste wat ze voor Sofie en Alberto kon doen, vond ze. Hadden ze Hilde niet te hulp geroepen?

Moeder was nog in het botenhuis. Hilde sloop naar beneden en liep naar het tafeltje waar de telefoon stond. Ze vond het nummer van Anne en Ole in Kopenhagen en draaide het nummer.

'Met Anne Kvamsdal.'
'Dag, met Hilde.'
'Wat leuk dat je belt! Hoe gaat het in Lillesand?'
'Prima, 't is nu zomervakantie hè. En het duurt nog maar een week voordat papa weer thuiskomt uit Libanon.'
'Fijn hè, Hilde?'
'Ja, ik verheug me er enorm op. Weet je, daarom bel ik ook...'
'O?'

'Ik geloof dat hij zaterdag de 23e om een uur of vijf op Kastrup aankomt. Zijn jullie dan in Kopenhagen?'
'Ik geloof het wel.'
'Ik vroeg me af of jullie me een plezier zouden willen doen.'
'Natuurlijk.'
'Maar het is wel iets bijzonders. Ik weet niet eens of het wel kan.'
'Je maakt me wel nieuwsgierig...'
Daarop begon Hilde te vertellen. Ze vertelde over de multomap en over Alberto en Sofie en al die andere dingen. Ze moest een paar keer opnieuw beginnen omdat zijzelf of haar tante aan de andere kant van de lijn in lachen uitbarstte. Maar toen Hilde de hoorn weer op de haak had gelegd, was haar plan bezegeld.

Ze moest ook thuis in Lillesand een aantal voorbereidingen treffen, maar dat had niet zo'n haast.

De rest van de middag en avond bracht Hilde met haar moeder door. Ze reden 's avonds naar Kristiansand om naar de bioscoop te gaan. Ze hadden nog wat in te halen, gisteren was het geen echte verjaardag geweest. Toen ze de afslag naar Kjevik passeerden, vielen er nog een paar stukjes op hun plaats in de grote puzzel waar ze voortdurend aan dacht.

Pas toen ze laat op die avond naar bed ging, las ze weer verder in de grote multomap.

Toen Sofie uit het Hol kwam, was het bijna acht uur. Haar moeder was aan de voorkant van het huis onkruid aan het wieden.
'Waar kom jij vandaan?'
'Uit de heg.'
'Uit de heg?'
'Weet je niet dat er aan de andere kant een pad loopt?'
'Maar waar ben je dan gewéést, Sofie? Je bent alweer niet bij het eten komen opdagen zonder een boodschap achter te laten.'
'Het spijt me. Het was zo heerlijk buiten. Ik heb een heel eind gewandeld.'
Nu pas liet moeder het onkruid in de steek en keek haar aan.
'Heb je die filosoof weer ontmoet?'
'Ja, inderdaad. Ik heb toch gezegd dat hij graag wandelt.'

'En komt hij op het tuinfeest?'
'Ja, hij heeft er erg veel zin in.'
'Ik ook, Sofie. Ik tel de dagen af.'
Klonk er een vleugje venijn in haar stem? Voor de zekerheid zei Sofie:
'Ik ben blij dat ik de ouders van Jorunn ook heb uitgenodigd. Anders zou het een beetje pijnlijk zijn geweest.'
'Tja... hoe dan ook, ik zal zorgen dat ik met die Alberto een gesprek onder vier volwassen ogen heb.'
'Jullie mogen wel op mijn kamer gaan zitten. Ik weet zeker dat je hem mag.'
'Nog iets anders. Er is een brief voor je gekomen.'
'O.'
'Er zit een stempel op van een VN-bataljon.'
'Dan is die van Alberto's broer.'
'Nu moet je ophouden, Sofie.'
Sofie dacht koortsachtig na. Maar na een paar tellen had ze een passend antwoord gevonden. Het was alsof ze door een behulpzame geest werd geïnspireerd.
'Ik heb Alberto verteld dat ik zeldzame postzegels verzamel. Broers kunnen nog wel eens nuttig zijn.'
Met dat antwoord wist ze moeder gerust te stellen.
'Je eten staat in de koelkast,' zei ze nu, op een wat vriendelijker toon.
'Waar is de brief?'
'Op de koelkast.'
Sofie rende naar binnen. De envelop was afgestempeld op 15-6-1990. Ze maakte de envelop open en hield even later een heel klein briefje in haar hand:

Waartoe is 't eeuwig scheppen goed
als 't schepsel weer in 't niet verdwijnen moet?

Nee, op die vraag had Sofie geen antwoord. Voordat ze ging eten, legde ze het briefje in de kast samen met alle andere aangespoelde voorwerpen die ze de afgelopen weken had verzameld. Ze zou vroeg genoeg te weten komen waarom de vraag was gesteld.

De volgende ochtend kwam Jorunn op bezoek. Na een spelletje badminton maakten ze verdere plannen voor het filosofische tuinfeest. Ze moesten een paar verrassingen in petto hebben, voor het geval het feest zou inzakken.

Ze waren nog over het tuinfeest aan het praten toen haar moeder thuiskwam van haar werk. Er was een zin die moeder steeds herhaalde: 'Kosten noch moeite worden gespaard.' Het was niet ironisch bedoeld.

Het was alsof ze dacht dat Sofie een filosofisch tuinfeest nodig had om weer met beide benen op de grond te komen na die vele onrustige en intensieve weken filosofiecursus.

Voordat de avond om was, waren ze het over alles eens geworden, van de kransentaart en de Japanse lampions in de tuin tot en met een filosofische quiz met een filosofieboek voor jongeren als prijs.

Als er tenminste zo'n boek bestond; Sofie vroeg het zich af.

Pas op donderdag 21 juni - twee dagen voor het Midzomerfeest - belde Alberto weer op.

'Met Sofie.'

'Met Alberto.'

'Hoe gaat het ermee?'

'Uitstekend. Ik geloof dat ik een uitweg heb gevonden.'

'Waaruit dan?'

'Dat weet je wel. Uit die geestelijke gevangenis waar we al veel te lang in hebben gezeten.'

'O, zo...'

'Maar ik kan je niets over mijn plan vertellen voordat het in werking is getreden.'

'Is dat niet wat aan de late kant? Ik moet toch weten wat ik moet doen?'

'Nee, niet zo naïef. Alles wat we zeggen wordt immers afgeluisterd. Het is daarom verstandiger om te zwijgen.'

'Is het echt zo erg?'

'Natuurlijk, m'n kind. Het belangrijkste kan pas gebeuren als we elkaar niet spreken.'

'O...'

'We leiden onze levens in een fictieve werkelijkheid achter de

woorden van een lang verhaal. Iedere letter wordt door de majoor op een goedkope schrijfmachine getikt. Niets van wat gedrukt staat, kan daarom aan zijn aandacht ontsnappen.'
 'Nee, dat begrijp ik. Maar hoe kunnen we ons dan voor hem verstoppen?'
 'Sst!'
 'Wat?'
 'Er gebeurt ook het een en ander tussen de regels. Daar probeer ik mij met al mijn dubbelzinnige listen tussen te wringen.'
 'Ik snap het.'
 'Maar we hebben de tijd vandaag en morgen wel nodig. Zaterdag barst het los. Kun je direct komen?'
 'Ik kom eraan.'

Sofie gaf de vogels en de vissen te eten, legde voor Govinda een groot blad sla neer en maakte voor Shere Khan een blik kattevoer open. Ze zette de etensbak voor de poes buiten op de trap toen ze wegging. Ze kroop door de heg en kwam aan de andere kant op het pad terecht. Toen ze een eindje had gelopen, viel haar oog plotseling op een groot bureau dat tussen de struiken stond. Achter het bureau zat een man van middelbare leeftijd. Het leek alsof hij iets zat uit te rekenen. Sofie liep naar hem toe en vroeg hoe hij heette.
 De man keurde haar nauwelijks een blik waardig.
 'Scrooge,' zei hij, en boog zich weer over zijn papieren.
 'Ik heet Sofie. Bent u misschien een zakenman?'
 Hij knikte.
 'En schatrijk. Er mag geen cent verloren gaan. Daarom moet ik ook alles natellen.'
 'Dat u daar zin in heeft!'
 Sofie groette en liep door. Maar ze had nog maar een paar meter gelopen toen ze een klein meisje helemaal alleen onder een van de hoge bomen zag zitten. Ze droeg armoedige kleren en zag er bleek en ziekelijk uit. Toen Sofie haar passeerde, stak ze haar hand in een klein zakje en hield een lucifersdoosje omhoog.
 'Wil je lucifers kopen?' vroeg ze.
 Sofie voelde in haar zak of ze geld bij zich had. Ja, ze vond een kroon.

'Hoeveel kosten ze?'
'Eén kroon.'
Sofie gaf het meisje de kroon en had even later een doosje lucifers in haar handen.
'Jij bent de eerste die in meer dan honderd jaar iets van me heeft gekocht. Soms sterf ik van de honger, andere keren bevries ik van de kou.'
Sofie dacht dat het misschien niet zo vreemd was dat ze hier in het bos geen lucifers kon verkopen. Maar toen dacht ze aan de rijke zakenman die hier vlak in de buurt zat. Het meisje met de lucifers hoefde toch niet van honger om te komen als hij zoveel geld had.
'Kom eens,' zei Sofie.
Ze nam het meisje bij de hand en nam haar mee naar de rijke man.
'Je moet ervoor zorgen dat dit meisje een beter bestaan krijgt,' zei ze.
De man keek even op van zijn papieren en zei: 'Zoiets kost geld, en ik heb je al verteld dat er geen cent verloren mag gaan.'
'Maar het is niet rechtvaardig dat jij zo rijk bent, terwijl dit meisje zo arm is,' hield Sofie vol.
'Onzin! Rechtvaardigheid bestaat alleen onder gelijken.'
'Wat bedoel je daarmee?'
'Ik heb me opgewerkt en arbeid moet lonend zijn. Dat heet vooruitgang.'
'Ach, ga nou gauw!'
'Als u me niet helpt, ga ik dood,' zei het arme meisje.
De zakenman keek weer op van zijn papieren. Toen gooide hij zijn pen met een klap op het bureau.
'Jij bent geen post op mijn begroting. Dus... ga maar naar het armenhuis.'
'Als u me niet helpt, steek ik het bos in brand,' vervolgde het arme meisje.
Toen pas stond de man achter het bureau op, maar het meisje had al een lucifer aangestoken. Ze hield hem bij een pol droge grassprieten, die direct vlam vatte.
De rijke man zwaaide met zijn armen.

'Help mij!' riep hij. 'De rode haan kraait!'
Het meisje keek hem met een schelmachtige uitdrukking aan.
'U wist niet dat ik een communist was, hè.'
Het volgende ogenblik waren het meisje, de zakenman en het bureau verdwenen. Sofie bleef alleen achter, terwijl het vuur in het dorre gras steeds hoger oplaaide. Ze probeerde de vlammen te doven door ze uit te trappen, en na een tijdje was het vuur uit.
Godzijdank! Sofie keek omlaag naar de zwartgeblakerde pollen. In haar handen hield ze een doosje lucifers.
Ze had het vuur toch niet zelf aangestoken?

Toen ze Alberto voor de hut ontmoette, vertelde ze wat ze had meegemaakt.
'Scrooge was de gierige kapitalist uit "Een kerstzang in proza" van *Charles Dickens*. Het meisje met de lucifers herinner je je vast nog wel uit het sprookje van Andersen, "Het meisje met de zwavelstokjes".'
'Is het niet raar dat ik ze hier in het bos ben tegengekomen?'
'Helemaal niet. Dit is geen gewoon bos en bovendien gaan we het nu over *Karl Marx* hebben. In dat licht past het wel dat je een voorbeeld van de enorme klasseverschillen in de vorige eeuw hebt gezien. Maar laten we naar binnen gaan. Ondanks alles kan de majoor ons daar toch wat minder gemakkelijk storen.'
Opnieuw gingen ze bij de tafel zitten die voor het raam stond dat op het ven uitkeek. Sofie kon zich nog levendig herinneren hoe het ven er in haar ogen had uitgezien, toen ze uit het blauwe flesje had gedronken.
Nu stonden het rode en het blauwe flesje allebei op de schoorsteenmantel. Op de tafel stond een kleine maquette van een Griekse tempel.
'Wat is dat?' vroeg Sofie.
'Alles op zijn tijd, m'n kind.'
Daarop begon Alberto over Marx te vertellen:
'Toen Kierkegaard in 1841 in Berlijn arriveerde, zat hij tijdens de colleges van Schelling misschien wel naast Karl Marx. Kiekegaard had een proefschrift over Socrates geschreven. Marx was net klaar met zijn proefschrift over Democritus en Epicurus – dus over het

materialisme in de oudheid. Daarmee hadden ze tevens beiden de koers voor hun eigen filosofie uitgestippeld.'

'Kiekegaard werd een existentiefilosoof; werd Marx dan een materialistisch filosoof?'

'Marx werd een *historisch materialist*, zoals we dat noemen. Maar daar komen we nog op terug.'

'Ga maar verder.'

'Kierkegaard en Marx gingen ieder op hun eigen manier uit van de filosofie van Hegel. Beiden werden ze gekenmerkt door Hegels manier van denken, maar ze namen ook allebei afstand van Hegels wereldgeest - of van dat wat we Hegels idealisme noemen.'

'Het was zeker te zweverig voor ze.'

'O, beslist. Heel algemeen gesproken kunnen we stellen dat de tijd van de grote filosofische systemen na Hegel afgelopen was. Na hem slaat de filosofie een heel nieuwe richting in. In plaats van grote speculatieve systemen krijgen we wat we "existentiefilosofie" of "handelingsfilosofie" noemen. Dat bedoelde Marx toen hij zei: "De filosofen hebben de wereld slechts verschillend geïnterpreteerd, het komt erop aan haar te veranderen." Juist deze woorden markeren een belangrijk keerpunt in de geschiedenis van de filosofie.'

'Nu ik Scrooge en het meisje met de zwavelstokjes heb ontmoet, heb ik geen enkele moeite om te begrijpen wat Marx bedoelde.'

'De ideeën van Marx hebben dus een praktische - en politieke - doelstelling. We kunnen bovendien opmerken dat hij niet alleen filosoof was. Hij was tevens historicus, socioloog en econoom.'

'Was hij op al die gebieden baanbrekend?'

'Er is in ieder geval geen enkele andere filosoof die zoveel voor de praktische politiek heeft betekend. Aan de andere kant moeten we oppassen om alles wat marxisme wordt genoemd, met Marx' eigen ideeën te identificeren. Over Marx zelf wordt verteld dat hij zo rond 1845 marxist werd, maar ook daarna voelde hij nog weleens de behoefte om te benadrukken dat hij geen marxist was.'

'Was Jezus een christen?'

'Ook daarover kun je natuurlijk van mening verschillen.'

'Ga verder.'

'Vanaf het eerste uur leverde zijn vriend en collega *Friedrich Engels* een bijdrage aan wat later het marxisme is genoemd. In

onze eigen eeuw hebben zowel Lenin, Stalin, Mao als vele anderen hun bijdrage geleverd aan het marxisme of aan het marxisme-leninisme.'
'Dan stel ik voor dat we het bij Marx zelf proberen te houden. Je zei dat hij een historische materialist was.'
'Hij was geen filosofisch materialist zoals de atomisten uit de oudheid en de mechanistisch materialisten uit de zeventiende en achttiende eeuw. Hij vond dat ons denken vooral bepaald werd door de materiële omstandigheden in de maatschappij. Dat soort materiële omstandigheden zijn ook doorslaggevend voor de historische ontwikkeling.'
'Dat was iets anders dan Hegels wereldgeest.'
'Hegel had benadrukt dat de historische ontwikkeling door een spanning tussen twee tegenstellingen wordt voortgestuwd, die in een plotselinge verandering resulteert. Die gedachte ging Marx verder ontwikkelen. Maar volgens hem stond die beste Hegel op zijn kop.'
'Toch niet zijn hele leven?'
'Hegel noemde de kracht die de geschiedenis voorstuwt, wereldgeest of wereldrede. Volgens Marx zette hij de zaak daarmee op zijn kop. Zelf zou hij aantonen dat de materiële veranderingen doorslaggevend zijn. Het zijn dus niet de geestelijke omstandigheden die materiële veranderingen tot stand brengen, maar omgekeerd. Het zijn juist de materiële veranderingen die nieuwe geestelijke omstandigheden scheppen. Marx legde vooral de nadruk op het idee dat de economische krachten in de maatschappij veranderingen tot stand brengen en op die manier de geschiedenis voortstuwen.'
'Heb je geen voorbeeld?'
'De filosofie en de wetenschap in de oudheid hadden een zuiver theoretische doelstelling. Men toonde maar weinig belangstelling om de kennis te benutten voor praktische verbeteringen.'
'O?'
'Dat hield verband met de manier waarop het hele economische leven was ingericht. De produktie was in hoge mate gebaseerd op slavenarbeid. Daarom vonden de voorname burgers het niet nodig om de produktie met praktische uitvindingen te verbeteren. Dat is

een voorbeeld van hoe materiële omstandigheden de filosofische beschouwing in de maatschappij mede beïnvloeden.'

'Ik snap het.'

'Dergelijke materiële, economische en sociale omstandigheden noemde Marx de *basis* van de maatschappij. Hoe men denkt in een maatschappij, welke politieke instellingen er zijn, welke wetten er zijn en, niet op de laatste plaats, wat voor godsdienst, moraal, kunst, filosofie en wetenschap er zijn, dat alles noemde Marx de *bovenbouw* van de maatschappij.'

'Basis en bovenbouw dus.'

'Zou je me nu de Griekse tempel kunnen geven?'

'Alsjeblieft.'

'Het is een verkleinde kopie van de oude Parthenon-tempel op de Akropolis. Die heb je toch in het echt gezien?'

'Op de video, bedoel je.'

'Zoals je ziet heeft het gebouw een heel sierlijk en kunstig vervaardigd dak. Juist het dak en de façade van het dak vallen het eerste op. Maar het dak kan niet zomaar in de lucht zweven.'

'Het wordt door de zuilen gedragen.'

'Het hele gebouw heeft in de allereerste plaats een krachtig fundament - of basis - dat de hele constructie draagt. Marx meende dat de materiële omstandigheden alles wat er in de maatschappij aan ideeën en theorieën bestaat, op een soortgelijke wijze dragen. Zo bekeken is de bovenbouw van de maatschappij een weerspiegeling van die maatschappelijke basis.'

'Wil je daarmee zeggen dat de ideeënleer van Plato een weerspiegeling is van de pottenbakkerij en de wijnbouw?'

'Nee, zo eenvoudig is het niet en daar wijst Marx ook nadrukkelijk op. Basis en bovenbouw van de maatschappij beïnvloeden elkaar wederzijds. Als hij die wederkerigheid had ontkend, zou hij een mechanistisch materialist zijn geweest. Maar omdat Marx inziet dat er een wederzijdse of dialectische verhouding tussen basis en bovenbouw bestaat, zeggen we dat hij een *dialectisch materialist* is. Overigens wil ik je erop attent maken dat Plato geen pottenbakker was en ook geen wijnbouwer.'

'Ik snap het. Wil je nog iets over die tempel zeggen?'

'Ja, nog een kleinigheid. Kijk eens goed naar de basis van de

tempel en beschrijf hem dan voor mij, als je wilt.'
'De zuilen staan op een fundament dat uit drie niveaus of treden bestaat.'
'Ook in de basis van de maatschappij kunnen we drie niveaus onderscheiden. Het grootste deel van de basis is wat wij de "produktievoorwaarden" van de maatschappij noemen. Dat wil zeggen de natuurlijke omstandigheden of natuurlijke hulpbronnen die in de maatschappij voorkomen. Hierbij denk ik aan omstandigheden die met klimaat en grondstoffen te maken hebben. Die vormen het eigenlijke fundament van een maatschappij en dat fundament bepaalt de duidelijk afgebakende grenzen voor het soort produktie dat er in een maatschappij kan plaatsvinden. Daarmee bepaalt het ook de grenzen voor wat voor soort maatschappij en wat voor soort cultuur men kan verwachten.'
'Je kunt bijvoorbeeld geen haringvisserij hebben in de Sahara. Je kunt ook geen dadels kweken in Noord-Noorwegen.'
'Precies. Maar ook de ideeën die onder de bevolking leven zijn in een nomadencultuur heel anders dan bijvoorbeeld in een vissersdorp in Noord-Noorwegen. Op de volgende trede vinden we de verschillende "produktiekrachten" die in de maatschappij aanwezig zijn. Hierbij denkt Marx aan de diverse soorten gereedschap, werktuigen en machines waarover men kan beschikken.'
'Vroeger viste men in roeiboten, tegenwoordig wordt de vis in grote trawlers gevangen.'
'Daarmee stip je de volgende trede van de maatschappelijke basis al aan, namelijk wie de produktiemiddelen bezit. De eigenlijke organisatie van het werk, dat wil zeggen de werkverdeling en de bezitsverhoudingen, noemde Marx de "produktieverhoudingen" van de maatschappij.'
'Ik snap het.'
'Tot zover kunnen wij concluderen dat de *produktiewijze* in een maatschappij bepaalt welke politieke en ideologische verhoudingen we in die maatschappij zullen tegenkomen. Het is geen toeval dat we tegenwoordig anders denken - en er een andere moraal op nahouden - dan in een oude feodale samenleving.'
'Dan geloofde Marx niet aan een natuurrecht dat voor alle tijden gold.'

'Nee, de vraag wat in moreel opzicht juist is, is volgens Marx het produkt van de basis van de maatschappij. Het is bijvoorbeeld geen toeval dat in een oude boerensamenleving de ouders bepaalden met wie hun kinderen gingen trouwen. Daarmee bepaalden zij immers ook wie de boerderij zou erven. In een moderne stadssamenleving zijn de sociale verhoudingen anders. Daar kun je je toekomstige partner op een feest of in een discotheek tegenkomen en als je maar verliefd genoeg bent, kun je ook wel een plek vinden om te wonen.'

'Ik zou het niet accepteren als mijn ouders zouden bepalen met wie ik moest trouwen.'

'Nee, want ook jij bent een kind van je tijd. Marx benadrukt bovendien dat het meestal de heersende klasse in de maatschappij is die bepaalt wat goed en wat fout is. Want de hele geschiedenis is een geschiedenis van de klassenstrijd. Dat wil zeggen dat de geschiedenis in de eerste plaats gaat over de vraag wie de produktiemiddelen bezit.'

'Zijn de ideeën en de theorieën van de mensen niet medebepalend voor historische veranderingen?'

'Ja en nee. Marx was zich ervan bewust dat verhoudingen in de bovenbouw van de maatschappij terug konden slaan op de basis van de maatschappij, maar hij wees het idee af dat de bovenbouw een zelfstandige geschiedenis had. De geschiedenis is vanaf de slavenmaatschappij in de oudheid tot de hedendaagse industriële samenleving in de eerste plaats voortgestuwd door veranderingen in de basis van de maatschappij.'

'Ja, dat had je al gezegd.'

'In alle fasen van de geschiedenis heeft er een tegenstelling bestaan tussen twee dominerende maatschappelijke klassen, aldus Marx. In de *slavenmaatschappij* uit de oudheid bestond er een tegenstelling tussen vrije burgers en slaven, in de middeleeuwse *feodale samenleving* tussen de feodale heer en de horige boer en later tussen de edelman en de burger. Maar in Marx' eigen tijd, in wat hij een burgerlijke of een *kapitalistische maatschappij* noemt, bestaat er in de eerste plaats een tegenstelling tussen de kapitalist en de arbeider of proletariër. Het is dus een tegenstelling tussen degenen die de produktiemiddelen bezitten en zij die ze niet bezit-

ten. En omdat de bovenklasse zijn overmacht niet wil prijsgeven, kan er alleen maar verandering optreden door middel van een revolutie.'
'Hoe zit het met de communistische maatschappij?'
'Marx interesseerde zich vooral voor de overgang van een kapitalistische naar een communistische maatschappij. Hij heeft ook een gedetailleerde analyse van de kapitalistische produktiewijze gemaakt. Maar voor we daarnaar kijken, moeten we iets zeggen over de visie van Marx op de *arbeid* van de mens.'
'Ja?'
'Voordat hij communist werd, was de jonge Marx geïnteresseerd in wat er met de mens gebeurt als hij werkt. Daar had ook Hegel een analyse van gemaakt. Hegel geloofde dat er een wederzijdse of dialectische verhouding tussen de mens en de natuur bestaat. Als de mens de natuur bewerkt, wordt de mens zelf bewerkt. Of om het op een andere manier te zeggen: als de mens werkt, grijpt de mens in de natuur in en beïnvloedt die. Maar in dat arbeidsproces grijpt ook de natuur in de mens in en beïnvloedt het bewustzijn van de mens.'
'Zeg mij wat voor werk je doet en ik zal je zeggen wie je bent.'
'Dat is kort gezegd precies wat Marx bedoelt. De manier waarop we werken, beïnvloedt ons bewustzijn, maar ons bewustzijn beïnvloedt op zijn beurt weer de manier waarop we werken. Je kunt zeggen dat er een wederzijdse verhouding bestaat tussen hand en geest. Op die manier hangt de kennis van de mens nauw samen met zijn werk.'
'Dan is het vast niet prettig als je werkloos bent.'
'Nee, iemand die geen werk heeft, loopt in feite leeg. Dat was ook Hegel al opgevallen. Zowel voor Hegel als voor Marx is arbeid iets positiefs, het is iets wat direct verband houdt met het menszijn.'
'Dan is het dus ook positief om arbeider te zijn?'
'Ja, in principe wel. Maar juist op dat punt komt Marx met zijn striemende kritiek op de kapitalistische produktiewijze.'
'Vertel op!'
'In het kapitalistische systeem werkt de arbeider voor een ander. Op die manier wordt de arbeid iets buiten hemzelf, of iets wat hem

niet toebehoort. De arbeider wordt een vreemde voor zijn eigen arbeid, maar daarmee wordt hij ook een vreemde voor zichzelf. Hij verliest zijn eigen menselijke werkelijkheid. Marx zegt met een hegeliaanse term dat de arbeider *vervreemd* raakt.'

'Ik heb een tante die al twintig jaar snoepgoed verpakt in een fabriek, dus ik snap precies wat je bedoelt. Ze zegt dat ze het elke morgen vreselijk vindt om naar haar werk te gaan.'

'Maar als ze haar werk haat, Sofie, dan haat ze in wezen ook zichzelf.'

'In elk geval haat ze snoep.'

'In de kapitalistische maatschappij is de arbeid zo georganiseerd dat de arbeider in werkelijkheid slavenarbeid verricht voor een andere maatschappelijke klasse. Op die manier draagt de arbeider zijn eigen arbeidskracht - en daarmee zijn hele menselijke bestaan - over aan de burgerij.'

'Is het echt zo erg?'

'We hebben het nu over Marx. Dan moeten we uitgaan van de maatschappelijke verhoudingen zoals die in het midden van de vorige eeuw waren. En dan is het antwoord volmondig "ja". De arbeider had vaak werkdagen van twaalf uur, terwijl hij al die tijd in een ijskoude produktiehal moest werken. De vergoeding was vaak zo slecht dat ook kinderen en kraamvrouwen moesten werken. Dat leidde tot onbeschrijflijke sociale toestanden. Op een groot aantal plaatsen werd het loon voor een deel uitbetaald in goedkope sterke drank en vrouwen werden genoodzaakt zich te prostitueren. Hun klanten waren de "heren van stand". Kortom, juist op het punt wat de trots van de mens zou moeten zijn, de arbeid dus, werd de arbeider tot een dier gemaakt.'

'Ik word kwaad.'

'Dat werd Marx ook. Terwijl de arbeiders dieren werden, speelden de kinderen van de burgerij viool in grote, warme kamers na een verfrissend bad. Of ze speelden piano voorafgaand aan een viergangendiner. Hoewel men ook wel 's avonds na een rijtocht op viool- of pianospel werd getrakteerd.'

'Bah, wat onrechtvaardig!'

'Dat vond Marx ook. In 1848 publiceerde hij samen met Engels een communistisch *manifest*. De eerste zin van het manifest luidt

als volgt: "Een spook waart door Europa - het spook van het communisme".'
'Ik word er bang van.'
'Dat werd de gegoede burgerij ook. Want nu begonnen de proletariërs zich te roeren. Wil je horen hoe het manifest eindigt?'
'Graag.'
'"De communisten versmaden het, hun opvattingen en oogmerken te verhelen. Zij verklaren openlijk dat hun doel slechts kan worden bereikt door de gewelddadige omverwerping van iedere tot dusverre bestaande maatschappelijke orde. Dat de heersende klassen sidderen voor een communistische revolutie! De proletariërs hebben daarbij niets te verliezen dan hun ketenen. Zij hebben een wereld te winnen. *Proletariërs aller landen, verenigt u!*"'
'Als de omstandigheden zo slecht waren als je zegt, geloof ik dat ik dat manifest ondertekend zou hebben. Maar de omstandigheden zijn tegenwoordig toch anders?'
'In Noorwegen wel, maar niet overal. Nog steeds leven veel mensen onder onmenselijke omstandigheden. Terwijl ze tegelijkertijd goederen produceren die de kapitalisten almaar rijker maken. Dat noemde Marx *uitbuiting*.'
'Kun je dat woord uitleggen?'
'Als de arbeider een waar produceert, dan heeft deze waar een zekere verkoopwaarde.'
'Ja?'
'Als je nu van die verkoopwaarde het loon van de arbeider en andere produktiekosten aftrekt, zul je altijd een bedrag overhouden. Dat bedrag noemde Marx de *meerwaarde* of de winst. Dat wil zeggen dat de kapitalist beslag legt op een waarde die eigenlijk door de arbeider is gemaakt. Dat wordt uitbuiting genoemd.'
'Ik snap het.'
'Nu kan de kapitalist een gedeelte van de winst in nieuw kapitaal investeren, bijvoorbeeld in modernisering van de werkplaats. Dat doet hij in de hoop de waar nog goedkoper te kunnen produceren. Zo hoopt hij ook dat de winst de volgende keer nog meer zal stijgen.'
'Dat is logisch.'
'Ja, dat kan heel logisch lijken. Maar op dat gebied en op andere

gebieden zal het op den duur niet zo lopen als de kapitalist zich voorstelt.'

'Wat bedoel je?'

'Marx meende dat er diverse ingebouwde tegenstellingen in de kapitalistische produktiewijze zaten. Het kapitalisme is een economisch systeem dat zichzelf zal vernietigen, omdat het rationele leiding mist.'

'Dat is op zich wel fijn voor de onderdrukten.'

'Ja, het zit in het kapitalistische systeem ingebouwd dat het zijn eigen ondergang tegemoet snelt. In dat opzicht is het kapitalisme "progressief" - of op de toekomst gericht - omdat het een stadium op de weg naar het communisme is.'

'Kun je ook een voorbeeld geven van de zelfvernietiging van het kapitalisme?'

'We hadden het over de kapitalist die een flinke hoeveelheid geld overhield en daar een deel van gebruikte om het bedrijf te moderniseren. Een ander deel ging op aan vioolles. Bovendien had zijn vrouw zich een aantal dure gewoonten aangemeten.'

'Ja?'

'Hij koopt nieuwe machines en heeft daarom niet zoveel personeel meer nodig. Dat doet hij om zijn concurrentiepositie te verstevigen.'

'Ik snap het.'

'Maar hij is niet de enige die zo denkt. Dat betekent dat het hele produktieproces steeds efficiënter zal worden. De fabrieken worden steeds groter, en ze komen in steeds minder handen terecht. Wat gebeurt er dan, Sofie?'

'Tja...'

'Dan zal er steeds minder behoefte zijn aan arbeidskracht. Op die manier zullen steeds meer mensen werkloos worden. Er zullen daarom steeds grotere sociale problemen ontstaan, en dergelijke *crises* zijn een waarschuwing dat het kapitalisme zijn ondergang nadert. Maar er zitten meer van dat soort zelfvernietigende trekjes aan het kapitalisme. Als er steeds meer winst aan het produktiemateriaal moet worden besteed zónder dat er een voldoende groot overschot ontstaat om de produktie gaande te houden tegen concurrerende prijzen...'

'Ja?'
'Wat zal de kapitalist dan doen? Kun je me daar een antwoord op geven?'
'Nee, dat kan ik echt niet.'
'Maar stel je voor dat je een fabriekseigenaar bent. Op een gegeven moment kun je de eindjes niet meer aan elkaar knopen. Je dreigt failliet te gaan. Nu vraag ik je: Wat kun je doen om geld te sparen?'
'Misschien kan ik de lonen verlagen.'
'Slim! Ja, dat is echt het slimste wat je kunt doen. Maar als alle kapitalisten net zo slim zijn als jij - en dat zijn ze - dan zullen de arbeiders zo arm worden dat ze geen geld meer hebben om nog iets te kopen. We zeggen dan dat de koopkracht daalt. En dan zitten we echt in een neerwaartse spiraal. "Voor het kapitalistische privé-eigendom heeft het laatste uur geslagen," zei Marx. "We bevinden ons spoedig in een revolutionaire situatie".'
'Ik snap het.'
'Om een lang verhaal kort te maken, eindigt het ermee dat de proletariërs in opstand komen en de produktiemiddelen overnemen.'
'En wat gebeurt er dan?'
'Een tijdlang zullen we een nieuwe klassenmaatschappij krijgen, waarin de proletariërs de burgerklasse met geweld onder de duim houden. Dat noemde Marx de *dictatuur van het proletariaat*. Maar na een overgangsperiode zal de dictatuur van het proletariaat overgaan in een klassenloze maatschappij oftewel het *communisme*. Dat zal een maatschappij zijn waarin de produktiemiddelen het eigendom zijn van "iedereen", dus van het volk zelf. In een dergelijke maatschappij zal iedereen "bijdragen naar vermogen", en "ontvangen naar behoefte". Nu zal de arbeid bovendien aan het volk zelf behoren, en aan de vervreemding van het kapitalisme zal een einde komen.'
'Dat klinkt allemaal prachtig, maar hoe is het gegaan? Is er ook een revolutie gekomen?'
'Ja en nee. Tegenwoordig kunnen economen vaststellen dat Marx zich op verschillende belangrijke punten vergist heeft. Dat geldt niet in de laatste plaats voor zijn analyse van kapitalistische

crises. Marx sloeg ook niet voldoende acht op de uitbuiting van de natuur, wat ons elke dag met grotere zorgen vervult. Maar - want er is een grote maar...'

'Ja?'

'Het marxisme leidde desalniettemin tot grote omwentelingen. Het leidt geen twijfel dat het socialisme er voor een groot deel in is geslaagd een onmenselijke maatschappij te bestrijden. In Europa is de maatschappij in ieder geval rechtvaardiger - en meer solidair - geworden dan in de tijd van Marx. Dat is niet in de laatste plaats aan Marx zelf en aan de socialistische beweging te danken.'

'Wat is er gebeurd?'

'Na Marx deelde de socialistische beweging zich in twee hoofdrichtingen. Aan de ene kant kregen we de *sociale democratie* en aan de andere kant het *leninisme*. De sociale democratie stond een geleidelijke en vreedzame toenadering tot het socialisme voor; dat werd de weg die men in West-Europa volgde. Dat kunnen we de "langzame revolutie" noemen. Het leninisme, dat vasthield aan Marx' idee dat alleen een revolutie in staat zou zijn om de oude klassenmaatschappij te bestrijden, kreeg grote betekenis in Oost-Europa, Azië en Afrika. Elk op hun terrein hebben de beide bewegingen inderdaad tegen nood en onderdrukking gestreden.'

'Maar ontstond er dan niet een nieuwe vorm van onderdrukking? Bijvoorbeeld in de Sovjetunie en in Oost-Europa?'

'Ongetwijfeld, en hier zien we opnieuw een illustratie van het feit dat alles wat de mensen aanpakken, een mengeling van goed en kwaad wordt. Aan de andere kant zou het onredelijk zijn om Marx vijftig tot honderd jaar na zijn dood de schuld te geven van negatieve situaties in de zogenaamde socialistische landen. Maar misschien heeft hij er te weinig over nagedacht dat het communisme ook door mensen moest worden geleid. Er zal wel nooit een paradijs ontstaan. Mensen zullen altijd nieuwe problemen veroorzaken die ze dan weer moeten oplossen.'

'Absoluut.'

'En daarmee sluiten we het verhaal over Marx af, Sofie.'

'Wacht even! Zei je niet iets als "rechtvaardigheid bestaat alleen onder gelijken"?'

'Nee, dat heeft Scrooge gezegd.'

'Hoe weet je dat hij dat heeft gezegd?'
'Tja, jij en ik hebben immers dezelfde schrijver. In dat opzicht zijn we veel nauwer met elkaar verbonden dan je bij oppervlakkige bestudering zou denken.'
'Jij ook altijd met die eeuwige ironie van je!'
'Dubbele ironie, Sofie, dat was dubbele ironie.'
'Maar om op die rechtvaardigheid terug te komen, je zei toch dat Marx vond dat het kapitalisme een onrechtvaardige maatschappij was. Hoe zou je een rechtvaardige maatschappij dan willen definiëren?'
'Een door het marxisme geïnspireerde moraalfilosoof, *John Rawls*, heeft daarover iets proberen te zeggen met behulp van het volgende voorbeeld: stel je voor dat je lid was van een voorname raad die alle wetten voor een toekomstige maatschappij zou moeten maken.'
'Ik zou best in zo'n raad willen zitten.'
'De raad zou met absoluut alle omstandigheden rekening moeten houden, want zodra ze het eens zouden worden - en dus de wetten zouden ondertekenen - zouden ze dood ter aarde storten.'
'Hè bah!'
'Maar ze zouden ook weer meteen ontwaken in de maatschappij waarvoor ze daarnet zelf de wetten hadden gemaakt. Het punt is dat ze geen idee zouden hebben op welke *positie* ze in die maatschappij terecht zouden komen.'
'Ik begrijp het.'
'Zo'n maatschappij zou een rechtvaardige maatschappij zijn. Want hij zou onder "gelijken" zijn ontstaan.'
'Mannen én vrouwen.'
'Dat spreekt voor zich. Je zou ook niet weten of je als man of als vrouw zou ontwaken. Aangezien de kansen daarop fifty-fifty zijn, betekent dat dat de maatschappij even goed voor vrouwen als voor mannen moet zijn.'
'Dat klinkt niet gek.'
'Zeg eens, was Europa in de tijd van Marx zo'n maatschappij?'
'Nee!'
'Kun je dan misschien tegenwoordig zo'n maatschappij aanwijzen?'
'Tja... dat is de vraag.'

'Denk er nog maar eens over na. Nu komt er niets meer over Marx.'
'Wat zeg je?'
'Nieuwe alinea!'

DARWIN

... een schip dat door het leven vaart met een ruim vol genen...

Zondagochtend werd Hilde wakker van een plotselinge slag. De multomap was op de grond gevallen. Ze had liggen lezen over Sofie en Alberto die het over Marx hadden en toen was ze op haar rug in slaap gevallen, met de map op het dekbed. De leeslamp boven haar bed had de hele nacht gebrand.

De wekker op haar bureau gaf met groene cijfers 8.59 aan.

Ze had gedroomd over enorme fabrieken en steden vol roet. Op de hoek van een straat zat een klein meisje lucifers te verkopen. Goedgeklede mensen in lange jassen en mantels liepen langs haar heen en negeerden haar volkomen.

Toen ze overeind kwam, dacht ze aan de wetgevers die ooit zouden ontwaken in een maatschappij die ze zelf hadden gemaakt. Hilde mocht in ieder geval blij zijn dat ze wakker werd op Bjerkely.

Zou ze wakker durven worden in Noorwegen als ze niet geweten had waar in Noorwegen ze zou ontwaken?

Het was niet alleen een kwestie van plaats. Had ze ook niet wakker kunnen worden in een heel andere tijd? In de middeleeuwen bijvoorbeeld - of in het stenen tijdperk, tien of twintigduizend jaar geleden? Hilde probeerde zich voor te stellen dat ze voor de ingang van een grot zat. Misschien was ze wel bezig een huid schoon te schrapen.

Hoe was het om een meisje van vijftien te zijn voordat er zoiets als cultuur bestond? Wat had ze toen gedacht?

Hilde trok een trui aan, raapte de multomap op en installeerde zich op haar bed om de lange brief van haar vader te lezen.

Net toen Alberto 'nieuwe alinea' had gezegd, werd er op de deur van Majorstua geklopt.

'We hebben zeker geen keus?' zei Sofie.

'Nee, ik ben bang van niet,' mompelde Alberto.
Op de stoep stond een heel oude man met lange witte haren en een baard. In zijn rechterhand hield hij een wandelstok, in de linker had hij een grote plaat met een afbeelding van een boot. Aan boord van de boot wemelde het van de dieren in allerlei soorten en maten.
'En wie mag deze oude heer wel zijn?' vroeg Alberto.
'Mijn naam is Noach.'
'Zoiets vermoedde ik al.'
'Je eigen stamvader, jongen. Maar het is zeker geen mode meer om te weten wie je eigen stamvader is?'
'Wat heb je daar in je hand?' vroeg Sofie.
'Een afbeelding van alle dieren die van de grote vloed werden gered. Alsjeblieft, m'n kind, voor jou.'
Sofie nam de grote plaat aan, en de oude man zei: 'Nu moet ik naar huis, mijn wijnranken water geven...'
Hij maakte een sprongetje, sloeg zijn voeten in de lucht tegen elkaar en huppelde het bos in zoals alleen hele oude mannen met een heel goed humeur dat kunnen.
Sofie en Alberto liepen naar binnen en gingen weer zitten. Sofie keek naar de grote plaat, maar voordat ze hem goed had kunnen bestuderen, pakte Alberto de plaat met een resoluut gebaar van haar af.
'Laten we ons eerst op de grote lijnen concentreren.'
'Begin maar.'
'We zijn nog vergeten te zeggen dat Marx de laatste 34 jaar van zijn leven in Londen woonde. Hij vestigde zich daar in 1849 en overleed in 1883. In diezelfde tijd woonde *Charles Darwin* buiten Londen. Hij stierf in 1882 en werd plechtig begraven in de Westminster Abbey als een van Engelands grote zonen. Maar Darwin en Marx kruisten elkaars pad niet alleen in tijd en plaats. Marx probeerde zelfs de Engelse uitgave van zijn hoofdwerk, "Het Kapitaal", aan Darwin op te dragen, maar Darwin bedankte voor de eer. Toen Marx een jaar na Darwin overleed, zei zijn vriend *Friedrich Engels*: 'Zoals Darwin wetten ontdekte voor de ontwikkeling van de organische natuur, ontdekte Marx de wetten voor de historische ontwikkeling van de mensheid.'

'Ik begrijp het.'
'Een andere belangrijke denker die zijn activiteiten graag aan Darwin wilde koppelen, was de psycholoog *Sigmund Freud*. Ook hij bracht het laatste jaar van zijn leven in Londen door. Freud wees erop dat zowel Darwins evolutietheorie als zijn eigen psychoanalyse de "naïeve eigenliefde" van de mens een deuk hadden bezorgd.'
'Wat een boel namen. Hebben we het nu over Marx en Darwin en Freud?'
'In ruimere zin hebben we het over een *naturalistische* stroming die vanaf het midden van de negentiende eeuw tot ver in onze eigen eeuw heeft geduurd. Met "naturalisme" bedoelen we een opvatting van de werkelijkheid die uitsluitend de natuur en de waarneembare wereld als werkelijkheid accepteert. Een naturalist beschouwt de mens als een deel van de natuur. Een naturalistische onderzoeker zal zich voor alles baseren op feiten die vastliggen in de natuur - en dus niet op rationalistische speculaties of enige vorm van goddelijke openbaring.'
'En dat geldt ook voor Marx, Darwin en Freud?'
'Absoluut. De trefwoorden vanaf het midden van de vorige eeuw waren "natuur", "milieu", "geschiedenis", "ontwikkeling" en "groei". *Marx* had er op gewezen dat de ideologie van de mensen een produkt is van de materiële basis van de maatschappij. *Darwin* liet zien dat de mens het resultaat is van een langdurige biologische ontwikkeling, en *Freuds* studie van het onderbewuste bracht aan het licht dat het doen en laten van mensen vaak het gevolg is van bepaalde "dierlijke" driften of instincten.'
'Ik geloof dat ik ongeveer begrijp wat je bedoelt met naturalisme, maar is het niet beter om over een persoon per keer te praten?'
'We gaan het over Darwin hebben, Sofie. Je herinnert je misschien dat de presocratische filosofen zochten naar *natuurlijke verklaringen* voor de natuurprocessen. Zoals zij zich moesten ontdoen van oude, mythologische verklaringen, moest Darwin zich bevrijden van de kerkelijke opvattingen over de schepping van mens en dier.'
'Maar was hij eigenlijk een filosoof?'
'Darwin was bioloog en natuurwetenschapper. Maar van de

nieuwe wetenschappers is hij degene die de grootste vraagtekens heeft gezet bij de bijbelse visie over de plaats van de mens in de schepping.'
'Nu ga je zeker iets vertellen over Darwins evolutietheorie.'
'We beginnen met Darwin zelf. Hij werd in 1809 geboren in het stadje Shrewsbury. Zijn vader, Dr. Robert Darwin, was daar een bekende arts en hij was erg streng wat de opvoeding van zijn zoon betrof. Toen Charles op de middelbare school in Shrewsbury zat, omschreef de rector hem als een jongen die maar wat rondrende en onzin uitkraamde, een opschepper die absoluut niets nuttigs deed. Met "nuttig" bedoelde deze rector het instampen van Griekse en Latijnse werkwoorden, met "rondrennen" bedoelde hij onder andere dat Charles op zoek ging naar allerlei kevertjes, voor zijn verzameling.'
'Van die woorden zal hij later nog spijt hebben gehad.'
'Ook toen hij theologie studeerde, was Darwin meer geïnteresseerd in het jagen op vogels en het verzamelen van insekten dan in zijn studie. Daarom sloot hij zijn studie ook niet met goede cijfers af. Maar tijdens zijn studie theologie bouwde hij wel een zekere naam op als natuuronderzoeker. Hij was vooral geïnteresseerd in de geologie, wat destijds een van de snelst groeiende wetenschappen was. Meteen nadat hij in april 1831 in Cambridge zijn examen theologie had afgelegd, reisde hij een tijdje door Noord-Wales om bergformaties te bestuderen en naar fossielen te zoeken. In augustus van dat jaar, hij was toen nog maar 22 jaar oud, kreeg hij een brief die beslissend zou zijn voor de rest van zijn leven...'
'Wat stond er in die brief?'
'De brief kwam van zijn vriend en leraar John Steven Henslow. Hij schreef: "Er is mij gevraagd... om een natuuronderzoeker aan te bevelen die mee kan varen met kapitein Fitzroy, die door de regering is aangesteld om de zuidelijke punt van Amerika in kaart te brengen. Ik heb gezegd dat jij in mijn ogen de meest gekwalificeerde persoon voor een dergelijke opdracht was. Hoe het met het loon zit, weet ik niet. De reis zal twee jaar duren..."'
'Wat jij toch allemaal uit je hoofd kent!'
'Een kleinigheid, Sofie.'
'En hij zei ja?'

'Hij had ontzettend veel zin om deze kans te grijpen, maar in die tijd deden jongemannen niets zonder de toestemming van hun ouders. Na veel soebatten stemde zijn vader toe - hij moest de reis van zijn zoon betalen. Het bleek namelijk dat alles wat "loon" heette, schitterde door afwezigheid.'

'O...'

'Het schip was het marinevaartuig H.M.S. "Beagle". Op 27 december 1831 vertrok het uit Plymouth met koers naar Zuid-Amerika, en het schip keerde pas in oktober 1836 naar Engeland terug. De twee jaren werden er dus vijf. De reis naar Zuid-Amerika werd dan ook een reis om de wereld. We spreken nu over de allerbelangrijkste onderzoeksreis van de nieuwe tijd.'

'Voeren ze letterlijk de wereld rond?'

'Letterlijk, ja. Van Zuid-Amerika ging de tocht verder over de Stille Oceaan naar Nieuw-Zeeland, Australië en Zuid-Afrika. Vandaar voeren ze weer naar Zuid-Amerika voordat ze uiteindelijk naar Engeland terugkeerden. Darwin schreef dat de reis met de Beagle absoluut de belangrijkste gebeurtenis in zijn leven was geweest.'

'Natuuronderzoeker op zee, dat was zeker niet zo gemakkelijk?'

'De eerste jaren voer de "Beagle" heen en weer langs de kust van Zuid-Amerika. Dat bood Darwin rijkelijk de gelegenheid om het land van dit continent te verkennen. De vele strooptochten naar de Galapagos-eilanden in de Stille Oceaan, ten westen van Zuid-Amerika, bleken van beslissende betekenis te zijn. Zo kon hij veel materiaal verzamelen dat later naar Engeland werd gezonden. Maar zijn ideeën over de natuur en de geschiedenis van het leven op aarde hield hij voor zich. Toen hij weer thuiskwam, nog maar 27 jaar oud, was hij al een beroemd natuuronderzoeker. Hij had ook al een duidelijk idee in zijn hoofd van wat later zijn evolutieleer zou worden, maar na zijn thuiskomst zou het nog jaren duren voordat hij zijn hoofdwerk publiceerde. Want Darwin was een voorzichtig man, Sofie. Dat moet een natuuronderzoeker ook zijn.'

'Hoe heette dat hoofdwerk?'

'Nou ja, het waren er meer dan een. Maar het boek dat in Engeland tot de felste discussie leidde, was "Het ontstaan der soorten", dat in 1859 uitkwam. De volledige titel luidde: "On the Origin of

Species by Means of Natural Selection or the Preservation of Favoured Races in the Struggle for Life". Die lange titel is in feite een samenvatting van Darwins theorie.'

'Dan vind ik dat je het maar moet vertalen.'

'Het ontstaan der soorten door middel van natuurlijke selectie en het overleven van de bevoordeelde rassen in de strijd om het bestaan.'

'Ja, dat is een titel die veel zegt.'

'We zullen hem stukje bij beetje bekijken. In "Het ontstaan der soorten" poneerde Darwin twee theorieën of hoofdstellingen. In de eerste plaats zei hij dat alle nu levende planten en dieren afstammen van vroegere, primitievere vormen. Hij beweerde dus dat er een biologische ontwikkeling plaatsvond. Ten tweede zei hij dat die ontwikkeling het gevolg was van "natuurlijke selectie".'

'Omdat de sterksten overleven, nietwaar?'

'We zullen ons eerst met de evolutiegedachte zelf bezighouden. Die was op zich namelijk niet zo origineel. In bepaalde kringen was het geloof dat er een biologische ontwikkeling had plaatsgevonden, al rond 1800 redelijk ingeburgerd. Meest toonaangevend was de Franse zoöloog *Lamarck*. En daarvoor had Darwins eigen grootvader, *Erasmus Darwin*, al gezegd dat planten en dieren zich uit een klein aantal primitieve soorten ontwikkeld hadden. Maar niemand van hen had er een aannemelijke verklaring voor gevonden *hoe* zo'n ontwikkeling in zijn werk ging. Daarom waren ze in de ogen van de kerk ook geen echt gevaarlijke tegenstanders.'

'Maar Darwin wel?'

'Ja, en niet zonder reden. Zowel binnen de kerk als in vele wetenschappelijke kringen hield men zich aan de bijbel, die zegt dat de verschillende plante- en diersoorten onveranderlijk zijn. De gedachte daarachter was dat elke diersoort eens en voor altijd was geschapen in een afzonderlijke schepping. Deze christelijke opvatting kwam overeen met de ideeën van Plato en Aristoteles.'

'Hoe dan?'

'Plato's ideeënleer kwam erop neer dat alle diersoorten onveranderlijk waren, omdat ze naar het voorbeeld van eeuwige ideeën of vormen waren gevormd. Dat de diersoorten onveranderlijk waren was ook een hoeksteen in de filosofie van Aristoteles. Maar juist in

Darwins tijd werd er een aantal ontdekkingen en observaties gedaan die deze traditionele opvattingen op losse schroeven zetten.'
'Welke ontdekkingen en observaties waren dat dan?'
'In de eerste plaats werden er steeds meer fossielen gevonden. Men vond ook resten van grote botten van uitgestorven dieren. Darwin verbaasde zich vooral over de vondsten van zeedieren ver landinwaarts. Hij deed zulke vondsten hoog in het Andesgebergte, in Zuid-Amerika. Maar wat doen zeedieren hoog in de bergen, Sofie? Kun je me dat vertellen?'
'Nee.'
'Sommigen dachten dat mensen of dieren ze daar gewoon hadden neergegooid. Er waren ook mensen die dachten dat God zulke fossielen en overblijfselen had geschapen om de goddelozen op een dwaalspoor te brengen.'
'En wat dacht de wetenschap?'
'De meeste geologen zweerden bij een "catastrofe-theorie", die er op neerkwam dat de aarde meerdere malen was getroffen door grote overstromingen, aardbevingen en andere rampen, die al het leven hadden vernietigd. In de bijbel horen we ook over zo'n ramp, ik denk dan aan de zondvloed en de ark van Noach. Na elke ramp had God het leven op aarde vernieuwd door nieuwe - betere - planten en dieren te scheppen.'
'Dan waren de fossielen dus afdrukken van vroegere levensvormen, die na zulke vreselijke rampen waren uitgeroeid?'
'Juist. Er werd bijvoorbeeld gezegd dat de fossielen afdrukken waren van de dieren die geen plaats vonden in de ark van Noach. Toen Darwin meevoer met de "Beagle", had hij het eerste deel van "Principles of Geology" bij zich, een boek van de Engelse geoloog *Charles Lyell*. Lyell dacht dat het huidige uiterlijk van de aarde - met hoge bergen en diepe dalen - het resultaat was van een oneindig lange en langzame ontwikkeling. Zijn theorie was dat hele kleine veranderingen tot grote geografische verschuivingen konden leiden, als ze maar lang genoeg duurden.'
'Aan wat voor veranderingen dacht hij dan?'
'Hij dacht aan dezelfde krachten die vandaag de dag ook nog aan het werk zijn: weer en wind, smeltend ijs, aardbevingen en

aardverschuivingen. Er wordt wel gezegd dat de druppel de steen uitholt - niet door zijn kracht, maar door te blijven druppen. Lyell dacht dat dergelijke kleine, geleidelijke veranderingen gedurende een lange periode de natuur volkomen konden veranderen. Dat verklaarde niet alleen waarom Darwin hoog in de Andes resten van zeedieren kon vinden, Darwin heeft de gedachte dat *kleine, geleidelijke veranderingen* tot dramatische verschillen konden leiden als men de tijd maar als bondgenoot had, nooit meer losgelaten.'

'Hij dacht zeker dat zo'n verklaring ook gebruikt kon worden voor de ontwikkeling van de dieren?'

'Ja, dat vroeg hij zich af. Maar zoals gezegd: Darwin was een voorzichtig man. Hij stelde de vragen lang voordat hij er een antwoord op durfde geven. Wat dat betreft gebruikte hij dezelfde methode als alle echte filosofen: het is belangrijk om vragen te stellen, maar antwoord geven heeft vaak niet zo'n haast.'

'Ik snap het.'

'Een beslissende factor in Lyells theorie was de ouderdom van de aarde. In Darwins tijd werd in brede kring aangenomen dat er ongeveer 6000 jaren verstreken waren sinds God de aarde had geschapen. Aan dat getal kwam men door alle generaties vanaf Adam en Eva tot aan die tijd bij elkaar op te tellen.'

'Wat simpel!'

'Achteraf heb je altijd gemakkelijk praten. Zelf schatte Darwin de ouderdom van de aarde op 300 miljoen jaar. Want een ding was duidelijk: noch Lyells theorie over de geleidelijke geologische ontwikkeling, noch Darwins eigen evolutietheorie waren zinnig als je niet uitging van een ongelooflijk lange tijdspanne.'

'En hoe oud is de aarde?'

'Tegenwoordig weten we dat de wereld 4,6 miljard jaar oud is.'

'Dat zou genoeg moeten zijn...'

'Tot nu toe hebben we ons bezig gehouden met een van Darwins argumenten voor de veronderstelling dat er een biologische ontwikkeling plaatsvindt. Dat is het *voorkomen van fossielen* in verschillende gesteentelagen. Een ander argument was de *geografische verdeling* van levende plante- en diersoorten. Hier leverde Darwins eigen ontdekkingsreis nieuw en ongelooflijk rijk materiaal op. Hij kon met eigen ogen zien dat de verschillende diersoorten in een bepaald gebied zich onderling onderscheidden door hele kleine verschillen. Vooral op de Galapagos-eilanden ten westen van Ecuador deed hij enkele interessante ontdekkingen.'

'Vertel!'

'We hebben het hier over een groep vulkanische eilanden die dicht bij elkaar liggen. Daarom zijn de verschillen in flora en fauna niet groot. Maar Darwin interesseerde zich ook meer voor de kleine verschillen. Op alle eilanden trof hij grote reuzenschildpadden aan, maar ze waren op ieder eiland een *beetje* verschillend. Had God echt voor elk van de eilanden een ander schildpaddenras geschapen?'

'Dat lijkt me sterk.'

'Nog belangrijker waren Darwins observaties wat betreft de vogels op Galapagos. Van eiland tot eiland waren er duidelijke variaties in de vinkensoorten - vooral in de vorm van de snavel. Darwin toonde aan dat die verschillen nauw samenhingen met wat de vinken op de verschillende eilanden aten. De vink met de scherpe snavel leefde van de zaden uit denneappels, de kleine zangvink van insekten, de spechtvink van insekten in stammen en takken... Iedere soort had een snavel die perfect was aangepast aan het voedsel. Konden al deze vinken van dezelfde vinkensoort stammen? En zo ja, had die vinkensoort zich dan in de loop van de tijd aan de omstandigheden op de verschillende eilanden aangepast, zodat er ten slotte een aantal nieuwe soorten vinken ontstonden?'

'Dat was zeker zijn conclusie?'

'Ja, misschien werd Darwin op de Galapagos-eilanden pas echt "darwinist". Het viel hem ook op dat de dieren op de kleine eilandengroep erg leken op soorten die hij in Zuid-Amerika had gezien. Had God echt voor eens en altijd al deze dieren een beetje verschillend van elkaar geschapen, of was er sprake van een ontwikkeling? Hij begon er steeds meer aan te twijfelen of de soorten onveranderlijk waren. Hij had er alleen nog geen goede verklaring voor *hoe* zo'n eventuele ontwikkeling of aanpassing aan de omstandigheden in zijn werk was gegaan. Maar er was nog een andere aanwijzing dat alle dieren op aarde aan elkaar verwant waren.'

'O ja?'

'Dat was de ontwikkeling van de foetus bij zoogdieren. Als je de foetussen van een hond, een vleermuis, een konijn en een mens in een vroeg stadium met elkaar vergelijkt, zie je bijna geen verschil. Pas in een heel laat stadium van de ontwikkeling kun je een mensenfoetus onderscheiden van een konijnenfoetus. Is dat geen aanwijzing dat we in de verte familie van elkaar zijn?'

'Maar hij wist nog steeds niet hoe die ontwikkeling had plaatsgevonden?'

'Hij bleef nadenken over Lyells theorie over de kleine veranderingen die na lange tijd grote gevolgen hebben. Maar hij vond geen verklaring die als een universeel principe kon gelden. Hij kende ook de theorie van de Franse zoöloog Lamarck. Lamarck had erop gewezen dat de verschillende diersoorten allemaal die eigenschap hadden ontwikkeld waar ze behoefte aan hadden. Giraffen hadden bijvoorbeeld een lange hals gekregen omdat ze zich generaties lang hadden uitgerekt naar de bladeren in de bomen. Lamarck dacht dus dat de eigenschappen die het afzonderlijke individu zich eigen maakt, worden overgeërfd door de nakomelingen. Darwin verwierp de theorie dat "verworven eigenschappen" erfelijk zijn, omdat Lamarck geen bewijs had voor zijn gewaagde beweringen. Er was iets anders - iets wat veel meer voor de hand lag - waar Darwin steeds vaker aan dacht. Je zou bijna kunnen zeggen dat het mechanisme achter de ontwikkeling van de soorten vlak voor zijn neus lag.'

'Ik wacht, ik wacht.'

'Ik heb liever dat je dat mechanisme zelf ontdekt. Daarom vraag ik: als je drie koeien hebt, en maar genoeg voer om twee in leven te houden, wat doe je dan?'

'Dan moet ik misschien een van de koeien slachten?'

'Ja, ja... En welke koe zou je dan slachten?'

'De koe die het minst melk geeft?'

'Echt waar?'

'Ja, dat lijkt me het meest logische.'

'En precies dat doen de mensen nu al eeuwen lang. Maar zo gemakkelijk laten we die twee koeien niet los. Stel dat je wilt dat een ervan een kalf krijgt. Welke zou je dan laten dekken?'

'De koe die de meeste melk geeft. Dan wordt het kalf vast ook een goede melkkoe.'

'Dus jij hebt liever een goede melkkoe dan een slechte melkkoe? Dan is een extra vraag genoeg. Als je een jager bent met twee speurhonden, maar je moet er een van de hand doen, welke hond zou je dan houden?'

'De hond die het best het spoor kan vinden van het dier waar ik op wil jagen, natuurlijk.'

'Dus je zou de voorkeur geven aan de beste speurhond, ja. En zo, Sofie, hebben de mensen al meer dan tienduizend jaar dieren gefokt. Kippen hebben niet altijd vijf eieren per week gelegd, de schapen hebben niet altijd zoveel wol gehad, en paarden zijn niet altijd zo sterk en snel geweest. De mensen hebben een *kunstmatige keuze* gemaakt. Dat geldt ook voor planten. Je stopt geen slechte aardappelen in de grond als je beter pootgoed hebt. Je snijdt geen korenaren af die geen koren dragen. Darwin beweerde dat geen koe, geen korenaar, geen hond en geen vink helemaal gelijk is. De natuur kent een enorme variatie. Zelfs binnen dezelfde soort is geen enkel exemplaar helemaal gelijk. Dat heb je misschien zelf ondervonden toen je uit het blauwe flesje dronk.'

'Ja, zeg dat wel.'

'De volgende stap was dat Darwin zich afvroeg: zou een soortgelijk mechanisme ook in de natuur kunnen bestaan? Is het denkbaar dat de natuur door natuurlijke selectie bepaalt welke exemplaren mogen blijven leven? En vooral: zou zo'n mechanisme na lange tijd geheel nieuwe dier- en plantesoorten kunnen scheppen?'

'Ik wed dat het antwoord ja is.'

'Darwin kon zich nog steeds niet goed voorstellen hoe zo'n natuurlijke selectie in zijn werk ging. Maar in oktober 1838 - precies twee jaar nadat hij met de "Beagle" was thuisgekomen - kreeg hij toevallig een boek van de bevolkingsdeskundige *Thomas Malthus* in handen. Het boek heette "An Essay on the Principles of Population". Malthus had het idee voor dit boek gekregen van *Benjamin Franklin*, de Amerikaan die onder andere de bliksemafleider uitvond. Franklin had erop gewezen dat als er geen beperkende factoren in de natuur hadden bestaan, een enkele plante- of diersoort zich over de hele wereld zou hebben verspreid. Maar omdat er meerdere soorten zijn, houden ze elkaar in evenwicht.'

'Ik snap het.'

'Malthus borduurde verder op deze gedachte en paste hem toe op de bevolkingssituatie op aarde. Hij wees erop dat het vermogen tot voortplanten van de mensen zo groot is, dat er altijd meer kinderen worden geboren dan er kunnen opgroeien. Omdat de voedselproduktie nooit gelijke tred zou kunnen houden met de bevolkingstoename, was hij van mening dat een groot aantal kinderen gedoemd was ten onder te gaan in de strijd om het bestaan. Zij die blijven leven - en het geslacht verder voeren - zijn dus de kinderen die zich het best redden in de strijd om het bestaan.'

'Het klinkt logisch.'

'Dat was het universele mechanisme waar Darwin naar zocht. Opeens had hij de verklaring voor de vraag hoe de ontwikkeling in zijn werk gaat. Die is het gevolg van de *natuurlijke selectie* in de strijd om het bestaan - degene die het zich het best aan de omstandigheden kan aanpassen, zal overleven en voor nageslacht zorgen. Dit was de tweede theorie die hij ontvouwde in het boek "Het ontstaan der soorten". Hij schreef: "Van alle dieren plant de olifant zich het langzaamst voort, maar als alle olifantenjongen bleven leven, zouden er na 750 jaar bijna negentien miljoen olifanten leven die afstamden van een enkel paartje".'

'Om nog maar te zwijgen over de duizenden eitjes van een enkele kabeljauw.'

'Darwin wees er verder op dat de strijd om het bestaan vaak het felst is tussen soorten die elkaar het naast staan. Die moeten immers om hetzelfde voedsel vechten. Daar komen de kleine voordelen - dus de kleine positieve afwijkingen van het gemiddelde - pas echt tot hun recht. Hoe harder de strijd om het bestaan is, des te sneller ontwikkelen nieuwe soorten zich. Alleen de allerbest aangepaste exemplaren overleven, en de andere sterven uit.'

'Dus hoe minder eten er is voor hoe meer dieren, des te sneller gaat de ontwikkeling?'

'Het gaat niet alleen om voedsel. Het kan net zo belangrijk zijn om ervoor te zorgen dat je niet door andere dieren wordt opgegeten. Zo kan het een voordeel zijn om een schutkleur te hebben, om hard te kunnen lopen, om vijandige dieren snel op te merken - of in het ergste geval vies te smaken. Een gif dat roofdieren doodt is ook niet te versmaden. Het is niet toevallig dat veel cactussen giftig

zijn, Sofie. In de woestijn groeien bijna alleen maar cactussen. Die plant wordt daarom extra blootgesteld aan planteneters.'
'De meeste cactussen hebben bovendien stekels.'
'Van fundamentele betekenis is natuurlijk het vermogen om je voort te planten. Darwin bestudeerde tot in detail hoe vernuftig de bestuiving van planten vaak was. De planten laten hun mooie kleuren zien en sturen hun zoete geuren de lucht in om insekten aan te trekken die helpen bij de bestuiving. Een vogel zingt zijn fraaie riedeltjes om dezelfde reden. Een bedaarde of melancholieke stier die niet naar koeien omkijkt, is daarom volslagen oninteressant voor de geschiedenis van het geslacht. Zulke afwijkende eigenschappen zullen bijna onmiddellijk uitsterven. Want de enige taak van het individu is opgroeien tot de geslachtsrijpe leeftijd en zich voort te planten zodat het nageslacht is veiliggesteld. Het is net een lange estafette. Wie er om de een of andere reden niet in slaagt zijn erfelijke eigenschappen door te geven, wordt altijd weggeselecteerd. Zo wordt het geslacht voortdurend veredeld. Weerstand tegen ziekten is ook zo'n eigenschap die voortdurend wordt opgeslagen en bewaard in de varianten die overleven.'
'Alles wordt dus steeds beter?'
'De voortdurende selectie zorgt ervoor dat degenen die het best zijn aangepast aan een *bepaald milieu* - of een bepaalde ecosysteem - het geslacht in dat milieu op den duur verder zullen voeren. Maar wat een voordeel is in het ene milieu, hoeft geen voordeel te zijn in het andere. Voor sommige vinken op de Galapagos-eilanden was de vliegvaardigheid erg belangrijk. Maar het is niet zo belangrijk om goed te kunnen vliegen als je je eten op de grond bij elkaar scharrelt en er geen roofdieren zijn. Juist omdat er zoveel verschillende leefmilieus zijn in de natuur, zijn er in de loop van de tijd zoveel verschillende diersoorten ontstaan.'
'Maar er bestaat maar een soort mens.'
'Ja, omdat de mens een fantastisch talent heeft om zich aan verschillende levensomstandigheden aan te passen. Dat was iets waar Darwin zich over verbaasde toen hij zag hoe de Indianen op Vuurland in het koude klimaat daar konden leven. Maar dat betekent niet dat alle mensen gelijk zijn. Wanneer mensen die rond de evenaar wonen een donkerder huid hebben dan bewoners van noor-

delijke streken, dan is dat omdat een donkere huid beter tegen zonlicht beschermt. Blanke mensen die veel in de zon lopen, hebben bijvoorbeeld een grotere kans op huidkanker.'

'Is het ook een voordeel om een blanke huid te hebben als je in noordelijke streken woont?'

'Jazeker, als dat niet zo was, zouden de mensen overal wel een donkere huid hebben gehad. Maar een witte huid zet zonlicht gemakkelijker om in vitaminen, en dat kan belangrijk zijn als er niet zoveel zon is. Tegenwoordig is dat van minder groot belang, omdat we genoeg vitaminen uit ons voedsel kunnen halen. Maar niets is toevallig in de natuur. Alles is het gevolg van piepkleine veranderingen die talloze generaties lang hebben doorgewerkt.'

'Als je er goed over nadenkt, is het eigenlijk fantastisch.'

'Ja, hè? Dan kunnen we Darwins evolutietheorie voorlopig als volgt samenvatten:

'Ik luister.'

'We kunnen zeggen dat de "grondstof" of het materiaal achter de ontwikkeling van het leven op aarde bestaat uit de voortdurende *variaties* tussen exemplaren binnen een en dezelfde soort, en uit de *grote aantallen* die ervoor zorgen dat slechts een klein gedeelte erin slaagt op te groeien. Het "mechanisme" of de drijvende kracht achter de ontwikkeling is de *natuurlijke selectie* in de strijd om het bestaan. Die selectie maakt dat altijd de sterkste of best aangepaste overleeft.'

'Dat klinkt allemaal heel logisch. Hoe reageerden de mensen op het boek over "Het ontstaan der soorten?"'

'Het werd een echt kemphanengevecht. De kerk protesteerde fel, en het wetenschappelijke milieu in Engeland raakte verdeeld. Eigenlijk was dat ook niet zo gek. Darwin had immers een aardig stuk van de scheppingsdaad van God afgepakt. Hoewel sommige mensen erop wezen dat het grootser is iets te scheppen wat de mogelijkheid heeft zichzelf te ontwikkelen dan zogezegd alles eens en voor altijd tot in detail te scheppen.'

Plotseling schoot Sofie uit haar stoel overeind.

'Kijk daar eens!' riep ze uit.

Ze wees naar buiten. Bij het ven wandelden een man en een vrouw hand in hand. Ze waren helemaal naakt.

'Dat zijn Adam en Eva,' zei Alberto. 'Ze moesten na verloop van tijd hetzelfde lot delen als Roodkapje en Alice in Wonderland. Daarom duiken ze hier ook op.'
Sofie liep naar het raam en keek hen na tot ze tussen de bomen waren verdwenen.
'Omdat Darwin dacht dat de mensen zich ook uit de dieren hadden ontwikkeld?'
'In 1871 gaf hij het boek "Descent of Man" ofwel "De afstamming van de mens" uit. In dat boek wijst hij op de grote overeenkomsten tussen mensen en dieren, en op het feit dat mensen en mensapen zich ooit vanuit een gemeenschappelijke stamvader moeten hebben ontwikkeld. Tegen die tijd had men ook de eerste fossiele schedels van een uitgestorven mensentype gevonden, eerst in een steengroeve op de rots van Gibraltar en een paar jaar later in het Neanderthal in Duitsland. Merkwaardig genoeg was het protest in 1871 minder hevig dan in 1859, toen Darwin "Het ontstaan der soorten" uitgaf. Maar dat de mens afstamde van de dieren lag eigenlijk al besloten in dat eerste boek. En zoals gezegd: toen Darwin in 1882 stierf, werd hij plechtig begraven als een pionier binnen de wetenschap.'
'Dus hij werd een gerespecteerd en gezien man?'
'Uiteindelijk wel. Maar daarvoor werd hij omschreven als de "gevaarlijkste man van Engeland".'
'Nou moe!'
'"Laten we hopen dat het niet waar is," zei een voorname dame, "maar als het waar is, laten we dan hopen dat het niet algemeen bekend wordt." Een gevestigd wetenschapper zei iets dergelijks: "Een vernederende ontdekking, en hoe minder er over gesproken wordt, des te beter".'
'Dan leverden ze bijna het bewijs voor het feit dat de mens verwant is aan de struisvogel!'
'Ja, dat kun je wel stellen. Maar wij hebben achteraf gemakkelijk praten. Veel mensen voelden zich nogal abrupt gedwongen hun visie op het scheppingsverhaal uit de bijbel te herzien. De jonge schrijver *John Ruskin* zei het zo: "Konden de geologen mij maar met rust laten. Na elk vers in de bijbel hoor ik de slagen van hun hamers klinken".'

'Die hamerslagen waren de twijfel aan Gods woord?'
'Dat bedoelde hij waarschijnlijk. Want niet alleen de letterlijke vertolking van het bijbelse scheppingsverhaal kwam op losse schroeven te staan. De essentie van Darwins theorie was dat de mens uiteindelijk het produkt was van louter *toevallige* variaties. En dat niet alleen: Darwin had de mens gemaakt tot het produkt van iets zo onsentimenteels als "de strijd om het bestaan".'
'Zei Darwin ook hoe zulke toevallige variaties ontstaan?'
'Nu kom je bij het zwakste punt van zijn theorie. Darwin had alleen wat vage ideeën over erfelijkheid. Bij kruisingen treden altijd verschillen op. Een moeder en vader krijgen nooit twee identieke kinderen. Daar ontstaat al een zekere variatie. Maar op die manier kan er moeilijk iets geheel nieuws ontstaan. Bovendien vermeerderen sommige planten en dieren zich door ontkieming of door simpele celdeling. Als het gaat om de vraag hoe de varianten ontstaan, heeft het zogenoemde *neodarwinisme* Darwins theorie aangevuld.'
'Vertel op!'
'Al het leven en alle voortplanting draait uiteindelijk om celdeling. Als een cel zich in tweeën deelt, ontstaan er twee cellen met precies hetzelfde erfelijke materiaal. Met celdeling bedoelen we dus dat een cel zichzelf kopieert.'
'Ja?'
'Maar soms treden er tijdens dat proces hele kleine foutjes op - zodat de kopie-cel toch niet helemaal identiek is aan de moedercel. Dat heet in de moderne biologie een *mutatie*. Zulke mutaties kunnen volstrekt onbelangrijk zijn, maar ze kunnen ook leiden tot duidelijke veranderingen in de eigenschappen van het individu. Soms zijn ze ronduit schadelijk, en zulke "mutanten" worden uit de grote groep weggezuiverd. Maar soms geeft een mutatie een individu net die positieve eigenschap die het nodig heeft om zich in de strijd om het bestaan beter te weren.'
'Zoals bijvoorbeeld een langere nek?'
'Lamarcks verklaring voor de lange nek van de giraffe, was dat de giraffen voortdurend hun hals hadden uitgestrekt. Maar volgens het darwinisme zijn zulke verworven eigenschappen niet erfelijk. Darwin dacht dat de lengte van de nek van de giraffe-stamvaders

een natuurlijke variant was. Het neodarwinisme vult dit aan door een duidelijke *oorzaak* aan te wijzen voor het feit dat zulke varianten ontstaan.'

'En dat zijn de mutaties.'

'Ja, een paar heel toevallige veranderingen in het erfelijk materiaal gaven sommige giraffe-stamvaders een iets langere nek dan de doorsnee giraffe. Als er niet genoeg eten was, kon dat heel belangrijk zijn. Wie het hoogst in de bomen kon reiken, redde zich het best. Je kunt je ook voorstellen dat sommige "oergiraffes" zich erop toelegden om in de aarde te wroeten op zoek naar voedsel. Na verloop van tijd kan een uitgestorven diersoort zich in twee verschillende diersoorten hebben opgesplitst.'

'Ik snap het.'

'We kunnen ook wat recentere voorbeelden geven van hoe de natuurlijke selectie werkt. Het is immers een heel simpel principe.'

'Toe dan!'

'In Engeland komt een bepaalde vlindersoort voor, die *berkespanner* wordt genoemd. Zoals de naam al zegt, leeft hij op de lichte stammen van berken. In de zeventiende eeuw hadden de meeste berkespanners een lichtgrijze kleur. Waarom, Sofie?'

'Dan konden vogels die op zoek waren naar voedsel hen niet zo snel ontdekken.'

'Maar van tijd tot tijd werden er ook een paar donkere exemplaren geboren. Dat was het gevolg van toevallige mutaties. Hoe denk je dat het afliep met die donkere varianten?'

'Die kon je gemakkelijker zien, en daarom werden ze ook sneller door vogels opgegeten.'

'Want in dat milieu - de lichte berkestammen dus - was een donkere kleur een ongunstige eigenschap. Daarom namen alleen de witte vlinders in aantal toe. Maar toen gebeurde er iets met het milieu. Door de industrialisatie werden de witte stammen op vele plaatsen helemaal donker van het roet. Wat denk je dat er toen met de berkespanners gebeurde?'

'Toen redden de donkere exemplaren zich zeker het best?'

'Juist, het duurde niet lang voordat de donkere vlinders in aantal toenamen. Tussen 1848 en 1948 nam het percentage zwarte berkespanners in sommige gebieden toe van 1 tot 99%. Het milieu was veranderd, en in de strijd om het bestaan was het nu geen voordeel meer om licht te zijn. Integendeel! De witte "verliezers" werden met behulp van de vogels weggeselecteerd zodra ze zich op de bomen lieten zien. Maar toen kwam er weer een belangrijke verandering. Doordat er minder steenkool gebruikt wordt en de fabrieken betere zuiveringsinstallaties krijgen, is het milieu de laatste jaren schoner geworden.'

'Dus nu zijn de berkestammen weer wit?'

'En krijgen de berkespanners langzaam maar zeker hun oorspronkelijke witte kleur weer terug. Dat noemen we *aanpassing*. We praten over een natuurwet.'

'Ik, snap het.'

'Maar er zijn meer voorbeelden van hoe de mens ingrijpt in de natuur.'

'Waar denk je dan aan?'

'We hebben bijvoorbeeld geprobeerd ongedierte met allerlei vergiften te bestrijden. In het begin geeft dat resultaat. Maar als je een akker of een boomgaard bespuit met insekticiden, dan veroorzaak je een kleine milieuramp voor de schadelijke dieren die je wilt bestrijden. Door voortdurende mutaties kan er daarom een groep ongedierte opgroeien die meer weerstand heeft - of *resistent* is - tegen het gif dat je gebruikt. Dan krijgen die "winnaars" meer speelruimte, en zo kan het juist door de pogingen van de mensen hen uit te roeien, steeds moeilijker worden bepaalde ongedierten te bestrijden. De soorten die het meest resistent zijn, overleven immers.'

'Dat is eng.'

'Het is in ieder geval iets om bij stil te staan. Maar ook in ons eigen lichaam proberen we schadelijke parasieten te bestrijden. Ik denk bijvoorbeeld aan bacteriën.'

'Daarvoor gebruiken we penicilline of andere antibiotica.'

'En een penicilline-kuur is ook een milieuramp voor die kleine monsters. Maar omdat we kwistig met penicilline strooien, hebben we bepaalde bacteriën langzamerhand resistent gemaakt. Zo kweken we een soort bacterie die zich moeilijker laat bestrijden dan vroeger. We moeten steeds krachtigere antibiotica gebruiken, en uiteindelijk...'

'Uiteindelijk kruipen de bacteriën onze mond uit? Misschien moeten we ze maar afschieten?'
'Dat gaat misschien iets te ver. Maar het is duidelijk dat de moderne geneeskunde een ernstig dilemma heeft geschapen. Het gaat niet alleen om bepaalde bacteriën die feller zijn dan vroeger. Vroeger werden veel kinderen niet volwassen, omdat ze verschillende ziekten niet overleefden. Ja, vaak groeide slechts een minderheid op. Maar de moderne geneeskunde heeft de natuurlijke selectie in feite buiten gevecht gesteld. Dat wat een individu over een zwak moment heenhelpt, kan op den duur de weerstand van de mensheid tegen bepaalde ziekten verzwakken. Als we helemaal geen rekening houden met dat wat we "erfelijke hygiëne" kunnen noemen, kan dat leiden tot een degeneratie van het menselijke geslacht. Daarmee bedoelen we dat de erfelijke eigenschappen om ernstige ziekten te voorkomen, worden verzwakt.'
'Dat is niet bepaald een prettig vooruitzicht.'
'Maar een echte filosoof zal het niet laten om op minder prettige zaken te wijzen als hij of zij denkt dat het waar is. We zullen ons eens aan een nieuwe samenvatting wagen.'
'Ga je gang!'
'Je zou kunnen zeggen dat het leven een grote loterij is waarbij alleen de winnende loten zichtbaar zijn.'
'Wat bedoel je daarmee?'
'Degenen die de strijd om het bestaan hebben verloren, zijn immers verdwenen. Achter iedere plante- en diersoort op aarde liggen miljoenen jaren van selectie van "winnende loten". En de "nieten" - tja, die laten zich maar een keer zien. Er bestaat vandaag de dag dus geen enkele plante- of diersoort die je geen winnend lot in de grote loterij van het leven kunt noemen.'
'Want alleen het beste blijft bewaard.'
'Zo kun je het ook zeggen. En nu mag je me die plaat geven waar die... nou ja, die dierenoppasser mee kwam.'
Sofie gaf hem de plaat. Op de ene kant stond een afbeelding van de ark van Noach. Op de andere kant was een stamboom getekend van alle verschillende diersoorten. Die kant wilde Alberto haar laten zien.
'Deze schets laat de verdeling zien van alle plante- en diersoor-

ten. Je ziet hoe de afzonderlijke soorten in verschillende groepen, klassen en orden thuishoren.'

'Ja.'

'Met de apen behoort de mens tot de zogenoemde primaten. Primaten zijn zoogdieren, en alle zoogdieren behoren tot de gewervelde dieren, die op hun beurt weer tot de meercellige dieren behoren.'

'Dat doet me bijna aan Aristoteles denken.'

'Dat klopt. Maar de tekening laat niet alleen zien hoe de verdeling van de verschillende soorten nu is, hij vertelt ook iets over de ontwikkelingsgeschiedenis van het leven. Je ziet bijvoorbeeld dat de vogels zich ooit hebben afgescheiden van de reptielen, dat de reptielen zich ooit hebben afgescheiden van de amfibieën en dat de amfibieën zich hebben afgescheiden van de vissen.'

'Ja, ik zie het.'

'Iedere keer dat een van de lijnen zich in tweeën splitst, zijn er mutaties geweest die tot nieuwe soorten hebben geleid. Zo zijn in de loop van de jaren ook de verschillende klassen en orden van dieren ontstaan. Maar dit is een sterk vereenvoudigde tekening. In werkelijkheid leven er nu meer dan een miljoen diersoorten in de wereld, en dat is nog maar een fractie van alle diersoorten die ooit op aarde hebben geleefd. Je ziet bijvoorbeeld dat een diersoort als de trilobiet helemaal is uitgestorven.'

'En onderaan staan de eencellige dieren.'

'Sommige daarvan zijn waarschijnlijk al een paar miljard jaar niet veranderd. Je ziet misschien ook dat er een lijn loopt van deze eencellige organismen naar het plantenrijk. Want ook de planten stammen waarschijnlijk af van dezelfde oercel als alle dieren.'

'Ik zie het. Maar nu vraag ik me toch iets af.'

'Ja?'

'Waar kwam die eerste "oercel" vandaan? Had Darwin daar een antwoord op?'

'Ik zei al dat hij een voorzichtig man was. Maar op dit punt veroorloofde hij zich het om met een wilde veronderstelling te komen. Hij schreef:

"...als (en o! wat een als!) we ons een soort warme vijver konden voorstellen, waarin allerlei soorten ammoniak- en fosforhoudende zouten, licht, warmte, elektriciteit enzovoort aanwezig waren, en dat daarin op chemische wijze een eiwitverbinding tot stand kwam, klaar om nog meer ingewikkelde veranderingen te ondergaan..."

'Ja, wat dan?'
'Darwin filosofeert hier over het ontstaan van de eerste levende cel uit anorganisch materiaal. En weer sloeg hij de spijker op zijn kop. De huidige wetenschap denkt dat de eerste primitieve vorm van leven inderdaad ontstond in zo'n "kleine warme vijver" als Darwin schetste.'
'Vertel op!'
'We zullen het bij een oppervlakkige schets laten, en vergeet niet dat we Darwin nu verlaten. We maken een sprong in de tijd naar de allernieuwste ontdekkingen over het ontstaan van het leven op aarde.'
'Ik word er bijna zenuwachtig van. Er is toch niemand die *weet* hoe het leven op aarde is ontstaan?'
'Misschien niet, maar er vallen wel steeds meer stukjes op hun plaats in een voorstelling van hoe het leven *kan* zijn ontstaan.'
'Ga door!'
'Laten we eerst vaststellen dat al het leven op aarde - zowel planten als dieren - is opgebouwd uit precies dezelfde materie. De meest eenvoudige definitie van leven is dat leven een materie is, die in een voedzame omgeving het vermogen heeft om zich in twee identieke delen te splitsen. Dat proces wordt gestuurd door een stof die we DNA noemen. Met DNA worden chromosomen of erfelijk materiaal bedoeld, die je in alle levende cellen vindt. We hebben het ook wel over het DNA-*molecuul*, want in werkelijkheid is DNA een samengesteld molecuul - of makro-molecuul. De vraag is dus hoe het eerste DNA-molecuul is ontstaan.'
'Ja?'
'De aarde werd gevormd toen ons zonnestelsel 4,6 miljard jaar geleden ontstond. Oorspronkelijk was het een gloeiende massa, maar na verloop van tijd koelde de aardkorst af. De moderne

wetenschap denkt dat het leven daar ongeveer 3 tot 4 miljard jaar geleden is ontstaan.'

'Dat klinkt volslagen onwaarschijnlijk.'

'Dat mag je niet zeggen voordat je de rest hebt gehoord. In de eerste plaats moet je bedenken dat de aardbol er toen heel anders uitzag dan tegenwoordig. Omdat er geen leven was, zat er ook geen zuurstof in de atmosfeer. Vrije zuurstof werd namelijk pas gevormd door de fotosynthese van planten. Dat er geen zuurstof was, is belangrijk. Het is ondenkbaar dat de bouwstenen van het leven - die op hun beurt weer DNA kunnen maken - zouden kunnen zijn ontstaan in een zuurstofhoudende omgeving.'

'Hoezo?'

'Omdat zuurstof een bijzonder reactieve stof is. Lang voordat er samengestelde moleculen als DNA konden worden gevormd, zouden de bouwstenen van het DNA een reactie met de zuurstof zijn aangegaan, zijn "geoxideerd".'

'O.'

'Daarom kunnen we ook met zekerheid zeggen dat er in onze tijd geen nieuw leven ontstaat, zelfs nog geen bacterie of virus. Al het leven op aarde moet dus precies even oud zijn. Een olifant heeft een even lange stamboom als een simpele bacterie. Je zou kunnen zeggen dat een olifant - of een mens - in werkelijkheid een samenhangende kolonie van eencellige dieren is. Want elke cel van ons lichaam bevat precies hetzelfde erfelijke materiaal. Het hele recept van wie wij zijn, ligt dus besloten in elke afzonderlijke kleine cel van ons lichaam.'

'Dat is een gek idee.'

'Een van de grootste raadsels van het leven is dat de cellen van meercellige dieren de mogelijkheid hebben om zich in een bepaalde functie te specialiseren. Want de verschillende erfelijke eigenschappen zijn niet in elke cel actief. Sommige van die eigenschappen - of genen - zijn "uitgeschakeld" en andere zijn "ingeschakeld". Een levercel maakt andere eiwitten aan dan een zenuwcel of een huidcel. Maar zowel in de levercel als in de zenuw- en huidcel vind je hetzelfde DNA-molecuul, dat het recept in zich draagt van het hele organisme waar we het over hebben.'

'Ga door!'

'Als er geen zuurstof in de atmosfeer zou zijn, zou er ook geen beschermende ozonlaag rond de aarde zijn. Dat wil zeggen dat er niets zou zijn dat de straling vanuit de ruimte zou tegenhouden. Dat is ook belangrijk. Want juist die straling heeft waarschijnlijk een belangrijke rol gespeeld bij de vorming van de eerste samengestelde moleculen. Die kosmische straling was de energie die ervoor zorgde dat de verschillende chemische stoffen op aarde een verbinding aangingen tot samengestelde macro-moleculen.'

'Oké.'

'Samengevat: willen dergelijke samengestelde moleculen waaruit al het leven op aarde bestaat, gevormd kunnen worden, dan moet er in ieder geval aan twee voorwaarden zijn voldaan: er mag *geen zuurstof* in de atmosfeer zijn, en de *straling uit de ruimte* moet toegankelijk zijn.'

'Ik begrijp het.'

'In de kleine warme vijver - of de "oersoep" zoals de wetenschap het tegenwoordig graag noemt - werd dus ooit een vreselijk ingewikkeld molecuul gevormd, dat de merkwaardige eigenschap had dat het zichzelf in twee identieke delen kon splitsen. En dat was het begin van een lange ontwikkeling, Sofie. Als we het een beetje simpel stellen, kunnen we zeggen dat we het dan al hebben over het eerste erfelijke materiaal, het eerste DNA of de eerste levende cel. Die deelde zich en deelde zich weer - maar vanaf het allereerste ogenblik traden er ook voortdurend mutaties op. Na een ontzettend lange tijd sloten dergelijke eencellige organismen zich aaneen tot samengestelde, meercellige organismen. Toen kwam ook de fotosynthese van de planten op gang, en op die manier werd er een zuurstofhoudende atmosfeer geschapen. Dat had twee gevolgen: in de eerste plaats zorgde de atmosfeer ervoor dat er zich dieren ontwikkelden die met hun longen ademden. En ten tweede beschermde de atmosfeer bovendien het leven tegen schadelijke straling uit de ruimte. Want die straling - die misschien een belangrijke "vonk" was bij het ontstaan van de eerste cel - is ook schadelijk voor al het leven.'

'Maar de atmosfeer werd toch niet van de ene op de andere dag gemaakt? Hoe konden die eerste levensvormen dan overleven?'

'Het leven ontstond eerst in de oorspronkelijke "zee" - die wij dus oersoep noemen. Daar werd het tegen de gevaarlijke straling beschermd. Pas veel later, nadat levende organismen de atmosfeer hadden gemaakt, krabbelden de eerste amfibieën aan land. En over de rest hebben we het al gehad. Hier zitten we in een hutje in het bos terug te kijken op een ontwikkeling die drie of vier miljard jaar heeft geduurd. Juist in ons is het lange proces zich bewust geworden van zichzelf.'

'Maar je gelooft toch niet dat dat allemaal zomaar toevallig is gebeurd?'

'Nee, dat heb ik niet gezegd. De plaat laat toch ook al zien dat de ontwikkeling in een bepaalde *richting* gaat. In miljoenen jaren hebben zich dieren ontwikkeld met een steeds ingewikkelder zenuwsysteem - en met steeds grotere hersenen. Ik geloof niet dat dat toeval is. Wat denk jij?'

'Zoiets ingewikkelds als het menselijk oog kan niet door puur toeval ontstaan. Denk je niet dat het een bedoeling heeft dat wij de wereld om ons heen kunnen *zien*?'

'Dat met de ontwikkeling van het oog verwonderde Darwin ook. Het leek hem zeer onwaarschijnlijk dat zoiets vernuftigs als een oog louter en alleen door natuurlijke selectie zou kunnen ontstaan.'

Sofie bleef naar Alberto kijken. Ze moest eraan denken hoe vreemd het was dat ze juist nu leefde, dat ze maar een keer leefde en dat ze nooit meer in het leven terug zou keren. Plotseling riep ze uit:

'Waartoe is 't eeuwig scheppen goed,
als 't schepsel weer in 't niet verdwijnen moet?'

Alberto keek haar streng aan:

'Zo mag je niet praten, m'n kind. Dat zijn de woorden van de duivel.'

'De duivel?'

'Of Mefistofeles - in Goethes "Faust". "Was soll uns denn das ew'ge Schaffen! Geschaffenes zu nichts hinwegzuraffen!"'

'Wat betekenen die woorden eigenlijk precies?'

'Als Faust sterft en terugkijkt op zijn lange leven, zegt hij triomfantelijk:

Dat ogenblik zou ik willen vragen:
'O toeft gij nog, ge zijt zo schoon!'
Het spoor van d'arbeid mijner aardse dagen
Blijft leven tot in verst aeoon. -
In 't voorgevoel van zulk een heil op 't end
Geniet ik thans mijns levens hoogst moment.

'Dat is mooi gezegd.'
'Maar dan is de beurt aan de duivel. Zodra het afgelopen is met Faust, roept hij uit:

Voorbij! Een ijdel woord. Waarom voorbij?
Voorbij en Niets maakt geen verschil voor mij.
Waartoe is 't eeuwig scheppen goed
Als 't schepsel weer in 't niet verdwijnen moet?
Dan is 't voorbij. Wat men dan daaruit leest?
Hetzelfde alsof het nimmer was geweest.
En alles kringloopt toch alsof 't bestond.
Het eeuwig leeg leek mij wel zo gezond.

'Wat pessimistisch. Dan vond ik het eerste citaat mooier. Zelfs al was zijn leven afgelopen, Faust zag toch een zin in de sporen die hij had nagelaten.'

'Want is de consequentie van Darwins evolutietheorie ook niet dat wij onderdeel zijn van iets groots, waardoor de meest nietige levensvorm van belang is voor het grote geheel? Wij zijn de levende planeet, Sofie! Wij zijn het grote schip dat rond een brandende zon in het heelal vaart. Maar ieder van ons is ook een schip dat door het leven vaart met een ruim vol genen. Als we die vracht in de volgende haven hebben afgeleverd - dan hebben we niet tevergeefs geleefd. De Noorse schrijver Bjørnstjerne Bjørnson verwoordde die gedachte in het gedicht "Psalm II":

Ere zij de eeuw'ge lente van het leven
die alle ding geschapen heeft!
wederopstanding is ook 't kleinste gegeven
't is enkel de vorm, die niet overleeft.

Geslacht na geslacht
zal meer talenten vergaren.
Soort volgt op soort,
al miljoenen jaren.
Werelden sterven, maar gaan ook weer voort.

Wees vol levensvreugde, want gij zijt
een bloem in de levenslente.
Geniet van de dag, eer de eeuwigheid
in het korte bestaan der mensen.
Schep ook uw deel
van het eeuwige geheel
nietig en zwak.
Adem in, zo veel u vermag,
neem een teug van die eeuwige dag!

'Wat mooi.'
   'Maar nu zetten we er een punt achter. Nieuwe alinea!'
   'Nou moet je eens ophouden met die ironische opmerkingen.'
   'Nieuwe alinea, zei ik. Jij moet mij gehoorzamen.'

FREUD

... de vreselijke, egoïstische wens
die bij haar opgekomen was...

Hilde Møller Knag sprong van het bed met de zware multomap in haar armen. Ze legde de map op haar bureau, griste haar kleren mee op weg naar de badkamer, stond twee minuten onder de douche en kleedde zich vliegensvlug aan. Toen rende ze naar beneden.
'Kom je ontbijten, Hilde?'
'Ik ga eerst even een stukje roeien.'
'Maar Hilde toch!'
Ze rende het huis uit, de tuin door. Ze maakte de boot los van de steiger en sprong erin. Ze begon te roeien. Ze roeide rondjes in de baai, eerst met driftige slagen, daarna werd ze rustiger.
"Wij zijn de levende planeet, Sofie! Wij zijn dat grote schip dat rond een brandende zon in het heelal vaart. Maar ieder van ons is zelf ook een schip dat door het leven vaart met een ruim vol genen. Als we die vracht in de volgende haven hebben afgeleverd - dan is ons leven niet tevergeefs geweest..."
Ze kende het van buiten. Het was immers aan haar geschreven. Niet aan Sofie, maar aan haar. Alles wat in de multomap stond, was een brief van papa aan Hilde.
Ze haalde de roeispanen uit de dollen en legde ze in de boot. Zo liet ze de boot op het water dobberen. Het water klotste tegen de bodem.
Zoals dit bootje op de waterspiegel van een kleine baai in Lillesand dreef, zo was zijzelf niet meer dan een notedop op de oppervlakte van het leven.
Wat was de plaats van Sofie en Alberto in dit beeld? Ja, waar waren Alberto en Sofie eigenlijk?
Ze kon zich niet voorstellen dat ze niet meer waren dan "elektromagnetische impulsen" in haar vaders hersenen. Ze kon niet accepteren dat ze alleen maar papier waren, en drukinkt van het

lint van haar vaders draagbare typemachine. Dan kon ze net zo goed zeggen dat zijzelf niets anders was dan een opeenhoping van eiwitverbindingen die ooit in een warme vijver bij elkaar waren gegooid. Ze was meer dan dat. Zij was Hilde Møller Knag.

Natuurlijk was de grote multomap een fantastisch cadeau voor haar vijftiende verjaardag. En natuurlijk had haar vader de kern van iets *eeuwigs* in haar getroffen. Maar de vlotte toon, die haar vader aansloeg in zijn beschrijvingen van Alberto en Sofie, beviel haar niet.

Ze moest hem stof tot nadenken geven, op weg naar huis al. Dat was ze de twee over wie ze las, verplicht. Hilde zag al voor zich hoe haar vader op Kastrup, het vliegveld van Kopenhagen, als een verdwaasde tuinkabouter rond zou lopen.

Na een poosje was Hilde helemaal tot rust gekomen. Ze roeide terug naar de steiger en maakte de boot vast. Daarna zat ze lang aan de ontbijttafel, samen met haar moeder. Het was prettig om te kunnen zeggen dat het ei heerlijk was, maar misschien een tikje te zacht.

Pas laat in de avond pakte ze de multomap weer op. Ze hoefde nu niet meer veel bladzijden te lezen.

Er werd weer op de deur geklopt.

'Zullen we gewoon onze oren dichtstoppen?' vroeg Alberto. 'Dan gaat het misschien over.'

'Nee, ik wil kijken wie dat is.'

Alberto liep achter haar aan.

Er stond een naakte man voor de deur. Hij had een bijzonder statige houding aangenomen, maar het enige wat hij droeg, was een kroon op zijn hoofd.

'En?' vroeg hij. 'Wat vindt men van de nieuwe kleren van de keizer?'

Alberto en Sofie waren met stomheid geslagen. Dat maakte de naakte man een beetje onzeker.

'Jullie maken niet eens een buiging!' riep hij uit.

Alberto vatte moed: 'Dat is waar, maar de keizer is dan ook spiernaakt.'

De naakte man bleef in dezelfde statige houding staan. Alberto

boog zich naar Sofies oor en fluisterde: 'Hij gelooft dat hij een keurige man is.'
Nu verscheen er een boze uitdrukking op het gezicht van de man.
'Wordt er in dit huis soms aan censuur gedaan?' vroeg hij.
'Helaas,' zei Alberto. 'We zijn hier klaarwakker en op alle mogelijke manieren bij ons volle verstand. Daarom kan de keizer in deze schaamteloze toestand niet over de drempel van dit huis worden toegelaten.'
Sofie vond de plechtstatige, maar blote man zo grappig dat ze plotseling begon te lachen. En alsof dat een geheim teken was, ontdekte de man met de kroon op zijn hoofd nu ook dat hij geen kleren droeg. Hij bedekte zich met zijn handen, rende naar een groepje bomen en was verdwenen. Misschien kwam hij daar Adam en Eva, Noach, Roodkapje en Winnie-de-Poeh nog tegen.
Alberto en Sofie bleven voor de deur staan lachen. Ten slotte zei Alberto: 'Misschien kunnen we beter weer naar binnen gaan. Ik zal je vertellen over Freud en zijn theorie over het onbewuste.'

Ze gingen weer voor het raam zitten. Sofie keek op haar horloge en zei: 'Het is al half drie, en ik heb nog een hoop te doen voor het tuinfeest.'
'Ik ook. We zullen het maar heel even over *Sigmund Freud* hebben.'
'Was dat een filosoof?'
'Je kunt hem in ieder geval een cultuurfilosoof noemen. Freud werd in 1856 geboren en studeerde medicijnen aan de universiteit van Wenen. Daar woonde hij ook het grootste gedeelte van zijn leven, in een tijd dat het culturele leven in Wenen een bloeitijd doormaakte. Hij specialiseerde zich al snel binnen een tak van de geneeskunde die wij *neurologie* noemen. Aan het einde van de vorige eeuw - en tot ver in de onze - ontwikkelde hij zijn "dieptepsychologie" ofwel "psychoanalyse".'
'Ik neem aan dat je je nader zult verklaren.'
'Met psychoanalyse bedoelen we zowel een beschrijving van de menselijke geest in zijn algemeenheid, als een behandelingsmethode voor neurotische en psychische kwalen. Ik zal niet uitvoerig

op Freud en zijn activiteiten ingaan. Maar om te begrijpen wat een mens is, moet je absoluut zijn theorie over het onbewuste kennen.'

'Je hebt mijn onverdeelde aandacht. Ga je gang.'

'Volgens Freud bestaat er altijd een spanning tussen een persoon en zijn omgeving. Concreter gezegd een spanning - of conflict - tussen de driften en behoeften van de mens en de eisen van de omgeving. Ik overdrijf niet als ik zeg dat Freud de driften van de mens heeft ontdekt. Dat maakt hem tot een belangrijke exponent van de naturalistische stromingen die aan het eind van de vorige eeuw zo overheersend waren.'

'Wat bedoel je met de "driften" van de mens?'

'Ons gedrag wordt niet alleen gestuurd door ons verstand. De mens is niet zo'n rationeel wezen als de achttiende-eeuwse rationalisten dat graag zagen. Vaak bepalen irrationele impulsen wat we denken, wat we dromen en wat we doen. Zulke irrationele impulsen kunnen een uiting zijn van diepe driften of behoeften. Zo zijn bijvoorbeeld de seksuele driften van de mens even fundamenteel als de zuigreflex van een zuigeling.'

'Ik snap het.'

'Op zich was dat misschien geen nieuwe ontdekking. Maar Freud liet zien dat zulke fundamentele verlangens kunnen worden "vermomd" of "vervormd" en op die manier ons gedrag kunnen sturen zonder dat we ons daarvan bewust zijn. Hij toonde ook aan dat kleine kinderen al een soort seksualiteit kennen. Dat aantonen van "kinderseksualiteit" riep hevige afkeer op onder de burgerij van Wenen en maakte hem enorm impopulair.'

'Dat verbaast me niks.'

'We hebben het hier over de zogenoemde Victoriaanse tijd, toen er op alles wat met seksualiteit te maken had een zwaar taboe rustte. Freud was de seksualiteit van kinderen op het spoor gekomen door zijn werk als psychotherapeut. Hij had dus een empirische basis voor zijn beweringen. Hij had ook gemerkt dat veel vormen van neurose of psychische kwalen konden worden herleid tot conflicten in de jeugd. Zo ontwikkelde hij een behandelingsmethode die we een soort "archeologie van de ziel" zouden kunnen noemen.'

'Wat bedoel je daarmee?'

'Een archeoloog probeert sporen uit een ver verleden te vinden

door zich door verschillende cultuurlagen heen te graven. Misschien vindt hij een mes uit de achttiende eeuw. Wat dieper in de aarde vindt hij een kam uit de veertiende eeuw - en nog dieper een kruik uit de vijfde.'
'Ja?'
'Precies zo kan de psychoanalyticus, met de hulp van de patiënt, in het bewustzijn van de patiënt graven om gebeurtenissen aan het licht te brengen die ooit de psychische klachten van de patiënt hebben veroorzaakt. Want volgens Freud bewaren we ergens diep in ons alle herinneringen uit ons verleden.'
'Nu begrijp ik het.'
'Misschien vindt hij een nare ervaring die de patiënt al die jaren heeft geprobeerd te vergeten, maar die ergens diep in zijn binnenste op zijn krachten heeft geteerd. Door zo'n "traumatische gebeurtenis" naar het bewustzijn te halen - en de patiënt er zogezegd met zijn neus op te drukken - kan hij of zij met het trauma afrekenen en weer gezond worden.'
'Dat klinkt logisch.'
'Maar nu ga ik te snel. Laten we eerst eens kijken hoe Freud de menselijke geest beschrijft. Heb je weleens een baby gezien?'
'Ik heb een neefje van vier.'
'Als we geboren worden, leven we heel direct en ongeneerd naar onze lichamelijke en geestelijke behoeften. Als we geen melk krijgen, huilen we. Dat doen we ook als we een natte luier hebben. We uiten bovendien heel direct dat we behoefte hebben aan fysieke nabijheid en aan lichaamswarmte. Dit "driftprincipe" of "lustprincipe" noemde Freud het " het" ofwel "*Es*". Als baby zijn wij immers bijna een ding, een "Es".'
'Ga door!'
'"Es" of het driftprincipe dragen we ons hele leven met ons mee. Maar na verloop van tijd leren we onze lusten te beheersen en ons zo aan te passen aan onze omgeving. We wegen het driftprincipe af tegen het "werkelijkheidsprincipe". Freud zegt dat we een "ik" opbouwen dat die regelende functie heeft. Als we ergens zin in hebben, kunnen we niet zomaar ergens gaan zitten krijsen totdat onze wensen of behoeften bevredigd zijn.'
'Natuurlijk niet.'

'Nu kan het gebeuren dat we iets heel erg graag willen, terwijl onze omgeving dat niet wil accepteren. Dan *verdringen* we soms onze behoeften. Daarmee bedoelen we dat we ze proberen weg te duwen en te vergeten.'

'Ik snap het.'

'Maar Freud hield nog rekening met een derde "instantie" in de menselijke geest. Van jongsafaan worden we geconfronteerd met de moralistische eisen van onze ouders en de buitenwereld. Als we iets verkeerd doen, zeggen onze ouders "Nee, zo niet!" of "Foei, wat stout!" Zelfs als we al volwassen zijn, dragen we nog steeds de nagalm van dergelijke moralistische eisen en veroordelingen in ons mee. Het is alsof de moralistische verwachtingen van de buitenwacht in ons zijn doorgedrongen en een deel van onszelf zijn geworden. Dat noemde Freud het "over-ik", ofwel "Über-ich".'

'Bedoelde hij daar ons geweten mee?'

'In wat hij het Über-ich noemt, ligt het geweten in ieder geval besloten. Freud dacht dat het Über-ich ons een seintje geeft als we verlangens hebben die "vies" of "ongepast" zijn. En dat geldt niet in de laatste plaats voor erotische of seksuele verlangens. En zoals ik al zei - Freud wees erop dat dergelijke ongepaste of "niet nette" verlangens al in een vroeg stadium van onze jeugd beginnen.'

'Leg eens uit!'

'Tegenwoordig weten we dat kleine kinderen het prettig vinden om aan hun geslachtsorganen te voelen. Dat is iets wat je op elk strand kunt zien. Zoiets leverde een kleuter van twee of drie jaar oud in Freuds tijd een tik op de vingers op. Misschien zei mama "Foei! Niet doen!" of "Nee, handjes boven de dekens!"'

'Ziek hoor.'

'Zo krijgt een kind een schuldgevoel dat verbonden is met alles wat met seksualiteit en geslachtsorganen te maken heeft. Omdat dat schuldgevoel opgeslagen wordt in het Über-ich, zullen veel mensen - volgens Freud de allermeesten - hun hele leven lang een schuldgevoel over seks met zich meedragen. Hij wees er tegelijkertijd op dat seksuele behoeften en verlangens een natuurlijk en belangrijk deel zijn van de menselijke natuur. En daarmee, beste Sofie, daarmee is het bedje gespreid voor een levenslang conflict tussen lust en schuld.'

'Denk je niet dat dat conflict sinds Freuds tijd enigszins is afgezwakt?'
'Ongetwijfeld. Maar veel van Freuds patiënten beleefden deze conflicten zo hevig dat ze *neuroses* ontwikkelden. Een van zijn vele vrouwelijke patiënten was bijvoorbeeld heimelijk verliefd op haar zwager. Toen haar zuster bezweek aan een ziekte, dacht ze: "Nu is hij vrij om met mij te trouwen!" Die gedachte kwam in botsing met haar Über-ich. Het was zo'n afschuwelijke gedachte dat ze hem meteen *verdrong*, zegt Freud. Dat wil zeggen dat ze hem wegstopte in haar onderbewustzijn. Freud schrijft: "Het jonge meisje werd ziek en vertoonde ernstige symptomen van hysterie, en toen ik haar onder behandeling kreeg, bleek dat ze deze scene aan het bed van haar zuster en de vreselijke, egoïstische wens die toen bij haar opkwam volkomen was vergeten. Maar tijdens de behandeling herinnerde ze het zich weer, en beleefde ze onder sterke emoties het pathogene ogenblik opnieuw en werd door deze behandeling weer gezond".'
'Nu begrijp ik wat je bedoelt met "archeologie van de ziel".'
'We kunnen nu een algemene beschrijving geven van de menselijke geest. Na veel ervaringen met de behandeling van patiënten kwam Freud tot de conclusie dat het *bewustzijn* van de mens maar een klein gedeelte is van de menselijke geest. Datgene waar wij ons van bewust zijn, is net dat kleine stukje ijsberg dat boven water uitsteekt. Onder water - of onder de drempel van het bewustzijn - ligt het "onderbewustzijn" of het *onbewuste*.'
'Het onbewuste is dus alles wat in ons is, maar wat we vergeten zijn of ons niet meer herinneren?'
'We hebben niet voortdurend al onze ervaringen paraat in ons bewustzijn. Maar dingen die we gedacht of meegemaakt hebben, en die ons te binnen schieten als we er "goed over nadenken", noemde Freud het "voorbewuste". De aanduiding "het onbewuste" gebruikte hij voor dingen die we hebben "verdrongen". Dat wil zeggen dingen die we ooit met veel moeite hebben geprobeerd te vergeten omdat ze onaangenaam, onaantrekkelijk of vervelend zijn. Als we wensen en verlangens hebben die onverteerbaar zijn voor ons bewustzijn - of voor het Über-ich - dan duwen we ze weg naar de kelder. Weg ermee!'

'Ik begrijp het.'
'Dit mechanisme werkt bij alle gezonde mensen. Maar sommige mensen kost het zoveel moeite om onaangename of verboden gedachten uit het bewustzijn te weren dat het nerveuze aandoeningen tot gevolg heeft. Wat op die manier verdrongen wordt, probeert namelijk uit zichzelf weer in het bewustzijn op te duiken. Sommige mensen moeten daarom steeds meer energie gebruiken om dergelijke neigingen weg te houden van de kritiek van het bewustzijn. Toen Freud in 1909 in Amerika lezingen over psychoanalyse hield, gaf hij een voorbeeld van hoe dit verdringingsmechanisme werkt.'
'Ga door!'
'Hij zei: "Laten we eens aannemen dat er hier in deze zaal... iemand zit die zich storend gedraagt en die mijn aandacht van mijn werk afleidt door onbehoorlijk te lachen, te praten en met zijn voeten te schuifelen. Ik zeg dat ik onder deze omstandigheden niet door kan gaan, er staan een paar sterke kerels op die de onruststoker na een korte worsteling uit de zaal verwijderen. Hij is dus "verdrongen", en ik kan doorgaan met mijn lezing. Om te voorkomen dat ik opnieuw gestoord wordt als de man weer in de zaal probeert te komen, zetten de heren die mijn wil hebben uitgevoerd, hun stoelen tegen de deur en gaan daar zitten, als "afweer" na de uitgevoerde verdringing. Wanneer jullie de twee genoemde plaatsen nu beschouwen als het bewuste en het onbewuste dan hebben jullie een goed beeld van het verdringingsproces.'
'Ik vind ook dat het een goed voorbeeld is.'
'Maar de onruststoker wil per se weer naar binnen, Sofie. Zo gaat dat tenminste met verdrongen gedachten en impulsen. We leven onder de constante druk van verdrongen gedachten die zich uit het onbewuste omhoog proberen te vechten. Daarom gebeurt het vaak dat we dingen zeggen of doen zonder dat het de bedoeling was. Zo kunnen onbewuste reacties onze gevoelens en daden sturen.'
'Kun je daar een voorbeeld van geven?'
'Freud werkt met meerdere van zulke mechanismen. Een voorbeeld is dat wat hij "foute reacties" noemt. Dat wil zeggen dat we helemaal vanzelf dingen zeggen of doen die we ooit hebben geprobeerd te verdringen. Hij komt zelf met het voorbeeld van een

voorman die een toost op zijn chef moest uitbrengen. Het probleem was dat die chef enorm impopulair was. Hij was wat wij een klootzak zouden noemen.'
'Ja?'
'De voorman stond op en hief plechtig zijn glas. Toen zei hij: "Laten we kloten op de chef!"'
'Ik ben sprakeloos.'
'De voorman ongetwijfeld ook. Hij had trouwens alleen maar gezegd wat hij dacht. Maar het was niet zijn bedoeling geweest het te zeggen. Wil je nog een voorbeeld horen?'
'Graag.'
'In een domineesgezin met een stel lieve, aardige dochters zou een bisschop op bezoek komen. Nu wilde het geval dat deze bisschop een onwaarschijnlijk grote neus had. De dochters kregen daarom de strikte opdracht niets over die lange neus te zeggen. Het gebeurt wel vaker dat kinderen er spontaan dingen uitflappen, omdat het verdringingsmechanisme bij hen nog niet zo sterk ontwikkeld is.'
'En?'
'De bisschop kwam, en de bekoorlijke dochters deden hun uiterste best om niets over de lange neus te zeggen. Sterker nog, ze probeerden niet eens naar de neus te kijken, ze probeerden de neus te vergeten. Daar dachten ze voortdurend aan. Maar toen moest een van de meisjes suikerklontjes voor de koffie presenteren. Ze ging voor de eerbiedwaardige bisschop staan en zei: "Gebruikt u ook suiker in uw neus?"'
'Pijnlijk.'
'Het gebeurt ook wel dat we *rationaliseren*. Dat wil zeggen dat we zowel tegenover anderen als tegenover onszelf andere redenen opgeven voor wat we doen dan de werkelijke oorzaak. Dat is omdat de echte reden te pijnlijk is.'
'Een voorbeeld, graag.'
'Ik kan je met behulp van hypnose een raam laten opendoen. Tijdens de hypnose zeg ik dat jij, als ik met mijn vingers op tafel begin te trommelen, op moet staan om het raam open te zetten. Ik trommel op tafel - en jij doet het raam open. Dan vraag ik waarom je het raam opendeed. Misschien zeg je dan dat je dat deed omdat je het

warm had. Maar dat is niet de echte reden. Je wilt alleen niet toegeven dat je iets hebt gedaan op mijn "hypnotische" bevel. Dan rationaliseer je, Sofie.'
'Ik begrijp het.'
'Zo gebeurt het bijna elke dag dat we "dubbelcommuniceren".'
'Ik had het over mijn neefje van vier. Ik geloof dat hij niet veel vriendjes heeft, hij is in ieder geval altijd erg blij als ik op bezoek kom. Een keer zei ik dat ik snel naar huis moest, naar mijn moeder. Weet je wat hij toen zei?'
'Laat maar horen.'
'Je moeder is stom, zei hij.'
'Ja, dat is een goed voorbeeld van wat wij bedoelen met rationaliseren. Het jongetje meende niet wat hij zei. Eigenlijk bedoelde hij dat hij het stom vond dat je al weg moest, maar dat wilde hij niet toegeven. Soms gebeurt het ook wel dat we *projecteren*.'
'Dat moet je even vertalen.'
'Met projectie bedoelen we dat we verschillende eigenschappen die we bij onszelf proberen weg te duwen, op anderen overbrengen. Iemand die erg gierig is, zal bijvoorbeeld snel zeggen dat anderen vrekken zijn. Iemand die bij zichzelf niet wil toegeven dat hij of zij geobsedeerd is door seks, zal misschien de eerste zijn die zich opwindt over de seks-fixatie van anderen.'
'Ik begrijp het.'
'Freud zei dat het in ons dagelijks leven wemelt van voorbeelden van zulke onbewuste handelingen. Het overkomt ons voortdurend dat we de naam van een bepaald iemand vergeten, misschien staan we aan onze kleren te frunniken tijdens het praten of verplaatsen we ogenschijnlijk willekeurige dingen in een kamer. En we struikelen over woorden en produceren versprekingen die volkomen onschuldig lijken. Freud meende dat zulke versprekingen niet altijd zo onschuldig of toevallig zijn als wij denken. Hij dacht dat ze als "symptomen" beschouwd moesten worden. Dergelijke "foute handelingen" of "toevallige handelingen" kunnen namelijk de meest intieme geheimen verraden.'
'In het vervolg zal ik heel goed nadenken over elk woord dat ik zeg.'
'Maar het zal je toch niet lukken om aan je eigen onbewuste

impulsen te ontkomen. De kunst is juist om niet te veel energie te gebruiken om onbehaaglijke zaken weg te duwen in je onderbewuste. Het is alsof je het hol van een woelrat probeert dicht te stoppen. Je kunt er donder op zeggen dat de woelrat op een andere plek in de tuin weer opduikt. Het is alleen maar gezond om de deur tussen je bewustzijn en het onbewuste op een kier te laten staan.'
'En als je die deur op slot doet, kun je psychische problemen krijgen?'
'Ja, een neuroot is iemand die te veel energie gebruikt om het "onbehaaglijke" uit het bewustzijn te houden. Vaak zijn het speciale gebeurtenissen die die persoon met alle geweld wil verdringen. Freud noemde dergelijke belevenissen "trauma's". Het woord trauma is Grieks voor wond.'
'Ik begrijp het.'
'Tijdens de behandeling van de patiënt probeerde Freud altijd die afgesloten deur open te wurmen - of misschien een nieuwe deur te openen. Samen met de patiënt probeerde hij de verdrongen gebeurtenissen weer naar boven te halen. De patiënt is er zich niet van bewust wat hij verdringt. Toch kan hij willen dat de dokter hem helpt de verborgen trauma's terug te vinden.'
'Hoe doet zo'n dokter dat?'
'Freud ontwikkelde iets dat hij de *techniek van de vrije associatie* noemde. Dat wil zeggen dat hij de patiënt ontspannen liet liggen en liet praten over alles wat in hem of haar opkwam - hoe onbelangrijk, toevallig, vervelend of pijnlijk dat ook leek. De kunst is om het "deksel" of de "controle" die over het trauma ligt, te doorbreken. Want de patiënt is voortdurend bezig met zijn trauma's. Ze zijn de hele tijd aan het werk, maar niet in het bewustzijn.'
'Hoe meer moeite je doet om iets te vergeten, des te meer je er onbewust aan denkt?'
'Juist. Daarom is het belangrijk dat je luistert naar signalen uit het onbewuste. En de "koningsweg" naar het onbewuste bestond volgens Freud uit onze *dromen*. Zijn belangrijkste boek is dan ook "Droomduiding" dat in 1900 uitkwam. Daarin toont hij aan dat het niet toevallig is waar we over dromen. In onze dromen proberen onze onbewuste gedachten door te dringen tot ons bewustzijn.'
'Ga door!'

'Nadat hij jarenlang gegevens van patiënten had verzameld - en niet in de laatste plaats na zijn eigen dromen geanalyseerd te hebben - kwam Freud tot de conclusie dat alle dromen *wensvervullend* zijn. Dat kun je duidelijk waarnemen bij kinderen, zegt hij. Die dromen over ijs en kersen. Maar voor volwassenen geldt vaak dat deze wensen - die de droom dus wil vervullen - vermomd zijn. Want ook als we slapen, passen we een strenge censuur toe op wat wij onszelf toestaan. Tijdens het slapen is die censuur of dat verdringingsmechanisme weliswaar minder sterk dan in wakkere toestand, maar toch nog zo sterk dat we in onze droom de wensen die we onszelf niet willen toestaan, vermommen.'
'En daarom moeten we dromen verklaren?'
'Freud laat zien dat we een onderscheid moeten maken tussen de droom zoals we ons die de volgende ochtend nog herinneren en de eigenlijke betekenis van de droom. De droombeelden - dus de "film" of de "video" die we dromen - noemde hij de *manifeste droominhoud*. Die "zichtbare" droominhoud haalt altijd zijn stof - of rekwisieten - uit de vorige dag. Maar de droom heeft ook een diepere betekenis die voor het bewustzijn verborgen blijft. Dat noemde Freud de *latente droomgedachten*, en die verborgen gedachten waar de droom eigenlijk over gaat, kunnen dateren van een lange tijd geleden - bijvoorbeeld uit de allervroegste jeugd.'
'We moeten dus een droom analyseren om te begrijpen waar hij over gaat.'
'Ja, en bij zieke mensen moet dat samen met een therapeut gebeuren. Maar de dokter analyseert de droom niet zelf, dat kan hij alleen maar doen met hulp van de patiënt. In deze situatie treedt de dokter slechts op als socratische "vroedvrouw" die aanwezig is en helpt bij het verklaren.'
'Ik begrijp het.'
'Het omvormen van de latente droomgedachten tot de manifeste droominhoud noemde Freud het *droomwerk*. We kunnen zeggen dat de eigenlijke inhoud van de droom "gemaskeerd" of "gecodeerd" is. Bij de droomanalyse moeten we dat proces dus omkeren. We moeten het "motief" van de droom "ontmaskeren" of "decoderen" om door te dringen tot het "thema" van de droom.'
'Kun je daar een voorbeeld van geven?'

'Freuds boek wemelt van de voorbeelden. Maar we kunnen zelf ook een simpel en zeer Freudiaans voorbeeld bedenken. Als een jongeman droomt dat hij twee ballonnen krijgt van zijn nichtje...'
'Ja?'
'Nee, verklaar deze droom zelf maar.'
'Hmmm... dan is dus de manifeste droominhoud precies zoals jij zei: hij krijgt twee ballonnen van zijn nichtje.'
'Ga door!'
'Je zei ook dat alle rekwisieten in de droom uit de vorige dag zijn gehaald. Misschien was hij de dag ervoor op de kermis - of heeft hij een foto van ballonnen gezien in de krant.'
'Ja, dat kan, maar hij hoeft alleen maar het woord ballon gezien te hebben, of iets wat hem aan ballonnen deed denken.'
'Maar wat zijn de latente droomgedachten - dus waar de droom eigenlijk over gaat?'
'Jij bent de droomduider.'
'Misschien wil hij gewoon een paar ballonnen.'
'Nee, dat is niet goed genoeg. Je hebt gelijk dat de droom wensvervullend moet zijn. Maar een volwassen man zal toch nauwelijks de innige wens koesteren een paar ballonnen te krijgen. En als dat wel het geval is, dan hoeft hij daar niet over te dromen.'
'Ik geloof dat ik het weet: hij wil in werkelijkheid zijn nichtje hebben - en de twee ballonnen zijn haar borsten.'
'Ja, die verklaring is aannemelijker. Voorwaarde is dat hij zich een beetje geneert voor die wens.'
'Want onze dromen maken een omweg via ballonnen en zo?'
'Ja, Freud zei dat de droom een vermomde vervulling van verdrongen verlangens was. Maar *wat* we nou precies verdringen, kan wel eens behoorlijk veranderd zijn sinds de tijd dat Freud dokter was in Wenen. Het mechanisme van het vermommen van droominhoud op zich kan nog hetzelfde zijn.'
'Ik begrijp het.'
'Freuds psychoanalyse werd erg belangrijk in de jaren twintig - vooral bij de behandeling van psychiatrische patiënten. Zijn theorie over het onbewuste was bovendien van grote betekenis voor de kunst en de literatuur.'
'Je bedoelt dat kunstenaars zich meer gingen bezighouden met

471

het onbewuste zieleleven van de mens?'

'Precies. Hoewel dat de laatste decennia van de vorige eeuw ook al floreerde - dus voordat Freuds psychoanalyse bekendheid kreeg. Dat geeft ook aan dat het niet toevallig was dat Freuds psychoanalyse nu juist rond 1890 ontstond.'

'Je bedoelt dat hij de tijd mee had?'

'Freud dacht ook niet dat hij fenomenen als verdringing, foute reacties of rationaliseren had "ontdekt". Hij was alleen de eerste die dergelijke menselijke ervaringen in de psychiatrie betrok. Hij is ook een meester in het gebruiken van literaire voorbeelden om zijn theorie te illustreren. Maar zoals gezegd - vanaf de jaren twintig oefende Freuds psychoanalyse een meer directe invloed uit op de kunst en de literatuur.'

'Hoe dan?'

'Schrijvers en schilders probeerden toen om de onbewuste krachten in hun werk te gebruiken. Dat gold vooral voor de zogenaamde *surrealisten*.'

'Wat betekent dat?'

'Surrealisme is een Frans woord dat je zou kunnen vertalen met bovenwerkelijkheid. In 1924 gaf *André Breton* een "surrealistisch manifest" uit. Daarin wees hij erop dat de kunst gedreven zou moeten worden door het onbewuste. Zo moest een kunstenaar vanuit een zo vrij mogelijke inspiratie droombeelden oproepen en zich richten op een bovenwerkelijkheid of magische werkelijkheid waarin de scheidslijn tussen droom en werkelijkheid is opgeheven. Ook voor een kunstenaar kan het namelijk van belang zijn om de censuur van het bewustzijn uit te schakelen, zodat woorden en beelden vrijelijk kunnen stromen.'

'Ik begrijp het.'

'Freud had in zekere zin het bewijs geleverd dat alle mensen kunstenaars zijn. Een droom is immers een klein kunstwerk, en je droomt iedere nacht. Om de dromen van mensen te kunnen duiden, had Freud vaak door een verdicht gebruik van symbolen moeten dringen - ongeveer zoals wanneer we een schilderij of een literaire tekst moeten verklaren.'

'Dromen we elke nacht?'

'Recent onderzoek heeft aangetoond dat we ongeveer twintig

procent van de tijd dat we slapen, dromen, dat wil zeggen zo'n twee à drie uur per nacht. Als we in de inslaapfasen gestoord worden, raken we geïrriteerd en worden we nerveus. Dat betekent niets anders dan dat ieder mens een ingebouwde behoefte heeft om zijn existentiële situatie op artistieke wijze te uiten. Dromen gaan immers over ons. Wij zijn de regisseur, wij halen de rekwisieten tevoorschijn, wij spelen alle rollen. Iemand die zegt dat hij geen verstand heeft van kunst, kent zichzelf slecht.'
'Ik snap het.'
'Freud had bovendien het indrukwekkende bewijs geleverd hoe fantastisch het menselijk bewustzijn is. Door zijn werk met patiënten was hij ervan overtuigd geraakt dat we alles wat we meemaken, ergens diep in ons bewustzijn opslaan. Al die indrukken kunnen weer te voorschijn gehaald worden. Als we een "black out" hebben, als het ons even later "op de tong ligt" en het ons weer later "plotseling te binnen schiet" - dan hebben we het over iets wat in het onbewuste heeft gelegen en wat opeens door een deur die op een kier stond naar het bewustzijn glipt.'
'Maar dat duurt soms zo lang.'
'Dat weten alle kunstenaars. Maar dan is het plotseling alsof alle deuren en alle archiefkasten openstaan. Het blijft vanzelf stromen - en we kunnen kiezen uit juist die woorden en beelden die we nodig hebben. Dat gebeurt wanneer we het "deksel naar het onbewuste" een beetje hebben opgelicht. Dat noemen we *inspiratie*, Sofie. Dan is het alsof dat wat we tekenen of schrijven niet uit onszelf komt.'
'Dat moet een heerlijk gevoel zijn.'
'Maar dat heb je vast en zeker zelf ook wel eens meegemaakt. Zo'n geïnspireerde toestand zie je bijvoorbeeld heel goed bij kinderen die oververmoeid zijn. Soms zijn kinderen zo moe dat ze klaarwakker lijken. Plotseling beginnen ze te vertellen - het is alsof ze woorden te voorschijn halen die ze nog niet geleerd hebben. Maar dat hebben ze wel, de woorden en gedachten hebben "latent" in hun bewustzijn gelegen, maar ze komen nu pas boven - nu alle voorzichtigheid en censuur zijn uitgeschakeld. Ook voor een kunstenaar is het vaak belangrijk het verstand en de rede niet de kans te geven om een min of meer onbewuste ontplooiing te

beheersen. Zal ik je een sprookje vertellen dat dit illustreert?'
'Graag!'
'Het is een heel serieus en heel triest sprookje.'
'Begin nou maar.'
'Er was eens een duizendpoot die fantastisch kon dansen met al haar duizend poten. Als ze danste, kwamen alle dieren uit het bos kijken. En iedereen was diep onder de indruk van de prachtige dans. Maar een dier vond het niet leuk dat de duizendpoot danste. Dat was een pad...'
'Die was natuurlijk gewoon jaloers.'
'"Hoe kan ik ervoor zorgen dat de duizendpoot niet meer danst?" dacht de pad. Hij kon niet gewoon zeggen dat hij de dans niet mooi vond. Hij kon ook niet zeggen dat hij zelf beter danste, dat zou belachelijk klinken. Toen broedde hij een duivels plan uit.'
'Vertel op!'
'Hij schreef een brief aan de duizendpoot. "O onovertroffen duizendpoot!" schreef hij. "Ik ben een toegenegen bewonderaar van je prachtige danskunst. Ik zou graag willen weten hoe je dat doet. Is het zo dat je eerst linkerbeen nummer 228 optilt en dan rechterbeen 59? Of begin je de dans door rechterbeen nummer 26 op te tillen voordat je rechterbeen nummer 449 optilt? Ik ben zeer benieuwd naar je antwoord. Groetjes, de pad".'
'Allemachtig!'
'Toen de duizendpoot de brief kreeg, begon ze er meteen over na te denken wat ze nu eigenlijk deed als ze danste. Welke poot bewoog ze het eerst? En welke poot daarna? En wat denk je dat er gebeurde?'
'Ik denk dat die duizendpoot nooit meer gedanst heeft.'
'Ja, zo liep het af. Zo gaat dat wanneer de fantasie wordt verstikt door het verstandelijk redeneren.'
'Ik ben met je eens dat het een triest verhaal is.'
'Voor een kunstenaar is het dus belangrijk dat hij "de teugels laat vieren". De surrealisten probeerden dat te doen door zichzelf in een toestand te brengen waarin de dingen gewoon vanzelf kwamen. Ze hadden een stuk wit papier voor zich en begonnen gewoon te schrijven zonder dat ze nadachten over wat ze schreven. Dat noemden ze *automatisch schrijven*. Die uitdrukking komt

eigenlijk van het spiritisme, waar een "medium" dacht dat de geest van een overledene de pen leidde. Maar ik was van plan daar morgen verder over te praten.'

'Graag!'

'Ook de surrealistische kunstenaar is in zekere zin een medium, dat betekent middel of tussenpersoon. Hij is een medium voor zijn eigen onderbewustzijn. Misschien zit in ieder creatief proces wel een onbewust element. Wat is dat eigenlijk, creativiteit?'

'Geen idee. Is dat niet dat je iets nieuws maakt?'

'Ja. En dat gebeurt nu juist door een knap samenspel tussen fantasie en verstand. Het gebeurt maar al te vaak dat het verstand de fantasie verstikt. En dat is een ernstige zaak, want zonder fantasie ontstaat er nooit iets echt nieuws. Ik denk dat de fantasie een soort darwinistisch systeem is.'

'Het spijt me, maar dat kan ik niet volgen.'

'Het darwinisme zegt immers dat in de natuur de ene mutatie na de andere ontstaat. Maar de natuur kan slechts enkele van die mutaties gebruiken. Slechts heel weinig mutaties hebben een overlevingskans.'

'Ja?'

'Zo is het ook wanneer we denken, als we inspiratie hebben en een heleboel nieuwe ideeën krijgen. De ene "denkmutatie" na de andere duikt op in ons bewustzijn. Wanneer we onszelf tenminste niet een al te strenge censuur opleggen. Maar slechts een paar van die ideeën zijn bruikbaar. Hier komt het verstand om de hoek. Want ook dat heeft een belangrijke taak. Als de vangst van de dag op tafel ligt, moeten we niet vergeten te sorteren.'

'Dat is een fraaie vergelijking!'

'Stel je eens voor dat alle dingen die in ons opkomen - dus alle ingevingen - ook werden uitgesproken! Of een leven naast het schrijfblok gingen leven - of uit de schrijfla te voorschijn kwamen. Dan verdronk de wereld in toevallige bedenksels. Dan was er geen selectie, Sofie.'

'En het verstand maakt een keuze uit al die ingevingen?'

'Ja, denk je ook niet? Misschien is het fantasie die iets nieuws schept, maar de fantasie maakt niet de keuze. De fantasie componeert niet. Een compositie - wat elk kunstwerk toch is - ontstaat door een wonderlijk samenspel tussen fantasie en verstand, of tussen ziel en rede. Want er zit altijd een element van toeval in een scheppingsproces. In een bepaalde fase kan het belangrijk zijn om je niet af te sluiten voor zulke toevallige ingevingen. Je moet schapen immers eerst loslaten voordat je ze kunt hoeden.'

Hierna bleef Alberto uit het raam zitten staren. Terwijl hij zo zat, zag Sofie opeens een drukte van jewelste bij de oever van het ven. Het was je reinste orgie van Disney-figuurtjes in alle kleuren.

'Daar heb je Goofy,' zei ze. 'Daar heb je Donald en de neefjes... en Katrien... en oom Dagobert. Zie je Knabbel en Babbel? Hoor je niet wat ik zeg, Alberto? Daar bij het meer zijn Mickey Mouse en Willy Wortel!'

Hij keerde zich naar haar toe.

'Ja, het is triest, m'n kind.'

'Wat bedoel je daarmee?'

'Waar we nu zitten, zijn we een weerloos slachtoffer voor de losgelaten schapen van de majoor. Maar dat is natuurlijk mijn eigen schuld. Ik ben over vrije associaties begonnen.'

'Je moet jezelf niet de schuld geven.'

'Ik had iets willen zeggen over het feit dat de fantasie ook belangrijk is voor ons filosofen. Om iets nieuws te kunnen denken, moeten ook wij de teugels af en toe laten vieren. Maar nu is er iets te veel losgelaten.'

'Je moet er niet zo zwaar aan tillen.'

'Ik had iets willen zeggen over het belang van een moment van bezinning. En dan krijgen we deze kleurige onzin. Hij moest zich schamen!'

'Is dat ironisch bedoeld?'

'*Hij* bedoelt het ironisch, niet ik. Maar ik heb een troost - en dat is de hoeksteen van mijn plan.'

'Ik snap er niets van.'

'We hebben het over dromen gehad. Ook dat is een beetje ironisch. Want wat zijn wij anders dan de droombeelden van de majoor?'

'O...'

'Maar aan een ding heeft hij niet gedacht...'

'En dat is?'
'Misschien is hij zich pijnlijk bewust van zijn eigen droom. Hij is op de hoogte van alles wat wij zeggen en doen - zoals de dromer zich de manifeste inhoud van zijn droom herinnert. Hij zet het immers allemaal op papier. Maar ook al herinnert hij zich alles wat wij tegen elkaar zeggen, hij is nog niet echt wakker.'
'Wat bedoel je daarmee?'
'Hij kent zijn latente droomgedachten niet, Sofie. Hij vergeet dat ook dit een vermomde droom is.'
'Je zegt wel rare dingen.'
'Dat vindt de majoor ook. Omdat hij zijn eigen droomtaal niet begrijpt. En daar mogen we blij om zijn. Dat geeft ons namelijk een heel klein beetje speelruimte. Door die speelruimte zullen we ons binnenkort ontworstelen aan zijn warrige bewustzijn, zoals speelse woelratten op een mooie zomerdag de zon in rennen.'
'Denk je dat ons dat lukt?'
'Het moet lukken. Binnen een paar dagen zal ik je een nieuwe hemel laten zien. Dan zal de majoor niet meer weten waar de mollen zijn of waar ze weer zullen opduiken.'
'Maar al zijn we dan droombeelden, ik ben ook nog een dochter. Het is vijf uur. Ik moet naar huis om alles klaar te zetten voor het tuinfeest.'
'Mm.... Zou je iets voor me willen doen als je naar huis gaat?'
'Wat dan?'
'Probeer een beetje de aandacht te trekken. Je moet ervoor zorgen dat de majoor jou de hele weg naar huis in het oog houdt. Probeer aan hem te denken als je thuis komt, dan denkt hij ook aan jou.'
'En waar is dat goed voor?'
'Dan kan ik ongestoord verder werken aan het geheime plan. Ik duik in de diepten van het onderbewustzijn van de majoor, Sofie. En daar blijf ik tot we elkaar weer zien.'

ONZE TIJD

... de mens is tot vrijheid veroordeeld...

De wekker wees 23.55 aan. Hilde bleef naar het plafond liggen staren. Ze probeerde vrij te associëren. Iedere keer als ze midden in een gedachtenstroom bleef steken, vroeg ze zich af waarom ze niet verder dacht.

Probeerde ze soms iets te verdringen?

Kon ze maar alle censuur uitschakelen, dan zou ze misschien dromen als ze wakker was. Wel een enge gedachte trouwens.

Hoe meer het haar lukte zich te ontspannen en zich open te stellen voor de gedachten en beelden die bij haar opkwamen, des te meer had ze het gevoel dat ze in Majorstua was, bij het ven, in het bos.

Wat was Alberto van plan? Nou ja - het was natuurlijk haar vader die van plan was dat Alberto iets van plan was. Wist hij zelf wel wat Alberto zou uitbroeden? Misschien probeerde hij de teugels zo te laten vieren dat er uiteindelijk iets zou gebeuren wat voor hemzelf ook een verrassing was.

Er waren niet veel bladzijden meer te gaan. Zou ze even op de laatste bladzijde kijken? Nee, dat was flauw. Maar er was nog iets. Hilde was er niet helemaal zeker van dat nu al vaststond wat er op de laatste bladzijde zou gebeuren.

Was dat geen rare gedachte? De multomap lag hier, haar vader kon er onmogelijk nog iets aan toevoegen. Tenzij Alberto nog iets in petto had. Een verrassing...

Hilde zou in ieder geval zelf ook voor een paar verrassingen zorgen. Over haar had hij geen controle. Maar had ze wel controle over zichzelf?

Wat was bewustzijn? Was dat niet een van de grootste raadsels van het universum? Wat was geheugen? Wat zorgde ervoor dat we ons alles herinnerden wat we hadden gezien en beleefd?

Wat was dat voor een mechanisme dat elke nacht sprookjesachtige dromen te voorschijn toverde?

Terwijl ze zo lag te denken, sloot ze af en toe haar ogen. Dan deed ze ze weer open en staarde naar het plafond. Ten slotte vergat ze haar ogen weer open te doen.
Ze sliep.
Toen ze wakker werd van opgewonden krijsende meeuwen, was het 6.66 uur. Wat een raar tijdstip. Hilde stond op en liep door de kamer. Zoals altijd ging ze voor het raam staan om over de baai uit te kijken. Dat was een gewoonte van haar, zowel 's zomers als 's winters.
Terwijl ze daar stond, leek het alsof er plotseling een verfdoos in haar hoofd ontplofte. Er schoot haar te binnen wat ze had gedroomd. Maar het leek meer dan een gewone droom. De kleuren en vormen waren zo levensecht geweest...
Ze had gedroomd dat haar vader terugkwam uit Libanon, en de hele droom was een soort vervolg geweest op de droom van Sofie waarin zij haar gouden kruisje op de steiger had gevonden.
Hilde had op de rand van de steiger gezeten - net als in de droom van Sofie. Toen had een heel zwak stemmetje tegen haar gefluisterd: 'Ik heet Sofie!' Hilde was doodstil blijven zitten om te kijken of ze kon ontdekken waar de stem vandaan kwam. De stem ging door, als een heel zacht geknisper. Het was alsof er een insekt tegen haar praatte: 'Ben je soms doof en blind?' Het volgende ogenblik was haar vader in VN-uniform de tuin in gekomen. 'Hildelief!' riep hij. Hilde rende naar hem toe en vloog hem om de hals. En daar hield de droom op.
Ze moest denken aan een paar regels uit een gedicht van de Noorse dichter *Arnulf Øverland*.

Ik ontwaakte een nacht uit een vreemde droom
het was of een stem me iets zei
uit de verte, als een onderaardse stroom
ik stond op: wat wil je van mij?

Ze stond nog voor het raam toen haar moeder haar kamer binnenkwam.
'Hé! Ben je al wakker?'

'Ik weet het niet...'
'Ik kom om een uur of vier thuis, zoals altijd.'
'Oké.'
'Een fijne vakantiedag dan maar, Hilde.'
'Daag!'
Zodra Hilde haar moeder beneden de voordeur uit hoorde gaan, kroop ze weer in bed en sloeg de multomap open.
'...Ik duik in de diepten van het onderbewustzijn van de majoor, Sofie. En daar blijf ik tot we elkaar weer zien.'
Daar, ja. Hilde las verder. Ze kon met haar rechter wijsvinger voelen dat er niet veel bladzijden meer te gaan waren.

Toen Sofie Majorstua verliet, zag ze nog een paar Disneyfiguren bij het ven, maar het was alsof die in het niets oplosten naarmate ze dichterbij kwam. Ze waren in ieder geval spoorloos verdwenen toen ze bij de boot kwam.

Tijdens het roeien en terwijl ze de boot aan de andere kant in het riet trok, probeerde ze gekke bekken te trekken en met haar armen te zwaaien. Ze moest de aandacht van de majoor trekken, zodat Alberto onopgemerkt in Majorstua kon zitten.

Toen ze het pad oprende, maakte ze een paar dartele sprongen. Even later probeerde ze te lopen als een marionet. Om te zorgen dat de aandacht van de majoor niet zou verslappen, begon ze ook nog te zingen.

Eén keer bleef ze staan piekeren over wat het plan van Alberto zou kunnen zijn. Toen ze dat merkte kreeg ze zo'n slecht geweten dat ze in een boom klom.

Sofie klom zo hoog ze kon. Toen ze bijna in het topje zat, moest ze erkennen dat ze niet meer naar beneden kon komen. Ze moest het straks nog maar eens proberen, maar ze kon hier natuurlijk niet op haar gemak blijven zitten. Dan zou de majoor er zeker genoeg van krijgen om naar haar te kijken en zou hij gaan kijken wat Alberto uitvoerde.

Sofie zwaaide met beide armen, probeerde een paar keer als een haan te kraaien, en begon ten slotte te jodelen. Het was de eerste keer in al die vijftien jaar van haar leven dat Sofie jodelde. Dat in aanmerking genomen, was ze best tevreden over het resultaat.

Ze probeerde weer naar beneden te klauteren, maar ze zat muurvast. Toen kwam er opeens een dikke gans aan, die op een van de takken ging zitten waar Sofie zich aan vasthield. Na de groep Disney-figuren verbaasde het Sofie helemaal niet dat de gans begon te praten.

'Ik heet Maarten,' zei de gans. 'Eigenlijk ben ik een tamme gans, maar ik ben voor de gelegenheid met de wilde ganzen uit Libanon gekomen. Het lijkt mij dat je hulp nodig hebt om uit deze boom te komen.'

'Jij bent veel te klein om mij te helpen,' zei Sofie.

'Een overhaaste conclusie, jongedame. Jij bent te groot.'

'Dat komt toch op hetzelfde neer?'

'Het is maar dat je het weet, maar ik heb anders een boerenjongen van jouw leeftijd door heel Zweden vervoerd. Hij heette Niels Holgersson.'

'Ik ben vijftien.'

'Niels was veertien. Een jaar meer of minder speelt in het vervoer geen rol.'

'Hoe kon je hem dan optillen?'

'Hij kreeg een oplawaai zodat hij flauwviel. Toen hij weer bijkwam, was hij niet groter dan een duim.'

'Misschien moest je mij ook maar een tikje geven, want ik kan hier niet eeuwig blijven zitten. Bovendien ben ik zaterdag de gastvrouw op een filosofisch tuinfeest...'

'Dat is interessant. Dan neem ik aan dat dit een filosofieboek is. Toen ik met Niels boven Zweden vloog, maakten we een tussenlanding op Mårbacka in Värmland. Daar ontmoette Niels een oude vrouw die rondliep met het plan een boek over Zweden te schrijven voor schoolkinderen. Het moest leerzaam zijn en helemaal echt gebeurd, zei ze. Toen ze hoorde wat Niels allemaal had meegemaakt, besloot ze een boek te schrijven over wat hij vanaf de ganzerug had gezien.'

'Dat is wonderlijk.'

'Het was eerlijk gezegd ook een beetje ironisch bedoeld. Want we zaten immers al in dat boek.'

Op dat moment voelde Sofie dat iemand haar een tik op haar wang gaf. Het volgende ogenblik was ze piepklein. De boom leek in zijn eentje wel een heel bos, en de gans was zo groot als een paard.

'Zo, klim nu dan maar op mijn rug,' zei de gans.

Sofie wandelde over de tak en klom op de rug van de gans. Zijn veren waren zacht, maar nu ze zo klein was, prikten ze meer dan dat ze kietelden.

Zodra ze was gaan zitten, vloog de gans op. Hij vloog hoog over alle bomen. Sofie zag in de diepte het ven en Majorstua. Daarbinnen zat Alberto ingewikkelde plannen uit te broeden.

'Dit was wel genoeg voor een rondvluchtje, dunkt me,' zei de gans terwijl hij met zijn vleugels klapwiekte.

Hij ging over tot een landing bij de voet van de boom waar Sofie kort tevoren in was geklommen. Toen hij de grond raakte, rolde Sofie van zijn rug. Nadat ze een paar buitelingen in de heidestruiken had gemaakt, ging ze overeind zitten. Tot haar verbazing zag ze dat ze opeens weer haar normale lengte had.

De gans waggelde een paar keer om haar heen.

'Hartstikke bedankt voor je hulp,' zei Sofie.

'Het was maar een kleinigheid. Zei je dat dit een filosofieboek was?'

'Nee, dat zei jij.'

'Nou ja, dat komt op hetzelfde neer. Als het aan mij lag, zou ik je graag door de hele geschiedenis van de filosofie hebben gevlogen, zoals ik Niels Holgersson door Zweden heb gevlogen. We hadden over Milete en Athene kunnen cirkelen, Jeruzalem en Alexandrië, Rome en Florence, Londen en Parijs, Jena en Heidelberg, Berlijn en Kopenhagen....'

'Dat is genoeg, dank je.'

'Maar zelfs voor een tamelijk ironische gans zou het een hele klus zijn geweest om dwars door de eeuwen heen te vliegen. Dan is het wel even iets gemakkelijker om de Zweedse provincies te doorkruisen.'

Toen zette de gans het op een lopen en fladderde de lucht in.

Sofie was volkomen verbijsterd, maar toen ze even later in het Hol kroop, bedacht ze dat Alberto wel tevreden zou zijn met deze afleidingsmanoeuvre. De majoor had het afgelopen uur onmogelijk aan Alberto kunnen denken. Tenzij hij een ernstig geval van gespleten persoonlijkheid was.

Sofie was net binnen toen haar moeder thuiskwam van haar werk. Daardoor werd ze niet aan een kruisverhoor onderworpen omdat ze door een tamme gans uit een hoge boom was gered.

Na het avondeten begonnen ze met de voorbereidingen voor het tuinfeest. Ze haalden een tafelblad van een meter of vier van zolder en droegen dat de tuin in. Toen moesten ze weer naar de zolder om schragen te halen voor onder het tafelblad.

Ze zouden een lange tafel dekken onder de fruitbomen. De laatste keer dat dit tafelblad was gebruikt, was op het tienjarig huwelijksfeest van haar ouders geweest. Sofie was toen nog maar acht, maar ze kon zich dat grote tuinfeest, waar alle familieleden die konden kruipen of lopen aanwezig waren geweest, nog goed herinneren.

Het weerbericht kon niet beter. Er was geen regendruppel meer gevallen sinds het vreselijke onweer op de dag voor Sofies verjaardag. Toch zouden ze met het versieren en tafeldekken wachten tot zaterdagochtend. Maar haar moeder vond het een prettig idee dat de tafel in ieder geval al in de tuin stond.

Later die avond bakten ze broodjes en vlechtbroden met twee verschillende soorten deeg. Verder stonden er kip en salade op het menu. En frisdrank. Sofie was doodsbenauwd dat een paar jongens uit de klas bier mee zouden nemen. Als ze ergens bang voor was, dan was het wel voor gerotzooi.

Toen Sofie naar bed ging, wilde haar moeder nog een keer zeker weten of Alberto op het feest kwam.

'Natuurlijk komt hij. Hij heeft zelfs beloofd een filosofisch kunststukje te doen.'

'Een filosofisch kunststuk? Wat zou dat dan zijn?'

'Tja... als hij goochelaar was geweest, zou hij ongetwijfeld een goocheltruc hebben gedaan. Misschien had hij een wit konijn uit een hoed getoverd of zoiets...'

'Alweer?'

'... maar aangezien hij een filosoof is, doet hij een filosofisch kunstje. Het is toch ook een filosofisch tuinfeest.'

'Klein bijdehandje.'

'Maar misschien kun je zelf ook wel iets doen?'

'Jazeker, Sofie. Ik doe wel iets.'

'Een speech?'
'Nee, ik verklap niks. Welterusten!'

De volgende morgen werd Sofie vroeg gewekt door haar moeder die boven kwam om dag! te zeggen voor ze naar haar werk ging. Sofie kreeg een lijstje van dingen die ze in de stad voor het tuinfeest moest gaan kopen.

Zodra haar moeder de deur uit was, ging de telefoon. Het was Alberto. Hij wist blijkbaar precies wanneer ze alleen thuis was.

'Hoe gaat het met je geheimpjes?'
'Ssssst! Niks zeggen. Geef hem niet eens de kans er over na te denken.'
'Ik geloof dat het me goed gelukt is om gisteren zijn aandacht te trekken.'
'Goed zo.'
'Is er nog wat filosofiecursus?'
'Daar belde ik over. We zijn immers al in onze eigen eeuw aangeland. Vanaf nu zou je je eigenhandig wegwijs moeten kunnen maken. De basis was het belangrijkste. Maar toch moeten we maar bij elkaar komen voor een gesprekje over onze eigen tijd.'
'Maar ik ga de stad in...'
'Dat komt heel goed uit. Ik zei toch al dat we over onze eigen tijd zouden praten.'
'Ja?'
'Dat kunnen we heel goed in de stad doen, bedoel ik.'
'Moet ik naar je huis komen?'
'Nee, nee, dat niet. Het is hier zo'n rommel. Ik heb overal naar verborgen microfoons gezocht.'
'O...'
'Er is een nieuw café vlakbij Stortorget. Café Pierre. Weet je waar dat is?'
'Jawel. Hoe laat moet ik komen?'
'Zullen we zeggen twaalf uur?'
'Twaalf uur in het café.'
'Dan zeggen we nu niets meer.'
'Daag!'

Een paar minuten over twaalf stak Sofie haar hoofd om de hoek van de deur van café Pierre. Het was zo'n modern café met ronde tafels en zwarte stoelen, omgekeerde vermoutflessen met schenkmechanisme, en stokbrood en salades op het menu.

Het was geen grote ruimte, en het eerste dat Sofie opviel, was dat Alberto er niet was. In feite was dat ook het enige dat ze zag. Er zaten veel mensen rond de tafels, maar in ieder gezicht zag Sofie alleen dat het niet Alberto was.

Ze was niet gewend om alleen naar cafés te gaan. Zou ze rechtsomkeert maken en later terugkomen om te kijken of Alberto er dan was?

Ze liep naar de marmeren tapkast en bestelde een kopje thee met citroen. Ze nam haar kopje mee en ging aan een lege tafel zitten. Ze staarde naar de deur. Er liepen veel mensen in en uit, maar Sofie registreerde alleen maar, dat Alberto niet kwam.

Had ze maar een krant!

Na een poosje moest ze wel om zich heen kijken. Een paar van haar blikken werden nog beantwoord ook. Even voelde Sofie zich een jongedame. Ze was nog maar vijftien, maar ze kon vast wel doorgaan voor zeventien - in ieder geval voor zestien en een half.

Wat dachten alle mensen in het café over het feit dat ze bestonden? Hun aanwezigheid hier leek toevallig, alsof ze hier even voor de grap waren gaan zitten. Ze praatten er lustig op los en gebaarden druk, maar ze leken het niet over iets belangrijks te hebben.

Even moest ze denken aan Kierkegaard, die gezegd had dat het belangrijkste kenmerk van de massa het tot niets verplichtende "gepraat" was. Leefden al deze mensen in het esthetische stadium? Of was er toch iets wat van existentieel belang voor hen was?

In een van zijn eerste brieven had Alberto geschreven dat er een verwantschap bestond tussen kinderen en filosofen. Weer bedacht Sofie dat ze bang was volwassen te worden. Stel je voor dat zij ook diep zou wegkruipen in de vacht van het witte konijn dat uit de zwarte hoge hoed van het universum werd getoverd?

Terwijl ze zo zat te denken, hield ze voortdurend de deur in de gaten. Opeens kwam Alberto het café binnen sloffen. Hoewel het hoogzomer was, had hij een zwarte alpinopet op zijn hoofd. Verder droeg hij een halflange jas met een grijs visgraat-motief. Hij zag haar meteen en beende op haar af. Sofie bedacht dat zo'n afspraak met hem in alle openbaarheid weer iets heel anders was.

'Het is kwart over twaalf, gek.'

'Dat heet een academisch kwartiertje. Kan ik de jongedame iets te eten aanbieden?'

Hij ging zitten en keek haar recht aan. Sofie haalde haar schouders op.

'Maakt me niet uit. Een broodje misschien.'

Alberto liep naar de tap. Hij kwam al snel terug met een kopje koffie en twee enorme stokbroden met ham en kaas.

'Was het duur?'

'Een kleinigheid, Sofie.'

'Heb je niet eens een excuus voor het feit dat je te laat komt?'

'Nee, dat heb ik niet, want het was met opzet. Ik zal het direct uitleggen.'

Hij nam een paar grote happen stokbrood en zei toen:

'We gaan het over onze eigen eeuw hebben.'

'Is er toen iets van filosofische betekenis gebeurd?'

'Een heleboel, zo veel dat je alle kanten op kunt. We zullen eerst iets zeggen over een belangrijke stroming, en dat is het *existentialisme*. Dat is een verzamelnaam voor diverse filosofische stromingen die uitgaan van de existentiële situatie van de mens. We hebben het vaak over de existentiefilosofie van de twintigste eeuw. Veel van die existentiefilosofen - of existentialisten - baseerden zich op Kierkegaard, maar ook op Hegel en Marx.'

'Ik begrijp het.'

'Een andere belangrijke filosoof die grote invloed had in de twintigste eeuw, was de Duitser *Friedrich Nietzsche*, die leefde van 1844 tot 1900. Ook Nietzsche reageerde op de filosofie van Hegel en het Duitse historisme. Tegenover een bloedeloze interesse voor de geschiedenis en dat wat hij de christelijke "slavenmoraal" noemde, zette hij het leven zelf. Hij wilde een "herwaardering van alle waarden", zodat de levenswil van de sterken niet zou worden belemmerd door de zwakken. Volgens Nietzsche hadden het christendom en de filosofische traditie zich afgewend van de echte wereld en zich gericht op de "hemel" of de "ideeënwereld". Maar dat wat werd beschouwd als de "eigenlijke" wereld, was in werkelijkheid een schijnwereld. "Wees trouw aan de aarde," zei hij. "Luister niet naar mensen die bovenaardse hoop verkondigen".'

'Zo..!'

'De Duitse existentiefilosoof *Martin Heidegger* was door Kierkegaard en Nietzsche beïnvloed. Maar wij zullen ons concentreren op de Franse existentialist *Jean Paul Sartre*, die leefde van 1905 tot 1980. Hij was de meest toonaangevende existentialist - in ieder geval voor het grote publiek. Hij ontwikkelde zijn existentialisme vooral in de jaren veertig, vlak na de oorlog. Later sloot hij zich aan bij de marxistische beweging in Frankrijk, maar hij werd nooit lid van een partij.'

'Moesten we daarom afspreken in een Frans café?'

'Dat was niet helemaal toevallig, nee. Sartre was zelf ook een enthousiaste cafébezoeker. In cafés als dit had hij afspraakjes met zijn levensgezellin *Simone de Beauvoir*. Zij was ook een existentiefilosoof.'

'Een vrouwelijke filosoof?'

'Dat klopt.'

'Ik vind het een hele opluchting dat de mensheid eindelijk beschaafd begint te worden.'

'Hoewel onze tijd ook een tijd van vele zorgen is.'

'Je zou over het existentialisme vertellen.'

'Sartre zei: "Existentialisme is humanisme". Daarmee bedoelde hij dat de existentialisten alleen uitgaan van de mens zelf. We moeten daar misschien wel bij vertellen dat het hier gaat om een humanisme met een veel somberder visie op de mensheid dan het humanisme dat we in de renaissance tegenkwamen.'

'Waarom?'

'Kierkegaard en enkele existentiefilosofen in onze eeuw waren christenen. Maar Sartre behoort tot wat we een atheïstisch existentialisme kunnen noemen. Je kunt zijn filosofie zien als een genadeloze analyse van de situatie van de mens wanneer "God dood is". De uitdrukking "God is dood" stamt van Nietzsche.'

'Ga door!'

'Het sleutelwoord in Sartres filosofie is evenals bij Kierkegaard het woord "existentie". Maar met existentie bedoelen we niet hetzelfde als gewoon bestaan. Planten en dieren bestaan ook, maar ze hoeven zich niet druk te maken over wat dat betekent. De mens is het enige wezen dat zich van zijn bestaan bewust is. Sartre zegt dat fysieke dingen alleen "in zichzelf" zijn, terwijl de mens ook "voor zichzelf" is.

Mens zijn is iets anders dan een ding zijn.'

'Daar kan ik me helemaal in vinden.'

'Sartre beweerde verder dat de existentie van de mens voorafgaat aan iedere betekenis daarvan. *Dat* ik ben, gaat dus vooraf aan *wat* ik ben. "De existentie gaat vooraf aan de essentie", zei hij.'

'Wat een ingewikkelde zin.'

'Met essentie bedoelen we dat waar iets uit bestaat - de "natuur" of het "wezen" van een ding. Maar volgens Sartre heeft de mens geen aangeboren natuur. De mens moet daarom zichzelf scheppen. Hij moet zijn eigen natuur of "essentie" creëren, want die is niet van tevoren bepaald.'

'Ik geloof dat ik begrijp wat je bedoelt.'

'Gedurende de hele geschiedenis van de filosofie hebben de filosofen immers geprobeerd antwoord te geven op de vraag wat de mens is - of wat de natuur van de mens is. Maar Sartre was van mening dat de mens geen eeuwige natuur had waarop hij kon terugvallen. Daarom is het ook zinloos om te zoeken naar de zin van het leven in het algemeen. We zijn met andere woorden gedoemd te improviseren. Wij zijn als toneelspelers die op een toneel worden gezet zonder dat we een rol hebben ingestudeerd, een script hebben of een souffleur die ons kan influisteren wat we moeten doen. We moeten zelf kiezen hoe we willen leven.'

'Dat is tot op zekere hoogte waar. Als je in de bijbel - of een filosofieboek - kon opzoeken hoe je moest leven, zou dat heel gemakkelijk zijn.'

'Je hebt begrepen waar het om gaat. Maar wanneer de mens beseft dat hij bestaat en dat hij ooit zal sterven - en dat er geen enkele zin bestaat die houvast biedt - dan veroorzaakt dat *angst*, zei Sartre. Je herinnert je misschien dat angst ook karakteristiek was voor Kierkegaards beschrijving van iemand die zich in een existentiële situatie bevindt.'

'Ja.'

'Sartre zegt bovendien dat een mens zich *vreemd* voelt in een wereld zonder zin. Wanneer hij de "vervreemding" van de mens beschrijft, komt hij ook dicht in de buurt van de centrale gedachten bij Hegel en Marx. Het gevoel van de mens een vreemde in deze wereld te zijn, veroorzaakt een gevoel van vertwijfeling, verveling, afschuw en absurditeit.'

'Het is nog steeds heel gewoon om een beetje "depri" te zijn, of te vinden dat alles 'klote' is.'

'Ja, Sartre beschrijft de stadsmens in de twintigste eeuw. Je herinnert je misschien dat de humanisten uit de renaissance bijna triomfantelijk hadden gewezen op de vrijheid en onafhankelijkheid van de mens. Zelf ervoer Sartre de vrijheid van de mens welhaast als een vloek. "De mens is tot vrijheid veroordeeld," zei hij. "Veroordeeld omdat hij zichzelf niet geschapen heeft - en toch vrij is. Want nu hij eenmaal in deze wereld geworpen is, is hij verantwoordelijk voor al zijn daden".'

'We hebben niemand gevraagd of hij ons als vrije individuen wilde scheppen.'

'Dat is precies waar het Sartre om gaat. Maar we *zijn* vrije individuen, en onze vrijheid maakt dat we ons hele leven gedoemd zijn te kiezen. Er bestaan geen eeuwige waarden of normen waar we ons naar kunnen richten. Des te belangrijker is het welke *keuzes* we maken. Want we zijn geheel en al *verantwoordelijk* voor alles wat we doen. Sartre benadrukt juist dat de mens nooit de verantwoordelijkheid voor zijn daden moet ontkennen. Daarom kunnen we ook nooit de verantwoordelijkheid voor onze keuzes ontlopen door te zeggen dat we naar ons werk "moeten" of dat we ons "moeten" richten naar bepaalde burgerlijke verwachtingen over hoe we moeten leven. Iemand die op die manier in de anonieme massa opgaat, wordt slechts een onpersoonlijk massamens. Hij of zij is zichzelf ontvlucht, naar de leugen van het leven. Maar de vrijheid van de mens gebiedt ons onszelf tot iets te maken, gebiedt ons om "authentiek" of echt te existeren.'

'Ik begrijp het.'

'Dat geldt niet in de laatste plaats voor onze ethische keuzes. We kunnen nooit de schuld schuiven op de "menselijke natuur", de "menselijke zwakheid" of iets dergelijks. Soms gedragen mannen die toch tot de jaren van verstand gekomen zijn, zich als beesten en geven dan uiteindelijk de schuld aan de "oude Adam". Maar zo'n "oude Adam" bestaat niet. Dat is gewoon een figuur waar we op teruggrijpen om de verantwoording voor onze eigen daden te kunnen afschuiven.'

'Je kan die man toch niet overal de schuld van geven.'

'Hoewel Sartre beweert dat het bestaan geen ingebouwde zin heeft, betekent dat niet dat hij dat niet zou willen. Hij is niet wat we een "nihilist" noemen.'

'Wat is dat?'

'Dat is iemand die denkt dat niets iets betekent en dat alles is toegestaan. Sartre was van mening dat het leven een zin *moet* hebben. Dat is een gebiedende wijs. Maar we moeten zelf zin aan ons eigen leven geven. Existeren betekent je eigen bestaan scheppen.'

'Kun je daar iets meer over zeggen?'

'Sartre probeert te laten zien dat het bewustzijn pas iets op zichzelf staands is als het iets waarneemt. Want bewustzijn is altijd het bewust zijn *van* iets. En dat "iets" is evenzeer een produkt van onszelf als van onze omgeving. Wij kunnen zelf mede bepalen wat we voelen doordat we zelf kiezen wat voor ons van belang is.'

'Kun je ook een voorbeeld geven?'

'Twee mensen kunnen in dezelfde ruimte zijn en toch iets heel verschillends beleven. Dat is omdat onze eigen mening, of onze eigen belangstelling, een rol speelt wanneer we de omgeving waarnemen. Zo kan bijvoorbeeld een zwangere vrouw het gevoel hebben dat ze overal andere zwangere vrouwen ziet. Dat betekent niet dat die er eerder niet waren, maar zwangerschap heeft voor haar een nieuwe betekenis gekregen. Iemand die ziek is, ziet misschien overal ziekenauto's...'

'Ik snap het.'

'Ons eigen bestaan bepaalt dus hoe wij de dingen in de kamer waarnemen. Als iets voor mij niet van belang is, ja, dan zie ik het niet. En nu kan ik je misschien uitleggen waarom ik te laat was.'

'Je zei dat je dat met opzet deed?'

'Vertel me eerst eens wat je zag toen je het café binnenkwam.'

'Het eerste dat ik zag, was dat jij er niet was.'

'Is het niet een beetje vreemd dat het eerste dat je hier zag, iets was dat er *niet* was?'

'Misschien wel, maar ik had immers met jou afgesproken.'

'Sartre gebruikt zulke cafébezoeken om aan te tonen hoe we de dingen die niet belangrijk voor ons zijn, "uitvagen".'

'Dus je kwam alleen te laat om me dat te laten zien?'

'Dat was inderdaad om je dit belangrijke punt in Sartres filosofie duidelijk te maken, ja. Je zou het een oefening kunnen noemen.'

'Verdorie!'

'Als je verliefd bent en je zit te wachten op een telefoontje van de jongen op wie je verliefd bent, dan "hoor" je misschien de hele avond dat hij niet opbelt. Juist dat hij niet belt, is iets wat je de hele avond opvalt. Als je hem van de trein gaat halen, en er stroomt een mensenmassa het perron op zonder dat je daarin je vriendje kunt ontdekken, dan zie je al die mensen niet. Ze staan alleen maar in de weg, ze zijn niet belangrijk voor jou. Misschien vind je ze zelfs wel ronduit vervelend of helemaal afschuwelijk. Ze nemen immers zo vreselijk veel plaats in. Het enige wat je registreert, is dat *hij* er niet is.'

'Ik begrijp het.'

'Simone de Beauvoir probeerde het existentialisme ook toe te passen op de rollenpatronen tussen de seksen. Sartre had er immers op gewezen dat de mens niet kan terugvallen op een eeuwig bestaande "natuur". Wij maken onszelf tot wat we zijn.'

'Ja?'

'Dat geldt ook voor onze opvattingen over de geslachten. Simone de Beauvoir wees erop dat er geen eeuwige vrouwennatuur of mannennatuur bestaat. Maar dat is wel de traditionele opvatting. Het was bijvoorbeeld heel gebruikelijk om te beweren dat de man een "transcendente" ofwel grensoverschrijdende natuur had. Daarom zou hij een zin en een doel buitenshuis zoeken. Van de vrouw werd gezegd dat haar levensoriëntering tegengesteld was. Zij is "immanent", dat wil zeggen dat ze daar wil zijn waar ze is. Ze wil zorgen voor haar gezin, de natuur en de dingen in haar directe omgeving. Tegenwoordig zouden we misschien zeggen dat de vrouw meer oog heeft voor de "zachte waarden" dan de man.'

'Meende ze dat echt?'

'Nee, nu luister je niet goed. Simone de Beauvoir was juist van mening dat zo'n vrouwennatuur of mannennatuur *niet* bestaat.

Integendeel: zij vond dat mannen en vrouwen zich van dergelijke ingebakken vooroordelen en idealen moesten bevrijden.'

'Daar ben ik het mee eens.'

'Haar belangrijkste boek kwam uit in 1949 en heette "De tweede sekse".'

'Wat bedoelde ze daarmee?'

'Ze dacht aan de vrouw. Die is in onze cultuur tot de "tweede sekse" geworden. Alleen de man treedt op als onderwerp. De vrouw wordt tot het object van de man gemaakt. Zo is haar ook de verantwoordelijkheid voor haar eigen leven ontnomen.'

'Ja?'

'Die verantwoordelijkheid moet ze weer heroveren. Ze moet zichzelf weer terugwinnen en haar identiteit niet alleen met de man verbinden. Het is namelijk niet enkel de man die de vrouw onderdrukt. De vrouw onderdrukt zichzelf door geen verantwoordelijkheid te nemen voor haar eigen leven.'

'We zijn net zo vrij en zelfstandig als we zelf willen zijn?'

'Zo zou je dat goed kunnen zeggen. Het existentialisme heeft ook een stempel gedrukt op de literatuur vanaf de jaren veertig tot aan de dag van vandaag. Dat geldt vooral voor het theater. Sartre zelf schreef zowel romans als toneelstukken. Andere belangrijke namen zijn de Fransman *Camus*, de Ier *Beckett*, de Roemeen *Ionesco* en de Pool *Gombrowicz*. Karakteristiek voor deze - en vele andere moderne auteurs - is het zogenaamde *absurdisme*. Die term wordt vooral gebruikt voor het "absurde theater".'

'Ja, ja.'

'Begrijp je wat we bedoelen met het woord "absurd"?'

'Betekent dat niet zinloos of in strijd met je verstand?'

'Juist. Het absurde theater presenteerde zich als een tegenpool van het "realistische theater". De bedoeling was om de zinloosheid van het bestaan op de planken te laten zien, om het publiek tot een reactie te dwingen. De bedoeling was dus niet om de zinloosheid te verheerlijken. Integendeel: door het absurde te laten zien - bijvoorbeeld in alledaagse situaties - wilde men het publiek dwingen om zelf te streven naar een echter, meer werkelijk bestaan.'

'Ga door.'

'Vaak laat het absurde theater hele banale situaties zien. Je zou het daarom een soort "hyperrealisme" kunnen noemen. De mens wordt precies zo voorgesteld als hij is. Maar als je in een toneelstuk precies laat zien wat er op een doodgewone ochtend in een doodgewoon huisgezin in de badkamer gebeurt - ja, dan begint het publiek te lachen. Dat lachen kun je zien als een verweer tegen het feit dat ze zichzelf op het toneel ontmaskerd zien.'

'Ik begrijp het.'

'Het absurde theater vertoont ook vaak surrealistische trekjes. Vaak raakt de mens op het toneel in de meest onwaarschijnlijke en droomachtige situaties verzeild. Wanneer ze dat zonder enige verbazing accepteren, dan moet het publiek wel verbaasd reageren op dat gebrek aan verbazing. Dat gold ook voor de stomme films van *Chaplin*. Het grappige in die films is vaak het gebrek aan verbazing bij Chaplin over alle absurde toestanden waarin hij belandt. Zo kun je het publiek dwingen om in zichzelf te zoeken naar iets wat echter is, meer waar.'

'Het is in ieder geval gek om te zien wat mensen over zich heen laten komen zonder te reageren.'

'Het kan soms belangrijk zijn je te realiseren dat dit iets is waar je van *weg* wilt vluchten - al weet je nog niet waar je naar toe moet.'

'Als je huis in brand staat, moet je maken dat je wegkomt, al heb je geen ander huis om in te wonen.'

'Ja, of niet dan? Wil je nog een kopje thee? Of cola misschien?'

'Nou goed. Ik vind het trouwens nog steeds stom dat je te laat was.'

'Daar kan ik wel mee leven.'

Alberto was al snel terug met een kopje espresso en een cola. In de tussentijd was Sofie tot de conclusie gekomen dat het caféleven haar begon te bevallen. Ze was er ook niet meer zo zeker van dat de gesprekken aan de andere tafeltjes over onbelangrijke zaken gingen.

Alberto zette het colaflesje met een klap op tafel. Een aantal cafégasten keek op.

'En daarmee zijn we aan het einde van de weg gekomen,' zei hij.

'Je bedoelt dat de geschiedenis van de filosofie ophoudt met Sartre en het existentialisme.'

'Nee, dat zou overdreven zijn. De existentiefilosofie had een ingrijpende invloed op veel mensen in de hele wereld. Zoals we hebben gezien, gingen de ideeën terug in de geschiedenis tot Kierkegaard, ja zelfs tot Socrates. Zo heeft de twintigste eeuw ook een wederopbloei en vernieuwing gekend van andere filosofische stromingen die we eerder hebben besproken.'

'Kun je een paar voorbeelden geven?'

'Zo'n stroming is het *neothomisme*, dus gedachten die thuishoren in de traditie van Thomas van Aquino. Een andere stroming is de zogenaamde *analytische filosofie* of het *logisch empirisme* met wortels die teruggaan tot Hume en het Engelse empirisme, maar ook tot de logica van Aristoteles. Verder is de twintigste eeuw natuurlijk beïnvloed door wat we het *neomarxisme* kunnen noemen, met een weelderige vertakking van verschillende stromingen. Over het neodarwinisme hebben we het al gehad. En we hebben ook al gewezen op de betekenis van de *psychoanalyse*.'

'Ik begrijp het.'

'Een laatste stroming die niet onvermeld mag blijven, is het *materialisme*, dat ook diep in de geschiedenis geworteld is. Je kunt vaak lijnen trekken van de moderne wetenschap tot de inspanningen van de presocratici. Zo gaat bijvoorbeeld de jacht op het ondeelbare "elementair deeltje" waaruit alle materie is opgebouwd, nog steeds door. Nog steeds kan niemand een ondubbelzinnig antwoord geven op de vraag wat materie is. De moderne natuurwetenschap - bijvoorbeeld de kernfysica of de biochemie - is zo fascinerend dat het voor veel mensen een belangrijk onderdeel van hun levensbeschouwing is.'

'Oud en nieuw door elkaar dus?'

'Zo zou je het kunnen zeggen, ja. Want de vragen waarmee we deze cursus zijn begonnen, zijn nog steeds niet beantwoord. Wat dat betreft zei Sartre iets belangrijks toen hij erop wees dat existentiële vragen niet voor eens en altijd beantwoord kunnen worden. Een filosofische vraag is per definitie een vraag die iedere volgende generatie - ja, ieder mens - zich steeds weer moet stellen.'

'Dat is een gedachte waar je bijna triest van wordt.'

'Ik weet niet of ik het daar wel helemaal mee eens ben. Is het niet zo dat we juist door het stellen van zulke vragen beseffen dat we leven? Bovendien is het altijd zo geweest dat wanneer mensen een antwoord probeerden te krijgen op de meest extreme vragen, ze tegelijkertijd heldere en definitieve antwoorden vonden op een aantal andere vragen. Zowel wetenschap als onderzoek en techniek zijn ooit ontsprongen aan de filosofische overpeinzingen van de mens. Is het niet de verwondering van de mens over het bestaan die uiteindelijk de mens op de maan bracht?'

'Ja, dat is waar.'

'Toen *Armstrong* voet op de maan zette, zei hij: "Een kleine stap voor een mens, een grote sprong voor de mensheid." Zo betrok hij er alle mensen bij die vóór hem hadden geleefd toen hij moest uitleggen hoe het voelde om een voet op de maan te zetten. Want dat was niet alleen *zijn* verdienste.'

'Natuurlijk niet.'

'Onze tijd ziet zich geconfronteerd met geheel nieuwe problemen. Dat geldt vooral voor de grote milieuproblemen. Een belangrijke filosofische stroming in de twintigste eeuw is dan ook de eco-filosofie. Vele westerse eco-filosofen hebben erop gewezen dat de westerse beschaving op een fundamenteel fout spoor zit, ja zelfs afstevent op een botsing met wat deze planeet kan verdragen. Zij hebben geprobeerd om verder te kijken dan alleen naar de concrete gevolgen van verontreiniging en milieudelicten. Er is iets fout met de hele westerse manier van denken, vinden zij.'

'Volgens mij hebben ze gelijk.'

'De eco-filosofen hebben bijvoorbeeld vraagtekens gezet bij de hele ontwikkelingstheorie. Die is erop gebaseerd dat de mens de "top" is, dat wij heerser zijn over de natuur. Die gedachtengang kon wel eens levensgevaarlijk blijken voor al het leven op deze planeet.'

'Ik word al kwaad als ik eraan denk.'

'In hun kritiek op die visie grijpen vele eco-filosofen terug op gedachten en ideeën uit andere culturen - bijvoorbeeld de Indiase. Ze hebben ook gedachtengoed en gewoonten bij zogenaamde "natuurvolkeren" of "oervolkeren" zoals de Indianen bestudeerd - op zoek naar iets wat wij zijn kwijtgeraakt.'

'Ik begrijp het.'

'Ook in wetenschappelijke kringen zijn de laatste jaren steeds meer mensen opgestaan die erop gewezen hebben dat onze hele wetenschappelijke denkwijze voor een "paradigma-wisseling" staat. Dat betekent een fundamentele verandering in het wetenschappelijk denken. Binnen enkele disciplines heeft deze verandering al vruchten afgeworpen. Er zijn heel wat voorbeelden van zogenaamde alternatieve bewegingen die de nadruk leggen op een holistische benadering - waarbij alles als een deel van groot geheel wordt gezien - en die werken aan een nieuwe manier van leven.'

'Goed zo.'

'Maar waar mensen bezig zijn, moet je altijd het kaf van het koren scheiden. Sommigen zeggen dat we op de drempel staan van een nieuwe tijd - of de "New Age". Maar alles wat nieuw is, is niet altijd even goed, en je moet al het oude niet verwerpen. Dat is een van de redenen waarom ik je deze filosofiecursus heb gegeven. Nu heb je een historische achtergrond die je als basis kunt gebruiken als je je in de wereld gaat oriënteren.'

'Dank je wel.'

'Ik denk dat je zult ontdekken dat veel van de dingen die onder de vlag "New Age" varen, gebakken lucht zijn. Want "neo-religieusiteit", "neo-occultisme" en "modern bijgeloof", zoals we dat noemen, zijn de laatste jaren kenmerkend voor de westerse wereld. Het is een hele industrie geworden. In het kielzog van de ontwikkeling dat het christendom steeds minder aanhang krijgt, zijn nieuwe produkten op de levensbeschouwelijke markt als paddestoelen uit de grond geschoten.'

'Kun je een voorbeeld geven?'

'De lijst is zo lang dat ik er niet eens aan durf te beginnen. Het is bovendien niet gemakkelijk om je eigen tijd te beschrijven. Ik stel voor dat we de stad in gaan. Ik wil je iets laten zien.'

Sofie haalde haar schouders op.

'Ik kan niet te lang blijven. Je bent het tuinfeest van morgen toch niet vergeten?'

'In geen geval. Want dan zal er iets wonderbaarlijks gebeuren. We moeten alleen Hildes filosofiecursus zien af te ronden. Verder heeft de majoor namelijk niet gedacht. En daardoor verliest hij zijn greep op ons een beetje.'

Hij hief het inmiddels lege colaflesje op en zette het met een klap op tafel.

Ze liepen naar buiten. Bedrijvige mensen renden heen en weer, als ijverige mieren in een mierenhoop. Sofie vroeg zich af wat Alberto haar wilde laten zien.

Ze kwamen langs een grote zaak in elektrische apparaten. Ze verkochten er van alles, van televisies, video's en schotelantennes tot mobiele telefoons, computers en faxen.

Alberto wees op de enorme etalage en zei:

'Zie hier de twintigste eeuw, Sofie. Je kunt wel stellen dat de wereld vanaf de renaissance geëxplodeerd is. Met de grote ontdekkingsreizen begonnen de Europeanen over de hele wereld te reizen. Vandaag de dag gebeurt het tegenovergestelde. We kunnen dat een omgekeerde explosie noemen.'

'Wat bedoel je daarmee?'

'Ik bedoel dat de hele wereld wordt samengeperst tot een enkel communicatienetwerk. Nog niet zo lang geleden moesten filosofen dagenlang met paard en wagen reizen om een beeld te krijgen van het bestaan - of om andere denkers te ontmoeten. Vandaag de dag kun je overal op deze planeet alle menselijke ervaringen op een beeldscherm oproepen.'

'Dat is een fantastische gedachte, bijna een beetje eng.'

'De vraag is of de geschiedenis haar einde nadert - of dat we juist op de drempel staan van een volkomen nieuwe tijd. We zijn niet langer burgers van een stad - of van een enkele staat. We leven in een wereldwijde beschaving.'

'Dat is waar.'

'De technische ontwikkelingen - niet in de laatste plaats op het gebied van de communicatie - zijn de laatste dertig tot veertig jaar ingrijpender geweest dan in de hele rest van de geschiedenis. En we staan misschien nog maar aan het begin...'

'Wilde je me dit laten zien?'

'Nee, het is aan de andere kant van die kerk daar.'

Net toen ze weg wilden lopen, verschenen er beelden van VN-soldaten op een televisie.

'Kijk daar eens!' zei Sofie.

Er werd ingezoomd op een van de VN-soldaten. Hij had bijna net zo'n zwarte baard als Alberto.

Plotseling hield hij een stukje karton omhoog. Daar stond op: "Ik kom eraan, Hilde!" Hij zwaaide even met zijn hand, toen was hij weg.

'Wat een type!' riep Alberto uit.
'Was dat de majoor?'
'Daar geef ik niet eens antwoord op.'

Ze liepen door het park voor de kerk en kwamen uit op een andere hoofdstraat. Alberto was wat kortaf, maar nu wees hij op een grote boekwinkel. Die heette 'Libris' en het was de grootste boekhandel van de stad.

'Wou je me hier iets laten zien?'
'We gaan naar binnen.'

In de winkel wees Alberto naar de grootste wand. Die had drie afdelingen: NEW AGE, ALTERNATIEVE LEVENSWIJZEN en MYSTIEK.

In de kasten stonden boeken met intrigerende titels: "Leven na de dood?", "De geheimen van het spiritisme", "Tarot", "Het verschijnsel UFO", "Healing", "De terugkeer van de goden", "Je bent hier eerder geweest", "Wat is astrologie" enzovoort. Er stonden honderden titels. Op tafels onder de rekken lagen grote stapels vergelijkbare boeken.

'Ook dit is de twintigste eeuw, Sofie. Dit is de tempel van onze tijd.'

'Jij gelooft hier niet in?'

'Er zit in ieder geval veel gebakken lucht bij. Maar het verkoopt even goed als pornografie. Veel ervan zou je eigenlijk ook een soort pornografie kunnen noemen. Hier krijgt de opgroeiende generatie precies die gedachten voorgeschoteld die ze het meest opwindend vindt. Maar de verhouding tussen echte filosofie en zulke boeken is ongeveer hetzelfde als de verhouding tussen echte liefde en pornografie.'

'Nou ben je erg onaardig.'
'Laten we in het park gaan zitten.'

Ze liepen de boekwinkel weer uit. Ze vonden een lege bank voor de kerk. Onder de bomen stapten de duiven rond, met af en toe een overijverige mus ertussen.

'Ze noemen het ESP of parapsychologie,' begon hij. 'Ze noemen het telepathie, clairvoyance, helderziendheid en psychokinese. Ze noemen het spiritisme, astrologie en ufologie. Een geliefd kind heeft vele namen.'

'Maar zeg eens eerlijk, vind jij het allemaal flauwekul?'

'Het past natuurlijk niet voor een echte filosoof om alles over een kam te scheren. Maar ik sluit niet uit dat die termen die ik noemde, gedeeltelijk een detailkaart beschrijven van een landschap dat helemaal niet bestaat. Je vindt er in ieder geval veel van de hersenspinsels die Hume aan de vlammen prijs wilde geven. In veel van zulke boeken staat niet een echte ervaring beschreven.'

'Waarom zijn er dan zo ongelooflijk veel boeken over geschreven?'

'Het gaat hier om de meest commerciële business van de wereld. Dit is wat veel mensen willen.'

'En waarom willen ze dat, denk je?'

'Het is natuurlijk een uiting van een hang naar iets "mystieks", naar iets wat "anders" is en dus breekt met de taaie kost van alledag. Maar waarom moeilijk doen als het ook makkelijk kan?'

'Wat bedoel je daarmee?'

'Hier lopen wij rond in een wonderlijk sprookje. Voor onze voeten verrijst een scheppingswerk. Op klaarlichte dag, Sofie. Is dat niet ongelooflijk?'

'Ja.'

'Waarom moeten we dan een zigeunertent opzoeken of academische achterkamertjes om iets spannends of grensverleggends te beleven?'

'Geloof je dat mensen die zulke boeken schrijven, alleen maar liegen en bedriegen?'

'Nee, dat heb ik niet gezegd. Maar we hebben ook hier met een "darwinistisch" systeem te maken.'

'Leg eens uit!'

'Denk eens aan wat er allemaal op een dag gebeurt. Je kunt je zelfs beperken tot een dag uit je eigen leven. Denk eens aan wat je allemaal ziet en beleeft.'

'Ja?'

'Soms maak je ook rare toevalligheden mee. Je stapt bijvoorbeeld een winkel binnen en koopt iets wat 28 kronen kost. Even later komt Jorunn en geeft je 28 kronen terug die ze ooit van je geleend heeft. Dan gaan jullie naar de bioscoop, en jij krijgt plaats 28.'

'Ja, dat zou een mysterieus toeval zijn.'

'Het zou in ieder geval toeval zijn. Het punt is dat mensen zulke toevalligheden *verzamelen*. Ze verzamelen mysterieuze - of onverklaarbare - belevenissen. Als je nou zulke belevenissen uit het leven van een paar miljard mensen in een boek bijeenbrengt, dan kan dat op den duur de indruk wekken dat het overtuigend bewijsmateriaal is. En er komt steeds meer bij. Maar ook hier hebben we te maken met een loterij waarbij alleen de winnende loten zichtbaar zijn.'

'Er bestaan toch helderziende mensen of "mediums" die voortdurend zulke dingen meemaken?'

'Natuurlijk, en als we nu even de pure bedriegers buiten beschouwing laten, kunnen we zulke "mystieke ervaringen" ook op een andere manier verklaren.'

'Vertel op!'

'Je herinnert je nog dat we over Freuds theorie van het onbewuste hebben gepraat.'

'Hoe vaak moet ik nog zeggen dat er niets aan mijn geheugen mankeert?'

'Freud wees er op dat wij vaak een soort medium zijn voor ons eigen onderbewustzijn. We betrappen onszelf er soms op dat we iets denken of doen zonder dat we goed begrijpen waarom we dat doen. De reden daarvoor is dat we oneindig veel meer ervaringen, gedachten en belevenissen in ons herbergen dan die waar we ons van bewust zijn.'

'Ja?'

'Mensen wandelen of praten soms in hun slaap. Dat kunnen we een soort "geestelijk automatisme" noemen. Ook onder hypnose kunnen mensen "uit zichzelf" dingen doen. En denk maar eens aan de surrealisten die probeerden automatisch te schrijven. Zo probeerden ze een medium te zijn voor hun eigen onderbewustzijn.'

'Ook dat herinner ik me nog.'

'Met de regelmaat van de klok zijn er in deze eeuw zogenaamde "spiritistische wederopstandingen" geweest. De gedachte hierachter was dat een medium in contact kon treden met een overledene.

Door te spreken met de stem van de overledene of met behulp van automatisch schrift ontving het medium bijvoorbeeld een boodschap van iemand die eeuwen geleden had geleefd. Dit werd gebruikt als argument voor een leven na de dood of om te bewijzen dat een mens vele levens heeft.'

'Ik begrijp het.'

'Ik zeg niet dat al die mediums oplichters waren. Sommigen waren ongetwijfeld te goeder trouw. Ze waren wel een medium, maar slechts een medium voor hun eigen onderbewustzijn. Er is een aantal voorbeelden van nauwkeurige onderzoeken van mediums die, als ze in trance waren, kennis en talenten openbaarden waarvan noch zijzelf, noch anderen begrepen waar ze die vandaan hadden. Iemand die niets van Hebreeuws wist, begon bijvoorbeeld boodschappen door te geven in die taal. Dus moest ze een eerder leven hebben gehad, Sofie. Of ze moest in contact staan met een overledene.'

'Wat denk jij?'

'Het bleek dat ze als kind een joods kindermeisje had gehad.'

'O...'

'Ben je nu teleurgesteld? Maar het is op zich al fantastisch hoe sommige mensen vroegere ervaringen op kunnen slaan in hun onderbewustzijn.'

'Ik begrijp wat je bedoelt.'

'Ook veel alledaagse merkwaardige zaken kunnen worden verklaard vanuit Freuds theorie over het onderbewuste. Stel dat ik plotseling telefoon krijg van een vriend die ik al jaren niet meer gezien heb, terwijl ikzelf net zijn telefoonnummer aan het opzoeken was...'

'Ik krijg er kippevel van.'

'Maar de verklaring kan bijvoorbeeld zijn dat we allebei een oud liedje op de radio hebben gehoord, een liedje dat we hoorden toen we elkaar voor het laatst zagen. Het punt is alleen dat we ons niet bewust zijn van die verborgen samenhang.'

'Dus gebakken lucht... of het winnende lot-effect... of anders het onbewuste?'

'Het is in ieder geval gezond om zulke boeken met een zekere scepsis te benaderen. Vooral voor een filosoof. In Engeland hebben de sceptici een eigen vereniging. Jaren geleden hebben ze een grote som geld uitgeloofd voor de eerste die hen een voorbeeld kon geven van iets bovennatuurlijks. Het hoefde geen groot wonder te zijn, een klein voorbeeld van telepathie was al genoeg. Maar tot nu toe heeft zich nog niemand gemeld.'

'Ik begrijp het.'

'Iets heel anders is dat er veel dingen zijn die wij mensen niet begrijpen. Misschien kennen we ook alle natuurwetten nog niet. In de vorige eeuw beschouwden veel mensen verschijnselen als magnetisme en elektriciteit als een soort tovenarij. Ik wed dat mijn eigen overgrootmoeder grote ogen zou opzetten als ik haar over de televisie of computers vertelde.'

'Maar jij gelooft dus niet in iets bovennatuurlijks?'

'Hier hebben we het al eerder over gehad. De uitdrukking bovennatuurlijk is op zichzelf al vreemd. Nee, ik geloof dat er maar een natuur bestaat. Maar die is wel heel wonderlijk.'

'Maar die mystieke dingen dan, die in de boeken staan die je me liet zien?'

'Alle echte filosofen moeten hun ogen open houden. Zelfs al hebben we geen witte raaf gezien, we moeten er toch naar blijven zoeken. Op een dag kan zelfs een scepticus als ik gedwongen worden een fenomeen te accepteren waaraan ik daarvoor niet geloofde. Als ik die mogelijkheid niet open hield, zou ik een dogmaticus zijn. Dan zou ik geen echte filosoof zijn.'

Na deze woorden bleven Sofie en Alberto zwijgend op de bank zitten. De duiven rekten hun halzen en koerden, af en toe schrokken ze op van een fiets of een plotselinge beweging.

'Ik moet naar huis om het feest voor te bereiden,' zei Sofie ten slotte.

'Maar voordat we afscheid nemen, zal ik je zo'n witte raaf laten zien. Die is namelijk dichterbij dan wij denken.'

Hij stond op en gebaarde dat ze weer naar de boekwinkel gingen.

Deze keer liepen ze alle boeken over bovennatuurlijke fenomenen voorbij. Alberto bleef voor een zeer bescheiden boekenkast achterin de winkel staan. Boven de kast hing een heel klein bordje. "FILOSOFIE", stond er op.

Alberto wees een boek aan, en Sofie kreeg een schok toen ze de titel las: "DE WERELD VAN SOFIE".

'Zal ik het voor je kopen?'

'Ik weet niet of ik dat durf.'

Maar even later was ze op weg naar huis met het boek in haar ene hand, en in haar andere een zak met de spullen die ze voor het tuinfeest had gekocht.

HET TUINFEEST

... *een witte raaf...*

Hilde zat met stomheid geslagen op haar bed. Ze voelde dat haar armen stijf waren en dat haar handen, waarmee ze de grote multomap vasthield, trilden.

Het was bijna elf uur. Ze had bijna twee uur liggen lezen. Af en toe had ze opgekeken van de map en hard gelachen, maar ze had ook kreunend haar hoofd afgewend. Het was maar goed dat er verder niemand thuis was.

Wat had ze in die twee uur niet allemaal gelezen! Het begon met Sofie die op weg naar huis van Majorstua de aandacht van de majoor moest trekken. Ze was uiteindelijk in een boom geklommen, en toen was Maarten de gans als een reddende engel uit Libanon gekomen.

Hoewel het al heel lang geleden was, had Hilde niet vergeten hoe haar vader haar "Niels Holgerssons wonderbare reis" voorgelezen had. Jarenlang hadden ze samen een geheimtaal gebruikt die op dat boek gebaseerd was. Nu haalde hij de oude ganzerik dus weer te voorschijn.

Daarna had Sofie haar debuut gemaakt als eenzame cafébezoeker. Hilde herinnerde zich vooral wat Alberto over Sartre en het existentialisme had verteld. Hij had haar bijna bekeerd, maar dat had hij al vaker gedaan in deze multomap.

Een jaar geleden had Hilde een boek over astrologie gekocht. Een andere keer was ze thuisgekomen met Tarot-kaarten. En ook een keer met een boekje over spiritisme. Elke keer had haar vader haar vermanend toegesproken en iets gezegd over een "kritische geest" en "bijgeloof", maar nu was de tijd van de wraak gekomen. Hij had doelgericht teruggeslagen. Het was duidelijk dat zijn dochter niet mocht opgroeien zonder een grondige waarschuwing tegen dat soort dingen. Voor de zekerheid had hij nog naar haar gezwaaid via een televisie in een winkel met elektrische

apparaten. Dat was haar net een beetje te veel van het goede...
Wat haar het meest intrigeerde, was het meisje met het donkere haar.
Sofie, Sofie, wie ben je? Waar kom je vandaan? Waarom ben je in mijn leven gekomen? Ten slotte had Sofie een boek over zichzelf gekregen. Was dat hetzelfde boek als Hilde nu in haar handen hield? Dat was alleen maar een multomap. Maar toch: hoe kon je in een boek over jezelf een boek over jezelf vinden? Wat zou er gebeuren als Sofie in dat boek begon te lezen?
Wat zou er nu gebeuren? Wat zou er nu *kunnen* gebeuren?
Hilde voelde met haar vingers dat ze nog maar heel weinig bladzijden hoefde te lezen.

In de bus naar huis kwam Sofie haar moeder tegen. Verdorie! Wat zou haar moeder zeggen als ze het boek zag dat ze in haar handen had?
Sofie probeerde het boek in de zak te stoppen met de serpentines en ballonnen die ze voor het feest had gekocht, maar ze was niet snel genoeg.
'Hé, Sofie! Zitten we in dezelfde bus? Dat is gezellig.'
'Hallo...'
'Heb je een boek gekocht?'
'Nou, niet echt.'
'"De wereld van Sofie". Dat is vreemd.'
Sofie begreep dat het geen enkele zin had om te liegen.
'Ik heb het van Alberto gekregen.'
'Ja, dat zal wel. Zoals ik al zei, ik verheug me erop die man te ontmoeten. Mag ik eens zien?'
'Kun je alsjeblieft wachten tot we thuis zijn? Het is *mijn* boek, mama.'
'Jaja, het is jouw boek. Ik wil alleen even op de eerste bladzijde kijken, snap je. Nee maar... "Sofie Amundsen was op weg van school naar huis. Het eerste stuk had ze gezelschap gehad van Jorunn. Ze hadden het over robots gehad..."'
'Staat dat er echt?'
'Ja, *dat* staat er, Sofie. Het is geschreven door ene Albert Knag.

Een debutant zeker. Hoe heette die Alberto van jou trouwens?'
'Knox.'
'Je zult zien dat die wonderlijke man een heel boek over je geschreven heeft, Sofie. Dat heet een pseudoniem gebruiken.'
'Dat is niet zo, mama. Laat nu maar. Je begrijpt het toch niet.'
'Nee, dat zal dan wel niet. Morgen is het tuinfeest. Dan komt het allemaal wel weer goed, weet je.'
'Albert Knag leeft in een heel andere werkelijkheid. Daarom is dit boek een witte raaf.'
'Nee, *nu* moet je ophouden. Het was toch een wit konijn?'
'Hou op!'
En veel verder kwam het gesprek tussen moeder en dochter niet, omdat ze aan het begin van Kløverveien moesten uitstappen. Daar kwamen ze een demonstratie tegen.
'Hè, jakkes,' riep Helene Amundsen uit. 'Ik dacht echt dat we in deze buurt geen last zouden hebben van het straatparlement.'
Er stonden niet meer dan een stuk of tien mensen. Op de spandoeken stond: "DE MAJOOR KOMT BINNENKORT", "JA TEGEN LEKKER MIDZOMERNACHTSETEN" en "MEER MACHT AAN DE VN".
Sofie kreeg bijna medelijden met haar moeder.
'Let er maar niet op,' zei ze.
'Wat een vreemde demonstratie, Sofie. Een beetje absurd eigenlijk.'
'Het is maar een kleinigheid.'
'De wereld verandert al maar sneller. Eigenlijk verbaast het me niks.'
'Je zou in ieder geval verbaasd moeten zijn dat je niet verbaasd bent.'
'Helemaal niet. Ze waren toch niet gewelddadig. Als ze nou maar niet onze rozen vertrapt hebben. Het is toch nergens voor nodig om een demonstratie in een tuin te houden. Laten we snel naar huis gaan om te kijken.'
'Het was een filosofische demonstratie, mama. Echte filosofen vertrappen geen rozenstruiken.'
'Zal ik je eens wat vertellen, Sofie? Ik weet niet of ik nog wel in echte filosofen geloof. Tegenwoordig is immers bijna alles synthetisch.'

De hele middag en avond waren ze bezig met de voorbereidingen. De volgende ochtend gingen ze verder met tafeldekken en het versieren van de tuin. Jorunn kwam ook.

'Verdorie,' zei ze. 'Papa en mama komen ook. Dat is jouw schuld, Sofie.'

Een half uur voordat de gasten zouden komen, stond alles klaar. De bomen in de tuin waren versierd met serpentines en lampions. Ze hadden verlengsnoeren door een kelderraam getrokken. Het tuinhek, de bomen langs het tuinpad en de voorgevel waren versierd met ballonnen. Jorunn en Sofie hadden de hele middag staan blazen.

Op de tafel stonden kip en salade, broodjes en gevlochten brood. In de keuken stonden zoete broodjes en slagroomtaart, krakelingen en een chocoladetaart, maar de grote kransentaart van vierentwintig kransen hadden ze alvast op tafel gezet. Bovenop de kransentaart stond een meisje dat belijdenis had gedaan. Sofies moeder had haar verzekerd dat het net zo goed een ander meisje van vijftien had kunnen zijn, maar Sofie was er van overtuigd dat haar moeder het poppetje daar alleen had neergezet omdat Sofie had gezegd dat ze nog niet wist of ze belijdenis wilde doen.

'Nou, hier zijn kosten noch moeite gespaard,' zei ze wel een paar keer in het half uur voordat de gasten kwamen.

Toen kwamen de gasten. Eerst drie meisjes uit haar klas - in zomerblouses en vestjes, lange rokken en met een likje oogschaduw. Even later kwamen Jørgen en Lasse door het tuinhek geslenterd, met een combinatie van lichtelijke gêne en jongensachtige arrogantie.

'Gefeliciteerd!'

'Nu ben jij dus ook volwassen.'

Sofie registreerde dat Jorunn en Jørgen al stiekem naar elkaar aan het loeren waren. Er hing iets in de lucht. Het was immers midzomernacht.

Iedereen had een cadeautje meegenomen, en omdat het een filosofisch tuinfeest was, hadden de meeste gasten voor hun komst geprobeerd te onderzoeken wat filosofie was. Ook al had niet iedereen een filosofisch cadeau kunnen vinden, de meesten hadden wel hun hersens gepijnigd om iets filosofisch op het kaartje te schrijven. Sofie kreeg een filosofisch woordenboek en een dagboek met slot waarop geschreven stond "MIJN PERSOONLIJKE FILOSOFISCHE NOTITIES".

Nu de gasten er waren, werd er cider in hoge glazen geserveerd. Sofies moeder ging rond met de glazen.

'Welkom... En hoe heet deze jongeman?... Jou heb ik geloof ik nog niet eerder ontmoet... Wat leuk dat je kon komen, Cecilie.'

Pas toen alle jongelui waren gearriveerd - en ze met hun wijnglazen onder de fruitbomen wandelden - stopte de witte Mercedes van Jorunns ouders bij het tuinhek. De financieel adviseur droeg een keurig grijs pak van prima snit. Mevrouw had een rood broekpak aan met donkerrode pailletten. Sofie zou durven zweren dat ze een speelgoedwinkel was binnengestapt en een Barbie-pop met zo'n broekpak had gekocht. Daarna had ze de pop bij een kleermaker afgeleverd met de opdracht precies zo'n pak voor haar te naaien. Ze besefte dat er ook nog een andere mogelijkheid was. Het kon natuurlijk ook dat de financieel adviseur de pop had gekocht en hem aan een medicijnman had gegeven om hem om te toveren tot een levende vrouw van vlees en bloed. Maar die mogelijkheid was zo onwaarschijnlijk dat Sofie hem verwierp.

Ze stapten uit de Mercedes en liepen de tuin in, waar de jonge gasten hun ogen opensperden van verbazing. De financieel adviseur gaf haar in hoogst eigen persoon namens de familie Ingebrigtsen een lang, smal pakje. Sofie probeerde zich goed te houden toen het cadeau - ja inderdaad - een Barbiepop bleek te zijn. Jorunn kon zich niet bedwingen:

'Zijn jullie nou helemaal betoeterd? Sofie speelt toch niet met poppen!'

Mevrouw Ingebrigtsen snelde toe, de pailletten op haar broekpak rinkelden: 'Het is als *versiering* bedoeld, moet je weten.'

'In ieder geval heel hartelijk bedankt,' zei Sofie, in een poging de zaak glad te strijken. 'Misschien ga ik ze wel sparen.'

Iedereen verzamelde zich rond de tafel.

'Nu is het wachten alleen nog op Alberto,' zei de moeder van Sofie op een opgewonden toon, die haar bezorgdheid moest verdoezelen. Het gerucht over de bijzondere gast was inmiddels tot alle gasten doorgedrongen.

'Hij heeft beloofd dat hij zou komen, en dan komt hij ook.'
'Maar we kunnen zeker pas gaan zitten als hij komt?'
'Nee hoor, laten we maar gaan zitten.'
Helene Amundsen wees de gasten hun plaats aan de lange tafel. Ze zorgde ervoor dat er een plaats vrijbleef tussen haar stoel en die van Sofie. Ze zei iets over het eten en het drinken, over het mooie weer, en over het feit dat Sofie nu een volwassen vrouw was geworden. Ze hadden een half uur aan tafel gezeten toen een man van middelbare leeftijd, met een zwart puntbaardje en een baret, door Kløverveien kwam aanlopen en het tuinhekje binnenstapte. Hij had een groot boeket met vijftien rozen in zijn hand.

'Alberto!'

Sofie stond op van tafel en liep hem tegemoet. Ze wierp zich om zijn hals en nam het boeket aan. Hij beantwoordde haar verwelkoming door in zijn zakken te rommelen. Hij haalde een paar dikke rotjes tevoorschijn die hij aanstak en om zich heen gooide. Terwijl hij naar de tafel liep, stak hij bovendien nog sterretjes aan die hij bovenop de kransentaart zette. Toen ging hij bij de lege stoel tussen Sofie en haar moeder staan.

'Hartelijk aanwezig!' zei hij.

Het hele gezelschap was met stomheid geslagen. Mevrouw Ingebrigtsen wierp haar man een veelzeggende blik toe. De moeder van Sofie daarentegen was zo opgelucht dat de man eindelijk was gearriveerd dat ze bereid was hem alles te vergeven. Het feestvarken probeerde uit alle macht haar lachen in te houden, dat diep in haar buik opborrelde.

Helene Amundsen tikte tegen haar glas en zei: 'Dan heten we ook Alberto Knox welkom op dit filosofische tuinfeest. Hij is niet mijn nieuwe vriend, want ook al is mijn eigen man erg vaak op reis, ik heb geen nieuwe vriend. Deze wonderlijke man is Sofies nieuwe filosofieleraar. Hij kan dus meer dan vuurwerk afsteken. Deze man kan bijvoorbeeld een levend konijn uit een zwarte hoge hoed trekken. Of was het een raaf, Sofie?'

'Dank u, dank u wel,' zei Alberto en ging zitten.

'Proost!' zei Sofie, en het gezelschap hief de wijnglazen met cola.

Daarna zaten ze uitgebreid kip en salade te eten. Plotseling stond Jorunn van tafel op, liep vastberaden naar Jørgen toe en zoende hem nadrukkelijk op zijn mond. Hij beantwoordde deze toenadering met een poging haar bovenlichaam op de tafel te duwen zodat hij meer houvast had tijdens het beantwoorden van de kus.

'Ik geloof dat ik ga flauwvallen,' riep mevrouw Ingebrigtsen uit.

'Kinderen, toch niet op tafel,' was het enige commentaar van mevrouw Amundsen.

'Waarom niet?' vroeg Alberto terwijl hij zich naar haar toe draaide.

'Dat is een gekke vraag.'

'Maar voor een echte filosoof is het nooit verkeerd om te vragen.'

Nu begonnen een paar jongens, die geen kus hadden gekregen, kippebotjes op het dak te gooien. Ook dat leverde commentaar op van Sofies moeder: 'Niet doen jongens, asjeblieft. Kippebotjes in de dakgoot zijn heel vervelend.'

'Sorry hoor,' zei een van de jongens. Nu gooiden ze de kippebotjes over het tuinhek.

'Ik geloof dat het tijd wordt om de borden op te ruimen en taart te serveren,' zei mevrouw Amundsen ten slotte. 'Wie wil er koffie?'

Het echtpaar Ingebrigtsen, Alberto en een paar andere gasten staken hun hand op.

'Misschien kunnen Sofie en Jorunn me helpen...'

Op weg naar de keuken was er tijd voor een onderonsje tussen de vriendinnen.

'Waarom zoende je hem?'

'Ik zat naar zijn mond te kijken, en toen kreeg ik er zo'n vreselijke zin in. Hij is absoluut onweerstaanbaar.'

'Hoe smaakte het?'

'Een beetje anders dan ik had gedacht, maar...'

'Dus het was de eerste keer?'

'Maar niet de laatste.'

De koffie en het gebak stonden al snel op tafel. Alberto was begonnen vuurwerk uit te delen aan de jongens, maar toen tikte de moeder van Sofie tegen haar koffiekopje.

'Ik zal geen lange speech houden,' begon ze, 'maar ik heb maar een dochter, en het is maar een keer precies een week en een dag geleden dat ze vijftien is geworden. Zoals jullie zien, hebben we kosten noch moeite gespaard. De kransentaart heeft 24 kransen, dat is dus minstens een krans voor ieder. Wie het eerst pakt, mag twee kransen nemen. Want we beginnen bovenaan, en dus worden de kransen steeds groter. Zo is het ook met ons leven. Toen Sofie een kleine dreumes was, trippelde ze steeds rond in vrij kleine, bescheiden rondjes. Maar met de jaren zijn de rondjes steeds groter geworden. Nu reiken ze al tot in het oude deel van de stad en weer terug. Met een vader die veel op reis is, cirkelt ze bovendien rond de hele wereld. Gefeliciteerd met je vijftiende verjaardag, Sofie!'

'Charmant!' riep mevrouw Ingebrigtsen uit.

Sofie wist niet zeker of ze nu haar moeder, de speech, de taart of Sofie zelf bedoelde.

Het gezelschap applaudisseerde en een van de jongens gooide een rotje in de pereboom. Toen stond Jorunn op en probeerde Jørgen van zijn stoel te sleuren. Hij liet zich meetrekken en ze gingen in het gras liggen zoenen. Na een poosje rolden ze onder de aalbessestruiken.

'Tegenwoordig nemen de meisjes het initiatief,' zei de financieel adviseur.

Met die woorden stond hij op en liep naar de aalbessestruiken om het fenomeen van dichtbij te bestuderen. Het hele gezelschap volgde zijn voorbeeld. Alleen Sofie en Alberto bleven zitten. Al snel stonden de gasten in een halve cirkel rond Jorunn en Jørgen, die het stadium van onschuldig zoenen al achter zich hadden gelaten en waren overgegaan tot een iets pittiger vorm van vrijen.

'Die zijn niet meer te houden,' zei mevrouw Ingebrigtsen - niet geheel zonder trots.

'Nee, de natuur moet zijn loop hebben,' zei haar man.

Hij keek om zich heen om complimenten te oogsten voor deze welgekozen woorden. Toen hij alleen maar zwijgende knikjes ontmoette, voegde hij eraan toe: 'Daar doe je niks aan.'

Van grote afstand zag Sofie dat Jørgen probeerde om Jorunns witte blouse, die al helemaal groen van het gras was, open te knopen. Zij friemelde aan zijn riem.

'Jullie moeten geen kou vatten, hoor,' zei mevrouw Ingebrigtsen.

Sofie keek wanhopig naar Alberto.

'Dit gaat sneller dan ik dacht,' zei hij. 'We moeten hier zo snel mogelijk vandaan. Ik zal mijn speech kort houden.'

Sofie klapte in haar handen.

'Komen jullie weer zitten? Alberto gaat een speech houden.'

Iedereen behalve Jorunn en Jørgen kwam aangeslenterd en ging aan tafel zitten.

'Nee maar, gaat u echt een hele speech houden?' vroeg Helene Amundsen. 'Dat is aardig.'

'Bedankt voor de aandacht.'

'En dan houdt hij ook zo van wandelen, moeten jullie weten! Het schijnt zo belangrijk te zijn om in vorm te blijven. Ik vind het extra sympathiek dat u een hond meeneemt op uw wandelingen. Heet hij niet Hermes?'

Alberto stond op en tikte tegen zijn koffiekopje.

'Lieve Sofie,' begon hij. 'Ik wil jullie eraan herinneren dat dit een filosofisch tuinfeest is. Daarom zal ik een filosofische speech houden.'

Hij werd meteen al onderbroken door applaus.

'In dit losbandige gezelschap kan een dosis verstand sowieso geen kwaad. Maar laat ons vooral niet vergeten het feestvarken met haar vijftiende verjaardag te feliciteren.'

Hij was nog niet uitgesproken of ze hoorden het geronk van een naderend vliegtuig. Even later vloog het vlak boven de tuin. Achter het vliegtuig hing een lang spandoek met daarop de woorden: "Gefeliciteerd met je vijftiende verjaardag!"

Dat leidde tot een nieuw en nog harder applaus.

'Zo zien jullie maar weer,' riep mevrouw Amundsen uit, 'deze man kan meer dan vuurwerk afsteken.'

'Dank u, het was maar een kleinigheid. Sofie en ik hebben in de afgelopen weken een omvangrijk filosofisch onderzoek uitgevoerd. We willen nu bekend maken wat onze conclusies zijn. We zullen het allergrootste geheim van het bestaan onthullen.'

Nu werd het kleine gezelschap zo stil dat ze de vogels konden horen zingen. Ze hoorden ook wat gesmak vanonder de aalbessestruiken.

'Ga door!' zei Sofie.

'Na een minutieus filosofisch onderzoek - dat zich uitstrekte van de eerste Griekse filosofen tot vandaag - hebben we ontdekt dat wij ons leven leiden in het bewustzijn van een majoor. Hij is op het ogenblik in dienst als VN-waarnemer in Libanon, maar hij heeft ook een boek over ons geschreven voor zijn dochter thuis in Lillesand. Ze heet Hilde Møller Knag en is op dezelfde dag als Sofie vijftien jaar geworden. Het boek over ons allemaal lag op haar nachtkastje, toen ze vroeg in de ochtend van de vijftiende juni wakker werd. Juister gezegd gaat het hier om een dikke multomap. Op dit ogenblik voelt ze de allerlaatste bladzijden in de map tegen haar wijsvinger kietelen.'

Er ontstond een nerveuze stemming rond de tafel.

'Ons bestaan is dus niets meer en niets minder dan een soort verjaardagsvermaak voor Hilde Møller Knag. Want wij zijn allemaal verzonnen als een soort raamwerk rond het filosofische onderwijs dat de majoor aan zijn dochter geeft. Dat betekent bijvoorbeeld dat de witte Mercedes voor het hek nog geen stuiver waard is. Een kleinigheid, zogezegd. Hij is niet meer waard dan de andere witte Mercedessen die rondrijden in het hoofd van een arme VN-majoor, die net in de schaduw van een palmboom is gaan zitten om een zonnesteek te vermijden. Want de dagen in Libanon zijn warm, vrienden.'

'Flauwekul! riep de financieel adviseur uit. 'Dit zijn je reinste hersenspinsels!'

'Het staat iedereen natuurlijk vrij het woord te nemen,' ging Alberto onverstoorbaar door. 'Maar de waarheid is dat ook dit tuinfeest een hersenspinsel is. Het enige zinnige op dit feest is deze speech.'

Nu stond de financieel adviseur op en zei: 'Je probeert naar beste kunnen je zaken te behartigen. Je zorgt er bovendien voor dat je aan alle kanten verzekerd bent. En dan probeert zo'n werkschuw element dat allemaal af te breken door zogenaamde "filosofische" beweringen uit te kramen.'

Alberto knikte instemmend: 'Tegen dit soort filosofische inzichten kun je je inderdaad niet verzekeren. We hebben het hier over iets wat erger is dan een natuurramp, mijnheer de financieel adviseur. En zoals je ongetwijfeld weet, worden die ook niet door de verzekering gedekt.'

'Dit is geen natuurramp.'
'Nee, dit is een existentiële ramp. Ga maar eens onder de aalbessestruiken kijken, dan begrijp je wat ik daarmee bedoel. Je kunt je niet verzekeren tegen het instorten van je bestaan. Je kunt je ook niet verzekeren tegen het uitdoven van de zon.'
'Moeten we dit over onze kant laten gaan?' vroeg de vader van Jorunn aan zijn vrouw.
Ze schudde haar hoofd, evenals de moeder van Sofie.
'Wat vervelend nou toch,' zei ze. 'En dat terwijl we kosten noch moeite hadden gespaard.'
Maar de jongeren hielden hun blik op Alberto gericht. Jonge mensen staan vaak meer open voor nieuwe gedachten en ideeën dan degenen die al een tijdje geleefd hebben.
'We willen graag meer horen,' zei een jongen met blonde krullen en een bril.
'Dank je wel, maar zoveel valt er niet meer te zeggen. Als je eenmaal beseft dat je het droombeeld bent in het slaperige bewustzijn van een ander, dan kun je er volgens mij maar beter het zwijgen toe doen. Maar ik kan de jongelui een kleine cursus in de geschiedenis van de filosofie aanbevelen. Zo kunnen jullie een kritische instelling ontwikkelen ten opzichte van de wereld waarin jullie leven. Niet in de laatste plaats is het zaak om je kritisch op te stellen tegenover de waarden van de generatie van je ouders. Als er iets is wat ik geprobeerd heb Sofie te leren, dan is dat wel kritisch denken. Hegel noemde dat negatief denken.'

De financieel adviseur was nog steeds niet gaan zitten. Hij stond met zijn vingers op het tafelblad te trommelen.

'Die agitator probeert alle gezonde waarden die de school en de kerk en wijzelf de opgroeiende generatie hebben geprobeerd bij te brengen, af te breken. Het is deze generatie die de toekomst voor zich heeft en die bovendien op zekere dag onze bezittingen zal erven. Als hij niet onmiddellijk uit dit gezelschap verwijderd wordt, bel ik onze advocaat. Die weet wel welke stappen hij moet ondernemen.'

'Het maakt niet uit wat voor stappen je wilt ondernemen, want je bent niets anders dan een schaduwbeeld. Overigens zullen Sofie en ik dit feest zeer binnenkort verlaten. De filosofiecursus was namelijk niet uitsluitend een theoretisch project. Het had ook een praktische kant. Wanneer de tijd rijp is, zullen wij een verdwijntruc uithalen. Zo zullen we ook uit het bewustzijn van de majoor ontsnappen.'

Helene Amundsen pakte haar dochter bij de arm.

'Je gaat me toch niet verlaten, Sofie?'

Sofie sloeg een arm om haar heen. Ze keek naar Alberto.

'Mama zal me missen...'

'Nee, dat is onzin. Nu moet je niet vergeten wat je geleerd hebt. Dit is nu net de onzin waarvan we ons moeten bevrijden. Je moeder is een lieve en aardige vrouw, dat is evenzeer een feit als dat Roodkapjes mandje vol zat met eten voor haar grootmoeder. Maar ze zal je niet meer missen dan dat vliegtuig dat net voorbijvloog brandstof heeft om zijn felicitatietocht uit te voeren.'

'Ik geloof dat ik begrijp wat je bedoelt,' gaf Sofie toe. Ze draaide zich om naar haar moeder. 'Ik moet doen wat hij zegt, mama. Ik moest je toch een keer verlaten.'

'Ik zal je missen,' zei haar moeder. 'Maar als er een hemel boven deze is, moet je maar uitvliegen. Ik beloof dat ik goed voor Govinda zal zorgen. Moet ze een of twee blaadjes sla per dag?'

Alberto legde een hand op haar schouder: 'Noch jij, noch een van de anderen hier zal ons missen, om de doodeenvoudige reden dat jullie niet bestaan. Dus kunnen jullie ons helemaal niet missen.'

'Dat is werkelijk de allergrofste belediging die ik ooit heb gehoord!' riep mevrouw Ingebrigtsen uit.

De financieel adviseur knikte.

'We kunnen hem hoe dan ook pakken wegens belediging. Je zult zien dat hij een communist is. Hij wil ons alles wat ons dierbaar is, afpakken. De man is een schurk. Hij is een verwerpelijke lummel.'

Daarna gingen zowel Alberto als de financieel adviseur zitten. Laatstgenoemde was rood van woede. Nu kwamen Jorunn en Jørgen ook aan tafel zitten. Hun kleren waren vies en gekreukeld. Het blonde haar van Jorunn was besmeurd met aarde en modder.

'Mama, ik krijg een kind,' verkondigde ze.

'Ja, ja, maar wacht dan in ieder geval tot we thuis zijn.'

Haar man viel haar onmiddellijk bij: 'Ja, ze moet zich maar even inhouden. En als er vanavond nog een doopfeest van komt, moet ze alles zelf maar regelen.'

Alberto keek Sofie ernstig aan.

'Het is tijd.'

'Kun je in ieder geval nog even koffie voor ons halen voordat je weggaat?' vroeg haar moeder.

'Tuurlijk, mama, meteen.'

Ze nam de thermoskan die op tafel stond mee. In de keuken zette ze de koffiezetmachine aan. Terwijl ze op de koffie wachtte, voerde ze de vogels en de goudvissen. Ze ging ook even naar de badkamer om Govinda een blaadje sla te geven. De kat zag ze nergens, maar ze maakte een groot blik kattevoer open en deed de inhoud in een groot bord, dat ze voor de deur zette. Ze voelde dat haar ogen vochtig werden.

Toen ze terugkwam met de koffie, leek het tuinfeest meer op een kinderfeestje dan op een vijftiende verjaardag. Een groot aantal flesjes frisdrank was omgegooid, er was een stuk chocoladetaart over de tafel uitgesmeerd, de schaal met broodjes was op de grond gevallen. Toen Sofie langskwam, stak een van de jongens een rotje in de taart. Dat ontplofte zodat alle slagroom op de tafel en de feestgangers spatte. Het rode broekpak van mevrouw Ingebrigtsen kreeg het zwaar te verduren.

Het vreemde was dat zij, net als alle anderen, alles wat er gebeurde in alle rust over zich heen liet komen. Nu nam Jorunn ook een groot stuk chocoladetaart en smeerde dat in Jørgens gezicht. Direct daarna begon ze hem schoon te likken.

Haar moeder en Alberto zaten in de schommelbank, een eindje van de anderen vandaan. Ze wenkten Sofie.

'Dus jullie hebben toch nog onder vier ogen kunnen praten,' zei Sofie.

'En je had absoluut gelijk,' zei haar moeder opgewekt. 'Alberto is een man met een grote geest. Ik geef je over aan zijn sterke armen.'

Sofie ging tussen hen in zitten.

Twee van de jongens waren erin geslaagd om op het dak te klimmen. Een van de meisjes liep rond en prikte alle ballonnen lek met een haarspeld. Nu kwam er ook een ongenode gast op een brommer op het feest. Op zijn bagagedrager had hij een krat pils en sterke drank. Hij werd door enkele behulpzame zielen ontvangen.

Ook de financieel adviseur stond op van tafel. Hij klapte in zijn handen en zei: 'Zullen we een spelletje doen, kinderen?'

Hij greep een van de bierflesjes, dronk het leeg en zette het midden op het gazon. Daarna liep hij naar de tafel en pakte de vijf onderste kransen van de taart. Hij deed de gasten voor hoe ze de ringen om de fles moesten gooien.

'Stuiptrekkingen,' zei Alberto. 'Nu moeten we eindelijk maken dat we wegkomen voordat de majoor er een punt achter zet en Hilde de multomap dichtslaat.'

'Dan laten we jou met alle rommel zitten, mama.'

'Dat geeft niet, kindje. Dit is toch geen leven voor jou. Als Alberto je een beter bestaan kan geven, zal niemand gelukkiger zijn dan ik. Zei je dat hij een wit paard had?'

Sofie keek naar de tuin. Die was inmiddels onherkenbaar. Flesjes en kippebotjes, broodjes en ballonnen waren in het gras getrapt.

'Dit was ooit mijn paradijsje,' zei ze.

'En nu zul je uit het paradijs verdreven worden,' antwoordde Alberto.

Een van de jongens was in de witte Mercedes gaan zitten en startte hem. De auto ramde het gesloten tuinhek en reed het grindpad op, de tuin in.

Sofie voelde een harde greep rond haar arm. Ze werd het Hol in getrokken. Toen hoorde ze Alberto's stem: 'Nu!'

Op dat moment ramde de witte Mercedes een appelboom. De onrijpe appels rolden over de motorkap.

'Dat gaat te ver!' riep de financieel adviseur. 'Ik eis een forse schadevergoeding.'

Hij kreeg de volle steun van zijn charmante echtgenote: 'Dat is de schuld van die lomperik. Waar is hij?'

'Zij lijken wel door de aardbodem verzwolgen,' zei Helene Amundsen, en ze zei het niet helemaal zonder trots.

Ze kwam overeind, liep naar de besmeurde tafel en begon de restanten van het filosofische tuinfeest op te ruimen.

'Wil er nog iemand koffie?'

CONTRAPUNT

*... twee of meer melodieën
die tegelijkertijd klinken...*

Hilde stond op van haar bed. Hier hield het verhaal over Sofie en Alberto op. Maar wat was er eigenlijk gebeurd? Waarom had haar vader dit laatste hoofdstuk geschreven? Alleen maar om zijn macht over de wereld van Sofie te demonstreren?

In gedachten verzonken ging ze naar de badkamer en kleedde zich aan. Na een haastig ontbijt liep ze de tuin in en ging in de schommelbank zitten.

Ze was het met Alberto eens dat zijn speech de enige zinnige gebeurtenis op het tuinfeest was geweest. Haar vader zou toch niet denken dat Hildes wereld even chaotisch was als Sofies tuinfeest? Of dat haar wereld ten slotte ook uiteen zou vallen?

En dan had je Sofie en Alberto nog. Wat was er van Alberto's geheime plan geworden? Moest Hilde het verhaal nu zelf verder bedenken? Of was het hen werkelijk gelukt om uit het verhaal te ontsnappen? Maar waar waren ze dan?

Nu schoot haar iets te binnen: als Sofie en Alberto er echt in geslaagd waren uit het verhaal te ontsnappen, dan had daar niets over in de multomap kunnen staan. Haar vader was zich immers maar al te zeer bewust van alles wat daar in stond.

Zou er iets tussen de regels staan? Dat was wel met zoveel woorden gezegd. Terwijl ze in de schommelbank zat, begreep Hilde dat ze het hele verhaal nog een of twee keer zou moeten lezen.

Op het moment dat de witte Mercedes de tuin binnenreed, had Alberto Sofie meegetrokken naar het Hol. Daarna waren ze het bos ingerend, in de richting van Majorstua.

'Snel!' riep Alberto. 'Dit moet gebeuren voordat hij ons gaat zoeken.'

'Zijn we nu aan de aandacht van de majoor ontsnapt?'

'We zijn nu in het grensgebied.'
Ze roeiden het ven over en stormden Majorstua binnen. Alberto trok een kelderluik open. Hij duwde Sofie de kelder in. Toen werd alles zwart.

In de dagen die volgden, werkte Hilde haar eigen plan uit. Ze stuurde een aantal brieven aan Anne Kvamsdal in Kopenhagen, en ze belde een paar keer. In Lillesand ronselde ze vrienden en bekenden om te helpen, bijna haar halve klas werd ingeschakeld.

Af en toe las ze in "De wereld van Sofie". Dat was geen verhaal waar je na een keer lezen mee klaar was. Ze kreeg steeds nieuwe ideeën over wat er gebeurd zou kunnen zijn met Sofie en Alberto, nadat ze van het tuinfeest verdwenen.

Zaterdag 23 juni werd ze rond negen uur plotseling wakker. Ze wist dat haar vader al uit het kamp in Libanon vertrokken was. Nu kon ze alleen maar wachten. Het laatste gedeelte van zijn dag was tot in het kleinste detail geregeld.

In de loop van de ochtend begon ze met haar moeder aan de voorbereidingen voor het midzomernachtsfeest. Hilde kon het niet laten eraan te denken hoe Sofie en haar moeder hun midzomernachtsfeest hadden voorbereid.

Maar dat was toch iets wat ze *hadden* gedaan? Ze liepen nu toch niet te versieren?

Sofie en Alberto gingen op een grasveld zitten voor twee grote gebouwen met lelijke ventielen en luchtkokers aan de buitenkant. Een jonge vrouw en een jonge man kwamen uit het ene gebouw, hij had een bruine tas, zij droeg een rode schoudertas. Op een weggetje op de achtergrond reed een auto.

'Wat is er gebeurd?' vroeg Sofie.
'Het is ons gelukt!'
'Maar waar zijn we dan?'
'Het heet hier Majorstua.'
'Maar... Majorstua?'
'Dat is in Oslo.'
'Weet je het zeker?'
'Heel zeker. Dat ene gebouw heet "Chateau Neuf", dat betekent

het nieuwe kasteel. Daar studeren ze muziek. Het andere heet de "Theologische Faculteit". Daar studeren ze theologie. Wat verder op de heuvel studeren ze natuurwetenschappen, en helemaal op de top studeren ze literatuur en filosofie.'
'Zijn we uit Hildes boek ontsnapt, en buiten het bereik van de majoor?'
'Allebei, ja. Hier zal hij ons niet vinden.'
'Maar waar waren we dan toen we door het bos liepen?'
'Toen de majoor bezig was de auto van de financieel adviseur te laten botsen met een appelboom, zagen we onze kans schoon om ons in het Hol te verbergen. Toen waren we in het embryonale stadium, Sofie. We hoorden zowel bij de oude als bij de nieuwe wereld. Maar het zal niet bij de majoor opgekomen zijn dat we ons daar zouden verstoppen.'
'Waarom niet?'
'Dan zou hij ons niet zo gemakkelijk hebben laten gaan. Het liep immers op rolletjes. Nou ja, het zou natuurlijk ook kunnen dat hij het spelletje meespeelde.'
'Wat bedoel je daarmee?'
'Hij startte de witte Mercedes. Misschien deed hij wel zijn uiterste best om ons uit het oog te verliezen. Hij was waarschijnlijk uitgeput na alles wat er gebeurd was...'
Het jonge stelletje was nu nog maar een paar meter van hen vandaan. Sofie vond het een beetje gênant dat ze in het gras zat met een man die veel ouder was dan zijzelf. Ze wilde bovendien dat iemand zou bevestigen wat Alberto had gezegd.
Ze stond op en rende naar hen toe.
'Kunnen jullie me alsjeblieft vertellen hoe het hier heet?'
Maar ze antwoordden niet, zagen haar niet eens.
Dat ergerde Sofie zo, dat ze weer achter hen aan holde.
'Het is toch niet abnormaal om een antwoord te geven op een vraag?'
De jongeman was duidelijk druk bezig de vrouw iets uit te leggen: 'Het contrapuntische compositiemodel werkt in twee dimensies, zowel horizontaal - of melodisch - als verticaal - of harmonisch. Het gaat dus om twee of meer melodieën die tegelijkertijd klinken...'

'Het spijt me dat ik je onderbreek, maar...'
'De melodieën worden zo gecombineerd dat ze zich zo veel mogelijk onafhankelijk ontwikkelen van hoe ze samen klinken. Maar er moet wel harmonie zijn. Dat noemen we contrapunt. Eigenlijk betekent dat noot tegen noot.'
De brutaliteit! Want ze waren niet doof en ook niet blind. Sofie probeerde het voor de derde keer, en nu ging ze op het pad staan en versperde hen de weg.

Ze werd gewoon opzij geduwd.

'Het begint een beetje te waaien,' zei de vrouw.

Sofie stormde terug naar Alberto.

'Ze horen het niet!' zei ze, en terwijl ze dat zei, moest ze denken aan de droom over Hilde en het gouden kruisje.

'Dat is de prijs die we moeten betalen, ja. We zijn dan wel op slinkse wijze uit een boek ontsnapt, maar we kunnen niet verwachten dat we dezelfde status bereiken als de schrijver van dat boek. Maar we zijn dan toch maar hier. Vanaf vandaag worden we geen dag ouder dan we waren toen we het filosofische tuinfeest verlieten.'

'Zullen we ook nooit normaal contact krijgen met de mensen om ons heen?'

'Een filosoof zegt nooit "nooit". Heb je een horloge?'

'Het is acht uur.'

'Net als toen we Kapteinsvingen verlieten, ja.'

'Vandaag komt de vader van Hilde terug uit Libanon.'

'Daarom moeten we opschieten.'

'Hè... wat bedoel je daarmee?'

'Ben je niet benieuwd wat er gebeurt als de majoor thuiskomt op Bjerkely?'

'Natuurlijk wel, maar...'

'Kom op dan!'

Ze liepen in de richting van het centrum. Ze kwamen een paar keer mensen tegen, maar iedereen liep langs hen heen alsof ze lucht waren.

Langs de straat stonden de auto's dicht opeen geparkeerd. Plotseling bleef Alberto staan bij een rode sportauto met neergeklapt cabriolet-dak.

'Deze kunnen we geloof ik wel gebruiken,' zei hij. 'We moeten er alleen achter zien te komen of het *onze* auto is.'

'Ik begrijp er niets van.'

'Ik zal het je uitleggen: we kunnen niet een gewone auto van een van de mensen uit de stad pakken. Wat denk je dat er zou gebeuren als mensen een auto zonder chauffeur zien rijden? We zouden hem trouwens ook niet kunnen starten.'

'Hoe zit dat dan met die sportauto?'

'Ik geloof dat ik die uit een oude film herken.'

'Neem me niet kwalijk, maar ik begin me toch wel behoorlijk te ergeren aan al die geheimzinnige uitspraken.'

'Dit is een fantasieauto, Sofie. Net als wij. De mensen zien hier alleen maar een lege plek. Dat moeten we alleen wel zeker weten voordat we wegrijden.'

Ze bleven staan wachten. Na een poosje kwam een jongen over het trottoir aanfietsen. Opeens fietste hij dwars door de rode auto heen de straat op.

'Zie je wel! Die is van ons!'

Alberto opende het rechterportier.

'Ga je gang!' zei hij, en Sofie ging zitten.

Zelf kroop hij achter het stuur, de sleutel zat in het contact, hij draaide hem om - en de auto startte.

Nadat ze Kirkeveien hadden gevolgd, kwamen ze al snel op de weg naar Drammen. Ze passeerden Lysaker en Sandvika. Na een poosje zagen ze een aantal enorme midzomernachtsvuren, vooral nadat ze Drammen gepasseerd waren.

'Het is midzomer, Sofie. Is het geen wonder?'

'En het waait behoorlijk met zo'n open dak. Kan echt niemand ons zien?'

'Alleen de mensen die net zo zijn als wij. Misschien komen we er wel een paar tegen. Hoe laat is het?'

'Het is half negen.'

'Dan moeten we binnendoor gaan. We kunnen in ieder geval niet achter die vrachtwagen blijven hangen.'

Hij reed een groot korenveld in. Sofie draaide zich om en zag dat ze een breed spoor van platgeslagen korenaren achter zich lieten.

'Morgen zullen ze zeggen dat de wind over de akker heeft gewaaid,' zei Alberto.

Majoor Albert Knag was geland op Kastrup. Het was half vijf, zaterdag 23 juni. Hij had al een lange dag achter de rug. De vlucht van Rome naar Kopenhagen was de op een na laatste etappe van zijn reis geweest.

Hij passeerde de paspoortcontrole in het VN-uniform dat hij altijd met zoveel trots had gedragen. Hij vertegenwoordigde niet alleen zichzelf, hij vertegenwoordigde ook niet alleen zijn eigen land. Majoor Albert Knag vertegenwoordigde de internationale rechtsorde - en dus een eeuwenlange traditie die nu de hele planeet omvatte.

Hij droeg een kleine schoudertas, de rest van zijn bagage was in Rome ingecheckt. Hij hoefde alleen maar met zijn rode pas te zwaaien.

'Nothing to declare.'

Majoor Albert Knag moest bijna drie uur op Kastrup wachten voordat het vliegtuig naar Kristiansand vertrok. Hij wilde een paar cadeautjes voor zijn gezin kopen. Het grootste cadeau van zijn leven had hij nu bijna twee weken geleden naar Hilde gestuurd. Marit had het op haar nachtkastje gelegd, zodat het klaarlag als ze op haar verjaardag wakker werd. Hij had niet meer met Hilde gesproken na dat late telefoontje op haar verjaardag.

Albert kocht een paar Noorse kranten, ging in de bar zitten en bestelde een kopje koffie. Hij had nauwelijks een blik op de krantekoppen kunnen werpen toen hij via de luidsprekers hoorde omroepen: 'Hier volgt een mededeling voor Albert Knag. Albert Knag wordt verzocht contact op te nemen met de SAS-balie.'

Wat was dat? Albert voelde koude rillingen over zijn rug lopen. Hij zou toch niet naar Libanon worden teruggeroepen? Zou er thuis iets gebeurd zijn?

Even later stond hij voor de informatiebalie: 'Ik ben Albert Knag.'

'Alstublieft! Er was haast bij.'

Hij maakte de envelop meteen open. In de envelop zat een kleinere envelop. Daarop stond: 'Majoor Albert Knag, p/a SAS-balie

op vliegveld Kastrup, Kopenhagen.'
Albert voelde dat hij zenuwachtig was. Hij maakte het envelopje open. Er zat een briefje in:

> Lieve papa. Ik heet je hartelijk welkom uit Libanon. Zoals je begrijpt, kan ik niet wachten tot je thuiskomt. Vergeef me dat ik je moest laten omroepen. Dat was het gemakkelijkst.
>
> P.S: Er is helaas een eis tot schadevergoeding gekomen van financieel adviseur Ingebrigtsen vanwege een botsing met een gestolen Mercedes.
>
> P.P.S: Misschien zit ik in de tuin als je thuiskomt. Maar het is ook denkbaar dat je eerder iets van mij hoort.
>
> P.P.P.S: Ik ben een beetje bang om te lang in de tuin te zijn. Op zulke plekken kun je zomaar door de aarde verzwolgen worden. Veel liefs van je Hilde, die ruim de tijd heeft gehad je thuiskomst voor te bereiden

Majoor Albert Knag moest eerst even lachen. Maar hij vond het niet leuk dat hij op deze manier gemanipuleerd werd. Hij had altijd graag controle over zijn eigen bestaan. En nu zat die kleine boef thuis in Lillesand zijn bewegingen op Kastrup te dirigeren! Maar hoe had ze dat voor elkaar gekregen?

Hij stopte de envelop in zijn zak en liep langs de vele winkels. Net toen hij een winkel met Deense delicatessen wilde binnenstappen, viel zijn oog op een kleine envelop die op de grote glazen ruit geplakt was. MAJOOR KNAG stond er met dikke viltstift op geschreven. Albert maakte de envelop los en scheurde hem open:

> Persoonlijk bericht voor majoor Albert Knag, p/a Deense delicatessen, vliegveld Kastrup. Lieve papa. Ik wil graag dat je een grote Deense salami voor me koopt, het liefst een van twee kilo. Mama is vast en zeker erg blij met een cognac-worst.
>
> P.S: Limfjord kaviaar is ook niet te versmaden. Groetjes, Hilde.

Albert keek om zich heen. Ze was toch zeker niet hier? Zou ze een reisje naar Kopenhagen van Marit gekregen hebben om hem hier te begroeten? Het was Hildes handschrift...

Opeens kreeg de VN-waarnemer het gevoel dat hij zelf werd waargenomen. Het was alsof alles wat hij deed per afstandsbediening werd gestuurd. Hij voelde zich als een pop in de handen van een kind.

Hij ging de winkel binnen en kocht een salami van twee kilo, een cognac-worst en drie potjes Limfjord kaviaar. Toen slenterde hij verder langs de vele winkels. Hij was van plan ook een echt verjaardagscadeau voor Hilde te kopen. Misschien moest hij een rekenmachientje kopen? Of een draagbare radio - ja, dat was het.

Toen hij bij de winkel kwam waar ze elektrische artikelen verkochten, stelde hij vast dat daar ook een envelop op het raam hing. 'Majoor Albert Knag, p/a de meest interessante winkel van Kastrup.' stond erop. Op een briefje in de witte envelop las hij het volgende bericht:

> Lieve papa. Ik moet de groeten doen van Sofie en je bedanken voor de mini-televisie met FM-radio die ze van haar zeer gulle papa voor haar verjaardag heeft gekregen. Dat was een supercadeau, maar aan de andere kant was het slechts een kleinigheid. Ik moet overigens toegeven dat ik Sofies interesse voor dergelijk kleinigheden deel.
>
> P.S: Mocht je er nog niet geweest zijn, er hangen verdere instructies bij de delicatessenwinkel en in de grote tax-free shop waar ze wijn en sigaretten verkopen.
>
> P.P.S: Ik heb wat geld voor mijn verjaardag gekregen en kan de mini-televisie sponsoren met 350 kronen.
>
> Groetjes van Hilde, die de kalkoen al heeft gevuld en de Waldorfsalade al heeft gemaakt.

De mini-televisie kostte 985 Deense kronen. Dat kon je inderdaad een kleinigheid noemen vergeleken met hoe Albert Knag zich

voelde nu hij van hot naar her werd gestuurd door de slimme invallen van zijn dochter. Was ze hier, of was ze hier niet?
Vanaf nu keek hij goed om zich heen, waar hij ook liep. Hij voelde zich een spion en een marionet tegelijk. Was hij niet beroofd van zijn menselijke vrijheid? Hij moest ook nog naar de grote tax-free shop. Daar hing weer een witte envelop met zijn naam erop. Het was alsof het hele vliegveld was veranderd in een computerspelletje waarin hij de cursor was. Op het briefje stond:

> Majoor Knag p/a de grote tax-free shop op Kastrup. Alles wat ik hier wil, is een zak winegums en een paar doosjes Anton Berg-marsepein. Vergeet niet dat zulke dingen in Noorwegen veel duurder zijn. Als ik me niet vergis, houdt mama van Campari.
>
> P.S: Je moet de hele weg naar huis al je zintuigen open houden. Want je wilt toch zeker niet een belangrijk bericht missen?
>
> Groetjes, je zeer leergierige dochter, Hilde.

Albert zuchtte gelaten, maar ging toch de winkel binnen en hield zich aan het boodschappenlijstje.

Met drie plastic tasjes en een schoudertas liep hij daarna naar gate 28 om te wachten op zijn vlucht. Als er meer briefjes hingen, mochten ze wat hem betrof mooi blijven hangen.

Maar ook op een pilaar bij gate 28 hing een witte envelop: "Aan majoor Knag, p/a gate 28, vliegveld Kastrup." Ook dat was Hildes handschrift, maar was het nummer van de gate niet toegevoegd in een ander handschrift? Het was niet gemakkelijk te zien, want hij kon geen letters met letters vergelijken, alleen maar met getallen.

Hij ging zitten in een stoel die dicht tegen de muur stond. Hij had de plastic tassen op schoot. Zo bleef een trotse majoor strak voor zich uit zitten staren alsof hij een klein kind was dat voor de allereerste keer alleen op reis was. Als zij hier rondliep, gunde hij haar in ieder geval niet de lol hem het eerst te ontdekken.

Hij keek schrikachtig op naar alle passagiers die zich bij de gate verzamelden. Even voelde hij zich een streng bewaakte vijand van de staatsveiligheid. Toen ze het vliegtuig binnen mochten, haalde hij opgelucht adem. Hij was de laatste die aan boord ging.

Terwijl hij zijn boardingkaart afgaf, griste hij nog een envelop mee die aan de incheckbalie was vastgeplakt.

Sofie en Alberto waren over de brug bij Brevik gereden - en passeerden even later de afslag naar Kragerø.

'Je rijdt 180,' zei Sofie.

'Het is al bijna negen uur. Het duurt niet zo lang meer voor hij op de luchthaven van Kjevik landt. Maar we worden heus niet aangehouden bij een snelheidscontrole.'

'En als we een botsing krijgen?'

'Dat geeft niks, zolang het maar met een gewone auto is. Maar als het een van de onze is...'

'Wat dan?'

'Dan moeten we oppassen. Zag je niet dat we Chitty Chitty Bang Bang passeerden?'

'Nee?'

'Die stond ergens in Vestfold geparkeerd.'

'Om die touringcar kun je niet zo gemakkelijk heen. Aan beide kanten van de weg is een dicht bos.'

'Dat maakt niet uit, Sofie. Dat zou je zo langzamerhand moeten begrijpen.'

Hij reed het bos in, dwars door de dicht op elkaar staande bomen heen.

Sofie haalde opgelucht adem.

'Je hebt me aan het schrikken gemaakt.'

'We zouden het niet eens merken als we door een stalen wand reden.'

'Dat betekent dat wij vergeleken met de omgeving alleen maar luchtige geesten zijn.'

'Nee, nu draai je de zaak om. De werkelijkheid om ons heen is een vluchtig sprookje voor ons.'

'Dat moet je even uitleggen.'

'Dan moet je even goed luisteren. Het is een wijdverbreid misverstand dat een geest "luchtiger" is dan waterdamp. Het tegenovergestelde is waar. Geest is steviger dan ijs.'

'Daar heb ik nooit bij stilgestaan.'
'Dan zal ik je een verhaaltje vertellen. Er was eens een man die niet in engelen geloofde. Maar toen hij op een dag in het bos aan het werk was, kreeg hij toch bezoek van een engel.'
'Ja?'
'Ze gingen een eindje wandelen. Ten slotte wendde de man zich tot de engel en zei: "Ja, nu moet ik toegeven dat er engelen zijn. Maar jullie bestaan niet echt zoals wij." "Hoe bedoel je?" vroeg de engel. En de man antwoordde: "Toen we daarnet bij een rotsblok kwamen, moest ik er omheen lopen, maar ik zag dat jij er dwars doorheen gleed. En toen we bij een boomstam kwamen die dwars over het pad lag, moest ik er overheen klimmen, maar jij liep er dwars doorheen." Dat antwoord verbaasde de engel. Hij zei: "Maar heb je ook niet gemerkt dat we door een moeras liepen? Toen gleden we allebei door de mist heen. Dat is omdat wij een veel vastere consistentie hebben dan mist."'
'O...'
'Zo is het ook met ons, Sofie. Geesten kunnen door deuren van staal dringen. Geen tank of bommenwerper kan iets wat van geest gemaakt is, vernietigen.'
'Dat is een vreemd idee.'
'Straks zijn we bij Risør, en het is nog geen uur geleden dat we uit Majorstua vertrokken. Maar nu heb ik zin in een kopje koffie.'
Toen ze bij Fiane kwamen, vlak voor Søndeled, zagen ze aan de linkerkant een wegrestaurant. Het heette "Cinderella". Alberto sloeg af en parkeerde de auto op een grasveld.
In het restaurant probeerde Sofie een flesje cola uit de koelvitrine te halen, maar ze kreeg er geen beweging in. Het leek wel of het flesje was vastgelijmd. Een eindje verderop probeerde Alberto koffie te tappen in een kartonnen bekertje dat hij in de auto had gevonden. Hij hoefde alleen maar een hendeltje naar beneden te duwen, maar hoewel hij dat uit alle macht probeerde, slaagde hij er niet in.
Dat maakte hem zo kwaad dat hij zich naar de gasten in het restaurant omkeerde en hen om hulp vroeg. Toen niemand reageerde, schreeuwde hij zo hard dat Sofie haar handen voor haar oren moest slaan: 'Ik wil koffie!'

Zijn razernij zat niet diep, want even later sloeg hij dubbel van het lachen.
'Ze kunnen ons niet horen. We kunnen natuurlijk ook niet van hun restaurants gebruik maken.'
Ze wilden zich net omdraaien en weglopen, toen er toch een oude vrouw opstond en naar hen toe kwam. Ze droeg een knalrode blouse, een hardblauw, gebreid vestje en een witte hoofddoek. Zowel de kleuren als de gestalte waren als het ware scherper afgetekend dan al het andere in het kleine restaurantje.
Ze liep naar Alberto toe en zei: 'Goh, wat kun jij hard schreeuwen, jongen.'
'Neemt u me niet kwalijk.'
'Wou je koffie, zei je?'
'Ja, maar...'
'We hebben hier vlakbij een klein etablissement.'
Ze volgden de vrouw het restaurant uit en liepen een paadje op dat achter de cafetaria lag. Onder het lopen zei ze:
'Jullie zijn zeker nieuw hier?'
'Dat moeten we inderdaad toegeven,' zei Alberto.
'Ja, ja. Nou, welkom dan in de eeuwigheid, kind.'
'En jij zelf?'
'Ik kom uit een sprookje van de gebroeders Grimm. Dat is alweer bijna tweehonderd jaar geleden. En waar komen de nieuwelingen vandaan?'
'Wij komen uit een filosofieboek. Ik ben de filosofieleraar, Sofie is mijn leerling.'
'Hi..hihi... Ach, dat is weer eens iets anders.'
Ze kwamen op een open plek tussen de bomen. Daar stond een aantal gezellige, bruine gebouwen. Op het erf tussen de gebouwen was een groot midzomernachtsvuur aangestoken, en rond het kampvuur wemelde het van de kleurrijke gestalten. Sofie herkende veel van hen. Ze zag Sneeuwwitje en een paar van de dwergen, Domme Hans en Sherlock Holmes, Peter Pan en Pippi Langkous. Roodkapje en Assepoester waren er ook. Rondom het vuur zaten ook veel bekende, maar naamloze wezens: kabouters en elfjes, faunen en heksen, engelen en duiveltjes. Sofie zag zelfs een rasechte trol.

'Wat een drukte!' riep Alberto uit.
'Het is toch midzomernacht,' zei de oude vrouw. 'Zo'n bijeenkomst hebben we niet meer gehad sinds de Walpurgisnacht. Toen waren we in Duitsland. Zelf breng ik hier alleen maar een kort tegenbezoekje. Koffie, zei je?'
'Ja, graag.'
Nu zag Sofie pas dat alle gebouwen waren gemaakt van peperkoek, toffees en suikerglazuur. Een aantal aanwezigen at rechtstreeks van de huizen. Er liep een kokkin rond om de ontstane schade weer te repareren. Sofie pakte een stukje van een dakgoot. Het smaakte zoeter en lekkerder dan alles wat ze ooit geproefd had.
Het vrouwtje kwam al snel terug met een kop koffie.
'Dank je wel,' zei Alberto.
'En wat betaalt de gast voor dit kopje?'
'O, betalen?'
'Wij betalen altijd met een verhaal. Voor een kopje koffie is een kleine anekdote voldoende.'
'Wij zouden het hele ongelooflijke verhaal van de mensheid kunnen vertellen,' zei Alberto. 'Maar het vervelende is dat we zo ontzettend weinig tijd hebben. Mogen we een andere keer betalen?'
'Natuurlijk. En waarom heeft men zo weinig tijd?'
Alberto legde uit wat hij ging doen, en nu zei de vrouw:
'Ja, jullie zijn waarlijk nieuwe gezichten. Maar jullie moeten binnenkort de navelstreng met jullie vleselijke oorsprong doorknippen. Wij zijn niet meer afhankelijk van vlees en christenbloed. Wij behoren tot het "onzichtbare volk".'
Even later waren Alberto en Sofie terug bij "Cinderella" en de rode sportauto. Vlak naast de auto hielp een verhitte moeder haar zoontje met plassen.
Dankzij een paar spontane sluipwegen dwars door berg en dal duurde het niet lang voor ze in Lillesand aankwamen.

De SK 876 uit Kopenhagen landde volgens schema om 21.35 uur op Kjevik. Toen het vliegtuig nog in Kopenhagen over de startbaan taxiede, had de majoor de envelop die op de incheckbalie had gehangen, opengemaakt. Op het briefje in de envelop stond:

Majoor Knag, als hij zijn boardingkaart inlevert op Kastrup, midzomeravond 1990.

Lieve papa. Je dacht misschien dat ik in Kopenhagen zou opduiken. Maar mijn controle over jouw bewegingen is ingewikkelder. Ik zie je overal, papa. Ik heb namelijk een echte zigeunerfamilie opgezocht, die ooit, lang, lang geleden, een magische koperen spiegel aan overgrootmama heeft verkocht. Ik heb bovendien een kristallen bol aangeschaft. Nu zie ik dat je net in het vliegtuig bent gaan zitten. Dus wil ik je eraan herinneren dat je je veiligheidsgordel moet vastmaken en dat je stoel rechtop moet blijven totdat het 'fasten seatbelt' bordje is gedoofd. Zodra het vliegtuig in de lucht is, mag je je stoel achterover duwen en een welverdiend dutje doen. Je moet namelijk goed uitgerust zijn als je thuiskomt. Het weer in Lillesand is uitstekend, maar de temperatuur is enkele graden lager dan in Libanon. Ik wens je een aangename vlucht.

Groetjes, je eigen toverkol van een dochter, de Spiegelkoningin en de hoogste schutsvrouwe van de Ironie.

Albert vroeg zich af of hij nu boos was of alleen moe en gelaten. Maar plotseling begon hij te lachen. Hij lachte zo hard dat de passagiers om hem heen zich omdraaiden en naar hem keken. Toen steeg het vliegtuig op.

Hij had alleen maar een koekje van eigen deeg gekregen. Maar was er niet een belangrijk verschil? Hij had zijn koekjes voornamelijk aan Alberto en Sofie gevoerd. En zij - ja, zij waren alleen maar fantasie.

Hij deed zoals Hilde had geschreven. Hij duwde zijn stoel achterover en dommelde in. Hij werd pas echt wakker toen hij door de paspoortcontrole was en in de aankomsthal van Kjevik stond. Daar werd hij begroet door een demonstratie.

Er stonden een stuk of tien mensen, de meesten van Hildes leeftijd. Op de spandoeken stond "Welkom thuis, papa", "Hilde wacht in de tuin" en "Ironie in uitvoering".

Het ergste was dat hij niet gewoon in een taxi kon stappen. Hij moest op zijn bagage wachten. Ondertussen liepen Hildes schoolvrienden om hem heen zodat hij alle spandoeken vele, vele malen moest lezen. Pas toen een van de meisjes op hem af kwam met een boeket rozen, smolt hij. Hij groef in zijn tassen en gaf iedere demonstrant een marsepein-reep. Nu waren er nog maar twee over voor Hilde. Nadat zijn bagage op de band was komen aanrollen, stapte een jongeman naar voren die uitlegde dat hij onder bevel van de Spiegelkoningin stond en orders had gekregen om hem naar Bjerkely te rijden. De andere demonstranten verdwenen in de menigte.

Ze reden de E-18 op. Op alle viaducten en tunnelingangen hingen spandoeken en plakkaten: "Welkom thuis!" "Kalkoen wacht", "Tot zo, papa".

Toen hij bij het hek van Bjerkely uit de auto werd gelaten, haalde Albert Knag opgelucht adem en bedankte de chauffeur met een briefje van honderd kronen en drie sixpacks Carlsberg Elephant-bier.

Zijn vrouw Marit begroette hem voor het huis. Na een lange omhelzing vroeg hij: 'Waar is ze?'

'Ze zit op de steiger, Albert.'

Alberto en Sofie parkeerden de rode sportwagen op de markt van Lillesand, voor hotel Norge. Het was kwart voor tien. Ze zagen een groot vuur op een van de eilandjes voor de kust.

'Hoe vinden we Bjerkely?' vroeg Sofie.

'Gewoon zoeken. Je herinnert je het schilderij in Majorstua toch nog wel?'

'Maar we moeten opschieten. Ik wil daar zijn voordat hij komt.'

Ze reden over kleine weggetjes, maar ook over rotsen en scheren voor de kust. Een belangrijk houvast was dat Bjerkely aan zee lag.

Opeens riep Sofie: 'Daar! We hebben het gevonden!'

'Ik geloof dat je gelijk hebt, maar je moet niet zo schreeuwen.'

'Puh, er is toch niemand die ons hoort.'

'Lieve Sofie, het stelt mij zeer teleur dat je na deze lange filosofiecursus nog steeds zo snel conclusies trekt.'

'Maar...'

'Je gelooft toch zeker niet dat deze plek volkomen vrij is van kabouters en trollen, bosgeesten en goede feeën?'

'O, neem me niet kwalijk.'

Ze reden door het hek, het grindpad voor het huis op. Alberto parkeerde de auto op het gazon naast een schommelbank. Iets verderop stond een tafel gedekt voor drie personen.

'Ik zie haar!' fluisterde Sofie. 'Ze zit op de steiger, net als in mijn droom.'

'Zie je dat deze tuin lijkt op jouw tuin in Kløverveien?'

'Ja, dat is zo. Met schommelbank en al. Mag ik naar haar toe gaan?'

'Natuurlijk. Ik blijf hier zitten...'

Sofie rende naar de steiger. Ze struikelde bijna over Hilde. Maar toen ging ze netjes naast haar zitten.

Hilde frunnikte aan het touw van de roeiboot die aan de steiger was vastgemaakt. In haar linkerhand had ze een papiertje. Het was duidelijk dat ze zat te wachten. Ze keek een paar keer op haar horloge.

Sofie vond haar heel mooi. Ze had lang blond haar met krullen - en absoluut knalgroene ogen. Ze droeg een gele zomerjurk. Ze deed een beetje aan Jorunn denken.

Sofie probeerde met haar te praten, hoewel ze wist dat dat zinloos was.

'Hilde! Ik ben het, Sofie!'

Ze vertoonde geen enkele reactie.

Sofie ging op haar knieën zitten en probeerde in haar oor te roepen: 'Hoor je me, Hilde? Of ben je soms doof en blind?'

Sperde ze nu niet haar ogen open? Was dat geen teken dat ze iets hoorde, al was het nog zo zacht?

Toen draaide ze zich om. Ze draaide haar hoofd abrupt naar rechts en staarde Sofie recht in de ogen. Ze fixeerde haar blik niet echt goed, het leek alsof ze dwars door haar heen keek.

'Niet zo hard, Sofie.'

Dat was Alberto vanuit de rode sportwagen.

'Ik wil niet dat de hele tuin straks vol zeemeerminnen zit.'

Sofie bleef nu stil zitten. Het was al fijn om gewoon bij Hilde te zijn.

Al snel hoorde ze een diepe mannenstem: 'Hildelief!'

Het was de majoor, met uniform en blauwe baret. Hij stond in de tuin.

Hilde stond meteen op en rende naar hem toe. Ze ontmoetten

elkaar tussen de schommelbank en de rode sportwagen. Hij tilde haar in de lucht en zwaaide haar rond.

Hilde was op de steiger gaan zitten om op haar vader te wachten. Elk kwartier dat was verstreken sinds hij op Kastrup was geland, probeerde ze zich voor te stellen waar hij was, wat hij meemaakte en hoe hij reageerde. Ze had alle tijden op een papiertje geschreven dat ze de hele dag bij zich had gehouden.

Zou hij boos worden? Maar hij kon toch niet denken dat hij zomaar een mysterieus boek aan haar kon schrijven, en dat dan alles weer zoals vroeger was?

Ze keek weer op haar horloge. Het was kwart over tien. Dan kon hij ieder ogenblik hier zijn.

Maar wat was dat? Hoorde ze niet een zwakke adem, net als in haar droom over Sofie?

Ze draaide zich abrupt om. Er was daar iets, daar was ze van overtuigd. Maar wat?

Zou het de zomeravond zelf zijn?

Even was ze bang dat ze helderziend werd.

'Hildelief!'

Nu moest ze zich naar de andere kant omdraaien. Het was papa! Hij stond in de tuin.

Hilde stond op en rende naar hem toe. Ze ontmoetten elkaar bij de schommelbank, hij tilde haar op en zwaaide haar rond.

Hilde begon te huilen, de majoor moest ook een paar tranen wegslikken.

'Je bent een volwassen vrouw geworden, Hilde.'

'En jij bent een echte schrijver geworden.'

Hilde droogde haar tranen met de mouw van haar gele jurk.

'Zullen we zeggen dat we quitte staan?' vroeg ze.

'We staan quitte.'

Ze gingen aan tafel. Eerst moest hij Hilde een nauwkeurige beschrijving geven van de gebeurtenissen op Kastrup en de thuisreis. Het ene lachsalvo loste het andere af.

'Heb je de envelop in de cafetaria niet gezien?'

'Ik kreeg niet eens de kans om te gaan zitten en iets te eten, boef. Nu heb ik honger als een paard.'

'Arme papa.'
'Dat van die kalkoen was zeker een grapje?'
'Nee hoor! Ik heb alles al klaargemaakt, zie je. Mama serveert.'
Toen moesten ze de multomap en het verhaal van Sofie en Alberto van voor naar achteren doorspreken. Na een poosje kwamen de kalkoen en de Waldorfsalade, de rosé en Hildes vlechtbrood op tafel.
Toen haar vader iets over Plato zei, werd hij plotseling onderbroken door Hilde: 'Sst!'
'Wat is er?'
'Hoorde je dat niet? Piepte daar niet iets?'
'Nee?'
'Maar ik weet zeker dat ik iets hoorde. Ach, het zal wel een muis geweest zijn.'
Het laatste wat haar vader zei, terwijl haar moeder de wijn haalde, was: 'Maar de filosofiecursus is nog niet helemaal afgelopen.'
'Hoe bedoel je?'
'Vannacht zal ik je over het heelal vertellen.'
Voordat ze begonnen te eten, zei hij: 'Hilde is nu te groot om op schoot te zitten. Maar jij niet!'
Hij greep Marit en trok haar op zijn schoot. Daar moest ze een hele tijd blijven zitten, voordat ze iets mocht eten.
'Goh, dat jij binnenkort al veertig wordt...'

Toen Hilde was weggerend om haar vader te begroeten, voelde Sofie de tranen achter haar oogleden prikken.
Ze zou nooit bij haar kunnen komen!
Sofie voelde dat ze jaloers was op Hilde, die een gewoon mens van vlees en bloed was.
Toen Hilde en de majoor aan de gedekte tafel waren gaan zitten, claxonneerde Alberto.
Sofie keek op. Deed Hilde dat ook niet?
Ze holde naar Alberto en sprong naast hem op de voorbank.
'We blijven even kijken wat er gebeurt,' zei hij.
Sofie knikte.
'Heb je gehuild?'
Ze knikte weer.

'Wat is er dan?'
'Zij heeft geluk, zij mag een echt mens zijn... Ze zal opgroeien en een echte vrouw worden. Ze krijgt natuurlijk ook echte kinderen...'
'En kleinkinderen, Sofie. Maar alles heeft twee kanten. Dat heb ik je helemaal in het begin van de filosofiecursus al geprobeerd te leren.'
'Wat bedoel je?'
'Ik vind net als jij dat zij geluk heeft. Maar wie het winnende lot van het leven trekt, moet ook het lot van de dood trekken. Want het levenslot is de dood.'
'Is het toch niet beter om geleefd te hebben dan nooit echt te zullen leven?'
'Wij kunnen niet leven zoals Hilde... nou ja, of zoals de majoor. Maar wij zullen nooit sterven. Weet je niet meer wat de oude vrouw in het bos zei? Wij behoren tot het onzichtbare volk. Ze vertelde ook dat ze bijna tweehonderd jaar oud was. Maar op dat midzomernachtsfeest zag ik ook wezens die al meer dan drieduizend jaar oud waren...'
'Misschien ben ik daarom nog wel het meest jaloers op Hilde... dat ze in een gezin leeft.'
'Jij hoort zelf toch ook bij een gezin. Heb je niet een kat, een paar vogels en een schildpad...'
'Die werkelijkheid hebben we toch achter ons gelaten.'
'Helemaal niet. Alleen de majoor heeft die achter zich gelaten. Hij heeft er een streep onder gezet, mijn kind. En hij zal ons nooit meer vinden.'
'Bedoel je dat we terug kunnen gaan?'
'Zo vaak we maar willen. Maar we zullen ook nieuwe vrienden maken in het bos achter cafetaria "Cinderella" in Fjane.'
Nu ging de familie Knag eten. Even was Sofie bang dat de maaltijd net zo zou aflopen als het filosofische tuinfeest in Kløverveien. Het leek inderdaad alsof de majoor van plan was Marit op de tafel te gooien. Maar toen plofte ze neer op zijn schoot.
De auto stond een flink eind van het etende gezin vandaan. Ze konden alleen af en toe horen wat er gezegd werd. Sofie en Alberto bleven naar de tuin zitten kijken. Ze hadden alle tijd voor een uitgebreide samenvatting van het onzalige tuinfeest.

Pas tegen middernacht stond het gezin op van tafel. Hilde en de majoor kwamen naar de schommelbank gelopen. Ze zwaaiden naar de vrouw des huizes die naar het witte huis liep.

'Ga maar slapen, mama. Wij hebben nog zo veel te bepraten.'

DE GROTE KNAL

... ook wij zijn sterrenstof...

Hilde nestelde zich in de schommelbank, dicht tegen haar vader aan. Het was bijna twaalf uur. Ze keken uit over de baai terwijl zich een paar bleke sterren tegen de hemel aftekenden. De golven sloegen zachtjes tegen de rotsen onder de steiger.

Haar vader verbrak uiteindelijk de stilte.

'Het is een vreemd idee dat wij op een kleine planeet in het universum leven.'

'Ja...'

'De aarde is een van de planeten die in een baan om de zon draaien. Maar alleen onze bol is een levende planeet.'

'En misschien wel de enige in het hele universum?'

'Ja, dat zou kunnen. Maar het is ook denkbaar dat het heelal krioelt van het leven. Want het heelal is onbegrijpelijk groot. De afstanden zijn zo groot dat we ze in "lichtminuten" en "lichtjaren" rekenen.'

'Wat bedoelen ze daar eigenlijk mee?'

'Een lichtminuut is de afstand die het licht in een minuut aflegt. En dat is ver, want licht reist met een snelheid van 300.000 kilometer per seconde door het heelal. Een lichtminuut is dus met andere woorden 300.000 x 60 - oftewel 18 miljoen kilometer. Een lichtjaar is bijna tien miljard kilometer.'

'Hoe ver is het naar de zon?'

'Meer dan acht lichtminuten. De zonnestralen die onze wangen op een warme junidag laten gloeien, hebben dus acht minuten door het universum gereisd voordat ze ons bereiken.'

'Ga door!'

'De afstand tot Pluto - de verst verwijderde planeet van ons zonnestelsel - is vanaf onze eigen aardbol een dikke vijf lichturen. Als een astronoom door zijn kijker naar Pluto kijkt, dan kijkt hij in werkelijkheid vijf uur terug in de tijd. We kunnen ook zeggen

dat het beeld van Pluto vijf uur nodig heeft om hier naartoe te komen.'
'Ik kan me het een beetje moeilijk voorstellen, maar ik geloof dat ik begrijp wat je bedoelt.'
'Fijn, Hilde. Maar we zijn nog maar net begonnen met ons te oriënteren, snap je. Onze eigen zon is een van de 400 miljard andere sterren in een sterrenstelsel dat wij de Melkweg noemen. Dat sterrenstelsel ziet eruit als een enorme schijf waarbij onze zon thuishoort in een van de vele spiraalvormige armen. Als we op een heldere winteravond naar de sterrenhemel kijken, zien we een brede band van sterren. Dat is omdat we naar het centrum van de Melkweg kijken.'
'Daarom heet de Melkweg in het Zweeds zeker "winterweg".'
'De afstand tot de dichtstbijzijnde ster in de Melkweg is vier lichtjaren. Wie weet is het wel de ster die we daar boven dat eilandje zien. Stel je eens voor dat daar op dit ogenblik een sterrenkijker zit die een sterke kijker op Bjerkely heeft gericht - dan zou hij Bjerkely zien zoals het vier jaar geleden was. Misschien zou hij een meisje van elf in deze schommelbank met haar benen zien zitten wippen.'
'Ik ben sprakeloos.'
'En dat is alleen nog maar de dichtstbijzijnde ster. Het hele sterrenstelsel - we zeggen ook wel "sterrennevel" - is 90.000 lichtjaren breed. Dat wil zeggen dat het licht zoveel jaar nodig heeft om van de ene kant van het stelsel naar de andere kant te reizen. Als we kijken naar een ster in de Melkweg die 50.000 lichtjaren van onze eigen zon verwijderd is, dan kijken we 50.000 jaren terug in de tijd.'
'Die gedachte is te groot voor een klein hoofd zoals het mijne.'
'De enige manier waarop wij in het heelal kunnen kijken, is dus door terug te kijken in de tijd. We weten nooit hoe het daar in het universum *is*. We weten alleen hoe het *was*. Als we naar een ster kijken die duizenden lichtjaren ver weg is, dan reizen we in werkelijkheid duizend jaren terug in de geschiedenis van het heelal.'
'Dat is absoluut niet te bevatten.'
'Alles wat we zien, treft ons oog als een lichtgolf. En die golven hebben tijd nodig om door het heelal te reizen. We kunnen het

met onweer vergelijken. We horen de donder immers altijd een poosje nadat we de bliksem hebben gezien. Dat komt omdat geluidsgolven zich langzamer voortbewegen dan lichtgolven. Als ik een donderslag hoor, hoor ik de knal van iets dat een poosje geleden is gebeurd. Zo is het ook met de sterren. Als ik naar een ster kijk die duizenden lichtjaren van ons verwijderd is, dan zie ik de "donderslag" van een gebeurtenis van duizenden jaren geleden.'

'Ik snap het.'

'En nu hebben we het alleen nog maar over ons eigen sterrenstelsel gehad. Astronomen denken dat er ongeveer honderd miljard van zulke stelsels in het universum bestaan, en elk van die sterrenstelsels bestaat uit circa honderd miljard sterren. Het sterrenstelsel dat het dichtst bij de Melkweg ligt, noemen we de Andromeda-nevel. Die ligt twee miljoen lichtjaren van ons eigen stelsel verwijderd. Zoals we zagen, betekent dat dat het licht van dat sterrenstelsel twee miljoen jaren nodig heeft om ons te bereiken. Dat wil weer zeggen dat als we de Andromeda-nevel hoog aan de hemel zien, we twee miljoen jaren terug in de tijd kijken. Als er een slimme sterrenkijker in die sterrenevel zou zitten - ik zie een klein mannetje voor me dat zijn telescoop nu op de aarde richt - dan zou hij ons niet zien. In het gunstigste geval zou hij een paar platschedelige voorlopers van de mensen zien.'

'Ik ben geschokt.'

'De verst verwijderde sterrenstelsels die we vandaag de dag kennen, liggen ongeveer tien *miljard* lichtjaar van ons vandaan. Als we signalen uit die stelsels ontvangen, kijken we dus tien miljard jaar terug in de geschiedenis van het universum. Dat is ongeveer dubbel zo lang als ons eigen zonnestelsel heeft bestaan.'

'Ik word er duizelig van.'

'Het is al moeilijk genoeg te begrijpen wat het betekent om zo ver in de tijd terug te kijken. Maar de astronomen hebben iets ontdekt wat van nog grotere betekenis is voor ons wereldbeeld.'

'Vertel op!'

'Het blijkt dat geen enkel sterrenstelsel in het heelal stil staat. Alle sterrenstelsels in het universum bewegen zich met een ongelooflijke snelheid van elkaar vandaan. Hoe verder ze van ons vandaan zijn, des te sneller lijken ze te bewegen. Dat betekent dat de afstand tussen de sterrenstelsels geleidelijk groter wordt.'

'Ik probeer het me voor te stellen.'

'Stel, je hebt een ballon waarop je een paar zwarte stippen tekent. Als je die ballon opblaast, zullen de stippen steeds verder van elkaar komen te liggen. Zo gaat het ook met de sterrenstelsels in het universum. We zeggen dat het universum uitdijt.'

'Hoe komt dat?'

'De meeste astronomen zijn het erover eens dat er voor het uitdijen van het universum maar een verklaring kan zijn: ooit, ongeveer 15 miljard jaar geleden, was alle stof in het universum verzameld in een tamelijk klein gebied. De materie was zo opeengepakt dat de zwaartekracht de stof ontzettend warm maakte. Ten slotte werd het zo warm en gecomprimeerd dat de stof explodeerde. Die explosie noemen we de *oerknal* of de *grote knal*, of in het Engels "the big bang".'

'De gedachte alleen al maakt me bang.'

'Door die grote knal werd de stof in het universum naar alle kanten geslingerd, en toen de stof afkoelde, vormden zich sterren en zonnestelsels, manen en planeten...'

'Maar je zei toch dat het universum nog steeds uitdijt?'

'En dat komt nou juist door die explosie van miljarden jaren geleden. Want het universum heeft geen tijdloze geografie. Het universum is een gebeurtenis. Het universum is een explosie. De sterrenstelsels in het universum drijven nog steeds met een onvoorstelbare snelheid van elkaar weg.'

'En dat gaat zo door tot in eeuwigheid?'

'Dat is een mogelijkheid. Maar er is ook nog een andere mogelijkheid. Je herinnert je misschien dat Alberto Sofie vertelde over de twee krachten die ervoor zorgen dat de planeten in een constante baan om de zon blijven draaien?'

'Waren dat niet de zwaartekracht en de traagheid?'

'Zo is de verhouding tussen de sterrenstelsels ook. Want hoewel het universum nog steeds uitdijt, werkt de zwaartekracht de andere kant op. En op een dag - over een paar miljard jaar - zorgt de zwaartekracht er misschien voor dat de hemellichamen weer naar elkaar toe geduwd worden, als de krachten van de grote explosie gaan afnemen. We krijgen dan een omgekeerde explosie, een zogenoemde "implosie". Maar de afstanden zijn zo groot dat dat in slow motion zal gebeuren. Je kunt het vergelijken met wat er gebeurt als je de lucht uit een ballon laat ontsnappen.'

'Worden alle sterrenstelsels weer teruggezogen tot een gecomprimeerd middelpunt?'

'Ja, je hebt het gesnapt. Maar wat gebeurt er dan, denk je?'

'Dan moet er weer een nieuwe "knal" komen, waardoor het universum weer uitdijt. Want dezelfde natuurwetten gelden nog steeds. Op die manier worden er weer nieuwe sterren en zonnestelsels gevormd.'

'Dat is juist geredeneerd. De astronomen zien twee mogelijkheden voor de toekomst van het universum. Of het universum blijft eeuwig uitdijen, zodat de sterrenstelsels steeds verder van elkaar verwijderd raken - of het universum gaat zich weer samentrekken. Een beslissende factor voor wat er zal gebeuren, is hoe zwaar of massief het universum is. En daar hebben de astronomen nog geen betrouwbaar beeld van.'

'Maar als het universum zo zwaar is dat het zich op een dag weer begint samen te trekken, dan is het universum misschien al vele, vele malen uitgedijd en weer samengetrokken?'

'Die conclusie ligt voor de hand. Maar hier gaan we op twee gedachten hinken. Je kunt je ook voorstellen dat het uitdijen van het universum alleen deze ene keer gebeurt. Maar als het universum zich tot in alle eeuwigheid blijft uitbreiden, dan wordt de vraag hoe alles begonnen is des te indringender.'

'Want hoe ontstond de stof die plotseling ontplofte?'

'Een christen zal er al snel toe geneigd zijn om "de grote knal" als de schepping zelf te zien. In de bijbel staat immers dat God zei: "Er is licht!" Je herinnert je misschien ook dat Alberto erop gewezen heeft dat het christendom een "lineaire" visie op de geschiedenis heeft. Vanuit een christelijk geloof in de schepping is de gedachte dat het universum zal blijven uitdijen daarom de meest logische.'

'Ja?'

'In het Oosten heeft men vaak een "cyclische" visie op de geschiedenis. Dat wil zeggen dat de geschiedenis zich tot in alle eeuwigheid herhaalt. In India bijvoorbeeld bestaat er een oude leer dat de wereld zich voortdurend ontvouwt - om dan weer dicht te klappen. Zo wisselt men tussen dat wat de Indiërs de "dag van Brahmaan" en de "nacht van Brahmaan" hebben genoemd. Die gedachte harmonieert uiteraard het best met het idee dat het universum uitdijt en samentrekt - om dan weer uit te dijen - in een eeuwig, cyclisch proces. Ik zie een groot kosmisch hart voor me dat slaat, en slaat...'

'Ik vind dat beide theorieën even onvatbaar en intrigerend zijn.'

'En je kunt ze vergelijken met de grote eeuwigheidsparadox waar Sofie ooit in haar tuin over nadacht: of het universum is er altijd geweest - of het is ooit plotseling uit het niets ontstaan...'

'Au!'

Hilde greep naar haar voorhoofd.

'Wat is er?'

'Ik geloof dat ik door een mug ben gestoken.'

'Je zult zien dat het Socrates is, die je uit je betovering wil wekken...'

Sofie en Alberto hadden in de rode sportauto zitten luisteren naar de majoor die Hilde over het heelal vertelde.

'Besef je wel dat de rollen volledig zijn omgedraaid?' vroeg Alberto na een poosje.

'Wat bedoel je?'

'Tot nu toe luisterden zij naar ons, en konden wij hen niet zien. Nu luisteren wij naar hen, maar kunnen zij ons niet zien.'

'Er is nog iets.'

'Wat dan?'

'In het begin wisten we niet dat er nog een andere werkelijkheid was, waarin Hilde en de majoor leefden. Nu weten zij niet van onze werkelijkheid.'

'Wraak is zoet.'

'Maar de majoor kon ingrijpen in onze wereld...'

'Onze wereld was niets anders dan zijn ingrijpen.'

'Ik geef de hoop niet op dat wij ook in hun wereld kunnen ingrijpen.'

'Maar je weet dat dat volslagen onmogelijk is. Herinner je je niet meer wat er gebeurde in café "Cinderella"? Ik heb heus wel gezien hoe je aan die colafles bleef rukken.'

Sofie bleef een poosje voor zich uit zitten turen terwijl de majoor over de grote knal vertelde. Die uitdrukking bracht haar op een idee.

Ze begon in de auto te rommelen.

'Wat doe je?' vroeg Alberto.

'Niks.'

Ze deed het handschoenenvakje open en zag een moersleutel. Daarmee stevende ze de auto uit. Ze liep naar de schommelbank en ging recht voor Hilde en haar vader staan. Ze probeerde eerst Hildes blik te vangen, maar dat lukte niet. Toen tilde ze de moersleutel tot boven haar hoofd en sloeg ermee tegen Hildes voorhoofd.

'Au!' zei Hilde.

Nu sloeg Sofie ook met de moersleutel tegen het voorhoofd van de majoor, maar die reageerde helemaal niet.

'Wat is er?' vroeg hij.

Hilde keek naar hem op:

'Ik geloof dat ik door een mug ben gestoken.'

'Je zult zien dat het Socrates is, die je uit je betovering wil wekken...'

Sofie ging in het gras liggen en probeerde de schommelbank een duwtje te geven. Maar die stond muurvast. Of kreeg ze er toch een beetje beweging in, een millimeter in ieder geval?

'Er staat een koude tocht langs de grond,' zei Hilde.

'Welnee, het is juist zacht weer.'

'Maar dat is het niet alleen. Er *is* hier iets.'

'Alleen wij twee en de koele zomernacht.'

'Nee, er zit iets in de lucht.'

'En wat zou dat moeten zijn?'

'Herinner je je het geheime plan van Alberto?'

'Ja, waarom zou ik me dat niet herinneren?'

'En toen verdwenen ze opeens van het tuinfeest. Als door de aardbodem verzwolgen...'

'Maar...'

'Als door de aardbodem verzwolgen...'

'Het verhaal moest toch ergens ophouden. Het was gewoon iets wat ik geschreven heb.'
'*Dat* ja, maar niet wat er daarna gebeurde. Stel je voor dat ze hier zijn...'
'Denk je dat?'
'Ik voel het, papa.'
Sofie rende naar de auto.
'Indrukwekkend,' moest Alberto toegeven toen ze met de moersleutel in de auto kroop. 'Dat meisje heeft vast bijzondere gaven.'

De majoor had zijn arm om Hilde heen geslagen.
'Hoor je hoe wonderlijk de golven zingen?'
'Ja.'
'Morgen laten we de boot te water.'
'Maar hoor je ook hoe raar de wind fluistert? Kijk eens hoe de espebladeren trillen?'
'Dat is de levende planeet...'
'Je schreef over iets wat "tussen de regels" stond.'
'Ja?'
'Misschien staat er hier in de tuin ook iets "tussen de regels".'
'De natuur is in ieder geval vol raadsels. En nu praten we weer verder over de sterren aan de hemel.'
'Straks komen er ook sterren in het water.'
'Ja, zo noemde je toen je klein was het oplichtende plankton in het water. En eigenlijk had je gelijk. Want zowel dat plankton als alle andere organismen zijn gemaakt van grondstoffen die ooit in een ster werden gekookt.'
'Wij ook?'
'Ja, ook wij zijn sterrenstof.'
'Dat heb je mooi gezegd.'
'Als radiotelescopen licht kunnen opvangen van sterrenstelsels die miljarden lichtjaren van ons verwijderd zijn, brengen ze het heelal in kaart zoals het er ooit uitzag in de oertijd, vlak na de grote knal. Alles wat een mens aan de hemel kan zien, zijn dus kosmische fossielen van duizenden en miljoenen jaren geleden. Het enige wat een sterrenwichelaar kan doen, is het verleden voorspellen.'

'Omdat de sterren in het sterrenbeeld zich van elkaar verwijderd hebben voordat het licht van de sterren bij ons komt?'
'Nog maar een paar duizend jaar geleden zagen de sterrenbeelden er beduidend anders uit dan tegenwoordig.'
'Dat wist ik niet.'
'Op een heldere nacht zien we miljoenen, zeg maar miljarden jaren terug in de geschiedenis van het universum. Dan richten we in zekere zin onze blik huiswaarts.'
'Dat moet je even uitleggen.'
'Ook jij en ik begonnen met "de grote knal". Want alle stof in het universum is een organische eenheid. Ooit, in de oertijd, was alle materie verzameld in een klomp die zo massief was dat een speldeknop miljarden kilo's woog. Dat "oeratoom" explodeerde vanwege de enorme zwaartekracht. Het was alsof er iets kapot ging. Maar als we onze blik ten hemel slaan, proberen we de weg terug naar onszelf te vinden.'
'Een gekke manier om dat te zeggen.'
'Alle sterren en zonnestelsels in het heelal zijn gemaakt van dezelfde stof. Een gedeelte is hier samengeklonterd, een ander deel weer daar. Er kunnen miljarden lichtjaren tussen de verschillende sterrenstelsels liggen. Maar ze hebben allemaal dezelfde oorsprong. Alle sterren en planeten stammen uit hetzelfde geslacht...'
'Ik begrijp het.'
'Wat is die wereldstof? *Wat* explodeerde er miljarden jaren geleden? Waar komt het vandaan?'
'Dat is de grote vraag.'
'Maar een vraag die ons ten zeerste aangaat. Want wij zijn ook van die stof gemaakt. Wij zijn een vonk uit het grote vuur dat miljarden jaren geleden werd aangestoken.'
'Dat is ook mooi gezegd.'
'Maar we moeten de betekenis van die grote getallen niet overdrijven. Je hoeft alleen maar een steen in je hand te houden. Het universum zou even onbegrijpelijk zijn als het alleen bestond uit die ene steen, ter grootte van een sinaasappel. De vraag zou even goed geweest zijn: waar komt deze steen vandaan?'

Sofie kwam plotseling overeind in de rode sportauto en wees naar de baai.

'Ik heb zin om de roeiboot uit te proberen,' zei ze.

'Die ligt vast. We zouden bovendien de roeispanen niet kunnen optillen.'

'Zullen we het proberen? Het is tenslotte midzomernacht...'

'We kunnen in ieder geval naar de zee lopen.'

Ze sprongen uit de auto en renden door de tuin. Op de steiger probeerden ze het touw dat aan een stalen ring was vastgemaakt, los te maken. Maar het lukte hen niet eens een stukje van het touw op te tillen.

'Alsof het vastgespijkerd zit,' zei Alberto.

'Maar we hebben alle tijd.'

'Een echte filosoof geeft het nooit op. Als we dit... nou loskregen...'

'Er zijn nog meer sterren aan de hemel gekomen,' zei Hilde.

'Ja, nu is de zomernacht op zijn donkerst.'

'Maar 's winters fonkelt het van de sterren. Herinner je je nog de nacht voordat je naar Libanon ging? Dat was op nieuwjaarsdag.'

'Toen besloot ik een filosofieboek aan jou te schrijven. Ik was in een grote boekwinkel in Kristiansand geweest, en ook in de bibliotheek. Maar ze hadden niets wat geschikt was voor jonge mensen.'

'Het is alsof wij helemaal aan het uiteinde zitten van een van de dunne haren van de witte konijnevacht.'

'Denk je dat daar in de lichtjarennacht iemand is?'

'De roeiboot is los!'

'Ja, verdomd...'

'Dat kan helemaal niet. Ik heb het touw vlak voordat je kwam nog gecontroleerd.'

'Echt waar?'

'Het doet me denken aan Sofie die de boot van Alberto leende. Herinner je je nog dat hij midden op het ven bleef dobberen?'

'Je zult zien dat zij weer bezig is geweest.'

'Jij maakt alleen maar grapjes. Ik heb de hele avond gevoeld dat hier iets *was*.'

547

'Een van ons tweeën moet het water in.'
'We gaan samen, papa.'

REGISTER

Aangeboren...75, 111, 114-115, 119, 121, 139, 176, 199, 260, 282-283, 488
Aanpassing...441, 450
Aanschouwingsvormen...350, 408
Aasen, Ivar (1813-1896)...378
Abraham...169, 171, 182
Absurd, absurdisme...492, 506
Academie...93-94, 105, 118, 187, 190
Adam en Eva...171, 440, 447, 461
Aeschylus (525-456 voor Christus) ...86
Aesculapius...35
Aflaathandel...233
Afstamming van de mens...447
Agnosticus...74, 296
Akropolis...84-88, 98, 137, 177, 199, 422
Aladdin...381
Albertus Magnus...205
Alexander de Grote (356-323 voor Christus) ...141, 144
Alexandrië...143, 149, 178, 190
Alice in Wonderland...401, 447
Alternatieve bewegingen...496
Anaxagoras (500-428 voor Christus) ...48-49, 57, 73
Anaximander van Milete (ca.610-547 voor Christus) ...42
Anaximenes van Milete (ca.570-526 voor Christus) ...43, 47
Andersen, H.C. (1805-1875) ...379, 404, 419
Andromeda-nevel...540
Angst...148, 333, 411, 488
Antisthenes (ca.455-360 voor Christus) ...144
Antithese...392

Apollo...35, 63-64
Arabier, Arabisch...190, 191, 197, 218
Arbeid, arbeider...418, 425-426, 429
Archimedes (287-212 voor Christus)...335
Areopagus...86, 176, 178
Aristippus van Cyrene (ca.439-366 voor Christus)...146, 147
Aristocratie...130
Aristophanes (ca.450-385 voor Christus)...86
Aristoteles (384-322 voor Christus) ... 41, 73, 105, 111, 117-132, 134, 141, 143-144, 197-200, 202-203, 228, 243, 255-256, 258, 270, 283, 342, 355, 377, 438, 452, 494
Asbjørnsen, P.Chr.(1812- 1885) ...378
Ascese...167
Åsgaard...31, 33
Astrologie...58-59, 498-499, 504
Astronoom, astronomie...190,224, 538
Atheïsme...152
Athene...35, 49, 72-75, 77, 79-82, 84-89, 92-93, 105, 118, 141, 143-145, 147, 175-178
Atmosfeer...454-456
Atoom...54
Attribuut...272, 275
Augustinus (354-430)...192-198, 254, 262
Automaat...262-263
Automatisch schrift...474,500,501
Azen...33, 165
Babylonische gevangenschap...172
Bach, J.S. (1685-1750) ...371
Bacon, Francis (1561-1626)...222

549

Balder...35
Barok...246-251, 370-371, 379
Basis... 81, 86, 119, 126, 141, 422-424
Beauvoir, Simone de (1908-1985) ...487, 491
Beckett (geboren 1906)...492
Bedoeling... 123-124
Beethoven, L. von (1770-1827) ...371, 379
Bergrede...174
Berkeley, George (1685-1753) ... 108, 161, 255, 280, 282-283, 289, 305-308, 328, 331, 344, 348, 379, 383-384
Berlijn...387, 406, 419
Bescheidenheid...144
Bestaan van god...200,260, 287, 296, 307, 355-356, 409
Bevolkingstoename...444
Bevrijdingsleer...149
Bewustzijn...56, 120-121, 153, 251, 282-285, 291-293, 350, 352, 375-376, 425, 463-478, 490, 513-515
Big bang...341
Bijbel...131, 138, 192, 198-201, 232-234, 268, 438-439, 447, 488, 542
Bijgeloof...59, 62, 148, 221, 301, 340, 395, 496, 504
Bjørnson, Bjørnstjerne (1832-1910) ...457
Boeddha, Gotama (ca.565-485 voor Christus) ...295-296, 407
Boeddhisme...152, 167
Boekdrukkunst...214
Böhme, Jacob (1575-1624)...375
Bohr, Niels (1885-1962)...395
Bovenaards...487
Bovenbouw...422, 424
Bovennatuurlijk...502
Brahmaan...543
Brandstapel...221
Breton, André (1896-1966)...472
Bruno, Giordano (1548-1600) ...221, 375
Byzantium, Byzantijns...190-191, 218
Calderon, Pedro (1600-1681) ...249

Camus (1913-1960) ...492
Carpe diem...247
Categorische imperatief...359
Cel, celdeling ...49, 55, 448, 453-455
Censuur... 155, 159, 342, 470, 472-473, 475, 478
Chaoskrachten...31-32
Chaplin, Charles (1889-1977) ...493
Christelijke eenheidscultuur... 189,215
Christendom...31, 59, 86, 141, 149, 152, 164, 168-179, 186, 188-189, 356, 405, 486, 496, 542
Christus... 175-176, 405
Chromosoom...453
Chuangtze (365-290 voor Christus) ...250
Cicero (106-43 voor Christus) ... 79, 146
Cogito ergo sum ...259
Coleridge (1772-1834) ...372
Communisme, communistisch ...425-430
Communistisch manifest...426
Complex idee...292, 295
Complexe indruk...292,295
Complexe voorstelling...285
Condorcet (1743-1794) ...343
Constantinopel...187, 190, 324
Constantinus, Romeinse keizer (285-337)...186-187
Contrapunt...521
Copernicus (1473-1543)...224, 350
Credo quia absurdum...409
Cultuuroptimisme...337, 340
Cyclisch...543
Cynici...144-147, 149
Dámaris...178
Darwin, Charles (1809-1882)... 231, 335, 433-456
Darwin, Erasmus (1731-1802)...438
Das Ding an sich...351, 361, 371-372, 387
Das Ding für mich...351
Dass, Petter(1647-1707)...250
David (ca.1000 voor Christus) ...171-173
Degeneratie...451

Delphi...63-64, 81, 137
Democratie...73-74, 430
Democritus uit Abdera (ca.460-370 voor Christus) ...50, 52-59, 95, 96, 126, 147-149, 296, 355, 419
Denken...81, 99, 120-121, 145, 254, 258, 260-262, 270-272, 282, 421, 495,496
Deontologische ethiek...361
Dertigjarige oorlog...247
Descartes, René (1596-1650)...254-263, 265, 270-272, 274, 282-283, 285, 287, 292-294, 306, 333, 338, 341, 348-349, 355-356, 361, 375, 388, 392, 408
Determinisme, deterministisch ...252, 274
Deugd...103-104
Deus...165
Dialectiek, dialectisch...391-396, 422, 425
Dialoog...76, 94, 103-105
Dickens, Charles (1812-1870) ...419
Dictatuur van het proletariaat...429
Dieptepsychologie...461
Diogenes uit Sinope (ca.400-325 voor Christus) ...144-145
Dionysus...35
Diotima...105
DNA-molecuul...453-454
Doel...123-124
Doeloorzaak...123
Dogma...179
Dostojevski, Fjodor (1821-1881) ...411
Driften...435, 462
Droom, droomduiding...249-250, 462-479
Dualisme, dualist, dualistisch...146, 262, 271
Dubbel wezen...149, 262, 361
Dubbelcommuniceren...468
Dyaus...165
Dynamiek, dynamisch...228, 377, 389, 395
Eco-filosofie...495
Ecosysteem...445
Eenheid...45, 121

Eenheidsfilosofie...402-404
Eerste oorzaak...128, 200, 342
Eleaten...43, 54, 391
Elementair deeltje... 55, 494
Empedocles (ca.494-434 voor Christus) ...46-51, 57, 95, 391-392
Empirische methode...222, 240
Empirist, empirisme ...283, 284, 289, 290, 299, 301, 306, 348-351, 392
Engel...202-203, 290, 292-293, 528, 530
Engels, Friedrich (1820-1895) ... 420, 426, 434
Enkelvoudige indruk...293
Epicurist, epicuristisch ...148
Epicurus (341-270 voor Christus) ...147-148, 419
Erasmus van Rotterdam (ca.1466 1536) ...233-234
Erfelijk materiaal...449, 453
Eros...100
Ervaringsfilosofie...202
Essentie...488
Esthetisch, estheticus...410, 411
Ethiek, ethisch...65, 128-129, 144, 152, 270-271, 274, 358, 360-361
Euripides (ca.480-406 voor Christus) ...86
Existentialisme... 486-493, 504
Existentie, existentieel ...366, 406-407, 409, 487-488
Existentiefilosoof, existentiefilosofie...420, 487
Experiment...123, 222
Faculteit...188
Fantasie...21, 63, 371, 474-476
Faust...456-457
Fenomenen...95-97, 100, 102, 119, 141
Feodale samenleving...424
Feodale stelsel...189
Fichte, J.G. (1762-1814) ...379
Ficino, Marsilio (1433-1494) ...218
Filosofiestaat...120
Filosofisch systeem...255, 283
Filosofische beschouwing...96, 271, 406, 422

551

Filosofische vraagstukken...40, 92, 115
Filosoof...79-80,101, 348, 435, 451
Fossielen...436, 439-440, 545
Franklin, Benjamin (1706-1790) ...443
Freud, Sigmund (1856-1939) ...435, 461-473, 500
Freya...32-35, 166
Freyr...35, 166
Geheel...49, 103-104, 262, 457-458, 496
Geldhuishouding...189, 218
Gelijkenis van de grot...101-103, 150
Gelijkstelling van man en vrouw ...287, 393
Geloof...59, 63, 139, 153, 192-193, 198-199, 296-297, 356, 408-410, 542-544
Geloofsbelijdenis...170, 178-179
Geloofsleven...215-216
Geloofswaarheden...199
Geluk, gelukkig ...129, 144, 270, 271, 276
Gemoedsrust...148, 219, 276
Genen... 433, 454, 457, 459
Genie, verheerlijking van het genie ...219, 371, 373, 377
Genot...129, 147
Geocentrisch...223
Geschiedenis...64, 169, 196, 377-378, 387-394, 486, 497, 542
Gesprek...76, 94
Gevoel...302-305, 358-360, 371
Gewaarwording...56, 285, 290-292
Gewenning...299-300, 351
Geweten...78, 81, 137, 139, 360, 464
Gewoonte... 26, 300
God...45, 124, 128, 151, 167-179, 193-204, 219-221, 260-263, 268-273, 293-294, 306-308, 355-356, 362, 379, 408, 412, 439-441, 446, 487, 542
God is dood...487
Goddelijk...128, 150, 154, 176, 193, 194, 216, 220

Godsdienst, godsdienstig...142
Goethe, J.W. (1749-1832)... 179, 374
Gombrowicz, Witold (1904-1969) ...492
Gouges, Olympe de (1748-1793) ...343, 345
Gravitatie...227, 229-231
Grimm...378, 529
Grondstof...46, 446
Grote knal... 538, 541-546
Grundtvig, N.F.S. (1783-1872) ...314
Gustav III (1746-1792)...248
Gylfaginning...165
Haat...48, 263
Hamlet...249
Hamsun, Knut (1859-1952) ...201
Händel, G.F. (1685-1759)...371
Heerschappij van velen...130
Hegel, G.W.F. (1770-1831) ...335, 385-397, 400, 402, 404-406, 409, 420-421, 425, 486, 489, 514
Heidegger, Martin (1889-1976) ...487
Heidelberg...378, 387, 482
Heimdal...33
Heksenprocessen...221
Heliocentrisch ...224
Hellenisme... 135, 141-144, 179
Hemel...293-294, 486, 538, 540, 545-547
Hemellichaam...223-225
Hephaestus...35, 86
Hera...35
Heraclitus van Ephesus (ca.540-480 voor Christus) ...44-46, 56, 57, 145, 149, 391
Hercules...35
Herder, J.G. (1744-1803) ...377-378
Hermes...72
Herodotus (484-424 voor Christus) ...65
Hersenen...56, 252, 456
Hesiodus...35
Hildegard van Bingen (1098-1179) ...204
Hindoeïsme...152, 167

Hippocrates (ca.460-377 voor Christus)...65-66
Historie, historisch...397
Historisch materialist...420-421
Historisme...486
Hobbes, Thomas (1588-1679)...251
Hod...35
Hoffmann, E.T.A. (1776-1822)...379
Hoge middeleeuwen...186, 197-198
Holberg, Ludvig (1684-1754)...249
Holgersson, Niels...481-482
Holisme...150
Holistische benadering...496
Hologram...49
Homerus (achtste eeuw voor Christus)...35, 42
Homo universale...219
Humanisme, humanist...146, 216, 233-234, 487
Hume, David (1711-1776)...255, 283, 289-303, 338-339, 348-349, 351-352, 358, 360, 375, 388-389, 494, 499
Ibsen, Henrik (1828-1906)...380, 405, 410-411
Ideaal...93, 103
Ideale staat...103-104
Idealisme...250-251, 420
Ideeënleer...97, 105, 118-121, 149, 422, 438
Ideeënwereld...95, 97, 100, 103, 105-106, 113-114, 118, 120-121, 149, 283, 486
IJdelheid...247, 410
Illusie...153, 263, 380, 406
Immanent...491
Implosie...542
Incunabel...217
Individu...36, 64, 77, 104, 138-139, 342, 404, 442, 445, 448, 451
Individualisme, individualistisch...219, 232, 396, 403
Indo-europeanen, Indo-europees...164-168
Inspiratie...149, 472-473, 475
Interne oorzaak...273
Intuïtief...259, 276, 287

Inzicht...70-71, 77, 79, 81, 102, 143, 166-167
Ionesco, Eugene (geb.1912)...492
Ironie, ironisch...77, 380, 406, 431
Islam...59, 152, 168, 170, 190
Israël...171-172
Jena...377, 387
Jeppe op de Berg...249, 259
Jeruzalem...169, 172
Jesaja...172
Jeugd...77, 341, 462, 464, 470
Jezus...39, 76, 78, 86, 131, 137-138, 164, 173-175
Joker...79-80
Jood, jodendom...152, 164, 171-172
Jupiter...165
Kant, Immanuel (1724-1804)...289, 335, 338, 346-366, 371-372, 375, 387-392, 411
Kapitalist, kapitalisme...424, 427-429, 431
Kastenstelsel...104
Kennis is macht...222
Kennis...81, 99, 192, 353, 425, 501
Kepler, Johannes (1571-1630)...224
Keuze...411, 443, 475
Kierkegaard, Søren (1813-1855)...399, 404-412, 419-420, 485-487, 494
Kind...26, 291, 340, 464
Kinderseksualiteit...462
Klassenloze maatschappij...429-430
Klassenstrijd...424
Klasseverschil...247, 419
Klooster, kloosterwezen, kloosterschool...167, 187, 188, 197, 247
Komedie...86
Koninkrijk Gods...171-174, 195
Koran...168
Kosmisch...153, 269, 543
Kosmische straling...455
Kosmopoliet...146
Kunst, kunstenaar, kunstwerk...219, 248, 372, 469, 471-473
Kunst van het spreken...76, 78
Kunstmuziek...379
Kunstsprookje...379
Kwalitatieve eigenschappen...261

553

Kwantitatieve eigenschappen...261
La Mettrie (1709-1751)...251
Lamarck, Jean-B. (1744-1829)...438, 442
Landstad, M.B. (1802-1880)...378
Laplace, Pierre S. (1749-1827)...252
Late oudheid...142, 149, 192-193
Latente droomgedachten...470-471, 477
Latijn...141, 185, 232
Leenstelsel...189
Leerboek over de Noordgermaanse godenwereld...165
Leibniz, G.W. (1646-1716)...255, 283, 404
Leninisme...421, 430
Leonardo da Vinci (1452-1519) ...234
Levenshouding...146, 411
Lichtjaar...538, 540
Liefde... 48, 100, 174, 269
Liefdesverlangen...100
Locke, John (1632-1704)...255, 278, 283-288, 292, 302, 306, 338-339, 318
Lodewijk XIV (1638-1715) ...245, 288
Logica...119, 124, 126, 202, 494
Logos...45, 145
Loki...33-34
Lot, geloof in het lot...58-59, 62-64, 66, 195
Lust, lustethiek...103, 129, 147, 464
Luther, Martin (1483-1546)...233
Lyell, Charles (1797-1875)...439-440

Maatschappijkritiek...74
Macrokosmos...145
Malthus, Thomas (1766-1834)...443
Manicheeër...192
Manifeste droominhoud...470-471
Marcus Aurelius (121-180)...146
Marx, Karl (1818-1883)... 335, 413, 419-435, 486, 489
Marxisme, marxist...420-421, 430-431
Materiaal van de kennis...353
Materie, materialist, materialisme ...
56, 59, 121-122, 130, 146, 149-150, 250-252, 261-263, 420-422, 453, 494, 541, 546
Mathematisch...251, 257
Matigheid...65, 103-104, 129, 148, 219
Mechanisch, mechanistisch...56, 251, 256, 262, 421, 422
Medium... 475, 500-501
Medische ethiek...65
Medische wetenschap...65, 103, 129, 219
Meditatie...167
Meerwaarde...427
Mefistofeles...456
Meisje met de zwavelstokjes...419-420
Melkweg...539-540
Memento mori...247
Mensbeeld...218
Menselijke natuur...289, 354, 464, 488-489, 491
Mensheid...195, 390, 434, 451, 487, 495, 530
Messias...171-174
Methode... 221, 256-257, 270, 388
Microkosmos...145
Middeleeuwen...130, 141, 183-205, 220, 389, 409
Midgaard...31-32
Milete...42-43
Milieu...138, 435, 445-446, 449-450
Milieuramp...450
Mill, John Stuart (1806-1873)...287
Mirandola, Pico della (1463-1494)...219
Model...96-97, 101
Modus...272, 275
Moe, Jørgen(1813-1882)...378
Moed...103-104
Moedernatuur...204
Mohammed (570-632)...190
Molecuul...453, 455
Monarchie...129
Monist, monisme...146, 271
Monotheïsme...168
Monster uit de onderwereld...166
Montesquieu (1689-1755)...288,

338-339
Moraal...94, 358
Morele vragen...200
Mozes (ca.1400 voor Christus)
...171
Mutatie...448, 475
Mysterie...193, 215
Mysticus, mystiek...149, 151-152, 373, 498-502
Mystieke ervaring...151-152
Mythe, mythologie, mythische wereldbeeld...30-37, 41, 120, 166, 167, 435
Nationale religie...142
Nationale romantiek...378
Naturalisme, naturalistisch...435, 462
Natuur...220, 375-379, 434-435, 437, 440, 443, 445-446, 450, 475, 495, 502, 545
Natuurfilosofie...56, 72-73, 202, 377
Natuurkrachten...48
Natuurlijke theologie...200
Natuurlijke eigenschap...77
Natuurlijke rechten...342
Natuurlijke selectie...438, 443-444, 446, 449, 451, 456
Natuurlijke verklaringen...36, 62, 435
Natuurrecht...145, 287, 342, 423
Natuurwet...45, 56, 450
Natuurwetenschap...256-257, 338-339, 494
Negatie...391-392
Neo-religieusiteit...496
Neodarwinisme...448, 494
Neoplatonisme, neoplatonisch ...149,193, 377
Neurologie...461
Neurose...462
New Age...496, 498
Newton, Isaac (1642-1727)...228, 338, 341
Nietzsche, Friedrich (1844-1900) ...486-487
Nieuwe kleren van de keizer...80, 460
Nieuwe Testament...168, 233, 268

Nihilist...490
Njord...166
Normatieve zin...302
Noach, ark van Noach...171, 434, 439, 451, 461
Novalis (1772-1801)...372, 374, 376
Occultisme...496
Oceaangevoel...153
Odin...32, 35
Oedipus...64, 86
Oerbeginsel...41
Oercel...452
Oerknal...541
Oersoep...455
Oerstof...41
Offeren...32
Onbewust, het onbewuste...469, 475
Ondergang...194-195
Onsterfelijke ziel...40, 56 57, 89, 91, 99-100, 115, 149, 296, 341, 356
Onsterfelijkheidsdrank...166
Ontwikkeling... 376, 434-435, 438-442, 444, 446, 455-456
Ontwikkeling van de foetus...442
Ontwikkelingsgeschiedenis...452
Oorzaak...41, 47, 56, 65, 123-124, 299-301, 351-355, 361, 449
Openbaring...192, 198, 435
Opwekking des vlezes...176
Orakel...63-64, 81, 137
Orde der benedictijnen...187
Organisme... 376, 454
Oude Testament...168, 196
Øverland, Arnulf (1889-1968)...479
Ozonlaag...455
Pantheïst, pantheïsme...167, 220, 375, 402
Paradigma-wisseling...496
Parapsychologie...498
Parmenides (ca.540-480 voor Christus)...43-46, 50, 54
Parthenon...85-86, 422
Passie...302
Paulus (stierf ca 67 na Christus) ...86, 175-178, 270
Paus...189
Pedagogie, pedagogisch...216, 340
Peer Gynt...380, 410-411

Persoonlijkheidskern...294-296
Perspectief van de eeuwigheid...153, 269, 276
Pijn...147, 272, 311
Plaatsvervangend lijden...175
Planeet...225, 228, 231,457, 497, 538, 545
Plato (427-347 voor Christus)...73, 76, 87-107, 110, 118-121, 126, 129-131,146, 149-150, 193, 254-255, 257-260, 279, 282-283, 390, 422, 438, 535
Plotinus (ca.205-270)...149-151, 153, 375
Positie...391, 394
Praktische rede...358, 361, 366
Praktische postulaten...356
Presocratici...94, 96, 149, 494
Primaire eigenschappen...286, 306
Primaten...452
Prioriteitenstelling...137, 139-140
Probleem van het kwaad...192
Produktiewijze...423, 425
Profeet...172
Progressief...390, 428
Project van de filosofen...39
Projecteren...468
Protagoras uit Abdera (ca.487- 420 voor Christus)...74
Psychische kwalen...461-462
Psychoanalyse...435, 461, 466, 471-472, 494
Pythia...63-64
Radhakrishnan (1888-1975)...152
Rationaliseren...467-468, 472
Rationalisme...283, 339
Rationalist...44, 81, 282
Rawls, John(geb.1921)...431
Rechten van de mens...342
Rechtvaardigheid...418
Rede...45, 81, 104, 258, 339-341, 351, 353-356, 389, 395-396, 473, 476
Reflectie-ideeën...285
Reformatie...216, 232
Religie...31, 143-144, 148, 152, 164-165, 341, 397
Renaissance...183, 187, 206-235, 487, 489, 497
Resistent...450
Retorica...74
Revolutie...339, 425
Rite...32
Rollenpatroon...491
Romantische ironie...380
Romantiek, romantisch, romanticus...367, 370-371, 373-378
Rome...141-143, 146, 178, 186, 189, 220
Romeinse tijd...142, 189
Ronddolende ziel...167, 170
Roodkapje... 357, 447, 461, 529
Rousseau, J.J. (1712-1778)...289, 338-340, 371, 375
Ruilhandel...189, 218
Ruskin, John (1819-1900)...447
Russell, Bertrand (1872-1970)...301
Salomo (stierf ca.936 voor Christus)...171
Sartre, Jean Paul (1905-1980)... 487-494, 504
Saul (stierf ca.1015 voor Christus)...171
Scène...86
Scepsis, sceptici...74, 256, 501, 502
Schaduwbeelden...101-102, 384
Scheiding van de macht...288
Schelling, F.W.J. (1775-1854) ...375, 379, 383, 387, 389, 406, 419
Schepping...435-436, 438, 542
Schijnwereld...487
Schiller, F. (1759-1805)...372
Schoolsysteem...188, 340
Schuld, schuldgevoel...170, 464
Scrooge...417, 419-420, 430
Secundaire eigenschappen...286
Sekse...204, 492
Seks, seksualiteit...462, 464, 468
Semieten, semitisch...164, 168-170
Seneca (4 voor Christus - 65 na Christus)...146
Shakespeare, W. (1564-1616) ...248
Silesius, Angelus (1624-1677)...151
Sint Pieterskerk...220
Slavenmaatschappij...424
Slavenmoraal...486

Snorre Sturlason (1178-1241)...165
Sociale democratie...430
Socrates (470-399 voor Christus)...
 68, 73, 75-82, 85-88, 92-94, 102,
 105, 137-139, 144-146, 175, 181,
 195, 199, 254, 256, 260, 265, 270,
 282, 302, 339, 355, 406, 411, 419,
 494, 543
Sofist...74, 79
Soort, ontstaan der soorten...120,
 441, 446, 450, 452, 458
Sophia...204
Sophocles (496-406 voor Christus)
 ...86
Speculatie, speculatief...74, 166, 420,
 435
Spinoza, Baruch de (1632-1677)...
 255, 268-276, 282-283, 306, 348,
 375, 388, 404
Spiritisme...475, 498-499, 504
Sprookje... 379-381
Staat...78, 103-104, 130, 397
Stadia...392, 397, 410
Stadstaat...74, 94, 104, 142
Statisch...377
Steffens, Henrik (1773-1845)...376
Sterrennevel...539
Sterrenstelsel...539-540
Sterrenstof...538, 545
Sterrenwichelaar...545
Stoïcijn, stoïcijns...145, 146, 177,
 193, 274
Strijd om het bestaan...438, 444- 451
Substantie...261, 271-273
Surrealisme...472
Surrealist...472, 474-475, 493, 500
Syncretisme...142
Synthese...198, 392
Tabula rasa...284
Techniek...223, 240-241, 495
Telepathie...498, 502
Terug naar de natuur...337, 340, 375
Thales van Milete (ca.625-545 voor
 Christus)...42, 43, 47
Theater...85-86, 101, 248-249, 295,
 492-493
Theologie...149, 198, 215, 520
These...392, 394

Thomas van Aquino (1225-1274)
 ...198-205, 262, 355, 494
Thor...31-35
Thucydides (ca.460-400 voor Christus)...65
Tijd en ruimte...350, 352
Tirannie...130
Tolerantie...137, 269, 287
Totalitaire staat...104
Traagheid, traagheidswet...225, 230,
 541
Tragedie...64
Transcendent...491
Trapsgewijze opbouw van de
 natuur...127
Trauma, traumatisch...463, 469
Trym, Trymskvida...32-34
Universeel...99, 229, 442
Universiteit...188
Universum...225, 478, 538-543, 546
Utgaard...31
Utopische staat...103
Vakfilosoof...348
Valse ideeën...292
Variatie, variant...441-449
Venus...166
Veranderingsprobleem...43
Verantwoordelijkheid...103, 313,
 404, 489, 492
Verbeeldingskracht...372, 379, 383
Verbod op het afbeelden...170
Verbond...171, 179
Verdringen...464- 471, 478
Verkoopwaarde...427
Verlichting...287-289, 327-346
Verlichtingsfilosoof, verlichtingsfilosofie...288, 338-345, 377
Verloskunde...77
Verlossing, verlosser...143, 164,
 172-177, 195-196, 233
Vermenging van religies...142
Verrekijker...217, 225
Verstand...44-45, 94, 98, 104, 120-
 121, 128, 192-193, 199-200, 222,
 462, 473-476, 492
Vervreemd...426, 489
Verworven eigenschappen...442,
 448

557

Video...84-85, 166, 470
Vinje, Aasmund O. (1818-1870) ...395
Visioen...167, 204
Vivekananda, Swami (1862-1902) ...152
Volk...188, 377-379
Volkerenbond...366
Volksaard...377
Volksliedjes...378
Volksliteratuur, volksverhalen ...188, 378
Volksmuziek, volksliederen...188, 379
Volksonderwijs...74
Volkssprookje...188, 378-379
Volmaakt wezen...260-261, 282, 355
Voltaire (1694-1778)...289, 338-339
Voorschrijvende zin...302
Vorm...95-98, 120-124, 353, 438-439, 453-455
Vredevorst...172
Vrije wil...59, 274-275, 356, 361
Vrijheid...102, 105, 273-275, 390, 189
Vrouw...40, 104, 130, 203-204, 343, 393, 490-492
Vrouwbeeld...130-131, 203
Vrouwennatuur...491
Vrouwenrechten...343
Vrouwenstrijd...343-344
Vruchtbaarheidsgod(in)...31-33, 166
Waarheid...199-200, 387-389, 406-410
Waarneming...128, 199-200, 221-222, 258, 348-350
Wanen...166
Welhaven, J.S. (1807-1873)...373
Wereldziel...375, 377, 379
Wereldbeeld...223
Wereldgeest...375-376, 378, 387, 390, 392, 396-398, 402, 421
Wereldrede...387, 402, 421
Wereldreligie...152, 176
Wergeland (1808-1845)...373, 376
Weten...71, 98, 144, 166
Wetenschap...73, 119, 142-143, 190, 215-216, 219-222, 439, 453, 455, 494-495
Wetenschappelijk...204, 496
Wiegedruk...217
Wijsheid...64, 103-104, 204
Winnie-de-Poeh...364-365
Winst...427-428
Wiskunde, wiskundig...94, 99, 190, 257-258
Witte raaf... 300, 502, 506
Xenophanes van Colophon (ca.570-480 voor Christus)...35
Xerxes, Perzische koning (519-465 voor Christus)...85
Zedelijke wet...346, 359-362, 411
Zeno van Citium (ca.336-264 voor Christus)...145
Zeus...35, 165
Ziel...56, 100, 120, 176, 194, 255-257, 462, 465, 472, 476
Zintuiglijk apparaat...261, 285-286, 352
Zintuiglijk bedrog...44
Zintuiglijke indruk...46, 121, 285-286
Zintuiglijke wereld...95, 97-101, 114, 118-119, 250
Zonde...170
Zondeval...194, 330
Zonnestelsel...230, 453, 538, 540-542, 546
Zoon van God, zoon Gods...171-173
Zuurstof...454-455
Zwaartekracht, wet van de zwaartekracht...26, 123, 226-227, 229-231, 297, 541, 546

VERANTWOORDING

In de roman 'De wereld van Sofie' komen veel filosofische, literaire en bijbelcitaten voor. Voor zover dat mogelijk was hebben wij - zonder bronvermelding - gebruik gemaakt van Nederlandse vertalingen van deze citaten. Als er van een werk meerdere Nederlandse vertalingen beschikbaar waren, hebben we gekozen voor de versie die het nauwst aansloot bij de Noorse tekst. Van een aantal citaten was, voor zover ons bekend, geen Nederlandse vertaling beschikbaar. In overleg met de auteur zijn wij in die gevallen van zijn Noorse weergave van de tekst uitgegaan. Hierop hebben we één uitzondering gemaakt. Het motto van de roman, dat ook in het boek zelf een paar keer voorkomt, is een dichtregel van de Duitse dichter Goethe. Dankzij de inspanningen van Peter Kaaij is het gelukt de herkomst van die dichtregel te traceren. Het is de eerste strofe van een gedicht uit 'Westöstlicher Divan' dat in 1819 verscheen en waarvan geen Nederlandse vertaling bestaat. Uit respect voor het origineel hebben we de bewuste regel in de oorspronkelijke taal opgenomen.
De twee fragmenten uit Goethe's Faust op blz. 457 zijn de vertaling van Nico van Suchtelen.

DE VERTALERS, *Groningen, maart 1994*